westermann

Marco Gödde

Fachqualifikation für Veranstaltungskaufleute

Basics Eventmanagement

4. Auflage

Bestellnummer 4920

service@westermann.de
www.westermann.de

Bildungshaus Schulbuchverlage Westermann Schroedel Diesterweg Schöningh Winklers GmbH, Postfach 33 20, 38023 Braunschweig

ISBN 978-3-8045-**4920**-3

westermann GRUPPE

Was sollte ein Lehrbuch für den Berufsbildungsabschluss Veranstaltungskaufmann/Veranstaltungskauffrau können? Es sollte

- → für den Berufsschulunterricht geeignet sein,
- → die Auszubildenden auf die IHK-Zwischen- und Abschlussprüfung vorbereiten,
- → auf der beruflichen Praxis basieren und von erfahrenen Eventmanagern geschrieben sein,
- → angewandtes Eventmanagement und kaufmännische Grundlagen fundiert und in komprimierter Form miteinander verbinden,
- → sowohl praxisnah als auch handlungsorientiert und prüfungsbezogen sein.

Das ist eine ganze Reihe von Voraussetzungen, die hoffentlich mit dem vorliegenden Buch in seiner mittlerweile vierten Überarbeitung erfüllt werden konnten.

Ausgestattet mit über zwanzig Jahren Erfahrung in der Lehre und über 35 Jahren Praxis im Berufsbild, habe ich mir vorgenommen, das Fachwissen zu wesentlichen Fragen des Eventmanagements für Veranstaltungskaufleute grundlegend und mit engem Bezug zur praktischen Anwendung zu vermitteln. Dabei habe ich mich eng an den Lernfeldern des Rahmenlehrplans der Berufsschulen orientiert.

Als das vorliegende Buch im Jahr 2008 erstmals herauskam, war es das erste Werk auf dem deutschen Lehrmittel- und Buchmarkt, in dem sowohl der Public-Event- als auch der Business-Event-Bereich umfassend erläutert und in didaktischen Bezug zu den Inhalten des Berufsbildes gesetzt wurden. Ebenfalls zum ersten Mal wurden grundlegende kaufmännische Inhalte wie die Deckungsbeitragsrechnung exemplarisch auf die Veranstaltungsbranche angewendet.

Das Buch vermittelt sowohl eine Übersicht über das notwendige kaufmännische und betriebswirtschaftliche Wissen als auch einen Einblick in systemische Branchenstrukturen und -hintergründe. Ausführliche Übungslayouts und Übungsaufgaben ermöglichen die erweiterte Anwendung in Unterricht und Selbststudium. Jedes Kapitel schließt mit einer Zusammenfassung der behandelten Themen und einer Mini-Zwischenprüfung.

Ich freue mich mit dem vorliegenden Werk einen Maßstab zur Vermittlung veranstaltungsspezifischen Branchenwissens anbieten und die gefühlte Lücke zwischen Theorie und Praxis schließen zu können. Es ersetzt nicht ein grundlegendes Buch der Wirtschafts- und Sozialkunde, ebenso wenig ein grundlegendes Buch für das Rechnungswesen, stellt aber für das Berufsbild die umfassende und spezifische Erweiterung dar.

In der hier vorliegenden vierten Auflage wurden die für die Veranstaltungsbranche relevanten gesetzlichen Änderungen berücksichtigt. Überdies wurden bei zentralen kaufmännischen und fachspezifischen Themen einige weitergehende didaktische Anpassungen sowie zeitgemäße Aktualisierungen vorgenommen.

Dieses Werk dient der gründlichen Ausbildung und folgt dem Rahmenlehrplan für die Berufsschulen; weiterführend zur Prüfungsvorbereitung empfehle ich mein Folgewerk „Prüfungsbuch für Veranstaltungskaufleute“ (www.westermann.de), welches nach dem IHK-Stoffkatalog für die Abschlussprüfung gegliedert ist und auch erweiterte Inhalte der Wirtschafts- und Sozialkunde sowie des Rechnungswesens enthält.

Über weitere Anregungen und konstruktive Kritik freue ich mich jederzeit.

Juni 2019

Marco Gödde

Inhalt

Zur Einleitung: Das Berufsbild Veranstaltungskauffrau/-kaufmann

Veranstaltungskaufleute üben einen Beruf aus, der weit mehr ist als ein attraktiver Modeberuf des Millenniums. Gesucht werden Powermenschen, die den hohen Anforderungen an das Machen und Managen der unterschiedlichsten Events und Veranstaltungen gewachsen sind. Für diesen Beruf werden Eigenschaften benötigt wie Zielstrebigkeit, Engagement, Verantwortungsbewusstsein, Dienstleistungsbereitschaft, Teamfähigkeit und vor allem Leidenschaft für das Inszenieren und Durchführen aller Facetten des Live-Entertainments. So etwas hat man im Blut!

Das Veranstalten von Events ist ein altes Geschäft und untrennbar verknüpft mit der Entwicklung der menschlichen Gesellschaft. Immer schon waren engagierte Spezialisten damit betraut, für alle Arten von Anlässen Veranstaltungsereignisse zu organisieren. In jedem Kulturkreis erfährt diese Spezies ein hohes Maß an gesellschaftlicher Anerkennung – der Beruf des Eventmanagers ist eine attraktive Angelegenheit. In unserer sozialen Marktwirtschaft ist das Organisieren von Veranstaltungen eine echte Profession geworden: Der Beruf kann seit 2001 im Rahmen eines staatlich anerkannten Ausbildungsgangs erlernt werden. Veranstaltungskaufleute erbringen vielfältige Dienstleistungen in den verschiedenen Branchen und Unternehmen der Veranstaltungswirtschaft. Sie sind in allen Phasen des Live-Entertainments tätig. Sie entwickeln, konzipieren, gestalten, führen durch und bereiten nach. Sie disponieren, bestellen, kalkulieren, bieten an und rechnen ab. Sie betreuen, beraten, organisieren, teilen ein und räumen auf.

Sind Veranstaltungskaufleute Eventmanager? Und umgekehrt?

Klar, Veranstaltungskaufleute sind Eventmanager, denn die zentrale Tätigkeit von beiden ist das Organisieren von Events. Allerdings klingt die Bezeichnung des 2001 eingeführten Berufsbildes Veranstaltungskaufmann/Veranstaltungskauffrau immer noch ziemlich steif. Demgegenüber hat sich der aus dem Englischen entlehnte Begriff Eventmanager bereits erheblich früher durchgesetzt. Eine gute Übersetzung dafür wäre auch nicht Veranstaltungskaufmann, sondern eher Veranstaltungsorganisator. Doch hat nicht auch ein Eventmanager täglich mit der Lösung gängiger veranstaltungskaufmännischer Aufgaben zu tun? Im Tätigkeitsprofil liegt der Unterschied also nicht – eher im allgemeinen Sprachgebrauch. Um eine saubere Abgrenzung zu erhalten, sollten die Berufsbezeichnungen unter Berücksichtigung des staatlichen Berufsbildungssystems betrachtet werden.

Die Berufsbezeichnung **Veranstaltungskaufmann/Veranstaltungskauffrau** darf führen, wer vor der zuständigen Industrie- und Handelskammer (IHK) die Prüfung am Schluss des entsprechenden Ausbildungsgangs abgelegt hat. Insofern ist sie ein Qualitätssiegel für die erfolgreich absolvierte staatlich anerkannte Fachausbildung nach bundesweit einheitlichen Kriterien.
Die Berufsbezeichnung **Eventmanager/Eventmanagerin** kann sich jeder zulegen, der die dahinter stehende Tätigkeit ausübt. Insofern ist der Fachbegriff ein Ergebnis der betriebswirtschaftlichen Praxis.

In der Berufspraxis spielt der Gebrauch der beiden Begriffe durchaus eine Rolle. Als Eventmanager wurden Praxisprofis bis vor wenigen Jahren fast ausschließlich dann bezeichnet, wenn sie für die Organisation von Firmenveranstaltungen (Marketing- oder Business-Events) zuständig waren. Mittlerweile hat sich der Begriff auch im Bereich der gängigen öffentlichen Veranstaltungen (Public Events) durchgesetzt und kann durchaus als stylisch und trendy bezeichnet werden. Es gibt keine eindeutigen Zuordnungen mehr – die Bezeichnung hat sich etabliert als Oberbegriff für die Tätigkeit der Organisation von Veranstaltungen jeder Art. Doch auch die Bezeichnung Veranstaltungskaufmann/Veranstaltungskauffrau setzt sich in der Berufswelt allmählich als akzeptierte Fachbezeichnung durch.

MERKE

Die Tätigkeiten eines Eventmanagers und eines Veranstaltungskaufmanns sind im Grunde die gleichen. Die unterschiedliche Verwendung der Begriffe folgt der gewachsenen Entwicklung in der beruflichen Praxis.

Einstiegsvoraussetzungen und Aufstiegschancen

Wer Veranstaltungskaufmann/Veranstaltungskauffrau werden will, steigt in eine schnelllebige und flexible Branche ein, die hohe Anforderungen an die belastbare Persönlichkeit stellt. Wie fast jede kaufmännische Berufsausbildung kann auch die Ausbildung zum Veranstaltungskaufmann/zur Veranstaltungskauffrau regulär nach Erlangung der Berufsschulreife (dem sogenannten Hauptschulabschluss) ab einem Alter von circa 15 Jahren im System der dualen Ausbildung mit den Lernorten Betrieb und Berufsschule begonnen werden. Die tatsächliche Situation sieht jedoch anders aus: In der Regel beginnt man die Ausbildung erst im Alter von etwa 19 Jahren und hat darüber hinaus in der Regel Abitur.

Das technische Nachbarberufsbild ist die Fachkraft für Veranstaltungstechnik (IHK); in die höheren Etagen gelangt man in der Regel entweder mit dem Abschluss Geprüfter Veranstaltungsfachwirt/Geprüfte Veranstaltungsfachwirtin (IHK) oder mit einem Fachstudium an einer Universität oder Fachhochschule.

Gewerblich-technische Ausbildung	Kaufmännische Ausbildung	Universitäre Ausbildung
Fachkraft für Veranstaltungstechnik (IHK) *Aufstiegsfortbildung:* Meister für Veranstaltungstechnik (IHK oder Handwerkskammer), alternativ dazu Bühnenmeister	Veranstaltungskauffrau/Veranstaltungskaufmann *Aufstiegsfortbildung:* 1. Geprüfter Veranstaltungsfachwirt (IHK), alternativ dazu Akademiefortbildung zum Eventmanager 2. Betriebswirt (IHK)	Fachstudium (Diplom, Master, Bachelor), z. B. Betriebswirtschaftslehre (BWL) mit Schwerpunkt Veranstaltungsmanagement, Kommunikationsdesign, Medienwirtschaft o. Ä.

Bildungswege mit Bezug zur Veranstaltungswirtschaft

In der Berufspraxis haben frischgebackene Veranstaltungskaufleute gegenüber Absolventen klassischer Ausbildungsgänge wie Bank- oder Bürokaufleute einen kleinen Vorteil: Der berufliche Werdegang und die Möglichkeiten des Aufstiegs in Positionen mit größerer Verantwortung sind häufig nicht so starr vorgezeichnet. Ein Berufsanfänger steigt beispielsweise als Projektassistent in eine Eventagentur ein – und konkurriert hier direkt mit den Absolventen von Universität und Fachhochschule. Mit professionellem Geschick und etwas Glück kann er unkonventionell vorankommen. Doch so weit sind wir noch nicht. Erst einmal heißt es: „In die Hände gespuckt – Ausbildung erfolgreich absolvieren!" Dafür muss man sich so einiges aneignen: spezielle Fertigkeiten und Kenntnisse in den Bereichen Veranstaltungsorganisation, Veranstaltungswirtschaft und Wirtschafts- und Sozialkunde.

Und jetzt geht es los auf unseren fachlichen Rundflug durch das Universum der Veranstaltungswirtschaft – ***let's get ready for take off!***

PRG Live Entertainment Award (LEA) 2014 in der Festhalle Frankfurt

EINFÜHRUNG IN DAS EVENTMANAGEMENT

Zum Einstieg

Am Anfang der Ausbildung ist es hilfreich, sich zur Orientierung einen ersten Überblick darüber zu verschaffen, worum es im Lehrberuf im Wesentlichen geht. Den einzelnen Lernfeldern in diesem Buch ist deshalb dieses Einführungskapitel vorangestellt, in dem wichtige Grundlagen für die Konzeption, Planung, Organisation, Durchführung und Nachbereitung von Veranstaltungen vermittelt werden. Insbesondere werden die folgenden Fragen angesprochen:

- Was verbirgt sich fachlich hinter den Begriffen Event und Eventmanagement?
- Wie definiert man eigentlich Veranstaltungen bzw. Live-Events?
- Gibt es einen historischen Bezug?
- Welche Event- oder Veranstaltungskategorien haben sich heutzutage herausgebildet?
- Wie kann man diese Kategorien charakterisieren und unterscheiden?
- Wie sehen das Ganze die Erfinder des Berufsbildes?

Begriffsanalyse: Event/Veranstaltung

Wir wollen konservativ beginnen und in einem Lexikon nach der Definition von Event suchen. Man findet in vielen Lexika Beschreibungen.

Beispiele → Ergebnisse einer Recherche von Event-Definitionen

- Event (der oder das; erstmals 1996 im Rechtschreibduden erwähnt): Das Fremdwort, dessen Bedeutung mit „Veranstaltung, besonderes Ereignis“ wiedergegeben werden kann, wurde in der 2. Hälfte des 20. Jh. aus gleichbedeutend engl. *event* [i'vɛnt] entlehnt. Dieses geht zurück auf lat. eventus „Ereignis, Ausgang, Folge“, eine Ableitung des Verbs evenire „heraus-, hervorkommen, sich zutragen, ereignen“. Quelle: Duden. Das Herkunftswörterbuch: Etymologie der deutschen Sprache. Hrsg. Bibliographisches Institut, Berlin, 2013 (verändert).
- Event: „umgangssprachlich: inszenierte Veranstaltung mit besonderen Attraktionen spezieller: Großereignis, Großveranstaltung (meist im Spitzensport oder Showgeschäft, auch als Benefizveranstaltung o. Ä.), das oft multimedial begleitet und für Werbezwecke genutzt wird.“ Quelle: DWDS – Digitales Wörterbuch der deutschen Sprache. Hrsg. Berlin-Brandenburgische Akademie der Wissenschaften. Berlin. https://www.dwds.de/wb/Event [09.08.2019]
- Events: Veranstaltungen aller Art, die durch Inszenierung, Interaktion zwischen Veranstalter, Teilnehmer und Dienstleistern sowie multisensorische Ansprache erlebnisorientierte Kommunikationsbotschaften an die Zielgruppe herantragen. Der Begriff Veranstaltung bezeichnet ein organisiertes, zweckbestimmtes, zeitlich

begrenztes Ereignis, an dem eine Gruppe von Menschen vor Ort und/oder über Medien teilnimmt. Quelle: Gabler Wirtschaftslexikon. Das Wissen der Experten. Hrsg. Springer Gabler | Springer Fachmedien Wiesbaden GmbH. Wiesbaden. https://wirtschaftslexikon.gabler.de/definition/event-34760 [09.08.2019]

Event bedeutet also Ereignis oder Veranstaltung. Wenn wir nun noch nachsehen, wie Veranstaltung weiterhin definiert wird, können wir bereits eine nähere Bestimmung unseres Berufsbildes ansteuern.

Beispiele → Ergebnisse einer weitergehenden Recherche von Veranstaltungs-Definitionen

- Veranstaltung, die: 1. das Veranstalten. 2. etwas, was veranstaltet wird Quelle: Duden. Wörterbuch. Hrsg. Bibliographisches Institut, Berlin. https://www.duden.de/rechtschreibung/Veranstaltung [09.08.2019]
- Veranstalten „etw., besonders eine (gesellschaftliche) Unternehmung, vorbereiten und organisieren und durchführen [...] **veranstalten Vb.** ‚stattfinden lassen, organisieren, durchführen‘ (1. Hälfte 18. Jh.) ersetzt älteres anstellen ‚organisieren‘ (ein Fest anstellen)“ [...] Quelle: DWDS – Digitales Wörterbuch der deutschen Sprache. Hrsg. Berlin-Brandenburgische Akademie der Wissenschaften. Berlin. https://www.dwds.de/wb/Event [09.08.2019]
- Veranstaltung: „Eine Veranstaltung (in der Schweiz synonym auch als Anlass bezeichnet) ist ein zeitlich begrenztes und geplantes Ereignis, an dem eine Gruppe von Menschen teilnimmt. Dieses Ereignis hat ein definiertes Ziel und eine Programmfolge mit thematischer, inhaltlicher Bindung oder Zweckbestimmung. Die Organisation des Ereignisses liegt in der abgegrenzten Verantwortung eines Veranstalters, einer Person, Organisation oder Institution“ Quelle: Wikipedia. Die freie Enzyklopädie. Hrsg. Wikimedia Foundation Inc. San Francisco, USA. https://de.wikipedia.org/wiki/Veranstaltung, CC-by-sa-3.0 [09.08.2019]
  Als Beispiele nennt das Duden-Synonymwörterbuch:
- Veranstaltung: „Auktion, Ausstellung, Ereignis, Feier[stunde], Fest, Happening, Karnevalssitzung, Konzert, Lesung, Modenschau, Schau, Seminar, Session, Tanz, Theater, Turnier, Vergnügung, Vorlesung [...]“ Quelle: Duden. Wörterbuch. Hrsg.: Bibliographisches Institut GmbH, Berlin. https://www.duden.de/rechtschreibung/Veranstaltung [09.08.2019]

Der vom alten deutschen Wort Anstalten (Anordnung, Vorbereitung, Vorkehrung) abgeleitete Begriff Veranstaltung bedeutet also: etwas (gezielt) stattfinden lassen oder herbeiführen.

Wir kennen dabei im deutschen Sprachgebrauch eingebürgerte Differenzierungen. Wir würden beispielsweise niemals sagen: „Der Zug ist entgleist, was für ein Event!“ Schon eher würden wir sagen: „Was für ein schlimmes Ereignis!“ Dagegen bezeichnen wir die Geburt, die Goldene Hochzeit oder den Lottogewinn als freudiges Ereignis. Der Begriff Ereignis/Event bezeichnet also besondere Geschehnisse, die zufällig oder auch nicht zufällig eintreffen.

Dazu können auch Veranstaltungen zählen. Der Begriff Veranstaltung ist allerdings genauer: Er beschreibt Ereignisse, die von Menschen organisiert werden – also eben nicht natürlich, zufällig oder schicksalhaft eintreffen.

Die bis hierhin durchgeführte Analyse führt uns zu folgendem ersten Definitionsansatz.

→ Ein **Event** ist ein Ereignis oder eine Veranstaltung.
→ Eine **Veranstaltung** ist ein gezielt herbeigeführtes, das heißt organisiertes Ereignis.

Die Veranstaltungswirtschaft in Deutschland lässt sich dabei, basierend auf der Einteilung von Eventgattungen im IHK-Stoffplan für den Geprüften Veranstaltungsfachwirt, in die folgenden vier Segmente unterteilen.

Eröffnung der Elbphilharmonie, Hamburg 2017

1. **Kultur-, Konzert- und Sportveranstaltungen sowie Veranstaltungen im Freizeitsektor, im Hotel, der Touristik und der Gastronomie.** Dieser Bereich stellt das wohl umfangreichste und traditionsreichste Segment dar, also die älteste aller Veranstaltungsformen. Bis heute werden in diesem Bereich, in verkürzter Form auch als **Public Events** bezeichnet, mit Abstand die meisten Veranstaltungen angeboten und mit Abstand die größten Besucherzahlen erreicht. In den ersten beiden Jahrzenten des neuen Jahrtausends wuchsen die Umsätze bei Kultur-, Konzert- und Sportveranstaltungen sogar gegenläufig zum allgemeinen Konjunkturzyklus. Auch in der Freizeit-, Hotel-, Gastronomie- und Tourismuswirtschaft haben die Belegungen von Veranstaltungen in den letzten Jahrzehnten zugenommen.

2. **Messen, Märkte und Ausstellungen.** In unserem Kulturkreis haben sich seit über 1 000 Jahren Messen als bedeutsame und besondere Form der Handelsveranstaltung etabliert. Sie haben sich als kommerzielle Präsentations- und Vermarktungsplattformen entlang der Großhandelswege etabliert. Deutschland ist heute weltweit der Messestandort Nummer 1. Ausstellungen haben sich historisch betrachtet eher parallel zu den Jahrmärkten entwickelt. Sie bereichern in Deutschland die traditionelle, umfangreiche Markt- und Schaustellerkultur. Zu beachten ist, dass als Ausstellungen in diesem zweiten Segment der Veranstaltungswirtschaft die sogenannten Verbrauchermessen im Sinne der Gewerbeordnung bezeichnet werden. Ausstellungen in Museen oder Kunsthäusern sind damit also nicht gemeint. Letztere gelten als Bestandteile des ersten Segments.

3. **Kongresse und Tagungen.** Dieses Segment mit seinem besonderen Bedarf an Veranstaltungsfläche hat sich in Deutschland und Mitteleuropa in den letzten sieben Jahr-

hunderten im Zuge des wissenschaftlichen, gesellschaftlichen und politischen Fortschritts entwickelt. In Mehrzweckhallen sowie Kongress- und Tagungszentren und auch in den Veranstaltungsbereichen von Hotel-, Touristik- und Freizeiteinrichtungen findet dieses lebendige und flexible Veranstaltungsgeschäft zunehmend seinen Platz. Ebenso bildet dieses Segment die lebendige und institutionalisierte Grundlage der modernen Demokratie mit seinen Parlamenten und sonstigen willens- und entscheidungsbildenden Versammlungsräumen.

4. **Eventmarketing-Aktivitäten.** Die Wirtschaft hat in Deutschland in den letzten 70 Jahren Events mehr und mehr zum Bestandteil integrierter Kommunikationsaktivitäten gemacht. Unternehmen organisieren und veranstalten PR- oder Marketing-Events und/oder beauftragen spezialisierte Eventagenturen und Dienstleister mit internen oder externen Kommunikationsveranstaltungen. Zudem hat die Aktienkultur einen zunehmenden Bedarf an Live-Kommunikation in Form von Hauptversammlungen erzeugt. Werbeagenturen und Messebauer spezialisieren sich auf Marketing-Events und rücken in den Eventmarketing-Markt nach. Eventmarketing-Aktivitäten werden im Folgenden zusammenfassend als Business-Events bzw. Marketing-Events bezeichnet und umfassen hierbei im Übrigen auch das Ausstellen auf Messen.

In den letzten Jahrzehnten hat also auch die Wirtschaft Veranstaltungen zunehmend als wirksames Kommunikationsinstrument für sich entdeckt. Parallel dazu hat sich der neue Fachbegriff Marketing-Event herausgebildet. Gemeint ist damit ein Event, das im Dienst eines Unternehmens den Absatz steigern soll. Das Besondere ist hier im Vergleich mit anderen Eventformen das Ziel: Während „gewöhnliche“ Veranstaltungen meistens direkter Selbstzweck sind, soll bei Marketing-Events mithilfe einer Veranstaltung in der Regel ein wirtschaftlich ausgerichtetes Unternehmensziel erreicht werden. (Mehr dazu in den Lernfeldern 4, 8 und 9.) Da der Begriff Event im allgemeinen Sprachgebrauch positiv besetzt ist, wird er im Werbe- und Marketingjargon geradezu inflationär verwendet. Vieles wird heutzutage als besonderes Event bezeichnet. Nehmen wir zum Beispiel „RTL Eventkino“ – der Sender RTL ist dabei nicht einmal Kino, sondern profanes Fernsehen. Event wird zunehmend als Etikett für vermeintlich außergewöhnliche, positive Ereignisse benutzt, um diese emotional aufzuwerten.

Von nun an werden wir zur Präzisierung und Abgrenzung nicht immer von Events, sondern genauer von Live-Events sprechen. Live-Events richtet fast jeder aus – Privatpersonen, Behörden, Institutionen, Parteien, Unternehmen und nicht zuletzt Veranstalter und Locations in Gestalt von betriebswirtschaftlich oder kulturell orientierten Unternehmen.

AUFGABE

Erarbeiten Sie gemeinsam mit Ihren Mitschülern eine erweiterte Definition, die den Begriff Event kennzeichnet und prägnant beschreibt. Hinweis: Gehen Sie dabei gezielt auf die besonderen Kriterien ein, die ein Event ausmachen.

Live-Event: Einordnung und Kategorisierung

Live-Events haben ihren Ursprung im traditionellen Zusammenkommen der Menschen eines Kulturkreises, meist in kulturell, gesellschaftlich oder religiös begründeten Handlungszusammenhängen. Sie werden seit jeher veranstaltet – schon die Olympischen Spiele 760 v. Chr. waren im kulturellen Zusammenhang ein epochales Großereignis. Dabei scheint es in der Natur des Menschen zu liegen, sich zu versammeln. Man kommt gerne zusammen, um zu feiern, Botschaften zu verbreiten oder die Kräfte zu messen. Und jeder ist im Leben mindestens einmal Gastgeber – ob beruflich oder privat.

Veranstaltungen können privaten, unterhaltenden, kulturellen oder kommerziellen Charakter haben. Sie fördern den kommunikativen Austausch und die Begegnung von Menschen. Sie entsprechen dem inneren menschlichen Bedürfnis nach Geselligkeit – ohne Live-Events hätten wir weniger Kontakte, weniger Austausch, vielleicht einen engeren Horizont und im Zweifel weniger gute Laune. Live-Event-Besucher suchen Traum- und Erlebniswelten und wollen dem Alltäglichen entfliehen. Allesamt Werte, die in einer immer stärker individualisierten, anonymen und durch elektronische bzw. digitale Kommunikationsmittel geprägten Gesellschaft wichtige und erlebbare Ausgleichspendel darstellen.

Stand auf der Prolight + Sound, Frankfurt 2017

In der westlichen Welt haben sich, historisch grob betrachtet, zwei Arten von Live-Events herausgebildet:

- geschlossene Veranstaltungen für gesellschaftliche Eliten, zum Beispiel der Wiener Hofball oder die Bambi-Verleihung. Derartige Veranstaltungen werden im Allgemeinen als gesellschaftliches Ereignis bezeichnet;
- offene Veranstaltungen mit Attraktionen für die große Masse der Bürger, zum Beispiel der jährliche Jahrmarkt oder das Mystery Castle im Phantasialand in Brühl. Sie gelten im Allgemeinen als öffentliche Ereignisse.

Eine weitergehende Unterteilung unterscheidet zwischen den folgenden drei Kategorien von Live-Events:

- die häufigste Variante der öffentlichen Ereignisse für gewöhnliche Bürger. Wir bezeichnen sie in diesem Buch zunächst als Public Events;

- die in den Maßnahmen der Marketingkommunikation verankerten gesellschaftlichen Ereignisse von oder für Unternehmen, auch Marketing-Events genannt. Wir bezeichnen sie in diesem Buch zunächst als Business-Events;
- die selteneren gesellschaftlichen Ereignisse für Eliten. Wir bezeichnen sie in diesem Buch einführend als High-Society-Events.

Die zahlenmäßig größte Bedeutung haben Public Events, das heißt öffentlich zugängliche Veranstaltungen. Den Begriff Public Event benutzen wir in diesem Buch zunächst als Sammelbegriff für Kultur-, Konzert- und Sportveranstaltungen (siehe Segment 1 der Veranstaltungswirtschaft, siehe Auflistung S. 17), um den meist öffentlichen Charakter dieser Arten von Veranstaltungen herauszustellen. Public Events werden hauptsächlich zum Zweck der Unterhaltung von einem offenen Besucherkreis frequentiert. Brauchbare statistische Erhebungen dazu existieren leider nicht – wir können jedoch von einer Quote von bis zu 75 % der bundesweit durchgeführten Veranstaltungen ausgehen. Nicht zu unterschätzen ist dabei der Anteil von Schützenfest, Fasching/Karneval und dergleichen – zwar nicht immer megamodern, aber immer schon für die breite Masse anziehend. Public Events sind dementsprechend das häufigste Betätigungsfeld von Veranstaltungskaufleuten und werden in diesem Buch ausführlich behandelt.

Ursprung und Einordnung von Live-Events

Im Zeitalter der modernen Marktwirtschaften hat sich die Kategorie der Business- bzw. Marketing-Events (Unternehmensveranstaltungen im Rahmen von Eventmarketing-Aktivitäten) als Veranstaltungsform der wirtschaftlichen Eliten etabliert. Dabei ist der Aspekt berücksichtigt, dass sich ein solches Business-Event auch direkt an eine breite Käuferschicht wenden kann (und damit qua Definition gleichfalls zum Public Event wird). Business-Events sind neben Public Events heute das zweite klassische Betätigungsfeld von Veranstaltungskaufleuten und werden in diesem Buch ebenfalls ausführlich behandelt; in vielen schriftlichen IHK-Abschlussprüfungen der letzten Jahre bilden Marketing-Events darüberhinaus den Themenschwerpunkt des ersten, offenen Prüfungsteils 1.1 (Veranstaltungsorganisation).

High-Society-Events sind aufmerksamkeitsstarke Veranstaltungen der gesellschaftlichen Eliten, die in den am Mainstream orientierten Medien gerne ein starkes Echo erfahren. Sie werden in diesem Buch nur am Rande angeschnitten.

In unserer bisherigen Auflistung nicht erfasst sind Veranstaltungen, die primär der politischen und demokratischen Willensbildung dienen. Diese können in einer erweiterten Optik der Kategorie Public Events zugeordnet werden. Ebenso nicht erfasst sind weitere Sonderformen (auch Special Events genannt) sowie Benefizveranstaltungen (Social Events).

Ob nun der Schwerpunkt des Veranstaltungskaufmanns oder Eventmanagers in der Organisation der einen oder anderen Live-Event-Kategorie liegt oder ob er mit mehreren oder allen Erscheinungsformen zu tun hat – es erscheint erst einmal sinnvoll, das Phänomen Live-Event genauer zu umreißen.

Charakteristika von Live-Events

Um uns genauer mit den besonderen Merkmalen von Live-Events zu beschäftigen, wollen wir einen kleinen Schlenker fliegen. Bevor im Jahr 2001 der Lehrberuf „Veranstaltungskaufmann/Veranstaltungskauffrau" eingeführt wurde, war ein Teil der Veranstaltungsbranche (speziell die Theater- und Konzertunternehmen) mit dem Berufsbild „Kaufmann/Kauffrau für audiovisuelle Medien" verknüpft. Dieses ist im Jahr 1998 eingeführt worden und bezieht sich auf die Film-, Fernseh-, Video-, Multimedia- und Musikindustrie sowie Radio und Hörfunk.

Die Kaufleute für audiovisuelle Medien gehören zwar sicherlich zu unseren nächsten Branchenverwandten. Doch wir gehören dort nicht wirklich hin. Also wollen wir zunächst herauszuarbeiten, wo der genaue Unterschied zwischen den Branchen liegt.

AUFGABEN

1. Nennen Sie neben den Kaufleuten für audiovisuelle Medien weitere vier IHK-Ausbildungsberufe, die eine konkrete fachliche Verwandtschaft oder Nähe zu den Veranstaltungskaufleuten haben.
2. Was unterscheidet die Veranstaltungswirtschaft von der Branche der audiovisuellen Medien?
3. Erläutern Sie, was das Besondere an einem Live-Event ist. Welches grundlegende Merkmal ist – trotz aller Überschneidungen – in den verwandten Ausbildungsberufen nicht so deutlich ausgeprägt?

Für eine Veranstaltung benötigen wir die folgenden grundlegenden „Zutaten":

- eine Aktionsfläche (meistens eine Bühne),
- Darsteller oder eine Darstellung,
- ein Publikum (das heutzutage auch gerne mit eingebunden wird).

Ein **Live-Event** ist eine geplante, nicht alltägliche Veranstaltung, die auf einer Aktionsfläche (häufig einer Bühne) stattfindet und ein Publikum live (das heißt in Echtzeit), in der Regel sichtbar, direkt und unmittelbar anspricht. Das Publikum besteht im Normalfall aus mehreren Personen.

Bühne und Publikum aus Sicht der Technik beim Live Entertainment Award, Frankfurt 2015

Das Besondere an Live-Events ist einerseits die Direktheit der erlebbaren Kommunikation und andererseits das in der Regel positive emotionale Erlebnis, das eine nachhaltige gefühlsdominierte Erinnerung beim Besucher schafft. Das Besondere von Live-Events wird im Vergleich mit dem Fernsehen gut deutlich. Betrachten wir zum Beispiel ein Live-TV-Format. Hier gibt es fast alles, was es auch bei Veranstaltungen gibt: eine Bühne beziehungsweise Aktionsfläche, Darsteller, Publikum, sichtbar ist es ebenfalls, und live auch. Es ist nicht alltäglich und es sind mehrere Personen beteiligt. Viele TV-Formate sind übrigens zugleich auch Veranstaltungen im Sinne unserer Definition. Doch gilt dies nicht für alle Zuschauer – der Unterschied zum Live-Event liegt darin, dass beim TV ein Großteil der Zuschauer nicht direkt und unmittelbar angesprochen wird; zwischen ihnen und dem Geschehen liegen selbst bei einer Livesendung Kamera, Kabel, Satellit oder Antenne und der Fernsehbildschirm.

Es fehlt also das Kriterium der direkten, unmittelbaren Kommunikation. Und genau dies ist auch das Alleinstellungsmerkmal (die USP – Unique Selling Proposition) und die große Stärke von Veranstaltungen. Es ist, gemessen am Erlebniswert und der nachhaltigen emotionalen Verankerung, ein entscheidender Unterschied, ob beispielsweise ein Fan der Toten Hosen

- die aktuelle CD hört,
- eine DVD mit Liveaufzeichnungen sieht,
- eine Liveübertragung im TV genießt oder
- live beim Konzert in einer Arena anwesend ist.

Denken Sie selbst an Ihre besten Konzerterlebnisse – emotional geht nichts über die Teilnahme an einem Live-Event!

Übrigens ist die Veranstaltung im Grunde auch die Mutter der audiovisuellen Medien – für die künstlerischen Formen gilt hier speziell das Theater als Ursprung. Vor allem TV, Kino und Radio haben sich historisch gesehen aus diesem Live-Medium heraus entwickelt.

Sie haben jedoch im direkten Vergleich den entscheidenden Vorteil, auf einen Schlag wesentlich mehr Zuschauer oder Zuhörer zu erreichen, als wir das mit einer Veranstaltung könnten. Und genau dieser Umstand der beschränkten Reichweite ist im Vergleich ein kleiner Nachteil unserer Branche – er mindert in gewisser Weise die Wirksamkeit und die Effektivität unseres Live-Event-Formats.

Begriffsanalyse: Veranstaltungs-/Eventmanagement

Noch bis Ende des zwanzigsten Jahrhunderts war ein Manager entweder ein Künstler- bzw. Sportlerbetreuer oder eine Führungspersönlichkeit in einem Konzern. In der modernen Berufswelt hat die Häufigkeit, mit der die Tätigkeitsbezeichnung Manager benutzt wird, schon beinahe inflationäre Ausmaße angenommen. So ist ein Duty Manager heutzutage jemand, der an der Hotelrezeption seinen Dienst verrichtet. Ein Facility Manager ist ein moderner Hausmeister mit Unternehmensgebäude-Verantwortung.

Die Bezeichnung Junior Manager Marketing bedeutet häufig, dass man ein Marketing-Berufseinsteiger ist, Manager Marketing kann als Marketing-Sachbearbeiter übersetzt werden, und ein Senior Manager ist ein verdienter Angestellter mit Erfahrung und Verantwortung, allerdings ohne Führungsverantwortung gegenüber Mitarbeitern – ihm ist in der Regel ein Abteilungsleiter übergeordnet.

Etwas zu managen bedeutet einerseits, etwas zu bewerkstelligen oder zu verwalten und andererseits, etwas zu leiten/zu führen. Inhaltlich auf Events bezogen bedeutet Eventmanagement also, Veranstaltungen gleich welcher Art zu organisieren und abzuwickeln. Es kann auch bedeuten, diese Arbeit leitend zu bewältigen.

Eventmanagement (oder auf Deutsch: Veranstaltungsorganisation) ist die Konzeption, Planung, Organisation, Durchführung und Nachbereitung von Veranstaltungen, das heißt gezielt herbeigeführten Ereignissen.

Eventmanagement beschreibt also, unabhängig von der Kategorie des Events und vom Ziel des Events, das „Machen“ von Live-Events.

Public Event versus Business-Event

Gemeinsamkeiten

Zwischen Public Events und Business-Events gibt es eine Reihe von Gemeinsamkeiten:

- Beide müssen konzeptioniert, geplant, organisiert, durchgeführt und nachbereitet werden.
- Für beide Eventarten benötigt man gründliche Kenntnisse, Fertigkeiten und Erfahrung im Eventmanagement.
- In beiden Betätigungsfeldern benötigt man gut ausgebildete Veranstaltungskaufleute.

In der beruflichen Praxis finden sich allen Gemeinsamkeiten zum Trotz deutliche Unterschiede zwischen den Bereichen. Jemand, der ein Konzert bereits perfekt organisiert, tut sich vielleicht erst einmal schwer, ohne Weiteres den Auftritt eines Unternehmens auf einer Fachmesse, eine Mitarbeitermotivationsveranstaltung oder eine Incentive-Veranstaltung für Vertriebsmitarbeiter zu organisieren (und eventuell gilt auch das Umgekehrte).

Doch nicht erst in der beruflichen Praxis, sondern schon in der Ausbildung lohnt es sich, konsequent Know-how in beiden Bereichen aufzubauen und zu trainieren. Schließlich wird in der IHK-Abschlussprüfung Stoff aus allen Gebieten abgefragt. Und wer weiß, in welchem Betrieb man später mal genau landet und welche Art von Veranstaltungen man dort organisieren wird …

Unterschiede

AUFGABEN

1. Bilden Sie Arbeitsgruppen und listen Sie in einem Brainstorming Ihnen bekannte Arten von Public Events und Business-Events tabellarisch auf.
2. Listen Sie in einer Vergleichstabelle die wesentlichen Unterschiede zwischen den beiden Eventkategorien auf. Vergleichen Sie Ihr Ergebnis anschließend mit der Auflistung in diesem Kapitel.
3. Tauschen Sie sich in Ihren Teams darüber aus, in welchem Bereich Sie am liebsten arbeiten würden. Begründen Sie Ihre Entscheidung und präsentieren Sie das Ergebnis.

Nutzen Sie für die Teamarbeit die Informationen aus dem folgenden Ausbildungsprofil des Bundesinstituts für Berufsbildung (BIBB).

Informationen zu Aus- und Fortbildungsberufen

Veranstaltungskaufmann/Veranstaltungskauffrau (Ausbildung)
Profil der beruflichen Handlungsfähigkeit
Konzipieren, Organisieren, Durchführen und Nachbereiten von Veranstaltungen, kunden- und projektorientiertes Arbeiten im Team und Treffen von kaufmännischen Entscheidungen, Dienstleistungsbereitschaft, Kreativität und Improvisationstalent, Beobachten des Marktgeschehens, Erarbeiten und Durchführen von Marketingkonzepten, Informieren, Beraten und Betreuen von Kunden, Anwenden von sozialer und kommunikativer Kompetenz, Mitentwickeln von zielgruppengerechten Veranstaltungskonzepten, Präsentieren von Konzepten und Ergebnissen, Kalkulieren und Bewerten von Veranstaltungsrisiken, Erstellen und Umsetzen von Ablauf- und Regieplänen, Zusammenarbeiten z. B. mit Künstlern, Architekten, Designern, Technikern, Produzenten und Agenten, Berücksichtigen von veranstaltungstechnischen Anforderungen und Gegebenheiten, Beachten von veranstaltungs-, steuer- und abgabenrechtlichen Vorschriften, Gestalten und Prüfen von Veranstaltungsverträgen, Nutzen von Informations- und Kommunikationssystemen, Gestalten und Koordinieren der Organisationsabläufe und Verwaltungsprozesse, Bearbeiten von kaufmännischen Geschäftsvorgängen und Durchführen von Kalkulationen, Mitwirken an der Kosten- und Erlösplanung, Einsetzen von Methoden der Arbeitsplanung und -kontrolle, Bearbeiten von personalwirtschaftlichen Vorgängen, Arbeiten im internationalen Umfeld unter Anwendung von Fremdsprachen.

Berufliche Tätigkeitsfelder
Einsatzgebiete für Veranstaltungskaufleute sind Veranstaltungsbetriebe wie Konzertveranstalter, Künstleragenturen, Eventagenturen oder Veranstalter von Kongressen, Tagungen und

Konferenzen. Sie können jedoch auch in Messe- und Ausstellungsgesellschaften oder in Bereichen der kommunalen Verwaltung tätig werden, z.B. in Stadt- und Mehrzweckhallen, Stadtmarketing-, Kultur- und Jugendämtern, die Veranstaltungen unterschiedlicher Art anbieten.

Quelle: Informationen zu Aus- und Fortbildungsberufen. Veranstaltungskaufmann/Veranstaltungskauffrau (Ausbildung). Berufssuche. Hrsg. Bundesinstitut für Berufsbildung (BIBB). Bonn. https://www.bibb.de/de/berufeinfo.php/profile/apprenticeship/35243333 [01.08.2019]

Die Tabelle fasst wichtige Unterschiede zwischen Public Events und Business-Events zusammen.

	Public Events	**Business-Events**
Typische Formen	Disco, Konzerte, Theater- und Opernaufführungen, Festspiele, Musicalgastspiele, Festivals, Partys, Feste und Feiern, Ausstellungen, Sportveranstaltungen, Jahrmärkte, Erlebnisparks, Erlebnisgastronomie, Paraden, Vernissagen, Kurse und Schulungen, Kinoveranstaltungen, Live-TV-Formate	Messen, Produktpräsentationen, Incentives, Hauptversammlungen, Mitarbeiterveranstaltungen, Schulungen, Motivations-Events, Kongresse und Tagungen, Workshops, Promotions, Roadshows, Pressekonferenzen, Tage der offenen Tür, Consumer-Events
Besucherkreis	in der Regel für einen offenen Besucherkreis zugänglich	häufig geschlossene Veranstaltungen von oder für wirtschaftliche Zielgruppen
Ziel	in erster Linie die (emotionalisierende) Unterhaltung des Publikums	Nutzung der Faktoren „Unterhaltung" und „Emotionalisierung" für das Ziel der direkten oder indirekten Steigerung des Absatzes eines Produkts, einer Marke, einer Dienstleistung oder eines Unternehmens
Erlösorientierung	werden in der Regel durch einen Veranstalter mit oder ohne Gewinnabsicht organisiert, ggf. auch unter Verwendung von Zuschüssen	werden in der Regel durch ein Unternehmen oder eine beauftragte Eventagentur mit der Absicht der Absatzförderung organisiert
Finanzierung	arbeiten in der Regel mit Erlösszenarien über den Ticketverkauf (Ticketing) oder mit kulturellen Budgets	werden in der Regel budgetiert, das heißt, das Unternehmen stellt einen gewissen Betrag für die Umsetzung zur Verfügung (Budget). Ausnahmen: Kongresse und Messen mit Ticketing
Produktbezug	Das Public Event selbst ist das Produkt, das vermarktet wird.	Das Business-Event hilft einem anderen Produkt, vermarktet zu werden.
Werbung	Für Public Events benötigen wir Werbung. Wir müssen Aufmerksamkeit für unser Produkt schaffen.	Bei Business-Events sind wir Teil der Werbung eines Unternehmens, wir schaffen Aufmerksamkeit für ein anderes Produkt.

Nach diesem einführenden Event-Astronauten-Training geht es jetzt los in das erste Lernfeld unseres exklusiven Raumflugs durch das Event-Universum: Den Veranstaltungsbetrieb erkunden und darstellen.

1 Den Veranstaltungsbetrieb erkunden und darstellen

Zum Einstieg

Michaela Meierhofer hat im August ihre Ausbildung zur Veranstaltungskauffrau in der Juniversal Event- und Veranstaltungsagentur GmbH in Berlin begonnen. Thomas Wiczorek ist nach einer Probezeit in den Sommerferien als Auszubildender zum Veranstaltungskaufmann in der Stadtverwaltung Fürth angenommen worden. Der Ausbildungsplatz wurde im Kulturamt eingerichtet, nachdem die Veranstaltungsreihe „Fränkischer Kultursommer" regional und überregional immer beliebter und erfolgreicher geworden war. Er befindet sich in der vom Kulturamt betriebenen Stadthalle. Fatma Öztürk hat soeben ihre Ausbildung bei der Grohte Sanitär- und Einrichtungstechnik AG in Aurich angetreten. Der exportorientierte Konzern führt neben der regelmäßigen Aktionärsversammlung und Messeauftritten eine ganze Reihe von Seminaren, Produktpräsentationen und Produktschulungen für die Mitarbeiter sowie die Vertriebs- und Kooperationspartner durch, die in einem eigenen, der Marketing- und Vertriebsabteilung zugeordneten Bildungszentrum stattfinden. Lulu Lobenthal hilft schon seit einem Jahr in der Kölner Konzertagentur Dick Bäcker Live Entertainment bei Rockkonzerten als Projektassistentin auf Honorarbasis aus. Der Inhaber und Einzelunternehmer hat im September beschlossen, für Lulu einen ständigen Ausbildungsplatz einzurichten.

Nach einem Ausbilderarbeitstreffen in der Berufsschule erhalten alle vier Auszubildenden die Aufgabe, ihren Betrieb zu präsentieren. Die Ergebnisse ihrer Recherche sollen sie zu einer Präsentation aufbereiten und dem jeweiligen Ausbilder sowie in der Berufsschule vorstellen. Die Auszubildenden überlegen sich die folgenden Fragen:

- → Welche typischen Unternehmen sind in der Veranstaltungsbranche vertreten? Wo machen die anderen Auszubildenden, die ich in der Berufsschule treffe, ihre Ausbildung?
- → Zu welcher Gruppe gehört mein Ausbildungsunternehmen?
- → Was sind die gängigsten Rechtsformen der Unternehmen in der Branche?
- → Welche Rechtsform hat mein eigenes Ausbildungsunternehmen?
- → Wie ist mein Ausbildungsbetrieb aufgebaut und organisiert? Wie kann ich dies visuell darstellen?
- → Was ist ein Unternehmensleitbild, und wie entsteht Corporate Identity?
- → In welchen Fachverbänden kann sich ein Unternehmen der Veranstaltungsbranche professionell organisieren?
- → Woher weiß ich, welche Aufgaben zu erledigen sind, und wie ist das generell organisiert?
- → Wie lassen sich Betriebsabläufe grafisch darstellen?

- Was ist in der Veranstaltungsbranche möglicherweise anders als in anderen Branchen?
- Welche Produkte werden in der Regel angeboten?
- Wer sind die typischen Kunden meines Ausbildungsbetriebs?
- Wie erstelle ich – möglichst mithilfe eines Computerprogramms oder einer Online-Applikation – eine ansprechende und zeitgemäße Präsentation?

1.1 Typische Unternehmen in der Veranstaltungsbranche

Auszubildende in einem Veranstaltungsbetrieb

In Anlehnung an die Berufsbildbeschreibung des BIBB lassen sich die in der Veranstaltungsbranche typischen Unternehmen in drei Gruppen unterteilen. In allen Bereichen arbeiten Fachleute für Event- und Veranstaltungsmanagement. Die erste Gruppe umfasst die Veranstaltungsbetriebe bzw. die Dienstleistungsunternehmen der Veranstaltungsbranche.

Beispiele → Veranstaltungsbetriebe und Dienstleistungsunternehmen der Veranstaltungsbranche

- Konzertveranstalter
- Kulturveranstalter
- Sportveranstalter
- Gastspieldirektionen
- Künstleragenturen
- Künstlermanager
- Betreiber von Veranstaltungsstätten (Locations)
- Theater
- Marketing-Event-Agenturen
- Messe- und Ausstellungsgesellschaften
- Messebaufachunternehmen
- Kongress- und Tagungsveranstalter
- Professional Congress Organizer (PCO)
- Eventdienstleister
- Veranstaltungstechnik-Anbieter

Diese Unternehmen haben es sich in der Regel zur Aufgabe gemacht, Veranstaltungen zu planen, durchzuführen und nachzubereiten sowie Dienstleistungen für Veranstaltungen bereitzustellen. Die Unternehmen verstehen sich als dienstleistungsorientierte Profis für alle Fragen zum Thema Live-Event. Auftraggeber dieser spezialisierten Betriebe sind Unternehmen der ausstellenden Wirtschaft, Privatpersonen oder öffentliche Institutionen.

Die zweite Gruppe umfasst Unternehmen der ausstellenden Wirtschaft.

Unternehmen der ausstellenden Wirtschaft sind Unternehmen aus allen Wirtschaftszweigen, die Präsentationen auf Messen und andere Veranstaltungen, auch innerbetriebliche, als Marketinginstrumente einsetzen.

Die Unternehmen in der zweiten Gruppe erzielen ihre Umsätze in erster Linie mit der Herstellung oder dem Vertrieb von Produkten und/oder Dienstleistungen. Bei ihnen haben Veranstaltungen im Bereich der Marketingkommunikation, das heißt etwa in Form von Messeauftritten oder besonderen Eventmarketingmaßnahmen, und innerbetrieblich, das heißt etwa in Form von Seminaren oder Events zur Mitarbeitermotivation und -kommunikation, einen wachsenden Stellenwert. Die Unternehmen haben eigene Mitarbeiter oder Abteilungen, die Veranstaltungen durchführen und dabei je nach Bedarf zusätzlich Dienstleistungsbetriebe der Veranstaltungsbranche beauftragen. Das Format Live-Event wird in den Unternehmen genutzt, um den Abverkauf von Produkten, Marken oder Dienstleistungen direkt oder indirekt zu unterstützen.

In der dritten Gruppe sind Betriebe der kommunalen Verwaltung und andere öffentliche Institutionen versammelt, die Veranstaltungen unterschiedlichster Art anbieten.

Beispiele → Betriebe der kommunalen Verwaltung und andere öffentliche Institutionen

- → Stadt- und Mehrzweckhallen
- → Stadtmarketing-, Kultur- und Jugendämter
- → öffentliche oder gesellschaftliche Organisationen und Institutionen
- → Sportvereine

Die kommunalen und sonstigen öffentlichen Träger führen Veranstaltungen eigenständig oder in Kooperation mit Veranstaltungsbetrieben durch. Auch befinden sich an vielen Standorten Veranstaltungslocations wie Stadthallen und Bürgerhäuser im Besitz der öffentlichen Hand. Sie versorgen die Bevölkerung mit kulturellen und sportlichen Angeboten oder stellen Live-Events in den Kontext gesellschaftlicher und politischer Bildung. Die Budgets für diese Veranstaltungen stammen häufig aus Steuermitteln, werden jedoch in Zeiten allgemeiner Geldknappheit der Kommunen immer stärker beschnitten. Deshalb passen viele Veranstalter, die kommunalen Verwaltungen unterstehen, ihre Arbeitsweise immer stärker derjenigen der gewinnorientierten Veranstaltungsbetriebe der freien Wirtschaft an. Da die Zuweisungen aus öffentlichen Mitteln immer seltener ausreichen, sind sie zur Refinanzierung zunehmend auf den Ticketverkauf und die Unterstützung durch Sponsoren oder Kooperationspartner angewiesen.

AUFGABEN

1. Ordnen Sie die Ausbildungsbetriebe der Auszubildenden Meierhofer, Wiczorek, Öztürk und Lobenthal den drei genannten Gruppen der Veranstaltungsbranche zu. Begründen Sie Ihre Entscheidung.
2. Nennen Sie wichtige Kunden (Besucher bzw. Auftraggeber) der vier Ausbildungsbetriebe. Beschreiben Sie jeweils den typischen Geldfluss zwischen dem Kunden und dem Ausbildungsbetrieb.
3. Nennen Sie für jeden der vier Veranstaltungsbetriebe ein typisches Live-Event. Listen Sie jeweils infrage kommende Vertragspartner, Dienstleister und Kooperationspartner auf, die Sie kennen.

1.2 Unternehmensformen in der Veranstaltungsbranche

In der Veranstaltungsbranche können wie in anderen Wirtschaftsbereichen auch alle Unternehmensrechtsformen vertreten sein. Es finden sich sowohl Einzelunternehmen und andere Personengesellschaften als auch GmbHs und andere Kapitalgesellschaften. Auffällig ist die in der Veranstaltungsbranche vergleichsweise hohe Anzahl von Freiberuflern oder selbstständigen Gewerbetreibenden, die auf eigene Rechnung arbeiten.

1.2.1 Freiberufler versus selbstständige Gewerbetreibende

Freiberuflich Tätige sind Personen, deren berufliche Tätigkeit nicht der Gewerbeordnung unterliegt. Historisch betrachtet, hat sich dieses Privileg im Zug der bürgerlichen Revolutionen herausgebildet, in deren Verlauf bestimmte Berufsgruppen ihre Unabhängigkeit von staatlicher Reglementierung erstritten. Freie Berufe haben die persönliche, eigenverantwortliche und fachlich unabhängige Erbringung von Dienstleistungen im Interesse von Auftraggeber und Allgemeinheit auf der Grundlage einer besonderen beruflichen Qualifikation oder schöpferischen Begabung zum Inhalt. Generell kann man sagen, dass ihre Tätigkeit dem Staat und der Gesellschaft dient. In § 18 Einkommensteuergesetz (EStG) werden die freien Berufe etwas enger gefasst und in wissenschaftliche, künstlerische, schriftstellerische, unterrichtende und erzieherische sowie ähnlich gelagerte Tätigkeiten untergliedert.

Der Gesetzgeber versteht als **freiberufliche Tätigkeit** die selbstständige Berufstätigkeit von Ärzten, Zahnärzten, Tierärzten, Rechtsanwälten, Notaren, Patentanwälten, Vermessungsingenieuren, Ingenieuren, Architekten, Handelschemikern, Wirtschaftsprüfern, Steuerberatern, beratenden Volks- und Betriebswirten, vereidigten Buchprüfern, Steuerbevollmächtigten, Heilpraktikern, Dentisten, Krankengymnasten, Journalisten, Bildbe richterstattern, Dolmetschern, Übersetzern, Lotsen und ähnlicher Berufe. Dabei ist es unerheblich, ob der Freiberufler fachlich vorgebildete Arbeitskräfte beschäftigt. Maßgeblich ist allein seine leitende und eigenverantwortliche Tätigkeit aufgrund von eigenen Fachkenntnissen.

Freiberufler werden steuerlich genauso behandelt wie selbstständige Unternehmer, die Einkünfte aus Gewerbebetrieben erzielen. Die Vorschriften der Gewerbeordnung gelten für Freiberufler allerdings nicht. Gemeinsam ist den freiberuflichen Tätigkeitsgebieten, dass sie direkt oder indirekt der Gemeinschaft oder Gesellschaft dienlich sind. Viele freiberufliche Tätigkeiten, beispielsweise die eines Arztes, Rechtsanwalts oder Notars, werden in Deutschland durch sogenannte Standesordnungen geregelt.

MERKE

- → Selbstständige Gewerbetreibende sind in der Regel Unternehmer mit einem Gewerbeschein, den sie zum Beispiel aufgrund der Anmeldung ihres Gewerbes beim Gewerbeamt in ihrer Gemeinde erhalten haben.
- → Freiberufler sind Unternehmer, die zur Ausübung ihrer selbstständigen Erwerbstätigkeit keinen Gewerbeschein benötigen.

Unter den in Deutschland im Jahr 2018 erfassten rund 1 407 000 Freiberuflern bilden die etwa 329 000 Kulturschaffenden eine der größten und wohl auch buntesten Gruppen (Datenquelle: statista.com). Hierzu zählen auch diejenigen Musiker, die nicht abhängig beschäftigt sind und für wechselnde Auftraggeber tätig sind. In der Tabelle sind Kategorien von typischen freien Berufen und entsprechende Beispiele zusammengestellt.

Juristische Berufe	Rechtsanwalt, Patentanwalt
Betriebswirtschaftliche Berufe	Wirtschaftsprüfer, vereidigter Buchprüfer, Steuerberater, Steuerbevollmächtigter, beratender Betriebs- oder Volkswirt
Heilberufe	Arzt, Apotheker (außer Verkauf), Tierarzt, Zahnarzt, Heilpraktiker, Hebamme, Physiotherapeut/Krankengymnast, psychologischer Psychotherapeut, Ergotherapeut, Logopäde
Kreative und publizistische Berufe	bildender und darstellender Künstler, Musiker, Komponist, Regisseur, Choreograf, Grafiker, Designer, Journalist/Reporter, Videojournalist/Fotojournalist (Bildberichterstatter), Dolmetscher/Übersetzer
Naturwissenschaftliche und technische Berufe	Diplom-Ingenieur (z. B. Sachverständiger, Architekt, Stadtplaner, Innenarchitekt oder Landschaftsarchitekt), Diplom-Biologe, Diplom-Chemiker, Handelschemiker, Diplom-Bauingenieur, Diplom-Vermessungsingenieur, Diplom-Informatiker, Lotse
Pädagogische Berufe	Dozent, Erzieher und Lehrer (auch Musiklehrer), Tagesmutter

Freie Berufe – Kategorien und Beispiele

Nicht zu den freien Berufen gehört die Ausübung eines Gewerbes bzw. die Bewirtschaftung eines Gewerbebetriebs, eine Land- und Forstwirtschaft, die Verwaltung eigenen Vermögens oder die selbstständige Ausübung eines Berufes, der nicht unter die oben aufgeführte Definition fällt, zum Beispiel ein Hellseher. Der Status der Freiberuflichkeit kann auch dann verneint werden, wenn ein Freiberufler vornehmlich gewerbliche Leistungen erbringt. Hierzu gehört beispielsweise der Verkauf von Waren durch einen Apotheker. Manche Freiberufler müssen auch Gewerbesteuer zahlen, zum Beispiel Unternehmensberater. Eine Kapitalgesellschaft kann, unabhängig von der Art ihrer wirtschaftlichen Aktivität, nicht als freiberuflich behandelt werden, anders als bestimmte Personengesellschaften, z. B. die als Gesellschaft des bürgerlichen Rechts (GbR) organisierte Musikgruppe – ihre Mitglieder gelten als Freiberufler.

Begriffsabgrenzung: Als freie Mitarbeit wird generell die Mitarbeit von selbstständigen oder scheinselbstständigen Personen bezeichnet, bei der die Betreffenden auf eigene Rechnung tätig werden und nicht beim Empfänger der Arbeitsleistung angestellt und dementsprechend Arbeitnehmer sind oder sein müssten. Zum Beispiel werden in vielen Redaktionen und Verlagshäusern feste Stellen eingespart, und die dort bisher verrichtete Arbeit wird auf freie Mitarbeiter verlagert. Die Deutsche Rentenversicherung entscheidet im Zweifel im sogenannten Statusfeststellungsverfahren über die Einstufung als Angestellter, selbstständiger freier Mitarbeiter (mit Gewerbeschein) oder freiberuflich Tätiger.

1.2.2 Typische gewerbliche Unternehmensformen

Obwohl die freiberuflichen Unternehmensformen in der Veranstaltungsbranche vergleichsweise häufig vertreten sind, bewegt sich die deutliche Mehrzahl der Unternehmen im Rahmen der Gewerbeordnung und auf Basis des Bürgerlichen Gesetzbuchs (BGB) sowie des Handelsgesetzbuchs (HGB). Wer ein Gewerbe betreiben will, steht vor der Frage, welche Rechtsform sein Unternehmen haben soll. Die gewählte Rechtsform bestimmt den gesetzlichen Bezugsrahmen und hat beispielsweise Folgen für die Form der Buchhaltung, die Regelungen zu Geschäftsführung, Vertretung und Haftung sowie die erforderliche Kapitalgrundlage.

Als Unternehmensform bezeichnet man die Verfasstheit bzw. die Rechtsform der Unternehmung. Hierbei werden die Rechtsbeziehungen im Innenverhältnis und im Außenverhältnis reguliert.

Die folgende Tabelle zeigt eine Übersicht typischer Unternehmensformen.

Personengesellschaften	Einzelunternehmung	Kapitalgesellschaften	Sonstige Unternehmen
→ Kommanditgesellschaft (KG) → Offene Handelsgesellschaft (OHG) → Gesellschaft des bürgerlichen Rechts (GbR) → GmbH & Co. KG → Partnerschaftsgesellschaft	→ Kaufmann	→ Gesellschaft mit beschränkter Haftung (GmbH) → Unternehmergesellschaft (UG), haftungsbeschränkt → Aktiengesellschaft (AG) → Limited Company (Ltd.)	→ Verein → Stiftung

Im Folgenden sind einige typische Beispiele für verschiedene Rechtsformen in der Veranstaltungswirtschaft zusammengestellt.

Beispiele → Rechtsformen in der Veranstaltungswirtschaft

- Thomas Müller ist **Einzelunternehmer**. Er hat eine Ausbildung als Fachkraft für Veranstaltungstechnik absolviert. Nach bestandener Prüfung hat er als Einzelner die Firma Pro Eventtechnik gegründet. Das bedeutet auch, dass er das gesamte Eigenkapital dafür selbst eingebracht hat. Er hat drei Mitarbeiter eingestellt und arbeitet in der Auftragsabwicklung mit mehreren Dienstleistern zusammen. Er haftet allein und vollständig mit seinem gesamten Privatvermögen für die Firma.
- Die Musiker Sebastian Horstmann (Anus Young), Andreas Röhlen (Spike), Anna Guesnet (Lilou), Robin Schulz (Rockin' Rob) und Bobbo Heartbreak (The D) bilden eine **Gesellschaft des bürgerlichen Rechts** (GbR). Sie haben zusammen die Band The Backstage Girls gegründet, die bekannte Songs von Boygroups in Metal- und Punkmanier covert. Die Kapelle firmiert offiziell unter „Horstmann, Röhlen, Guesnet, Schulz & Heartbreak GbR“. Weil die fünf Gesellschafter davon gehört haben, dass eine GbR, die ohne schriftlichen Vertrag durch schlüssiges Verhalten zustande gekommen ist, nach standardisierten gesetzlichen Regeln behandelt wird, die sich bei Problemen ungünstig auswirken können, haben sie die Rechte und Pflichten in einem Gesellschaftervertrag geregelt. Sie alle haften gesamtschuldnerisch füreinander mit ihrem gesamten Privatvermögen.
- Die beiden freiberuflichen Autoren Jürgen Bangert und Lila Nontschev haben eine **Partnerschaftsgesellschaft** gegründet. Zuvor hatten sie schon seit Jahren für die Kölner TV-Produktionsfirma Braintool Texte und Konzepte geschrieben und ansprechende Comedy-Formate entwickelt. Sie haben sich entschlossen, ihren Tätigkeitsbereich gemeinsam in Richtung Eventkonzeption und Entwicklung von Texten für Stand-up-Comedians zu erweitern, und treten seither gemeinsam unter dem Namen Team Textation am Markt auf. Die Rechtsform der Partner-

schaftsgesellschaft haben sie gewählt, um die gesamtschuldnerische Haftung zu umgehen, die die Gründung einer GbR automatisch mit sich bringt. Im Partnerschaftsvertrag haben sie bestimmt, dass jeder für seinen eigenen Geschäfts- und Tätigkeitsbereich mit seinem Privatvermögen haftet. Die Firma ist im Partnerschaftsregister eingetragen und nicht gewerbesteuerpflichtig.

→ Die Eventagentur evenzz69 war ursprünglich eine GbR, bestehend aus den beiden Gesellschaftern Frank Nagel und Karl Ganel. Beide sind ausgebildete Veranstaltungskaufleute. Aufgrund von Liquiditätsschwierigkeiten nach einem Flop haben sie beschlossen, ihre GbR in eine **Kommanditgesellschaft** (KG) umzuwandeln. Der ortsansässige, kulturbeflissene Unternehmer Hans Christian Norderstadt hat sich bereit erklärt, als Kommanditist in die Firma einzutreten. So firmiert die GbR zur evenzz96 KG um. Herr Norderstadt bringt 50.000,00 € als Kapitaleinlage ein. Er haftet nur mit seiner Kapitaleinlage und ist an der Unternehmensführung nicht beteiligt. Diese liegt nach wie vor in den Händen der Gesellschafter Nagel und Ganel, die nun Komplementäre sind und weiterhin mit ihrem gesamten Privatvermögen haften.

→ Nachdem sie zunächst als Unternehmergesellschaft (UG) firmiert haben, betreiben Franz Kramp, Marianne Stoiber und Katharina Karrenbauer nun eine **Gesellschaft mit beschränkter Haftung** (GmbH). Sie firmiert als Munich-Event-Decoration GmbH. Unternehmenszweck ist der Vertrieb von Deko-Materialien und Dienstleistungen für Großveranstaltungen. Die Gesellschafter haben gemeinsam 25.000,00 € als Stammeinlage in die Firma eingebracht. Die GmbH wurde in das Handelsregister, Abteilung B eingetragen. Sie haftet als juristische Person in Höhe des gesamten Betriebsvermögens. Geschäftsführerin ist Marianne Merkel; sie vertritt die Firma nach innen und außen und beruft regelmäßig die Gesellschafterversammlung ein.

→ Die Gesellschafter Heribert Fuchsberger, Maria Waalkes und Thea Thoelke gründen die Firma Event & Emphaty Ltd. Unternehmenszweck ihrer **Limited Company** (Ltd) ist die Planung und Durchführung von Business-Motivations-Events und Incentive-Veranstaltungen. Da den Gesellschaftern die Mittel für die Stammeinlage zur Gründung einer deutschen GmbH fehlen, ist ihre Wahl auf die Rechtsform der Limited Company nach britischem Recht gefallen. Eine solche Wahl ist laut Rechtsprechung des Europäischen Gerichtshofs im Gebiet der Europäischen Union möglich. Die Stammeinlage beträgt lediglich ein britisches Pfund (1 GBP). Die Regelungen hinsichtlich Vertretung und Haftung sind ähnlich wie im Fall der deutschen GmbH, allerdings müssen die (umfangreichen) Vorschriften des englischen Steuerrechts angewendet werden. Nach dem Austritt Großbritanniens aus der EU müssen sie prüfen, ob sie die Limited in dieser Form noch weiterführen können.

	Einzelunternehmen	Offene Handelsgesellschaft	Kommanditgesellschaft	Gesellschaft mit beschränkter Haftung (GmbH)	Aktiengesellschaft (AG)
Status				juristische Person	juristische Person
Kaufmannsform	Kannkaufmann (kraft freiwilliger Eintragung, rechtsbegründend/konstitutiv)	Istkaufmann (kraft Handelsgewerbe, rechtsbezeugend/deklaratorisch) oder Kannkaufmann	Istkaufmann oder Kannkaufmann	Formkaufmann	Formkaufmann (kraft besonderer Rechtsform, rechtsbegründend/konstitutiv)
Beginn	Mit Aufnahme	Innenverhältnis: mit dem im Vertrag vereinbarten Termin. Außenverhältnis: mit dem Tätigwerden, spätestens mit Eintragung in das Handelsregister, Kannkaufleute erst durch Eintragung in das Handelsregister (deklaratorisch)		mit Eintragung in das Handelsregister (konstitutiv)	
Firmierung	Personen-, Sach-, Fantasie- oder gemischte Firma mit Firmenzusatz e. Kfm., e. Kffr. oder e. K.	Personen-, Sach-, Fantasie- oder gemischte Firma mit Firmenzusatz OHG	Personen-, Sach-, Fantasie- oder gemischte Firma mit Firmenzusatz KG	Personen-, Sach-, Fantasie- oder gemischte Firma mit Firmenzusatz GmbH	Personen-, Sach-, Fantasie- oder gemischte Firma mit Firmenzusatz AG
Handelsregister	Abteilung A	Abteilung A	Abteilung A	Abteilung B	Abteilung AB
Grundlage	HGB	HGB	HGB	HGB, GmbHG	HGB, AktG
Gründer	eine Person	mind. zwei Personen	mind. zwei Personen	mind. eine Person	Mind. eine Person
Mindestkapital	nein	nein	nein	25.000,00 € Stammkapital	50.000,00 € Grundkapital

	Einzelunternehmen	Offene Handelsgesellschaft	Kommanditgesellschaft	Gesellschaft mit beschränkter Haftung (GmbH)	Aktiengesellschaft (AG)
Gesellschaftsvermögen	Eigentümer	Gesamthandvermögen der Gesellschafter		eigenes Vermögen der juristischen Person	
Haftung	unbeschränkt, d. h., der Eigentümer haftet mit seinem Privat- und dem Geschäftsvermögen	unbeschränkt, solidarisch (jeder Gesellschafter haftet für die gesamten Schulden der Gesellschaft) und unmittelbar	Komplementär haftet wie der Gesellschafter einer OHG, Kommanditist haftet mit seiner Einlage (beschränkte Haftung)	Jeder Gesellschafter haftet mit seiner Einlage. Die Gesellschaft haftet mit dem Stammkapital (beschränkte Haftung)	Jeder Anteilseigner haftet mit seinem Anteil. Die Gesellschaft haftet mit dem Grundkapital (beschränkte Haftung)
Gewinnverteilung	Eigentümer	Gesetzliche Regelung gemäß HGB: zunächst jeder Gesellschafter 4 % seines Kapitalanteils; Mehrgewinn nach Köpfen. Vertraglich andere Lösungen möglich.	Gesetzliche Regelung gemäß HGB: zunächst jeder Gesellschafter 4 % seines Kapitalanteils; Mehrgewinn im angemessenen Verhältnis. Vertraglich andere Lösungen möglich.	im Verhältnis der Geschäftsanteile	im Verhältnis der Aktienanteile
Verlustverteilung	Eigentümer	nach Köpfen	in angemessenem Verhältnis	keine Verlustbeteiligung	keine Verlustbeteiligung
Steuerliche Behandlung	Gewinne unterliegen der Einkommensteuer	Gewinne unterliegen der Einkommensteuer	Gewinne unterliegen der Einkommensteuer	Gewinne unterliegen der Körperschaftsteuer	Gewinne unterliegen der Körperschaftssteuer

	Einzelunternehmen	Offene Handelsgesellschaft	Kommanditgesellschaft	Gesellschaft mit beschränkter Haftung (GmbH)	Aktiengesellschaft (AG)
Innenverhältnis (Geschäftsführung)	Inhaber berechtigt und verpflichtet	jeder Gesellschafter allein	Komplementäre wie bei OHG-Gesellschaftern, Kommanditist kann Prokura haben.	Geschäftsführer (einer oder mehrere)	Vorstandsmitglieder gemeinsam
Außenverhältnis (Vertretungsbefugnis)	Inhaber berechtigt und verpflichtet	jeder Gesellschafter allein (Einzelvertretung)	Komplementäre wie bei OHG-Gesellschaftern, Kommanditist kann Prokura haben	Geschäftsführer (einer oder mehrere)	Vorstandsmitglieder gemeinsam
Organe	keine			Geschäftsführer, Aufsichtsrat (ab 500 Arbeitnehmer gesetzlich vorgeschrieben), Gesellschafterversammlung	Vorstand, Aufsichtsrat, Hauptversammlung
Vorteile	Freie Entscheidung, Eigentümer verfügt allein über Gewinn	Aufteilung des Risikos, größere Finanzkraft, gleiche Verantwortung	Haftungsbegrenzung (Kommanditist) und Haftungsteilung, weitgehende Entscheidungskompetenz (Komplementär)	Haftungsbegrenzung, Trennung von Vermögen und Geschäftsführung	Haftungsbegrenzung, leichtere Kapitalbeschaffung
Nachteile	Alleiniges Risiko (Haftung), Kapital- und Arbeitskraft sind begrenzt	gemeinsame Entscheidungen, Abstimmungen erforderlich	Kommanditisten haben wenig Mitspracherechte	Geschäftsführung und Eigentümer mit unterschiedlichen Interessen	Vorstand und Aktionäre mit unterschiedlichen Interessen (Gewinneinbehalt oder -ausschüttung)

Relevante Rechtsformen der Unternehmen und ihre Merkmale

Für weitergehende Informationen und Details zu Unternehmensformen sowie dem rechtlichen Rahmen und Kaufmannseigenschaften möchten wir an dieser Stelle auf generell weiterführende Grundlagenliteratur im Bereich Wirtschafts- und Sozialkunde verweisen, z. B. auf das Buch „Basisqualifikationen für die neuen Dienstleistungsberufe" Winklers/ Westermann, ISBN 978-3-8045-5620-1, hier speziell das Kapitel 1.2.

AUFGABEN

1. Bei welcher der beispielhaft genannten Unternehmensformen handelt es sich um Personengesellschaften, bei welchen um Kapitalgesellschaften?
2. Welche weiteren Ihnen bekannten Unternehmensformen werden in den Beispielen nicht aufgeführt?
3. Welche Nachteile können sich bei Gründung einer Limited Company nach britischem Recht für deutsche Unternehmen ergeben? Welche Alternative dazu bietet die UG (Unternehmergesellschaft)?
4. Recherchieren Sie die Regelungen zur sogenannten Unternehmergesellschaft und erklären Sie, wie diese Gesellschaftsform als Vorform zur Gründung einer GmbH führen kann.
5. Die als Einzelunternehmerin tätige Dekorateurin Minna Mannhelm wird kraft freiwilliger Eintragung im Handelsregister A geführt. Wie muss sie laut Handelsgesetzbuch (HGB) mindestens firmieren?
6. Darf Minna Mannhelm die Fantasiebezeichnung Joy Decoration führen? Wie muss sie genau firmieren?
7. Erläutern Sie, was es bedeutet, dass die Eintragung der Munich-Event-Decoration GmbH in das Handelsregister, Abteilung B konstitutive Wirkung hat.
8. Erstellen Sie eine Checkliste für die Gründung einer GmbH. Welche zusätzlichen Kosten entstehen im Vergleich mit dem Einzelunternehmen? Welche Vorteile bietet die GmbH im Vergleich mit dem Einzelunternehmen?
9. Für wen gelten die Vorschriften des HGB und wann finden die Vorschriften des Bürgerlichen Gesetzbuches (BGB) Anwendung?
10. Die beiden freiberuflichen Comedy-Autoren Chris Jürgens und Nina Nontschev bitten Sie um Rat: Ab welchem Zeitpunkt ist man Kannkaufmann und was ist man in der Zeit davor?
11. Nennen Sie je zwei Rechtsformen von Unternehmen, durch die man Istkaufmann und durch die man Formkaufmann wird.
12. Die frischgebackene Veranstaltungskauffrau Lulu Lobenthal möchte sich nun, da sie ihre Ausbildung abgeschlossen hat, als Einzelunternehmerin selbstständig machen. Mit welchen fünf Behörden sollte sie aufgrund welcher gesetzlichen Grundlagen Kontakt aufnehmen?
13. Der siebzehnjährige Auszubildende Karl Lageracker wird von seiner Ausbilderin angewiesen, einen Profi-Grill für ein Sommerfest zu kaufen. Welche Auswirkung hat die beschränkte Geschäftsfähigkeit von Karl Lageracker auf den Kaufvertrag?

Beispiel → Die Rechtsform der Aktiengesellschaft in der Veranstaltungswirtschaft

Die DEAG Deutsche Entertainment AG ist einer der führenden Live-Entertainment-Anbieter Europas.

Die Aktiengesellschaft ging am 14. September 1998 an die Börse und ist im Prime Standard notiert. (Zuvor war sie bis Ende des Jahres 2002 am Neuen Markt gehandelt worden.) Das Kerngeschäft der DEAG besteht aus dem Veranstalten und Organisieren von nationalen und internationalen Konzerten und Tourneen sowie dem Betrieb von Spielstätten und unterteilt sich in die Segmente Live Touring und Entertainment Services. Nach der Insolvenz der DEAG-Musical-Tochter Stella Entertainment AG im Jahr 2002 konsolidierte sich der Konzern. Seit dem Beginn des Geschäftsjahres 2006 berichtet die DEAG in einer neuen Segmentstruktur. Diese bildet die strategische Ausrichtung des Konzerns genauer und übersichtlicher ab.

In den folgenden drei Tabellen sind die grundlegenden Konzerndaten und Kursinformationen der DEAG aufgeführt, das Schema zeigt die Beteiligungsverhältnisse.

Vorstand	Peter L. H. Schwenkow (Chief Executive Officer [CEO] und Vorsitzender) Christian Diekmann (Chief Digital Officer [CDO] und Chief Operations Officer [COO]) Detlef Kornett (Chief Marketing Officer CMO) Ralph Quellmalz (Chief Financial Officer CFO)
Aufsichtsrat	Wolf-D. Gramatke (Vorsitzender) Michael Busch (Stellvertretender Vorsitzender) Prof. Dr. Katja Nettesheim
Handelsregister	Handelsregister beim Amtsgericht Berlin-Charlottenburg, HRB 69474
Grundkapital	18 397 423 Stückaktien (seit 24.05.2017)

Organe und Grundkapital der DEAG

Finanzkennzahlen des DEAG-Konzerns	1998	1999	2000	2001	2002	2003	2004	2005	2006	2007	2008	2009	2010	2011	2012	2013	2014	2015	2016	2017
Umsatz (in Mio. €)	72,1	86,9	258,7	296,3	100,2	127,3	87,8	62,7	82,8	78,7	109,5	116,7	125,8	128,3	155,7	165,5	172,2	200,4	179,5	159,8
EBIT (in Mio. €)	2,6	5,1	5,8	–14,2	–10,3	–7,8	6,3	2,1	3,1	5,6	–3,1	4,8	8,2	7,8	7,2	7,3	5,3	–26,2	3,7	5,1
EPS in €	–0,14	0,13	0,37	–2,12	–0,61	–1,54	0,21	–0,37	–0,02	0,09	–0,25	0,04	0,11	0,21	0,22	0,27	0,15	–1,73	0,02	0,04
Mitarbeiter (VZ)	206	296	1879	1876	216	169	65	81	175	152	163	185	190	224	214	248	203	205	215	221

EBIT: **earnings before interest and taxes** (Gewinn vor Zinsen und Steuern)
EPS: **earnings per share** (Gewinn je Aktie)

Finanzkennzahlen des DEAG-Konzerns

DEAG Aktienkurs		**(XETRA)**	
Aktueller Kurs (€)	3,52	Umsatz (Stück)	n/a
Eröffnungskurs (€)	3,44	Tageshöchstkurs (€)	3,57
Vortageskurs (€)	3,45	Tagestiefstkurs (€)	3,44
Veränderung (%)	+0,07	Veränderung (€)	0,13

Kurswerte der DEAG-Aktie am Freitag, dem 1. Februar 2019

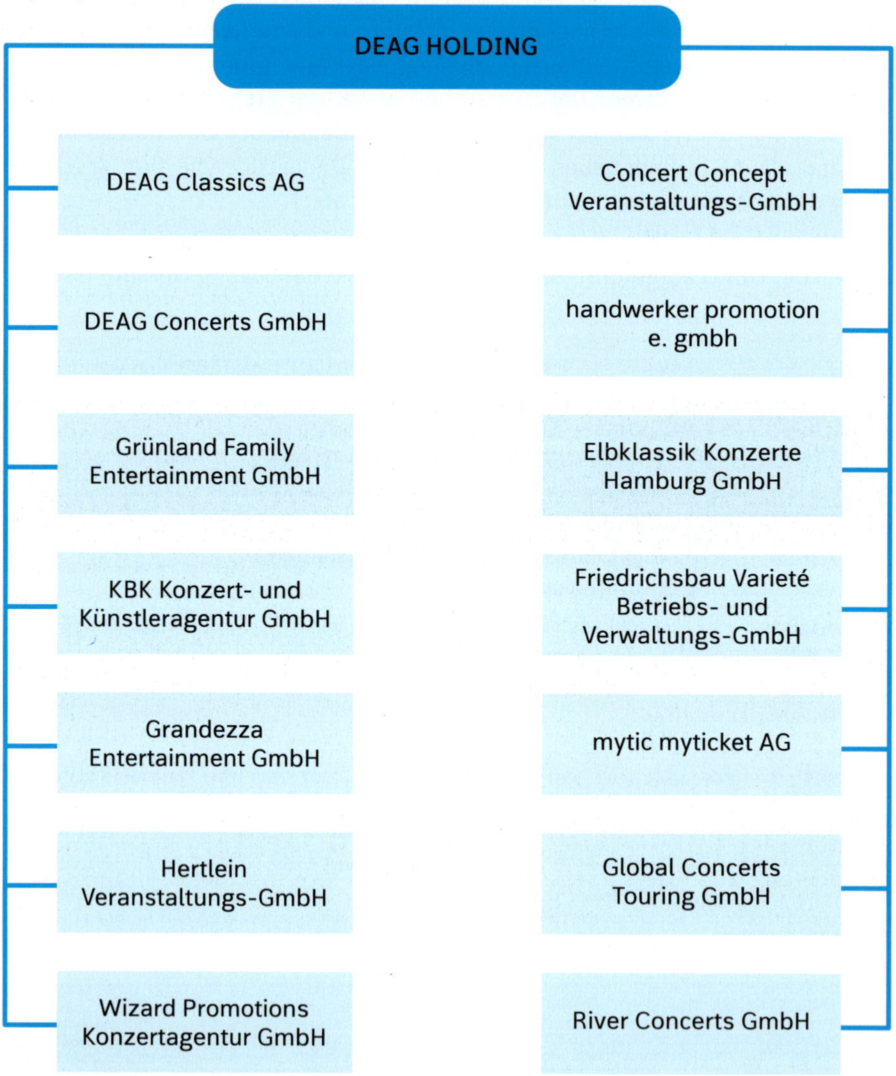

Beteiligungen der DEAG Deutsche Entertainment AG in Deutschland (Auszug)

Quelle: Vgl. DEAG, Geschäftsbericht 2017 Berlin.

AUFGABEN

1. Diskutieren Sie in Kleingruppen die in den obigen Tabellen und im obigen Schema wiedergegebenen Informationen über die DEAG. Erläutern Sie dabei die Aufgaben der Organe der Aktiengesellschaft und bewerten Sie die Finanzkennzahlen. Tauschen Sie sich im gesamten Team über Ihre Ergebnisse aus.
2. Recherchieren Sie den aktuellen Geschäftsbericht der DEAG. Listen Sie die aus Geschäftbericht und Unternehmensbeschreibung der DEAG ableitbaren strategischen (langfristigen) Ziele auf und nennen Sie aktuelle operative Ziele der DEAG.
3. Recherchieren Sie die Daten der konkurrierenden Aktiengesellschaft CTS EVENTIM AG. Welche zwei Stränge verfolgt CTS EVENTIM als Kerngeschäft?
4. Worin unterscheiden sich die DEAG und die CTS EVENTIM in Bezug auf Kerngeschäft und Betätigungsfelder?
5. Recherchieren Sie die Daten des konkurrierenden Unternehmens Stage Entertainment GmbH.
6. Inwiefern unterscheidet sich die Stage Entertainment GmbH in Bezug auf Kerngeschäft und Betätigungsfelder von der DEAG und der CTS EVENTIM?
7. Recherchieren Sie die Firmen ticketmaster und livenation (USA). Wie unterscheiden sich diese in Ausrichtung und Kerngeschäft zu den o. g. deutschen Firmen?

Udo Lindenberg bei den Live Entertainment Awards (LEA) 2017, Frankfurt

1.2.3 Intermezzo: Franchising

In der Dienstleistungsbranche hat sich in den letzten Jahrzehnten vermehrt eine erfolgreiche Form der Lizenzierung von Unternehmenskonzeptionen breitgemacht: das sogenannte Franchising.

Beim Franchising erteilt ein Franchisegeber als Lizenzinhaber einem Franchisenehmer gegen Entgelt die – meist örtlich begrenzte – Erlaubnis zur Nutzung eines Geschäftskonzepts sowie der zugehörigen Warenzeichen, Marken und Geschmacksmuster. Der Franchisenehmer ist stärker in das Vertriebssystem des Franchisegebers eingebunden als beispielsweise ein Vertragshändler. Er verkauft seine Erzeugnisse oder seine Dienstleistung als selbstständiger Unternehmer, zahlt aber Gebühren für die Verwendung der einheitlichen Ausstattung, des einheitlichen Namens und des einheitlichen Auftritts. Vielfach profitiert er von einem Werbe- und Marketingkonzept, nutzt ein vorgegebenes System der Buchhaltung und erhält neben einer mehr oder weniger intensiven Form der Ausbildung die Unterstützung und die anweisende Begleitung des Lizenzgebers während der Umsetzung des Geschäftskonzepts.

Beispiele → Franchisingmodelle

Bekannte aktuelle Franchisingmodelle sind:
- → McDonald's
- → Subway
- → Aral
- → Backwerk

In der Veranstaltungsbranche selbst ist das Franchisingsystem noch nicht ausgeprägt. Die Lizenzierung an sich ist allerdings eines der finanziell und wirtschaftlich erfolgreichsten Grundmodelle der Medien- und damit auch der Veranstaltungsbranche.

Beispiele → Lizenzierung in der Medien- und Veranstaltungswirtschaft

Moderne und erfolgreiche Event- oder TV-Formate in Deutschland, die auf einem internationalen Lizenzierungsmodell beruhen, sind:
- → die Blue Man Group,
- → das Abba-Musical „Mamma Mia",
- → Dschungelcamp,
- → Deutschland sucht den Superstar.

Mehr zum Thema Licensing und zu dem verwandten Thema Merchandising findet sich in Lernfeld 5, Abschnitt 5.6.

1.3 Aufbau- und Ablauforganisation

Die Aufbau- und die Ablauforganisation eines Unternehmens regeln die Entscheidungsbefugnisse, die Art der Arbeitsteilung und die Arbeitsabläufe im Unternehmen.

→ Unter der **Aufbauorganisation** eines Unternehmens versteht man den hierarchischen Aufbau, der festlegt, wer an welcher Stelle steht, wer wem gegenüber weisungsbefugt ist und wer an wen berichtet. Hier werden die Rahmenbedingungen zur Bewältigung der betrieblichen Aufgaben festgelegt. Die klassische visuelle Darstellungsform ist das Organigramm.

→ Die **Ablauforganisation** regelt die Arbeits- und Informationsprozesse in einem Unternehmen. Sie legt fest, was wann passiert, wer welche Aufgaben bis wann erledigt und welche Teams wie zusammenarbeiten. Gängige visuelle Darstellungsformen sind das Balkendiagramm (Gantt-Chart) oder der Netzplan.

1.3.1 Aufbauorganisation

Zum Einstieg

Michaela Meierhofer ist erst seit wenigen Tagen als Auszubildende bei der Juniversal Event- und Veranstaltungsagentur beschäftigt. Da sie noch Schwierigkeiten hat, sich zu orientieren, erforscht sie den Aufbau des Unternehmens. Sie fragt sich, wie eigentlich ein arbeitsteiliger Betrieb zu einem Rahmen gelangt, der zur sinnvollen Gliederung der betrieblichen Prozesse beiträgt. Zu diesem Thema fallen ihr einige konkrete Fragen ein.

→ Wer hat die oberste Leitung des Unternehmens inne?
→ Welche Aufgaben werden von welchen Abteilungen oder Teams übernommen?
→ Wie sind die Kompetenzen der einzelnen Abteilungen oder Teams geregelt?
→ Wer kann anderen Weisungen erteilen, welche Hierarchie ist sinnvoll?

Ein zielgerichteter Ordnungsrahmen ist wichtig für die Gewährleistung der Funktions- und Wettbewerbsfähigkeit eines Unternehmens. Eine durchdachte Aufbauorganisation sorgt für die nötige Stabilität, indem sie die Positionen der Mitarbeiter in der Unternehmenshierarchie und damit auch ihre Entscheidungs- und Handlungsspielräume festlegt. Vor allem wiederkehrende Aufgaben können so in einem verbindlichen Rahmen erledigt werden. Dieser Rahmen sollte jedoch so flexibel gestaltet sein, dass das Unternehmen zügig und konstruktiv auf wechselnde Markt- und Umfeldbedingungen reagieren kann.

Die Gesamtaufgabe des Veranstaltungsunternehmens wird aufgrund einer Analyse in Teilaufgaben zerlegt. Das Schlagwort „structure follows strategy“ – die Struktur des Unternehmens richtet sich danach, was es erreichen und wie es dabei vorgehen will – deutet Folgendes an: Vor dem Hintergrund der Notwendigkeit, Teilaufgaben zu verrichten, werden Zuständigkeiten festgelegt. Aus diesen Festlegungen ergeben sich Stellen und Abteilungen mit Aufgabenbereichen.

Ein gut organisiertes Unternehmen verfügt über Beschreibungen aller eingerichteten Stellen, die Auskunft über die jeweils wesentlichen Aufgaben und Zuständigkeiten geben. So können freie Stellen effektiver beworben und schneller besetzt oder umbesetzt werden.

Aufbauorganisation in der Veranstaltungsbranche

Während die Aufbauorganisation in den Unternehmen der ausstellenden Wirtschaft oft mehr oder weniger komplex ist, ist sie in den Veranstaltungsbetrieben und den Dienstleistungsunternehmen der Veranstaltungsbranche in der Regel einfach und leicht überschaubar.

Viele der heute auf dem Veranstaltungsmarkt tätigen, dienstleistungsorientierten Unternehmen sind aus Einzelunternehmen oder Projektteams hervorgegangen. Etliche Unternehmen entstanden aufgrund von Initiativen ungelernter „Quereinsteiger" aus verwandten Branchen wie Musik, Medien, Sport, Reise/Tourismus, Gastronomie und Werbung. Deshalb übt in vielen Unternehmen der Gründer, beispielsweise in seiner Position als Geschäftsführer, einen großen und häufig sogar beherrschenden Einfluss auf das Unternehmen aus. Auch die in der Veranstaltungsbranche notwendige und gängige Form der gemeinsamen Projektarbeit in Teams hat deutliche Auswirkungen auf die Aufbauorganisation der Veranstaltungsdienstleister.

Veranstaltungsanbieter in der kommunalen Verwaltung dagegen sind traditionell in demokratisch-bürokratische Strukturen eingebunden. Hier ist die Aufbauorganisation meist nach dem Hierarchieprinzip organisiert. Dies bedeutet die Über- und Unterordnung von Amtsträgern, aus denen eine geschlossene Ämter- oder Personenpyramide entsteht (Einliniensystem). Es bestehen bis ins kleinste Detail gehende Zuständigkeits-, Verfahrens- und Ausführungsbestimmungen.

Die öffentliche Verwaltung wird von demokratisch legitimierten Gremien wie den kommunalen Parlamenten oder Stadt- und Gemeindeversammlungen getragen. Da kulturelle Veranstaltungen der öffentlichen Hände überwiegend durch Budgets aus Steuermitteln finanziert werden, sind sie unmittelbar durch die bürokratische und hierarchische Struktur geprägt.

Um innerhalb der kommunalen Verwaltung durch wechselseitige Kontrolle unter den Stelleninhabern die Qualität der Entscheidungen zu erhöhen und um flexibler arbeiten zu können, wird dem Hierarchieprinzip zunehmend das Kollegialprinzip gegenübergestellt. Gemäß diesem Prinzip kann eine bestimmte Zahl von Amtsträgern gleichrangig in einem Kollegium – beispielsweise einer Planungs- oder Projektgruppe – vereinigt sein und jenseits der Grenzen des Hierarchieprinzips sachlich-fachliche Entscheidungen treffen.

Visuelle Darstellung der Aufbauorganisation mithilfe eines Organigramms

Aus dem Organigramm werden organisatorische Einheiten sowie deren Aufgabenbereiche und Kommunikationsbeziehungen untereinander ersichtlich.

Es gibt keine wirklich einheitlichen Regeln für die Erstellung von Organigrammen, doch hat es sich in der Praxis bewährt, die Symbole für die unterschiedlichen Stellen horizontal oder vertikal anzuordnen. Stellen auf der gleichen Ebene der Hierarchie stehen nebeneinander, Stellen untergeordneter Ebenen werden vertikal angeordnet. Die Linien zwischen den Stellen beschreiben die Weisungsbeziehungen.

Ein Organigramm lässt sich beispielsweise mit der Vorlagenfunktion in MS Office leicht und schnell erstellen (siehe folgende Screenshots).

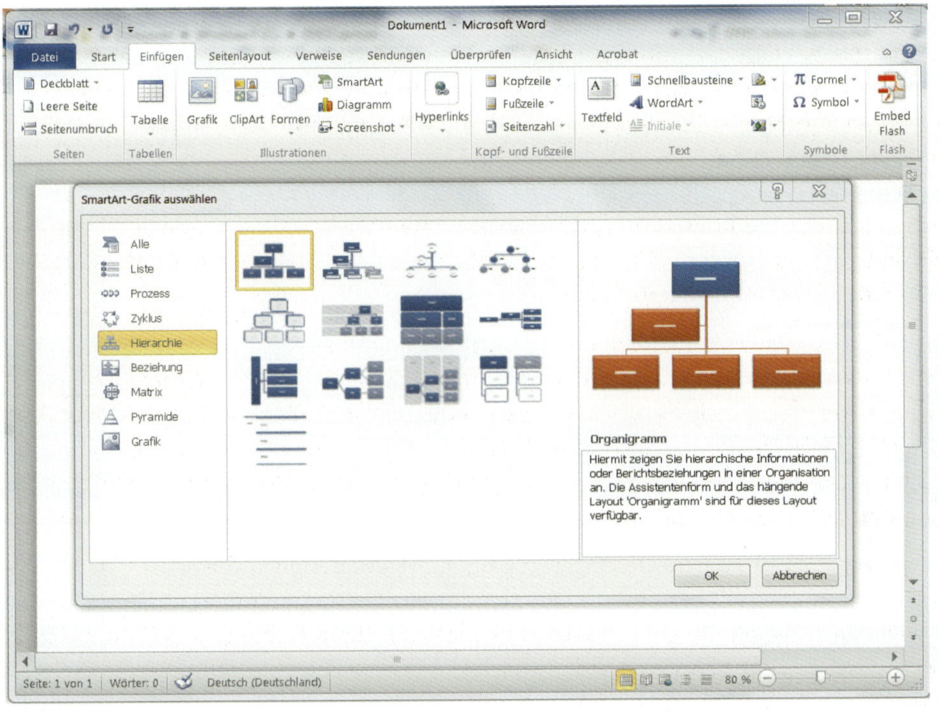

Organigramm erstellen: Diagrammtyp auswählen

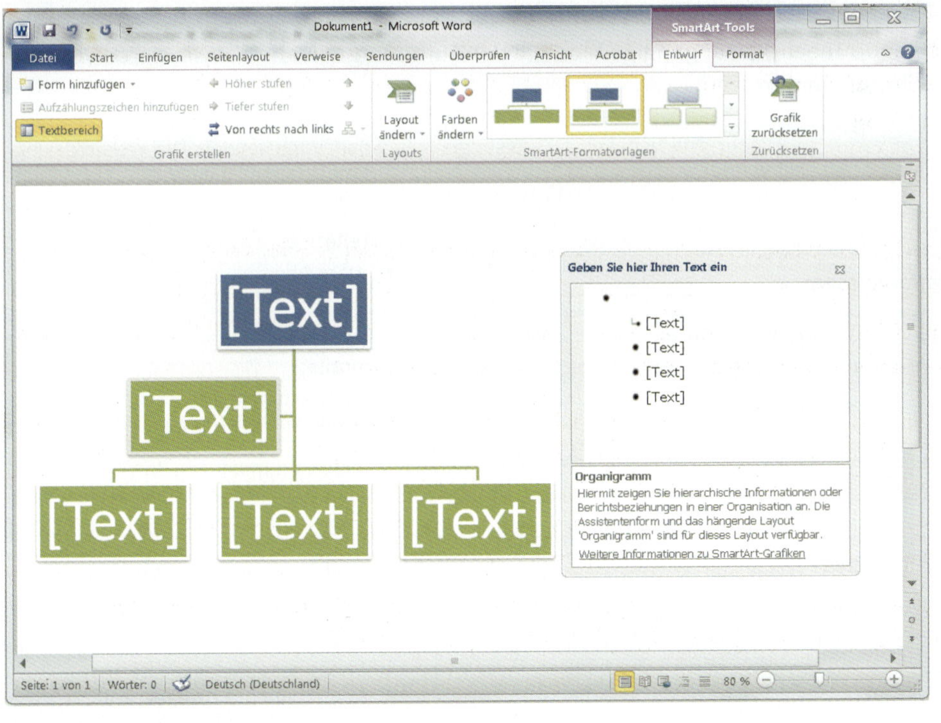

Organigramm erstellen: Texte eingeben

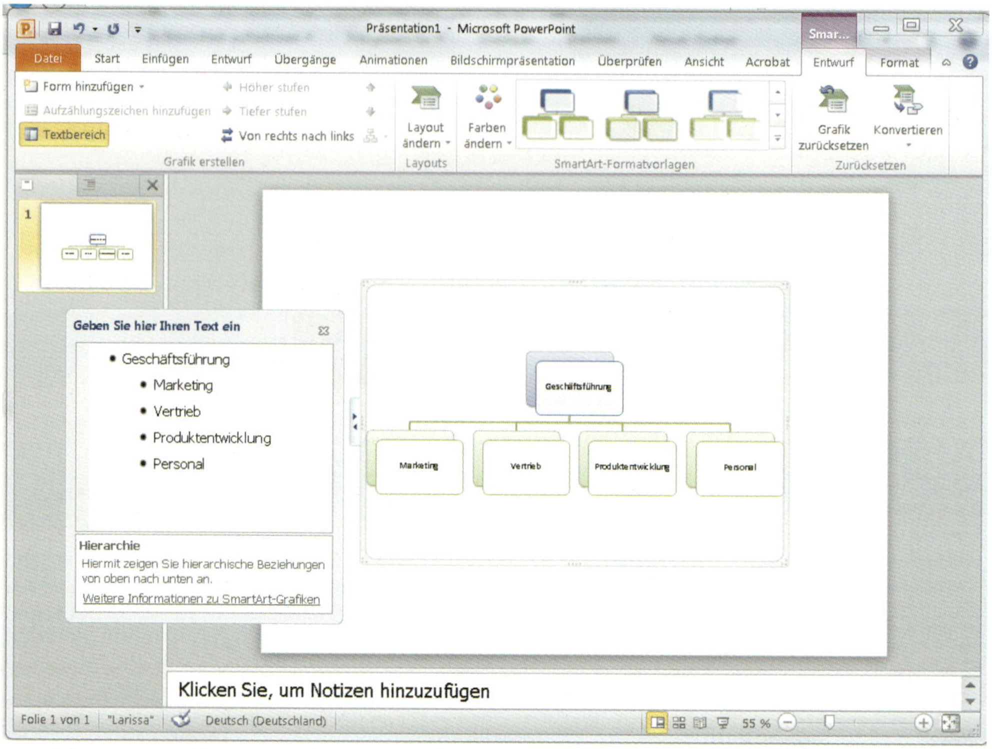

Organigramm in PowerPoint

Die folgende Tabelle fasst gängige Modelle der Aufbauorganisation sowie deren Vor- und Nachteile zusammen.

Einliniensystem	Jeder Mitarbeiter erhält Weisungen von einem Vorgesetzten. Der Weisungsweg verläuft von oben nach unten. Der Berichtsweg verläuft in umgekehrter Richtung, das heißt einheitlich von unten nach oben. 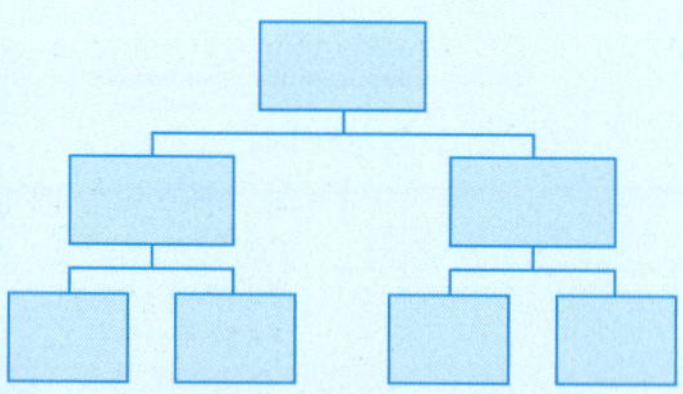	**Vorteile:** → klare Abgrenzung der Zuständigkeiten und Kompetenzen → leicht überschaubar **Nachteile:** → Überlastung der Instanzen → schwerfälliger Instanzenweg
Mehrliniensystem	Die untergeordneten Stellen erhalten von mehreren Instanzen Weisungen. 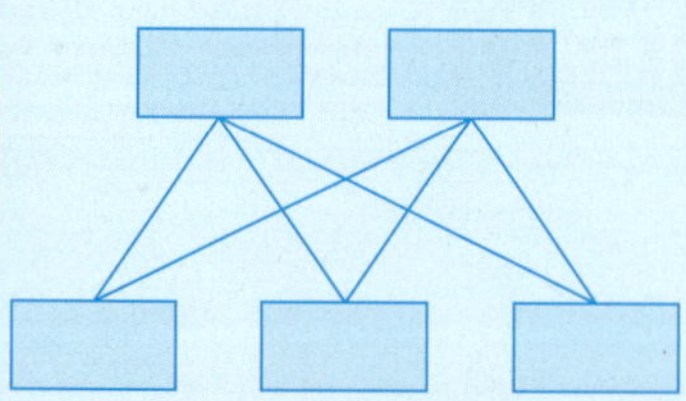	**Vorteile:** → kurze Informationswege → Sachkenntnisse der Vorgesetzten → flexibler Einsatz **Nachteile:** → Kompetenzstreitigkeiten → Koordination schwierig

Stab-Linien-System	Einliniensystem mit beratenden Stabsstellen, auch als Spartenvariante denkbar	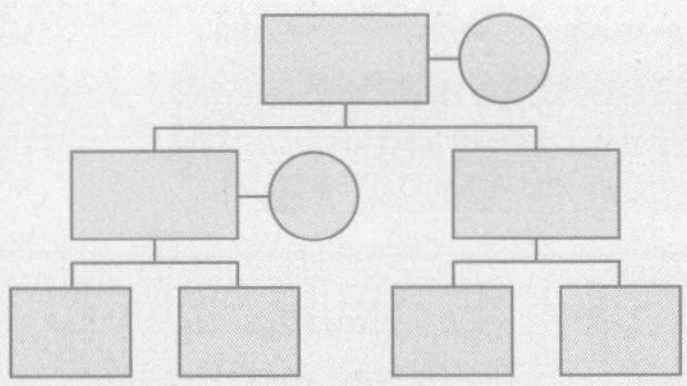	**Vorteile:** → einheitliche Anordnungswege → Entlastung der Instanzen → Beratung fördert Entscheidungssicherheit **Nachteil:** → Abstimmungsbedarf zwischen Linie und Stab
Divisionalsystem (Spartenorganisation)	Aufteilung des Unternehmens in Sparten/Abteilungen	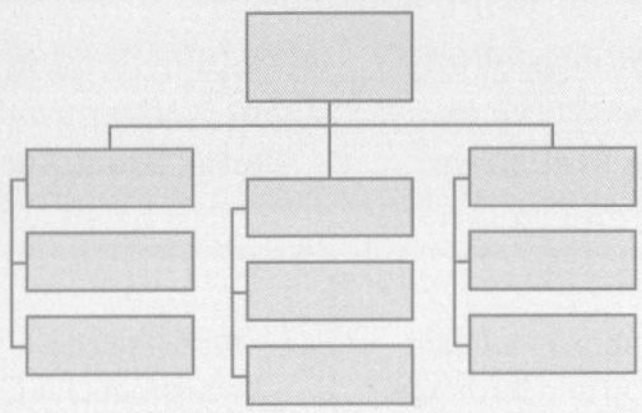	**Vorteile:** → Marktnähe der Sparten → Abteilungsdenken/-identifikation **Nachteile:** → Risiko der doppelten Ausführung von Arbeiten → Abstimmungsbedarf zwischen Sparten
Matrixorganisation	Zwei Hierarchien: nach Funktion (Arbeitsprozesse) und nach Sparten (zum Beispiel Produktart)	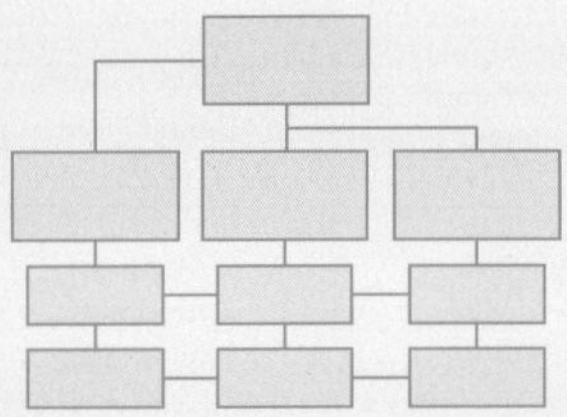	**Vorteile:** → verbesserte Problemlösung durch kombinierten Einsatz von Fachkenntnis → fördert Teamarbeit → Entlastung der Führung **Nachteile:** → Kompetenzgerangel → hoher Zeitaufwand → hoher Kommunikationsbedarf
Teamwork-Management	Spartenorganisation mit Teams und externen Beratern	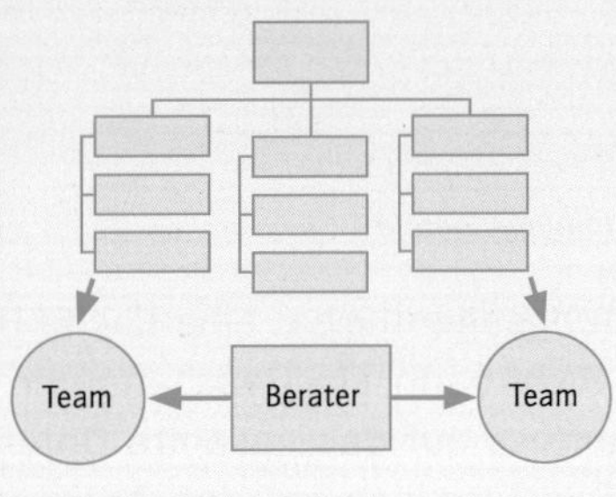	**Vorteile:** → kombinierter Einsatz von Fachkenntnis → hohe Spezialisierung möglich → Teamorientierung **Nachteile:** → Expertenräte (Elfenbeinturm) → langsame Kommunikation → Gefahr der Vertagung von Entscheidungen

Modelle der Aufbauorganisation

Beispiel → Stab-Linien-Organigramm der Juniversal Event- und Veranstaltungsagentur

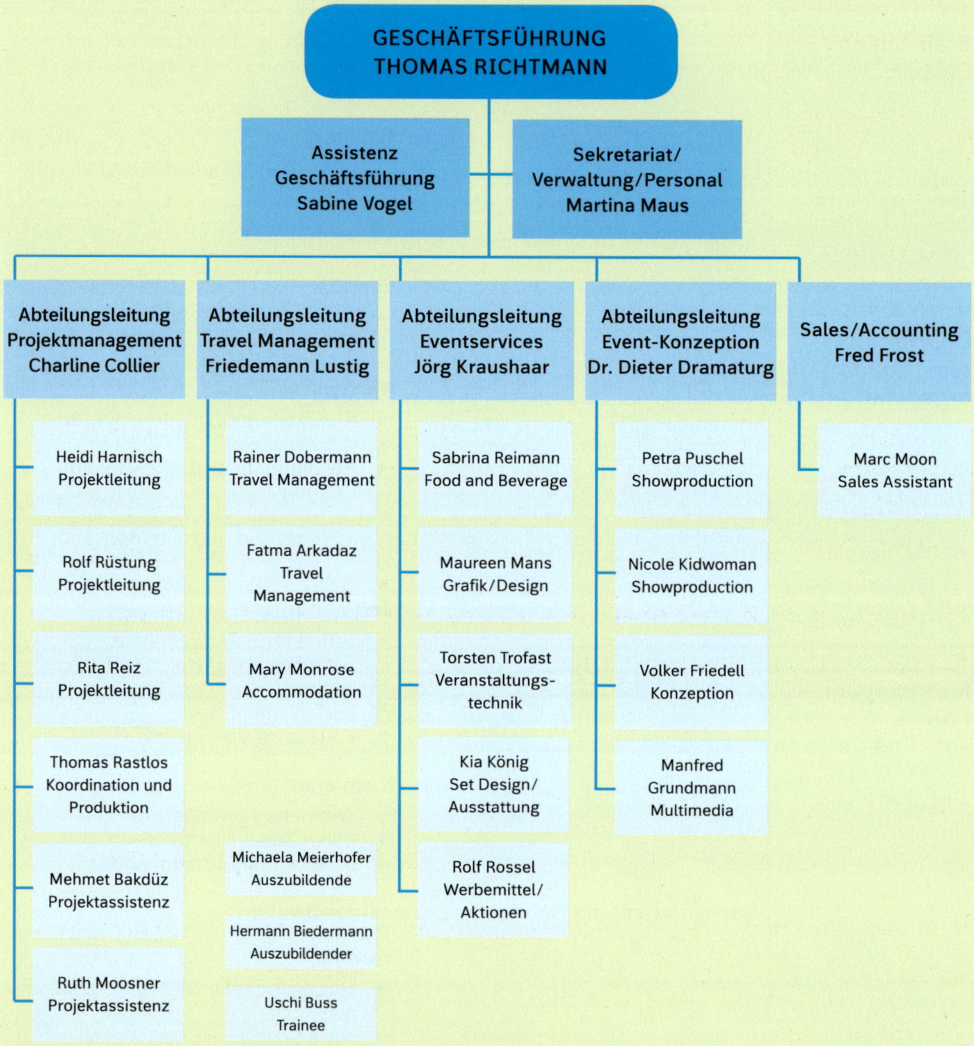

Organigramm der Juniversal Event- und Veranstaltungsagentur

Die Juniversal Event- und Veranstaltungsagentur hat eine flache Hierarchie mit drei Stufen (siehe Organigramm). Herr Richtmann als Geschäftsführer und Unternehmensgründer übt bestimmenden Einfluss auf das gesamte Unternehmen aus und tauscht sich in regelmäßigen Jour-Fixe-Terminen mit den Abteilungsleitungen aus. Seine Assistentin unterstützt ihn bei seinen Führungsaufgaben. Die gelernte Bürokauffrau Frau Maus erledigt die kaufmännischen Grundaufgaben sowie Verwaltungsaufgaben des Unternehmens.

Die Abteilungsleiter Projektmanagement, Travel Management, Eventservices und Eventkonzeption leiten die unterschiedlichen Kompetenzbereiche der Agentur und besprechen die anstehenden Aufgaben mit ihren jeweiligen Mitabeitern im wöchentlichen Montagsmeeting. Eine Sonderstellung nimmt der für die Akquisition von Aufträgen zuständige Vertriebsmitarbeiter Fred Frost ein.

Die Mitarbeiter der Abteilungen (sie werden auch als Sachbearbeiter/-innen bezeichnet) arbeiten je nach den Projektanforderungen in Projektteams zusammen, die in der Regel von den einzelnen Mitgliedern der Abteilung Projektmanagement in Projektverantwortung koordiniert werden (Projektleiter). So können, wie bei Eventagenturen üblich, mehrere Projekte gleichzeitig unter Beteiligung aller Spezialisten realisiert werden. Die Abteilungsmitarbeiter stehen auf der gleichen Ebene, obwohl ihre Stellen in vertikaler Folge abgebildet sind. Herr Richtmann nimmt, sofern er die Zeit dafür aufwenden kann, an den Projektbesprechungen teil, lässt sich den aktuellen Stand mitteilen und delegiert Aufgaben unter Stellung von Fertigstellungsterminen (Deadlines).

Die Auszubildenden und Trainees durchlaufen je nach dem Stand ihrer Ausbildung die verschiedenen Abteilungen und wirken in den Projekten mit. Ihr Ansprechpartner ist der jeweilige Ausbildungsbeauftragte in der Abteilung oder dem Team, in dem sie gerade eingesetzt werden.

Ziele und Funktionsbereiche im Veranstaltungsunternehmen

Bleiben wir bei dem Beispiel der Juniversal Event- und Veranstaltungsagentur. Generell wird zwischen strategischen (mittel- bis langfristigen, oft qualitativ formulierten) und daraus abgeleiteten operativen (konkreten, kurzfristigen) Betriebszielen unterschieden.

Beispiele → Strategische Ziele

Das Kerngeschäft der Juniversal Event- und Veranstaltungsagentur besteht aus
- → der Durchführung von Business- bzw. Marketing-Event-Dienstleistungen sowie dem Konzipieren und Durchführen von solchen Events als Full-Service-Agentur (alle Leistungen aus einer Hand) und
- → der Organisation und Durchführung eigener Veranstaltungen (Schwerpunkt Public Events).

Strategische Ziele der Juniversal Event- und Veranstaltungsagentur sind:
- → Gewinnung neuer Großkunden, für deren Business- bzw. Marketing-Events die Juniversal als Hausagentur mit Rahmenvertrag tätig wird;
- → Ausbau von regionalen Marktanteilen im Bereich der Public Events;
- → Erhöhung der Ticketverkaufszahlen und einer besseren Sitzplatzauslastung.

Die einzelnen Projektleiter und -mitarbeiter übernehmen im Tagesgeschäft viel Verantwortung und sind für ein Projekt allumfassend zuständig. So muss die Projektleitung beispielsweise die Projekte kalkulieren und die Angebotspreise festlegen. Organisatorisch betrachtet sind in der Juniversal Event- und Veranstaltungsagentur die unterstützenden Bereiche Verwaltung, Personal und Finanzen, die innerbetriebliche Dienstleistungen erbringen, schwächer ausgeprägt als in größeren Unternehmen. Im Mittelpunkt der betrieblichen Aktivitäten stehen die Leitung und die Produktion/Leistungserstellung. Die Beschaffung ist in den Funktionsbereich Produktion/Leistungserstellung eingegliedert, ebenso wie der Absatz/Vertrieb – zumindest, was die Public Events betrifft. Die Funktion Absatz/Vertrieb im Hinblick auf Business-Events ist zwar, gemessen am Grad der Verantwortung, hervorgehoben positioniert, allerdings gemessen an der Personalstärke von geringem Gewicht.

Stellenbeschreibung

Zum Einstieg

Das Geschäft der Juniversal Event- und Veranstaltungsagentur läuft hervorragend. Die Ticketerlöse aus eigenen Veranstaltungen steigen, und die Budgets, die die Agentur für Firmenkunden verwaltet, werden immer größer. Thomas Richtmann entschließt sich, eine neue Abteilung einzurichten, welche die Aufgabenbereiche Personal, Rechnungswesen und Controlling vereinen soll. Die bisherige Sekretärin Frau Maus soll in dieser Abteilung als Sachbearbeiterin Personal/Buchführung eingesetzt werden. Frau Buss, bisher als Trainee beschäftigt, soll im Rahmen der Erweiterung der bestehenden Stabsstelle das Sekretariat als Office-Cooperator übernehmen. Herr Richtmann bittet seine Assistentin Frau Vogel, zusammen mit der Auszubildenden Michaela Meierhofer für die neue Abteilungsleitungsstelle eine Stellenbeschreibung (Job-Description) zu entwerfen. Diese soll als Basis für die Ausschreibung der Stelle und für eine Stellenanzeige dienen.

Beispiel → Stellenbeschreibung

Stellenbeschreibung	
Stelleninhaber	n. n./tba.*
Stellenbezeichnung	Leiter Personal/Rechnungswesen/Controlling
Rang	Abteilungsleitung
Organisatorische Eingliederung	
Direkter Vorgesetzter	Geschäftsführer (Thomas Richtmann)
Untergeordnete Stellen	→ Sachbearbeiterin Buchführung/Personal (Martina Maus) → Office-Cooperator (Uschi Buss)
Stelleninhaber vertritt	Assistenz der Geschäftsführung (Sabine Vogel)
Stelleninhaber wird vertreten durch	Senior Manager Sales/Accounting (Fred Frost)

weiter auf S. 51

Inhaltliche Ausgestaltung	
Stellenziele	→ Sicherstellung der jederzeitigen Zahlungsfähigkeit (Liquidität) → Bewertung und Aufarbeitung der Kalkulationsdaten der Abteilungen/Unternehmensprojekte → Sicherstellung der Angemessenheit, Aktualität und Richtigkeit der Rechnungswesendaten sowie deren transparente und effiziente Aufarbeitung und Bereitstellung gegenüber der Steuerberatung → zeitnahe Erstellung der Quartals- und Jahresabschlüsse sowie der Steuerbilanz → Personalführung und diesbezüglich Ausgestaltung von Verträgen/Konditionen
Aufgaben	→ Erstellung der Steuererklärungen und der Steuerbilanz nach geltendem Recht → Steuerung/Kontrolle des Zahlungsverkehrs (Kreditoren-/Debitorenbuchhaltung) → Vertretung der Geschäftsführung gegenüber dem Betriebsrat
Berichtspflichten	→ Quartalsreport Finanzen gegenüber der Geschäftsführung → Sonderanalysen und -berichte nach eigenem Ermessen oder Aufforderung → Jahresbericht Controlling mit Analyse und Ausblick
Befugnisse	→ Bankvollmacht für die Firmenkonten → Prokura bis zu einem Betrag von 150.000,00 € → Abschluss und Unterzeichung von Arbeitsverträgen

Berlin, den ....

Geschäftsführung — Stelleninhaber

.... Muster

* n. n. = Nomen nominandum („Der Name muss genannt werden."), tba. = to be announced

AUFGABEN

1. Erläutern Sie die Funktionen der Stellenbeschreibung für den Bewerber/Mitarbeiter und das Unternehmen.
2. Erstellen Sie auf der Basis der von Herrn Richtmann geplanten Änderungen ein neues Organigramm der Juniversal Event- und Veranstaltungsagentur.
3. Um welches System der Aufbauorganisation handelt es sich bei dem abgebildeten Organigramm der Juniversal Event- und Veranstaltungsagentur? Welches weitere System der Aufbauorganisation könnte bei der Juniversal Event- und Veranstaltungsagentur außerdem noch Anwendung finden?
4. Wie groß ist die Leitungstiefe der Juniversal Event- und Veranstaltungsagentur und wie hoch die Leitungsspanne der Abteilungsleiterin Projektmanagement Frau Collier?
5. Fertigen Sie am Computer ein Organigramm für Ihren eigenen Ausbildungsbetrieb an. Nutzen Sie dazu bitte die Formatvorlage in PowerPoint (> Einfügen > Grafik > Organigramm oder > Format > Folienlayout > Organigramm). Stimmen Sie das erstellte Organigramm vor der Präsentation in der Berufsschule mit Ihrem/Ihrer Ausbilder/-in ab.

Bevor wir uns nun dem Thema Ablauforganisation widmen, wollen wir Abstecher auf drei wichtige Nachbarmonde des Planeten Unternehmensorganisation machen.

Abstecher 1: Corporate Identity

PRG, Corporate Identity (CI) in der Bühnenpräsentation

Die Aufbauorganisation eines Unternehmens wird auch durch die Regelungen bezüglich der Corporate Identity (CI; Unternehmensidentität oder -persönlichkeit) beeinflusst. Die CI wird häufig im Rahmen der Unternehmensphilosophie, also der Werte- und Normenvorstellungen innerhalb eines Unternehmens, entwickelt. Sie kann als strategische Selbstdarstellung und Verhaltensrichtlinie des Unternehmens in seiner Gesamtheit betrachtet werden. Alle Handlungen des Unternehmens sollen einem einheitlichen Leitbild folgen, das intern und nach außen vermittelt wird.

MERKE

Corporate Identity ist das Selbstverständnis eines Unternehmens, das im Innen- und Außenverhältnis einheitlich kommuniziert wird. Die CI kann in einem schriftlichen Leitbild oder in schriftlichen Leitlinien festgelegt werden, die die Firmenphilosophie widerspiegeln. Die Bildung einer CI soll das Unternehmen unverwechselbar machen, das heißt einen hohen Wiedererkennungswert und damit verbunden einen Wettbewerbsvorteil schaffen.

Eine CI kann sich aus drei verschiedenen, sich wechselseitig beeinflussenden Elementen zusammensetzen:

- **Corporate Behaviour (CB – Verhaltensbild des Unternehmens)**. Das CB umfasst alle imagebildenden Verhaltensweisen, die für die Mitarbeiter eines Unternehmens sowohl untereinander als auch im Umgang mit Kunden, Verbrauchern und Lieferanten gelten sollen. Die Mitarbeiter sollen in ihrem Auftreten und Verhalten das Unternehmen und seinen unverwechselbaren Stil repräsentieren. Durch Führungsanweisungen und Führungsgrundsätze kann das erwünschte Verhalten dargelegt, durch Schulungsmaßnahmen kann es eingeübt werden.
- **Corporate Communications (CC – interne und externe Kommunikation des Unternehmens)**. Die CC soll im Idealfall ein einheitliches Erscheinungsbild in allen verwendeten Medien, Materialien und in der Werbung transportieren. Dies gilt sowohl für die externe Kommunikation – beispielsweise die Unternehmenswerbung (Corporate Advertising), die Öffentlichkeitsarbeit (Public Relations), die Verkaufsförderung, das Sponsoring und das Eventmarketing – als auch für die interne Kommunikation

– beispielsweise die Mitarbeiterkommunikation mittels Zeitung, Intranet, Brief oder Aushang.

→ **Corporate Design** (CD – **Erscheinungsbild des Unternehmens**). Das CD betrifft die visuelle Identität, es soll einen „roten Faden" im Erscheinungsbild sichtbar machen. Das Erscheinungsbild eines Unternehmens setzt sich aus einer Vielzahl von Elementen zusammen, die einheitlich gestaltet sein sollen: Firmenname, Firmenzeichen, Firmenfarben, Logo, Geschäftspapier, Prospekte, Symbole, Formulare, Visitenkarten, Messestände, Architektur, Fahrzeuge, Produkte, Kleidungsordnung (Corporate Clothing), akustische Logos (Audiobranding). In größeren Unternehmen werden Gestaltungsrichtlinien in einem Designhandbuch festgehalten (**Manual**, manchmal auch: **Style Sheet**).

MERKE

Das Ziel einer **Corporate-Identity-Strategie** im Rahmen der Unternehmenskultur (Corporate Culture) ist eine unverwechselbare Unternehmensidentität, die sowohl intern als auch extern ein Unternehmensimage erzeugt, bei dem Fremdbild (Corporate Image) und Eigenbild (Corporate Identity) weitestgehend deckungsgleich sind. Unverwechselbarkeit erhöht den Wiedererkennungswert und führt zu einer besseren Profilierung des Unternehmens am Markt.

Die Tabelle fasst vier mögliche Phasen der Entwicklung einer Corporate Identity zusammen.

Phase 1: Analyse von Eigenbild/Fremdbild (Image)	Welche Ziele verfolgt das Unternehmen? Wer sind Partner, wer Konkurrenten? Wo liegen Stärken und Schwächen? Was hebt uns vom Rest des Marktes ab? Auf welche Erfolge des Unternehmens können die Mitarbeiter stolz sein? Ist die Unternehmensstruktur den aktuellen Marktbedingungen angepasst? Welche Ressourcen werden wie wirksam eingesetzt? Welches Bild haben die Mitarbeiter vom Unternehmen, wie ist deren Einstellung zum Unternehmen, das heißt, wie stark identifizieren sie sich mit ihm? Wie sehen Partner, Kunden, Kapitalgeber, die allgemeine Öffentlichkeit und andere Anspruchgruppen das Unternehmen?
Phase 2: Formulierung von Geschäftsphilosophie/ Unternehmensleitbild	Bildung von Themengruppen, ausgehend von den erfassten Fragestellungen, Bearbeitung in Arbeitskreisen. Vorläufige Formulierung und Diskussion eines Unternehmensleitbildes, um den Nutzen einer bewusst gestalteten CI für die Mitarbeiter verständlich zu machen und die Akzeptanz des Vorhabens zu steigern. Positive Formulierungen und Aussagen ermöglichen eine Identifizierung der Mitarbeiter mit dem Betrieb.
Phase 3: Erarbeitung eines Maßnahmenkatalogs	Entwurf eines Maßnahmenkatalogs mit dem Ziel der Entwicklung eines Profils, welches das Unternehmen von Mitbewerbern abgrenzt und unverwechselbar macht. Maßnahmenkatalog für die Ebenen Corporate Design, Corporate Behaviour und Corporate Communications.
Phase 4: Umsetzung und Erfolgskontrolle	Konsequente Durchführung der Maßnahmen. Vorbildfunktion von Geschäftsführung und Vorgesetzten. Regelmäßige Erfolgskontrolle der Maßnahmen und Anpassungen, sofern erforderlich.

Ein beispielhaftes Element des Corporate Design ist das Firmenlogo. Dessen Entwicklung wird durch eine Reihe von Grundsätzen erleichtert. In Firmenlogos sollten bildhafte Elemente verwendet werden. Bilder sind leichter zu erfassen und schneller zu verarbeiten als Schrift, bleiben besser in Erinnerung als Wörter, können Botschaften unabhängig von Sprache vermitteln und lösen eher Gefühle aus als Wörter. Je genauer und verständlicher ein Logo die Leitmotive und Leistungen wiedergibt, desto wirkungsvoller und einprägsamer ist es. Man spricht auch von einem Markenzeichen (Brand). Das Corporate Design ist ein wichtiger Pfeiler in der Markenführung (Branding).

Die Aufnahme aktueller Trends in Farben und Symbole sollte vermieden werden, das Ziel sollte eher die universelle, langlebige Wirkung sein. Ein Logo sollte in Druckwerken, auf Firmenschildern, Faxvorlagen, in Farbe und Schwarz-Weiß und unabhängig von der Größe immer gut erkennbar sein. Auch eine Kostenanalyse ist ratsam; beispielsweise entstehen durch Sonderfarben zusätzliche Druckkosten.

Für die Wirkung des Corporate Designs ist es wichtig, die Gestaltung dauerhaft einheitlich einzusetzen. Dies gilt nicht nur für das Firmenlogo, sondern ebenso für die textlichen und grafischen Mittel (zum Beispiel Schriftarten und -größen, Farben, Slogans). Die einzelnen Elemente werden systematisch aufeinander abgestimmt und dann vom Briefpapier bis zur Webpräsenz einheitlich eingearbeitet.

Beispiele → Typische Materialien/Träger eines Corporate Designs

- → Firmenstempel
- → Briefpapier (1. und 2. Seite)
- → Faxvorlage
- → Kurzbrief („best regards")
- → Visitenkarte
- → E-Mail-Signatur
- → Firmenschild
- → Briefumschläge
- → Internetpräsenz
- → Rechnungs-/Lieferscheinvorlagen
- → Verpackungsmaterial
- → Frankier-Klischee
- → Geschäftsanzeige
- → Firmenaufkleber

Logo des PRG Live Entertainment Awards (LEA), Frankfurt

In der folgenden Tabelle sind relevante bekannte Wirkungen von Farben auf den Betrachter zusammengefasst. Auch hieraus ergeben sich wertvolle Hinweise für das Corporate Design.

Weiß	Gelb	Orange	Rot	Dunkelrot	Violett
frisch, sauber, rein, edel, leicht, unschuldig, zurückhaltend	leicht, warm, freundlich, zurückhaltend, undynamisch	lebhaft, warm, plakativ, freudig, anregend, fruchtbar, auch selbstverliebt, aggressiv	lebhaft, munter, dynamisch, aktiv, flexibel, fröhlich, jung, signalstark, manchmal aggressiv	elegant, zurückhaltend, anspruchsvoll, selten, manchmal etwas müde	ausgefallen, anspruchsvoll, blumig, älter, feminin, zerbrechlich, zart
Blau	**Grün**	**Olivgrün**	**Braun**	**Grau**	**Schwarz**
ruhig, erfrischend, kühl, stabil, modern, offen, umweltfreundlich	umweltbewusst, natürlich, frisch, stabil, emotional beruhigend	maskulin, elegant, naturhaft, ruhig, stabil, älter, manchmal müde	natürlich, stabil, sehr ruhig, introvertiert, elegant, auch wenig dynamisch/ wenig auffällig, manchmal dumpf	elegant, zurückhaltend, wertvoll, seriös, allerdings nicht aktiv/belebend	elegant, sehr ruhig, sehr stabil, schwer, mitunter traurig, düster

Kleine Lehre der Farbwirkungen

AUFGABE

1. Ermitteln Sie, ob und in welchem Umfang Corporate-Identity- oder Corporate-Design-Vorgaben in Ihrem Ausbildungsbetrieb bestehen. Stellen Sie die wichtigsten Regelungen mit Beispielen in einem Fact Sheet oder einem Beispielordner zusammen.
2. Zählen Sie aus Unter-nehmenssicht positive Effekte einer gut gemachten Corporate Identity auf. Unterscheiden Sie dabei zwischen unternehmensinternen und nach außen reichenden Wirkungen.
3. Nennen Sie Beispiele für erfolgreiche Unternehmen mit unverwechselbaren Farben und Logos.

Abstecher 2: Wichtige Fachverbände der Veranstaltungswirtschaft

Zum Einstieg

Thomas Wiczorek, der Auszubildende im Kulturamt der Stadtverwaltung Fürth, hat von seiner Ausbilderin Heidelinde Linientreu-Piekenhagen den Auftrag erhalten, alle Fachverbände der Veranstaltungswirtschaft aufzulisten und jeweils auch kurz deren Aufgaben zu beschreiben. Dabei soll er sich vor Augen halten, was einen Verband ausmacht und welchen Zwecken er in der Regel dient. Thomas Wiczorek macht sich an die Arbeit und legt ein Ergebnis vor, mit dem sich die Ausbilderin ausgesprochen zufrieden zeigt.

Personen, Organisationen oder Unternehmen schließen sich zusammen und bilden Verbände, damit ihre Interessen im Rahmen von Gesellschaft und Marktwirtschaft sowie gegenüber Politik und Gesellschaft stärker wahrgenommen werden. Wichtige Verbände sind die Gewerkschaften als Vertreter der Arbeitnehmerinteressen und die Arbeitgeberverbände als Vertreter der Interessen der Arbeitgeber.

Von einem Dachverband spricht man, wenn sich mehrere eigenständige Verbände zur gemeinsamen Wahrnehmung ihrer Interessen im Verhältnis zu Dritten, das heißt ihrer Außeninteressen zusammenschließen. Ein wichtiger Dachverband der Gewerkschaften ist der Deutsche Gewerkschaftsbund (DGB).

Von einem Fachverband spricht man, wenn sich natürliche oder juristische Personen (Körperschaften) unter fachlichen Gesichtspunkten zur Vertretung gemeinsamer Interessen zusammenschließen. Will ein Verband Einfluss auf die politische Gestaltung von Bereichen nehmen, die die Interessen seiner Mitglieder berühren, so spricht man von Lobbyarbeit.

In der Tabelle sind wichtige Fachverbände der Veranstaltungswirtschaft zusammengefasst.

Fachverband	Kurzbeschreibung
AUMA – Ausstellungs- und Messe-Ausschuss der deutschen Wirtschaft e. V., Berlin *www.auma.de*	Spitzenverband der deutschen Messewirtschaft. Lobbyorganisation. Informiert über Messen und Messekennziffern, betreibt Marketing für das Medium Messe. Geschäftsleitung der **FKM – Gesellschaft zur freiwilligen Kontrolle von Messe- und Ausstellungszahlen**
BDKV – Bundesverband der Konzert- und veranstaltungswirtschaft e. V. *www.bdkv.de*	2019 entstandene Fusion des seit seit 1985 bestehenden Bundesverbands der Veranstaltungswirtschaft (bdv – früherer Name idkv) und des bereits 1946 gegründeten Verbandes der deutschen Konzertdirektionen (VDKD). Ambitionierter Zusammenschluss von Tourneeproduzenten, Konzertveranstaltern und vorrangig auf Public Events ausgerichteten Unternehmen. Initiator des LEA (Live Entertainment Award).
DEGEFEST – Deutsche Gesellschaft zur Förderung und Entwicklung des Seminar- und Tagungswesens e. V., Berlin *www.degefest.de*	Vereinigung von Trainern im Seminar- und Tagungsgeschäft. Mitglieder: Veranstalter, Trainer, Bildungsinstitute, Tagungstechnikanbieter, Tagungshotels, Professional Congress Organizer (PCO)
DTHG – Deutsche Theatertechnische Gesellschaft, Bonn *www.dthg.de*	Veranstaltungstechnisch orientierter Fachverband für Theater, Film, Fernsehen, Show und Event
GCB – German Convention Bureau, Frankfurt am Main *www.gcb.de*	Marketingorganisation für den Kongress- und Tagungsstandort Deutschland, Schwerpunkt Destination-Management (Zielort- oder Regionenvermarktung)
GEMA – Gesellschaft für musikalische Aufführungs- und mechanische Vervielfältigungsrechte, Berlin/München *www.gema.de*	Urheberrechtliche Verwertungsgesellschaft der Komponisten, Textdichter und Musikverlage – Berlin/München

weiter auf S. 57

Fachverband	Kurzbeschreibung
EVVC – Europäischer Verband der Veranstaltungs-Centren e. V./European Association of Event Centers, Bad Homburg *www.evvc.org*	marketing- und kommunikationsorientierter europäischer Verband von Veranstaltungsstätten (Stadthallen, Arenen, Kongresshäuser)
FAMAB – Verband Direkte Wirtschaftskommunikation e. V., Rheda-Wiedenbrück *www.famab.de*	Netzwerk von Unternehmen der Live- und Wirtschaftskommunikation, vor allem Messespezialisten (Messebau und Messinszenierung). Dachverband des Forum Marketing Event Agenturen (FME)
IFSU – Internationaler Fachverband Show- und Unterhaltungskunst e. V., Köln *www.ifsu.de*	Verband der Unterhaltungsbranche (Künstleragenturen, Konzertdirektionen, Tourneetheater, Künstlermanager, Varietéhäuser usw.); seit 2019 angeschlossen an den BDKV
INTHEGA – Interessengemeinschaft der Städte mit Theatergastspielen, Filderstadt *www.inthega.de*	Zusammenschluss kommunaler kulturamtsbasierter und gemeinnütziger Veranstalter und Hallen für den deutschsprachigen Raum. Veranstalter von Tagungen mit angeschlossener Fachmesse
MPI – Meeting Professionals International (Germany Chapter), Mannheim *www.mpi-germany.de*	internationaler Fachverband von Business-Event-Managern. Schwerpunkte sind fachlicher Austausch, Kommunikation und Weiterbildung
VDVO – Verband der Veranstaltungsorganisatoren e. V. *www.vdvo.de*	Vereinigung von auf Business-Events spezialisierten Eventmanagern und Eventdienstleistern. Früherer Name: veranstaltungsplaner.de
verdi/verdi jugend – Vereinigte Dienstleistungsgewerkschaft, Berlin *www.verdi.de* *http://jugend.verdi.de*	Gewerkschaft der Dienstleistungsbranchen im DGB. Zuständig für die Fachbereiche Medien, Kunst, Druck und Papier, industrielle Dienste und Produktionen, Fachgruppe Theater und Bühnen, kulturelle Einrichtungen und Veranstaltungswesen, darstellende Kunst
VPLT – Verband für professionelle Licht- und Tontechnik, Langenhagen *www.vplt.org*	veranstaltungstechnisch orientierter Industrieverband, qualifizierungsorientiert (Seminarangebote). Betreiber der Deutschen Event Akademie

Fachverbände der Veranstaltungswirtschaft

AUFGABEN

1. Erstellen Sie eine Liste, in der Sie die Verbände schwerpunktmäßig den Bereichen Business-Event, Public Event und Sonstiges zuordnen sowie alternativ eine Tabelle mit einer Zuordnung der Verbände zu den Segmenten Kultur/Public Event, Messe/Ausstellung, Kongress/Tagung, Marketing-/Business Event und Sonstiges.
2. Ermitteln Sie, ob Ihr Ausbildungsbetrieb in einem Fachverband organisiert ist, und wenn ja, in welchem.
3. Von welchen Fachverbänden nutzt Ihr Ausbildungsbetrieb Leistungen oder Informationen?

Abstecher 3: Persönliche Karriereplanung

Karrieremöglichkeiten nutzen

In Zeiten lebenslangen Lernens und in so stark terminorientierten, schnelllebigen und flexiblen Branchen wie der Veranstaltungswirtschaft sollte man sich schon als Berufseinsteiger Gedanken über die späteren Karrieremöglichkeiten machen. In der Einleitung wurden bereits kurz die Weiterbildungswege zum Veranstaltungsfachwirt (IHK), zum Betriebswirt (IHK) sowie über ein Fachstudium angesprochen. Doch das Erreichen von Abschlüssen ist nur die eine Seite der Medaille. Mindestens genauso wichtig ist das Erreichen von beruflichen Positionen. Der ehemalige Eventmarketing-Fachverband, das Forum Marketing Event Agenturen (FME), hat zu Beginn des Millenniums die folgende Übersicht über die Aus- und Weiterbildungsoptionen in der Eventbranche veröffentlicht und mögliche Positionen in der Agenturenszene der Business-Event-Reality verzeichnet:

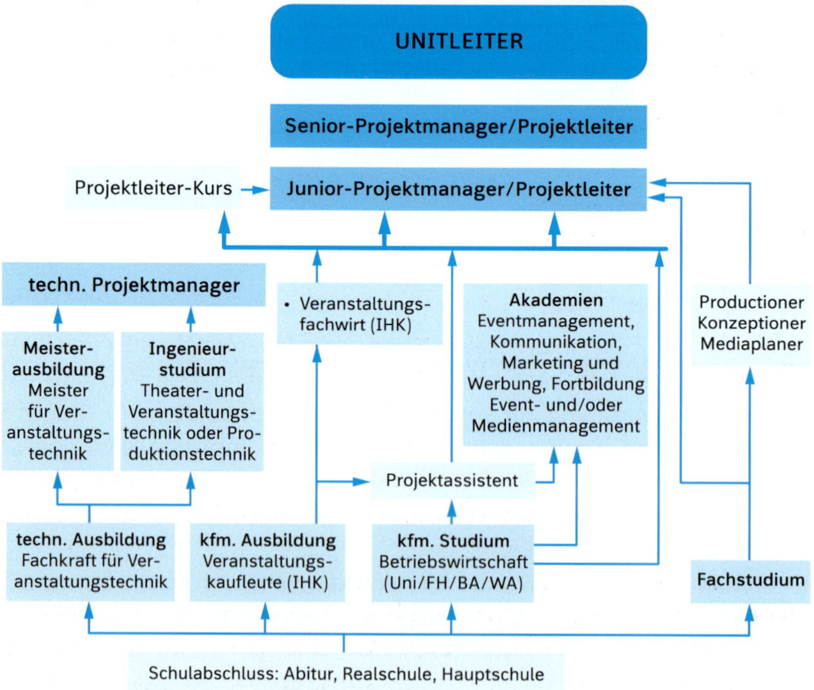

Aus- und Weiterbildung in der Eventmarketingbranche

AUFGABEN

1. Analysieren Sie das obige Schema unter dem Blickwinkel von Karrieremöglichkeiten. Welche Entwicklungsmöglichkeiten bieten sich Ihnen als Veranstaltungskauffrau/-kaufmann? Vergleichen Sie die Übersicht der FME auch mit der Grafik in der Einleitung dieses Buches.
2. Listen Sie auf, in welchen Bereichen der Veranstaltungsbranche außerhalb der Business-Event-Agenturen-Szene sich weitere Tätigkeitsfelder und Positionen finden.
3. Schreiben Sie im Anschluss an ein entsprechendes Brainstorming auf, welche Abschlüsse Sie im Leben erreichen und wo Sie beruflich einmal hinwollen. Übertragen Sie die wichtigsten angestrebten Stationen auf einen Merkzettel oder in eine personalisierte Zeitleiste, die Sie sicher verwahren.

1.3.2 Ablauforganisation

Die Aufbauorganisation bildet den Rahmen für die betrieblichen Abläufe, die widerspiegeln, was wann von wem erledigt wird. Wir beschränken uns zunächst auf die Beschreibung des allgemeinen betriebswirtschaftlichen Hintergrunds und der spezifischen Aspekte der Ablauforganisation eines Veranstaltungsunternehmens. Die Ablauforganisation eines Projekts wird in den Lernfeldern 8 und 9 behandelt.

Eventmanagement ist Teamarbeit – die verschiedensten Gewerke und Spezialdienstleistungen müssen zielorientiert unter einen Hut gebracht werden. Nichts geht hier ohne Zusammenarbeit – und auch eine souveräne Projektleitung ist in der Veranstaltungsbranche in der Regel unverzichtbar.

Teamarbeit in der Veranstaltungsbranche

Zum Einstieg

Auszubildende in Veranstaltungsunternehmen lernen das Arbeiten in Projektteams schnell kennen. Sie bekommen in ihren Ausbildungsbetrieben häufig die Möglichkeit, an Besprechungen von verschiedenen Teams teilzunehmen, die mit unterschiedlichen Projekten befasst sind. Auch lernen sie die Arbeitsweise der Teams bei den verschiedenen Veranstaltungen während der Vorbereitung und vor Ort kennen.

Michaela Meierhofer von der Juniversal Event- und Veranstaltungsagentur und Olga Ivanowa von der Deutschen Entertainment AG (DEAG) treffen sich häufig auf dem Weg zur Berufsschule in der Bahn und tauschen sich regelmäßig über ihre Erfahrungen aus. Beiden ist aufgefallen, dass die Hierarchien von Team zu Team sehr unterschiedlich ausgeprägt sein können, obwohl den verschiedenen Teams teilweise dieselben Personen angehören. Sie stellen fest, dass unterschiedliche Aufgabenstellungen unterschiedliche Kompetenzen erfordern, welche die

Teammitglieder in verschiedener Weise einbringen. Der Arbeitsstil der einzelnen Mitglieder ist oft sehr individuell und häufig weitgehend selbstbestimmt und autonom. Michaela und Olga sind beide der Meinung, dass es zu Beginn eines Projekts in der Regel recht locker zugeht, jedoch ergebnisorientiert und verbindlich, und dass – je nach Aufgabe und Stil – von locker bis völlig formal alle Umgangsweisen vertreten sind. Je näher der Termin der Veranstaltung rückt, umso hektischer wird es dann im Team, und bei Interessenkonflikten in der Sache wird auch schon mal heftiger argumentiert. Die Teammitglieder bemühen sich dabei in der Regel, persönliche Befindlichkeiten im Sinne des erfolgreichen Projekts aus der Diskussion herauszuhalten. Je nach Status des Projekts werden die Ergebnisse in regelmäßigen Team-Meetings überprüft und die Aufgabenstellungen angepasst. Häufig werden auftretende Probleme offen angesprochen, und es wird konstruktiv versucht, im Team gemeinsam Lösungsansätze zu finden. Über die regelmäßigen Teambesprechungen hinaus verständigen sich die Mitglieder ziemlich intensiv mithilfe von E-Mails. Auch werden Dokumente, Fotos oder Pläne über das lokale Netzwerk (LAN) oder als angefügte Dateien per E-Mail ausgetauscht. Die Ergebnisse der Team-Meetings werden protokolliert und allen Beteiligten digital übermittelt. Diese Aufgabe haben beide Auszubildenden auch schon einige Male übernommen, und sie mussten dabei feststellen, dass schon ein einfaches Protokoll so seine Tücken hat.

Die Projektleitung übernimmt innerhalb des Projektteams zusätzlich zur normalen Projektarbeit – die sie wie jedes Teammitglied ausführt – Koordinierungsaufgaben und Entscheidungskompetenzen. Sie ist Ansprechpartnerin bei größeren Problemen und leitet die Projektbesprechungen. Sie berichtet den Vorgesetzten und gegebenenfalls dem Auftraggeber und ist für den erfolgreichen Ablauf der Veranstaltung verantwortlich. Sie bringt idealerweise folgende Qualifikationen und Fähigkeiten mit:

- fundierte und detaillierte Kenntnisse des Unternehmens, seiner Betätigungsfelder und aller Abteilungen;
- umfangreiche Erfahrung in der erfolgreichen Abwicklung von Veranstaltungen;
- Durchsetzungsfähigkeit, Belastbarkeit, kommunikative Fähigkeiten, diplomatisches Geschick.

Nicht nur, dass man neben Erfahrung, Geschick und Fachkompetenz als Vorgesetzte oder Projektverantwortliche die Vorgaben seiner eigenen Vorgesetzten erfüllen, seine eigene Arbeit erledigen und die unterstellten Mitarbeiter führen muss – man muss die Mitarbeiter und Projektbeteiligten heutzutage am besten auch noch blindlings verstehen, motivieren, beratend begleiten, immer für jeden ein offenes Ohr haben sowie immer vorbildhaft höflich, freundlich und adrett „rüberkommen" – und das alles Tag und Nacht. Projektleitungen und übergeordnete Vorgesetze sind heutzutage gut beraten, sich mit den aktuellen Tendenzen in der Diskussion um zeitgemäße Führungsstile zu beschäftigen (siehe dazu folgende Tabelle) und eine funktionierende Führungsstrategie einzuüben.

Willensbildung tendenziell beim Vorgesetzten				Willensbildung tendenziell beim Team/Mitarbeiter			
Vorgesetzter entscheidet, ordnet an, setzt sich durch. OUT!	Der Vorgesetzte entscheidet und setzt sich durch, indem er durch seine persönliche Wirkung, zu überzeugen sucht, bevor er anordnet.	Der Vorgesetzte entscheidet, versucht aber die Akzeptanz zu steigern, in dem er Fragen gestattet und argumentativ informiert.	Der Vorgesetzte entscheidet und begleitet die Mitarbeiter argumentativ.	Das Team oder der Vorgesetzte entwickeln Vorschläge, der Vorgesetzte entscheidet nach Abwägung oder moderierend. IN!	Das Team entwickelt Vorschläge, Vorgesetzter entscheidet sich ggf. nach Absprachen für die von ihm favorisierten Lösungen.	Das Team entscheidet innerhalb festgelegter Spielräume, der Vorgesetzte koordiniert, moderiert und integriert.	Der Vorgesetzte lässt ohne Grenzen alles laufen, Entscheidungen passieren. OUT!
autoritär	*patriarchalisch*	*informierend*	*beratend*	*kooperativ*	*partizipativ*	*demokratisch*	*Laissez-faire*

Autoritär → **mitwirkend** **chaotisch**

Ausgewählte Führungsstile

Nach moderner Auffassung gibt es das richtige Führungsverhalten, das ultimative Führungsrezept gar nicht, obwohl sich in der modernen betriebswirtschaftlichen Auffassung eine deutliche Tendenz zum kooperativen Führungsstil herausgebildet hat. Diese Richtung spiegelt sich später auch deutlich in der IHK-Abschlussprüfung wider. Das zentrale Merkmal des kooperativen Führungsstils ist die Fähigkeit der führenden Persönlichkeit, Arbeitsprozesse moderierend zu begleiten. Moderieren bedeutet hierbei nicht, Ansagen auf der Bühne, in Radio oder Fernsehen zu machen.

Moderieren ist das führende Begleiten von Prozessen. Die Technik umfasst das zielgerichtete Motivieren und Auslösen von Interaktionen sowie das Visualisieren und Strukturieren von Diskussions- und Arbeitsprozessen. Ein Moderator ordnet, stellt Leitfragen, arbeitet Argumente heraus, fasst Ergebnisse zusammen, erstellt To-do-Listen und dokumentiert Ergebnisse.

Neben der Tendenz zur kooperativen Führung setzt sich zunehmend das Modell der situativen Führung durch, das heißt eines an die Situation, die Aufgabe, das Umfeld und das Gegenüber angepassten Kommunikations- und Führungsverhaltens einer authentischen Persönlichkeit.

Geschäfts- und Leistungsprozesse

Abläufe in Unternehmen zu organisieren heißt, die notwendigen Arbeitsvorgänge hinsichtlich ihrer räumlichen und zeitlichen Abfolge sinnvoll und zielorientiert zu ordnen und zu gestalten.

MERKE

Das übergeordnete Ziel der Ablaufplanung in der betrieblichen Leistungserstellung lautet, das Portfolio des Unternehmens (das heißt die Kollektion von Produkten, Dienstleistungen, Projekten oder Marken) in der festgelegten Qualität effizient und gewinnbringend zu erstellen und zu vermarkten.

Ein Unternehmen kann als System verstanden werden, in dem neben den zentralen wirtschaftlichen Zielen auch soziale und ökologische Ziele verfolgt werden. In wirtschaftlicher Hinsicht gilt es, im Prozess der Leistungserstellung durch Kooperationen mit anderen Unternehmen (zum Beispiel Dienstleistern, Zulieferern, Geschäftspartnern, Auftraggebern, Interessengemeinschaften) das Betriebsergebnis zu optimieren. Konstruktive Zusammenarbeit im Markt findet dabei seine Grenzen in einer engen Wettbewerbssituation und allgemein gegenüber direkten Mitbewerbern. In diesem Zusammenhang ist es wichtig, bereits als Auszubildende/-r die internen und externen Geschäftsprozesse des eigenen Unternehmens unterscheiden zu können und die Schnittstellen zwischen den einzelnen Prozessen zu erkennen und zu beachten. Dazu ist es sinnvoll, sich nach und nach in die betrieblichen Abläufe einweisen zu lassen.

Modellhafte Beschreibung von Geschäftsprozessen

Zum Einstieg

Lulu Lobenthal hat ihre Ausbildung in der Kölner Konzertagentur Dick Bäcker Live Entertainment begonnen. Derzeit plant die Agentur mit der Kölner Newcomerband Die Backstage Girls, die soeben mit einer Coverversion einer Take-That-Single in die Top 100 eingestiegen sind, eine Tour durch die Metropolen der Republik. Die Tour wurde potenziellen Veranstaltern mit einer massiven Post- und Fax-Mailingaktion angeboten. Lulu wird zurzeit in der Telefonbereitschaft eingesetzt; sie soll **aktion angeboten. Lulu wird zurzeit in der Telefonbereitschaft eingesetzt; sie soll** **die im Rücklauf eintreffenden telefonischen Anfragen annehmen und die Anrufer inhouse weitervermitteln.**

Frieda Fleißig hat ihre Ausbildung beim Event-Schulungsanbieter eventpruefung.de begonnen. Hier werden unter anderem spezielle Schulungsmaterialien zur Prüfungsvorbereitung vertrieben. Gleich im ersten Lehrjahr wird sie in den standardisierten Prozess von der Annahme einer Bestellung bis zur Auslieferung und Rechnungsstellung eingewiesen.

Praxisbeispiel → Zuordnung telefonischer Anfragen

Ein in Veranstaltungsagenturen häufiger Geschäftsprozess ist die Annahme telefonischer Anfragen. Bei Dick Bäcker wird der Prozess durch die folgenden fünf Schritte beschrieben:

1. Annahme des Telefonats mit einer Begrüßung, der Nennung des Namens der Agentur und des eigenen Vor- und Nachnamens sowie dem Zusatz „Was kann ich für Sie tun?“
2. Notierung des Anrufernamens, seines Anliegens, seiner Festnetznummer, Handynummer und E-Mail-Adresse auf einem Notizformular
3. Durchstellen des Anrufers zum zuständigen Booker Andreas Weyde oder zur Geschäftsleitung, wenn der Apparat von Herrn Weyde besetzt ist
4. Direkter paralleler Versand von weiteren bereitliegenden elektronischen Unterlagen per E-Mail an den Anrufer
5. Durchreichen des ausgefüllten Notizformulars an den Booker Andreas Weyde parallel zu dessen Telefonat (zwei Schreibtische weiter)

Praxisbeispiel → Bestellabwicklung

Die Abwicklung einer Bestellung wird bei eventpruefung.de in die folgenden elf Schritte unterteilt:

1. Eingang der Bestellung per E-Mail über das Internet
2. Check der gewünschten Zahlungsweise des Bestellers (zum Beispiel Vorkasse)
3. Bestätigung der Bestellung per E-Mail mithilfe einer personalisierten Textvorlage unter Angabe des Zahlungsziels, der Bankverbindung und der Lieferbedingungen
4. Nach erfolgtem Zahlungseingang: Bestätigung der Zahlung per E-Mail und Avisierung des Versandvorgangs mithilfe einer personalisierten Textvorlage
5. Vergabe einer Rechnungsnummer auf der Basis einer laufend fortgeführten Excel-Tabelle
6. Erstellen einer Rechnung mit dem Vermerk „Rechnungsbetrag dankend erhalten“ mithilfe einer personalisierten Textvorlage
7. Ausdruck mit Unterschrift und Stempel je einer Rechnung für den Kunden und die Buchhaltung; Erstellung einer Kopie der Rechnung für den Vorgangsordner
8. Zusammenstellung der bestellten Unterlagen, Einschweißen und Verpacken der Sendung (inklusive Informationsmaterial als kostenfreier Beilage)
9. Frankieren der Sendung, Ablage in das Postausgangsfach, Versand
10. Einpflegen der Vorgangsdaten in die Kundendatenbank
11. Ablage/Abheften der Unterlagen im Vorgangsordner, sortiert nach Rechnungsnummer

Ein Arbeitsablauf lässt sich gut mithilfe eines Ablaufdiagramms visualisieren, wie das folgende illustrierte Beispiel zeigt.

Beispiel → Ablaufdiagramm

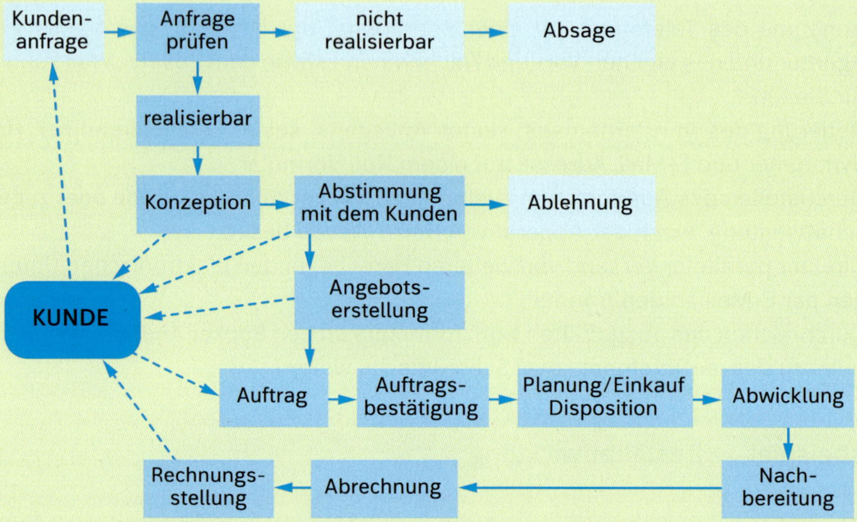

Ablauf der Bearbeitung einer Anfrage in einem Cateringunternehmen

1.4 Planung als zentrales Instrument der unternehmerischen Steuerung

Planung ist das zukunftsbezogene systematische Festlegen von Zielen und der zur Zielerreichung geeigneten Mittel, Wege und Maßnahmen. Eng verbunden mit der Planung sind die Prozesse der Kontrolle und Steuerung in Form des regelmäßigen Vergleichs von Soll- und Istwerten sowie bei Bedarf von Plananpassungen. Steuerung und die Kontrolle sollen die Umsetzung des Plans in die Wirklichkeit begleiten und sicherstellen.

Folgende Schritte sind in der Planung von Prozessen typisch:

→ **Beschreibung der Problemstellung, Zielbestimmung und Handlungsbegründung.** Was soll durch unser Handeln erreicht werden, und warum soll dies getan werden?
→ **Rahmenbedingungen/Ressourcenbestimmung.** Unter welchen Bedingungen soll gearbeitet werden? Welche Mittel und Instrumente können wir einsetzen?
→ **Maßnahmenkatalog.** Womit können die Ziele erreicht, welche Aktivitäten sollen entfaltet werden, wie ist der Weg?
→ **Timing/Verantwortlichkeiten.** Bis wann sollen welche Ergebnisse erreicht werden? Wer macht was in welchen Teams?

Pläne können auf den Ebenen der Unternehmensorganisation und der Projektabwicklung unterschiedlich grobkörnig angelegt werden. Während die Projektplanung zeitlich und inhaltlich begrenzte Aufgaben angeht (mehr dazu in den Lernfeldern 8 und 9), wollen wir hier auf die Ebene der funktionalen Unternehmensplanung als Instrument zur Entscheidungsvorbereitung und Prozessdefinition eingehen. Man unterscheidet die Phasen der strategischen und der operativen Planung.

Planen ist das systematische Festlegen von Zielen.

- Als **Strategie** bezeichnet der Duden einen besonderen, „genauen Plan des eigenen Vorgehens, der dazu dient, ein (...) Ziel zu erreichen, indem man diejenigen Faktoren, die in die eigene Aktion hineinspielen könnten, von vorneherein einzukalkulieren versucht".
- Die **strategische Planung** legt fest, wie sich das Unternehmen im Marktgeschehen positionieren möchte, und definiert die strategischen Ziele, Mittel und Maßnahmen. Sie antwortet auf die Frage „Wie machen wir die richtigen Dinge?". Sie umfasst dabei einen grundlegenden, längeren Planungshorizont.
- Die **operative Planung** benennt auf der Grundlage der strategischen Planung die konkreten Ziele und Abläufe für einzelne Teilbereiche, Teilfunktionen und Teilabschnitte. Sie antwortet auf die Frage „Wie machen wir die Dinge richtig?". Sie zerlegt die strategischen in fassbare operative Ziele.

Die strategische Planung umfasst Themenfelder wie

- Unternehmensanalyse,
- Kundenanalyse,
- Marktanalyse,
- Potenzialanalyse,
- Umfeldanalyse,
- Wettbewerbsanalyse,
- Produktanalyse,
- Wertschöpfungsanalyse.

Die operative Planung umfasst Themenfelder wie

- Marketingplanung inkl. Kommunikationsplanung,
- Absatzplanung,
- Produktionsplanung,
- Beschaffungsplanung,
- Verwaltungsplanung,
- Personalplanung,
- Finanz-/Liquiditätsplanung inklusive Investitionsplanung,
- Bilanzplanung.

Die operative Planung kann auf drei verschiedene grundlegende Arten erfolgen:

- → In der **Top-down-Planung** werden die Ziele auf den Leitungsebenen entwickelt und den untergeordneten Ebenen bis hin zum Sachbearbeiter vorgegeben. Es herrscht das Prinzip vor „Hier sind die Ziele, die Sie bitte bis dahin zu erreichen haben."
- → In der **Bottom-up-Planung** werden die Ziele in den Fachabteilungen erarbeitet und an die vorgesetzten Entscheidungsebenen weitergegeben. Es herrscht das Prinzip vor „Teilen Sie mir bitte als Fachmann mit, welche Ziele bis wann erreicht werden sollten."
- → In der **Bottom-down-Planung,** auch Gegenstromverfahren genannt, werden die Ergebnisse der beiden erstgenannten Planungsverfahren einander gegenübergestellt und in einem wechselseitigen Abstimmungsprozess harmonisiert.

In einem Planungskalender (siehe Beispiel) können die wesentlichen Meilensteine der Jahresplanung eines Unternehmens tabellarisch festgehalten werden.

Beispiel → Planungskalender der Grohte Sanitär- und Einrichtungstechnik AG

Planungsschritte	Beteiligt/verantwortlich	Termin
1. Planung der Unternehmensziele	Vorstand	November
2. Analyse der Vorjahresplanung	Controlling	Januar
3. Strategische Prämissen	Vorstand/Bereichsleiter/Controlling	Januar
4. Strategischer Plan	Vorstand/Bereichsleiter/Controlling	März
5. Operative Planung	Bereichsleiter/Controlling	Mai
→ **Phase 1**	Bereichsleiter/Abteilungsleiter	Juli
→ **Phase 2**	Bereichsleiter/Abteilungsleiter	September
6. Budgetverteilung	Bereichsleiter/Abteilungsleiter/Controlling	Oktober

Meilensteine der Unternehmensplanung

Intermezzo: Das Protokoll

Protokolle dienen der Dokumentation von Vorgängen und Ergebnissen, die beispielsweise in einem Meeting besprochen und festgelegt wurden. Ein Protokoll sollte logisch aufgebaut sein und wird oft in tabellarischer Form erstellt. Die Dokumentation von Ergebnissen sollte im fachlich-sachlichen Stil knapp und prägnant, sach- und zeitgerecht erfolgen und auch für Außenstehende verständlich sein. Das Protokoll beantwortet die Fragen „Wer hat wann was entschieden?" – „Wer macht wann was mit wem?".

Operative Planung braucht Kommunikation.

Die folgende Tabelle gibt den Aufbau eines typischen Protokolls wieder.

Kopf	Körper	Fuß
Thema, Termin, Schriftführer, Beteiligte, Verteiler	Themen, Ergebnisse, Verantwortlichkeiten, Terminierung, Delegierung	Seitennummerierung, Datierung

Grundlegender Aufbau eines Protokolls

In der Veranstaltungsbranche kommt das sogenannte Abnahmeprotokoll häufig zum Einsatz. Es antwortet auf die Fragen „Was wurde wann von wem wie vereinbart, festgelegt, übergeben oder bemängelt?". Ein solches Protokoll wird beispielsweise verwendet bei der Vermietung von Locations, der Vermietung von Veranstaltungstechnik und der Abnahme von Messeständen.

Das folgende Beispiel zeigt ein mögliches Ergebnisprotokoll.

Beispiel → Ergebnisprotokoll eines Messe-Projektteam-Meetings

Ergebnisprotokoll		**Grohte Sanitär- und Einrichtungstechnik AG**	
zur Besprechung vom:	**19. Februar 2018**	**Teilnehmer:**	**H. W. Lang (AL Vertrieb) P. Möller (AL Marketing) R. Laube (Stabsstelle Presse) M. Gödde (Projektleitung) J. Bleibel (Projektleitung) G. Hartleb Y. Arkadaz N. Sakarya A. Hassels-Aktüs**
Thema:	**3. Messeprojekt-Team-Meeting zur CeBit 2018**		
		Protokoll:	**Fatma Öztürk**

*) Art	A = Auftrag	F = Feststellung	E = Empfehlung	I = Information

Ergebnis		**Themen**	**betroffene Stelle**	**Termin**
Nr.	**Art*)**			
1	A	**Standpersonal/Stationen/Teambildung** → Es sind vier Stationen vorhanden. → Es werden acht Teams gebildet, die jeweils den bestimmten Produktbereichen zugeordnet werden. → Die Teams bestehen aus drei Personen: 1 Produktberater, 1 Person Marketing, 1 Person Vertrieb-Handel, die jeweils an einer Ausstellungssäule (Stele) platziert sind. → Vertrieb-Handel legt Konzept vor, welches eine permanente Präsenz unter Berücksichtigung der Regionalleitertermine garantiert.	Lang	schnellstmöglich

weiter auf S. 68

Ergebnis		Themen	betroffene Stelle	Termin
Nr.	Art*)			
2	A	**Kundentheke** → Forderung: Vergrößerung/Verschiebung der Kundentheke nach Rücksprache mit uniplan → Lösungsvorschlag: „Endkundentheke" vor dem Eingang mit drei Promotoren/Mitarbeitern	Bleibel	KW 7
3	I	**Grafiken (innen, außen)** → Herr Gödde präsentiert das Graphikkonzept und das konkrete Layout der Stelen	Gödde	
4	A	**Sonstiges** → Dresscode des Standpersonals muss kommuniziert werden (Farben: Schwarz & Anthrazit). → Termin und Ort der Messeschulung müssen festgelegt werden.	Gödde	KW 6

AUFGABEN

1. Erläutern Sie die wesentlichen Unterschiede zwischen Aufbauorganisation und Ablauforganisation. Wie hängen die beiden Phänomene zusammen?
2. Nennen Sie fünf wesentliche Vorteile von Teamarbeit.
3. Erstellen Sie für Ihr Ausbildungsunternehmen ein Ablaufdiagramm für den Prozess der Bearbeitung einer Kundenanfrage. Beginnen Sie dabei mit der Auftragsgenerierung, fahren Sie mit der Auftragsabwicklung fort und berücksichtigen Sie alle Schritte bis zur Rechnungsstellung.
4. Benennen Sie nach Rücksprache mit Ihrem Ausbilder/Ihrer Ausbilderin zwei langfristige strategische Unternehmensziele (zum Beispiel Marktführerschaft, Absatzsteigerung) und fünf konkrete operative Ziele (zum Beispiel Auftragsgenerierung, Kostensenkung). Präsentieren Sie das Ergebnis in der Berufsschule.

1.5 Präsentation

Eine gute Präsentation ist zuschauerorientierte Kommunikation. Eine Präsentation ist bereits ein Mini-Event, vergleichbar mit einem Mini-Theaterstück. Seien Sie der Regisseur, inszenieren Sie ein Ereignis.

Die Fähigkeit, zuschauergerecht und zielorientiert zu präsentieren, ist eine der wesentlichen Eigenschaften, die von den Beschäftigten in der Veranstaltungsbranche erwartet werden. Typisch ist die visuelle Darstellung von Inhalten, Angeboten und Ergebnissen, die extern mit dem Kunden oder intern bei Meetings und Projektbesprechungen erörtert werden.

Die Anschaffung von Notebooks und Datenprojektoren (Beamern) ist erschwinglich geworden, und das Präsentieren mithilfe dieser Medien ist zum Standard avanciert. Das bedeutet jedoch nicht, dass klassische Präsentationsmedien wie beispielsweise Flipchart,

Overheadfolien oder Pinnwände nicht mehr eingesetzt werden. Im Gegenteil, sie scheinen gerade heute eine kleine Renaissance zu erleben. Häufig ist es sinnvoll, sie ergänzend als aufmerksamkeitsstarkes Element innerhalb einer zuschauergerechten Präsentation einzusetzen.

Nicht nur das Know-how zur Erstellung einer digitalen Präsentation ist wichtig, für die Wirkung entscheidend sind darüber hinaus die kommunikativen Soft Skills des Präsentierenden, das heißt seine persönlichen Fähigkeiten zur zielgruppengerechten Vermittlung von Informationen. Auch Grundkenntnisse der nonverbalen Kommunikation (wie beispielsweise der Signale, die die Körpersprache sendet) sind bei der Gestaltung einer Präsentation nützlich.

1.5.1 Einsatz von Präsentationsmedien

Ein **Medium** ist ein Transportmittel für Unkörperliches. Laut Duden ist es „[...] ein vermittelndes Element oder ein organisatorischer und technischer Apparat für die Vermittlung von [...] Meinungen, Informationen oder Kulturgütern sowie [...] eines der Massenmedien Film, Funk, Fernsehen, Presse."

Medien helfen uns, bei der Darstellung von Inhalten unser Ziel zu erreichen. Sie sind Mittel zum Zweck und sollten nicht zum Selbstzweck werden. Gefühlvoll und angemessen eingesetzt, sind sie ein wichtiger Teil einer erfolgreichen Präsentation.

Eine gute Vorbereitung beugt Problemen vor. Wichtig ist es, sich mit den einzusetzenden Medien ausgiebig vertraut zu machen und sie ohne Zeitstress vorher zu testen. Auch am Ort des Meetings oder der Besprechung vor der Präsentation sollte man vorher genügend Zeit für den Aufbau einplanen. Es gibt nichts Schlimmeres, als unter Zeitdruck bei schon versammelter Zuhörerschaft technische Probleme lösen zu müssen. Außerdem sollte man nur Medien einzusetzen, die man wirklich beherrscht. Hier gilt der Grundsatz „Keine Experimente vor Publikum".

Gut bewährt hat es sich, eine Ausweichlösung im Fall von technischen Schwierigkeiten vorzusehen. Beispielsweise kann bei einer Beamerpräsentation ein Overheadprojektor für die notfallmäßige Präsentation der Folien bereitgestellt werden. Diese zweitbeste Lösung muss natürlich genauso vorbereitet und getestet werden wie die eigentliche Lösung. Auch das Bereithalten einer Sicherungskopie der Präsentation auf einem mobilen Datenträger ist sinnvoll. Hierbei sollte man darauf achten, besondere Schriftarten, die unter Umständen auf Fremdrechnern nicht installiert sind, in die Präsentation einzubetten oder mitzubringen und vor der Präsentation auf dem Fremdrechner zu installieren. Aus modernen Präsentationsprogrammen heraus kann man heutzutage die Daten so abspeichern, dass die Präsentationssoftware auf Fremdrechnern nicht installiert sein muss. Die Präsentation lässt sich dann trotzdem abspielen, allerdings nicht mehr editieren/verändern.

Die erste fasst die Vor- und Nachteile der in der Veranstaltungsbranche gängigen Präsentationsmedien zusammen, die zweite Tabelle vermittelt eine Übersicht über nützliches Präsentationszubehör.

Medium	Vorteile	Nachteile	Bemerkungen
Personal Computer/ Datenprojektor (Beamer)	→ Präsentationen vor größeren Gruppen möglich → professionelle Qualität → Blättern/Springen möglich → Einfügen von Verweisen und Hyperlinks möglich → Einbindung von Audio- und Videopassagen möglich	→ Technik ist anfällig. Vorsicht vor Systemabstürzen! → Zweitlösung unbedingt nötig → Gefahr von unpersönlichen Präsentationen	→ Standard → Technik vorher testen!
Overheadprojektor	→ einfache Erstellung der Folien → Folien leicht zu transportieren → Präsentationen vor größeren Gruppen möglich	→ Oftmals sind die Folien schlecht gestaltet (zum Beispiel ist die Schrift zu klein). → Lüftergeräusch kann stören.	→ Die Folien müssen gut lesbar sein. → Zusätzliche Techniken sind nötig, beispielsweise Aufdecktechnik, Überlegtechnik, Unterlegtechnik.
Flipchart (großer Standblock)	→ Farbe kann als Gestaltungsmittel einfach eingesetzt werden. → Die dargestellten Inhalte bleiben erhalten. → Es können Moderationskarten aufgeklebt werden. → oft vorhanden → persönlicher Touch	→ nur bei relativ kleinem Publikum sinnvoll → Flipcharts sind sperrig und stehen unter Umständen vor und nach der Präsentation im Weg. → Darstellungen sind nur schwer korrigierbar.	→ Bei „Papiertafeln" können die DIN-Blätter ganz oder teilweise vorbereitet werden. → Die DIN-Blätter können „unsichtbar" mit Bleistift vorgezeichnet werden oder Notizen enthalten.
Pinnwand (Metaplanverfahren)	→ Das Aufpinnen bringt Bewegung in die Präsentation. → Die Teilnehmer können gut eingebunden werden. → leichte Korrektur von Gestaltungsfehlern → mobil	→ nur bei relativ kleinem Publikum sinnvoll → Pinwände können stören. → aufwendige und sorgfältige Vorbereitung notwendig	→ Vorbereitetes Material kann gut angebracht werden. → gut für interaktive Präsentationen, beispielsweise mit Teilnehmerkarten → fördert das Entwickeln von Gedanken während des Vortrags
Mood-Chart	→ Stimmung erschließt sich. → Fotos und Objekte einbindbar	→ evtl. unrealistisch → evtl. zu verspielt	→ offene und moderne Form
Magnettafel (White Board)	→ flexibel wie eine klassische Tafel → magnetfähig	→ nur bei relativ kleinem Publikum sinnvoll → Stifte wirken oft dünn. → schlecht transportierbar	→ Deckende Stifte sind notwendig.
Film und Video	→ Einsatz vor größeren Gruppen ist gut möglich. → ideale Ergänzung, wenn der Film zum Thema und zum Publikum passt	→ Verbale Unterbrechungen sind nur schwer möglich. → Filme bergen die Gefahr nachhaltiger Ablenkung. → aufwendige Vorbereitung (Videoschnitt)	→ Für viele Themenbereiche können fertige Filme bezogen werden. → Denkbar ist ein Film als Einstieg in ein Sachthema. → macht Regie in Erstellung und Abspielung notwendig

In der Veranstaltungsbranche gängige Präsentationsmedien

weiter auf S. 71

Zeigestab	Klassisches Hilfsmittel zum Zeigen auf visuelle Inhalte. Hat leicht eine etwas autoritäre Ausstrahlung. In teleskopartiger Ausführung zum Ausziehen erhältlich
Laserpointer	Mit einem Laserpointer kann man einen dünnen Laserstrahl auf die Projektionsfläche werfen und auf Passagen der Präsentation zeigen. Es gibt verschiedene Klassen von Laserpointern. (Zur Vermeidung von Unfällen nicht auf Augen richten!)
Funkmaus	Mit einer Funkmaus kann man den Computer während der Präsentation aus der Distanz bedienen. So wird man während der Präsentation nicht auf einen Standort direkt neben dem Computer „festgenagelt". Man sollte auf Übertragung per Funktechnik achten, Infrarottechnik ist störanfälliger. Im Handel gibt es spezielle Fernbedienungen mit eingebautem Laserpointer.

Nützliches Präsentationszubehör

1.5.2 Präsentationssoftware

Die gängigste Software zum Erstellen von interaktiven Präsentationen ist PowerPoint von Microsoft. Für Apple ist eine eigenständige Version verfügbar. Alternativen gibt es im Open-Source-Bereich (freie Software) mit der Software Impress aus dem freien Paket von Openoffice.org. Versionen für alle drei Computerplattformen (Windows, MacOS und Linux) sind vorhanden. Das Programm kann kostenfrei benutzt werden und ist auch in der Lage, PowerPoint-Dateien zu lesen und zu schreiben. Weitere Alternativen sind Apple Keynote für Macintosh, Applixware für Linux oder Corel Presentations für Windows. Auch mit dem kostenfreien Adobe Reader lassen sich PDF-Dokumente im Vollbildmodus (Strg+L) präsentieren, allerdings ohne die im Rahmen von PowerPoint möglichen Animationseffekte. Zum Erstellen der Inhalte benötigt man jedoch die kostenpflichtige Acrobat-Vollversion oder ein Programm zur Erstellung von PDF-Files wie den PDF-Maker. Onlinebasierte Applikationsalternativen heißen PREZI oder SWAY.

Show zur Eröffnung der Southeast Asia Games (SEA), Malaysia 2017

Alle Programme arbeiten ähnlich. Es werden bildschirmgerechte digitale Folien erstellt, die mit Text-, Grafik-, Video- oder Soundinhalten versehen werden. Diese Inhalte können mit Animationseffekten inszeniert, den Folien können Überblendeffekte zugewiesen werden. Sie können dann in der Reihenfolge der programmierten Animationen im Präsentationsmodus als Vollbild auf einem Monitor oder Beamer gezeigt werden.

In der Tabelle sind einige hilfreiche Tastenfunktionen im Präsentationsmodus von PowerPoint zusammengefasst:

Tasten	Beschreibung
F5	Starten einer Bildschirmpräsentation im Präsentationsmodus
B	... wie Black. Schaltet bei gestarteter Bildschirmpräsentation den Monitor auf Schwarz. Durch erneutes Betätigen der B-Taste wird der Präsentationsinhalt wieder sichtbar.
W	... wie White. Schaltet bei gestarteter Bildschirmpräsentation den Monitor auf Weiß. Durch erneutes Betätigen der W-Taste wird der Präsentationsinhalt wieder sichtbar.
Folien-Nr. und Eingabetaste	PowerPoint wechselt zur eingegebenen Folie.
Esc	Powerpoint verlässt den Präsentationsmodus.

Hilfreiche Tastenfunktionen (Shortcuts) im Präsentationsmodus von PowerPoint

Weitere Tastenkombinationen können im Präsentationsmodus im Kontextmenü über „Hilfe" eingesehen werden.

1.5.3 Was macht eine gelungene Präsentation aus?

Allgemeine Tipps

Durch eine positive Grundhaltung Ihrem Thema und Ihrem Publikum gegenüber erreichen Sie eine höhere Aufmerksamkeit. Ihre Glaubwürdigkeit wird gesteigert und kann durch zusätzliches, bisweilen auch gern gesehenes leidenschaftliches und authentisches Engagement nochmals verstärkt werden. Präsentationen sind Kommunikation. Senden Sie – verbal und nonverbal – positive Botschaften an Ihr Publikum. Ein ruhiger Blick, eine offene Gestik und eine freundliche Mimik helfen bei der Realisierung. Halten Sie ständig Blickkontakt zum Publikum. Dadurch fühlt sich jeder einzelne Zuschauer angesprochen und wichtig. Fixieren Sie einfach die Nasen der im Publikum befindlichen Zuschauer oder deren Haaransatz. Sie müssen Ihr Publikum „umarmen".

Bereiten Sie sich gut vor. Falls Sie Hemmungen haben, vor Publikum zu agieren, proben Sie die Präsentation vor vertrauten Personen. Lampenfieber ist völlig normal. Positiv genutzt, hilft es Ihnen, bei Ihrer Präsentation dynamischer zu agieren. In der Regel verschwindet das Lampenfieber in dem Moment, in dem Sie Ihren Vortrag beginnen. Wie bei jedem Event spielt die Dramaturgie eine wichtige Rolle. Setzen Sie bewusst einen Spannungsbogen. Seien Sie Ihr eigener Regisseur. Bereits ein gezielter Wechsel Ihres Standorts im Präsentationsraum kann die Aufmerksamkeit merklich erhöhen.

Geben Sie am Anfang einen kurzen Überblick über Ihren Vortrag. Diese Inhaltsangabe hilft dem Zuschauer einzuschätzen, was ihn erwartet.

Moderationskarten mit Schlüsselwörtern oder ein möglichst selbst gezeichnetes Mindmap helfen Ihnen, den Überblick zu behalten. Benutzen Sie ruhig auch einmal die Notizfunktion im verwendeten Präsentationsprogramm. Bereits bei der Erstellung von Folien können Sie dort Assoziationswörter notieren. Im Betrieb mit zwei Monitoren (alle modernen Betriebssysteme unterstützen Zweischirmbetrieb) können Sie diese Notizen während des Vortrags verfolgen, ohne dass das Publikum sie sieht.

Ein **Mindmap** (eine Gedankenkarte) ist eine grafische Darstellung, die Beziehungen zwischen Begriffen zeigt. Das zentrale Thema steht dabei in der Mitte des Blattes. Haupt- und Nebenäste mit Schlüsselwörtern erweitern das Begriffsfeld.

Auf die Folien gehören Schlagworte. Verwenden Sie ausformulierte Sätze nur dann, wenn Sie diese gezielt einsetzen wollen. Zum Erzählen sind Sie da. Wenn Sie sichergehen wollen, dass Ihr Publikum die Inhalte auch wirklich „mit nach Hause nimmt“, verteilen Sie am Ende der Präsentation eine ausführliche Textversion als Handout. Vermeiden Sie unbedingt das reine Ablesen der Folieninhalte vom Monitor. Lesen können die Zuschauer selbst. Binden Sie das Publikum stattdessen in Ihre Darstellung ein. Stellen Sie Fragen oder führen Sie kleine Diskussionen mit Personen aus dem Publikum. Erzählen Sie Anekdoten oder fügen Sie Karikaturen ein. Auch haptische (tastbare) Eindrücke, zum Beispiel indem Sie Gegenstände durch das Publikum reichen, unterstützen die Nachhaltigkeit Ihrer Präsentation. Setzen Sie möglichst bildliche Darstellungen Ihrer Inhalte ein. Dies können Skizzen, Fotos oder Diagramme ein. Ein Bild sagt mehr als tausend Worte. Comiczeichnungen und Clip-Arts sind dabei heutzutage eher wieder out. Benutzen Sie Präsentationszubehör wie Zeiger oder Laserpointer zur Veranschaulichung.

Vermeiden Sie zu schnelles Sprechen. Machen Sie bewusste Pausen, ohne den Fluss Ihrer Darstellung zu unterbrechen. Versuchen Sie auch, den Klang Ihrer Stimme klar und deutlich zu halten. Eine Aufnahme Ihrer Stimme auf Tonband oder PC kann Ihnen helfen, mögliche Schwachstellen zu analysieren und zu minimieren. Effekte sollten unbedingt zur Zielgruppe passen. Eine Businesspräsentation im Kongressbereich stellt andere Anforderungen als die Pressepräsentation einer neuen Heavy-Metal-CD. Die Funktionsvielfalt von modernen Präsentationsprogrammen verführt zum inflationären Einsatz von hektischen Effekten. Weniger ist hier oft mehr.

Die folgende Checkliste bietet eine wirkungsvolle Unterstützung für die Vorbereitung von Präsentationen.

Adressatenorientierung	
Ausarbeitung an den Zuschauern orientiert?	Form der Präsentation angemessen?
Inhaltliche Aspekte	
Thema geklärt und erfasst?	Dramaturgischer, spannender Aufbau?
Informationsgehalt okay?	Niveau/Schwierigkeitsgrad angepasst?
Verständlich formuliert?	Klarer Aufbau (Einleitung/Hauptteil/Schluss)?
Auf das Wesentliche beschränkt?	Inhaltsverzeichnis/Übersicht?
Angemessen im Umfang?	Sachlich richtig?
Selbstständig verfasstes/zusammengetragenes Material?	Quellenangaben?
Logischer Aufbau/schrittweise Entfaltung des Themas?	Sinnvolle Anordnung der Inhalte?
Pro- und Kontra-Argumente abgewogen?	Wichtige Punkte herausgehoben?
Formale Aspekte	
Anschaulich, übersichtlich, klar?	Symbole, Grafiken, Bilder?
Ansprechendes Layout/Design?	Form und Inhalt aufeinander abgestimmt?
Kontrastreiche, für den Ausdruck geeignete Farben?	Schriftgröße, Lesbarkeit?
Ganze Sätze vermieden, stattdessen überwiegend Stichworte?	Einfache, nachvollziehbare Grafiken/Schaubilder?
Sonstiges	
Eingeübte, überzeugende Vortragstechnik?	Körperhaltung, Lautstärke, Gestik und Mimik okay?
Angemessenes Outfit?	Auflockernde oder humorvolle Gimmicks eingebaut?
Technik vorbereitet und getestet?	Räumliche Bedingungen berücksichtigt?

Checkliste für eine gelungene Präsentation

MERKE

Die am meisten verbreiteten Fehler einer Präsentation sind:

- → das Gleiche sprechen, was auf der Folie steht
- → zu kleine Schrift
- → ganze Sätze anstelle von Stichpunkten auf den Folien
- → schlecht gewählte Farben = schlechte Lesbarkeit
- → zu viele Animationen und störende Effekte
- → zu viele störende Sounds
- → zu komplexe Grafiken und Diagramme
- → zu kleiner Bildschirm/zu kleine Präsentationsfläche

Überzeugende Elemente einer guten Präsentation sind:

- → angemessene Haltung der Zielgruppe gegenüber (kein Opportunismus!)
- → fachliche Kreativität anstelle von chaotischer Fantasie
- → authentische Emotionen anstelle von aufgesetzter Gefühlsduselei
- → Verantwortung und angemessener Ernst anstelle von ignorantem Hochmut
- → gezielte, abwägende Kommunikation anstelle von propagandistischer Wahrheitsbehauptung

Tipps zur Präsentation im Team

Wenn Sie im Team präsentieren, achten Sie darauf, dass entweder

- → eine gleichmäßige, abgestimmte Rollenverteilung vorgenommen wird oder
- → eine klare Rollenverteilung gezeigt wird (zum Beispiel nach Kompetenz, Fähigkeit, Aufgabenbereich).

Bevor sechs Teammitglieder in einer Reihe aufge-stellt dastehen, ohne zu präsentieren, ist es ratsamer, beispielsweise einem Mitglied des Teams die Aufgabe zuzuweisen, die Folien umzublättern (Chart-Operating), einem anderen, die Exponate herumzugeben, zwei als Beisitzer heranzu-ziehen und zwei für die Präsentation als solche vorzusehen. Beim Wechsel der „Hauptrolle" bietet es sich an, den Nachfolgenden namentlich anzukündigen. Dazu eignet sich beispielsweise ein kurzer Dialog, ähnlich dem von Moderator und Reporter beispielsweise in einer Fernsehnachrichtensendung.

1.5.4 Präsentation des Ausbildungsbetriebs

Die folgende Checkliste unterstützt die Erkundung des eigenen Ausbildungsbetriebs (Kriterienkatalog).

Beispiel → Checkliste

1. Rechtsform des Unternehmens/Unternehmensstruktur (Mutter-, Tochterkonzerne, Beteiligungen)
2. Lage, Räume, Mitarbeiterzahl/Umsatzzahlen
3. Kerngeschäftsfelder des Unternehmens
4. Beispiele für typische oder herausragende Projekte, Produktionen oder Angebote/Dienstleistungen
5. Typische Kunden/Tätigkeit in welchem Marktsegment(en)?
6. Aufbau des Unternehmens (Organigramm), das heißt Informations-, Kommunikations- und Weisungswege
7. Aufgaben der Fachabteilungen und Sachbearbeiter/Aufgaben von Verwaltung und Personalabteilung
8. Skizzen typischer Arbeitsvorgänge
9. Corporate Identity, Leitbild, Unternehmensphilosophie/wirtschaftliche und soziokulturelle Ziele
10. typische Verträge
11. Fachverbandsorientierung
12. Stimmung in der Firma, wahrnehmbares Image und Feedback von außerhalb

AUFGABE

Erstellen Sie unter Berücksichtigung der genannten Kriterien eine ausführliche Präsentation des Unternehmens, in dem Sie ausgebildet werden. Binden Sie dabei das Logo und die Unternehmensfarben ein und wählen Sie die Form Ihrer Präsentation sorgfältig aus. Stellen Sie aussagekräftige Dokumente (Broschüren, Flyer, Berichte/ Dokumentationen) als Beispiele in einer Beilage zusammen.

Präsentationen gut vorbereiten

1.6 Zusammenfassung

- → Darstellung von gängigen Rechtsformen von Unternehmen
- → Abgrenzung freiberuflicher von gewerblichen Tätigkeiten
- → betriebliche Aufbauorganisation und visuelle Darstellung in Form von Organigrammen
- → Unterscheidung von strategischen und operativen Unternehmenszielen
- → Beschreibung von Corporate Identity und Unternehmensleitbildern
- → Übersicht über die gängigen Branchen-Fachverbände
- → Skizzieren des Team- und Projektarbeitsgedankens in der betrieblichen Ablauforganisation von Veranstaltungsunternehmen
- → visuelle Darstellung der Planung betrieblicher Prozesse
- → Tipps und Tricks für eine professionelle Präsentation

1.7 Zwischentest: Muster-Prüfungsfragen

Hinweis: Bitte keine Eintragungen im Buch vornehmen.

1. Ein kultureller Verein kann gegründet werden mit mindestens

a) fünf Personen.
b) sechs Personen.
c) sieben Personen.
d) keine Mindestpersonenzahl erforderlich.

2. Welche zwei der folgenden Merkmale zählen klassischerweise nicht zur Corporate Identity?

a) Unternehmenslogo
b) Dresscode für das Empfangspersonal auf einer Fachmesse
e) Audiologo in der Warteschleife
f) Spezialsicherheitskleidung des Veranstaltungstechnikers
g) Briefpapier-/Visitenkartendesign
h) Mitarbeiteranweisungen im Sinne des Unternehmensleitbildes

3. Welche zwei Vorteile von Teamarbeit können Sie erkennen?

a) Ausschluss von unproduktivem Konkurrenzdenken
b) Förderung von Kreativität
c) Vermeidung von Kompetenzgerangel
d) Unterstützung der Einzelkämpfermentalität
e) Förderung des Austauschs untereinander und Stärkung des Zusammengehörigkeitsgefühls

4. Welche vier der folgenden Merkmale gelten für eine GmbH, die den gesetzlichen Anforderungen entspricht?

a) Eintragung ins Handelsregister B
b) Firmenzusatz GmbH
c) einfache Buchführung
d) Gewerbe-/Körperschaftsteuerpflicht
e) Gesellschafterversammlung
f) kein Mindestkapital

5. Welche Aufgabe gehört nicht in den Regelkreis der Organisation?

a) Situationsanalyse
b) Zielsetzung
c) Planung
d) Wegbereitung
e) Umsetzung
f) Ergebniskontrolle

6. Welche sechs der folgenden Bereiche gehören zu den grundlegenden Funktionsbereichen eines Unternehmens?

a) Leitung und Verwaltung
b) Beschaffung
c) Kundenverbindung
d) Produktion/Leistungserstellung
e) Betriebsauflösung
f) Absatz/Vertrieb
g) Personalmanagement
h) Finanzierung/Rechnungswesen

7. Die Aufgabenverteilung und die hierarchische Ordnung eines Betriebes beschreibt man mithilfe eines

a) Metaplans.
b) Balkendiagramms.
c) Netzplans.
d) Organigramms.

8. Ein starre Hierarchie, in der jeder an seinen Vorgesetzten berichtet, ist typisch für

a) eine Matrixorganisation.
b) eine Mehrlinienorganisation.
c) eine Stab-Linien-Organisation.
d) eine Einlinienorganisation.

9. Die Bezeichnung sowie die Aufgaben, Ziele und Kompetenzen einer Stelle und die Eingliederung des Stelleninhabers in den Betriebsaufbau werden dargelegt in der

a) Stellenanzeige.
b) Stellenausschreibung.
c) Stellenbeschreibung.
d) Stellenbesetzung.

10. Eine Stabsstelle

a) arbeitet einer leitenden Stelle direkt zu.
b) plant die Tagungen/Seminare.
c) stellt Stäbe her.
d) ist ein anderes Wort für Sachbearbeiter.

11. Welche zwei der genannten Erscheinungsformen von Recht sind keine Rechtsquellen?

a) Gewohnheitsrecht
b) geschriebenes Recht
c) Faustrecht
d) Rechtsprechung/Richterrecht

12. Nach welchen drei der nachfolgend genannten Gesetze müssen sich eingetragene Kaufleute richten?

a) Grundgesetz
b) Vereinsgesetz
c) BGB
d) Kaufmannsgesetz
e) HGB

13. Welche beiden der nachfolgend genannten Darstellungsformen dienen der Visualisierung der betrieblichen Organisation?

a) Balkendiagramm
b) Ablauftabelle
c) Ablaufdiagramm
d) Bühnenskizze
e) Organigramm
f) Skribble

14. Strategische Ziele sind

a) langfristig angelegt.
b) operativ.
c) direkt quantifizierbar.
d) dauerhaft.

PRG Live Entertainment Award (LEA), Frankfurt 2017

M T W T F S S

2 Die Berufsausbildung selbstverantwortlich mitgestalten

Zum Einstieg

Die Auszubildende Lulu Lobenthal hat von einer Interessengemeinschaft von Auszubildenden zum Veranstaltungskaufmann in ihrer Region erfahren. Die Interessengemeinschaft ist als eingetragener Verein organisiert und betreibt ein Internetportal mit Hintergrundinformationen und fachlichen Angeboten für Auszubildende. In einem Onlineforum und bei regelmäßigen Treffen tauschen sich die Beteiligten ausgiebig über konkrete Themen der Ausbildung aus. Im Chat und bei den Vereinstreffen trifft Lulu Lobenthal auf Auszubildende, die schon mehr Erfahrung haben als sie selbst. Lulu erhofft sich Antworten auf die folgenden Fragen:

- → Wie ist das duale Ausbildungssystem aufgebaut, was ist eine Verbundausbildung, und welche Ausbildungsformen gibt es noch?
- → Welche rechtlichen Bestimmungen regeln den Rahmen der Ausbildung zum/zur Veranstaltungskaufmann/-frau? Wo sind die Kerngesichtspunkte der Ausbildung amtlich dokumentiert?
- → Welche weiteren inhaltlichen Leitlinien gibt es für meine Berufsausbildung?
- → Welche Rechte und Pflichten habe ich als Auszubildende/Auszubildender?
- → Was darf mein Betrieb und wo sind Grenzen? Wie kann ich Probleme erkennen und dagegen vorgehen?
- → Welche Regelungen gibt es zum Arbeitsschutz?
- → Wer sind die Berufsgenossenschaften, was genau ist die DGUV 17 (BGV C1)?
- → Wer unterstützt mich bei der Wahrung meiner Interessen während der Ausbildung?
- → Was bedeutet lebenslanges Lernen?
- → Wie kann ich mir effektiv den Lernstoff aneignen?

2.1 Die Berufsausbildung

2.1.1 Ausbildung im dualen System

Die Ausbildung im dualen System ist der klassische Weg zum/zur Veranstaltungskaufmann/-frau in der Veranstaltungsbranche und die mit Abstand am häufigsten verbreitete Form der Ausbildung. Der Auszubildende bewirbt sich auf eine betriebliche Ausbildungsstelle, in der er den größten Teil seiner Ausbildung verbringt. Er erhält dafür eine angemessene Ausbildungsvergütung. Zusätzlich nimmt er zusammen mit Auszubildenden aus anderen Betrieben am Unterricht in einer staatlichen Berufsschule teil. Der Unterricht findet entweder in regelmäßigen zeitlichen Abständen als Teilzeitunterricht (wöchentlich oder zweiwöchentlich) oder als zusammenhängender Blockunterricht statt. Der Auszubildende führt ein Berichtsheft. In der Mitte der Ausbildungszeit legt er die Zwischenprüfung ab. Am Ende steht die Abschlussprüfung vor dem Prüfungsausschuss der örtlichen Industrie- und Handelskammer (IHK).

Beispiele → Teilzeitunterricht im Rahmen der Berufsausbildung

Die neunzehnjährige Michaela Meierhofer macht ihre Ausbildung zur Veranstaltungskauffrau in der Juniversal Event- und Veranstaltungsagentur. Sie ist inzwischen voll in den Tagesablauf der Agentur eingebunden und arbeitet selbstständig und eigenverantwortlich in den Projekten mit. Jede Woche dienstags hat sie bis 14:30 Uhr und alle zwei Wochen freitags bis 12:30 Uhr Unterricht in der Berufsschule, anschließend geht sie in der Regel wieder in den Betrieb. Für die Zeit in der Berufsschule ist sie von den Arbeiten in der Agentur freigestellt. Die während dieser Zeit anfallenden Tätigkeiten werden von ihren Kollegen übernommen. Sie wird über den Status der Tätigkeiten in Kenntnis gesetzt. Ihre Abschlussprüfung vor der IHK legt sie am Ende des dritten Ausbildungsjahres ab; die Teilnahme an der Zwischenprüfung ist dafür eine wichtige Zulassungsvoraussetzung. Aufgrund ihres Schulabschlusses (Abitur) oder guter Leistungen kann sie die Ausbildungszeit gegebenenfalls um ein halbes oder ganzes Jahr verkürzen.

Die erste Tabelle fasst die Zuständigkeiten von Betrieb und Berufsschule im dualen Ausbildungssystem zusammen, die zweite Tabelle die Zuständigkeiten der Kammern.

Ausbildung im dualen System	Betrieb	Berufsschule
Regelungskompetenz	Bund	Länder
Geltungsbereich	→ Berufsbildungsgesetz → Ausbildungsverordnungen → Ausbildungsvertrag (lt. BGB)	→ Schulgesetze → Lehrpläne
Status des Auszubildenden	(besonderer) Arbeitnehmer	Schüler
Zuständigkeit	Kammern	Schulbehörden
Finanzierung	Privat	öffentlich
Das bedeutet konkret	→ Auszubildendenvergütung → Sozialversicherungskosten → Kosten für Personal und Ausbildungsstätte	→ Schulbetrieb → Lehrpersonal → Lehr- und Lernmittel
Verantwortlich für	Erreichen des Ausbildungszieles in der vorgegebenen Zeit (spezifische Fertigkeiten, Praxis, Berufserfahrung)	→ erweiterte Allgemeinbildung → berufliche Grund- und Fachbildung (betriebsunabhängige Fertigkeiten, Kenntnisse und Einsichten)

weiter auf S. 83

Ausbildung im dualen System	Zuständigkeit	Pflichten
Industrie- und Handelskammer	Industrie, Dienstleistungen und Handel	→ Betriebs- und Ausbildereignung feststellen → Verzeichnis von Ausbildungsverhältnissen → Ausbildungsberatung/-überwachung → Durchführen von Zwischen- und Abschlussprüfung (Prüfungsordnung) → Berufsbildungsausschuss
Handwerkskammer	Handwerk	
Sonstige Kammern	z. B. Öffentlicher Dienst, Freie Berufe, Landwirtschaft, Seeschifffahrt	

Zuständigkeiten von Kammern im dualen System

Die Verbundausbildung im dualen System

Betriebe, die nicht in der Lage sind, alle Ausbildungsinhalte während eines Ausbildungsverhältnisses zu vermitteln, können sich zusammenschließen und im Rahmen der sogenannten Verbundausbildung gemeinsam ausbilden. Hier durchlaufen die Auszubildenden zielgerichtet mehrere Abteilungen in mehreren Betrieben und erarbeiten sich dort schwerpunktartig die notwendigen Ausbildungsinhalte. Häufig haben sie einen Ausbildungsvertrag mit einem öffentlich-rechtlichen Träger, beispielsweise einer Stadtverwaltung.

Beispiel → Verbundausbildung

Frank Fraggel macht seine Ausbildung zum Veranstaltungskaufmann beim Schauspielhaus in Köln. Da dort nicht alle Ausbildungsinhalte vermittelt werden können, die in der Ausbildungsordnung vorgesehen sind, haben sich mehrere Kölner Unternehmen zusammengeschlossen, um eine Verbundausbildung zu gewährleisten. In seiner dreijährigen Ausbildungszeit wird Frank Fraggel nicht nur beim Schauspielhaus, sondern auch bei der Kölner Philharmonie, dem Kongressanbieter KOMED, dem Internet-Event-Portal Schwarze Karte und dem Örtlichen Veranstalter PRÜM Entertainment arbeiten. Sein Schulabschluss (Abitur) oder gute Leistungen geben ihm die Möglichkeit, die Ausbildungszeit um ein halbes oder ganzes Jahr zu verkürzen. Die Teilnahme an der Zwischenprüfung ist eine wichtige Zulassungsvoraussetzung für die Abschlussprüfung.

2.1.2 Weitere Ausbildungsmöglichkeiten

Berufliche Umschulung

Manchmal kommt es vor, dass jemand, der seit Jahren erfolgreich im Berufsleben steht, seinen Ausbildungsberuf nicht mehr ausüben kann – beispielsweise nach einem Arbeitsunfall oder aufgrund einer Berufskrankheit. In solchen Fällen besteht unter bestimmten Voraussetzungen die Möglichkeit, einen geeigneten Beruf im Rahmen einer beruflichen Umschulungsmaßnahme zu erlernen, das heißt sich beruflich umschulen zu lassen.

Eine solche berufliche Neuorientierung wird häufig von Trägern wie der Bundesagentur für Arbeit oder Rehabilitationsträgern wie den Landesversicherungsanstalten gefördert.

Die Lehrgangskosten sowie Leistungen zum Unterhalt während der Ausbildung können übernommen werden, wenn ein Anspruch darauf besteht. Die Träger fördern jedoch in der Regel eine solche Maßnahme nur, wenn der Umschüler für den neuen Beruf geeignet ist und auf dem Arbeitsmarkt eine erfolgreiche Vermittlung nach der Weiterbildung möglich erscheint. Eine solche Umschulung kann sowohl in einem Veranstaltungsbetrieb als auch auf einer von Ämtern und IHK anerkannten Akademie absolviert werden.

Beispiel → Berufliche Umschulung

Werner Winkler hat vor einigen Jahren eine Ausbildung zum Koch absolviert. Danach hat er mehrere Jahre in verschiedenen Hotels und Restaurants gearbeitet. Aufgrund einer Mehlallergie kann er seinen Beruf nicht weiter ausüben. Er informiert sich bei der Bundesagentur für Arbeit nach Möglichkeiten der Umschulung. Da er die Voraussetzungen für eine geförderte Maßnahme erfüllt, beginnt er seine Ausbildung zum Veranstaltungskaufmann bei einem privaten Bildungsträger. Er erhält Unterhaltsgeld, die Lehrgangskosten werden übernommen. Seine Abschlussprüfung vor der IHK kann er bereits nach 24 oder 21 Monaten ablegen, ohne an der Zwischenprüfung teilnehmen zu müssen.

Externenprüfung

Wenn man eine bestimmte Zahl von Jahren einen Ausbildungsberuf nachweislich professionell ausgeübt hat, kann man die betreffende Abschlussprüfung vor der IHK ablegen. Diese Möglichkeit wird in der Veranstaltungsbranche recht häufig gewählt, da einerseits das offizielle Berufsbild noch recht jung ist und andererseits die Veranstaltungsbranche viele berufliche Quereinsteiger beschäftigt, die ohne oder ohne berufsbildspezifischen Abschluss in einen Eventunternehmen arbeiten. Wer als sogenannter externer Bewerber die IHK-Abschlussprüfung besteht, kann sich die erworbene Berufskompetenz amtlich bescheinigen lassen. Um zur Externenprüfung zugelassen zu werden, muss man bei der örtlichen IHK einen formlosen Antrag stellen und durch seinen Lebenslauf sowie durch Zeugnisse und Bescheinigungen die erworbene Berufserfahrung nachweisen. Zur Abschlussprüfung ist lt. § 45 Abs. 2 BBiG zuzulassen, wer nachweist, dass er mindestens das Eineinhalbfache der Zeit, die als Ausbildungszeit vorgeschrieben ist, in dem Beruf tätig gewesen ist, in dem die Prüfung abgelegt werden soll. Je nach Schulabschluss sind das mindestens drei bis viereinhalb Jahre einschlägige Berufserfahrung im Veranstaltungsbereich zum Zeitpunkt der Prüfung.

Beispiel → Externenprüfung

Rabea Tussig ist 28 Jahre alt und arbeitet seit sieben Jahren beim Kongress- und Tagungsveranstalter Tagungsteam Norddeich. Sie hatte damals angefangen, Betriebswirtschaftslehre zu studieren, und nebenbei beim Tagungsteam gejobbt. Schnell übernahm sie Verantwortung im aufstrebenden Unternehmen. Das veranlasste sie schließlich dazu, eine Festanstellung der Fortführung des Studiums vorzuziehen. Mit Ende 20 plagt Rabea das Gefühl, trotz jahrelanger Berufserfahrung im Lebenslauf keinen staatlich anerkannten Berufsabschluss vorweisen zu können. Sie beantragt vor der IHK die Zulassung zur Abschlussprüfung (Veranstaltungskauffrau) und wird als externe Bewerberin zugelassen. Sie belegt einen einjährigen berufsbegleitenden Prüfungsvorbereitungskurs, der abends stattfindet.

Seit der Reform des Berufsbildungsgesetzes zum 1. April 2005 (im Jahr 2011 wurden weitere Änderungen vorgenommen) gibt es in einigen Metropolregionen die Möglichkeit, den Beruf des Veranstaltungskaufmanns auch im Rahmen einer sogenannten vollzeitschulischen Maßnahme zu erlernen. Der oder die Auszubildende schließt einen Lehrgangsvertrag mit einem von der örtlichen IHK anerkannten Bildungsträger ab. Teile der Ausbildung müssen in Praktikumsfirmen absolviert werden; in der Regel wird hier eine Praktikumsvergütung gezahlt. Die Lehrgangskosten müssen selbst finanziert werden, eine Ausbildungsvergütung wird nicht gezahlt. Die Inhalte und die Dauer der Ausbildung sowie die IHK-Abschlussprüfung sind genauso festgelegt wie im dualen System; die Auszubildenden werden als externe Bewerber zur Prüfung zugelassen.

Die Tabelle fasst die Zulassungsvoraussetzungen zur IHK-Abschlussprüfung je nach Art der Ausbildung zusammen.

Art	Dauer/Verkürzung	Zwischenprüfung	Berichtsheft	Bemerkungen
Ausbildung im dualen System (Betrieb/ Berufsschule)	→ Regelbeginn: August/September, Prüfung im Mai/ Juni; alternativ: Beginn im Februar/März; Prüfung im November/Januar → Regeldauer: drei Jahre (36 Monate; de facto sind dies allerdings eher 33 bis 34 Monate), denn das Ausbildungsverhältnis endet mit dem Tag der Bekanntgabe des IHK-Prüfungsergebnisses kurz nach der mündlichen Prüfung (Fallbezogenes Fachgespräch); zudem kann die Ausbildungszeit auf Antrag auf bis zu 18 Monate verkürzt werden.	Zulassungsvoraussetzung	Zulassungsvoraussetzung; muss bei der Abschlussprüfung unterschrieben vorgelegt werden	→ Standard → 85 % bis 90 % der Prüflinge werden im dualen System ausgebildet.
Verbund-Ausbildung im dualen System (Träger bzw. Betriebe/ Berufsschule)	→ Regelbeginn: August/September, Prüfung im Mai/ Juni; alternativ: Beginn im Februar/März; Prüfung im November/Januar → Regeldauer: drei Jahre (36 Monate; de facto sind dies allerdings eher 33 bis 34 Monate), denn das Ausbildungsverhältnis endet mit dem Tag der Bekanntgabe	Zulassungsvoraussetzung	Zulassungsvoraussetzung; muss bei der Abschlussprüfung unterschrieben vorgelegt werden	→ eher in strukturschwachen Regionen anzutreffen → Nur wenige Auszubildende werden auf diese Weise bundesweit ausgebildet.

weiter auf S. 86

Art	Dauer/Verkürzung	Zwischenprüfung	Berichtsheft	Bemerkungen
	des IHK-Prüfungszeugnisses kurz nach der mündlichen Prüfung (Fallbezogenes Fachgespräch); zudem kann die Ausbildungszeit auf Antrag auf bis zu 18 Monate verkürzt werden.			
Geförderte Umschulung gemäß BBiG	→ kein Regelbeginn → Höchstförderungsdauer: zwei Jahre (24 Monate) → Ausbildungsverhältnis endet nach spätestens 24 Monaten. → Umschulungszeit kann auch kürzer sein, z. B. 18 oder 21 Monate (Bewilligungsspielraum).	keine Zulassungsvoraussetzung	Zulassungsvoraussetzung; muss bei der Abschlussprüfung unterschrieben vorgelegt werden	→ betrieblich oder bei einem Bildungsträger möglich → höchstens 2 % bis 5 % der Prüflinge
Zulassung als externer Bewerber zur IHK-Abschlussprüfung	→ Zulassung durch Antrag bei der zuständigen IHK → Nachweis von drei bis viereinhalb Jahren Berufserfahrung	keine Zulassungsvoraussetzung	keine Zulassungsvoraussetzung	→ Obwohl viele Branchenprofis die Voraussetzungen erfüllen, ist die Möglichkeit nicht sehr bekannt. → Prüfungsvorbereitungskurs wird empfohlen.

Zulassungsvoraussetzungen zur IHK-Abschlussprüfung

AUFGABEN

1. Diskutieren Sie die Vor- und Nachteile der skizzierten Wege zum Berufsabschluss.
2. Wie wichtig finden Sie es persönlich, einen staatlich anerkannten, ordentlichen Ausbildungsabschluss vorzuweisen? Diskutieren Sie die Vor- und Nachteile eines kaufmännischen Abschlusses im Vergleich mit gewerblich-technischen Abschlüssen, einer universitären Ausbildung oder dem direkten Einstieg in das Arbeitsleben ohne Berufsabschluss.
3. In der Presse liest man immer häufiger, dass das Bildungsniveau der jungen Leute in Deutschland im internationalen Vergleich immer niedriger wird und dass dem Land die Facharbeiter fehlen. Wie stehen Sie zu solchen Aussagen? Wie wichtig sind gut (aus-)gebildete Bürger für eine Gesellschaft?

2.2 Ziele und Ausrichtung der Ausbildung

Zum Einstieg

Lulu Lobenthal ist schon nach kurzer Zeit stark in das Tagesgeschäft ihres Ausbildungsbetriebs eingebunden. Einerseits freut sie sich darüber, denn sie fühlt sich und ihre Aufgaben ernst genommen. Sie lernt über die täglich zu erledigenden Tätigkeiten schnell und praxisbezogen und es kommen immer neue Herausforderungen hinzu. Um Hintergrundfragen zu klären, bleibt jedoch manchmal nur wenig Zeit. Den Besuch der Berufsschule empfindet Lulu deshalb als eine willkommene Abwechslung und Ergänzung zum Tagesgeschäft. Hier erhält sie die Gelegenheit, sich mit grundlegenderen Themen auseinanderzusetzen, was in ihrem Betrieb nur selten möglich ist. An beiden Lernorten sowie auch in der Freizeit bekommt Lulu ständig neue Anregungen und Informationen, die es zu verarbeiten gilt. Schnell tauchen neue Fragen auf, die sie zusätzlich interessieren. Und sie merkt, dass es notwendig ist, die Art und Weise, wie sie sich Stoff und Themen aneignet, gut zu organisieren.

2.2.1 Schlüsselqualifikationen und berufliche Handlungskompetenz

Tonmischpult auf einem Show-Event

Die Leitziele der Berufsausbildung sind der Erwerb qualifizierten Fachwissens, die Förderung der methodischen Handlungsfähigkeit und die Förderung der Persönlichkeit in Bezug auf die soziale Handlungskompetenz. Der berufliche Alltag in der Veranstaltungsbranche verändert sich stetig, der allgemeine Wandel vollzieht sich in immer kürzeren Abschnitten. Nicht zuletzt deshalb waren die Erschaffung von Berufsbildern wie Veranstaltungskaufmann oder Fachkraft für Veranstaltungstechnik für die Branche dringend notwendig geworden. Um eine stetige Anpassung an die Bedingungen des Veranstaltungsmarktes zu gewährleisten, müssen die Auszubildenden Fähigkeiten erwerben, die sie in die Lage versetzen, fachkompetent, schnell und flexibel auf die Veränderungen zu reagieren. Deshalb ist in der Ausbildung zum Veranstaltungskaufmann der Erwerb von sogenannten Schlüsselqualifikationen von zentraler Bedeutung.

Schlüsselqualifikationen sind Fähigkeiten wie Ausdrucksfähigkeit, Beweglichkeit (Mobilität, Flexibilität), Selbstständigkeit und Selbstverantwortung, Problemlösungsfähigkeit, Denken in Zusammenhängen, Kommunikationsfähigkeit und Kooperationsbereitschaft. Sie sind notwendig, um in der modernen Berufswelt die permanent wechselnden Aufgaben lösen zu können.

Ein Auszubildender soll während der Ausbildung berufliche Handlungskompetenz erwerben. Handlungskompetenz entwickelt sich durch die Vermittlung von berufsspezifischen Kenntnissen und Fertigkeiten sowie der folgenden Schlüsselqualifikationen:

- **Fachkompetenz.** Das fundierte fachliche, theoretische und praktische Wissen und Können eines Veranstaltungskaufmanns versetzt ihn in die Lage, berufliche Aufgabenstellungen und Probleme zielorientiert, sachgerecht, methodisch und selbstständig zu lösen.
- **Personalkompetenz.** Als individuelle, gebildete Persönlichkeit soll der/die Veranstaltungskaufmann/-frau die Entwicklungschancen, Anforderungen und Einschränkungen in Familie, Beruf und öffentlichem Leben klären und beurteilen können. Eigene Begabungen sollen entfaltet und weiterentwickelt werden. Dazu gehören persönliche Eigenschaften wie Selbstständigkeit, Kritikfähigkeit, Selbstvertrauen, Zuverlässigkeit, Verantwortungs- und Pflichtbewusstsein. Durchdachte Wertvorstellungen sowie die selbstbestimmte Bindung an Werte sollen entwickelt werden.
- **Sozialkompetenz.** Durch diese Fähigkeiten (neudeutsch auch Social Skills), ist der Mitarbeiter in der Lage, Konflikte und Spannungen zu erfassen, zu verstehen und verantwortungsvoll zu lösen. Beziehungen zu anderen sollen konstruktiv gelebt und gestaltet werden. Die Entwicklung von sozialer Verantwortung und Solidarität ist dabei eine wichtige Facette.
- **Methodenkompetenz.** Die Methodenkompetenz bezeichnet die Möglichkeit, sich die Fähigkeit zur zweckmäßigen Lösung komplexer Aufgaben anzueignen. Auch das aktive, selbstständige Aktualisieren des eigenen Wissensstandes und der Transfer von Methoden auf neuartige Aufgabengebiete gehören hierzu.

2.2.2 Handlungsorientierte Ausrichtung von Ausbildung und Schule

Um eine konsequente Vermittlung beruflicher Handlungskompetenz zu fördern, gibt der Rahmenlehrplan für Veranstaltungskaufleute eine handlungsorientierte Ausrichtung der Berufsausbildung vor. Handlungsorientierung bedeutet, dass Lernen durch Handeln im Vordergrund steht. Der Auszubildende sollte Handlungen möglichst selbstständig planen, durchführen und überprüfen. Dabei ist es enorm wichtig, die berufliche Wirklichkeit ganzheitlich zu erfassen. Zum Beispiel werden bei einer Projektarbeit wichtige Aspekte einer Veranstaltungsplanung rechtlicher, technischer, sozialer und ökologischer Art berücksichtigt. Der Auszubildende macht eigene Erfahrungen und lernt aus der Reflexion. Die konstruktive Konfliktbewältigung innerhalb und außerhalb von Teams spielt dabei eine wichtige Rolle.

Beispiel → Handlungsorientiertes Lernen

Die Auszubildende Janina Richthofen ist im Berufsschulunterricht in eine Projektarbeit eingebunden. Das Projektteam hat die Aufgabe erhalten, das alljährliche Sommerfest der Berufsschule zu planen und durchzuführen. Das Briefing mit den Rahmenbedingungen des Projekts findet im Frontalunterricht statt, das heißt, der Dozent trägt diese für alle Beteiligten vor. Die Projektarbeit selbst führt das Projektteam selbstständig und autonom durch. Der Dozent steht während dieser Zeit nach Bedarf beratend und moderierend zur Verfügung. Auch die Personal- und Zeitplanung erledigt das Projektteam in Eigenverantwortung.

2.2.3 Selbstorganisiertes Lernen

Es gibt Menschen, die lernen am meisten durch Zuschauen, andere durch Zuhören und wieder andere probieren am liebsten selbst aus. Der eine ist bei bestimmten Dingen schneller, bei anderen braucht er seine Zeit. Mancher lernt und arbeitet gerne im Team zusammen, manch anderer ist als Einzelkämpfer erfolgreich.

Das reine Anhäufen von Wissen, Kenntnissen, Fähigkeiten und Fertigkeiten in der Berufsausbildung und den ersten Berufsjahren reicht heutzutage nicht mehr aus, um eine lange Berufslaufbahn erfolgreich zu durchlaufen. Nach dem Abschluss von Schule und Berufsausbildung wird nicht nur durch Teilnahme an Weiterbildungsveranstaltungen gelernt. Die allgegenwärtige Notwendigkeit der Anpassung an wechselnde Arbeitsbedingungen und gesellschaftliche Anforderungen verlangt heute einen permanenten Lernprozess des Individuums. Lebensbegleitendes Lernen ist eine wichtige Voraussetzung für die berufliche und persönliche Weiterentwicklung.

Für Ihre persönliche Lernkarriere ist es wichtig, dass Sie sich neue Kenntnisse selbstverantwortlich und motiviert aneignen können. Im Rahmen der Personalentwicklung bieten heute viele Betriebe spezifische inner- und außerbetriebliche Weiterbildungskurse und Schulungen an. Häufig wird Ihr Anliegen, eine spezielle Schulung zu besuchen, nicht auf taube Ohren stoßen. Hören Sie sich um, recherchieren Sie Möglichkeiten, machen Sie Vorschläge.

Dabei ist es hilfreich, Branchen- und Fachinformationen zu nutzen. Ein guter Ansprechpartner hierfür sind die Branchen-Fachverbände (vgl. Lernfeld 1, Tabelle Seite 56 f.). Auch auf spezialisierten Informationsseiten im Internet, in den Fachzeitschriften der Veranstaltungsbranche und auf Fachmessen finden sich wertvolle Informationsquellen.

Die Tabellen geben einen Überblick über relevante Fachzeitschriften und Fachmessen der Veranstaltungswirtschaft.

Fachzeitschrift	Schwerpunkt
Blach report	Business-Event, Agenturenszene
convention international	Business-Event, Meeting und Kongress
cim conference and incentive management	Business-Event, Meeting, Kongress, Incentive
event partner	Business-Event, Agenturenszene
Events	Business-Event, Meeting und Kongress

weiter auf S. 90

Fachzeitschrift	Schwerpunkt
CIM – Conference & Incentive Management	Meeting- und Incentive, Event-Marketing
icj mice magazine	Business-Event, Meeting, Kongress, Incentive
m+a report	Messewirtschaft, Live-Kommunikation
Tagungswirtschaft	Business-Event, Meeting und Kongress
trade fairs international	Messewirtschaft

Fachmesse	Schwerpunkt
Best of Events	Eventdienstleister, Agenturen, Eventanbieter
IMEX	Meeting und Incentive
Showtech, Prolight + Sound	Veranstaltungstechnik
Inthega Fachtagung	Kulturangebote
Kulturbörse Freiburg/Performance Paderborn	Kulturangebote

Prolight + Sound 2017, Frankfurt

2.2.4 Was tun, wenn es brennt?

Und was kann man tun, wenn man völlig unzufrieden mit der Ausbildungssituation ist? Oder wenn es zu Konflikten mit dem Chef oder mit Kollegen kommt? Oder wenn Tätigkeiten angeordnet werden, von denen man glaubt, dass sie gar nicht in das Aufgabengebiet eines Auszubildenden fallen? Oder wenn man in der Ausbildung nichts lernt? Oder wenn man feststellt, dass dieser Beruf doch nicht der richtige ist?

Als Erstes hilft es sicherlich, die Situation erst einmal mit nahestehenden Kollegen und Kolleginnen und mit Freunden aus dem persönlichen Umfeld zu analysieren und konstruktive Lösungswege zu suchen. Hilfreich ist es da, die gesetzlichen und formalen Rahmenbedingungen der eigenen Ausbildung zu kennen und in den entsprechenden

Dokumenten auch einmal nachzuschlagen. Der erste formale Ansprechpartner ist dann der Betriebsrat bzw. die Jugend- und Auszubildendenvertretung im Betrieb (falls sie existiert – sie kann erst in Betrieben ab fünf Auszubildenden bzw. Jugendlichen gegründet werden und auch nur dann, wenn ein Betriebsrat existiert). Sie berät in rechtlichen Fragen, die im Zusammenhang mit der Ausbildung stehen, und hilft bei Konflikten weiter.

Immer zu empfehlen ist es auch, das offene und ehrliche Gespräch mit den Konfliktbeteiligten oder -verursachern zu suchen und die Meinungsbilder auszutauschen. Vielleicht lässt sich so schon ein Lösungsansatz finden. Ansonsten kann man sich zur professionellen Unterstützung immer an die Ansprechpartner in der Berufsschule, bei der IHK und bei den Berufsgenossenschaften wenden.

Und wenn sich der Eindruck festsetzt, durch die Ausbildung überfordert zu werden, hilft unter Umständen in Kooperation mit dem Ausbildungsbetrieb die Arbeitsagentur, die gezielte Zusatzschulungen in Form von sogenannten ausbildungsbegleitenden Hilfen gewährt.

Ausbildungsbegleitende Hilfen (abH) sind begleitende Bildungsmaßnahmen, die von der Agentur für Arbeit gefördert werden. Das Angebot richtet sich an Jugendliche und junge Erwachsene, die sich in einer betrieblichen Erstausbildung befinden. Ausbildungsbegleitende Hilfen wollen den Erfolg der Ausbildung durch Stützunterricht und sozialpädagogische Begleitung sichern helfen.

Einen professionellen Ansprechpartner findet man auch bei den Gewerkschaften. Für unser Berufsbild zuständig ist die Gewerkschaft ver.di (Vereinigte Dienstleistungsgewerkschaft) im DGB (Deutscher Gewerkschaftsbund). Die ver.di Jugend kümmert sich um die Belange von Auszubildenden. Die DGB-Jugend hat ein interessantes Portal ins Internet gestellt, auf dem hilfreiche Infos bereitgestellt Hintergründe beleuchtet und Hilfestellungen angeboten werden: Dr. Azubi (jugend.dgb.de/ausbildung/beratung/dr-azubi). Empfehlenswert ist hier auch connexx-av, ein Projekt von ver.di für Medienschaffende (www.connexx-av.de/).

Backstage-Rundgang PRG Stage, Prolight + Sound 2017, Frankfurt

2.3 Spezifische rechtliche Rahmenbedingungen der Ausbildung

Die folgenden Ausführungen beziehen sich auf die Regelungen, die für Auszubildende im dualen Ausbildungssystem gelten. Über abweichende Regelungen für Umschüler, vollzeitschulische und externe Prüfungsbewerber geben die örtlichen IHK Auskunft.

Die Rahmenbedingungen und die Details zur Regelung und zur Ordnung des Berufsbilds sind in einer Vielzahl von Gesetzen und Vorschriften festgehalten. Die grundlegenden rechtlichen Bestimmungen, die die Rahmenbedingungen der Ausbildung im Allgemeinen regeln, sind im Berufsbildungsgesetz (BBiG) und im Jugendarbeitsschutzgesetz (JArbSchG) fixiert.

Das BBiG regelt im Wesentlichen drei Bereiche: die Berufsausbildung (das Erlernen einer beruflichen Tätigkeit), die berufliche Fortbildung (die Erweiterung der erworbenen Berufsbildung) und die berufliche Umschulung (das Umsatteln in einen neuen Beruf).

Das JArbSchG geht von dem Ziel aus, die Gesundheit, Arbeitskraft und Leistungsfähigkeit jugendlicher Berufstätiger zu erhalten. Es gilt zusätzlich zum BBiG bei jugendlichen Auszubildenden und noch minderjährigen Arbeitnehmern.

Die folgende Tabelle fasst die ausbildungsrelevanten Aspekte des BBiG und des JArbSchG zusammen.

Gesetz	Relevante Inhalte, u. a.
Berufsbildungsgesetz (BBiG), regelt die Grundlagen und Ziele der Berufsbildung	→ Ausbildungsordnung als Grundanforderung → Rechte und Pflichten von Auszubildenden und Ausbildenden → Ausbildungszeit (inkl. Regelungen zur Verkürzung) → Anforderungen an den Ausbildungsvertrag → Vergütung → Beginn/Beendigung des Ausbildungsverhältnisses (Probezeit, Kündigung) → Eignung der Ausbildungsstätte (persönliche und fachliche Eignung) → Prüfungsbestimmungen (Zwischen- und Abschlussprüfungen) → Interessenvertretung
Jugendarbeitsschutzgesetz (JArbSchG), regelt den Arbeitsschutz von arbeitenden Kindern und Jugendlichen	→ Dauer der Arbeitszeiten → Freizeit und Berufsschule → Ruhepausen und Nachtruhe, Samstags-, Sonntags- und Feiertagsruhe → Urlaub → gefährliche Arbeiten und Akkordarbeit → ärztliche Untersuchungen

Die folgende Tabelle fasst die Pflichten des ausbildenden Betriebs und des Auszubildenden zusammen.

Ausbildender (Betrieb)	Pflichten/Verbote
Gegenüber dem/der Auszubildenden	1. Vermittlung der nötigen Fertigkeiten und Kenntnisse gemäß dem Ausbildungsziel 2. Aushändigen der Ausbildungsordnung 3. kostenlose Bereitstellung der notwendigen Ausbildungsmittel 4. Freistellung zur Berufsschule 5. Überwachung der Berichtsheftführung 6. Niederlegung der außerbetrieblichen Ausbildungsmaßnahmen 7. Verbot von ausbildungsfremden Tätigkeiten, Angemessenheit der Tätigkeit 8. Pflicht zur Erziehung und charakterlichen Förderung 9. rechtzeitige Anmeldung zur Prüfung 10. Ausstellen eines Zeugnisses

weiter auf S. 93

Ausbildender (Betrieb)	Pflichten/Verbote
Gegenüber der IHK	1. schriftliche Bestellung eines Ausbilders 2. Eintragung ins Berufsausbildungsverzeichnis der Kammern
Besonderes bei Jugendlichen (JArbSchG)	1. ärztliche Vor- und Nachuntersuchung Jugendlicher 2. Verbot gefährlicher Arbeiten und von Akkordarbeit 3. menschengerechte Gestaltung des Arbeitsplatzes 4. Gefahrenunterweisung 5. Züchtigungsverbot 6. Abgabeverbot für Alkohol und Tabak 7. Aushang des JArbSchG, der Arbeitszeiten und Pausen für Jugendliche
Gegenüber Betrieb (Ausbildender)	1. Lernpflicht 2. Teilnahme an Maßnahmen außerhalb, Berufsschule und Prüfungen 3. Weisungsbefolgung 4. Beachtung der Betriebsordnung 5. pflegliche Behandlung von Material und Einrichtung 6. Schweigepflicht 7. Berichtsheftführung 8. Benachrichtigung bei Arbeitsunfähigkeit 9. Vorlage der ärztlichen Untersuchung bei Jugendlichen

AUFGABEN

1. Welche Rechte und Pflichten sind für Ausbildenden und Auszubildende konkret im Berufsbildungsgesetz vorgeschrieben?
2. Wie lange sind die höchstmöglichen Arbeitszeiten eines Auszubildenden laut JArbSchG und welche Pausen sind vorgeschrieben?
3. Wie lang muss die Freizeit von jugendlichen Auszubildenden zwischen Ende und Anfang der Arbeitszeit mindestens sein und wie viele Tage pro Woche dürfen sie höchstens arbeiten?
4. Die neunzehnjährige Auszubildende Hanna Hoppe soll jeden zweiten Sonntagabend Dienst in ihrem Ausbildungsbetrieb Königswater machen, der zwei Diskotheken in Hildesheim betreibt. Diskutieren Sie, ob dies rechtlich zulässig ist.
5. Der siebzehnjährige Andreas Anders ist in der Ausbildung zum Veranstaltungskaufmann. Jeden Mittwoch hat er sechs Stunden Berufsschule. Danach soll er seinem Chef nachmittags noch bis 19:30 Uhr in der Veranstaltungslocation helfen. Ist das zulässig?
6. Recherchieren Sie die Begriffe Human Ressources und Personalentwicklung und erklären Sie die Bedeutung der Begriffe.

2.3.1 Ausbildungsordnung und Co.

Ausbildungsordnung

Die Ausbildungsordnung ist gemäß § 5 BBiG die rechtliche Grundlage des Ausbildungsberufs. In ihr sind die für jedes Bundesland geltenden Vorschriften für die Durchführung der Ausbildung und für die Prüfungsleistungen dokumentiert. In dem der Ausbildungsordnung angefügten Ausbildungsrahmenplan sind konkrete Inhalte zusammengestellt, also Kenntnisse und Fertigkeiten, die dem Auszubildenden im Rahmen der Ausbildung vermittelt werden müssen. Außerdem enthält die Ausbildungsordnung eine zeitliche Gliederung, also eine Übersicht, die angibt, wann welche Inhalte vermittelt werden sollten.

Die in der Ausbildungsordnung angeführten Fertigkeiten und Kenntnisse sollen gemäß § 3 Abs. 3 so vermittelt werden, dass der Auszubildende zur Ausübung einer qualifizierten beruflichen Tätigkeit befähigt wird, die insbesondere selbstständiges Planen, Durchführen und Kontrollieren einschließt. Diese drei Elemente werden allgemein als Umschreibung von beruflicher Handlungskompetenz verstanden. Die Umsetzung in der betrieblichen Praxis erfolgt derart, dass der Auszubildende eine Handlung selbstständig vorbereitet, ausführt und im Nachhinein überprüft.

Rahmenlehrplan

Der Rahmenlehrplan wird von der Kultusministerkonferenz der Bundesländer verabschiedet und ist die wichtigste Grundlage für die Berufsschulen. Die Berufsschulen haben in Deutschland im dualen System die Aufgabe, parallel zur Ausbildung in den Betrieben berufstheoretische Kenntnisse und Fertigkeiten zu vermitteln.

Die Ausbildungsordnung legt also die Grundlagen fest – die Themen und Bereiche, die in der Ausbildung vermittelt werden sollen. Der Rahmenlehrplan hingegen ist die inhaltliche Richtlinie für die Berufsschulen. Die Inhalte der Zwischen- und Abschlussprüfungen vor der örtlichen IHK sind woanders dokumentiert, und zwar in den IHK-Stoffkatalogen, die auf den beiden vorher genannten Regelwerken basieren.

Betrieblicher Ausbildungsplan

Den betrieblichen Ausbildungsplan muss der ausbildende Betrieb zu Beginn des jeweiligen Ausbildungsverhältnisses für jeden Auszubildenden bei der IHK einreichen. Einige IHK stellen dazu Vordrucke bereit, in denen der Betrieb ankreuzen kann, in welchem Lehrjahr welche Ausbildungsinhalte vermittelt werden sollen. Die Basis des individuellen Ausbildungsplans ist der Ausbildungsrahmenplan, welcher der Ausbildungsordnung angefügt ist. Der Betrieb kann sich an die veröffentlichte zeitliche Gliederung halten; betrieblich bedingte, sinnvolle Abweichungen sind zulässig. Jeder Auszubildende hat das Recht, Einsicht in den betrieblichen Ausbildungsplan zu nehmen.

IHK-Stoffkatalog

Der Stoffkatalog ist die wahrscheinlich wichtigste Quelle für die zielgenaue Prüfungsplanung. Im Stoffkatalog steht, aus welchen Prüfungsgebieten welche Themen in der Zwischen- oder Abschlussprüfung abgefragt werden. Darüber hinaus gibt er vor, mit welchem Gewicht welches Thema aus welchem Gebiet in welchem (schriftlichen) Prüfungsteil vertreten sein soll. Der Stoffkatalog informiert dabei über mögliche Inhalte der schriftlichen Abschlussprüfung in den Prüfungsbereichen Veranstaltungsorganisation, Veranstaltungswirtschaft und Wirtschafts- und Sozialkunde. Nach diesen Prüfungsbereichen ist er aufgebaut. Innerhalb der Prüfungsbereiche erfolgt eine Gliederung nach Gebieten, Funktionen, Fragenkomplexen, Themenkreisen und Beispielen für betriebliche Handlungen.

Prüfungsordnung

Jede regionale Industrie- und Handelskammer ist verpflichtet, eine eigene Prüfungsordnung zu erlassen. Die Prüfungsordnung ist bei der zuständigen IHK veröffentlicht, meistens auch auf deren Website. Auf der Website des DIHK ist zur Orientierung eine Musterprüfungsordnung veröffentlicht.

In den Tabellen sind die Rolle der Kammern in der Ausbildung und ihre Aufgaben als Prüfungsinstanz zusammengefasst.

Rechtsvorschriften der Kammern	→ Erlass von Prüfungsordnungen für Abschlussprüfungen → Zusatzqualifikationsprüfungen → Fortbildungs- und Umschulungsprüfungen (rechtssetzende Verwaltungsakte) → besondere Rechtsvorschriften für die Ausbildung Behinderter
Kammerpflichten	→ Überwachungs- und Beratungspflicht → Errichtung der Prüfungsausschüsse → Bestimmung und Bekanntgabe von Terminen → Zulassungsentscheidungen → Geschäftsführung über die Ausschüsse → Aus- und Zustellung der Prüfungszeugnisse

Zwischenprüfung	→ Ermittlung des Ausbildungsstandes → Zulassungsvoraussetzung für Abschlussprüfung (mit Stand 2008 nicht rechtlich verpflichtend, nicht wiederholbar)
Abschlussprüfung	→ Rechtsanspruch auf Zulassung → Gegenstand: erforderliche Fertigkeiten, praktische und theoretische Kenntnisse, Berufsschulstoff → überregional erstellte Prüfungsaufgaben (bundeseinheitlich) → zweimaliges Wiederholen möglich
Zulassung	→ innerhalb der vorgeschriebenen Ausbildungszeit → Zwischenprüfungsteilnahme → ordentliche Berichtsheftführung → Eintragung des Ausbildungsverhältnisses in das Kammerverzeichnis
Prüfungsausschüsse	→ mindestens drei sachkundige Mitglieder, berufen für fünf Jahre → Arbeitgeber und Arbeitnehmer in paritätischer Besetzung plus mindestens ein Berufsschullehrer → Beschlussfähigkeit bei mindestens drei oder Anwesenheit von zwei Dritteln der Mitglieder → ehrenamtliche Tätigkeit (wie bei Schöffen) mit kleiner Aufwandsentschädigung
Einsicht/Widerspruch	→ Möglichkeit laut Prüfungsordnung und Verwaltungsgerichtsordnung
Freiwillige Leistungen	→ Lehrgänge → Ausbildungswerkstätten → Umschulungen → Weiterbildungen → Publikationen

Ausbildungsprüfungen und die Kammern

AUFGABEN

1. Listen Sie die sieben wichtigsten Gesetze, Verordnungen und Vorschriften auf, welche die Ausbildung zum Veranstaltungskaufmann/zur Veranstaltungskauffrau regeln.
2. Besorgen Sie sich als Download oder Hard Copy je eine Kopie der Ausbildungsordnung, des Rahmenlehrplans, des Stoffkatalogs und der für Sie gültigen Prüfungsordnung und heften Sie diese in einem Ordner ab, in dem Sie die grundlegenden Regeln für Ihre Ausbildung einschließlich einer Kopie Ihres Ausbildungsvertrags dokumentieren.
3. Vergleichen Sie den für Sie gültigen betrieblichen Ausbildungsplan Ihres Unternehmens mit den Regelungen im Anhang der Ausbildungsordnung.
4. Was sind die Hauptaufgaben der Berufsschule im dualen System?
5. Welche Aufgaben übernehmen die Industrie- und Handelskammern im System der dualen Ausbildung?
6. Recherchieren Sie die Bedeutung des Begriffs Föderalismus für das Staatssystem der Bundesrepublik Deutschland.
7. Was bedeutet Bundes- bzw. Landeskompetenz bezüglich der Lernorte im dualen System und was wird durch den Bund geregelt, was durch das Bundesland?

Berichtsheft

Zur Dokumentation des Ausbildungsverlaufs müssen Auszubildende und Umschüler ein Berichtsheft führen.

Das Berichtsheft ist ein vom Auszubildenden eigenverantwortlich erstellter Ausbildungsnachweis, das heißt ein Nachweis der während der Ausbildung vermittelten Fertigkeiten und Kenntnisse.

Die Führung des Berichtshefts ist eine der wesentlichen Verpflichtungen des Auszubildenden. Um zur Abschlussprüfung zugelassen zu werden, müssen alle Prüflinge (mit Ausnahme der externen Bewerber) nicht nur die Zwischenprüfung erfolgreich absolviert haben, sondern auch ihr Berichtsheft vorlegen. Häufig muss es erst zur mündlichen Prüfung vorgelegt werden – in jedem IHK-Bezirk ist dies wohl anders geregelt. Das Berichtsheft ist dem ausbildenden Betrieb regelmäßig zur Abzeichnung vorzulegen; jede Seite muss vom Ausbildenden unterschrieben werden.

Der Ausbildungsbetrieb sollte die Formulare kostenfrei zur Verfügung stellen, ebenso die Arbeitszeit, die zum Führen des Berichtshefts nötig ist. Das Abzeichnen ist die Aufgabe des Ausbilders. Strittig ist in manchen IHK-Bezirken, ob auch die Berufsschule unterschreiben muss; in manchen Regionen ist dies der Fall. Wer Unstimmigkeiten vermeiden will, sollte die Unterschrift beider Institutionen einholen.

Als Auszubildende/-r hat man die Wahl zwischen einem im Schreibwarenhandel erhältlichen gebundenen Berichtsheft und einer Loseblattsammlung, deren Seiten auch am PC erstellt werden können. Darüber hinaus gibt es kostenpflichtige PC-Programme zur Erstellung von Berichtsheften. Einige IHK bieten Vorlagen zum kostenfreien Download an.

Die Ausbildungsnachweise sind grundsätzlich mindestens wöchentlich anzufertigen. In manchen IHK-Bezirken sind ausnahmsweise monatliche Aufzeichnungen zulässig. Zu empfehlen ist die tägliche oder wöchentliche Aufzeichnung der Tätigkeit in Stichworten oder in Form eines Fließtexts. Der Betrieb kann Regelungen wie das tägliche Führen sowie die Erstellung von weitergehenden Berichten und Fachaufsätzen verlangen. Monatliche Aufzeichnungen sind nicht sinnvoll, denn nicht jede IHK erkennt diese Form an. Es empfiehlt sich, bei der örtlichen IHK Informationen über die regionalen Gepflogenheiten einzuholen.

Die Ausbildungsnachweise müssen mindestens stichwortartig den Inhalt der betrieblichen Ausbildung wiedergeben. Dabei sind betriebliche Tätigkeiten einerseits sowie Unterweisungen, betrieblicher Unterricht oder sonstige Schulungen andererseits erkennbar und getrennt zu dokumentieren. Berichte, Referate und Originaldokumente können beigefügt werden. Für den Fall eines Auslandsaufenthalts kann der Ausbildungsnachweis für diesen Zeitraum in der jeweiligen Fremdsprache geführt werden. In die Ausbildungsnachweise sind darüber hinaus die Themen des Berufsschulunterrichts einzutragen.

Jedes Blatt des Ausbildungsnachweises ist mit dem Namen des Auszubildenden, dem Ausbildungsjahr und dem Berichtszeitraum zu versehen. Wir empfehlen weiterhin, das Berichtsheft in einer ansprechenden bis schönen Form zu führen (Schrift, Ordner und Deckblätter), da es die Visitenkarte der Ausbildung ist und am Schluss der Ausbildung dem Prüfungsausschuss vorgelegt werden muss.

2.3.2 Ausbildungsvertrag

Am Anfang des Berufsausbildungsverhältnisses steht der Ausbildungsvertrag. Das BBiG schreibt vor, den wesentlichen Inhalt des Vertrags zwischen dem/der Ausbildenden und dem/der Auszubildenden schriftlich niederzulegen.

Zu Beginn der Ausbildung hat der/die Auszubildende der ausbildenden Firma (Ausbildende/-r) die folgenden Dokumente vorzulegen:

- → Lohnsteuerkarte,
- → Sozialversicherungsausweis/Versicherungsnachweisheft,
- → Mitgliedsbescheinigung der Krankenkasse,
- → Aufenthalts-/Arbeitserlaubnis, sofern im Fall eines ausländischen Auszubildenden erforderlich.

Der Vertrag ist vom Ausbildenden, dem/der Auszubildenden und bei Jugendlichen auch vom Erziehungsberechtigten zu unterschreiben. Der Betrieb muss dem Vertrag den betrieblichen Ausbildungsplan, das heißt die zeitliche und sachliche Gliederung der Ausbildung beifügen, der jugendliche Auszubildende eine Bescheinigung über eine ärztliche Erstuntersuchung.

Kernmerkmale

Die erste Tabelle fasst die wesentlichen Merkmale des Ausbildungsvertrags zusammen, die zweite Tabelle die spezifischen Anforderungen, die für ein Berufsausbildungsverhältnis gelten.

Parteien	**Ausbildender und Auszubildender**
Wirksamkeit	→ bei gesetzlicher Vertretung Minderjähriger Unterschrift beider Eltern → wirksam nach mündlichem Abschluss → Pflicht zur schriftlichen Niederlegung nach § 4 BBiG
Berufsausbildungsvertrag Rechtsnatur	→ Privatrechtsverhältnis (BGB), das im öffentlichen Interesse durch gesetzliche Vorschriften eingeschränkt wird; dadurch der freien Gestaltung entzogen → Neben den allgemein gesetzlichen Pflichten gelten die Pflichten aus dem BBiG (v. a. die Mindestangaben nach § 4).
Weitere arbeitsrechtliche Vorschriften	zum Beispiel → Tarifvertragsgesetz → Arbeitsschutzgesetz

Ausbildungsvertrag

Mustervertrag der Kammern	**vertragliche Mindestangaben nach BBiG und JArbSchG**
Mindestangaben	→ Art und Ziel der Ausbildung (Berufsbenennung) → Beginn und Dauer der Ausbildungsmaßnahmen außerhalb → tägliche Ausbildungszeit → Probezeit → Vergütung → Urlaub → Kündigungsvoraussetzung → tarifvertragliche Regelungen → Betriebsvereinbarungen
Ausbildungsstätte, Gerichtsstand	Ausbildungsstätte ist der Betrieb, in dem tatsächlich ausgebildet wird, Gerichtstand der Ort, in dem der Betrieb liegt.
Probezeite	→ mindestens ein Monat, höchstens vier Monate → schriftliche Kündigung ohne Gründe möglich (aber: ggf. Anhörung des Betriebsrats nötig)
Regelausbildungszeit	drei Jahre
Verkürzung	→ höchstens auf 18 Monate → Anrechnung eines Berufsgrundbildungsjahres/des Besuchs einer Berufsfachschule zwingend → Anrechnung von Abitur, Berufsausbildung, gutem Leistungsstand auf Antrag möglich
Verlängerungsgründe	→ Krankheit → Nichtbestehen der Prüfung (Verlängerung auf Antrag um bis zu ein Jahr)
Beendigung	→ bei bestandener Abschlussprüfung → bei festgelegtem Ende der Ausbildung

weiter auf S. 99

Mustervertrag der Kammern	vertragliche Mindestangaben nach BBiG und JArbSchG
Weiterbeschäftigung	→ keine Pflicht → bei Weiterbeschäftigung Begründung eines Arbeitsverhältnisses auf unbestimmte Zeit → vorzeitige Verpflichtungserklärung nur zulässig innerhalb der letzten sechs Monate vor Beendigung
Befristete Kündigung	→ vier Wochen bei Aufgabe der Berufsausbildung oder Wahl einer anderen Ausbildung, bei Wechsel des Ausbildungsortes muss der Betrieb zustimmen (Wechsel nur aus wichtigem Grund möglich) → kein Schadensersatz → Bei Schwangerschaft darf die Auszubildende kündigen. → gegenseitiges Einvernehmen → Insolvenz → Bei Minderjährigen müssen bei vorzeitiger Beeindigung die Erziehungsberechtigten zustimmen.
Fristlose Kündigung	→ nach Probezeit nur aus wichtigem Grund (entfällt, wenn mehr als zwei Wochen seit dem Bekanntwerden des Grundes vergangen sind) → evtl. Schadensersatzpflicht
Kündigungsgründe	→ wiederholte grobe Disziplinlosigkeit → mangelnde Lernbereitschaft → ständiges Fehlen in der Berufsschule → mehrfacher Diebstahl/Tätlichkeiten → mangelhafte Ausbildung → Ausfall des Ausbilders → ständige ausbildungsfremde Tätigkeiten
Form der Kündigung	schriftlich mit Angabe von Gründen bis zwei Wochen nach der Kündigung
Haftung Auszubildender	→ bei Vorsatz und grober Fahrlässigkeit voll → bei mittlerer Fahrlässigkeit anteilig → Schadensersatzanspruch → keine Haftung bei geringer Fahrlässigkeit
Bei Streitigkeiten	erst Schlichtungsausschuss der Kammer, dann Arbeitsgericht
Vergütung	→ ortsüblich, branchenüblich, tarifvertraglich → darf nicht mehr als 20 % unter vergleichbarem Tarifvertrag liegen → muss im Lauf der Ausbildungszeit ansteigen → wird fortgezahlt bei Berufsschulbesuch, Prüfungsteilnahme, Krankheit → Freizeitausgleich oder -vergütung bei Mehrarbeit
Sachleistungen	dürfen höchstens 75 % der Bruttovergütung ausmachen

Anforderungen an das Berufsausbildungsverhältnis

Die folgende Abbildung gibt beispielhaft das Formular der IHK Ostthüringen zu Gera für den Antrag auf Eintragung eines Berufsausbildungsvertrags in das Verzeichnis der Berufsausbildungsverhältnisse wieder.

Antrag auf Eintragung

IHK Industrie- und Handelskammer Ostthüringen zu Gera

in das Verzeichnis der Berufsausbildungsverhältnisse

Zwischen dem/der Ausbildenden (Ausbildungsbetrieb)
Öffentlicher Dienst ☐

KNR	IHK-Firmenident-Nr.	Tel.-Nr.
Anschrift des/der Ausbildenden (Ausbildungsbetrieb)		
Big Mama Concerts GmbH		
Konzertagentur		
Straße, Haus-Nr.		
Ostring 46		
PLZ	Ort	
07545	Gera	
E-Mail-Adresse des/der Ausbildenden (Angabe freiwillig)		
info@mamaconcertsagentur.de		
Verantwortliche/r Ausbilder/in		Geburtsjahr
Oskar Ostborn		13.07.1967

und dem/der Auszubildenden männlich ☐ **weiblich** ☑
Berufsausbildung im Rahmen eines dualen Studiums ☐

Name	Vorname
Mauerfall	Maria
Straße, Haus-Nr.	
Grenzstreifen 89	
PLZ	Ort
07545	Gera
Geburtsdatum	Staatsangehörigkeit
14.04.1998	Jena
E-Mail-Adresse (Angabe freiwillig)	Tel.-Nr. (Angabe freiwillig)
Gesetzlicher Vertreter [1]	
Namen, Vornamen der gesetzlichen Vertreter	
Straße, Haus-Nr.	
PLZ	Ort

wird beigefügter Vertrag zur Ausbildung im Ausbildungsberuf

Veranstaltungskauffrau

mit Fachrichtung / Schwerpunkt / Wahlqualifikation / Wahlbaustein/en etc. nach Maßgabe der Ausbildungsordnung [2]

geschlossen.

Höchster allgemeiner Schulabschluss	Berufsvorbereitung, berufliche Grundbildung
Hochschulreife	
Zuständige Berufsschule	Berufsfeld
Staatl. Berufsbildende Schule Rudolstadt	

A Die Ausbildungszeit beträgt nach der Ausbildungsordnung 36 Monate.
Es wird eine Verkürzung der Ausbildungszeit um 12 Monate beantragt. Verkürzungsgrund:

Abitur

Das Berufsbildungsverhältnis beginnt am 21.08.2019 und endet am 31.07.2021

B Die Probezeit (Nr. 1.2) beträgt 4 Monate [3].

C Die Ausbildung findet in [Name/Anschrift der Ausbildungsstätte(n)]

Big Mama Concerts GmbH
Konzertagentur, Ostring 56, 07545 Gera

und den mit dem Betriebssitz für die Ausbildung üblicherweise zu sammenhängenden Bau-, Montage- und sonstigen Arbeitsstellen statt.

D Ausbildungsmaßnahmen außerhalb der Ausbildungsstätte(n) sind für den folgenden Zeitraum in der/den folgenden Ausbildungsstätte(n) vorgesehen (hierzu zählen auch Auslandsaufenthalte) (Nr. 3.12):

Steuerberatungsbüro Pfennig (ca. 03-06.2020)
Westallee 39, 07545 Gera

E Der/Die Ausbildende zahlt dem/der Auszubildenden eine angemessene Vergütung (Nr. 5); diese beträgt zurzeit monatlich brutto

€	595	690	780	
im	1. AB-Jahr	2. AB-Jahr	3. AB-Jahr	4. AB-Jahr

Öffentliche Förderung der Ausbildung (monatlich, regelmäßig, mehr als 50 % der Kosten): ____ [4]

F Die regelmäßige Ausbildungszeit in Stunden beträgt täglich [5] ____ und wöchentlich 38.0 Stunden.
Teilzeitausbildung wird beantragt (Nr. 6.2): ja ☐ nein ☐

G Es besteht ein Urlaubsanspruch

im Kalenderjahr	2019	2020	2021		
Werktage					
Arbeitstage	13	30	17		

H Der Ausbildungsnachweis wird wie folgt geführt: schriftlich ☐ elektronisch ☑

I Hinweise auf anzuwendende Tarifverträge und Betriebsvereinbarungen; sonstige Vereinbarungen:

Die sachliche und zeitliche Gliederung ist beigefügt, ☐
liegt der IHK mit Stand vom ____ vor. ☐

1) Vertretungsberechtigt sind beide Eltern gemeinsam, sofern nicht die Vertretungsberechtigung nur einem Elternteil zusteht. Ist ein Vormund bestellt, so bedarf dieser zum Abschluss des Ausbildungsvertrages der Genehmigung des Vormundschaftsgerichtes.
2) Solange die Ausbildungsordnung nicht erlassen ist, sind gem. § 104 Abs. 1 BBiG die bisherigen Ordnungsmittel anzuwenden.
3) Die Probezeit muss mindestens einen Monat und darf höchstens vier Monate betragen.
4) Öffentliche Förderung des Ausbildungsverhältnisses (bitte Schlüssel eintragen):
   01 Sonderprogramm des Bundes/Landes
   02 Außerbetriebliche Berufsausbildung nach §§ 74 Abs. 1 Nr. 2, 76, 78 SGB III
   03 Ausbildung für Menschen mit Behinderung - Reha nach §§ 73 Abs. 1 u. 2, 115 Nr. 2, 116 Abs. 2 u. 4, 117 SGB III)
5) Das Jugendarbeitsschutzgesetz sowie für das Ausbildungsverhältnis geltende tarifvertragliche Regelungen und Betriebsvereinbarungen sind zu beachten.

Antragsformular der IHK Ostthüringen zu Gera

AUFGABEN

1. Listen Sie auf der Basis des obigen Vordrucks oder Ihres eigenen Ausbildungsvertrags die Aspekte auf, die in Ihrem Ausbildungsvertrag zwischen Ihnen und Ihrem Ausbildungsbetrieb vereinbart wurden.
2. In dem Ausbildungsvertrag zwischen dem Auszubildenden Michael Meyers und dem Ausbildenden Klappsmohle Veranstaltungsbetriebe GmbH ist eine Probezeit von sechs Monaten festgelegt worden. Ist diese Regelung zulässig?
3. Der Auszubildende Fred Fleißig kommt nach der Bekanntgabe des Prüfungergebnisses durch den Prüfungsausschuss im Anschluss an die bestandene Abschlussprüfung in den Betrieb. Er soll dort die begonnenen Arbeiten noch zu Ende führen. Welche arbeitsvertragsrechtliche Wirkung hat diese Anweisung seines Ausbilders?
4. Frieda Fahrlässig wurde direkt im Anschluss an ihre Ausbildung zur Veranstaltungskauffrau in einer Eventagentur übernommen.
   a) Wie hoch wird wohl ihr Bruttogehalt sein. Schätzen Sie!
   b) Listen Sie die Rechte und Pflichten der Arbeitnehmerin und des Arbeitgebers auf, die sich aus dem Arbeitsvertrag ergeben.
   c) Erstellen Sie einen Arbeitsvertrag für Frieda Fahrlässig, in dem Sie die aufgelisteten Punkte konkretisieren.

Beginn und Ende des Ausbildungsverhältnisses

Regulär endet ein Berufsausbildungsverhältnis mit dem Ablauf der vereinbarten Ausbildungszeit. Meistens jedoch endet die Ausbildungszeit mit dem Tag der Zusendung des Abschlusszeugnisses durch die IHK kurz nach Bestehen der Abschlussprüfung – beim Veranstaltungskaufmann ist der letzte Prüfungsteil das fallbezogene Fachgespräch (die sogenannte mündliche Prüfung). In der Regel findet dieser letzte Prüfungsteil bei der Sommerprüfung zwischen Mitte Juni und Anfang Juli statt, bei der Herbst-/Winterprüfung zwischen Mitte Januar und Anfang Februar. Die Regelausbildungszeit von drei Jahren im dualen System verkürzt sich hier um einige Wochen.

Eine Verkürzung der 36-monatigen Ausbildungszeit auf bis zu 18 Monate ist unter bestimmten Voraussetzungen zwingend oder möglich. Zwingend ist sie,

- wenn ein absolviertes Berufsgrundbildungsjahr angerechnet wird (in diesem Fall wird die Ausbildungszeit um zwölf Monate verkürzt),
- wenn eine Berufsfachschule absolviert wurde.

In beiden Fällen wird die Ausbildungszeit um zwölf Monate verkürzt. Auf Antrag kann die Ausbildungszeit

- um bis zu zwölf Monate verkürzt werden, wenn eine Höhere Berufsfachschule (zum Beispiel eine Höhere Handelsschule) erfolgreich absolviert wurde,
- um zwölf Monate verkürzt werden, wenn zu erwarten ist, dass der Auszubildende das Ausbildungsziel in einer gekürzten Zeit erreicht (zum Beispiel aufgrund eines bestandenen Abiturs oder eines gleichwertigen höheren Schulabschlusses), wenn eine an-

dere bereits absolvierte Berufsausbildung angerechnet werden kann oder wenn gute Leistungen diesen Schritt rechtfertigen.

Die vorzeitige Beendung eines Ausbildungsverhältnisses ist unter den folgenden Bedingungen möglich:

- In der Probezeit können beide Seiten ohne Angabe von Gründen kündigen. Die Kündigung muss schriftlich erfolgen.
- Nach Ablauf der Probezeit
- kann der Betrieb dem Auszubildenden dann fristlos kündigen, wenn ein wichtiger Grund vorliegt. Die Kündigung muss schriftlich unter Angabe des Grundes erfolgen. Wichtige Gründe sind etwa wiederholte grobe Verstöße gegen die betriebliche Disziplin, mehrfaches Fehlen in der Berufsschule, Diebstahl oder Tätlichkeiten.
- kann der Auszubildende dann fristlos kündigen, wenn ein wichtiger Grund vorliegt. Die Kündigung muss schriftlich unter Angabe des Grundes erfolgen. Wichtige Gründe sind etwa grobe Ausbildungsmängel, eine wiederholte Übertragung unzulässiger Arbeiten oder andere schwerwiegende Verstöße gegen die Ausbildungsordnung.
- kann der Auszubildende jederzeit mit einer Frist von vier Wochen schriftlich kündigen, beispielsweise dann, wenn er die Berufsausbildung aufgeben oder sich für eine andere Berufstätigkeit ausbilden lassen will.

Eine einvernehmliche Aufhebung des Ausbildungsvertrags durch einen Auflösungsvertrag ist immer möglich. Verlängert werden

- muss ein Ausbildungsverhältnis wegen einer nicht bestandenen Abschlussprüfung oder Inanspruchnahme von Elternzeit,
- kann ein Ausbildungsverhältnis in Ausnahmenfällen wie längerer Krankheit.

Prolight + Sound 2017, Frankfurt

Übernahme in ein Arbeitsverhältnis

Nach Beendigung seiner Ausbildung kann ein Auszubildender übernommen werden; ein Recht darauf hat er nicht. Kommt es zur Übernahme, so ist ein unbefristetes Arbeitsverhältnis die Regel. Ein Auszubildender gilt bereits dann als übernommen, wenn er nach Bekanntgabe des Prüfungsergebnisses durch den Prüfungsausschuss von seinem Arbeitgeber aufgefordert wird, die Arbeit fortzusetzen.

Ein Auszubildender kann nach dem Abschluss seiner Ausbildung auch befristet eingestellt werden, wenn eine der beiden folgenden Bedingungen erfüllt ist:

- Durch die befristete Einstellung soll der Übergang des Arbeitnehmers in eine Anschlussbeschäftigung erleichtert werden (ausreichender sachlicher Grund laut § 14 Abs. 1 Nr. 2 des Teilzeit-und Befristungsgesetzes [TzBfG]).
- Der ehemalige Auszubildende wurde nicht direkt übernommen. Vielmehr hat er den Betrieb direkt nach dem Ende seiner Ausbildung verlassen. In diesem Fall kann er für bis zu zwei Jahre ohne sachlichen Grund für die Befristung eingestellt werden.

2.4 Generelle rechtliche Bestimmungen

Die generell für das Ausbildungsverhältnis relevanten rechtlichen Bestimmungen finden sich in den in der Tabelle zusammengefassten Gesetzen und Verordnungen.

Thema	Gesetz/Verordnung	Bereitstellung durch AG
Arbeitsvertrag	Bürgerliches Gesetzbuch (BGB)	Aushangpflicht (für arbeitsrechtliche Vorschriften)
Arbeitszeit	Arbeitszeitgesetz (ArbZG)	Aushangpflicht
Urlaubsregelungen	Bundesurlaubsgesetz (BUrlG)	Aushang empfohlen
Mitbestimmung	Betriebsverfassungsgesetz (BetrVG)	
Mutterschutz/Elternzeit	Mutterschutzgesetz (MuschG), Bundeselterngeld- und Elternzeitgesetz (BEEG), Sozialgesetzbuch (SGB)	Aushangpflicht
Kündigungsschutz	Kündigungsschutzgesetz (KSchG)	
Gleichbehandlung	Allgemeines Gleichbehandlungsgesetz (AGG)	Aushangpflicht
Datenschutz	Bundesdatenschutzgesetz (BDSG)	
Anforderungen für Arbeitsstätten	Verordnung über Arbeitsstätten (ArbStättV)	Aushang empfohlen
Tarife, Entlohnung, betriebliche Ordnung	Tarifvertragsgesetz (TVG), Entgeltfortzahlungsgesetz	

Eine Aushangpflicht besteht auch für das Jugendarbeitsschutzgesetz, die Jugendarbeitsschutzuntersuchungsverordnung, das Arbeitsgerichtsgesetz, die berufsgenossenschaftlichen Verordnungen (s. u.) und in Verkaufsbereichen für das Ladenschlussgesetz. Eine ganze Menge Holz – am besten, der Arbeitgeber stellt seinen Arbeitnehmern einen Ordner mit diesen umfangreichen Dokumenten zur Einsichtnahme zur Verfügung.

Tarifverträge sind in der Veranstaltungsbranche selten. Sie werden zwischen den zuständigen Gewerkschaften und dem Arbeitgeber bzw. der zuständigen Arbeitgebervereinigung vereinbart und regeln Aspekte wie Vergütung, Arbeitszeit, Urlaub, Zusatzleistungen, gestellte Arbeitskleidung. Sie gelten auch für das Ausbildungsverhältnis, sofern der Auszubildende Mitglied einer beteiligten Gewerkschaft oder der Ausbildungsbetrieb Mitglied einer beteiligten Arbeitgeberorganisation ist. Tariflohn muss an Nichtgewerkschaftsmitglieder allerdings nicht gezahlt werden. Ein Tarifvertrag kann allerdings unter bestimmten Voraussetzungen für allgemeinverbindlich erklärt werden.

Obwohl es sie in unserer Branche kaum gibt, haben Tarifverträge für Veranstaltungskaufleute eine ganz konkrete Bedeutung: Die Auszubildendenvergütung darf nicht mehr als 20 % unter der Vergütung eines vergleichbaren Tarifvertrags in einem vergleichbaren Berufszweig sein. Sie können sich bei der örtlichen IHK erkundigen, welches Vergütungsniveau in Ihrer Region zur Ermittlung dieser Mindestvergütung herangezogen wird.

Auch ohne tarifliche Bindung gelten die Regelungen des Entgeltfortzahlungsgesetzes für jeden Arbeitnehmer, also auch für Auszubildende. Hier wird beispielsweise geregelt, dass der Lohn nach Krankheit oder Arbeitsunfall sechs Wochen lang voll fortgezahlt werden muss (danach übernimmt die Krankenkasse oder die Berufsgenossenschaft eine reduzierte Lohnfortzahlung). Hier steht auch, dass man eine Krankheit dem Arbeitgeber unverzüglich anzeigen und spätestens am zweiten Tag eine Bescheinigung darüber einreichen muss.

Nicht immer beachtet wird in unserer Branche traditionell das Arbeitszeitgesetz. Grundsätzlich darf ein Arbeitnehmer (gilt auch für volljährige Auszubildende) acht Stunden pro Werktag arbeiten. Die Arbeitszeit kann bis auf höchstens zehn Stunden pro Werktag angehoben werden, sofern die durchschnittliche Arbeitszeit von acht Stunden über einen Zeitraum von sechs Monaten oder 24 Wochen nicht überschritten wird (Ausgleichszeiten berücksichtigen bzw. einfordern!). Als Überstunden werden Arbeitsstunden angesehen, die über die arbeitsvertraglich vereinbarten hinausgehen – sie können in Form von vertraglich festgesetzten Überstundenvergütungen ausgeglichen werden. Für Auszubildende wohl eher infrage kommt die Möglichkeit des Freizeitausgleichs, die der Arbeitgeber vorschlagen und festlegen kann.

Brandaktuell ist das Allgemeine Gleichbehandlungsgesetz (AGG). Das Ziel dieses Gesetzes ist es, Benachteiligungen aus Gründen der Rasse, der ethnischen Herkunft, des Geschlechts, der Religion, der Weltanschauung, einer Behinderung, des Alters oder der sexuellen Identität zu verhindern oder zu beseitigen. Eine gute Sache, oder?

AUFGABEN

1. Die Auszubildende Lulu Lobenthal hat bis Ende Dezember 20.. erst 24 von den vereinbarten 28 Urlaubstagen genommen. Nun möchte sie sich die restlichen vier Tage ausbezahlen lassen. Ihr Chef dagegen möchte, dass sie diese Tage in der Karnevalszeit des Folgejahres aufbraucht. Muss Lulu Lobenthal sich dem Willen ihres Chefs beugen?
2. Der ausgebildete Veranstaltungskaufmann Markus Strunz hat ein unbefristetes Arbeitsvertragsangebot einer Promotionfirma erhalten. An Urlaubstagen sollen

ihm fest 18 Tage im Jahr zustehen, weitere Tage sollen nur nach Absprache gewährt werden. Ist diese Regelung zulässig?

3. Wie groß muss der Betriebsrat in der Juniversal Event- und Veranstaltungsagentur sein (vgl. dazu das Organigramm auf Seite 48)? Beachten Sie die entsprechende Regelung im Betriebsverfassungsgesetz.
4. Darf eine Jugend- und Auszubildendenvertretung in einem Unternehmen gegründet werden, das keinen Betriebsrat hat?
5. Wie groß muss die Jugend- und Auszubildendenvertretung in der Juniversal Event- und Veranstaltungsagentur sein (vgl. dazu das Organigramm auf Seite 48)? Beachten Sie die entsprechende Regelung im Betriebsverfassungsgesetz.
6. Eine Auszubildende wird am Ende des ersten Jahres ihrer Ausbildung schwanger und teilt dies ihrem Chef mit. Dieser möchte daraufhin den Ausbildungsvertrag kündigen. Wie klären Sie den Vorgesetzten über die Rechtslage auf?
7. Wie lange muss ein gewöhnlicher Arbeitnehmer im Betrieb angestellt sein und wie groß muss der Betrieb sein, damit die Regelungen des Kündigungsschutzgesetzes (KSchG) anwendbar sind?
8. Nennen Sie vier Gründe für eine fristlose Kündigung vonseiten des Betriebes. In welchen Fällen davon muss eine Abmahnung erfolgt sein?
9. Ein Arbeitnehmer ist seit genau einem Jahr und zehn Monaten im Betrieb beschäftigt. Wie ist die gesetzliche Kündigungsfrist?
10. Nennen Sie die vier personenbezogenen Daten, die im Betrieb ohne Benachrichtigungspflicht gespeichert werden dürfen.
11. Ab wie viel Arbeitnehmern muss ein Unternehmen einen Datenschutzbeauftragten bestellen?
12. Sie haben im Laufe des Jahres 124 Überstunden angehäuft. Sie würden die Stunden gerne ausbezahlt bekommen, Ihr Chef möchte jedoch, dass Sie die Überstunden durch bezahlte Freizeit ausgleichen. Haben Sie ein Recht auf Ausbezahlung der Überstunden? (Ein Tarifvertrag dazu besteht in Ihrem Unternehmen nicht.)
13. Sie haben abends bis 23 Uhr in der Location gearbeitet. Ihr Chef verlangt von Ihnen, am nächsten Morgen bereits wieder um 8 Uhr zum Aufräumen zu erscheinen. Was antworten Sie ihm?
14. Ihr Arbeitgeber verlangt von Ihnen, wöchentlich 46 Stunden an sechs Werktagen exklusive Pausen zu arbeiten. Ist das zulässig?
15. Die Auszubildende Lulu Lobenthal soll ihren Büroarbeitsplatz selbst einrichten. Nennen Sie auf der Grundlage der Arbeitsstättenverordnung fünf Kriterien, die sie dabei in jedem Falle berücksichtigen sollte.
16. Bilden Sie sich eine fachlich fundierte Meinung darüber, ob Ihr Schreibtisch an Ihrem Arbeitsplatz ergonomisch korrekt eingerichtet und korrekt ausgestattet ist. Planen Sie Verbesserungen und setzen Sie diese in Absprache mit Ihrem Ausbilder um.
17. Tanja Treu arbeitet in einer Dekorationsfirma mit drei männlichen Auszubildenden. Die Aufgaben, Kaffee zu kochen, die Küche aufzuräumen und die Werkstatt zu kehren, werden stets nur allein ihr übertragen. Sie beschließt, sich bei ihrem Chef darüber zu beschweren, dass ihre Kollegen von diesen Arbeiten ausgenommen

werden. Dieser meint nur beiläufig: „Reg' dich nicht auf, Schätzchen, Frauen haben dafür einfach ein besseres Händchen." Wie beurteilen Sie auf der Grundlage des Allgemeinen Gleichbehandlungsgesetzes die Situation?

18. Recherchieren Sie, welche Gewerkschaft für Sie als Auszubildende oder Auszubildender zuständig ist, wer dort Ihr Ansprechpartner sein könnte und welche Vorteile eine Mitgliedschaft haben könnte.

2.5 Berufsgenossenschaftliche Vorschriften zum Arbeits- und Gesundheitsschutz

Der Arbeits- und Gesundheitsschutz für Arbeitnehmer ist ein in Deutschland hoch entwickeltes und stark geregeltes Feld. Man kann dieses Gebiet im internationalen Vergleich als herausragende soziale Errungenschaft bezeichnen.

Der Schutz der Arbeitnehmer ruht auf fünf Säulen der gesetzlichen Sozialversicherung (siehe Tabelle).

Säule	Träger	Leistungen	Versicherungspflicht
Arbeitslosenversicherung	Bundesagentur für Arbeit	→ Arbeitslosengeld → Maßnahmen zur Fort- und Weiterbildung → Beratung, Vermittlung → Ausfallgeld (Kurzarbeitergeld, Winterausfallgeld) → Arbeitsbeschaffungsmaßnahmen	alle Arbeitnehmer (Beiträge teilen sich Arbeitnehmer und Arbeitgeber.)
Krankenversicherung	Krankenkassen, z. B. → AOK → Ersatzkassen → Betriebskrankenkassen → Innungskrankenkassen	ambulante und stationäre ärztliche Leistungen, Vorsorge	alle Arbeitnehmer (Beiträge teilen sich Arbeitnehmer und Arbeitgeber; Zusatzbeitrag des Arbeitnehmers)
Pflegeversicherung	Krankenkassen (s. o.)	Leistungen nach zeitlichem Aufwand der Pflege (Pflegestufen 1, 2 und 3)	alle Arbeitnehmer (Beiträge teilen sich Arbeitnehmer und Arbeitgeber; ggf. Zusatzbeitrag des Arbeitnehmers)
Rentenversicherung	Deutsche Rentenversicherung	→ Rente nach Erreichen der Altersgrenze → Rente wegen Erwerbsminderung → Rente an Hinterbliebene → Rehabilitationsmaßnahmen	alle Arbeitnehmer (Beiträge teilen sich Arbeitnehmer und Arbeitgeber.)
Unfallversicherung	Berufsgenossenschaften bzw. Deutsche Gesetzliche Unfallversicherung (DGUV)	→ Versicherung bei Wegeunfällen und Arbeitsunfällen → Prävention (Vorbeugung)	Beiträge zahlt allein der Arbeitgeber (Mitglied der BG).

Die gesetzliche Unfallversicherung ist eine der fünf Säulen der gesetzlichen Sozialversicherung. Deren Träger sind die gewerblichen Berufsgenossenschaften, die als Körperschaften des öffentlichen Rechts mit Selbstverwaltung organisiert sind. Jeder Mitarbeiter eines Unternehmens ist über die Berufsgenossenschaften unfallversichert, auch Praktikanten. Als Mitarbeiter der öffentlichen Hand ist man bei den Unfallkassen versichert; Berufsgenossenschaften und Unfallkassen sind seit 2014 zusammengeschlossen im Spitzenverband der Deutschen gesetzlichen Unfallversicherung e. V. in Berlin (DGUV).

Eine **Körperschaft des öffentlichen Rechts in Selbstverwaltung** ist eine gemeinschaftlich verfasste und unabhängig vom Wechsel der Mitglieder bestehende Organisation, die ihren Status als Rechtssubjekt nicht der Privatautonomie, sondern einem Hoheitsakt verdankt. Sie beruht auf der Überlegung, dass bestimmte staatliche Aufgaben von den Betroffenen eigenverantwortlich geregelt werden sollen, weshalb diese Aufgaben aus der staatlichen Verwaltungshierarchie ausgegliedert und rechtsfähigen Organisationen übertragen werden.

Körperschaften des öffentlichen Rechts unterscheiden sich von den Körperschaften des Privatrechts wie Vereinen oder Privatunternehmen dadurch, dass sie öffentlich-rechtlich organisiert sind und öffentlich-rechtlich handeln können.

Die Berufsgenossenschaften finanzieren sich ausschließlich aus Beiträgen der ihnen durch Pflichtmitgliedschaft zugeordneten Unternehmen; sie dürfen keine Gewinne erzielen, sondern müssen die Mitgliedsbeiträge im Sinne ihres gesetzlichen Auftrages aufwenden. 2017 waren mehr als 4 Millionen Unternehmen Mitglieder der DGUV, davon entfielen 3,4 Millionen auf den Zuständigkeitsbereich der gewerblichen Berufsgenossenschaften und 700 000 auf die Unfallkassen. Im selben Jahr gab es neun Berufsgenossenschaften und 24 Unfallkassen. Die Berufsgenossenschaften unterliegen der staatlichen Aufsicht. Die Aufsichtsbehörden – das Bundesversicherungsamt und das Bundesministerium für Arbeit und Soziales – wachen darüber, dass die Berufsgenossenschaften sich an Recht und Gesetz halten, ihre gesetzlich vorgegebenen Aufgaben ordnungsgemäß erfüllen und ihre Kompetenzen nicht überschreiten.

Die zuständige Berufsgenossenschaft für die Veranstaltungsbranche ist in der Regel die Verwaltungs-Berufsgenossenschaft VBG. Die meisten Unternehmen der Veranstaltungsbranche sind hier Mitglied und zahlen Beiträge an die VBG.

Zu den wichtigsten Aufgaben der Berufsgenossenschaften von betrieblicher Seite gehört die Unfallprävention. Sie teilen sich diese Aufgabe mit den Gewerbeaufsichtsämtern, welche die Betriebe im Auftrag der Landesarbeitsämter kontrollieren. Vorbeugend sollen Wege- und Arbeitsunfälle vermieden werden. Dies ist im besonderen Interesse der Berufsgenossenschaften, da sie im Schadensfall, wie jede andere Versicherung, finanziell in Anspruch genommen werden.

Die Berufsgenossenschaften veröffentlichen in den Berufsgenossenschaftlichen Vorschriften (früher BGV-, heute DGUV-Vorschriften) Regeln und Bestimmungen zur Vermeidung und Verhütung von Arbeitsunfällen, beispielsweise als Unfallverhütungsvorschriften (UVV). Diese können Sie auf den Webseiten der Berufsgenossenschaften als PDF-Dokument herunterladen.

Auch der privatrechtliche Interessenverband DTHG (Deutsche Theatertechnische Gesellschaft e.V. – Fachverband Theater Film Fernsehen Show Event) bietet umfangreiche Downloadmöglichkeiten für die wichtigsten BG-Vorschriften und weitere Dokumente für die Branche.

WWW

www.vbg.de
www.dthg.de

MERKE

Die Vorschriften der Berufsgenossenschaften gelten für Unternehmen (Arbeitgeber) und Versicherte.

Die Tabelle bietet eine Übersicht über die wichtigsten Vorschriften der Berufsgenossenschaften.

Abkürzung	Bezeichnung	Anwendungsbereich	Bemerkung
DGUV Vorschrift 1 (früher BGV A1) Grundsätze der Prävention	Vorschrift für Sicherheit und Gesundheit bei der Arbeit, Unfallverhütungsvorschrift, Grundsätze der Prävention	gültig für alle Mitgliedsunternehmen	Grundvorschrift
DGUV Vorschrift 3 (früher BGV A3) Elektrische Anlagen und Betriebsmittel	Vorschrift für Sicherheit und Gesundheit bei der Arbeit, Unfallverhütungsvorschrift Elektrische Anlagen und Betriebsmittel	gültig für alle Mitgliedsunternehmen	Grundvorschrift
DGUV Vorschrift 17 (früher BGV C1) Veranstaltungs- und Produktionsstätten für szenische Darstellung	Vorschrift für Sicherheit und Gesundheit bei der Arbeit, Veranstaltungs- und Produktionsstätten für szenische Darstellung	Versammlungsstätten, Medienproduktionsstätten (Film, TV, Hörfunk, Studios, Ateliers, ...)	branchenspezifische Unfallverhütungsvorschrift; früher: VBG 70
DGUV Vorschrift 19 (früher BGV C2) Schausteller u. Zirkusunternehmen	BG-Vorschrift für Sicherheit und Gesundheit bei der Arbeit, Unfallverhütungsvorschrift Schausteller und Zirkusunternehmen	Zirkus-, Kirmesbetriebe, Artisten	branchenspezifische Unfallverhütungsvorschrift; früher: VBG 72
DGUV Vorschrift 9 (früher BGV A8)	BG-Vorschrift für Sicherheits- und Gesundheitsschutzkennzeichnung am Arbeitsplatz	gültig für alle Mitgliedsunternehmen	

Unfallverhütungsvorschriften

2.5.1 DGUV 1/BGV A1 – Grundsätze der Prävention

Die Vorschrift DGUV 1/BGV A1 fasst die Grundsätze der Vermeidung von Arbeitsunfällen zusammen. Sie gilt für alle Unternehmen. Die weiteren Unfallverhütungsvorschriften bauen darauf auf. Zielsetzung ist eine Verzahnung zwischen dem staatlichem Arbeitsschutzrecht (Verordnung über Arbeitsstätten, ArbStättV) und dem berufsgenossenschaftlichen Satzungsrecht. Die DGUV 1/BGV A1 unterscheidet Pflichten für Versicherte (Arbeitnehmer) und Pflichten für die Mitglieder (Unternehmen).

Pflichten des Unternehmers und des Arbeitnehmers

Wichtige Pflichten des Unternehmers sind:

- zur Verhütung von Arbeitsunfällen, Berufskrankheiten und arbeitsbedingten Gesundheitsgefahren erforderliche Maßnahmen ergreifen;
- für Erste Hilfe erforderliche Maßnahmen ergreifen;
- die allgemeinen Grundsätze des Arbeitsschutzgesetzes beachten;
- Gefährdungen und Belastungen der Arbeitnehmer bei der Arbeit beurteilen und geeignete Maßnahmen treffen;
- die Beurteilungen dokumentieren und bei Veränderungen erneuern;
- die Arbeitnehmer regelmäßig über Arbeitssicherheit und Gesundheitsschutz unterweisen und die Unterweisung dokumentieren;
- bei der Vergabe von Aufträgen für Einrichtungen und Arbeitsverfahren und bei der Beschaffung von Arbeitsmitteln, Ausrüstungen oder Arbeitsstoffen dem Auftragnehmer die für Arbeitssicherheit und Gesundheitsschutz geltenden Pflichten aufgeben;
- bei der Zusammenarbeit mit Fremdunternehmen die Koordination der Gefährdungsbeurteilung und der Überwachung sicherstellen;
- die Befähigung eines Beschäftigten berücksichtigen, die nötig ist, um die für Arbeitssicherheit und Gesundheitsschutz geltenden Bestimmungen einhalten zu können;
- bei gefährlicher Arbeit, die von mehreren Personen gemeinschaftlich durchgeführt wird, für eine zuverlässige Aufsichtsperson sorgen;
- im Falle von Mängeln an Arbeitsmitteln, Einrichtungen oder Arbeitsverfahren diese zur Abwehr von Gefahren für die Beschäftigten stilllegen;
- eine Fachkraft für Arbeitssicherheit und einen Betriebsarzt bestellen;
- Sicherheitsbeauftragte ernennen, Meldeeinrichtungen zum Herbeiholen von Hilfe schaffen;
- bei unmittelbaren, erheblichen Gefahren (zum Beispiel Explosionen, Austreten von Gefahrstoffen) besondere Abwehrmaßnahmen und Vorkehrungen zur Rettung treffen, Notfallmaßnahmen planen;
- Maßnahmen vorsehen, wenn bei Arbeiten im Freien wetterbedingte Unfall- oder Gesundheitsgefahren entstehen können.

Pflichten der Versicherten sind

- für Arbeitssicherheit und Gesundheitsschutz sorgen, auch für die betroffenen Beschäftigten;
- sich selbst und andere nicht durch den Konsum von Alkohol oder Drogen gefährden;
- den Unternehmer durch die Meldung von Mängeln und Gefahren unterstützen und im Rahmen der eigenen Aufgabe und Befähigung Mängel unverzüglich beseitigen;
- Einrichtungen, Arbeitsmittel, Arbeitsstoffe sowie Schutzvorrichtungen nur bestimmungsgemäß benutzen;
- sich an gefährlichen Stellen nur im Rahmen der übertragenen Aufgaben aufhalten;
- sich zum Ersthelfer zur Verfügung stellen;
- Unfälle unverzüglich melden;
- persönliche Schutzausrüstungen (PSA) bestimmungsgemäß benutzen.

Des Weiteren fixiert die DGUV 1/BGV A1 grundlegende Anforderungen zur Hilfeleistung im Betrieb.

Erste Hilfe

Der Unternehmer muss dafür sorgen, dass

- die erforderlichen Einrichtungen, Sachmittel und Personal zur Verfügung stehen.
- nach einem Unfall unverzüglich Erste Hilfe geleistet wird und ärztliche Versorgung gewährleistet wird.
- Verletzte sachkundig transportiert werden.
- Versicherte einem Durchgangsarzt vorgeführt werden.
- Versicherte bei schweren Verletzungen einem BG-Krankenhaus zugeführt werden.
- bei Augen-, Nasen-, Ohrenverletzungen ein entsprechender Facharzt hinzugezogen wird.
- Versicherten in aktueller schriftlicher Form Hinweise über Erste Hilfe, Notruf und Rettungseinrichtungen gegeben werden.
- jede Erste-Hilfe-Leistung dokumentiert wird und die Dokumentation fünf Jahre lang verfügbar gehalten wird.
- durch Meldeeinrichtungen und organisatorische Maßnahmen unverzüglich die notwendige Hilfe herbeigerufen und an den Einsatzort geleitet werden kann.
- Erste-Hilfe-Material schnell zugänglich und in ausreichender Menge bereitgehalten wird.
- Rettungsgeräte und Rettungstransportmittel bereitgehalten werden.

Die folgende Tabelle fasst die zahlenmäßigen Vorschriften zu Einrichtungen zur Ersten Hilfe im Betrieb zusammen.

Ersthelferzahl (Fortbildung alle zwei Jahre)	→ bei 2 bis 20 Versicherten ein Ersthelfer → bei mehr als 20 Versicherten – Verwaltung/Handel 5 % – sonstige Betriebe 10 %
Sanitätsraum	→ bei mehr als 1 000 Versicherten → bei 100 bis 1 000 Versicherten, wenn die Art des Betriebes oder das Unfallgeschehen es erfordern → auf Baustellen mit mehr als 50 Versicherten
Mindestens ein Betriebssanitäter (Grundausbildung/Aufbaulehrgang Sanitätsdienst, Fortbildung alle drei Jahre)	→ bei mehr als 1 500 Versicherten → bei 250 bis 1 500 Versicherten, wenn die Art des Betriebes oder das Unfallgeschehen es erfordern → bei Baustellen mit mehr als 100 Versicherten

Die Versicherten haben sich gemäß ihrer Unterstützungspflicht zum Ersthelfer ausbilden zu lassen und zur Verfügung zu stellen sowie jeden Unfall unverzüglich zu melden.

Persönliche Schutzausrüstungen (PSA)

Damit Verletzungen vermieden oder minimiert werden, die durch andere Maßnahmen nicht verhindert werden können, muss der Unternehmer eine persönliche Schutzausrüstung zur Verfügung stellen. Der Mitarbeiter ist verpflichtet, diese zu tragen.

Die folgende Tabelle fasst die in der DGUV 1/BGV A1 unterschiedenen Risikokategorien und die jeweilige Schutzausrüstung zusammen.

Kategorie I gegen geringfügige Risiken.	→ Handschuhe → Sonnenbrille
Kategorie II gegen mittlere Risiken, die ernste Verletzungen zur Folge haben können	→ Gehörschutz → Schutzbrille → Schutzhandschuh → Sicherheitsschuh → Schweißeranzug → Schnittschutzhose für Motorsägen
Kategorie III gegen tödliche oder nicht mehr rückgängig zu machende Schäden	→ Atemschutzgerät → Tauchgerät → Absturzsicherung

Das Tragen von persönlicher Schutzausrüstung wird durch Beschilderung (blaue Gebotszeichen) vorgeschrieben. Im Folgenden sind einige Beispiele dargestellt.

		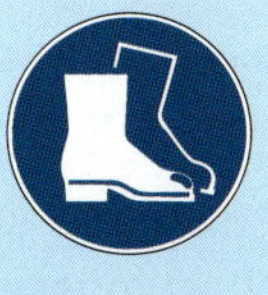		
Augenschutz	Handschuhe	Arbeitsschuhe	Atemmaske	Gesichtsschutz

Zeichen für Gebote zum Tragen von Schutzausrüstung

2.5.2 DGUV 3/BGV A3 – elektrische Anlagen und Betriebsmittel

Bei Veranstaltungen und Events ist der Einsatz moderner Veranstaltungstechnik die Regel. Die Vorschrift DGUV 3/BGV A3 regelt den Umgang mit elektrischen Anlagen und Betriebsmitteln.

Gemäß dieser Unfallverhütungsvorschrift sind
- **elektrische Betriebsmittel** alle Geräte, die mit Strom betrieben werden;
- **Schutz- und Hilfsmittel** alle für den Betrieb und die Wartung oder Reparatur benötigten Abdeckungen, Isolationen, Werkzeuge usw.;
- **elektrische Anlagen** Anordnungen, die auf dem Zusammenschluss elektrischer Betriebsmittel beruhen;
- **elektrotechnische Regeln** allgemein anerkannte Regeln der Elektrotechnik, wie sie der Verband der Elektrotechnik, Elektronik Informationstechnik e. V. (VDE) aufgestellt hat.

Elektrische Anlagen und Betriebsmittel dürfen nur von einer Elektrofachkraft (Elektrotechniker/-meister) unter deren Leitung und Aufsicht und unter Berücksichtigung der elektrotechnischen Regeln geändert und instand gehalten werden. Für festgelegte gleichartige, sich wiederholende Tätigkeiten kann dies auch eine „Elektrofachkraft für festgelegte Tätigkeiten" sein. Deren Tätigkeiten müssen in einer Arbeitsanweisung beschrieben sein. Voraussetzungen dafür sind:

- Es darf sich nur um Anlagen bis maximal 1 000 V Wechselstrom/1 500 V Gleichstrom handeln.
- Bei der Tätigkeit darf keine Spannung anliegen, das heißt, sie darf nur in freigeschaltetem Zustand ausgeübt werden.
- Nur die Fehlersuche und die Feststellung der Spannungsfreiheit (zur Kontrolle, ob Strom fließt, mit einem Spannungsprüfer) sind unter Spannung erlaubt.

Defekte oder nicht mehr den Regelungen entsprechende elektrische Anlagen oder Betriebsmittel müssen unverzüglich instand gesetzt werden. Entsteht durch den Mangel eine Gefahr, darf die elektrische Anlage oder das Betriebsmittel nicht mehr verwendet werden.

Elektrische Anlagen und Betriebsmittel müssen vor ihrer Inbetriebnahme auf ihren ordnungsgemäßen Zustand geprüft werden. Dies muss auch in regelmäßigen Abständen geschehen (Wartung). Aus verschiedenen Tabellen der Vorschrift kann man entnehmen, wann, von wem und mit welchen Hilfsmitteln geprüft werden soll. Dort wird zwischen ortsfesten und ortsveränderlichen Anlagen und Betriebsmitteln unterschieden.

Jugendliche dürfen nicht mit Arbeiten beschäftigt werden, die mit Unfallgefahren verbunden sind, von denen anzunehmen ist, dass Jugendliche sie wegen mangelnden Sicherheitsbewusstseins oder mangelnder Erfahrung nicht erkennen oder nicht abwenden können.

Arbeiten an aktiven, das heißt unter Spannung stehenden Teilen, dürfen nur Personen durchführen, die fachlich geeignet sind. Es müssen technische und organisatorische Sicherheitsmaßnahmen festgelegt und durchgeführt werden, die einen ausreichenden Schutz gegen eine Gefährdung durch Körperdurchstromung und Lichtbogenbildung (bei hohen Spannungen) sicherstellen. Auf Verlangen der Berufsgenossenschaft muss der Unternehmer ein Prüfbuch führen.

AUFGABEN

1. Sie stellen beim Pausengang in die Büroküche fest, dass ein Kollege offensichtlich bewusstlos vor dem offenen Kühlschrank liegt. Wie gehen Sie sinnvoll vor, welche Schritte leiten Sie ein?
2. Ihr Ausbilder erklärt Ihnen, dass es eine eigene Brandschutzverordnung in diesem Sinne nicht gibt, sondern dass sich Vorschriften zum Brandschutz in verschiedenen Bestimmungen wiederfinden. In welchen Bestimmungen (Verordnungen) finden sich Brandschutzvorschriften?
3. Sie entdecken beim Kontrollgang durch das Werbemittellager Ihrer Firma, dass hinter einigen Kartons mit Flyern Rauch hochsteigt. Ein Schwelbrand droht, auf die entzündlichen Kartons überzugreifen. Wie verhalten Sie sich?
4. Der sportliche Auszubildende Markus Muskulär hilft beim Aufbau der Veranstaltungstechnik bei einem Event. Sein Ausbilder fordert ihn auf, die schweren Kisten nur gemeinsam mit einem Kollegen zu tragen. Markus weigert sich mit den Worten: „Lass mal, das pack ich schon allein." Muss er nach DGUV 1/BGV A1 den Anordnungen seines Chefs nachkommen?
5. Der stylische Hip-Hop-Fan Fabian kommt montags morgens mit einer Alkoholfahne und sichtlich müde in den Betrieb. Im Lager soll er Promotionartikel, die in Kartons aufbewahrt werden, in hohe Regale sortieren. Die Kollegin Tanja weigert sich, mit ihm zusammenzuarbeiten. „Das ist ja gefährlich für uns alle. Mit dem will ich heute nicht zusammenarbeiten." Ist dieses Vorgehen durch die DGUV 1/BGV A1 gedeckt?

Wetterfeste Movinglights im Einsatz: Eröffnung der Elbphilharmonie, 2017

2.5.3 DGUV 17/BGV C1 – Veranstaltungs- und Produktionsstätten für szenische Darstellung

Diese Schutzvorschrift ist neben der Versammlungsstättenverordnung (VStättVO) die wohl wichtigste der Veranstaltungsbranche. Sie gilt in der Regel in jedem produzierenden Veranstaltungsbetrieb (also nicht im Büro, sondern zum Beispiel in Proberäumen, Locations, Lagern).

Die DGUV 17/BGV C1 regelt unter anderem die Abläufe und Vorgänge in der Produktionserstellung. Sie umfasst den bühnentechnischen und darstellerischen Bereich von Veranstaltungsstätten sowie den produktionstechnischen und darstellerischen Bereich von Produktionsstätten für Film, Fernsehen, Hörfunk und Fotografie. Sie gilt nicht für Filmtheater ohne Szenenfläche (Kinos) sowie Schausteller- und Zirkusunternehmen. Für Letztere gibt es eine gesonderte Vorschrift, die DGUV 19/BGV C2.

Abgrenzung von der Versammlungsstättenverordnung

Die DGUV 17/BGV C1 – UVV Veranstaltungs- und Produktionsstätten für szenische Darstellung ist in ihren Inhalten der Versammlungsstättenverordnung (VStättVO) ähnlich.

Die VStättVO (die in diesem Buch in Lernfeld 5, Abschnitt 5.1.2 vorgestellt wird) ist vom Baurecht abgeleitet und richtet sich an Betreiber von Versammlungsstätten (Locations) bzw. deren Vertragspartner (Veranstalter). Hier steht der Schutz der Zuschauer und Beteiligten im Vordergrund. Die Geltung der VStättVO hängt von bestimmten Voraussetzungen ab, beispielsweise dem Fassungsvermögen von Versammlungsstätten. In geschlossenen Räumen gilt sie ab einem Fassungsvermögen von mindestens 200 Personen, im Freien ab einer Kapazität von 1 000 Personen.

Die DGUV 17/BGV C1 gilt für die an Veranstaltungsproduktionen beteiligten Unternehmen und deren Mitarbeiter. Ihre Inhalte sind immer anzuwenden – unabhängig von der Größe des Betriebes oder Betriebsortes. Hier liegt der Schwerpunkt auf dem präventiven Schutz der Mitarbeiter und anderer an der Produktion Beteiligter wie Künstler und Artisten. Sie gilt also auch in Locations, die nicht unter das Anwendungsgebiet der VStättVO fallen.

Die wichtigsten Inhalte von A bis Z

Hier die wichtigsten Inhalte alphabetisch zum Beachten und Nachschlagen:

→ **Absturzsicherung.** Flächen, die höher sind als 1 m, müssen durch Einrichtungen wie Auffangnetze oder Anseilsicherungen gegen Abstürzen gesichert werden. Falls dies nicht möglich ist, etwa bei Kanten von Szenenflächen oder durch Regieanweisung, müssen die Flächen mit selbstleuchtenden oder stark reflektierenden Bändern gesichert werden

→ **Artistische Darbietungen.** Aufbau nur durch die Artisten selbst. Vor Gebrauch haben sie sich vom sicheren Zustand zu überzeugen.

→ **Aufenthaltsverbot.** Unnötiger Aufenthalt während Um-/Auf-/Abbau
- auf Bewegungsflächen
- auf Beleuchterbrücken
- auf hochgelegenen Arbeitsplätzen
- in sonstigen Gefahrenbereichen
- unter bewegten kraftgetriebenen Bühnenabschlüssen

Regelung durch Ausschilderung und Kennzeichnung von Gefahrenbereichen

→ **Ausstattung.** Dekorationen, Kostüme, Möbel, Requisiten und Effekte müssen so beschaffen sein, dass Verletzungen und Schädigungen vermieden werden, Abgase müssen unmittelbar ins Freie geleitet werden. Besondere Vorsicht ist bei E-Geräten, Klebe- und Lösungsmitteln, Glas, Laser, Waffen usw. geboten.

→ **Beschäftigungsbeschränkung.** Beschäftigung ab dem 18. Lebensjahr für Führung und Wartung von maschinentechnischen Einrichtungen. Auszubildende über 16 Jahre mit einem Aufsichtsführenden im Rahmen der Ausbildung.

→ **Brandschutz (vorbeugender)**
- Rauchen, Feuer, offenes Licht in Produktions- und Darstellungsstätten sind verboten.
- Aufbauten und Dekorationen müssen mindestens schwer entflammbar sein (B1).
- Abweichungen nur, wenn aus szenischen Gründen unumgänglich (Abstimmung mit der Feuerwehr).

→ **Fachliche und körperliche Eignung.** Einspruchsmöglichkeit der Bühnen-/Studio-Fachkraft gegenüber künstlerischen Forderungen aus Sicherheitsgründen.

→ **Gefährliche szenische Vorgänge.** Schutzmaßnahmen bei gefährlichen Sequenzen (zum Beispiel Bewegung des Studio/Bühnenbodens, Abspringen von Personen, Einstürzen von Bauteilen usw.)

→ **Instandhaltung**
- Sicherheitstechnische und maschinentechnische Einrichtungen müssen instand, sauber und staubfrei gehalten werden. Dazu sind sie mindestens einmal jährlich gründlich zu reinigen.
- Instandhaltungsarbeiten dürfen nur ausgeführt werden, wenn sichergestellt ist, dass keine unbeabsichtigten Bewegungen ausgelöst werden können.

→ **Leitung und Aufsicht.** Leitung und Aufsicht sowie Freigabe von Szenenflächen nur durch und an Fachkräfte. Festlegung der Zuständigkeit bei Nutzung durch Dritte (Bekanntgabe an Versicherte).

→ **Orchestergräben, Proben- und Stimmräume**
- Sie dürfen keine gesundheitsschädlichen Einwirkungen aufweisen.
- Es müssen entgegengesetzt liegende Rettungswege vorhanden sein.
- Der Mindestplatz je Musiker beträgt 1,3 m^2.
- Die Sitzgelegenheiten müssen ergonomisch gestaltet sein.

→ **Pyrotechnische Gegenstände**
- Nur bestimmte Klassen (I, II, III, T1 und T2) sind geprüft und zugelassen.
- Die sprengstoffrechtlichen Vorschriften müssen eingehalten werden.

→ **Schusswaffen**
- nur bauartgeprüfte, zugelassene, gekennzeichnete und beschossene/abgenommene (über 4 mm) Modelle verwenden
- nur Kartuschenmunition erlaubt (oder Anwesenheit eines Sachverständigen)
- Zulassung der Sachverständigen durch die Physikalisch-Technische Bundesanstalt
- Beschusserlaubnis durch die staatlichen Beschussämter

→ **Schutz gegen herabfallende Gegenstände** bei Beleuchtungs-, Bild- und Beschallungsgeräten durch zwei unabhängig voneinander wirkende Einrichtungen (Safetys)

→ **Schutz gegen unbeabsichtigte Bewegungen.** Unbeabsichtigte Bewegungen sind ungewolltes Verdrehen, Kippen, Absinken, Versagen usw. von beweglichen Einrichtungen der Ober- und Untermaschinerie (Prospektzüge, Flugwerke, Beleuchtungsträger, Saalpodien, Bühnenwagen usw.). Schutz durch geeignete Triebwerke, Bremsen usw.

→ **Sichere Begehbarkeit.** Personen müssen sicher agieren können, also gilt:
- Der Bühnenboden muss eben, splitterfrei und fugendicht sein.
- Spalten und Öffnungen sind abzudecken.
- Bodenbeläge sind gegen Verrutschen zu sichern.
- In verdunkelten Räumen muss eine sichere Orientierung möglich sein (Orientierungslicht, reflektierende Markierung).

→ **Standsicherheit und Tragfähigkeit.** Flächen und Aufbauten müssen so aufgestellt, verankert usw. werden, dass sie die anfallenden statischen und dynamischen Lasten aufnehmen und ableiten können.

→ **Tiere**
- dem Tier gerechte Sicherheitsmaßnahmen ergreifen
- Einsatz nur mit einer dem Tier vertrauten Person
- Gefährliche Reaktionen des Tieres müssen berücksichtigt werden.

→ **Tragmittel und Anschlagmittel**
- Tragmittel sind mit der Bühnenmaschinerie fest verbundene Teile zum Aufnehmen der Last.
- Anschlagmittel sind die verbindenden Teile zwischen Tragmittel und Last. Sie dürfen nur mit einem bestimmten Bruchteil der vom Hersteller angegebenen Tragfähigkeit belastet werden.

→ **Unterweisung.** Regelmäßige Unterweisung und Schulung von beteiligten Personen und Fachpersonal hinsichtlich Bedienung sowie Unfallverhütungsmaßnahmen, bei gefährlichen szenischen Vorgängen regelmäßige wiederholte Unterweisungen

→ **Prüfungen.** Der Unternehmer muss dafür sorgen, dass sicherheitstechnische und maschinentechnische Einrichtungen vor der ersten Inbetriebnahme und nach wesentlichen Änderungen durch Sachverständige geprüft werden.

→ **Wiederkehrende Prüfung**
- Der Unternehmer hat dafür zu sorgen, dass sicherheitstechnische und maschinentechnische Einrichtungen mindestens alle vier Jahre durch einen Sachverständigen geprüft werden.
- Sicht- und Belastungsprüfung in Bewegung von Flugeinrichtungen vor jedem Einsatz durch einen Sachkundigen
- Belastungsproben mit Personen nur bei Absturzhöhen weniger als 1 m

→ **Prüfnachweis.** Der Unternehmer hat dafür zu sorgen, dass die Ergebnisse der Prüfung in einem Prüfbuch festgehalten werden (Mängel und deren Bereinigung).

2.5.4 DGUV 9/BGV A8 – Sicherheits- und Gesundheitsschutzkennzeichnung am Arbeitsplatz

In der DGUV 9/BGV A8 sind die normierten Kennzeichen zur Vermeidung von Unfällen aufgelistet. Im Folgenden ist eine Auswahl wichtiger Signale zusammen gestellt.

Verbotskennzeichen (rot und schwarz auf weißem Schild)				

Verbot (nur in Verbindung mit einem Zusatzzeichen zu verwenden)	**Rauchen verboten**	**Feuer, offenes Licht und Rauchen verboten**	**Zutritt für Unbefugte verboten**	**Mit Wasser löschen verboten**

Warnzeichen (schwarz auf gelbem Schild)				

Gefahrenstelle	**Stolpergefahr**	**Feuergefährliche Stoffe**	**Laserstrahl**	**Rutschgefahr**

weiter auf S. 118

Brandschutzzeichen (weiß auf rotem Schild)				

Feuerlöscher	**Brandmelder**	**Richtungsangabe**	**Richtungsangabe**	**Löschschlauch**

Gebotszeichen (weiß auf blauem Schild)				

Gehörschutz benutzen	**Augenschutz benutzen**	**Schutzhelm benutzen**	**Allgemeines Gebotszeichen** (nur in Verbindung mit einem Zusatzzeichen zu verwenden)	**Fußschutz benutzen**

Rettungszeichen für Rettungswege und Notausgänge (weiß auf grünem Schild)			

Rettungsweg	**Rettungsweg**	**Rettungsweg**	**Rettungsweg**

2.6 Umweltschutz

Zum Einstieg

Die Auszubildende Lulu Lobenthal hört in ihrem Ausbildungsbetrieb im Büro regelmäßig aktuelle Radiosendungen. Gerade verfolgt sie zusammen mit ihren Kollegen eine Sendung, in der die praktischen Möglichkeiten des Umweltschutzes in privaten Haushalten besprochen werden. Besonders der Klimaschutz spielt eine große Rolle. Während der Mittagspause entsteht daraus eine Diskussion mit ihren Kollegen über die praktischen Umweltschutzmaßnahmen in ihrem Betrieb.

Umweltschutz bezeichnet den Schutz der Umwelt vor störenden Einflüssen oder Beeinträchtigungen wie Verschmutzung von Luft, Wasser und Boden, Lärm, globale Erwärmung und Flächenversiegelung/Flächenverbrauch. Ausgangspunkt des Umweltschutzes ist die Erhaltung des Lebensumfelds der Menschen und ihrer Gesundheit. Dies schließt auch den Schutz der die Menschen umgebenden Natur in einem gewissen Umfang mit ein.

Das neuzeitliche Bewusstsein für den Umweltschutz entwickelte sich in den westlichen Ländern in den 1960er-Jahren, als man feststellte, dass sich industrielle Tätigkeiten sehr nachteilig auf die Umwelt auswirken können. Maßgeblich zu diesem Wertewandel beigetragen haben offensichtliche Missstände wie das Fischsterben im Rhein, die Versauerung von Gewässern, spektakuläre Chemiekatastrophen wie 1976 im italienischen Seveso oder 1984 im indischen Bhopal sowie 1986 der Super-GAU in Tschernobyl und 2011 in Fukushima.

Showbühne bei einem Gala-Event

Die Probleme des Umwelt- und Klimaschutzes entstehen ganz überwiegend durch die Erzeugung und Nutzung von Energie. Hier könnte die Nutzung von erneuerbaren Energien Abhilfe schaffen. Klima- und Umweltschutz sind integraler Teil des Konzeptes und verursachen daher keine Mehrkosten.

Im beruflichen Alltag geht es heute in erster Linie darum, die betrieblichen Handlungen nachhaltig und ressourcenenschonend auszurichten.

AUFGABEN

1. Welche Maßnahmen zum Umweltschutz werden in Ihrem Unternehmen angewendet? Welche zusätzlichen Möglichkeiten zum Umweltschutz sehen Sie in Ihrem Betrieb?
2. Wird in Ihrem Betrieb Material unter ökologischen Gesichtspunkten eingekauft? Wie wird mit Verbrauchsmaterialien und deren Verpackungen umgegangen?
3. Welche praktischen Möglichkeiten der Trennung des täglich entstehenden Mülls im Betrieb gibt es?
4. Welches Spannungsverhältnis sehen Sie zwischen Ökologie und Ökonomie?

5. Aus dem Materialschrank Ihres Ausbildungsunternehmens entnehmen Sie eine neue Spindel mit CD-R-Rohlingen. Auf der Kunststoffverpackung befindet sich ein kreisförmiges, mit „Der Grüne Punkt" überschriebenes Zeichen. Was bedeutet dieses Zeichen?
6. Erstellen Sie beispielhaft eine Anleitung, wie Ihre Kollegen mit verbrauchten Tonermaterialien für Kopiergeräte oder leeren Ink-Jet-Patronen für Tintenstrahldrucker zu verfahren haben. Berücksichtigen Sie dabei ökologische Aspekte.
7. In Ihrem Unternehmen hat jeder Mitarbeiter einen eigenen Farb-Tintenstrahldrucker am Arbeitsplatz. Es müssen jedoch nur wenige Mitarbeiter zu Layout-Zwecken farbige Ausdrucke erstellen. Welche Maßnahmen lassen sich ergreifen, um ökologischen und ökonomischen Aspekten bestmöglich gerecht zu werden?

2.7 Zusammenfassung

- → Ausbildung im dualen System
- → Möglichkeiten zur Zulassung zur IHK-Abschlussprüfung
- → Rechte und Pflichten der an der Ausbildung Beteiligten
- → Inhalte der Ausbildung, Anforderungen an den Auszubildenden
- → Rechtliche Rahmenbedingung der Ausbildung
- → Problembewältigungsstrategien
- → Konkreter Arbeits- und Gesundheitsschutz für Veranstaltungskaufleute

2.8 Zwischentest: Muster-Prüfungsfragen

Hinweis: Bitte keine Eintragungen im Buch vornehmen.

1. Das Berufsbildungsgesetz regelt

a) den gesamten Bildungssektor in Deutschland.
b) die berufliche Bildung.
c) die Entwicklung des Wissensstandes in den Marketingberufen.
d) Normen für die Schulung von Mitarbeitern.

2. Ein Berufsausbildungsvertrag wird in der Regel geschlossen zwischen

a) einem Auszubildenden und der Berufsschule.
b) einem Auszubildenden und einem ausbildenden Betrieb.
c) einem Auszubildenden und der Arbeitsagentur.
d) einem Auszubildenden und der Berufsbildungsbehörde.

3. Ein betrieblicher Ausbildungsplan wird erstellt

a) vom Ausbildenden.
b) vom Auszubildenden.
c) von der IHK.
d) von der Berufsschule.

4. Welches Gesetz schützt jugendliche Auszubildende im Besonderen?

a) Ausbildungsförderungsgesetz
b) Betriebsverfassungsgesetz
c) Jugendarbeitsschutzgesetz
d) Jugendhilfeverordnung
e) Gesetz über ausbildungsbegleitende Hilfen

5. Welche drei Unterrichtsformen aktivieren die Teilnehmer?

a) Projektarbeit im Team
b) Frontalschulung
c) Einzelprojektarbeit/Hausarbeit
d) Vorlesung
e) Rollenspiel

6. Das duale System bezeichnet (zwei Antworten)

a) den Grünen Punkt.
b) die Ausbildung an den Lernorten Betrieb und Berufsschule.
c) zwei Seiten einer Medaille.
d) das System der doppelten Buchführung.

7. Welche sind die wichtigsten Möglichkeiten der Berufsausbildung zum/zur Veranstaltungskaufmann/-frau? (drei Antworten)

a) Selbststudium/Fernstudium
b) Verbundausbildung im dualen System
c) Studium an einer Fachhochschule
d) Externenprüfung
e) Vollzeitschulische Ausbildung
f) Praktika in Betrieben der Veranstaltungsbranche

8. Wann endet ein Berufsausbildungsverhältnis regulär? (zwei Antworten)

a) mit dem Ablauf der Ausbildungszeit
b) generell eine Woche vor dem Ablauf der Ausbildungszeit
c) mit dem Tag des Bestehens der Abschlussprüfung (Fachgespräch)
d) an dem Tag der Bekanntgabe des Prüfungsergebnisses

9. Eine Verkürzung der 36-monatigen Ausbildungszeit ist möglich bei (zwei Antworten)

a) vorheriger Absolvierung einer Berufsfachschule.
b) entsprechender Vorbildung sowie guten Leistungen.
c) erfolgreichem Abschluss von fünf Veranstaltungen.
d) einem Notendurchschnitt von besser als Note gut.

10. Welche der nachfolgenden Versicherungen gehört nicht zu den fünf klassischen Säulen der gesetzlichen Sozialversicherung? (zwei Antworten)

a) Künstlersozialversicherung
b) Pflegeversicherung
c) Unfallversicherung
d) Krankenversicherung
e) Veranstalter-Haftpflichtversicherung
f) Arbeitslosenversicherung
g) Rentenversicherung

11. Zu den Aufgaben der Berufsgenossenschaften gehört nicht

a) das Erstellen technischer Regelwerke.
b) die Trägerschaft der gesetzlichen Unfallversicherung.
c) das Versichern gegen Freizeitunfälle.
d) die Prävention von Arbeitsunfällen.
e) das Versichern gegen Arbeits- und Wegeunfälle.

12. In der DGUV 1/BGV A1 ist/sind nicht enthalten (eine Antwort)

a) die Grundsätze der Prävention.
b) Pflichten von Versicherten und Unternehmer.
c) Bestimmungen zur Ersten Hilfe.
d) die Dokumentationspflicht bei Arbeitsunfällen.
e) Grundsätze des Umgangs mit elektrischen Geräten.
f) Bestimmungen zur persönlichen Schutzausrüstung (PSA).
g) Unterweisungspflicht des Unternehmers.

13. Bei welchen der abgebildeten Kennzeichen (aus DGUV 9/BGV A8) handelt es sich um

a) ein Gebotszeichen,
b) ein Warnzeichen,
c) ein Verbotszeichen,
d) ein Brandschutzzeichen,
e) ein Rettungszeichen für Rettungswege und Notausgänge?

(1) (2) (3) (4) (5) (6)

14. Die DGUV 3/BGV A3 regelt den Umgang mit elektrischen Anlagen und Betriebsmitteln. Elektrische Betriebsmittel laut DGUV 3/BGV A3 sind

a) alle Kabel im Unternehmen.
b) Werkzeuge wie Stromprüfer.
c) Geräte, die Strom benötigen.
d) Wartungsmaterialien.

15. In der DGUV 3/BGV A3 sind wichtige Grundsätze des Umgangs mit elektrischen Anlagen und Betriebsmitteln definiert. Welche gehören nicht dazu? (zwei Antworten)

a) Elektrische Anlagen und Betriebsmittel dürfen nur von einer Elektrofachkraft gewartet werden.
b) Die allgemeinen elektrotechnischen Regeln werden vom VPLT (Verband für professionelle Licht- und Tontechnik e. V.) definiert.
c) Für festgelegte Tätigkeiten (Arbeitsanweisung) kann dies auch eine „Elektrofachkraft für festgelegte Tätigkeiten" sein.
d) Defekte elektrische Anlagen oder Betriebsmittel müssen unverzüglich instand gesetzt werden.
e) Auf Verlangen von der Berufsgenossenschaft muss der Unternehmer ein Prüfbuch führen.
f) Fehlerschutzstromschalter (FI) sowie Sicherungen dürfen Veranstaltungskaufleute generell nicht bedienen.

16. DGUV 17/Die BGV C1 ist eine wichtige Unfallverhütungsvorschrift. Sie gilt (zwei Antworten)

a) nur in Versammlungsstätten mit mehr als 1 000 Besuchern.
b) im produktionstechnischen und darstellerischen Bereich von Produktionsstätten für Film, Fernsehen, Hörfunk und Fotografie.
c) in Kinos ohne Szenenfläche.
d) für Schausteller und Zirkusunternehmen.
e) im bühnentechnischen und darstellerischen Bereich von Veranstaltungsstätten.

17. Die Inhalte der DGUV 17/BGV C1 sind ähnlich der Versammlungsstättenverordnung. Welche Unterschiede gibt es? (vier Antworten)

a) Die DGUV 17/BGV C1 ist im Geltungsbereich auch dann anzuwenden, wenn die VStättVO nicht gilt.
b) Die DGUV 17/BGV C1 richtet sich an Unternehmer und Versicherte, die VStättVO an Locationbetreiber und Veranstalter.
c) Die VStättVO richtet sich an Unternehmer und Versicherte, die DGUV 17/BGV C1 an Locationbetreiber und Veranstalter.
d) Die DGUV 17/BGV C1 schützt in erster Linie die an einer Produktion/Veranstaltung Unbeteiligten.
e) In der VStättVO gibt es Bestimmungen zum Bau einer Versammlungsstätte.
f) Die VStättVO schützt in erster Linie die an einer Produktion/Veranstaltung Unbeteiligten.

18. Was bedeutet der Blaue Engel? (eine Antwort)

a) Der Blaue Engel ist der mittlere der drei Engel für Charlie aus dem gleichnamigen Kinofilm.
b) Der Blaue Engel ist ein Prüfsiegel/Gütesiegel für besonders umweltschonende Produkte und Dienstleistungen.
c) Der Blaue Engel ist ein geschütztes Markenzeichen und kennzeichnet Verkaufsverpackungen in Deutschland und weiteren europäischen Staaten.
d) Der Blaue Engel ist das Logo der Umweltorganisation Greenpeace.

Prolight + Sound 2016 in Frankfurt

3 Erfassung und Verbuchung von Geschäftsprozessen im Rahmen des Betrieblichen Rechnungswesens

Der Ausbildungsrahmenplan und der Rahmenlehrplan der Berufsschulen für Veranstaltungskaufleute sehen für das erste Lehrjahr eine Grundschulung im betrieblichen Rechnungswesen vor. Das kaufmännische Grundlagenwissen, das Veranstaltungskaufleute übrigens mit allen anderen Kaufleuten wie Büro- oder Industriekaufmann gemeinsam haben sollten, soll im zweiten Lehrjahr mit dem Lernfeld 6 (Finanzquellen erschließen und Finanzmittel einsetzen) vertieft und im dritten Lehrjahr mit dem Lernfeld 10 (Geschäftsprozesse erfolgsorientiert steuern) abgerundet werden. Die genannten Lernfelder umfassen wichtige kaufmännische Grundlagen wie Buchführung, Bilanzierung, Kalkulation und Controlling.

Die Gliederung dieses Buches folgt den inhaltlichen Vorgaben von Ausbildungsordnung und Rahmenlehrplan. Die betreffenden Inhalte finden sich in den Kapiteln 3, 6 und 10 – allerdings reduziert auf beispielhafte Anwendungen in ausgewählten Bereichen der Veranstaltungswirtschaft. Kapitel 7 umfasst zudem weitere konkrete Rechenbeispiele für die Branche.

Aus den Erfahrungen mit Auszubildenden unserer Branche wissen wir, dass die angesprochenen grundlegenden kaufmännischen Lerninhalte, die sich hinter dem Schlagwort Rechnungswesen verbergen, für viele ein rotes Tuch bedeuten. Schließlich wird man nicht Veranstaltungsfrau oder -mann, um als Buchhalter oder Büro-, Bank- oder Versicherungskauffrau zu enden. Allerdings lässt sich in der Ausbildung die Aneignung dieser grundlegenden kaufmännischen Inhalte nicht umgehen – und das kostet eine Menge wertvoller Ausbildungszeit. Mit dem schlussendlichen Vorteil, dass man nach der Ausbildung beinahe jede Büroarbeit leisten kann und in dieser Beziehung sogar in der Regel mehr weiß als so mancher Vorgesetzter, der als Seiteneinsteiger in die Live-Event-Branche häufig nur eine unvollständige kaufmännische Grundausbildung durchlaufen hat.

Doch bevor es ans Verbuchen und Kalkulieren geht, beginnen wir mit einer Einführung in einen für Public Events typischen Bereich: Wir befassen uns mit dem Ticketing, das heißt dem Verkauf von Eintrittskarten, und all dem, was sich hinter diesem so einfach erscheinenden Phänomen verbirgt.

Also: Rein in den kostenrechnerischen Raumanzug für das Paralleluniversum Rechnungswesen, die kaufmännische Buchhaltungs-Schutzbrille auf, die Mathe-Arbeitsschuhe mit Stahlkappen an und: **Let’s do it!**

3.1 Ticketing für Public Events

Ticketing ist zum einen der Prozess der Preisfindung einer Eintrittskarte, zum andern der Prozess der Organisation des Ticketabsatzes.

3.1.1 Einordnung

Public Events (die im einführenden Kapitel näher beschrieben wurden) machen den Großteil der organisierten Veranstaltungen aus. Statistische Erhebungen dazu existieren leider noch nicht – wir können jedoch für Deutschland von einer Quote von bis zu 75 % aller durchgeführten Veranstaltungen ausgehen.

Public Events sind typischerweise

- offen für einen breiten Besucherkreis;
- unterhaltend, informierend oder emotionalisierend;
- mit einer Gewinnabsicht des Veranstalters finanziert über Ticketing (Erlöse durch Kartenverkauf);
- ein vermarktbares Produkt – der Veranstalter benötigt Werbemaßnahmen, um den Absatz zu gewährleisten.

AUFGABE

Nehmen Sie an, es sei Ihre Aufgabe, ein professionelles Rockkonzert zu organisieren. Vervollständigen Sie nach folgendem Muster die Liste der acht typischen Beteiligten, die im Public Event im Prozess von der Produkterstellung (zum Beispiel einer Tourneeproduktion) bis zum Produktabsatz (zum Beispiel dem Ticketverkauf) zusammenarbeiten. Wie heißen die Beteiligten auf den Stufen 2 bis 4 sowie 6 und 7 der in der dargestellten Event-Treppe?

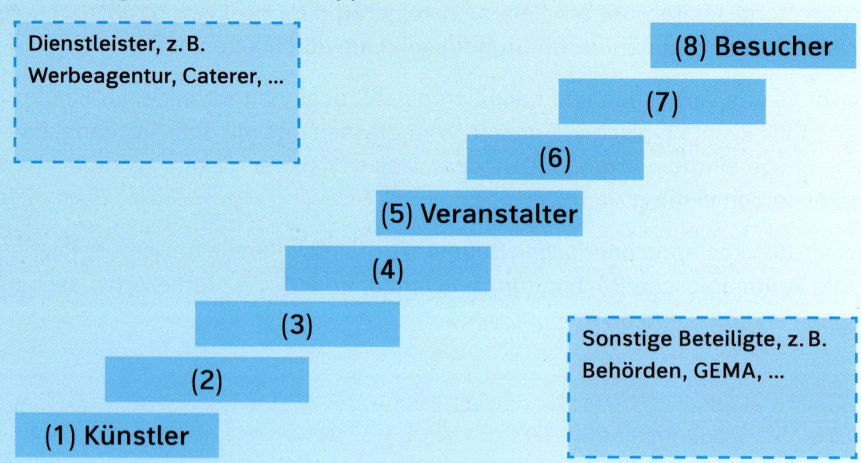

3.1.2 Die Public-Event-Treppe

Das System, in dem die typischen Beteiligten eines professionellen Rockkonzerts oder auch eines kulturellen Stadthallen-Gastspiels zusammenarbeiten, lässt sich für originär deutsche Produktionen mithilfe der folgenden Public-Event-Treppe beschreiben. Bei ausländischen, beispielsweise US-amerikanischen Produktionen weichen die Rollenbeschreibungen globalisierungs- und produktionsbedingt ab.

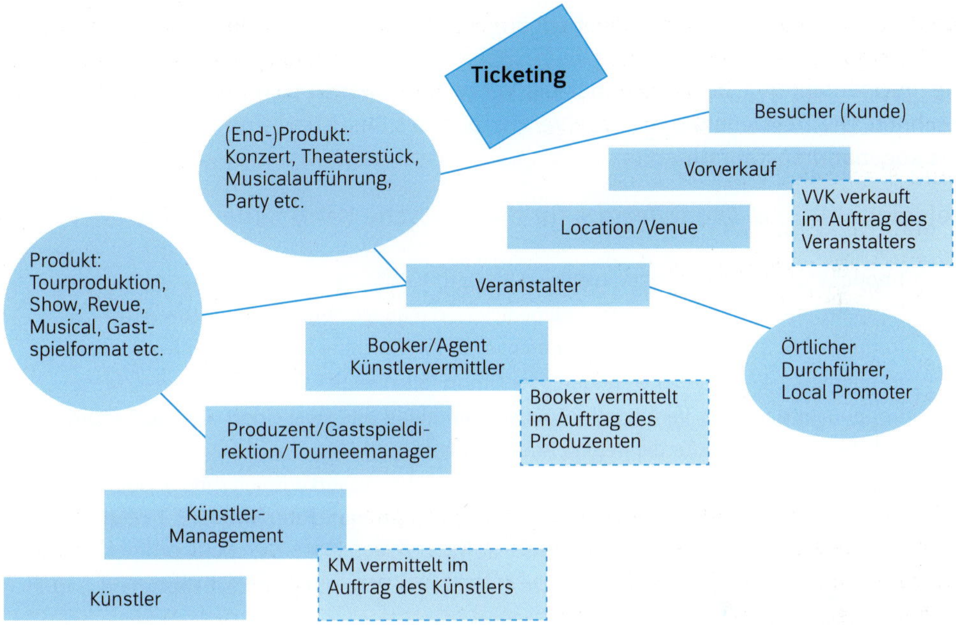

Die Public-Event-Treppe

Die Form der Treppe soll ausdrücken, dass eine Reihe von Stufen erklommen werden muss, um eine professionelle Gastspielproduktion am Markt zu platzieren. Nicht jede der in der dargestellten Public-Event-Treppe aufgeführten Stufen muss generell von einem eigenständigen Marktteilnehmer besetzt werden; vielmehr handelt es sich um typische Rollen, die im professionellen Prozess eingenommen werden.

Der Künstler ist immer die Ausgangsgröße eines Events. Die Treppenstufen 2 (Manager), 3 (Produzent) und 4 (Booker) sind an der Erstellung, der Vermarktung und dem Vertrieb des „Großhandels"-Produkts (beispielsweise einer Tourneeproduktion) beteiligt. Im kaufmännischen Zentrum steht hier der Produzent, der das wirtschaftliche Risiko der Produktion trägt und diese vorfinanzieren muss.

Der **Produzent** ist diejenige Person oder Institution, die eigenverantwortlich, im eigenen Namen und auf eigene Rechnung mit Produktionsmitteln eine Produktion erstellt. Er ist in der Regel der Eigentümer der Produktion.

Die Treppenstufen 5 (Veranstalter), 6 (Location) und 7 (Vorverkauf) bringen die Produktion vor Ort zum Endverbraucher, das heißt zum Zuschauer. Im kaufmännischen Zentrum steht hier der Veranstalter, der das wirtschaftliche Risiko der Einzelveranstaltung trägt und im Mittelpunkt der wesentlichen Vertragsbeziehungen steht.

Veranstalter laut Gewerbeordnung ist diejenige Person oder Institution, die eigenverantwortlich, im eigenen Namen und auf eigene Rechnung eine Veranstaltung durchführt und diese in der Regel der Öffentlichkeit zugänglich macht.

Die Treppenstufen 1 bis 7 (Künstler bis Vorverkauf) lassen sich als Verkäufermarkt bezeichnen. Die Treppenstufen 5 bis 8 (Veranstalter bis Besucher) sind hingegen Bestandteil des sogenannten Käufermarkts.

Beispiel → Public-Event-Treppe für die deutsche Band Silbermond

- → Treppenstufe 1 – der Künstler: die Band SILBERMOND
- → Treppenstufe 2 – das Künstlermanagement: valiart management aus Berlin (bis 2016)
- → Treppenstufe 3 – der Produzent: undercover GmbH (Michael Schacke) aus Braunschweig
- → Treppenstufe 4 – der Booker: undercover GmbH (Michael Schacke) aus Braunschweig
- → Treppenstufe 5 – der Veranstalter: popversammlung aus Düsseldorf als Local Promoter/örtlicher Durchführer für die Region Rhein/Ruhr
- → Treppenstufe 6 – die Location: Das Palladium in Köln, ausverkauft mit rund 3600 Besuchern
- → Treppenstufe 7 – der Vorverkauf: zentral über Systemanbieter wie CTS EVENTIM oder Ticketmaster,
- → Treppenstufe 8 – der Besucher: Uschi G. (23) aus Bergisch-Gladbach-Moitzfeld und ihr Freund Andy S. (22) aus Quadrath-Ichendorf

AUFGABEN

1. Recherchieren und füllen Sie die Public-Event-Treppe am Beispiel einer Stand-up-Comedy-Produktion, die in der näheren Zukunft in einer nahe gelegenen Stadt gastiert (zum Beispiel Mario Barth, Bülent Ceylan, Mirja Boes, Atze Schröder o. Ä.).
2. Recherchieren und füllen Sie die Public-Event-Treppe am Beispiel einer kulturellen Gastspiel-Produktion, die in der näheren Zukunft in einer nahe gelegenen Stadt, etwa in einer Stadthalle, gastiert.
3. Wo liegen die Unterschiede zwischen Künstlermanager und Künstlervermittler (Agent)? Und wo liegen die Unterschiede zwischen Künstlervermittler (Agent) und Tourneemanager (Produzent)? Nennen Sie je drei Unterschiede.
4. Die Gastspieldirektion Otto Flofner aus Münster kauft als Tourneemanager ein Paket von 20 Auftritten der komplett vorproduzierten Show „Die Kung-Fu Mönche der tibetischen Shaolin-Ninja" für 5.000,00 € pro Show aus den Niederlanden ein. Weitere Kosten der deutschen Direktion inklusive einer Fixkostenumlage belaufen sich auf 20.000,00 €. Sie verkauft die 20 Shows für 9.000,00 € pro Gastspiel an 20 Veranstalter in Deutschland weiter. Wie hoch ist der Gewinn der Direktion?
5. Wie hoch ist der Gewinn der Direktion, ausgedrückt in Prozent?

3.2 Kaufmännische Betrachtung von Geschäftsprozessen im Rechnungswesen der Veranstaltungswirtschaft

Wie typische Geschäftsprozesse in einem Live-Event-Unternehmen organisatorisch zu betrachten sind, haben wir im Ansatz bereits in Lernfeld 1 herausgearbeitet (vgl. Abschnitt 1.3.2). Vertieft wird dieses zentrale Themenfeld noch in den Lernfeldern 7, 8 und 9 in Bezug auf das Eventmanagement, das in der Palette der operativen Tätigkeiten des Veranstaltungskaufmanns einen bedeutenden Stellenwert einnimmt.

Die Leistungs- und Wertströme im Live-Event-Unternehmen kaufmännisch beschreiben zu können, bedarf einer weiteren, eigenen Perspektive:

Der ausgebildete Kaufmann soll

- → die organisatorischen Prozesse und Geschäftsvorgänge beherrschen und steuernd umsetzen und dabei ein ausgeprägtes Kostenbewusstsein sowie ein Gefühl für das richtige Preis-Leistungs-Verhältnis entwickeln;
- → die Prozesse (wie mit einer Buchhalter-Röntgenbrille) buchhalterisch erfassen, analysieren und für Bilanz und steuerliche Zwecke aufarbeiten.

Dazu muss er

- → wissen, wie sich veranstaltungsspezifische Angebotspreise unter Berücksichtigung der Kostenstruktur eines Betriebs oder Projekts zusammensetzen und errechnen.
- → die Bedeutung von Umsatzsteuer und Vorsteuer kennen, die Umsatzsteuer korrekt verbuchen und eine Umsatzsteuervoranmeldung durchführen können.
- → die Kostenstruktur eines Betriebs kennen und analysieren können, insbesondere den Zusammenhang von personenbezogenen Leistungen und typischen Entgeltformen.
- → unterscheiden können zwischen den konkreten Einnahmen und Ausgaben einerseits und der buchhalterischen Betrachtung desselben Vorgangs als Ertrag und Aufwand andererseits.
- → bereits im Vorfeld eines Projekts errechnen können, ob und ab welchem Punkt dieses einen Gewinn abwerfen wird.

Sehen wir uns nun ausgewählte Felder des betrieblichen Rechnungswesens in unserer Branche an. Zunächst gehen wir näher auf den Ticketing-Prozess ein.

3.2.1 Das System des Kartenverkaufs in Deutschland

Zum Einstieg

Die Auszubildende Lulu Lobenthal soll für den Ausbildungsbetrieb Dick Bäcker Live Entertainment GmbH den Vorverkauf für das in drei Monaten anstehende Konzert der angesagten Pop-Band Moroon 56 in der Kölner Veranstaltungslocation G-Werk mitorganisieren. Der zentrale Vorverkauf wird über das marktführende Computer-Ticket-System EVENTIM abgewickelt. Lulu Lobenthal soll über EVENTIM hinaus

weitere Möglichkeiten des effektiven und umfassenden regionalen Vorverkaufs zusammenstellen und organisieren. Folgende Fragen gehen ihr durch den Kopf:

- → Was genau macht EVENTIM, wer sind die Konkurrenten am Markt? Wie gestaltet das Unternehmen seine Preise, wie werden sie von den Konkurrenten gestaltet?
- → Welche zusätzlichen Möglichkeiten des Vorverkaufs und Ticketabsatzes sind sinnvoll?
- → Wie setzt sich der Preis einer Eintrittskarte zusammen und wer verdient dabei wie viel?

AUFGABE

Sammeln Sie im Team Möglichkeiten, wie der Besucher einer Veranstaltung an eine Eintrittskarte kommen kann, und tragen Sie die Möglichkeiten in eine Arbeitstabelle nach dem folgenden Muster ein.

Kunde holt das Ticket ab	Kunde bestellt über Telefon	Kunde bestellt im Internet	Direktvertrieb	Sonstiges

Muster

Arbeitsblatt Ticketbeschaffung aus Verbrauchersicht

Die folgende Tabelle umfasst mögliche Lösungen.

Kunde holt das Ticket ab	Kunde bestellt über Telefon	Kunde bestellt im Internet	Direktvertrieb	Sonstiges
Vorverkaufsstelle	Ticket-Hotline	**Portal, z. B. EVENTIM**	direkt beim Künstler	Aktionen (Ermäßigung)
in der Location	Callcenter	Homepage	Fanclub, Clubs	Kooperationspartner
Abendkasse/ Tageskasse	per Fax	Partnerhomepage	Brief-Mailing	Medienpartner (Radio, Zeitschriften)
Reisebüro	per SMS	Auktion (ebay)	bei oder während Veranstaltungen	Preisausschreiben, Verlosung, Gewinnspiel
Zielgruppenlocation (z. B. Geschäft, Hotel)	über Teleshopping	Mailing	Vereine/Verbände	Payback (Bonussysteme)
Tourist Office/ Ämter			Street-Promotion	Master Card
				Paketangebote

Die häufigsten Absatzkanäle sind in den Großstädten nach wie vor die Vorverkaufsstellen. Zunehmendes Gewicht erhält neben zielgruppengenauen, innovativen Vertriebskonzeptionen der Absatz über das Internet. Die in der Tabelle dargestellte Übersicht über

Ticketverkaufsmöglichkeiten gleichzeitig eine kleine Checkliste, anhand derer man planen kann, auf welchen Wegen die Tickets für eine Veranstaltung abgesetzt werden sollen.

Früher war es üblich, dass der örtliche Veranstalter Ticketpakete (Hard-Tickets) physisch an die Vorverkaufsstellen verteilte. Die nicht verkauften Karten wurden dann kurz vor oder kurz nach der Veranstaltung wieder abgeholt, per Hand gezählt und schließlich abgerechnet. Heute dominieren computergestützte, netzwerkbasierte Verteilungslösungen, die den Ausdruck der Tickets vor Ort ermöglichen.

Unter den Marktteilnehmern im kommerziell ausgerichteten Ticketgeschäft herrscht ein harter Verdrängungswettbewerb. Der Hauptanbieter für computergestützte Lösungen ist das Unternehmen CTS EVENTIM. Zu nennen sind weiterhin regionale Kombinationslösungen wie KölnTicket oder Spezialanbieter wie ProTicket.

Der Vorverkauf beginnt je nach der Art der Veranstaltung und den Marktbedingungen (zum Beispiel Konzertgröße, Art der Location) etwa zwei bis zwölf Monate vor dem Konzerttermin. Die Vorverkaufsgebühr ist regional unterschiedlich und beläuft sich auf 8 % bis 25 % des Netto-Kartenpreises.

Der Endpreis einer Karte setzt sich aus dem Kartenpreis, der Systemgebühr und der Vorverkaufsgebühr zusammen. Weitere Komponenten können hinzutreten, beispielsweise eine sogenannte Refundierungsgebühr, die beispielsweise zur direkten Deckung von höheren Werbekosten des Veranstalters dient, und/oder eine Gebühr für den öffentlichen Personennahverkehr, deren Höhe mit dem regionalen Betreiber verhandelt und in Rahmenverträgen vereinbart wird.

Ticketing-Systemanbieter

Die Entwicklung im Ticketgeschäft der letzten 25 Jahre hat gezeigt, dass der Verkauf an der Abendkasse zurückgegangen ist und der Absatz über den Vorverkauf – sowohl online als auch stationär – dominiert. Moderne Ticketingverfahren, bei denen eine Buchung von Veranstaltungen bundesweit über netzwerk- und datenbankbasierte Lösungen ermöglicht wird und der Ausdruck der Karten auf Druckern in der Verkaufsstelle erfolgt, basieren auf integrierten Lösungen, die sich bereits Anfang der 1990er-Jahre etabliert haben. Neben dem stationären Vorverkauf spielt der Vertrieb über Online-Webshops heute eine entscheidende Rolle. Weitere Online-Lösungen wie ticketdirect (print@home) oder Smartphone-Lösungen wie das Mobile Ticket gewinnen zunehmend an Bedeutung.

CTS EVENTIM AG & Co. KGaA

CTS steht für Computer Ticket Service. CTS EVENTIM ist der Marktführer auf dem Gebiet des netzwerkgestützten Ticketingsupports mithilfe von datenbankgestützten Computersystemen. 1989 u. a. von den Tourneemanagern Rau und Marek Lieberberg gegründet, ist EVENTIM heute der Betreiber des größten europäischen computergestützten Ticketservicenetzes. Insbesondere das Online-Geschäft mit dem FanTicket, aber auch mit ticketdirect (print@home) und dem Mobile Ticket, spielen dabei für das Unternehmen eine wichtige Rolle.

Neben dem Spezialgeschäft des Ticketings tritt EVENTIM als bundesweit tätiger Veranstalter auf. Im operativen Veranstaltungsgeschäft besitzt das Unternehmen dafür Mehrheitsbeteiligungen an großen deutschen Veranstaltungsfirmen. Grundsätzlich kann jeder Veranstalter Kontingente abgeben, EVENTIM übernimmt aber auch den kompletten Kartensatz. Der Kartenabsatz vollzieht sich in über 20 000 Vorverkaufsstellen, in Callcentern und im Internet. Das Kerngeschäft sind Rock- und Pop-Veranstaltungen sowie Musicals, Festivals, Comedy oder Sport bis hin zu klassischen Konzerten.

Im Ticketing-Bereich konzentriert sich das Geschäftsfeld auf die Akquisition und Computer-System-Abbildung von Veranstaltungen durch Verträge mit Veranstaltern einerseits und die Bereitstellung von Hard- und Software für den Ticketvertrieb (Locations, Vorverkaufstellen) andererseits. EVENTIM stellt diesen Partnern dafür eine speziell entwickelte Hard- und Software, mit der vor Ort Ticketverkäufe abgewickelt und Tickets gedruckt werden können, gegen eine monatliche Gebühr zur Verfügung.

Beispiel → Ticketing mit EVENTIM – Zeitlicher Ablauf

1. Abschluss eines Jahres- oder Einzelvertrags durch einen Veranstalter mit EVENTIM – zwei bis drei Tage
2. Eingabe der Veranstaltungsdaten in das System (Saalplan-/Sitz-/Blockerfassung, Logoerfassung, Ticketlayout) – zwei bis drei Tage
3. Freischaltung der Veranstaltung für Vorverkaufsstellen (bis zu zwei Tage)
4. Veranstalter können jederzeit über ein Online-Tool in Echtzeit Reports einholen (nach Bedarf)
5. Abrechnung der Ticketerlöse pro Veranstaltung (nach Abschluss der Veranstaltung)

Ticket Online

Ticket Online (TO) war der größte und älteste Konkurrent von EVENTIM, bevor er im Jahr 2010 vom derzeitigen Marktführer übernommen und in dessen Organisationen integriert wurde. TO vermarktete das print@home-Ticketsystem, das einen Ausdruck von Eintrittskarten am heimischen PC ermöglicht. Von 2006 bis 2010 war TO ein Tochterunternehmen des niederländischen Musical- und Showproduzenten Joop van den Ende (früher: Endemol) und seiner Firma Stage Entertainment GmbH. Das Kerngeschäft umfasst neben Rock und Pop die Bereiche Musical, Sport und Kultur.

Ticketmaster/Live Nation

Ticketmaster ist ein multinational operierender Konzern aus den USA, der im Bereich des Ticketverkaufs auf über 20 Märkten agiert. Kerngeschäft sind der Ticketverkauf, Ticketweiterverkaufs-Services, Marketing und Ticketvertrieb durch www.ticketmaster.de. 6500 Vorverkaufsstellen und 20 Callcenter sind weltweit angeschlossen. Ticketmaster feierte 2006 sein 30-jähriges Bestehen und betreut derzeit mehr als 9000 Kunden weltweit, die in einer Vielzahl von Unterhaltungsbereichen tätig sind. Die Firma bietet exklusive Leistungen im Ticketverkauf für etliche Arenen, Stadien und Veranstaltungsorte für die darstellenden

Künste, Museen und Theater an. Im Jahr 2010 schloss sich Ticketmaster mit der weltweit führenden Produktionsfirma Live Nation zusammen. Der Hauptsitz der Firma ist in West Hollywood in Kalifornien.

Weitere Anbieter

Im Reisebürosektor ist neben den genannten Markteilnehmern das System Start/Amadeus verbreitet. Neben den zentralen Datenbanksystemen, bei denen die Daten zentral auf Servern verwaltet werden, die einen bundesweiten Zugriff ermöglichen, gibt es etliche weitere Lösungen, bei denen der Veranstalter/die Location das Ticketing vor Ort im Haus abwickelt. Hiermit sind beispielsweise Stadthallen angesprochen. Diese Lösungen ermöglichen mitunter auch eine Anbindung an die zentralen Computer-Ticket-Systeme.

Online-Ticketing

Das Online-Ticketing, das heißt der webbasierte Ticketverkauf, wird heute von den zentralen Systemanbietern beherrscht, die unter eigenen Site- und Portalnamen Tickets zielgruppenorientiert anbieten und absetzen. Wer selbst anbieten will, kann Verkaufspakete bestellen, bei denen er als Agent 50 % bis 100 % der Vorverkaufsgebühr einbehält. Die Tickets werden in der Regel innerhalb von zwei Tagen zugeschickt. Darüberhinaus haben sich etliche Spezialanbieter etablieren können, in jüngerer Zeit vermehrt in der Umgebung von Social-Media-Plattformen wie Facebook (eventbrite), Xing (amiando) und ebay (StubHub).

Reisebüro

Reisebüros bieten Tickets bevorzugt im Paket mit Reisen an. Ein Vorteil dabei ist sicherlich die persönliche Beratung.

Beispiel → Reisebüro-Provisionen

Ein Reisebüro verdient an Provisionen die folgenden Sätze (Circa-Angaben):

→ Veranstaltungsticket:	ca. 3 %
→ Bahnticket/Fähre:	ca. 5 %
→ Flugticket:	ca. 7 %
→ Hotelbuchung:	ca. 5 % bis 10 %
→ Paketlösung/Pauschalangebot:	ca. 10 % bis 12 %

Das Ticketing wird systemtechnisch gesehen über Anbieter abgewickelt, die sich auf die Reisebranche spezialisiert haben. Ein Beispiel für einen solchen Anbieter ist Start/Amadeus. Ein Reiseveranstalter kauft beispielsweise Kontingente an Musicalkarten ein und stellt diese über das System bundesweit zur Verfügung. Das Reisebüro nimmt dann die Buchung oder Vorreservierung online vor.

Fremdenverkehrsamt/Tourist Office

Tickets werden hier im Rahmen der regionalen Tourismus- und Wirtschaftsförderung oder des Destination-Managements (Vermarktung einer touristischen Zielregion) zur regionalen Marktunterstützung angeboten. Oft werden Systeme wie CTS benutzt, häufig gibt es regionale Direktbezüge von Kartenkontingenten. Das Tourist Office kann als spezielle Vorverkaufsstelle angesehen werden. Regionale Acts (z. B. Bands, Kulturangebote) sowie Übernachtungsprogramme und Hotelpakete werden hierbei deutlich in den Vordergrund gestellt.

Theaterkasse

Eine Theaterkasse ist in der Regel die Vorverkaufsstelle der städtischen Bühnen (Oper, Schauspielhaus). Zusätzlich zum normalen Ticketing werden Abonnements und Gutscheine angeboten. An der Abend-Theaterkasse gehen kurz vor Veranstaltungsbeginn nicht abgeholte Tickets zurück in den freien Verkauf. Studenten- und Schülerermäßigungen sind üblich.

Beispiel → Ticketpreiskomponenten bei den Bühnen der Stadt Köln

Ein Anteil von insgesamt 1,80 € aus dem Erlös eines Tickets geht an

→ Systemgebühr (koelnticket/EVENTIM):	0,80 €
→ Garderobengebühr:	0,50 €
→ Gebühr für den öffentlichen Personennahverkehr:	0,40 €
→ AVA (Altersvorsorge für Bühnenangehörige):	0,10 €

Werbekooperation/Präsentationspartnerschaft

Zur Förderung des Ticketabsatzes werden häufig Werbekooperationen mit Medienpartnern vereinbart. Verlosungen und ähnliche Aktionen sind dabei rein kommunikationspolitische Marketingmaßnahmen. Es gibt auch imageorientierte Kooperationen. Der Radiosender WDR 1Live beispielsweise verbindet eine Konzertpräsentation in der Regel mit einem kostenfreien Mitschnittrecht. Dem liegt ein Präsentationsvertrag zugrunde; früher erhielt der Konzertveranstalter für einen solchen Mitschnitt über einen Senderechtsvertrag Senderechtserlöse.

Bei Zeitungen und regionalen Zeitschriften, beispielsweise bei Stadtmagazinen, kann Anzeigenfläche eingekauft werden, deren Nutzung dann mit einer umfangreichen redaktionell-werblichen Ankündigung der Veranstaltung gekoppelt wird.

Angaben auf einem Ticket

Ein Ticket enthält heutzutage, wie in den Abbildungen auf der nächsten Seite zu sehen, die folgenden Angaben:

- → Barcode (1)
- → Name des Künstlers bzw. der Veranstaltung (2)
- → Preis und Preiskategorie (3)

weiter auf S. 135

- Datum und Uhrzeit (4)
- Gebühren, z. B. Systemgebühr oder Vorverkaufsgebühr (5)
- Platzinformationen (6)
- Informationen zum Veranstaltungsort (7)
- Veranstaltungsinformationen (z. B. Veranstalter, örtl. Veranstalter, Einlass (8)
- Abrissperforation (9)
- Sechs Logoplätze (z. B. für Veranstalter- und Sponsorenlogos (10)
- Hologramm (11)

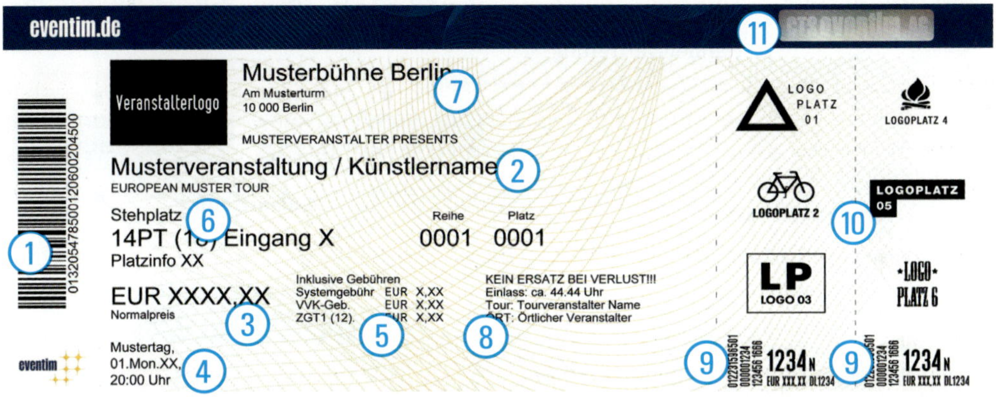

Merkmale eines EVENTIM Tickets

EVENTIM FanTicket

Der Brutto-Eintrittspreis (Endpreis) einer solchen Karte setzt sich wie folgt zusammen:

- Nettoerlös für den Veranstalter;
- Systemgebühr an EVENTIM;
- Vorverkaufsgebühr an die Vorverkaufsstelle, je nach Region zwischen 8 % und 25 % des Nettopreises;
- fallweise eine Zusatzgebühr, etwa zur direkten Refundierung (Rückführung) des erhöhten Werbeaufwandes (zum Beispiel 4,00 € bei einer Rolling-Stones-Tour);
- Umsatzsteuer (häufig 7 %).

Das folgende Schema fasst die Vertragsbeziehungen zusammen, die diesen Daten zugrunde liegen.

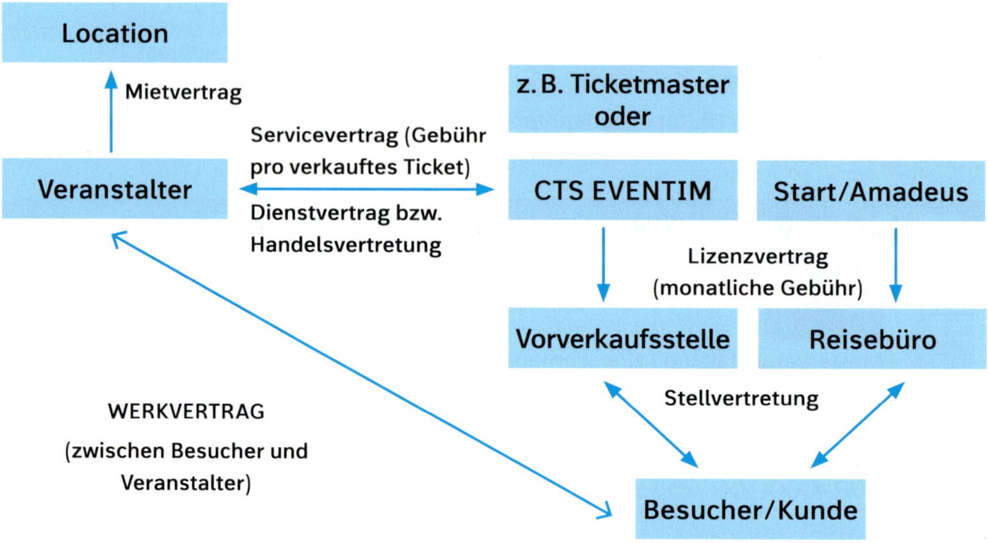

Vertragsbeziehungen im System des Kartenvorverkaufs

Entscheidend bei der Analyse des dargestellten Schemas ist der Aspekt, dass zwischen Zuschauer und Veranstalter ein Werkvertrag zustande kommt. Die Ticketing-Systemanbieter sowie die Vorverkaufsstellen fungieren lediglich als Vermittler und arbeiten als Dienstleister für den Veranstalter untereinander zusammen. Es kommt auch vor, dass die Location die Karten in den Verkauf inklusive Vorverkaufssystem bringt. Eine Rückgabe gekaufter Tickets ist in der Regel – bedingt durch den Werkvertragscharakter – nicht möglich. Nicht bezahlte, hinterlegte Tickets gehen zurück in den Abendkassenverkauf. Bei Absage einer Veranstaltung muss der Veranstalter den Preis inklusive Vorverkaufsgebühr zurückerstatten. (Näheres zu den rechtlichen Aspekten folgt in Lernfeld 5.)

AUFGABEN

1. Diskutieren Sie, ob den Veranstalter die Nutzung von Computer-Ticketsystemen heute teurer oder billiger kommt als die frühere Verteilung von Hardtickets in physischer Form über Vorverkaufsstellen.
2. Ein Besucher ist mit der Qualität eines Konzerts nicht einverstanden. An wen muss er sich zur kaufmännisch/rechtlich wirksamen Problemlösung wenden?
3. Wie hoch ist die Vorverkaufsgebühr (netto), wenn die Vorverkaufsstelle 10 % vom Nettobetrag eines Tickets erhält, das 30,00 € inklusive 7 % Umsatzsteuer kostet?

3.2.2 Preiskomponenten einer Eintrittskarte

Die Zusammensetzung des Preises einer Eintrittskarte kann z. B. ausgehend vom Endverkaufspreis (siehe Beispiel) betrachtet werden.

Beispiel → Preisbestandteile einer Eintrittskarte (vom Endpreis aus berechnet)

Art	Betrag (Beispiel)	Bemerkung
Verkaufspreis (brutto)	32,00 €	inklusive 7 % Mehrwertsteuer
Kaufmännischer Nettoerlös pro Karte	*29,91 €*	ohne Mehrwertsteuer
Vorverkaufsgebühr Vorverkaufsstelle	– 2,99 €	10 % vom kaufmännischen Nettoerlös
Systemgebühr (CTS)	– 1,50 €	pauschal laut Servicevertrag
Nettoerlös des Veranstalters	**= 25,42 €**	Erlös (ohne Mehrwertsteuer), der zur Deckung der Veranstaltungskosten und zur Gewinnerzielung dient

Endpreisorientierte Preisbetrachtung

Man kann eine Einnahmen-Ausgaben-Kalkulation entweder ausgehend vom Erlös einer einzelnen Karte oder mittels Betrachtung der Gesamtumsätze durchführen. (Die errechneten Beträge können durch Rundung leicht voneinander abweichen.) Beispiele dazu folgen im weiteren Verlauf von Abschnitt 3.2 im Anschluss an die Darstellung der Rolle der Umsatzsteuer im Live-Event-Geschäft.

3.2.3 Umsatzsteuer und Vorsteuer im Live-Event-Geschäft

Zum Einstieg

Michaela Meierhofer, die ihre Ausbildung bei der Juniversal Event- und Veranstaltungsagentur GmbH in Berlin macht, betreut die Weihnachtsfeier der Vertriebsabteilung eines kleinen mittelständischen Unternehmens. Sie soll nun die Ausgangsrechnung vorbereiten. Dazu trägt sie als Erstes die vorliegenden Eingangsrechnungen zusammen, die von den für dieses Live-Event beauftragten Dienstleistern stammen. Ihr fällt auf, dass die meisten Dienstleister 19 % Umsatzsteuer auf den Nettobetrag berechnen, die beteiligten Künstler aber nur 7 %; eine selbstständige gewerbliche Hostess stellt gar keine Mehrwertsteuer in Rechnung. Folgende Fragen gehen ihr durch den Kopf:

→ Was genau bedeuten die Begriffe Mehrwertsteuer, Umsatzsteuer und Vorsteuer?
→ Was passiert mit der Umsatzsteuer genau?
→ Wer berechnet 19 % und wer 7 % Umsatzsteuer?
→ Wie errechnet sich der Bruttobetrag einer Rechnung? Und wie rechnet man vom Bruttobetrag auf den Nettobetrag zurück?
→ Wer ist von der Umsatzsteuerpflicht befreit und warum?
→ Wie werden Umsatzsteuer und Vorsteuer verbucht?
→ Was ist eine Umsatzsteuervoranmeldung und wie wird sie durchgeführt?

Allgemeines

Der Begriff „Mehrwertsteuer“ ist in der kaufmännischen Fachsprache ein Überbegriff. Die kaufmännisch genauen Begriffe lauten Umsatzsteuer und Vorsteuer.

- → **Umsatzsteuer** ist der gesetzlich festgelegte Aufschlag auf den vereinbarten Preis einer Lieferung oder Leistung. Der Preis der Leistung ohne Aufschlag ist der Nettopreis, der Preis einschließlich Umsatzsteuer ist der vom Käufer der Leistung zu zahlende Bruttopreis. Die Umsatzsteuer kann auch als eingenommene oder vereinnahmte Mehrwertsteuer bezeichnet werden.
- → **Vorsteuer** ist die auf eine bezogene Lieferung oder Leistung gezahlte Umsatzsteuer. Die Vorsteuer kann auch als ausgegebene Mehrwertsteuer bezeichnet werden.

Beispiel → Warum die Umsatzsteuer eine Mehrwertsteuer ist

Eine Messebaufirma erhält eine Rechnung über Holz in Höhe von 200,00 € zuzüglich 19 % Umsatzsteuer (38,00 €). Die Umsatzsteuer des Lieferanten stellt für die Messebaufirma die Vorsteuer dar. Die Messebaufirma fertigt aus dem Holz einen Schrank und verkauft diesen für 350,00 € zuzüglich 19 % Umsatzsteuer (66,50 €) an die ausstellende Firma Grohte Sanitär- und Einrichtungstechnik AG. Die Umsatzsteuer des Lieferanten stellt für die Firma Grohte die Vorsteuer dar. Die Messebaufirma kann nun die Umsatzsteuer mit der Vorsteuer verrechnen: 66,50 € – 38,00 € = 28,50 €. Dieser Betrag muss an das Finanzamt abgeführt werden.
Und warum nennt man die Umsatzsteuer nun eine Mehrwertsteuer?
Der Mehrwert aus dem Geschäft beträgt 150,00 € (350,00 € Verkaufspreis – 200,00 € Einkaufspreis). 19 % von 150,00 € sind 28,50 €. Dies ist genau der Betrag, den die Messebaufirma an das Finanzamt abführt. In Deutschland wird also effektiv nur der Mehrwert besteuert, das heißt die Differenz zwischen dem Wert der verkauften und dem Wert der eingekauften Leistungen.

Die Umsatzsteuer, die in der Regel Teil einer regulären Rechnung ist, steht nicht dem Unternehmer zu, der sie berechnet und kassiert, sondern dem Staat. Umsatzsteuerpflichtige Unternehmer kassieren die Umsatzsteuer und müssen sie ans Finanzamt abführen. Die Umsatzsteuer ist also für den Unternehmer ein durchlaufender Posten.

Wenn ein Unternehmer eine Rechnung begleicht, die ihm von einem Lieferanten gestellt wurde, zahlt er seinerseits Umsatzsteuer, die sogenannte Vorsteuer. Er kann die gezahlte Vorsteuer von der erhaltenen Umsatzsteuer abziehen und muss nur die Differenz an das Finanzamt abführen.

Vorsteuerabzug ist der Abzug der an andere Unternehmen gezahlten Vorsteuer von der von anderen Unternehmen erhaltenen Umsatzsteuer. Die Differenz zwischen Umsatzsteuer und Vorsteuer ist die Zahllast an das Finanzamt.

Endverbraucher und umsatzsteuerbefreite Unternehmen sowie öffentliche Stellen sind von der Möglichkeit des Vorsteuerabzugs ausgeschlossen, das heißt, in ihrem Fall entsprechen die Kosten der Einkäufe den Bruttopreisen. Die Umsatzsteuerlast tragen also im Endeffekt die Endverbraucher sowie die umsatzsteuerbefreiten oder nicht umsatzsteuerberechtigten Marktteilnehmer. Für diese sind de facto Leistungen meist je nach Art um 19 % oder 7 % teurer als für den in der Regel zum Vorsteuerabzug berechtigten Unternehmer.

Die Umsatzsteuer ist eine Veranlagungssteuer, die nach dem Prinzip der Selbstveranlagung erhoben wird. Der Unternehmer oder sein Steuerberater hat dementsprechend beim zuständigen Finanzamt regelmäßige Voranmeldungen sowie eine Jahreserklärung abzugeben. In der Umsatzsteuererklärung errechnet der Unternehmer aufgrund seiner Umsatzsteuereinnahmen sowie der dagegen gesetzten Vorsteuerausgaben seine Umsatzsteuerschuld bzw. seinen Erstattungsanspruch. Beim Umsatzsteuervoranmeldungsverfahren ist zu beachten, dass je nach der Höhe des Umsatzes eine nachträgliche monatliche, quartalsweise oder jährliche Meldung und Zahlung erfolgen muss. Bei hohen Umsätzen legt das Finanzamt aufgrund einer Veranlagung des steuerpflichtigen Unternehmens eine periodische Vorauszahlungssumme fest.

In der gewerblichen Wirtschaft erfolgt die Besteuerung üblicherweise als Soll-Besteuerung, das heißt nach den in Rechnung gestellten Entgelten. Das bedeutet, dass der Unternehmer seine Umsatzsteuerzahllast unabhängig vom Zeitpunkt des Zahlungseingangs berechnen und gegebenenfalls vorfinanzieren muss. Kleinere Gewerbetreibende sowie Freiberufler können allerdings auch eine Ist-Besteuerung beantragen, das heißt eine Besteuerung, die auf den tatsächlich eingenommenen Entgelten beruht.

Berechnung von 7 % oder 19 %?

Generell kann gesagt werden, dass die sogenannten anerkannten vier Künste mit dem ermäßigten Satz in Höhe von 7 % Umsatzsteuer belegt werden können; diese vier Künste sind:

1. die Musik,
2. die Literatur,
3. die darstellende Kunst (Bühne) und
4. die bildende Kunst (Malerei und Bildhauerei).

Der § 12 Abs. 2 Ziffer 7 a Umsatzsteuergesetz (UStG) besagt, dass der ermäßigte Steuersatz in Höhe von 7 % von Theatern in Anspruch genommen werden kann. Er gilt für Theatervorführungen und Konzerte sowie vergleichbare Darbietungen. Im Fall eines Konzerts ist Bedingung für den Ansatz des ermäßigten Steuersatzes, dass das Konzert mindestens den Mittelpunkt der Veranstaltung bildet.

Die 7-%-Regelung kann angewendet werden, wenn eine Veranstaltung mit Live-Künstlern durchgeführt wird. Dies gilt auch für Auftritte bei Firmenfeiern oder im Rahmen von Produktpräsentationen (Business-Events).

Eine Disco- oder Tanzveranstaltung gilt nicht als ein steuerbegünstigtes Live-Konzert. Der Regelsteuersatz von 19 % ist hier anzuwenden, ebenso wie bei Partys, bei denen das Tanzvergnügen im Vordergrund steht und nicht das Live-Konzert-Erlebnis. Als Konzert gilt das Aufführen von Musikstücken, bei denen Instrumente oder die menschliche Stimme eingesetzt werden. Bei einem Rave beispielsweise wird nach Technomusik vorwiegend getanzt.

Eine Tanzveranstaltung kann dann als ein Konzert im Sinne des § 12, Absatz 2, Ziffer 7 a UStG gewertet werden, wenn nicht lediglich Tonträger abgespielt werden, sondern der Discjockey seine Musik künstlerisch darbietet, also als Artist-DJ einzustufen ist. Im Zweifel sollte eine Auskunft beim zuständigen Finanzamt eingeholt werden.

Der ermäßigte Steuersatz gilt auch für ausübende Künstler, die ein Werk vortragen, aufführen oder bei dem Vortrag oder der Aufführung eines Werks künstlerisch mitwirken und das Verwertungsrecht an ihrem Werk übertragen haben, beispielsweise im Rahmen einer Fernsehübertragung an den Sender (§ 12 Absatz 2, Ziffer 7 c UStG). So unterliegen etwa GEMA-, GVL- und VG-Wort-Erlöse der 7-%-Regelung.

MERKE

Künstler, die live auftreten und dabei schauspielern, singen, tanzen oder musizieren, können den ermäßigten Umsatzsteuersatz berechnen. Veranstalter, die eine Veranstaltung anbieten, in deren Mittelpunkt eine Live-Darbietung steht, können ebenfalls den ermäßigten Umsatzsteuersatz berechnen. Dasselbe gilt für Show-Produzenten (Direktionen, Tourneemanager), wenn der Kern der Produktion in einer Live-Darbietung besteht.

Beispiele → Wichtige umsatzsteuerermäßigte Leistungen (7 %)

- → Künstlergagen und dazugehörige Konzert-/Veranstaltungstickets
- → Taxi (Stadtfahrt)
- → Personennahverkehr
- → Bücher, Zeitschriften
- → Grundnahrungsmittel (zum Beispiel Brötchen, Milch)
- → Blumen
- → Kaffee/Tee/Kakao
- → Kunstgegenstände

Umsatzsteuerbefreiung von Kleinunternehmern

Kleinunternehmer, deren Umsatz im vorausgegangenen Geschäftsjahr 17.500,00 € nicht überstiegen hat und im laufenden 50.000,00 € voraussichtlich nicht übersteigen wird (Stand: 2019), können sich auf Antrag von der Umsatzsteuerpflicht befreien lassen (§ 19 Abs. 1 Satz 1 UStG). Wirtschaftlich ist dieser Schritt jedoch nicht unbedingt sinnvoll, da die bezogenen Lieferungen und Leistungen, wie oben angesprochen, de facto teurer werden. Andererseits senkt die Umsatzsteuerbefreiung den Verwaltungsaufwand im Rechnungswesen, da die Notwendigkeit von Umsatzsteuervoranmeldungen und -erklärungen entfällt.

Berechnung von Umsatzsteuer-Brutto- und Umsatzsteuer-Nettobeträgen

Als Grundregel für die Berechnung gilt: Der Umsatzsteuer-Nettobetrag ist gleich 100 %; der Umsatzsteuer-Bruttobetrag ist je nach Steuersatz entweder 119 % oder 107 %. Die Tabelle fasst die Berechnungsformeln für den Normalsatz von 19 % zusammen.

Berechnungsziel (Umsatzsteuer)	Formel (Dreisatz)	Verkürzte Formel
Berechnung von netto auf brutto (19 %)	Nettobetrag · 119/100 = Bruttobetrag	Nettobetrag · 1,19 = Bruttobetrag
Berechnung von brutto auf netto (19 %)	Bruttobetrag · 100/119 = Nettobetrag	Bruttobetrag/1,19 = Nettobetrag

Formeln zur Berechnung von umsatzsteuerlichen Brutto- und Nettopreisen

AUFGABEN

1. Erstellen Sie die vier Formeln zur Berechnung von umsatzsteuerlichen Brutto- und Nettopreisen entsprechend der obigen Tabelle für den reduzierten Umsatzsteuersatz (7 %).
2. Die aktuelle CD der Backstage Girls kostet im Handel 17,99 € inklusive 19 % MwSt. Wie hoch ist die Umsatzsteuer und wie viel kostet die CD netto?

Umsatzsteuer und Ticketpreise

Nun erweitern wir die Ticketberechnung aus Abschnitt 3.2.2 um die Mehrwertsteuerbeträge.

Beispiel → Preisbasierte Errechnung von Teilbeträgen und Umsatzsteuerzahllast

Die Tabelle zeigt den Gang der Rechnung zur Ermittlung der Umsatzsteuerbeträge und des Netto- und Bruttoerlöses, ausgehend vom Brutto-Verkaufspreis pro Ticket.

Position	Betrag		
Ticket-Verkaufspreis (brutto)	**32,00 €**		
– ermäßigte Umsatzsteuer (7 %)	*2,09 €*	**Umsatzsteuer/Vorsteuer**	**Bruttobetrag**
= kaufmännischer Nettoerlös pro Ticket	29,91 €	2,09 €	32,00 €
Vorverkaufsgebühr Vorverkaufsstelle (hier 10 % von netto) zzgl. 19 % Umsatzsteuer (nicht ermäßigt!)	2,99 €	0,57 €	3,56 €
Systemgebühr (CTS) zzgl. 19 % Umsatzsteuer (nicht ermäßigt!)	1,50 €	0,29 €	1,79 €
Nettoerlös pro Ticket	**25,42 €**	**1,23 €**	**26,65 €**
		Zahllast an das Finanzamt (Umsatzsteuer – Vorsteuer)	Bruttoerlös pro Ticket

Endpreisbasierte Teilbetragsrechnung (gerundete Werte)

Die errechneten Teilbeträge sind die Basis für die Überweisungen oder Auszahlungen an die beteiligten Dienstleister (CTS und Vorverkaufsstelle) sowie die Bestimmung der Zahllast an das Finanzamt.

Umsatzsteuerbefreite Institutionen

Von der Umsatzsteuerpflicht befreit sind neben den oben genannten Kleinunternehmern in der Regel die in der Tabelle zusammengefassten Institutionen.

Institutionen	Beispiel
Ämter, öffentliche Institutionen	Kulturamt, Stadtverwaltung, Ministerium, gemeinnützige Organisation (z. B. Deutsches Rotes Kreuz)
Banken und Versicherungen	Deutsche Post AG, Kreissparkasse, Allianz
Öffentlich-rechtliche Institutionen	öffentliche-rechtliche Rundfunkanstalten (z. B. ARD, ZDF, WDR), gesetzliche Krankenversicherungen (z. B. AOK), Berufsgenossenschaften
Häufig: Vereine, Theater	z. B. eingetragene Vereine (e. V.), Schauspielhaus

Umsatzsteuerbefreite Institutionen

Die Umsatzsteuerbefreiung hat im Veranstaltungsgeschäft zur Folge, dass es sich beim Budget einer umsatzsteuerbefreiten Institution um ein „Brutto- wie Nettobudget" handelt. Das bedeutet, dass bei der Verwaltung eines solchen Budgets zunächst einmal pauschal die Umsatzsteuer herausgerechnet werden sollte, um die Summe der Nettoausgaben bestimmen zu können.

Beispiel → Verwaltung eines „Brutto- wie Nettobudgets"

Das Kulturamt Fürth stellt Ihrer Eventagentur ein Budget in Höhe von 40.000,00 € zur Durchführung eines viertägigen Kleinkunstfestivals zur Verfügung.

Der Betrag, den Sie netto ausgeben/veranschlagen können (inklusive 15 % Agenturprovision), wird folgendermaßen berechnet:

→ Schritt 1: Bruttobudget minus 19 % Umsatzsteuer = Nettobudget
40.000,00 € – 6.386,55 € = 33.613,45 €
davon 15 % Agenturprovision (netto)
33.613,45 €/100 · 15 = 5.042,02 €

→ Schritt 2: Ermittlung des Rechnungsbetrags der Agentur
Agenturprovision (netto) zuzüglich 19 % Umsatzsteuer = Rechnungsbetrag
5.042,02 € + 957,98 € = 6.000,00 €

Die Agentur kann netto
33.613,45 € – 5.042,02 € = 28.571,43 €
ausgeben/veranschlagen.

Der entsprechende Bruttobetrag beläuft sich auf
28.571,43 € zuzüglich 19 % Umsatzsteuer (5.428,57 €) = 34.000,00 €

AUFGABEN

1. Sie zahlen eine Rechnung über den Einkauf von Werbeartikeln, die sich auf 2.380,00 € beläuft. Wie hoch ist die darin enthaltene Umsatzsteuer?
2. Im abgelaufenen Quartal haben Sie 34.200,00 € Vorsteuer gezahlt und 14.700,00 € Umsatzsteuer eingenommen. Wie hoch ist der Nettowert der Einkäufe bei einem Steuersatz von 19 % und wie hoch ist der Nettowert der Verkäufe bei einem Steuersatz von 7 %?
3. Welchen Betriebserlös haben Sie auf der Grundlage der in Aufgabe 2 genannten Werte erzielt?
4. Aus der Buchhaltung liegen Ihnen die folgenden Werte vor: Summe der Umsatzsteuerbeträge 24.000,00 €, Summe der Vorsteuerbeträge 16.000,00 €. Noch zu buchen sind der Einkauf von Werbeartikeln in Höhe von 2.380,00 € (brutto) sowie Einnahmen aus Live-Auftrittsgagen in Höhe von 6.420,00 € (brutto). Wie hoch ist die Zahllast an das Finanzamt, die sich aus diesen Werten ergibt?
5. Sie erstellen die Rechnung über einen Auftritt mit einer Gage von 3.000,00 € (netto) zuzüglich pauschal 400,00 € Reisekosten/Verpflegung (brutto). Wie hoch ist der Rechnungsbetrag (brutto)?
6. Ihre Eventagentur verwaltet ein Brutto- wie Nettobudget einer Bank von 30.000,00 € inklusive 12 % Agenturprovision. Wie hoch ist das Nettobudget, das Sie für das geplante Live-Event veranschlagen können?

3.2.4 Einnahmenkalkulation

Beispiel → Konzertkalkulation auf der Basis einer Einzelkartenberechnung

In der Kölner Location G-Werk findet ein Konzert der angesagten finnischen Rock-Band The Basmus statt, die vom Bremer Tourneemanager CSS Concerts vertreten wird. Der Nettoerlös des Veranstalters (= Kartenerlös abzüglich Vorverkaufs- und Systemgebühr) soll gemäß Vertrag 60 zu 40 geteilt werden, das heißt, 60 % gehen an den Tourneemanager und 40 % verbleiben beim Veranstalter. Der örtliche Veranstalter Prime Production Ltd. erstellt die folgende Kosten- und Erlöskalkulation auf der Basis einer Einzelkartenkalkulation.

Veranstalter:	Prime Prod. Ltd.		**Tourneemanager:** CSS Concerts			
Künstler:	The Basmus		**Plätze:**	2200	**Plätze im Verkauf:**	2000
Location:	G-Werk		**Freikarten:**	200		

Ticketpreis (107 %):	**Mehrwertsteuer** (7 %)	**Nettoerlös** (100 %)	**VVK-Gebühr netto (10 %)**	Zwischensumme	**CTS-Gebühr** netto (pauschal)	**Nettoerlös Veranstalter**
30,00 €	1,96 €	28,04 €	2,80 €	25,24 €	1,50 €	23,74 €

weiter auf S. 144

ERLÖSE		**Local Promoter/ Veranstalter: Prime Prod. Ltd.**	**Tourneemanager/ Produzent: CSS Concerts**	
	Verkaufte Karten	**Anteil 40 %** (pro Karte: 9,496 €)	**Anteil 60 %** (pro Karte: 14,244 €)	**Gesamt**
Worst Case: 15 %	300 St.	2.848,80 €	4.273,20 €	7.122,00 €
30 %	600 St.	5.697,60 €	8.546,40 €	14.244,00 €
50 %	1000 St.	9.496,00 €	14.244,00 €	23.740,00 €
75 %	1500 St.	14.244,00 €	21.366,00 €	35.610,00 €
Best Case: 100 %	2000 St.	18.992,00 €	28.488,00 €	47.480,00 €

Konzertkalkulation mit gerundeten Werten

AUFGABEN

1. Erklären Sie, wie die einzelnen Erlöse zustande kommen. Was bedeutet Best Case und Worst Case im skizzierten Zusammenhang?
2. Sie arbeiten bei Prime Prod. Ltd. und befinden sich mitten in den Verhandlungen mit CSS. Listen Sie auf, welche Vorschläge Sie CSS unterbreiten, um Ihre eigenen Erlöse zu erhöhen. Mit welcher Antwort von CSS rechnen Sie jeweils?
3. Das Konzert ist ein Erfolg, es kommen 1433 zahlende Besucher. Ermitteln Sie auf der Basis der obigen Tabelle, das heißt anhand der dort angegebenen, gerundeten Werte, die Netto- und Bruttoerlöse für die Vorverkaufsstellen, CTS, den Veranstalter und den Produzenten.
4. Welche Kosten muss der Veranstalter mit seinen Erlösen decken, welche Kosten der Produzent? Nennen Sie mindestens jeweils zehn typische Kostenarten.

Die oben skizzierte Art der Kalkulation ist hilfreich, um bereits im Verhandlungsstadium Erlöse abzuschätzen und kalkulieren zu können. Es ist allerdings nicht möglich, aus dieser Rechnung die Gewinnschwelle (auch Break-even-Punkt genannt) abzuleiten (siehe dazu Lernfeld 10).

Im Folgenden beschreiben wir deshalb zunächst den Unterschied zwischen dem sogenannten Deal-Break-even und dem sogenannten Veranstaltungs-Break-even und leiten anschließend aus einer Einnahmen-Ausgaben-Kalkulation ab, wie viele Tickets der Veranstalter verkaufen muss, um die Kosten zu decken, die er berücksichtigt (Ticket-Break-even).

3.2.5 Deal-Break-even und Veranstaltungs-Break-even

In der Branchenpraxis werden die im Folgenden erklärten veranstaltungstypischen Break-even-Konzepte nicht immer einheitlich gebraucht.

Als **Deal-Break-even** wird in der Regel der Betrag bezeichnet, ab dem die in einem Vertrag zwischen Veranstalter und Künstler bzw. Produzent abgesprochenen bzw. ausgehandelten Veranstaltungskosten gedeckt sind. Der Erlös einer Veranstaltung jenseits dieses Punkts wird in der Regel nach einem festgelegten prozentualen Schlüssel an die Partner verteilt. Ein gängiger prozentualer Aufteilungsschlüssel ist z B. 60 zu 40. Die Seite des Künstlers wird dabei in der Regel an erster Stelle genannt, die des Veranstalters an der zweiten.

In der Public-Event-Branche ist es durchaus üblich, in der Deal-Break-even-Analyse die fixen Kosten des Veranstalters (das heißt die unabhängig von der betrachteten Veranstaltung anfallenden Betriebskosten, siehe dazu Lernfeld 10) auszuklammern. Es werden also lediglich diejenigen Kosten angesetzt, die direkt aufgrund des Live-Events anfallen. Üblich ist es in der Branche auch, diese Kosten nach Art und Höhe im Voraus zu veranschlagen und unter den Vertragspartnern abzustimmen.

Der **Veranstaltungs-Break-even** ist der Betrag, ab dem die tatsächlichen Veranstaltungskosten des Veranstalters gedeckt sind. Dieser Betrag ist eine Größe der internen Kostenrechnung und wird dem Vertragspartner in der Regel nicht offengelegt.

Der Veranstaltungs-Break-even sollte identisch sein mit dem kaufmännischen Break-even. Dieser wird ausführlich in Lernfeld 10 dargestellt.

3.2.6 Abrechnung auf der Basis des Deal-Break-even

In der Regel werden Umsatzsteuer-Nettobeträge abgerechnet. Nur im Fall von Veranstaltungen, die mit öffentlichen Mitteln finanziert werden (zum Beispiel auf der Grundlage von Kulturetats) sind Deals auf der Basis von Umsatzsteuer-Bruttoabrechnungen üblich, wie z. B. in der folgenden Aufgabe.

Beispiel → Konzertabrechnung auf der Basis des Deal-Break-even

Die bekannte Ethno-Folk-Gruppe Hilli Galli gastiert in der Stadthalle Fürth. Das Kulturamt tritt als Veranstalter auf und verpflichtet die Gruppe direkt. Als Festgage wird im Gastspielvertrag ein Künstlerhonorar in Höhe von 5.000,00 € (brutto) festgelegt. Da der Veranstalter (das Kulturamt Fürth) sowie die Gruppe umsatzsteuerbefreit sind, wird eine Abrechnung auf der Basis der Bruttoerlöse vereinbart. Die Aufteilung des Bruttoumsatzes aus dem Kartenverkauf soll nach Deal-Break-even im Verhältnis 70 zu 30 erfolgen, das heißt, 70 % der Bruttoerlöse erhält der Künstler, 30 % verbleiben beim Veranstalter. Als sonstige Veranstaltungskosten werden für den Deal-Break-even brutto 15.000,00 € vereinbart.

AUFGABE

Die in dem oben geschilderten Beispiel genannte Veranstaltung erbringt einen Umsatz aus Ticketing in Höhe von 35.000,00 €.

a) Zählen Sie mindestens zehn Kostenarten auf, die dem Veranstalter als sonstige Veranstaltungskosten entstehen.

weiter auf S. 146

b) Berechnen Sie den Deal-Break-even auf der Grundlage der in dem Beispiel skizzierten Vereinbarung.
c) Welchen Erlös erzielt die Gruppe?
d) Welchen Erlös erzielt der Veranstalter?
e) Welche Kosten(-art) deckt der Veranstalter aus seinem Erlös?
f) Welche Kosten(-art) deckt die Gruppe aus ihrem Erlös?

3.2.7 Aufteilung der Veranstaltungseinnahmen

Für Konzertgastspiele sind die folgenden fünf Arten von Deals typisch:

1. Garantiegage bzw. Festgage ohne prozentuale Beteiligung,
2. prozentuale Aufteilung ab der ersten Karte (zum Beispiel 60 % für den Künstler bzw. Tourmanager, 40 % für den Veranstalter),
3. prozentuale Aufteilung ab Deal-Break-even (das heißt ab Deckung der abgesprochenen Veranstaltungskosten),
4. Mindestgage zuzüglich prozentuale Aufteilung ab Deal-Break-even,
5. Mindestgage oder prozentuale Aufteilung ab der ersten Karte bzw. ab Deal-Break-even (Letzteres dann, wenn der Beteiligungsbetrag höher ist),
6. besondere Deals, zum Beispiel „bis 200 zahlende Zuschauer 500,00 € Gage, bis 500 zahlende Zuschauer 1.000,00 € Gage“ oder „ab dem hundertsten zahlenden Zuschauer 5,00 € pro zahlendem Zuschauer“.

Beispiel → Aufteilung von Veranstaltungseinnahmen

Für ein Konzert der Band The Backstage Girls im Braunschweiger Live-Club Tuxedo hat Dick Bäcker mit dem örtlichen Durchführer Notime Entertainment einen Prozentverteilungsdeal ab der ersten verkauften Karte ausgehandelt. Der Tourneemanager erhält 60 %, der örtliche Durchführer 40 % der Erlöse aus dem Ticketverkauf.

AUFGABEN

1. Wie hoch ist die Nettogage für Dick Bäcker Entertainment, wenn auf der Grundlage des in dem Beispiel skizzierten Deals 400 Tickets zu 12,00 € (netto) verkauft wurden?
2. Nach dem Erfolg des ersten Konzerts handelt Dick Bäcker direkt ein weiteres Gastspiel für die Band The Backstage Girls im Braunschweiger Live-Club Tuxedo aus. Nun besteht er auf einem Prozentdeal von 70 zu 30 bei einer Mindestgage von 4.000,00 €. Welche der oben genannten sechs Varianten meint er damit?
3. Wie hoch ist die Nettogage für Dick Bäcker Entertainment im Rahmen des in Aufgabe 2 genannten Deals, wenn 800 Tickets zu 12,00 € (netto) verkauft werden?

4. Wie hoch ist in dem in Aufgabe 3 genannten Fall die Auszahlungssumme?
5. Um welche Form des Deals handelt es sich in dem in Abschnitt 3.2.6 (Deal-Break-even) wiedergegebenen Beispiel?
6. Um welche Form des Deals handelt es sich in dem in Abschnitt 3.2.9 (Ticket-Break-even) wiedergegebenen Beispiel?
7. Warum ist es üblich, bei Veranstaltungen, die auf der Grundlage von Kulturetats mit öffentlichen Mitteln finanziert werden, eine Umsatzsteuer-Bruttoabrechnung zu vereinbaren?
8. In welcher Beziehung stehen der Veranstaltungs-Break-even und der Ticket-Break-even?

Das Thema Kalkulation von Public Events mithilfe des Gagen-Break-even und der Methodik der Deckungsbeitragsberechnung wird in den Lernfeldern 7 und 10 weiter vertieft.

3.2.8 Buchen von Künstlern und Gastspielproduktionen

Das Buchen von Künstlern wollen wir beispielhaft auf der Grundlage der im Folgenden vorgestellten Einstiegsfälle beschreiben.

Beispiel → Künstlerrecherche und -anfrage

Im Projektteam des Kulturamts der Stadt Fürth stehen Entscheidungen an. Nach der Auswertung von Zielgruppenaspekten sollen nun die Künstler für das Abschlusskonzert gebucht werden. Thomas Wiczorek hat sich mit dieser Problematik auseinandergesetzt. Da die Veranstaltungsreihe schon seit einigen Jahren läuft, bestehen Geschäftskontakte zu verschiedenen Tourneemanagern, Konzertagenturen und Gastspieldirektionen. Diese versenden regelmäßig Hinweise auf Künstler und geplante Tourneen sowie konkrete Angebote. Thomas Wiczorek hat es sich angewöhnt, neben der Prüfung dieser Hinweise und Angebote regelmäßig selbst Künstler zu recherchieren, beispielsweise im Internet. Informationen zu interessanten Künstlern notiert er in seinem Notizbuch. Hier vermerkt er auch die Kontaktadresse des jeweiligen Managements oder Bookers. Bei Konzertbesuchen merkt er sich die Namen der Tourneeveranstalter, um bei Bedarf Anfragen an diese richten zu können. So ist zusammen mit den bereits bestehenden Unterlagen eine kleine persönliche Künstlerdatenbank entstanden.

Im Rahmen seines Besuchs eines der Testkonzerte der Backstage Girls in der Location Zeche in Bochum hat sich Thomas Wiczorek die Kontaktdaten von Dick Bäcker Entertainment notiert. Ihm hat der Auftritt der Band so gut gefallen, dass er sie für eine Veranstaltung im Rahmen des Fränkischen Kultursommers für die Zielgruppe der 16- bis 30-Jährigen vorschlagen möchte. Er richtet deshalb eine telefonische Anfrage an Dick Bäcker Entertainment. Am Telefon notiert sich Lulu Lobenthal die Daten der Anfrage von Thomas Wiczorek. Sie hält den Termin und weitere Details der geplanten Veranstaltung fest. Anschließend beginnen die Vertrags- und Terminverhandlungen.

Der typische Ablauf beim Buchen von Künstlern umfasst die folgenden neun Schritte:

1. Recherche infrage kommender Acts oder Produktionen;
2. Kontaktaufnahme mit dem Booker (Künstleragentur), Produzenten (Tourneemanager) oder Künstlermanager, gegebenenfalls mit dem Künstler direkt;
3. Abstimmung von Termin und Konditionen;
4. Vertragsverhandlungen inklusive Übersendung und Prüfung des Vertragsentwurfs und der Bühnenanweisung;
5. gegebenenfalls Nachverhandlungen;
6. Vertragsunterzeichnung und Rücksendung der unterschriebenen Vertragsexemplare;
7. Vorbereiten und Organisieren der Vertragsinhalte (zum Beispiel Gage, Unterbringung, technische Anforderungen, Catering, Sonderwünsche);
8. Betreuung des Künstlers vor Ort;
9. Abrechnung mit dem Vertragspartner.

3.2.9 Kalkulation des Ticket-Break-even

Wir beleuchten nun anhand eines Beispiels, wie sich die Einnahmen und Ausgaben des Veranstalters eines Konzerts zusammensetzen, und berechnen, wie viele Tickets verkauft werden müssen, um die reinen Veranstaltungskosten zu decken (Ticket-Break-even).

Der **Ticket-Break-even** bezeichnet die Zahl der verkauften Tickets, ab der die Veranstaltungskosten des Veranstalters gedeckt sind.

Beispiel → Konzertkalkulation auf der Basis einer Gesamtverkaufsabrechnung

In der Kölner Location Palladium findet ein Konzert der Backstage Girls statt, die als Alternative-Newcomer mit ihrer Single „TURN Baby TURN" ihren ersten Hit in den Charts platziert haben. Laut Vertrag erhalten die Backstage Girls eine Garantiegage von 15.000,00 € oder 70 % der Nettoeinnahmen ab Deal-Break-even, wenn dieser Betrag 15.000,00 € übersteigt. Der örtliche Veranstalter Prime Ltd. erstellt die in den folgenden Tabellen wiedergegebene Kosten- und Erlöskalkulation auf der Basis einer Umsatzkalkulation bei ausverkauftem Haus.

1. Umsatzkalkulation brutto

Kategorie	Verfügbare Plätze	Ticketpreis (brutto)	Kalkulierte Einnahmen
Sitzplatz Empore	240 St.	25,00 €	6.000,00 €
Freikartenkontingent	– 10 St.		– 250,00 €
Stehplatz Halle	3500 St.	20,00 €	70.000,00 €
Freikartenkontingent	– 65 St.		– 1.300,00 €
Bruttoerlös	= 3665 St.		**= 74.450,00 €**

weiter auf S. 149

2. Umsatzkalkulation netto

		abzgl. 7 % MwSt	– 4.870,56 €
		Nettoerlös	**69.579,44 €**

3. Umsatzkalkulation pro Karte (netto)

		geteilt durch verkaufte Tickets	3665 St.
		Erlös (netto) pro Ticket (gerundet)	**= 18,98 €**

Im Fall eines ausverkauften Hauses können also auf der Grundlage der angenommenen Werte 69.579,44 € netto erwirtschaftet werden (siehe Tabelle Umsatzkalkulationen). Das bedeutet bei 3665 verkauften Tickets einen gerundeten Umsatz in Höhe von 18,98 € pro Karte.

Um nun die Auszahlungssumme an die Band und den Nettoerlös des Veranstalters zu errechnen (siehe Tabelle Erlöskalkulation), muss zunächst ein Vergleich zwischen den Einnahmen und den Ausgaben vorgenommen werden.

Zur Berechnung des Veranstaltungs-Break-even ist eine detaillierte Auflistung der gesamten Ausgaben für die Veranstaltung (wie in Tabelle Ausgabenkalkulation) notwendig.

4. Kalkulation der Ausgaben

Kostenposition	**Betrag (netto)**	**Zwischensumme/ Bemerkung**	**Anteil in %** am Ticketing-Erlös (netto) 69.579,44 €
Mietkosten Location (all in)	6.374,37 €	inkl. Haustechnik, Licht und P.A. (Tonanlage)	
Hausmeister/Hauselektrik	500,00 €	**6.874,37 €**	9,88 %
Kosten lt. Bühnenanweisung			
Handtücher	240,00 €		
Anschluss Tourbus Telefonanschlüsse	120,00 €		
Garderobeneinrichtung	600,00 €		
Catering	400,00 €		
Gestellung Backline	300,00 €		
Hotel	800,00 €		
GEMA	2.225,63 €	lt. Rahmenvertrag	
Veranstalterhaftpflichtversicherung	350,00 €	**+ 5.035,63 €**	7,24 %
Auf- und Abbaukosten			
Projektleiter	500,00 €	1 Person	
Stagehands in/out	1.000,00 €	10 Personen à 100,00 €	
Cateringpersonal	300,00 €	2 Personen à 150,00 €	
Rigger (Traversenbauer)	460,00 €	2 Personen à 230,00 €	
		+ 2.260,00 €	3,25 %

weiter auf S. 150

Security				
Backstage/Zufahrt	360,00 €	2 Personen à 180,00 €		
Dressingroom	180,00 €	1 Person à 180,00 €		
Einlass/Bühne/Garderobenzugang	1.020,0 €	6 Personen à 170,00 €		
Einsatzleitung	230,00 €	1 Person à 230,00 €		
			+ 1.790,00 €	2,57 %
Werbung/Vorverkauf				
Verbrauch Büropauschale			250,00 €	
	250,00 €			
Transport Plakate/Tickets	150,00 €			
Anzeigen Tageszeitung	5.000,00 €			
Anzeige Monatsmagazin	600,00 €			
Einrichtung Vorverkauf	250,00 €			
Systemgebühren CTS Tickets	4.398,00 €	3.665 Tickets à 1,20 €		
Systemgebühren CTS Freikarten	9,75 €	75 Tickets à 0,13 €		
Plakateindruck	350,00 €			
Sammelplakat Säulenanschlag	1.200,00 €			
Stromkastenplakatierung	700,00 €			
City Lights/Ganzsäulenanschlag	2.208,00 €			
Handzettelverteilung	500,00 €			
			+ 15.615,75 €	22,44 %
Fixkostenumlage	**3.000,00 €**		**+ 3.000,00 €**	4,31 %
	Ausgaben gesamt:		**= 34.575,75 €**	**49,69 %**

Ausgabenkalkulation

5. Erlöskalkulation/Berechnung der Auszahlungssumme an den Künstler

Umsatz netto	69.579,44 €	100 %
Kosten netto lt. Aufstellung	– 34.575,75 €	49,69 %
vorläufiger Nettoerlös Veranstaltung	**= 35.003,69 €**	50,31 %
Künstlerbeteiligung netto (70 % von 35.003,69 €)	– 24.502,58 €	35,22 %
vorläufiger Nettoerlös Veranstalter	**= 10.501,11 €**	15,09 %
abzgl. KSA (Künstlersozialabgabe) 2019: 4,2 % von Gage	– 1.029,11 €	1,48 %
Nettoerlös Veranstalter	**9.472,00 €**	13,61 %

AUFGABE

Wie hoch ist die Auszahlung an die Backstage Girls, wenn diese 7 % Umsatzsteuer berechnen?

6. Berechnung des Ticket-Break-even

Kosten lt. Kalkulation netto	34.575,75 €	
Künstlergarantiegage netto	15.000,00 €	
= Deal-Break-even	**49.575,75 €**	
KSA 2019: 4,2 % der Gage	+ 630,00 €	
Veranstaltungs-Break-even	**= 50.205,75 €**	
geteilt durch Erlös pro Ticket	18,98 €	(gerundet)
Ticket-Break-even	**= 2 646 St.**	(aufgerundet)
Auslastung Halle	72,20 %	von 3 665 Plätzen

Der Ticket-Break-even der Veranstaltung (Tabelle Ticket-Break-even) liegt bei 2 646 Stück, das heißt, es müssen 2 646 Eintrittskarten verkauft werden, um die Veranstaltungskosten einschließlich Künstlergarantiegage zu decken.

Der **Ticket-Break-even** wird berechnet, indem man den errechneten Veranstaltungs-Break-even durch den kalkulierten Erlös pro Ticket teilt.

AUFGABEN

1. Erklären Sie mit eigenen Worten, wie Ticket-Break-even und Veranstaltungs-Break-even zusammenhängen. Bilden Sie eine Formel für den beschriebenen Ticket-Break-even.
2. Wie hoch ist der Verlust des Veranstalters aus der Veranstaltung im oben beschriebenen Fall, wenn nur 2 000 Tickets abgesetzt werden (Bitte bei der Ausgabenkalkulation die Höhe der CTS-Systemgebühren anpassen)?

3.2.10 Typische Entgeltarten im Live-Event-Geschäft

Die oben skizzierte Beteiligungsgage mit Garantiekomponente, die gegen Rechnung als Honorar an einen Künstler, eine Gruppe oder einen Produzenten gezahlt wird, ist eine der typischen Entgeltarten in der Public-Event-Branche. Bei Business-Events herrschen hingegen Festgagen für Künstler vor.

Neben der Gage sind die folgenden Entgeltformen gängig:

- Tagessätze von Dienstleistern (zum Beispiel Security-, Garderoben-, Catering-, Kassenpersonal),
- Entgelt für Miet- und Serviceleistungen laut Angebot (zum Beispiel Miete technischen Equipments und technischer Anlagen, Honorare für Gastronomiedienstleistungen, Werbedesign),
- Entgelte für Lieferungen und Leistungen (zum Beispiel Drucksachen, Tickets, Werbemittel).

Neben selbstständigen Dienstleistern, die häufig als freie Mitarbeiter auf Tagessatz- oder Stundenbasis für ein Live-Event oder ein Projekt verpflichtet werden, spielen fest angestellte Mitarbeiter eine zunehmend wichtigere Rolle im Veranstaltungsgeschäft. Die Festangestellten erhalten eine arbeitsvertraglich fixierte Vergütung (Lohn oder Gehalt).

Booker/Agenten/Künstlervermittler sowie Manager arbeiten häufig auf Provisionsbasis, das heißt, ihre Vergütung bemisst sich nach den Einnahmen des Künstlers. In der Regel beträgt sie zwischen 10 % und 30 % der Künstlereinnahmen.

Die Einnahmen der Produzenten/Tourmanager/Direktionen und Veranstalter/Local Promoter hängen in der Regel vom Gewinn eines Projekts oder einer Veranstaltung ab.

Die Location verdient ihren Umsatz in der Regel durch die Vermietung der Räumlichkeiten und den Verkauf sonstiger Dienstleistungen.

In Lernfeld 9, Abschnitt 9.2.2 wird näher auf die typischen Vergütungsformen von Business-Event-Agenturen eingegangen.

3.3 Kaufmännische Datenaufbereitung von Geschäftsprozessen im Rechnungswesen der Veranstaltungswirtschaft

Zum Einstieg

Fatma Öztürk durchläuft im Rahmen ihrer Ausbildung zur Veranstaltungskauffrau in dem produzierenden Unternehmen Grohte Sanitär- und Einrichtungstechnik AG mehrere Abteilungen. Seit Kurzem ist sie in die Abläufe der Buchhaltungsabteilung des Unternehmens eingebunden. Sie soll so die klassischen kaufmännisch-buchhalterischen Aspekte eines gewerblichen Unternehmens näher kennenlernen.

In der Juniversal Event- und Veranstaltungsagentur GmbH, in der Michaela Meierhofer ihre Ausbildung absolviert, gibt es keine eigene Buchhaltungsabteilung. Hier kümmert sich die Geschäftsleitung zusammen mit dem Sekretariat um die anfallenden buchhalterischen Aufgaben. Michaela hat die Möglichkeit, durch die Assistentin der Geschäftsführung Frau Vogelfrei und die Sekretärin Frau Maus Einblick in die Buchhaltung der Agentur zu nehmen.

Lulu Lobenthal ist aufgrund ihrer Projekterfahrung als freie Mitarbeiterin der Kölner Konzertagentur Dick Bäcker Live Entertainment bereits ansatzweise mit der dortigen Buchhaltung vertraut. Um diesen Bereich kümmert sich ausschließlich der Chef und Inhaber Norbert Bäcker. Lulu weiß, dass Herr Bäcker jahrelang seine Belege seinem Steuerberater in einem Pappkarton unsortiert zur weiteren Bearbeitung übergeben hat. Aufgrund des gewachsenen Kostendrucks in der Konzertbranche ist er vor Kurzem dazu übergegangen, eine moderne Buchhaltungssoftware zu nutzen, die er auf seinem Notebook installiert hat. Er speist nun einmal in der Woche alle bis dahin aufgetretenen Geschäftsfälle in das elektronische Buch-

haltungsprogramm ein. Der Steuerberater übernimmt die vorbereiteten Daten zur weiteren Auswertung.

Die Auszubildenden tauschen sich in der Berufsschule über ihre Erfahrungen aus. Sie stellen fest, dass sich ihre alltäglichen Aufgaben im Rahmen des Veranstaltungsmanagements deutlich von den buchhalterischen Aufgaben unterscheiden. Alle haben sich – trotz anfänglicher Ablehnung des ihrer Meinung nach „trockenen" Themas – in der Berufsschule bereits mit den Grundlagen des Rechnungswesens befasst. Nun erkennen sie diese nach und nach in der buchhalterischen Praxis ihrer Ausbildungsbetriebe wieder.

- → Wie ist das Unternehmen kaufmännisch in seine Umwelt eingebunden?
- → Was ist praktiziertes Rechnungswesen in einem Unternehmen der Veranstaltungsbranche?
- → Welche Geschäftsprozesse vollziehen sich im Unternehmen?
- → Wie werden die Prozesse buchhalterisch erfasst?
- → Was sind die Hauptaufgaben des Rechnungswesens im Unternehmen?

3.3.1 Einbindung des Unternehmens in seine Umwelt

Unternehmen der Veranstaltungsbranche sind wie jedes andere Unternehmen auch in ihre gesellschaftliche und wirtschaftliche Umwelt eingebunden. Für den wirtschaftlichen Erfolg ist es unabdingbar, sich auf den Märkten zielorientiert und effektiv zu bewegen.

Beispiel → Außenbeziehungen einer Eventagentur

Die Juniversal Event- und Veranstaltungsagentur GmbH bekommt den Auftrag, ein Motivations-Event für die 370 deutschen Außendienstmitarbeiter der großen privaten Krankenversicherung EKV zu planen und durchzuführen. Zur erfolgreichen Durchführung des Events ist es notwendig, sich auf den Märkten mit Folgendem zu versorgen:

- → Personal auf dem Arbeitsmarkt. Neben fest angestellten Mitarbeitern werden projektbezogen weitere freie Mitarbeiter beschäftigt;
- → Waren auf den Beschaffungsmärkten, zum Beispiel Location, Deko, Catering, Büromaterial, Veranstaltungstechnik, Fahrzeuge;
- → liquide Mittel auf den Finanzmärkten. Zur Vorfinanzierung von Personal und Sachmitteln für den Großauftrag bittet der Geschäftsführer Thomas Richtmann seine Bank, das Limit des Geschäftskonto-Dispositionskredits zu erhöhen. Damit überbrückt er die Zeit bis zur Zahlung der ersten Teilrechnung durch den Kunden;
- → Kunden auf dem Absatzmarkt. In diesem Fall ist der Kunde die private Krankenversicherung EKV, in deren Auftrag die Agentur das Event plant und durchführt.

Wie im einfachen und erweiterten Wirtschaftskreislauf beschrieben, stehen die genannten Märkte untereinander in Beziehung. Es werden in erster Linie Geld und Güter sowie Dienstleistungen getauscht.

3.3.2 Daten betrieblicher Prozesse

Die Daten, die die betrieblichen Prozesse beschreiben, werden im Betrieb im angewandten Rechnungswesen erfasst, aufbereitet und ausgewertet.

Das **Rechnungswesen** ist die Abbildung des gesamten Unternehmensgeschehens in zahlenmäßiger Form durch systematische Erfassung, Kontrolle und Auswertung.

Die Hauptaufgaben des Rechnungswesens sind
- → die Dokumentation und Aufzeichnung aller Geschäftsfälle im Unternehmen;
- → die Information über die Vermögens-, Finanz- und Ertragslage des Unternehmens (Verpflichtung nach § 238 HGB);
- → die Kontrolle wichtiger Daten des Unternehmens wie Wirtschaftlichkeit, Rentabilität und Liquidität;
- → die Planung der zu erwartenden Ausgaben und Einnahmen und der Investitionen.

Bereiche des betrieblichen Rechnungswesens

Buchführung bedeutet die Aufzeichnung aller Geschäftsfälle in zeitlicher und sachlicher Ordnung aufgrund von Belegen. Die Höhe des Vermögens, des Eigen- und Fremdkapitals sowie das Ergebnis werden am Ende einer Abrechnungsperiode (Monat, Quartal oder Jahr) ermittelt. Der gesetzlich vorgeschriebene Jahresabschluss gibt Aufschluss über die Höhe und Zusammensetzung des Kapitals und des Vermögens sowie über das Betriebsergebnis des Unternehmens.

Die **Kosten- und Leistungsrechnung** (KLR) befasst sich mit dem eigentlichen Betriebszweck des Unternehmens, der Produktion, dem Vertrieb und dem Absatz. Die vergleichende Aufrechnung von Kosten (Werteverzehr) und Erlösen (Wertezuwachs) ist die Kernaufgabe der KLR.

Die **Statistik** bereitet die Ergebnisse der KLR auf und wertet sie aus. In der **Planungsrechnung** wird die künftige Entwicklung von Investitionen, Personalbedarf, Beschaffung, Umsatz und Finanzen im Sinne von Sollwerten ermittelt.

Das **Controlling** bewertet geplante Vorgänge kaufmännisch auf der Basis der Analyse vergangener Daten und einer nutzenorientierten Vorschau. Es dient der Steuerung und Kontrolle der betriebswirtschaftlichen Vorgänge im Unternehmen.

Aufzeichnung der Geschäftsfälle

Kleingewerbetreibende und Freiberufler können ihren Gewinn anhand einer Einnahmen-Überschuss-Rechnung (EÜR) ermitteln. Die EÜR ist recht einfach zu erstellen: Es werden sämtliche betrieblichen Einnahmen und Ausgaben einander gegenübergestellt. Ab einem Gewinn von mehr als 50.000,00 € oder einem Umsatz von mehr als 500.000,00 € innerhalb eines Geschäftsjahres ist das Unternehmen zur Erstellung einer Bilanz verpflichtet (§ 246 HGB). Diese Verpflichtung wird dem Unternehmen vom zuständigen Finanzamt bis spätestens einen Monat vor Beginn des Geschäftsjahres angezeigt.

Aus der Verpflichtung zur Bilanzierung entsteht die Notwendigkeit der doppelten Buchführung, das heißt der Buchung jedes Geschäftsfalls auf der Sollseite eines oder mehrerer Konten und auf der Habenseite eines oder mehrerer anderer Konten.

Ein **Beleg** ist ein Dokument im betrieblichen Rechnungswesen, das Daten über einen Geschäftsfall enthält. Er dokumentiert ein Ereignis im Geschäftsprozess, das sich auf die finanzielle Situation des Unternehmens auswirkt.

Zu jedem Geschäftsfall wird der entsprechende Beleg aufbewahrt. Auf der Grundlage der Belege werden in einem Grundbuch (Journal) schriftlich oder mithilfe eines Computerprogramms Buchungssätze erstellt. Im Hauptbuch erfolgen dann die Buchungen auf den einzelnen Sachkonten.

MERKE

Wenn es um die lückenlose Aufzeichnung der Geschäftsfälle einer Periode geht, ist die konsequente Aufbewahrung und Zuordnung von Belegen schon die „halbe Miete"!

Der Buchungsbeleg ist die Grundlage jeder Buchung. Es gilt der Grundsatz „Keine Buchung ohne Beleg". Belege müssen zehn Jahre lang aufbewahrt werden, Dokumente über die zugehörigen Vorgänge (beispielsweise Angebote, Zahlungserinnerungen) sechs Jahre lang. Dabei wird ab dem Schluss des Kalenderjahres gerechnet.

Beispiel → Arten von Belegen

Im Rahmen der Planung und Durchführung des Motivations-Events für die Außendienstmitarbeiter der Krankenversicherung EKV fallen bei der Juniversal Event- und Veranstaltungsagentur GmbH eine ganze Reihe von Belegen an, die für die Rechnungslegung und die Kalkulation benötigt werden. Sie werden unterschieden nach externen Belegen/Fremdbelegen und internen Belegen/Eigenbelegen. Die Tabelle fasst eine Reihe von typischen Belegen zusammen.

Externe Belege/ Fremdbelege	Abkürzung	Interne Belege/Eigenbelege	Abkürzung
Eingangsrechnung der Veranstaltungstechnikfirma für geliehenes Equipment und Personal	ER (Eingangsrechnung)	Ausgangsrechnung über einen Teilbetrag an den Auftraggeber (Krankenversicherung) nach Abschluss der ersten Projektphase (Vorbereitung und Planung)	AR (Ausgangsrechnung)
Eingangsrechnung der Deko-Firma für Material und Personal	ER	Ausgangsrechnung über den Restbetrag an den Auftraggeber (Krankenversicherung) nach erfolgreich durchgeführter Veranstaltung	AR

weiter auf S. 156

Externe Belege/ Fremdbelege	Abkürzung	Interne Belege/Eigenbelege	Abkürzung
Eingangsrechnung der Mietwagen-Firma für den Shuttle-Service	ER	Selbst erstellter Beleg (Eigenbeleg oder Notbeleg) als Ersatz für einen verloren gegangenen Barbeleg	EB (Eigenbeleg)
		Barquittungen über die Auszahlung von Aushilfsentgelten für Stagehands	KB (Kassenbeleg)
Bankbelege (Kontoauszüge)	BA	Gehaltslisten	GL
Barbeleg über den Einkauf von Gaffatape (Spezialklebeband) und Absperrband am Veranstaltungstag	KB	Belege über Privatentnahmen (Eigenverbrauch)	PE

Belegarten

Die Belege gelangen auf den unterschiedlichsten Wegen in die Buchhaltung eines Unternehmens. Die Eingangsrechnungen der Lieferanten werden in der Regel per Post versandt. Externe Barbelege werden der Buchhaltung meist von Mitarbeitern zur Abrechnung vorgelegt.

Kassenbuch und Quittung

Zur Dokumentation von Einnahmen und Ausgaben wird ein Kassenbuch geführt – manchmal auch Kassenbericht genannt.

Kassenbuch

Die einer Auflistung im Kassenbuch zugrunde liegenden Belege sind meist Barquittungen. Der Empfänger eines Geldbetrags quittiert dabei den Erhalt des Geldes. Das unterschriebene (in der Regel weiße) Original bekommt der zahlende Kunde, die (in der Regel gelbe) Durchschrift behält der Lieferant. Es gilt die Faustformel: Ware gleich weiß und Geld gleich gelb!

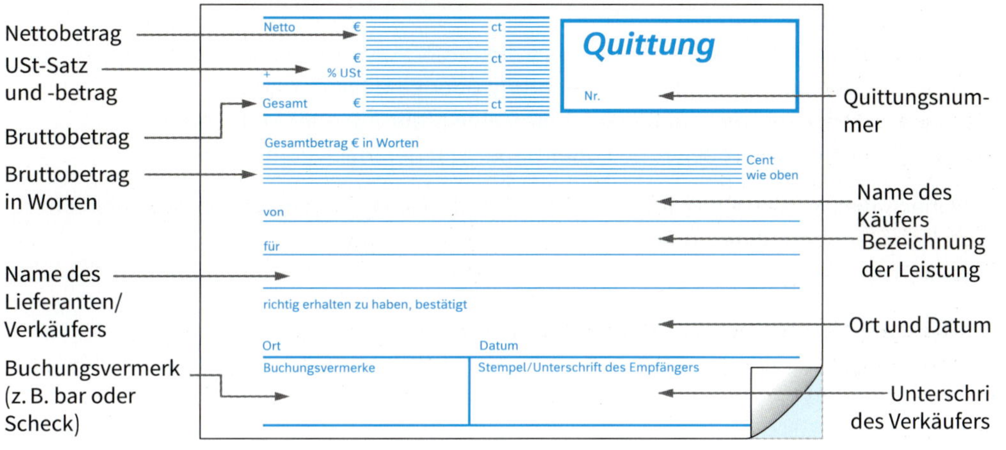

Kurzanweisung zum Ausfüllen eines Quittungsvordrucks

Belegbuchung

Beispiel → Entstehen eines internen Belegs

Ein in der Branche recht übliches Szenario: Michaela Meierhofer muss am Veranstaltungstag noch schnell in einem Bürobedarfsgeschäft ein Laminiergerät für 89,90 € besorgen. Da sie gerade auf dem Weg von der Agentur zur Location in der Stadt ist, hat der Projektleiter Rolf Rüstung sie über das Firmen-Handy angerufen und mit dem Kauf beauftragt. Michaela legt den Kaufbetrag aus ihren privaten Mitteln vor. Einen Tag später erhält sie ihn vom Projektleiter gegen Aushändigung der Quittung, die sie an der Kasse des Geschäfts erhalten hat, zurück.

Interne Belege werden meist direkt von der Buchhaltung oder einem Mitarbeiter erstellt, der Budgetverantwortung trägt, beispielsweise dem Projektleiter.

Nach dem Eintreffen der Belege in der Buchhaltung werden anhand der Beleginformationen Buchungssätze gebildet und chronologisch mit fortlaufenden Belegnummern in das Grundbuch (Journal) eingetragen. Hierzu bedient man sich heute in der Regel einer speziellen kaufmännischen Software. Kleinere bis mittlere Agenturen verwenden meist Suiten wie Lexware financial office. In größeren Unternehmen stehen oft branchenspezifische Lösungen wie SAP für die kaufmännische Abwicklung und Erfassung zur Verfügung.

Beispiel → Buchungssatz und Buchung auf den angesprochenen Konten

Der Beleg von Michaela Meierhofer landet in der Buchhaltung. Um den Geschäftsfall buchen zu können, müssen zuvor stets die folgenden Fragen beantwortet werden:

1. Welche Konten werden berührt?
2. Handelt es sich um Aktiv- oder Passivkonten?
3. Ergibt sich aus dem Beleg eine Mehrung oder eine Minderung?
4. Ergibt sich eventuell auf beiden Seiten eine Mehrung oder Minderung?
5. Auf welcher Kontenseite (Soll oder Haben) ist demnach zu buchen?

Danach wird gebucht wie folgt. Mit „Konto" ist dabei übrigens nicht das Bankkonto gemeint, sondern eine Art Schublade in der Buchhaltung.

Grundbuch				
Buchungsdatum	**Belegnummer**	**Buchungssatz**	**Soll**	**Haben**
24.10.20..	KB 35	Betriebs- und Geschäftsausstattung (BGA)	75,55 €	
		Vorsteuer	14,35 €	
		an Kasse		89,90 €

Grundbucheintrag

Anschließend erfolgt die Eintragung (dies erledigt das Buchhaltungsprogramm selbstständig) im Hauptbuch auf den einzelnen betroffenen Sachkonten je nach dem verwendeten Kontenrahmen. Da jeder Geschäftsfall mindestens zwei Posten der Bilanz (Soll und Haben) verändert, müsste eigentlich jeweils danach eine neue Bilanz erstellt werden. Dies wäre zu zeitaufwendig und umständlich. Stattdessen richtet man für jeden Aktiv- und für jeden Passivposten ein eigenes Konto ein. Auf den durch den Buchungssatz angesprochenen Konten wird der Geschäftsfall gebucht.

Soll		**Kasse**	Haben
		BGA	89,90 €

Soll	**Vorsteuer**		Haben
Kasse	14,35 €		

Soll	**BGA**		Haben
Kasse	75,55 €		

T-Konto-Buchung

MERKE

Es wird immer zuerst im Soll und dann im Haben gebucht!

Man unterscheidet Aktivkonten (Vermögen) und Passivkonten (Kapital). Da sie Bestände enthalten, nennt man sie auch Bestandskonten. Am Anfang des Geschäftsjahres werden sie nach Auflösung der Bilanz (Eröffnungsbilanz = Schlussbilanz des letzten Geschäftsjahres) durch Eintragen der Anfangsbestände eingerichtet. Die Anfangsbestände stehen bei Aktivkonten im Soll, bei Passivkonten im Haben (entsprechend der Seiten der Bilanz). Mehrungen werden auf der Seite des Anfangsbestands gebucht, Minderungen auf der gegenüberliegenden Seite. Der Schlussbestand eines Kontos ergibt sich als Saldo auf der „schwächeren" Seite, bei Aktivkonten im Haben, bei Passivkonten im Soll.

Die Schlussbestände der einzelnen Konten werden am Ende des Rechnungsjahres in die Schlussbilanz übernommen – diejenigen der Aktivkonten auf die linke und diejenigen der Passivkonten auf die rechte Seite.

Beispiel → Rechnungsabschluss

Die Buchhaltung möchte das Konto „BGA" abschließen. Dabei geht sie folgendermaßen vor:

- → Addition der Beträge auf beiden Seiten
- → Ermittlung der Seite, die die größere Summe ausweist
- → Eintragung der größeren Summe auf der Gegenseite „unterm Strich"
- → Ermittlung des resultierenden Saldos, das heißt des Schlussbestands, und Gegenbuchung in der Schlussbilanz
- → Einfügen von „Buchhalternase" oder Schrägstrich bei leeren Stellen

Kontenrahmen und Kontenplan

Ein **Kontenrahmen** ist ein systematisches Verzeichnis aller Konten für die Buchführung. Er bildet die Grundlage für den individuellen Kontenplan eines Unternehmens. Kontenpläne ermöglichen einheitliche Buchungen von gleichen Geschäftsfällen sowie den Vergleich von verschiedenen Unternehmen.

Jedes Konto kann mit einem Namen, aber stattdessen auch mit einer Folge von vier Ziffern bezeichnet werden. Innerhalb einer Kontenklasse bildet man Kontengruppen, die durch zweistellige Nummern gekennzeichnet sind. Die erste Ziffer zeigt dabei die Kontenklasse, die zweite die Kontengruppe an. Die dritte Ziffer bezeichnet die Kontenart, die vierte die Kontenunterart.

In vielen Branchen werden zur Bezeichnung der Konten standardisierte Kontenrahmen verwendet. In Anlehnung an den Standardkontenrahmen SKR 04 wurde von der Hamburger Berufsschule zu Schulungszwecken ein verkürzter Kontenrahmen für unsere Branche entwickelt.

Kontenklasse 0 Anlagevermögen	Kontenklasse 1 Umlaufvermögen	Kontenklasse 2 Eigenkapital	Kontenklasse 3 Fremdkapital
0215 unbebaute Grundstücke	1100 Warenbestand	2900 gezeichnetes Eigenkapital	3000 Rückstellungen
0240 Geschäftsbauten	1200 bis 1206 Forderungen aus Lieferungen und Leistungen **(Debitoren)**		3150 Verbindlichkeiten gegenüber Kreditinstituten (Darlehen)
0400 technische Anlagen und Maschinen	1400 Vorsteuer		3300 bis 3303 Verbindlichkeiten aus Lieferungen und Leistungen **(Kreditoren)**
0520 Pkw	1600 Kasse		3730 Verbindlichkeiten aus Lohn- und Kirchensteuer
0540 Lkw	1700 Postbank (Guthaben)		3740 Verbindlichkeiten im Rahmen der sozialen Sicherheit
0650 Büroeinrichtung	1800 Bank (Guthaben)		3800 Umsatzsteuer
0670 geringwertige Wirtschaftsgüter bis 800,00 €	1900 ARA		3900 PRA

Kontenklasse 4 Betriebliche Erträge	Kontenklasse 5 Betriebliche Aufwendungen	Kontenklasse 6 Betriebliche Aufwendungen	Kontenklasse 7 Weitere Erträge und Aufwendungen
4000 Umsatzerlöse	5200 Wareneingang ohne MwSt.	6000 Löhne, Gehälter	7100 Zinserträge
4010 Umsatzerlöse Firmen-Events	5700 Nachlässe	6110 gesetzliche soziale Aufwendungen	7300 Zinsaufwendungen
4020 Umsatzerlöse Incentives	**5900 Fremdleistungen**	6120 Beiträge zur Berufsgenossenschaft	7400 außerordentliche Erträge
4030 Umsatzerlöse Messen	5910 Catering	6220 Abschreibungen auf Sachanlagen	7500 außerordentliche Aufwendungen
4040 Umsatzerlöse Seminare, Tagungen, Kongresse	5920 Personal	6300 sonstige betriebliche Aufwendungen	
4050 Umsatzerlöse Public Events	5930 Technik	6310 Mietaufwendungen	
4500 Provisionserlöse	5940 Dekoration	6320 Heizung	
4700 Erlösschmälerungen (Gutschriften)	5950 Programm	6325 Gas, Strom, Wasser	
4830 sonstige betriebliche Erträge	5960 Location	6400 Versicherungen	
	5970 sonstige Fremdleistungen	6420 Beiträge	
		6490 Reparaturen und Instandhaltung	
		6500 Fahrzeugkosten	
		6600 Werbekosten	
		6640 Bewirtungskosten	
		6740 Ausgangsfrachten	
		6800 Porto	
		6805 Telefon	
		6815 Bürobedarf	
		6820 Zeitschriften, Bücher	
		6855 Nebenkosten des Geldverkehrs	

Kontenplan der Veranstaltungsbranche in Anlehnung an DATEV SKR 04 (Kurzversion)

Inventur

Die Tabelle fasst das Vermögen und die Schulden eines Unternehmens zusammen.

Vermögen	Schulden
Anlagevermögen (Güter, die die Basis der Geschäftstätigkeit des Unternehmens bilden): → Grundstücke und Bauten → Technische Anlagen und Maschinen → Betriebs-/Geschäftsausstattung	Fremdkapital (Schulden des Unternehmens) → Langfristige Verbindlichkeiten → Kurzfristige Verbindlichkeiten
Umlaufvermögen (Vermögensteile, die ständig im Umlauf sind und deren Höhe sich kurzfristig verändert): → Roh-, Hilfs- und Betriebsstoffe → Unfertige Erzeugnisse → Fertige Erzeugnisse → Forderungen aus Lieferungen und Leistungen → Kassenbestand → Bankguthaben	

Vermögen und Schulden

Eine Inventur wird durchgeführt

- bei der Gründung oder Übernahme eines Unternehmens,
- zum Ende des Geschäftsjahres (meist zum 31. Dezember),
- bei Auflösung oder Verkauf des Unternehmens.

Die meisten dienstleistungsorientierten Unternehmen in der Veranstaltungsbranche führen eine Buchinventur durch, da sie keine umfangreichen Lagerbestände besitzen, die gezählt werden müssten. Es reicht aus, die Bestandswerte aus den buchhalterischen Aufzeichnungen zu entnehmen.

Inventar

Das **Inventar** ist ein Bestandsverzeichnis, in dem die Ergebnisse der Inventur zusammengestellt wurden, das heißt, es ist das Ergebnis der Inventur. Es gliedert sich in drei Teile (siehe Tabelle).

A.	Vermögen I. Anlagevermögen II. Umlaufvermögen	Es wird nach Liquidität geordnet (Flüssigkeit der Mittel, aufsteigende Folge).
B.	Schulden I. Langfristige Schulden II. Kurzfristige Schulden	Es wird nach Fälligkeit geordnet.
C.	Eigenkapital	Reinvermögen

Eigenkapital – Indikator des Unternehmenserfolgs

Das Eigenkapital eines Unternehmens, das heißt sein Vermögen abzüglich seiner Schulden, auch Reinvermögen genannt, ist ein wichtiger Indikator, der Hinweise darauf gibt, ob das Unternehmen wirtschaftlich erfolgreich arbeitet. Man ermittelt es durch eine einfache Formel. Die Werte dazu werden aus dem Inventar entnommen, das auf Grundlage der Inventur erstellt wurde. Um das Eigenkapital zu ermitteln, werden die Schulden vom Vermögen subtrahiert.

Eigenkapital (C) = Vermögen (A) minus Schulden (B)

Da jedes Jahr zum 31. Dezember eine Inventur durchgeführt wird, lassen sich die jeweils resultierenden Werte des Eigenkapitals miteinander vergleichen. Allerdings müssen bei der Beurteilung der Wertentwicklung etwaige Privatentnahmen und -einlagen berücksichtigt werden (siehe Tabelle).

	Eigenkapital am Ende des Geschäftsjahres
–	Eigenkapital am Anfang des Geschäftsjahres
+	private Entnahmen
–	private Einlagen
=	Gewinn (positiver Saldo) oder Verlust (negativer Saldo)

Eigenkapitalvergleich und Unternehmenserfolg

Bei positivem Ergebnis (Eigenkapitalmehrung) spricht man von einem Gewinn. Bei negativem Ergebnis (Eigenkapitalminderung) spricht man von einem Verlust.

Die Bilanz

Die Bilanz ist eine Kurzfassung des Inventars. Aus ihr kann man das Verhältnis von Vermögen und Schulden des Unternehmens entnehmen.

Die **Bilanz** ist eine Waage (italienisch bilancia = Waage), die immer im Gleichgewicht (rechnerische Gleichheit) gehalten werden muss. Die Bilanzgleichung lautet
- Aktiva = Passiva oder
- Vermögen = Kapital.

Im Gegensatz zum Inventar, das Vermögen, Schulden und Eigenkapital in gestaffelter Form, das heißt untereinander aufführt, werden in der Bilanz Vermögen und Kapital in Form eines T-Kontos gegenübergestellt. Dabei wird jeweils der Gesamtwert gleichartiger Vermögens- und Schuldenteile dargestellt.

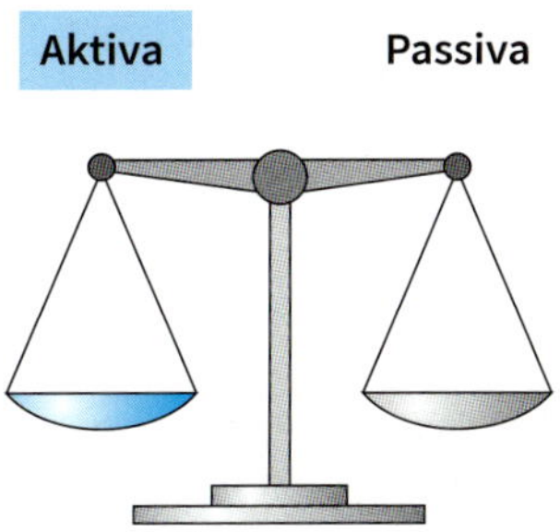

AKTIVA	PASSIVA
→ Beinhaltet alle Vermögensteile (Anlage- und Umlaufvermögen) → Gibt Auskunft über die Verwendung der Mittel, das heißt über deren Einsatz	→ Beinhaltet das Kapital des Unternehmens (Eigen- und Fremdkapital) → Gibt Auskunft über die Herkunft des Kapitals

Grundmodell einer Bilanz

Die Bilanzstruktur eines Unternehmens, das heißt das Eigenkapital im Verhältnis zur Bilanzsumme, gibt Aufschluss darüber, ob das Unternehmen vorwiegend mit eigenen oder mit fremden Mitteln arbeitet.

Bestands- und Erfolgskonten

Bei Buchungen von Geschäftsfällen auf Bestandskonten verändern sich lediglich Vermögen und Schulden eines Unternehmens.

Beispiel → Buchung auf Bestandskonten

Die Geschäftsleitung der Juniversal Event- und Veranstaltungsagentur erteilt dem Projektleiter Rolf Rüstung den Auftrag, ein neues Notebook für das Unternehmen anzuschaffen. Der Kaufpreis beträgt 1.849,00 € netto. Herr Rüstung legt den Betrag vor, übergibt den Barbeleg der Buchhaltung und diese bucht wie folgt:

BGA
Vorsteuer
an Kasse

Diese Buchung berührt nur Bestandskonten. Das Eigenkapital bleibt gleich.

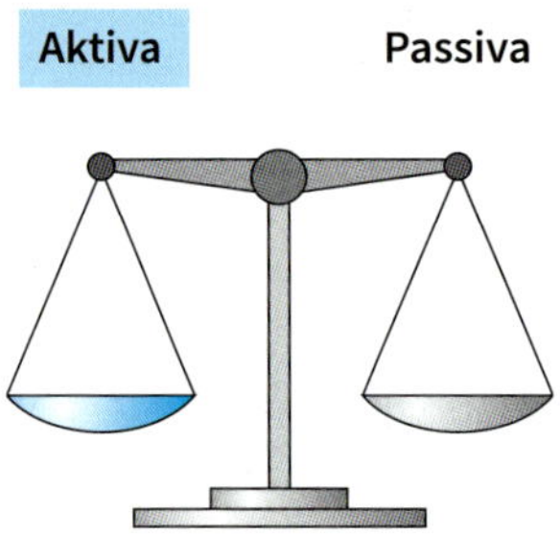

Buchung auf Bestandskonten
Die Bilanzwaage bleibt ausgewogen.

Bilanzielle Wirkung einer Buchung auf Bestandskonten

Buchungen auf Erfolgskonten (Ertragskonten/Aufwandskonten) mehren das Eigenkapital, sofern sie einen Ertrag darstellen, und mindern es, sofern sie einen Aufwand darstellen.

Die Erfolgskonten werden über das Gewinn-und-Verlust-Konto (GuV) abgeschlossen, dessen Saldo (Gewinn oder Verlust) auf das Eigenkapitalkonto übertragen wird.

Beispiel → Buchung auf Erfolgskonten

An die fest angestellten Mitarbeiter der Juniversal Event- und Veranstaltungsagentur werden monatlich die vereinbarten Gehälter ausgezahlt.
Es wird gebucht:

Gehälter
an Bank

Das Konto „Gehälter" ist ein Aufwandskonto. Die Buchung mindert das Eigenkapital.

Zusammen mit der Gewinn-und-Verlust-Rechnung bildet die Bilanz den Jahresabschluss des Unternehmens. Dieser muss persönlich unterschrieben und zehn Jahre aufbewahrt werden.

Beispiele → Unterzeichnung des Jahresabschlusses

→ Lulu Lobenthal bearbeitet täglich den Posteingang bei Dick Bäcker Live Entertainment. Der Steuerberater hat den Jahresabschluss fertiggestellt und nun Herrn Bäcker zugesandt. Als Einzelunternehmer muss Herr Bäcker diesen persönlich unterschreiben.

→ Fatma Öztürk erfährt im produzierenden Unternehmen Grohte Sanitär- und Einrichtungstechnik AG, dass die Jahresabschlüsse von allen Vorstandsmitgliedern unterschrieben werden müssen.

→ Michaela Meierhofer hat zusammen mit Frau Vogel und Frau Maus den Jahresabschluss der Juniversal Event- und Veranstaltungsagentur GmbH erstellt. Dieser wird nun Herrn Richthofen als Geschäftsführer der GmbH zur Unterschrift vorgelegt.

→ Thomas Wiczorek hat als Auszubildender zum Veranstaltungskaufmann in der Stadtverwaltung Fürth nichts mit der Erstellung von Jahresabschlüssen zu tun. Öffentliche Verwaltungen und Behörden sind nicht zur Erstellung eines Jahresabschlusses verpflichtet. Die Verwendung der öffentlichen Mittel aufgrund von Budgetzuweisungen muss jedoch selbstverständlich ebenfalls dokumentiert werden.

AUFGABEN

1. Michaela Meierhofer hat beim Einkauf im Bürobedarfshandel überlegt, ob sie mit ihrer privaten EC-Karte bargeldlos bezahlen soll. Warum hat sie sich dagegen entschieden?
2. Aus welchem Gesetz resultiert die Pflicht eines Unternehmens zur Information über seine Vermögens-, Finanz- und Ertragslage?
3. Auf welche Weise führen dienstleistungsorientierte Unternehmen der Veranstaltungsbranche in der Regel ihre Inventur durch?
4. Nennen Sie die Grundsätze der ordungsmäßigen Buchführung.
5. Erklären Sie den Unterschied von Inventur und Inventar.
6. Beschreiben Sie den Unterschied zwischen Bilanz und Jahresabschluss.
7. Buchen Sie auf der Grundlage des vorliegenden Kontenrahmens Seite 160 f. die folgenden Vorgänge:

   a) Barkauf von Kopierpapier
   b) Barkauf eines Schreibtischs
   c) Kauf von Werbemitteln gegen Bankscheck

Lichttechnik bei einem Outdoor-Event

3.4 Kaufmännische Software

Zum Einstieg

In der Berufsschule beschäftigen sich unsere Auszubildenden regelmäßig mit Aufgaben des kaufmännischen Rechnungswesens. Dabei erstellen sie Jahresabschlüsse und Eröffnungsbilanzen, buchen Geschäftsfälle in schriftlicher Form und buchen auf T-Konten. Ihnen stehen Aufgabenblätter, T-Konten-Vordrucke und Arbeitshefte für ihre Übungen zur Verfügung. Diese Form der Arbeit ist für Ausbildungszwecke auch gut geeignet, bietet sie den Auszubildenden doch die Möglichkeit, grundlegende buchhalterische Aufgaben von der Pike auf zu erlernen. In den Ausbildungsbetrieben selbst wird jedoch nur noch selten von Hand gebucht. Hier unterstützen moderne Softwarelösungen die Mitarbeiter bei der Erledigung ihrer kaufmännischen Tätigkeiten.

→ Bei der Grohte Sanitär- und Einrichtungstechnik AG kommt eine Version der unternehmensweiten Softwarelösung von SAP zum Einsatz, die fast alle wichtigen Bereiche des Unternehmens abbildet und unterstützt.

→ Herr Bäcker von Dick Bäcker Live Entertainment hat auf seinem Notebook eine moderne Buchhaltungssoftware-Suite (Lexware financial office pro) installiert. Er gibt nun einmal in der Woche alle in der Zwischenzeit eingetretenen Geschäftsfälle in das Programm ein. Das Programmpaket unterstützt ihn auch bei den monatlichen Gehaltsabrechnungen. Der Steuerberater übernimmt die Daten zur weiteren Auswertung. Dies ist durch integrierte Schnittstellen (DATEV) möglich.

→ Auch Frau Vogel und Frau Maus von der Juniversal Event- und Veranstaltungsagentur GmbH arbeiten mit der Lexware-Suite. Nachdem sie eine Zeit lang andere Lösungen getestet haben (auch Open-Source-Lösungen), haben sie sich aufgrund ihrer großen Verbreitung für die Lexware-Produkte entschieden.

3.4.1 Branchensoftware

Die Möglichkeiten und Funktionen branchenspezifischer Software sind nicht nur auf kaufmännische Aufgaben der Rechnungslegung abgestimmt, es werden vielmehr alle betriebswirtschaftlichen Bereiche des Unternehmens abgebildet. Unter Umständen werden Lösungen auch für ein spezifisches Unternehmen programmiert. Es gibt viele verschiedene Programme auf dem Markt, zwei typischen Lösungen für unterschiedliche Unternehmensanforderungen sind beispielsweise

- unternehmensweite Lösungen wie SAP und
- kaufmännische Lösungen für Gewerbetreibende und Freiberufler wie Lexware financial office.

3.4.2 DATEV

Damit Daten aus den kaufmännischen Computerprogrammen von Steuerberatern übernommen werden können, müssen die Programme mit einer sogenannten DATEV-Schnittstelle ausgestattet sein. Die DATEV e. G. ist eine von Steuerberatern Ende der 1960er-Jahre gegründete Genossenschaft, die sich als erste Institution mit Fragen der EDV-Unterstützung der Rechnungslegung und Steuererklärung der Mandanten beschäftigt hat. Unter ihrer Regie wurde ein Rechenzentrum gegründet, das es Steuerberatern erstmals ermöglichte, Daten elektronisch zu bearbeiten und per Versand von Lochstreifen und später dann per Datenfernübertragung (DFÜ) zu übermitteln. Heute wird kaufmännische Software auf der Plattform der Betriebssysteme von Microsoft (Windows) vor allem für Steuerberater, Wirtschaftsprüfer und Rechtsanwälte angeboten. Der DATEV-Standard sieht für Sachkonten einen vierstelligen und für Debitoren- und Kreditorenkonten einen fünfstelligen Nummernkreis vor.

3.4.3 Anforderungen an kaufmännische Software im Unternehmen

Die wichtigsten Aufgaben kaufmännischer Software in Unternehmen sind:

- Unterstützung bei der kaufmännischen Buchhaltung – zum Beispiel das Führen von Journal und Sachkonten, Debitoren- und Kreditorenverwaltung
- Unterstützung bei Lohn- und Gehaltsabrechnungen – zum Beispiel Berechnung von Lohnsteuer, Sozialversicherungsbeiträgen, Mitarbeiterdatenverwaltung
- Fakturierung (Rechnungserstellung) – zum Beispiel automatische Rechnungserstellung nach Auftragseingang

- → Unterstützung bei Warenwirtschaft – zum Beispiel Lagerverwaltung, Kundendatenverwaltung, Lieferantendatenverwaltung, Anbindung an das Internet (E-Commerce)
- → Unterstützung bei der Anlagenverwaltung – zum Beispiel Anlagenkartei, Anlagenspiegel, Abschreibungen

Beispiel → Arbeiten mit kaufmännischer Software

Schauen wir Herrn Bäcker von Dick Bäcker Live Entertainment doch einmal über die Schulter. Seit geraumer Zeit hat er auf seinem Notebook Lexware financial office pro installiert. Er bucht nun jede Woche aufgrund der angefallenen Belege die Geschäftsfälle in seiner Konzertagentur. Obwohl er aufgrund seines Jahresumsatzes vom Finanzamt bislang nicht zur Bilanzierung und zur doppelten Buchführung verpflichtet wurde, entscheidet er sich vorausschauend für diese Art der Buchführung.

Um mit der Software arbeiten zu können, hat Herr Bäcker zunächst seine Firma im Programm angelegt. Dabei hat ihm ein elektronischer Assistent geholfen, der ihn durch die wichtigsten Stationen begleitet hat (siehe folgender Screenshot). So wurden die folgenden Stammdaten abgefragt:

- → Name und Adresse der Firma, Telefonnummern, E-Mail-Adressen, Website-Adresse, Eintrag in das Handelsregister sowie das Jahr der betrieblichen Umstellung auf den Euro
- → umsatzsteuerlich zuständiges Finanzamt mit Postadresse zum Versand der Umsatzsteuervoranmeldungen
- → Steuernummer sowie Umsatzsteuer-Identifikationsnummer (USt-IdNr.) für die Einbindung in Ausgangsrechnungen
- → Bankverbindung des zuständigen Finanzamts für die Überweisung der Steuerbeträge
- → lohnsteuerlich zuständiges Finanzamt mit Postadresse für den Fall der Abwicklung von Gehaltsabrechnungen über das Programm
- → Angabe zur Lohnsteueranmeldung (monatlich, quartalsweise oder jährlich)
- → Bankverbindung des zuständigen Finanzamts für die Überweisungen der Lohnsteuerbeträge
- → Angaben zum Standardkontenrahmen, zum Beispiel SKR 04
- → Angaben zum Mahnwesen (Mindestbeträge, Mahnstufen, Mahngebühren)
- → Angaben zur DATEV-Unterstützung (Steuerberater, Steuerberaternummer, Mandantennummer)
- → Angaben und Einstellungen zum Warenwirtschaftsprogramm (Auftragsbearbeitung, Artikel, Preise)
- → Rahmendaten und Einstellungen für die Anlagenverwaltung
- → Angaben zu Krankenkassenmitgliedschaft und Sozialversicherungsstatus der Mitarbeiter
- → Angaben zur gesetzlichen Unfallversicherung bei der Berufsgenossenschaft (unter anderem Mitgliedsnummer, Entgelt-Höchstgrenze)

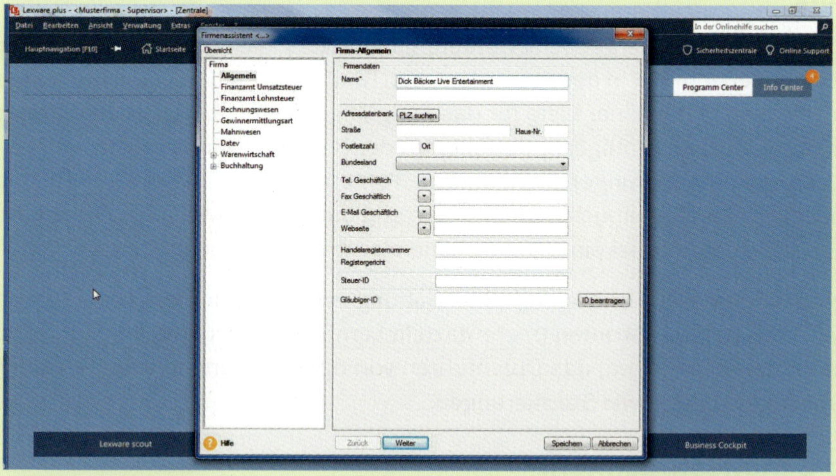

Lexware-Einrichtung, © Haufe-Lexware GmbH und Co. KG, Lexware Business Plus Version

Bei der Eingabe der Stammdaten hat sich Herr Bäcker für den Standardkontenrahmen 04 (SKR 04) entschieden. Diese Entscheidung hat er nach Rücksprache mit seinem Steuerberater getroffen. Der Steuerberater hat ihm einen Kontenplan innerhalb des SKR 04 erstellt, der alle Konten enthält, die der Geschäftsbetrieb von Dick Bäcker Live Entertainment erfordert.

Nach der Eingabe der Stammdaten kann Herr Bäcker nun mit den Programmteilen der Lexware-financial-office-Suite arbeiten. Sie unterstützt ihn bei allen Aufgaben, die er auch mithilfe der jeweils einzeln erhältlichen Programme Lexware buchhaltung, Lexware lohn+gehalt, Lexware warenwirtschaft, lexware anlagenverwaltung und Lexware reisekosten erledigen könnte. Von einem zentralen Programmfenster aus kann Herr Bäcker die verschiedenen Anwendungen starten, die zur Auswahl stehen.

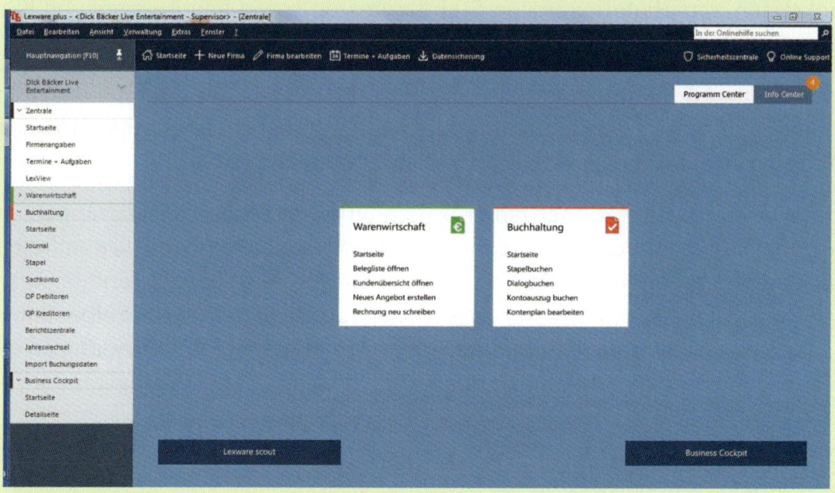

Lexware-Anwendungen, © Haufe-Lexware GmbH und Co. KG, Lexware Business Plus Version

Buchhaltung

Hier können die Geschäftsfälle gebucht werden. Es gibt verschiedene Buchungsmethoden. Man kann entweder direkt in das Journal buchen (Dialogbuchen) oder die Buchungen zunächst nur erfassen und in einer Liste für das endgültige Buchen bereitstellen (Stapelbuchen). Das Stapelbuchen ermöglicht Korrekturen der Buchungen in der Liste, während das Dialogbuchen keine Änderungen mehr zulässt. Fehlerhafte Buchungen müssen stattdessen storniert werden. Stapelbuchungen werden erst durch die Anweisung „Stapel ausbuchen“ endgültig in das Journal eingetragen, sind also erst dann buchhalterisch „aktiv“.

Weitere Möglichkeiten in der Anwendung „Buchhaltung“ sind unter anderem die Führung von Kreditoren- und Debitorenkonten (mehr dazu in Lernfeld 6, Abschnitt 6.5.5), das Buchen von Lieferantenrechnungen, das Durchführen von Splittbuchungen bei zusammengesetzten Buchungssätzen sowie Stornierungen.

Lohn- und Gehaltsabrechnung

Mit dieser Anwendung können alle wichtigen Aufgaben im Bereich der Lohn- und Gehaltsabrechnung erledigt werden. Es werden die Mitarbeiter mit ihren Stammdaten erfasst. Unterschieden werden kann dabei nach Angestellten, Lohnempfängern sowie geringfügig Beschäftigten. Darüber hinaus werden Lohndaten und Fehlzeiten erfasst. Urlaubs- und Krankheitstage sind weitere Daten, die hier Relevanz haben. Eine Krankenkassenverwaltung hilft bei der Abwicklung der Beitragsüberweisungen. Anhand der erfassten Daten können die Lohn- und Gehaltsabrechnungen für die Mitarbeiter erstellt sowie die Überweisungen ausgeführt werden. Auch sämtliche übrigen Beiträge zur gesetzlichen Sozialversicherung können berechnet und überwiesen werden. Als weitere Anwendung steht eine Reisekostenabrechnung zur Verfügung.

Warenwirtschaft

Zunächst werden grundlegende Einstellungen vorgenommen. Dazu gehören das Anlegen von Nummernkreisen, das Hinterlegen von Standardtexten sowie das Anlegen von Kunden- und Lieferantendaten.

Eine besonders wichtige Funktion innerhalb eines Warenwirtschaftprogramms ist die Erfassung von Kundenaufträgen. So können Angebote erstellt und die Angebotsdaten nach erteiltem Auftrag in die entsprechende Rechnung übernommen werden.

Im Rahmen der Warenwirtschaft können ein Artikelstamm eingerichtet, Warengruppen und Artikel angelegt, auf Lager gebucht und ausgebucht sowie Nebenleistungen (wie Anfahrtskosten, Verpackung, Porto) abgerechnet werden. Es müssen Preise (Einzel- und Mengenpreise, Kunden- und Auktionspreise) festgelegt, Einkaufsaufträge erfasst, Einzelbestellungen/Wareneingänge gebucht und Bestellungen ausgelöst werden. Eine Anbindung an das Internet (Onlineshop) oder einen Auktionsmanager (ebay) sind ebenfalls möglich.

Anlagenverwaltung

Neben der Personalverwaltung und den Ein- und Verkaufsvorgängen müssen Anlagengruppen angelegt und Anlagen sowie deren Bewegungen erfasst werden (Wirtschaftsgüter wie Pkw, Computer, auch die geringwertigen Wirtschaftsgüter). Weitere Arbeiten (Anlagevermögen auswerten, Abschreibungsbuchungen übergeben) können organisiert und erledigt werden.

AUFGABEN

1. Herr Bäcker praktiziert die doppelte Buchführung, obwohl er dazu nicht verpflichtet ist. Nennen Sie mögliche Gründe für diese Entscheidung.
2. Wovon hängt die Pflicht zur doppelten Buchführung und zur Bilanzierung ab? Welche Kriterien sind hierfür maßgeblich?
3. Welche Alternative hätte Herr Bäcker zur doppelten Buchführung und zur Bilanzierung?
4. Warum sollte kaufmännische Software möglichst mit einer DATEV-Schnittstelle ausgerüstet sein?
5. Nennen Sie den Unterschied zwischen einem Kontenrahmen und einem Kontenplan.

3.4.4 Umsatzsteuererklärung mit der Spezialsoftware Elster Online

Seit 2006 sind die Unternehmen verpflichtet, die Umsatzsteuer- und Lohnsteuererklärungen an das Finanzamt sowie die gesamte Sozialversicherungs-Kommunikation mit den Krankenkassen online durchzuführen. Hierzu steht die online- und verschlüsselungsfähige Formularlösung der sogenannten Elster-Software zur Verfügung. Die nötigen Formulare können auf den PC heruntergeladen werden. Eine Elster-Schnittstelle ist bereits in die gängigen Finanzverwaltungs-, Betriebsführungs- und Buchhaltungsprogramme eingebaut.

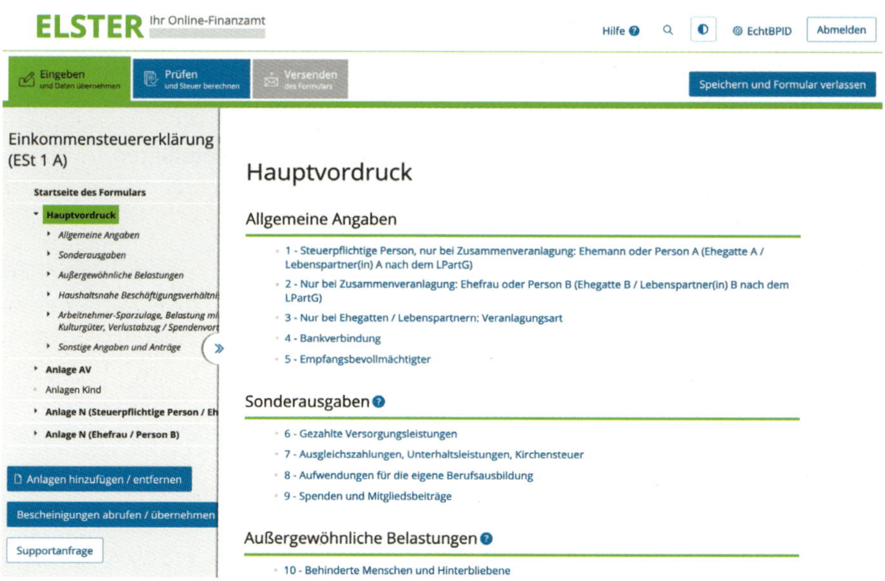

Elster-Formular zur Einkommensteuererklärung

Die Formularvorlagen können einfach auf dem PC ausgewählt, ausgefüllt, gespeichert und online verschlüsselt an das Finanzamt versendet werden, nachdem eine Registrierung durchgeführt wurde.

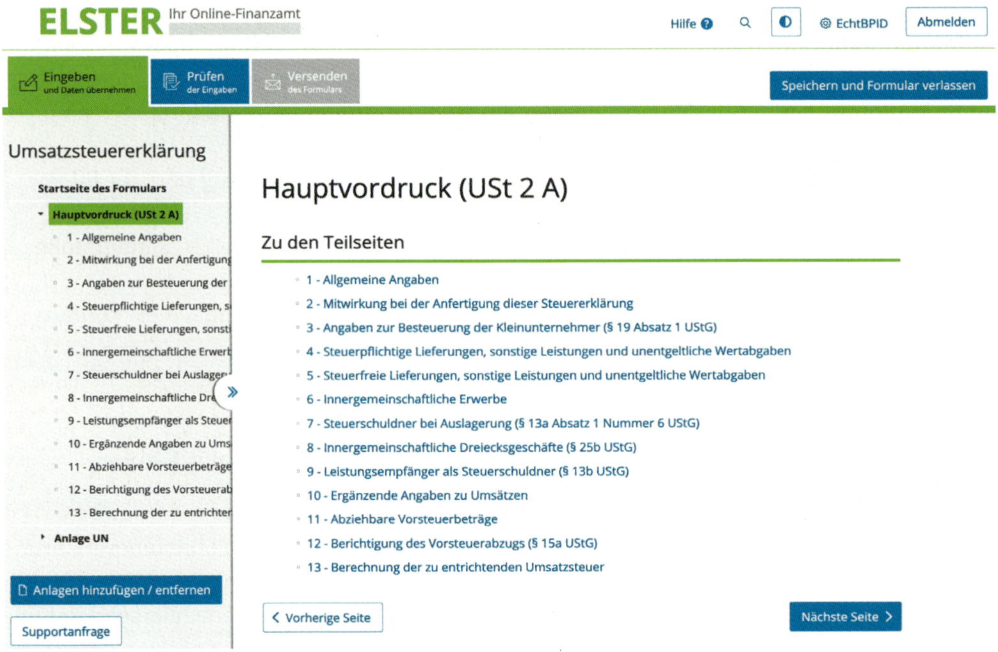

Elster-Formular zur Umsatzsteuererklärung

3.5 Zusammenfassung

- → Einführung Ticketing
- → Beteiligte im Public-Event-Prozess
- → Das System des Kartenverkaufs in Deutschland und die hierin Beteiligten
- → Preiskalkulation einer Eintrittskarte
- → Veranstaltungs-Break-even und Ticket-Break-even
- → Umsatzsteuer und Vorsteuer
- → Grundlagen des Rechnungswesens für die Veranstaltungswirtschaft
- → Kontenrahmen und Buchung auf Konten
- → Branchensoftware

Lichttechnik bei einem Outdoor-Event

3.6 Zwischentest: Muster-Prüfungsfragen

Hinweis: Bitte keine Eintragungen im Buch vornehmen.

1. **Die Aufgabe des Tourneemanagers ist**
   a) die Durchführung einer Veranstaltung.
   b) die Produktion einer Tournee.
   c) die Vertretung eines Künstlers.
   d) die Einrichtung des Vorverkaufs.

2. **Der Manager eines Künstlers (zwei Antworten)**
   a) vertritt den Künstler punktuell und organisiert Gigs.
   b) betreut den Künstler umfassend.
   c) kassiert eine Vermittlungsprovision.
   d) ist häufig an den gesamten Einnahmen beteiligt.

3. **Welche der folgenden Tätigkeiten ist kein Ticketing-Vorgang?**
   a) Einrichtung des Vorverkaufs
   b) Produktion einer Tournee
   c) Kalkulation eines Kartenpreises
   d) Abrechnung der verkauften Karten

4. **Zwischen Besucher und Veranstalter entsteht ein**
   a) Dienstvertrag.
   b) Werkvertrag.
   c) Mietvertrag.
   d) Maklervertrag.

5. Der Veranstaltungs-Break-even beinhaltet in der Regel

a) die reinen Produktionskosten eines Konzerts.
b) die fixen Kosten des Veranstalters.
c) die variablen Bürokosten inklusive Steuern.
d) die Zinsen für einen Bankkredit des Veranstalters.

6. Welcher der folgenden Beträge ist umsatzsteuerpflichtig?

a) Verzugszinsen einer Mahnung
b) Nutzung eines Betriebsfahrzeugs
c) Einkauf von Briefmarken bei der Post
d) Verkauf einer Eintrittskarte

7. Die Umsatzsteuerzahllast an das Finanzamt wird ermittelt durch

a) Vorsteuer minus Umsatzsteuer.
b) Umsatzsteuer minus Vorsteuer.
c) Mehrwertsteuer minus 7 %.
d) 19 % minus 7 %.

8. Ein „Brutto- wie Nettobudget" eines Kulturamts beinhaltet in der Regel (zwei Nennungen)

a) die Differenz von netto minus brutto.
b) die gesetzliche Umsatz- bzw. Vorsteuer.
c) kadie Provision der beauftragten Eventagentur.
d) die Abzüge vom Finanzamt.

9. Bei welchem der folgenden Zahlungsmittel handelt es sich um ein Barzahlungsinstrument?

a) Zahlschein
b) Geldschein
c) Verrechnungsscheck
d) Zahlungsanweisung zur Verrechnung
e) Dauerauftrag
f) Banküberweisung

10. Das Quittungsoriginal behält der

a) Käufer.
b) Verkäufer.

11. Die Buchführung im Betrieb hat folgende Aufgabe zu erfüllen:

a) Mitarbeiter im Betrieb in der Buchhaltungsabteilung einsetzen
b) Grundlage für die Aufbauorganisation eines Betriebes bilden
c) Aufwendungen und Erträge und somit den Erfolg des Unternehmens erfassen
d) Verkaufspreise bestimmen

12. Welche der folgenden Belege sind externe Belege? (zwei Antworten)

a) Eingangsrechnung des Lieferanten
b) Kopie der Ausgangsrechnung an einen Kunden
c) Kassenquittung über Bargeldentnahme
d) Quittung über Bareinkauf in einem Ladengeschäft
e) Lohnabrechnung
f) Beleg über Bareinzahlung auf das Bankkonto

13. Buchungsbelege sowie Bilanzen, Inventare und Erfolgsrechnungen müssen

a) mindestens fünf Jahre aufbewahrt werden.
b) nach eigenem Ermessen aufbewahrt werden.
c) zehn Jahre bis zum 31. Dezember aufbewahrt werden.
d) handschriftlich geführt und abgezeichnet werden.

14. Zum betrieblichen Rechnungswesen gehört nicht

a) das Controlling.
b) die Kosten- und Leistungsrechnung.
c) die Planungsrechnung.
d) die Warenbestandskontrolle.
e) die Statistik.
f) die Buchführung.

15. Ein Inventar ist die

a) Aufnahme von Schulden und Vermögen.
b) Bestandsaufnahme am Schluss des Geschäftsjahres.
c) Erfindung eines Online-Avatars.
d) Bestandsliste mit den Inventurergebnissen.

16. Die Bilanz eines Unternehmens ist

a) der Geschäftsbericht eines Unternehmens.
b) die Gegenüberstellung von Vermögen und Schulden.
c) ein Einblick in die Berichte der Abteilungen.
d) eine Inventarisierung der Inventur.

17. Erfolgskonten

a) mehren das Eigenkapital.
b) mindern das Eigenkapital.

18. Anfangsbestände werden (zwei Antworten)

a) bei Aktivkonten im Haben gebucht.
b) bei Aktivkonten im Soll gebucht.
e) bei Passivkonten im Soll gebucht.
f) bei Passivkonten im Haben gebucht.

19. Das Konto 1 000 „Kasse“ aus der Kontenklasse 1 des abgebildeten Kontenrahmens (Seite 160 f.) ist

a) ein aktives Bestandskonto.
b) ein passives Bestandskonto.
c) eine Aufwendung.
d) ein Ertrag.

20. Folgende Softwarelösungen unterstützen uns im angewandten Rechnungswesen (drei Nennungen):

a) Buchhalter professionell office pro
b) Lexware financial office
c) MS Office
d) Elster
e) Excel
f) SAP

Architekturbeleuchtung bei der Handball WM, Doha 2015

4 Märkte, Marketing und Marketinginstrumente

Der Kaufmann wird in Kennerkreisen auch gerne als „Mini-BWLer“ bezeichnet. Diesen Umstand kann man sofort nachvollziehen, wenn man beispielsweise an Industriekaufleute denkt. Aber auch Veranstaltungskaufleute haben viel mehr mit angewandter Betriebswirtschaftslehre zu tun, als mancher zunächst denkt. Vor allem Marketing ist ein Zauberwort, das in der Branche mit der größten Selbstverständlichkeit gebraucht wird. Allerdings ist der Begriff nicht leicht zu erklären. Oder haben Sie auf Anhieb den Unterschied zwischen Marketing und Vertrieb oder zwischen Eventmarketing und Marketing-Event parat?

In Lernfeld 4 wollen wir deshalb die betriebswirtschaftlichen Marketing-Grundlagen beleuchten, die für ein umfassendes Verständnis der Einbindung unseres Live-Event-Betätigungsfeldes in die Gesamtwirtschaft sowie des Auftritts von Anbietern der Branche am Markt von zentraler Bedeutung sind. Selbstverständlich kommt auch die Werbung zur Sprache – wie und warum man sie macht und wie sie eingebettet ist in die unglaubliche Welt der angewandten Betriebswirtschaftslehre.

4.1 Volkswirtschaftliche Grundlagen

4.1.1 Bedürfnis und Bedarf

Zum Einstieg

Artur Anton aus Tirol ist als Austauschschüler für ein Jahr in Köln und macht sein einwöchiges Schülerpraktikum in der Konzertagentur Dick Bäcker Live Entertainment. Hier werden vor allem Rockkonzerte und Partys organisiert. Dick Bäcker erklärt beim gemeinsamen Mittagessen, dass das Geschäft zurzeit gut läuft und vor allem die Nachfrage nach Disco-Veranstaltungen und Partys zugenommen hat. Obwohl bei manchen Leuten das Geld eher knapper werde, stiegen doch die Besucherzahlen. Das sei sogar damals beim ersten Golfkrieg im Jahr 1991 und auch nach den Terroranschlägen vom 11. September 2001 in New York so gewesen. Obwohl zu dieser Zeit am Aktienmarkt und in fast allen Wirtschaftsbranchen die Umsätze eingebrochen seien, habe die Public-Event-Branche sogar einen Aufschwung erlebt. Die Nachfrage nach Live-Entertainment sei auch in Krisenzeiten hoch, da die Menschen gerade dann das Bedürfnis nach Unterhaltung und Gemeinschaft hätten.

Die Nachfrage nach Produkten und Dienstleistungen am Markt entsteht durch den Bedarf, der die Bedürfnisse der Käufer durch das Kaufinteresse konkretisiert.

- **Bedarf** ist der Teil der Bedürfnisse, der sich mithilfe von Kaufkraft, das heißt mit wirtschaftlichen Mitteln befriedigen lässt.
- **Nachfrage** ist der Bedarf, der am Markt wirksam wird (beispielsweise durch Kaufhandlungen). Die Nachfrage kann erst befriedigt werden, wenn ein passendes Angebot vorhanden ist.
- Der **Markt** ist der Ort, an dem das Angebot der Produzenten und die Nachfrage der Kunden, das heißt der Zielgruppe der Produzenten, zusammentreffen.

Früher wurde der Markt auch als der Ort bezeichnet, an dem die Kaufhandlung ausgeführt wird. Heutzutage wird darüber hinaus der Prozess der Kaufentscheidung zum Marktprozess hinzugerechnet.

Beispiele → Kaufentscheidungsprozess

Die Auszubildende Lulu Lobenthal hat einen freien Ausgleichstag und joggt zur Entspannung in ihrem Heimatdorf Frechen-Habbelrath durch den Wald. Plötzlich kommt ihr ein Gedanke. Sie hätte beim Joggen Lust auf Musik. „Ich brauche einen iPod!" Am nächsten Tag bestellt sie ein Exemplar des MP3-Players über das Internet.

Man unterscheidet zwischen den folgenden Bedürfnisarten:

- **Existenzbedürfnisse.** Sie müssen zur Erhaltung der zentralen Lebensfunktionen befriedigt werden.
- **Kulturbedürfnisse.** Sie wollen befriedigt werden, damit der Mensch in seiner Umwelt anerkannt wird.
- **Luxusbedürfnisse.** Sie dienen der Befriedigung besonderer Wünsche des Menschen.

Als **Kollektivbedürfnisse** werden Bedürfnisse betrachtet, die aus dem gesellschaftlichen Zusammenleben entstehen (zum Beispiel Straßenbau), als **Individualbedürfnisse** diejenigen, die vom Einzelnen ausgehen (zum Beispiel der Wunsch nach einer Markenjeans). Aus diesen Einteilungen leitet sich die relative Dringlichkeit der oben genannten drei Güteraten ab: An erster Stelle stehen die Existenzgüter, an der zweiten die Kultur- und an der dritten die Luxusgüter. Nach ihrer Verfügbarkeit können Güter auch in private (zum Beispiel Kleidung) und öffentliche Güter (zum Beispiel Schule) bzw. in knappe oder freie Güter sowie nach ihrem Gegenstand in materielle (zum Beispiel CD-Player) und immaterielle Güter (zum Beispiel Urheberrechte als Autor an einem Musical) eingeteilt werden.

AUFGABEN

1. Nennen Sie je drei Existenz-, Kultur- und Luxusgüter.
2. Sind Disco-Veranstaltungen Ihrer Meinung nach Existenzgüter, Kulturgüter oder Luxusgüter?
3. Sie kaufen auf einem Konzert eine CD der Band Die Backstage Girls. Zu welchen Güterkategorien kann die CD gerechnet werden? Welche Güterarten sind in der CD enthalten?

4.1.2 Konjunktur

Man kann die Leistungsfähigkeit und den Wohlstand einer Volkswirtschaft am Bruttoinlandsprodukt messen.

Das **Bruttoinlandsprodukt (BIP)** ist ein Maß für die wirtschaftliche Leistung einer Volkswirtschaft in einem bestimmten Zeitraum. Es misst den Wert der im Inland hergestellten Waren und Dienstleistungen (Wertschöpfung), soweit diese nicht als Vorleistungen für die Produktion anderer Waren und Dienstleistungen verwendet werden.

Das BIP wird in jeweiligen Preisen und preisbereinigt (das heißt unter Abzug von Preisniveausteigerungen) errechnet. Das preisbereinigte BIP stellt die reale Wirtschaftsentwicklung im Zeitablauf frei von Preiseinflüssen dar. Seine Veränderungsrate dient als Maß für Wirtschaftswachstum.

Das BIP wird in Deutschland über die Entstehungs- und Verwendungsseite berechnet. In der Entstehungsrechnung (Produktionsansatz) wird das BIP ermittelt, indem die Wertschöpfung aller Produzenten als Differenz zwischen dem Wert der produzierten Waren und Dienstleistungen (Produktionswert) und dem Vorleistungsverbrauch berechnet und dann die Gütersteuern (wie Tabak-, Mineralöl- oder Mehrwertsteuer) hinzugefügt sowie die Gütersubventionen abgezogen werden.

Die zweite Möglichkeit der Berechnung setzt an der Nachfrageseite an. Im Rahmen der Verwendungsrechnung (Ausgabenansatz) werden die Ausgaben für die Endverwendung von Waren und Dienstleistungen ermittelt, das heißt private und staatliche Konsumausgaben, Investitionen sowie Außenbeitrag (= Exportüberschuss = Exporte minus Importe).

Die Berechnung des BIP über die Verteilungsseite ist in Deutschland wegen fehlender Basisdaten über die Unternehmens- und Vermögenseinkommen nicht möglich. Die Verteilungsrechnung zeigt die im Rahmen der Produktionstätigkeit entstandenen Einkommen: Arbeitnehmerentgelt der Inländer, Unternehmens- und Vermögenseinkommen, Produktions- und Importabgaben an den Staat, Subventionen des Staates, Abschreibungen, Primäreinkommen aus der bzw. an die übrige(n) Welt.

Das BIP ist in Deutschland ebenso wie in allen anderen Ländern mit einer marktwirtschaftlichen Ordnung konjunkturellen Schwankungen unterworfen.

Als **Konjunktur** bezeichnet man die wirtschaftliche Lage einer Branche oder einer Volkswirtschaft, ausgedrückt durch den Auslastungsgrad des Produktionspotenzials.

Im Zeitablauf treten typischerweise Konjunkturschwankungen auf, die zyklisch verlaufen (siehe Abbildung des Konjunkturphasenmodells).

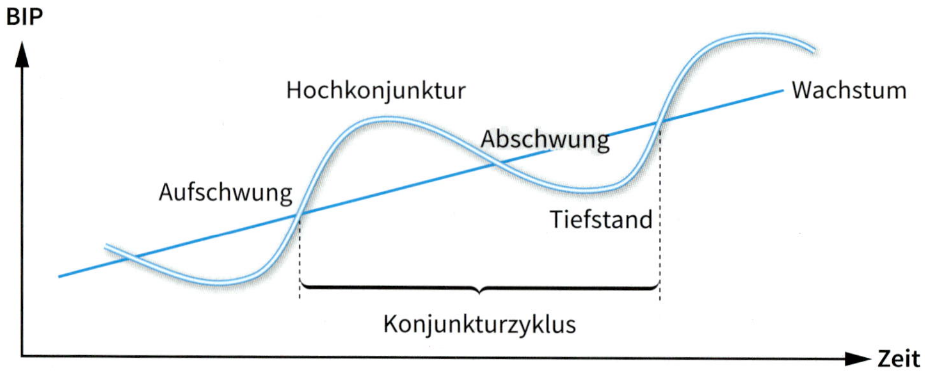

Konjunkturphasenmodell

In der Tabelle sind die grundlegenden Merkmale der vier verschiedenen Phasen eines Konjunkturzyklus aufgeführt.

Phase	Merkmale
Aufschwung (Expansion) *Stimmung: optimistisch*	Der Absatz nimmt zu, die Produktion wird ausgeweitet, die Preise geraten nach oben in Bewegung, die Arbeitslosigkeit nimmt tendenziell ab, die Löhne steigen, die Sparneigung nimmt ab, die Zinssätze steigen, die Preise steigen allmählich allgemein an (erste Anzeichen von Inflation).
Hochkonjunktur (Boom) *Stimmung: skeptisch*	Der Absatz ist hoch, die Kapazitäten sind ausgelastet. Die Preissteigerungen beschleunigen sich, Beschäftigung und Löhne sind hoch, die Sparneigung ist gering. Zinssätze und Geldnachfrage sind hoch, die Inflation nimmt zu.
Abschwung (Rezession) *Stimmung: pessimistisch*	Der Absatz und die Investitionen sinken, der Preisauftrieb schwächt sich ab, Inflation sinkt, die Arbeitslosigkeit steigt. Während die Löhne sinken, nimmt die Sparneigung zu. Zinssätze und Inflation sinken.
Tiefstand (Depression) *Stimmung: resignierend*	Der Absatz stagniert, die Kapazitäten sind unterausgelastet, die Preise brechen ein. Die Arbeitslosigkeit steigt weiter, die Löhne sinken. Es herrschen eine hohe Sparneigung und niedrige Zinssätze. Die Geldnachfrage ist niedrig, es kommt tendenziell zu Deflation (absolut rückläufigen Preisen).

Typische Merkmale eines Konjunkturzyklus

Zyklen können durchaus regelmäßig auftreten. Man unterscheidet drei Typen von unterschiedlicher Länge, die von dem Wirtschaftswissenschaftler Joseph Schumpeter entdeckt und benannt wurden:

- den Kitchin-Zyklus, der zwei bis vier Jahre umfasst,
- den rund acht Jahre umfassenden Juglar-Zyklus und
- den Kontratieff-Zyklus, der 50 Jahre umfasst (auch lange Welle genannt).

Die Länge einer Konjunkturkurve hängt zudem davon ab, ob der Zyklus von Abschwung- zu Abschwungphase oder von Aufschwung- zu Aufschwungphase begrenzt wird. Abschwungphasen sind in der Regel von kürzerer Dauer, haben aber stärkere Auswirkungen. Aufschwungphasen erstrecken sich über einen längeren Zeitraum, steigen allerdings wesentlich langsamer.

Der Stand der Konjunktur wird mithilfe von Konjunkturindikatoren wie Industrieproduktion, Außenhandel, Auftragslage, Arbeitslosigkeit oder Preisentwicklung beschrieben. Ursachen für Konjunkturschwankungen können zum Beispiel Stimmungsumschwünge der Marktteilnehmer, eine fehlende Übereinstimmung von Geld- und Gütermenge (Gefahr der Inflation) sowie eine fehlende Übereinstimmung von Spar- und Investitionsneigung von Haushalten und Unternehmen sein.

AUFGABEN

1. Diskutieren Sie in Ihrem Kurs, in welcher Phase sich die deutsche Wirtschaft gerade befindet.
2. Besorgen Sie sich beim Statistischen Bundesamt in Wiesbaden die aktuellen Daten zum BIP sowie die Broschüre „Volkswirtschaftliche Gesamtrechnungen – Wichtige Zusammenhänge im Überblick" und analysieren Sie nach Rücksprache mit Ihrem Lehrer ausgewählte Zahlen und Daten.

4.1.3 Wirtschaftskreislauf, wirtschaftliche Prinzipien und Wirtschaftspolitik

Wirtschaftskreislauf

AUFGABEN

1. Welche beiden zusätzlichen Faktoren umfasst der erweiterte gegenüber dem einfachen Wirtschaftskreislauf?
2. Welcher Faktor wird dem geschlossenen Wirtschaftskreislauf hinzugefügt, um ihn stärker der Realität anzunähern?
3. Erklären Sie, warum die Güter- und Geldströme im Wirtschaftskreislauf jeweils nicht nur in eine Richtung verlaufen.
4. Ordnen Sie im vollständigen Wirtschaftskreislauf die folgenden Beteiligten und Ströme zu: Stage Entertainment GmbH (Deutschland), Lizenzrechteinhaber Broadway Entertainment (USA), Stage Holding B.V. (Niederlande), Commerzbank, Finanzkasse Hamburg, Klaus Zugwart (angestellter Bühnenmeister), Bauaufsichtsbehörde Hamburg, Immobilienverwaltung Vogel GmbH (Hamburg).

Das ökonomische Prinzip

AUFGABEN

1. Was ist falsch an der folgenden Aussage: „Ich arbeite in der Berufsschule nach dem Minimalprinzip – mit möglichst wenig Aufwand will ich möglichst viel erreichen!"
2. Welches Prinzip findet Anwendung, wenn mit einem Werbebudget von 45.000,00 € für ein Konzert der Gruppe De Höhner in der Köln-Arena möglichst viele Personen in der Zielgruppe erreicht werden sollen?
3. Von Ihrem Ausbilder hören Sie, dass sich neben dem ökonomischen Prinzip im Rahmen der Corporate Responsibility zunehmend das ökologische Prinzip durchsetzt. Was könnte damit gemeint sein? Recherchieren Sie die beiden Begriffe.

Wirtschaftsordnung

AUFGABEN

1. Was unterscheidet die soziale Marktwirtschaft in Deutschland von der freien Marktwirtschaft in den USA? Nennen Sie drei Beispiele.
2. Ist in einer sozialen Marktwirtschaft eine Enteignung mit Entschädigung durch staatliche Instanzen auf dem Rechtsweg möglich, wenn diese im Interesse der Allgemeinheit liegt?
3. Das regionale Kulturangebot in Fürth wird maßgeblich durch das Kulturamt der Stadt erbracht. In welcher Hinsicht unterscheidet sich diese Leistungserbringung – marktwirtschaftlich betrachtet – von dem Kulturangebot des privatwirtschaftlichen Konzertveranstalters Angry Tattoo Entertainment?

Wirtschafts- und Geldpolitik

AUFGABEN

1. Diskutieren Sie in Ihrem Kurs, welche Auswirkungen die Senkung/Anhebung der Leitzinsen durch die Europäische Zentralbank auf die Inflation hat.
2. Welche zusätzlichen Komponenten enthält das magische Vieleck im Vergleich mit dem magischen Viereck?
3. Die Stadt Münster in Westfalen erhöht den Vergnügungsteuersatz (gültig zum Beispiel für Diskotheken und Tanzveranstaltungen) um 5 % auf 15 % des Bruttoendpreises eines Tickets. Welchem Bereich der Wirtschaftspolitik ist diese Maßnahme zuzurechnen? Welchen Effekt hat dieser Eingriff auf die regionale konjunkturelle Entwicklung im Veranstaltungssegment und wie könnte er sich auf die städtischen Steuereinnahmen auswirken?

Marktfunktionen, Marktpreisbildung

AUFGABEN

1. Stellen Sie sich vor, Sie wollten ein Büro neu einrichten. Es gibt in Ihrer Region nur zwei Anbieter für einen Telefonfestnetzanschluss (die deutsche Telekom AG und die konkurrierende Arcor AG). Um welche Marktform handelt es sich und welche Auswirkungen hat dies auf die Preisbildung?
2. Die Ticketpreise für ein Konzert der Rolling-Stones-Tour beginnen bei 128,00 €, das teuerste Ticket soll 299,00 € kosten. Welche Auswirkungen könnten derartige Preise auf das Verhalten der Marktteilnehmer haben?
3. Vier Diskothekenanbieter in der Region Aachen wollen einen Tanz in den Mai veranstalten. Es sollen jeweils 1 500 Besucher angelockt werden. Die Eintrittskarten werden zu den folgenden Preisen angeboten:

Diskoanbieter	Ticketpreis
1	7,00 €
2	10,00 €
3	12,00 €
4	15,00 €

Einer Umfrage zufolge wollen die folgenden Anzahlen von Personen höchstens die folgenden Preise zahlen:

Interessenten	Preis
1500	8,00 €
800	10,00 €
2200	13,00 €
600	18,00 €

Wie hoch ist der Gleichgewichtspreis? Erstellen Sie eine Angebots- und eine Nachfragekurve, analysieren Sie die Werte und beschreiben Sie die Konsequenzen für die vier Anbieter.

Kooperation und Konzentration

AUFGABEN

1. Die DEAG und die CTS EVENTIM sind als Aktiengesellschaften organisierte Konzerne. Welche drei Folgen hat diese Struktur zum Beispiel für das Tochterunternehmen Semmelconcerts Veranstaltungsservice GmbH in Bayreuth, an der die Mutterfirma CTS EVENTIM AG mit 50,2 % beteiligt ist?
2. Wie unterscheiden sich Kooperation und Konzentration grundlegend und im Detail? Nennen Sie fünf Aspekte.
3. Die Stage Entertainment GmbH kooperiert mit dem Düsseldorfer Musicalproduzenten Capitol GmbH insofern, als Produktionen der Stage Entertainment als mehrmonatige Gastspiele im Düsseldorfer Capitol Theater zu sehen sind. Welche Gefahr bringt diese branchengleiche Kooperation für die wirtschaftlich schwächere Capitol GmbH mit sich?

4.2 Marketing

Im Hinblick auf die Werbung können wir zunächst den folgenden Unterschied zwischen Public Events und Business-Events festhalten:

- Für Public Events benötigen wir Werbung. Wir müssen Aufmerksamkeit für unser Produkt schaffen.
- Bei Business-Events sind wir Teil der Werbung eines Unternehmens. Wir schaffen Aufmerksamkeit für ein anderes Produkt.

Globaler könnte man auch sagen: Für Public Events benötigen wir Marketingmaßnahmen. Business-Events hingegen sind Teil der Marketingmaßnahmen. Jetzt bleibt nur noch zu klären, was Marketing eigentlich genau ist.

HafenCity Open Air 2016, Hamburg

4.2.1 Marketingmix

Zum Einstieg

Der Vorstandsvorsitzende der Grohte Sanitär- und Einrichtungstechnik AG hat die Marketing- und Vertriebsabteilung zu einer Krisensitzung zusammengerufen, da sich die Absatzzahlen im laufenden Geschäftsjahr stetig verschlechtert haben. Er eröffnet die Sitzung mit der provokanten Frage: „Meine sehr verehrten Mitarbeiterinnen und Mitarbeiter, ich freue mich, einmal so viel teures und gebündeltes Marketing- und Vertriebs-Know-how unseres Unternehmens in einem Raum versammelt zu sehen. Bitte beantworten Sie mir doch eine einfache Frage: Meine Damen und Herren, wofür machen wir eigentlich Marketing?“ Es melden sich vier exponierte Mitarbeiter, die alle erfolgreich Betriebswirtschaftslehre studiert haben. Sie referieren in komplexen Antwortversuchen ausführlich über ihre Marketingkenntnisse. Der Vorstandsvorsitzende verliert bald die Geduld und beantwortet seine Frage schließlich selbst: „Meine Damen und Herren, offensichtlich haben Sie trotz profunder betriebswirtschaftlicher Ausbildung in der täglichen Detailarbeit das Wesentliche aus den Augen verloren: Wir machen Marketing für den Kunden – unser Ziel ist dabei die Schaffung und Förderung unseres Absatzes! Ich möchte, dass wir heute über Wege beraten, dieses Ziel wieder effektiver zu erreichen.“

Marketing nannte man früher auch Absatzwirtschaft. Die genaueste Übersetzung von Marketing, der englischen Verlaufsform von market (Markt), lautet wohl **vermarkten**. Dieser

Begriff bezeichnet alle auf den Absatz im Markt gerichteten unternehmerischen Tätigkeiten. In modernen Definitionen bezeichnet Marketing ein marktorientiertes Gesamtkonzept der Unternehmensführung, das neben absatzfördernden Instrumenten von einer umfassenden Kunden- und Wettbewerbsorientierung geprägt ist.

Marketing ist die Summe der Bemühungen, Produkte, Dienstleistungen oder Unternehmen am Markt zu platzieren und die Kaufbereitschaft der Kunden zu wecken.

Der Markt hat sich in den Ländern mit hohem Einkommensniveau etwa seit Mitte des 20. Jahrhunderts von einem Verkäufermarkt zu einem Käufermarkt gewandelt. Die Tabelle fasst die Unterschiede zusammen.

Kriterium	Verkäufermarkt	Käufermarkt
gesamtwirtschaftliche Situation	Knappheitswirtschaft	Überflussgesellschaft
Nachfrage	Nachfrage > Angebot	Angebot > Nachfrage
Engpass	Produktion, Beschaffung	Absatz
Bedeutung der betrieblichen Teilfunktion	Primat der Produktion/ Beschaffung	Primat des Marketings (Vermarktung)
Vorrangige betriebliche Anstrengungen	Optimierung der Produktions- und Beschaffungsaktivitäten	Verbesserung der Marktposition, Optimierung des Marketingmix

Marketing entwickelte sich über die Phasen der Produktorientierung, der Verkaufsorientierung, der Kundenorientierung und der Wettbewerbsorientierung hin zur Phase der Umfeldorientierung.

Nach Professor Heribert Meffert ist Marketing die bewusst marktorientierte Führung des Unternehmens mithilfe von Planung, Koordination, Umsetzung und Kontrolle aller auf die aktuellen und potenziellen Märkte ausgerichteten Unternehmensaktivitäten (Meffert, H., Marketing, München 2000).

Das folgende Schema illustriert den Marketingkreislauf.

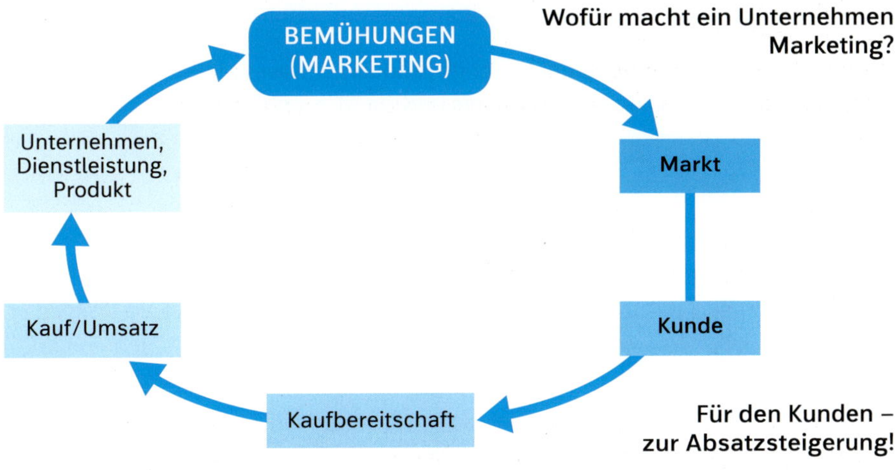

Werbung ist dabei nur ein – aus der Sicht des Kunden sicherlich stark wahrgenommener – Teil der Marketingbemühungen eines Unternehmens. Heutzutage sind fast alle unternehmerischen Bemühungen auf die Absatzförderung ausgerichtet. Marketing ist etwas, das permanent stattfindet.

Beispiele → Der Rheinische Bauer früher und heute

Früher verfuhr der Bauer im Rheinland folgendermaßen: Er pflügte im Frühjahr das Feld, setzte die Saat, zog sie hoch – das dauerte den ganzen Sommer und machte verflucht viel Arbeit – und erntete endlich im Herbst die Kartoffeln. Nachdem er sie mühsam auf seinen Karren gepackt hatte, zog er ins Dorf und verkaufte sie auf dem Marktplatz. Das ging so lange gut, wie er auf dem Marktplatz Käufer für seine Kartoffeln fand. Spätestens wenn er auf der Ernte sitzen blieb oder andere Bauern schlauere (das heißt besser auf die Zielgruppe abgestimmte) Produktions- und Absatzformen fanden, musste der Bauer umdenken.

Heute ist der Bauer schlauer (übrigens heißt er nicht mehr Bauer, sondern Diplom-Agrarökonom, wenn er studiert hat): Er analysiert die Möglichkeiten, die sich aus seiner Ackerfläche ergeben, unter Berücksichtigung von Faktoren wie Kundenkreis/Zielgruppendefinition, Marktsituation, Absatzchancen, Gewinnszenarien und Produktportfolio. Er überlegt dann zum Beispiel, ob er Raps zur Biodieselgewinnung, Zuckerrüben für die Zuckerproduktion oder Mais für die moderne Nahrungsgewinnung anbauen soll. Am effektivsten ist es, wenn er die Saat erst aussetzt, nachdem er noch vor dem Frühjahr einen Abnehmer für die noch zu ziehenden Bodenfrüchte gefunden und die Abnahme für den Herbst bereits vertraglich fixiert hat.

Marketingansätze seit den 1980er-Jahren fassen die absatzpolitischen Instrumente im Viersäulenmodell zusammen. Marketing wird hierbei häufig beschrieben als „koordinierte Maßnahmen zur Absatzförderung". Auch hier steht das Ziel der Absatzsteigerung im Mittelpunkt. Das Modell beschreibt die Tätigkeitsfelder des angewandten Marketings, den Marketingmix. Im Marketingmix stehen einem Unternehmen Maßnahmenbündel in vier Kategorien zur Verfügung (vier Marketingsäulen):

- Die **Produktpolitik/Sortimentspolitik** (engl. product) umfasst Maßnahmen zur marktgerechten Gestaltung des Leistungsangebots und zur Markenbildung.

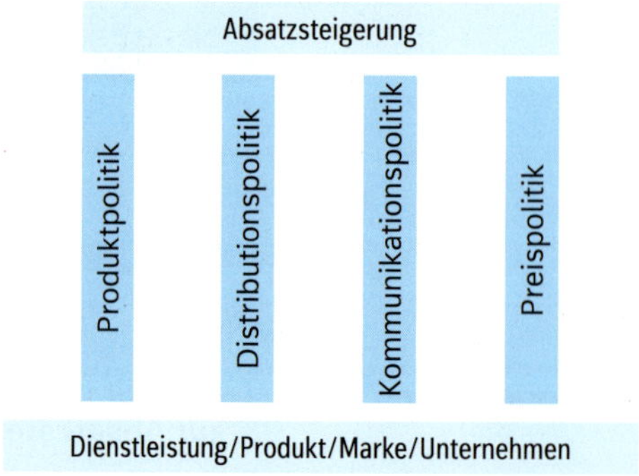

Die vier Marketingsäulen

- Die **Distributionspolitik** (engl. place), das heißt die **Vertriebs-** oder **Absatzpolitik,** gestaltet die Absatzorganisation zwischen Anbieter und Konsumenten und die logistische Abwicklung.
- Die **Kommunikationspolitik** (engl. promotion) umfasst Maßnahmen zur Vermittlung von Informationen zum Zweck der Auslösung gewünschter Reaktionen in der Zielgruppe/beim Kunden.
- Die **Preis- und Konditionenpolitik** (engl. price) umfasst Maßnahmen zur Preisgestaltung der Güter oder Leistungen sowie von Rabatten und begleitenden Kundendienstleistungen. Manchmal wird dieser Pfeiler auch **Kontrahierungspolitik** genannt.

Mix bedeutet hierbei, die Maßnahmen aus den verschiedenen Marketingkategorien kombiniert und koordiniert, das heißt aufeinander abgestimmt anzuwenden.

Beispiele → Schlecht abgestimmter Marketingmix

Ein Veranstalter will eine hochwertige Galaveranstaltung mit einer exklusiven Zielgruppe durchführen (Produktpolitik). Der Eintritt soll mindestens 50,00 € betragen (Preispolitik). Die Veranstaltung wird beworben über Flyer in Bussen und Kaufhäusern und Plakaten in der Stadt mit lockeren Sprüchen wie „Geilste Party von Welt" (Kommunikationspolitik). Der Verkauf erfolgt in den Supermärkten (Distributionspolitik) für Hinz und Kunz. Die einzelnen Elemente sind hier nicht aus einem Guss bzw. aufeinander abgestimmt.

Produktpolitik	Distributionspolitik	Preispolitik	Kommunikationspolitik
Aufmachung Beratung und Finanzierungsangebot Garantieleistungen Kundendienst Produkterstellung Produktgestaltung Produkthaftung Produktinnovation/Produktvariation Produktidee Produktkonstruktion Sortimentsausdehnung Sortimentsgestaltung Sortimentszusammensetzung Verpackung und Markierung Zusatzleistungen	Absatzhelfer Direkter Absatz Handelsvertreter (nach § 84 Handelsgesetzbuch) Indirekter Absatz (Absatz über Zwischenhändler) Kommissionär (nach § 383 Handelsgesetzbuch) Reisender/Außendienstmitarbeiter Unternehmensübergreifende Kooperation	Konditionen Kundendienst- oder Zusatzleistungen Preisbildung (z. B. Nachfrageorientierung, Kostenorientierung, Konkurrenzorientierung) Preisdifferenzierung Preispositionierung (Niedrig- oder Hochpreissegment) Preisstrategien Rabatte, Liefer- und Zahlungsbedingungen, Lieferantenkredite	Absatzwerbung Betriebsbesichtigungen/Tage der offenen Tür Öffentlichkeitsarbeit/Public Relations Promotion (Außendienst, Händler- und Verbraucher-Promotion) Publikationen in diversen Medien (Imagewerbung) Sponsoring, Stiftungen Verkaufsförderung/Salespromotion Werbeplanung (Werbebotschaft, Werbemittel, Werbeträger) Werbedurchführung

Klassischer absatzpolitischer Werkzeugkasten (Auswahl von A–Z)

Moderne, im Vergleich mit älteren Sichtweisen recht weit gefasste Marketingdefinitionen ermöglichen es uns,

- einerseits die unterschiedlichsten Aktivitäten (inklusive Business-Events) als Marketing zu bezeichnen und
- andererseits einen abgestimmten Katalog von Marketingmaßnahmen für ein Live-Event effektiv zu planen und umzusetzen.

So können unter der Vorgabe einer umfassenden Kundenorientierung Firmen- und Privatkunden bedarfsgerecht mit veranstaltungsorientierten Dienstleistungen versorgt werden.

Bezogen auf Public Events lassen sich beispielhaft die vier folgenden Kategorien des Marketingmix anführen:

- die Veranstaltung selbst → Produktpolitik
- der Ticketverkauf → Distributionspolitik
- die Kommunikations- und Werbemaßnahmen → Kommunikationspolitik
- die Eintrittspreise und weitere Konditionen → Preispolitik

Auch zur Einordnung von Business-Events hilft uns das Modell: Business-Events sind Bestandteil des Pfeilers Kommunikationspolitik. Hier ist die Homebase des Eventmanagers, der seine professionellen Bemühungen in den Dienst der Marketingkommunikation eines Unternehmens, einer Marke, eines Produktes oder einer Dienstleistung stellt.

4.2.2 Marketing-Kommunikations-Mix

Showlicht bei einem Event in der Kölner Lanxess Arena

Wagen wir uns nun an eine Ausschnittvergrößerung des Pfeilers Kommunikationspolitik. Die Instrumente in der Kommunikation mit Kunden und Geschäftspartnern werden häufig in klassische und neuere Kommunikationsinstrumente unterteilt. Zu den klassischen Instrumenten zählen je nach Lehrmeinung Werbung, Public Relations (Öffentlichkeitsarbeit), Verkaufsförderung (Sales Promotion) und Direktmarketing (persönlicher Verkauf). Die übrigen Instrumente umfassen Sponsoring, Messeauftritte, Multimedia, Eventmarketing und Product Placement. Seit den 1990er-Jahren haben sich die Synonyme „above the line“ für klassische Instrumente und „below the line“ für neuere Instrumente durchgesetzt.

Auch die Auswahl und Gestaltung der Kommunikationsinstrumente haben sich verändert. Die neueren Instrumente haben sich mittlerweile fest etabliert – zum Beispiel

Sponsoring und Eventmarketing. Ein Grund für die wachsende Differenzierung innerhalb des Kommunikationsmix liegt in der Entwicklung innovativer Instrumente und in der gewachsenen Notwendigkeit, effektiv aufeinander abgestimmte Kommunikationswege zu nutzen, um für den potenziellen Kunden Kaufanreize zu schaffen. Die Instrumente sollen wie die Musikanten in einem Sinfonieorchester miteinander harmonieren, um die Ziele der Kommunikationspolitik und somit letztlich die Unternehmensziele effektiv verfolgen zu können.

Beispiel → Werbung früher und heute

Sie kennen das, vielleicht aus Erzählungen Ihres Ausbilders:

„Als ich jung war – das war so in den 1970er- und -80er-Jahren, da gab es auf der Rückseite der Gelben Seiten in der Kölner Ausgabe immer eine ganzseitige Werbung für einen Perücken- und Toupet-Friseur, der ein großes Ladengeschäft am zentral gelegenen Kölner Neumarkt betrieb. So im Stil *vorher* (links im Bild ein glatzköpfiger deprimierter Mittvierziger in Schwarz-Weiß) und *nachher* (rechts im Bild der gleiche Mittvierziger, jetzt allerdings dandyhaft, dunkel gelockt und sonnenbankgebräunt). Außer dieser Werbeanzeige im Printmedium Gelbe Seiten habe ich nie eine andere Werbung wahrgenommen. Und der Kölner Neumarkt ist ein teures Pflaster, was die Ladenmieten angeht. Diese eine Anzeige und die Lage haben scheinbar damals gereicht, um genügend Geschäft zu erzeugen. Der Laden existiert übrigens immer noch, nur ein paar Geschäftshäuser weiter und wesentlich kleiner. Und auch die Anzeige ist immer noch in den Gelben Seiten – allerdings nur noch als 1/8tel-Seite. Der Betreiber kann sich eine einkanalige Kommunikationsstrategie nicht mehr erlauben – er macht heute Werbung auf verschiedenen Kommunikationskanälen, um die Zielgruppe zu erreichen."

Der Pfeiler Kommunikationspolitik kann in die im folgenden Schema dargestellten Maßnahmenbündel eingeteilt werden, den Kommunikationsmix.

Kommunikationsmix

Es gibt eine strittige Diskussion über das Above-the-line/below-the-line-Modell. Zwar werden die Begriffe „above the line" und „below the line" noch häufig benutzt, doch heutzutage wird in moderner Optik eine nichthierarchische Anordnung der Kommunikationsinstrumente im Kommunikationsmix, zum Beispiel eine kreisförmige Anordnung, vorgezogen. Im Grunde gilt das Modell als veraltet, es eignet sich jedoch noch gut zur historischen Orientierung.

Bei der ersten Analyse des obigen Schemas lässt sich erneut ein deutlicher Unterschied zwischen Public Event und Business-Event feststellen (vgl. Tabelle).

	Public Event	Business-Event
Marketingkommunikation	Wir sollten uns mit den aufgelisteten Maßnahmen auskennen, denn das Public Event ist das Produkt, alle Marketingmaßnahmen im Marketingmix inkl. der Marketingkommunikation dienen dazu, das Produkt „Public Event" dem Kunden näherzubringen.	Wir sollten uns mit den skizzierten Maßnahmen auskennen, denn mithilfe von Eventmarketing machen wir Marketingkommunikation für ein anderes Produkt. Das Business-Event ist ein Element der Kommunikationspolitik, das gezielt eingesetzt wird, um Marketingziele zu verfolgen.
Anwendung	Wir benötigen Marketingkommunikation: Wir müssen Werbung machen, um Aufmerksamkeit für unser Produkt zu schaffen.	Wir sind Teil der Marketingkommunikation: Wir sind Teil der Werbung, die Aufmerksamkeit für ein (anderes) Produkt schafft.

Marketingkommunikation in der Veranstaltungswirtschaft

MERKE

Für Public Events brauchen wir Marketingkommunikation, Business-Events sind Teil der Marketingkommunikation.

AUFGABEN

1. Zusätzlich zu den oben beschriebenen Kommunikationsfeldern werden heute auch die folgenden modernen Maßnahmen beschrieben: Product Placement, Guerilla-Marketing, Mobile Marketing, virales Marketing. Recherchieren Sie diese Begriffe und ordnen Sie sie in das Above/Below-the-line-Modell ein.
2. Recherchieren Sie die Begriffe Affiliate Marketing, Ambush Marketing, Content Marketing, Employer Branding, Influencer Marketing, Inbound Marketing, Outbound Marketing, Social Engineering, Targeting und ordnen Sie diese Begriffe – wenn sinnvoll und möglich – den oben genannten Kategorien oder Überbegriffen zu.
3. Recherchieren Sie die Begriffe Bartering, Endorsement und Testimonial und erklären Sie deren Bedeutung.

Im Folgenden betrachten wir einzelne Kommunikationsfelder genauer.

Klassische Werbung

Die klassische Werbung, früher auch Absatzwerbung genannt, ist bei Endverbrauchsgütern immer noch der budgetstärkste Kommunikationskanal. Sie umfasst die Maßnahmen zur Beeinflussung von Kaufentscheidungen mithilfe von Massenkommunikationsmitteln in verschiedenen Medien, zum Beispiel Printanzeigen, Kino- und TV-Spots, Radiospots und Außenwerbung. Auf diesen Kanal gehen wir in Abschnitt 4.2.6 näher ein. Das in der Regel recht teure Schalten von Werbeanzeigen und Werbespots in den Medien ist heute mit dem Kommunikationskanal Public Relations eng verknüpft.

Public Relations (Öffentlichkeitsarbeit)

Public Relations (PR) oder Presse- und Öffentlichkeitsarbeit bedeutet, Beziehungen zur Öffentlichkeit zu pflegen. Teile der Öffentlichkeit können mittelbar und unmittelbar oder extern und intern sein, PR kann sich also auch nur an die Mitarbeiter eines Unternehmens richten. In der Regel stellt PR das Unternehmen mithilfe einer zentralen Botschaft dar, die der relevanten Zielgruppe möglichst effizient vermittelt werden soll. PR ist ein kommunikationspolitisches Instrument mit zunehmender Bedeutung.

Während Werbung und Verkaufsförderung auf die Profilierung, Aktivierung und den möglichst direkten Absatz von Dienstleistungen/Produkten gerichtet sind, besteht die Aufgabe der Öffentlichkeitsarbeit darin, über den Unternehmer/das Unternehmen zu informieren und auf diese Weise eine Vertrauensgrundlage zu schaffen. Die Kernaufgabe von PR ist die Profilierung, das heißt der Imageaufbau. Ein weiterer Unterschied zur klassischen Werbung liegt darin, dass sich die PR mit dem Unternehmen als ganzem beschäftigt, während man sich in der klassischen Werbung in der Regel auf Produkte und Leistungen bezieht.

Beispiele → Bevorzugt eingesetzte PR-Maßnahmen

1. Medien-/Pressearbeit inklusive Pressekonferenzen
2. Persönliches Gespräch mit Vertretern der Zielgruppen
3. Mitteilungen, Informationsblätter und Rundschreiben
4. Prospekte, Broschüren
5. Einladungen zu Veranstaltungen, Feiern aller Art (zum Beispiel zu Jubiläen), Tag der offenen Tür
6. Informationsschriften über die Institution (zum Beispiel Jahresbericht, Leistungsbericht)
7. Informationsfilme und Videos
8. Einladung der Vertreter von Zielgruppen zu Ehrungen, Feierstunden
9. Sitzungen, Seminare (mit Einladungen an externe Teilnehmer)
10. Teilnahme an Messen
11. PR-Anzeigen, PR-Werbespots
12. Lobbyarbeit, Mitwirkung in gesellschaftlichen, sozialen und politischen Gremien
13. Kamingespräche

Anlässe für PR-Maßnahmen können sein:

- Vorstellung wichtiger neuer Konzepte, Projekte, Planungsvorhaben;
- Erläuterung der Ergebnisse beispielsweise von Fachtagungen, Kongressen, Messen, Konferenzen, internationalen Begegnungen, Vertragsabschlüssen;
- Eröffnung, Einweihung neuer Einrichtungen, Produktionsstätten, Behörden;
- ein rundes Firmenjubiläum, das mit Neuerungen verbunden ist;
- Präsentation eines Abschlussberichts oder der Jahresschlussbilanz;
- Reaktion auf falsche Berichte oder Gerüchte, kontroverse Diskussionen in der Öffentlichkeit zu bedeutsamen Entscheidungen;
- Krisen, zum Beispiel Massenentlassungen, Brand, schwere Unfälle, Umweltschäden.

Ein zentrales Instrument der PR ist die Pressemitteilung.

Beispiele → Bestandteile einer Pressemitteilung

- **Text:** knapp, präzise, aktuell, objektiv, wertungsfrei und bunt; verständlich und prägnant; wenige Fachbegriffe, Fremdwörter und Abkürzungen; Adjektive sparsam verwenden; keine überflüssigen Wörter
- **Formalia:** erkennbarer Absender; Ansprechpartner und Kontaktdaten; Querverweise; kurze Absätze, deutliche Gliederung; 1,5-zeilig; bis zu 45 Anschläge pro Zeile; Rand für Notizen formatieren

Eventmarketing/Messen und Ausstellungen

Eröffnungsveranstaltung eines Firmenevents in der Frankfurter Festhalle

Eventmarketing ist eines der zentralen Themen dieses Lehrbuchs. Es umfasst den Einsatz von Events als Kommunikationsmittel für interne oder externe Kommunikationszwecke – idealerweise vernetzt mit allen anderen Kommunikationsinstrumenten (integrierte Kommunikation). Die moderne Optik zählt zum Eventmarketing auch die Inszenierung von Messeauftritten eines Unternehmens. Näheres zum Thema Eventmarketing findet sich in Lernfeld 4, Abschnitt 4.2.5 und ausführlicher in Lernfeld 8, einen Einstieg in die Messewirtschaft bietet Abschnitt 4.3.1.

Dialogmarketing

Zum Dialogmarketing zählen alle Instrumente, mit denen Zielgruppen persönlich und interaktiv angesprochen werden können. Die bekanntesten Formen sind Telefonmarketing, Kundenbesuche oder direkte Mitteilungen via Post, Fax oder E-Mail. Dialogmarketing ist heute durch eine genaue Gesetzgebung nur noch stark eingeschränkt möglich – der angesprochene Kunde muss sein Einverständnis für die werbliche oder vertriebliche Ansprache nachvollziehbar und explizit gegeben haben; eine sogenannte kalte Akquise ist sowohl bei gewerblichen als auch privaten Kunden nicht mehr erlaubt. Die Ansprache von Bestandskunden ist dagegen solange erlaubt, wie der Kunde dem nicht widerspricht. Auch die EU-weit neu geregelte Datenschutzverschärfung vor allem bezüglich der Onlinemedien aus dem Jahr 2018 hat Einflüsse auf das Dialogmarketing. Dieser auch Direktkommunikation genannte Kommunikationskanal überschneidet sich darüber hinaus teilweise mit Instrumenten der personalisierten Verkaufsförderung.

Verkaufsförderung (Sales Promotion/Handelsmarketing)

Zur Verkaufsförderung, auch Promotion oder Sales Promotion bzw. Handelsmarketing genannt, zählen ergänzende, zeitlich punktuell eingesetzte Instrumente, die den Absatz stimulieren sollen, häufig direkt am Point of Sale (POS, Verkaufspunkt). Die Verkaufsförderung umfasst Maßnahmen und Methoden zur Unterstützung des Verkäufers, zur Förderung des Hinein- und Hinausverkaufs im Handel und zur sofortigen Auslösung des Kaufentscheids am Verkaufsort. Sie wendet sich nicht immer direkt an den Endverbraucher, sondern informiert und motiviert auch den Verkaufs- und Handelsbereich.

- → **Hineinverkaufsmaßnahmen** sind Maßnahmen des Verkaufs an den Handel, zum Beispiel Rabatte, Werbekostenzuschüsse (WKZ), Schulungen des Handels.
- → **Hinausverkaufsmaßnahmen** sind Maßnahmen zum Verkauf an den Endabnehmer, zum Beispiel Einsatz von Displays (auffällige Regale), Verkaufsdamen, Funkdurchsagen, Plakate, Fenster- oder Türaufkleber.

Die Tabelle fasst Zielgruppen und Maßnahmen der Verkaufsförderung auf drei Ebenen zusammen.

Hersteller-/Vertriebsebene Staff Promotion bzw. Herstellerpromotion oder Verkaufspromotion)	Zielgruppe sind die Außendienstmitarbeiter des Herstellers bzw. eines Unternehmens. Der Vertriebsinnen- und -außendienst wird informiert, geschult, unterstützt und motiviert durch Verkaufstrainings, Produktkataloge, Verkaufstagungen, Incentives, Verkaufshandbücher, Auszeichnungen.
Handelsebene Trade Promotion bzw. Sales Promotion oder Handelspromotion	Der Groß- bzw. der Einzelhandel wird informiert, geschult, unterstützt und motiviert durch Händlerschulungen, Produktpräsentationen, Warenplatzierungen, Incentives, Schaufenstergestaltungen, Point-of-Sale-Aktionen, POS-Radio/TV, Werbegeschenke, Preisaktionen, Regalmieten (Rack Jobbing).
Endverbraucherebene Consumer Promotion bzw. Verbraucherpromotion	Verbraucher sollen mithilfe von Displays (Aufstellern), Produktproben, Preisausschreiben, Befragungen, Sonderaktionen, Coupons, Events am POS auf ein Produkt aufmerksam gemacht werden. Man unterscheidet auch → **personenbezogene Promotions** wie Direct-Mail-Aktionen, Kundenclubs, Clubkarten, Kreditkarten, Personality Promotions, Preisausschreiben; → **preisbezogene Promotions** wie Self Liquidating Offers (Räumungsverkauf), Preisofferten, Zugaben, Zweitnutzenpackungen; → **medienbezogene Promotions** Anzeigen mit Coupons, Anzeigen mit Preisausschreiben, Anzeigen mit Rücksendekarten, ferner Game-Shows und Teleshopping.

Bei Maßnahmen auf Handelsebene können die beiden folgenden Strategien unterschieden werden:

- **Pull-Strategie.** Durch eine starke Beeinflussung der Endverbraucher wird eine Endverbrauchernachfrage nach dem betreffenden Produkt im Handel erzeugt. Dadurch soll der Handel gezwungen werden, das Produkt in sein Sortiment aufzunehmen. Durch die Nachfrage der Endverbraucher wird das Produkt gewissermaßen in den Handel „hineingezogen" (to pull = ziehen).
- **Push-Strategie.** Hierbei setzt der Hersteller mit seinen Maßnahmen direkt beim Handel an und versucht, diesen dazu zu bewegen, das Produkt zu listen bzw. zu bestellen. Der Name erklärt sich daher, dass versucht wird, das Produkt in den Handel hineinzudrücken (to push = schieben).

Sponsoring

Sponsoring umfasst systematische Aktivitäten eines Unternehmens zur Förderung von Personen, Firmen oder Organisationen mithilfe von Finanzmitteln, Sachleistungen oder Diensten. Meist ist es das Ziel des Sponsors, eine bestimmte Zielgruppe anzusprechen und sein von der Zielgruppe wahrgenommenes Image zu pflegen. Als Gegenleistung wird von der gesponserten Partei in der Regel Werbung des Sponsors in der Öffentlichkeit präsentiert.

MERKE

Beim Sponsoring herrscht das Prinzip der Gegenseitigkeit vor, das heißt von Leistung und Gegenleistung. Meistens tauscht man Aufmerksamkeit bzw. Präsenz gegen Geld.

Bei richtigem Einsatz sind die Streuverluste gering, die Zielgruppe wird recht genau angesprochen. Werbung in Printmedien weist je nach Spezialisierungsgrad Streuverluste in Höhe von etwa 70 % bis 80 % auf, denn sofern die Anzeige überhaupt wahrgenommen wird, ist die Verweildauer ihrer Leser im Durchschnitt gering. Im Gegensatz dazu liegen die Streuverluste beim Sponsoring im Durchschnitt bei nur ungefähr 30 %.

Als typische Sponsoringziele nennen Unternehmen in Befragungen gerne Ziele wie

- Erhöhung der Bekanntheit,
- Prägung und Erhaltung des Firmenimages,
- Förderung mittel- oder langfristiger Absatzziele,
- Kontaktpflege zu Multiplikatoren und
- Öffentlichkeitsarbeit/PR.

Eine Studie der Werbeagentur BBDO in Zusammenarbeit mit der Universität der Bundeswehr aus dem Jahre 2010 kam zu den folgenden Ergebnissen:

- 70,9 % der befragten Unternehmen nutzen Sponsoring als Kommunikationsinstrument.
- Der gemittelte Anteil des Sponsoringbudgets am Kommunikationsbudget beträgt bei den befragten Unternehmen 16 %.
- Bei 75,4 % der befragten Unternehmen hatte das Sponsoringbudget im zweijährigen Vergleich einen konstanten oder steigenden Anteil am Kommunikationsbudget.

Aktuelle Entwicklungen: Eine Studie des Marktforschungsinstituts Nielsen aus dem Jahre 2018 zum Thema Sportsponsoring kam zu den folgenden ausgewählten Ergebnissen:

- → 85 % der befragten Sponsoren gaben an, dass Sponsoring im digitalen Zeitalter künftig neue innovative Wege gehen müsse, um die junge, marketingrelevante Zielgruppe zu erreichen.
- → 84 % der befragten Sponsoren gaben an, dass Social Media Maßnahmen bedeutender werden und mittlerweile ein selbstverständlicher Bestandteil integrierter Sponsoringmaßnahmen sind.
- → 69 % der befragten Sponsoren gaben an, dass starke Sportmarken aus Sicht der Sponsoren an Bedeutung gewinnen werden. Je stärker und emotionaler die Sportmarke ist, desto interessanter ist sie für Sponsoren und Partner.

Beispiele → Sponsoringformen

- → Sportsponsoring (Sponsoring von sportlichen Aktivitäten)
- → Kultursponsoring (Sponsoring von kulturellen Aktivitäten)
- → Umweltsponsoring, auch Ökosponsoring (Sponsoring von nachhaltigen, umweltorientierten Aktivitäten)
- → Social Sponsoring (Sponsoring von gesellschaftlichen Aktivitäten)
- → Programmsponsoring (Sponsoring von TV-Formaten)

Sportsponsoring ist die häufigste Art des Sponsorings. Es zielt auf die Förderung von Sportarten, Sportveranstaltungen, Mannschaften oder Einzelsportlern. Insbesondere die erfolgreiche Vermarktung von Fußballspielen, Formel-1-Rennen und anderen sportlichen Turnieren in den Medien hat in hohem Maß Sponsoringaktivitäten nach sich gezogen. Als Instrument der Marketingkommunikation hat sich Sportsponsoring in den letzten zehn Jahren dynamisch entwickelt.

Beispiel → Trikotwerbung als Form des Sportsponsorings

Mitte der 1950er-Jahre führte der uruguayische Verein Penarol Montevideo die Trikotwerbung im Fußball ein. Der erste deutsche Verein war 1973 Eintracht Braunschweig, obwohl der DFB diese Art der Werbung untersagte. Eintracht-Sponsor Günter Mast war über den erbitterten Widerstand des DFB erfreut, da der Streit mit dem Verband seinen Produkten immer wieder kostenlose Schlagzeilen verschaffte. Das Eintracht-Trikot war bereits mit dem Jägermeister-Hirsch bedruckt. Dem Beispiel von Eintracht Braunschweig folgten der Hamburger SV (Campari), die Eintracht Frankfurt (Remington), der MSV Duisburg (Brain Scott) und Fortuna Düsseldorf (Allkauf). Bei Spielen von Fußballnationalmannschaften wird auf Trikotwerbung verzichtet.

Kultursponsoring ist eine Art des Sponsorings, die auf die Förderung von Projekten im kulturellen Bereich zielt, das heißt von Projekten der darstellenden und bildenden Künste, der Musik, des Theaters, des Kinos, der Museen oder der Literatur. Unternehmen profitieren dabei vom Imagetransfer der Kultur. Gerne werden über das Sponsoring von Rockkonzerten junge Zielgruppen angesprochen.

Das Sponsoring von Live-Events ist wahrscheinlich eines der am stärksten überschätzten Betätigungsfelder im Public-Event-Management. Der Wunsch nach externer Finanzierung ist hier häufig Vater des Gedankens. In der Realität ist es recht schwierig, potenzielle Sponsoren für die Mitfinanzierung von Veranstaltungen zu gewinnen. Sie müssen davon überzeugt sein, dass ein solches Engagement dem Unternehmenszweck dient. Deshalb ist es für den Veranstalter besonders wichtig, die möglichen Vorteile für den Sponsor herauszustellen.

Beispiele → Strategien zur Akquisition von Sponsoren

- → Klare Darstellung der Ziele und Zielgruppen des Veranstalters
- → Darstellen der Akzeptanz von Sponsoring bei den Zielgruppen
- → Herausstellen renommierter Mitträger (zum Beispiel öffentliche Organisationen)
- → Herausarbeiten des Mehrwerts für den Sponsor, Skizzieren glaubwürdiger Darstellungsformen
- → Aufzeigen der möglichen Positionierung im Marketingmix des Sponsors
- → Aufzeigen der konkreten Nutzungsmöglichkeiten für den Sponsor, zum Beispiel
  - Platzierung von Logos in Printwerbung, Flyern und Plakaten,
  - konkrete Darstellung möglicher Banner- und Bandenwerbung,
  - Verlinkungen und weitere Möglichkeiten der Präsenz im Internet.

Exkurs: Fundraising, Mäzenatentum und Marketingkooperation

Unbedingt vom Sponsoring abzugrenzen sind die Begriffe Fundraising, Mäzenatentum und Marketingkooperation.

Fundraising bedeutet:

1. die Beschaffung von Spendengeldern,
2. Mittelbeschaffung aller von einer Organisation für die Erfüllung ihres gemeinnützigen Satzungszwecks benötigten Ressourcen (z. B. Geldleistungen, Sachleistungen oder Dienstleistungen) im Rahmen des Beschaffungsmarketings einer Non-Profit-Organisation.

Fundraising unterscheidet sich von Sponsoring dadurch, dass der Mittelgeber keine Gegenleistung erhält. Spenden an gemeinnützige Organisationen können allerdings steuermindernd geltend gemacht werden.

Mäzenatentum bezeichnet eine Form der Kunstförderung, bei der der Mäzen, der in der Regel im Hintergrund und häufig ungenannt bleibt, ohne direktes Eigeninteresse Geldmittel zur Verfügung stellt.

Der Begriff Mäzen ist von Gajus Cilnius Maecenas abgeleitet, einem vermögenden römischen Diplomaten aus dem 1. Jh. v. Chr., der ein großzügiger Förderer der Dichter war. Ein Mäzen ist ein Kunstgönner, dessen finanzielle, materielle oder ideelle Unterstützung sich nicht unmittelbar auch zu seinen eigenen Gunsten auswirkt, aber durchaus sein persönliches Ansehen erhöhen kann.

- → **Marketingkooperation** ist die Zusammenarbeit von zwei oder mehreren Unternehmen mit dem Ziel, durch die Bündelung von Kompetenzen oder Ressourcen Marktpotenziale auszuschöpfen.
- → **Horizontale Kooperation** ist die Zusammenarbeit von Partnern auf einer Wirtschaftsstufe, zum Beispiel die gemeinsame Herstellung eines Produkts.
- → **Vertikale Kooperation** ist die Zusammenarbeit von Partnern verschiedener Wirtschaftsstufen, zum Beispiel von Groß- und Einzelhandel.

Sinnvoll erscheint eine Marketingkooperation bei unterschiedlichen Marketingzielen und der Möglichkeit einer Koppelung von Aktivitäten, die für beide Seiten vorteilhaft ist. Typisch für die Marketingkooperation in Gegensatz zum Sponsoring ist die häufig enge, das heißt vernetzte und gezielte Zusammenarbeit.

Beispiel → Marketingkooperation

Im Jahre 2014 machte die Luxusmarke Louis Vuitton durch eine Marketingkooperation mit dem Fußballweltverband FIFA von sich reden: Mit einem eigens entwickelten Luxuskoffer (Official Travel Case) wurde der Weltmeisterpokal standesgemäß nach Brasilien transportiert.

Ebenfalls vom Sponsoring abzugrenzen ist die Werbekooperation, die in der Veranstaltungsbranche bei Public Events häufig in Form einer Präsentationspartnerschaft, das heißt der Präsentation des Events durch einen Medienpartner, vorkommt. Mehr dazu in Abschnitt 4.2.7.

Onlinemarketing

Die multimediale Kommunikation umfasst neben den kommunikativen Maßnahmen im Internet und dem Intranet eines Unternehmens auch alle weiteren multimedialen Interaktionsmaßnahmen, heute im Besonderen die Ansprache potentieller Kunden durch mobile Medien wie Smartphones und Tabletcomputer. Kernaufgabe sind in der Regel die Erstellung eines Internetauftritts und Aktivitäten in netzbasierten sozialen Medien.

Neben einer freien URL-Adresse (Internet-Domain) benötigt man Speicherkapazität auf einem Server, die von einem Internetserviceprovider gemietet werden kann. Der Hauptzweck des Auftritts (zum Beispiel Selbstdarstellung, Information, Öffentlichkeitsarbeit, Absatzgenerierung) ist maßgeblich für die visuelle Gestaltung, den redaktionellen Inhalt und die technische Programmierung.

Internetbasierte Archiv- und Kommunikationssysteme (Contentmanagementsysteme) erleichtern zunehmend die interne wie externe Kommunikation eines Unternehmens. Auch als elektronische Handelsplattform (E-Commerce) wird das Internet zunehmend genutzt. Dies setzt eine detaillierte Planung der Bestell- und Auslieferungsprozesse (Bestellsystem, Lagerverwaltung, Logistik) aufseiten des Anbieters voraus.

Der eigene Internetauftritt sowie Internetportale lassen sich wiederum vermarkten, zum Beispiel durch Anzeigenraumvermietung, Verlinkung oder Bannerschaltung. Zur Bestimmung des Werts einer Website für kommerziell ausgerichtete Nutzer bieten sich statistische Methoden zur Messung des Useraufkommens (page views, page impressions) an, die auch detaillierte Aussagen zu Herkunft und Nutzungsverhalten der Besucher ermöglichen.

4.2.3 Zielgruppenbestimmung und Marktforschung

Zum Einstieg

Fatma Öztürk durchläuft während ihrer Ausbildung bei der Grohte Sanitär- und Einrichtungstechnik AG mehrere Abteilungen. Im zweiten Lehrjahr ist sie drei Monate lang in der Marketingabteilung eingesetzt. In Zeiten des wirtschaftlichen Aufschwungs sollen die Absatzmärkte genauer bestimmt werden. Die Abteilungsleitung beschließt, durch umfassende Marktforschungsmaßnahmen die aktuellen Zielgruppen der Grohte AG zu bestimmen. Fatma hat in diversen Meetings unterschiedliche Begriffe zum Thema aufgeschnappt. Sie erhofft sich in den folgenden Monaten Klärung zu folgenden Fragen:

- Was ist der Unterschied zwischen Marktsegmenten und Zielgruppen?
- Welche Formen der Marktforschung gibt es, wann ist eine Erhebung repräsentativ?
- Was bedeuten die Begriffe Demoskopie und Psychografie?
- Was sind Sinus-Milieus?
- Wie sollte ein Fragebogen aufgebaut sein?

Zielgruppenbestimmung

Im modernen Marketing ist es wichtig, die eigenen Kunden und deren Marktverhalten möglichst gut kennenzulernen, um die Kunden gezielt ansprechen und den Absatz effektiv koordinieren zu können.

Marktsegmentierung ist die Aufteilung eines Gesamtmarkts in Kundengruppen. Diese können nach Kriterien wie Alter, Geschlecht oder Beruf gebildet werden.

Marktsegmentierung ist ein konstruktiver Hilfsvorgang, der eine differenzierte Marktbearbeitung ermöglichen soll. Eine Voraussetzung für die Segmentierung ist die Abgrenzung des Marktes in sachlicher, räumlicher und zeitlicher Hinsicht.

Eine **Zielgruppe** ist ein umrissener Kreis von Marktteilnehmern, den das Unternehmen im Rahmen seiner Kommunikationspolitik anspricht.

Zielgruppen werden mithilfe von Erhebungen im Rahmen der Marktforschung entweder über sozioökonomische Merkmale (zum Beispiel Alter, Familienstand, Haushaltseinkommen) oder psychografische Merkmale (zum Beispiel Einstellungen, Werte und das beobachtbare Konsumverhalten) bestimmt. Zur Zielgruppenansprache werden insbesondere Medien oder Veranstaltungen eingesetzt, über die die Mitglieder der Zielgruppe als Leser, Hörer, Zuschauer, Konsumenten oder Teilnehmer erreicht werden sollen.

Beispiel → Zielgruppenbeschreibung

Die Zielgruppe für CDs der Band Die Backstage Girls in Deutschland umfasst jugendliche, junge und jung gebliebene Männer und Frauen im Alter von 15 bis 34 Jahren, noch ohne oder mit niedrigem Einkommen. Die nonkonformistisch und rebellisch in Erscheinung tretenden Marktteilnehmer nutzen alternative Informationsmedien sowie Social-Media-Plattformen, legen Wert auf eine Street-Credibility (Glaubwürdigkeit) der konsumierten Musikgruppen und kennen sich in musikalischen Nischensegmenten ausgesprochen gut aus. Geografisch wird eine erhöhte Präsenz in Ballungszentren und den angrenzenden ländlichen Regionen angenommen.

Methoden der Marktforschung

Die grundlegende Erhebung von Daten für die Marktsegmentierung sowie die Untersuchung bestimmter Zielgruppen ist Aufgabe der Marktforschung. Sie ist für alle Pfeiler des Marketings von Bedeutung. Daten können dabei auf verschiedenen Wegen erhoben werden.

- → **Marktforschung** in Form von Marktuntersuchungen ist die systematische Beschaffung, Verarbeitung und Analyse von marktbezogenen Informationen.
- → **Primärforschung** (auch Feldforschung) ist die Erhebung neuer, bisher nicht erhobener Marktdaten.
- → **Sekundärforschung** ist die Auswertung bereits erhobener Daten. Es kann sich dabei sowohl um selbst erhobene (interne) als auch um von anderen erhobene (externe) Datenbestände handeln.
- → Eine **Vollerhebung** ist eine Befragung aller Mitglieder einer Gruppengesamtheit, eine **Teilerhebung** die Befragung einer Auswahl der Grundgesamtheit.
- → Eine **repräsentative Umfrage** ist eine Umfrage, deren Erkenntnisse auf eine Grundgesamtheit übertragen werden können, da die erhobenen Daten aufgrund von entsprechenden statistischen Auswahlkriterien stellvertretend für die unbekannten Daten der Grundgesamtheit sind. Die ausgewählte Teilgesamtheit muss dabei nach mathematisch-statistischen Methoden ausgewählt werden.

Der Marktforschungsprozess basiert auf statistischen Methoden der empirischen Sozialforschung zur Beobachtung des Marktgeschehens und dient der Begründung und Vorbereitung von Marketingentscheidungen. Die Tabelle fasst verschiedene Formen der Marktforschung zusammen.

Form	Beschreibung
Markterkundung	Gelegentliche und unsystematische Erhebung von Informationen. Verwendete Methoden: Beobachtung, Kundengespräche, Auswertung von Berichten, Nutzung interner Absatzstatistiken. Umfragen enthalten häufig offene Fragen ohne Antwortvorgaben.
Marktanalyse	Punktuelle Darstellung der Marktsituation zu einem bestimmten Zeitpunkt zur kurzfristigen Entscheidungsfindung
Marktbeobachtung	Erforscht einen Markt über einen Zeitraum mit dem Ziel, umfangreiche aktuelle Marktinformationen auf Anbieter- und Käuferseite zu erhalten
Marktprognose	Vorhersage über die künftige Marktentwicklung auf der Grundlage von Ergebnissen der Marktanalyse und Marktbeobachtung

Zur Datenerhebung werden die folgenden Methoden eingesetzt:

- mündliche, telefonische oder schriftliche **Befragung.** Wichtig dabei sind Befragungsstrategien (wie standardisierte Interviews oder freie Gespräche) und Befragungstaktiken (in Form von direkten, indirekten und offenen Fragen sowie Kontrollfragen). Die Befragung kann anhand von computergestützten Verfahren durchgeführt werden. Dazu zählen CAPI (Computer-Assisted Personal Interviews), CATI (Computer-Assisted Telephone Interviews) und CAWI (Computer-Assisted Web Interviews);
- **Beobachtung** von Verhaltensweisen, zum Beispiel des Kaufverhaltens;
- **Panelbefragung,** das heißt die mehrfache Befragung eines Panels (ein Panel ist ein fester Kreis von Personen);
- **Experimente,** zum Beispiel Produkttests oder Plakattests bei einem ausgewählten, im besten Fall für die Zielgruppe repräsentativen Personenkreis. Gern werden auch verschiedene Varianten von TV-Spots vorab an einer Teilgruppe getestet.

- **Qualitativ** ausgerichtet ist eine Erhebung, wenn sie erklären soll, warum die Dinge so sind, wie sie sich darstellen. Eine solche Erhebung versucht, Erkenntnisse aus der inneren Struktur des Objekts heraus zu erklären. **Quantitativ** ausgerichtet ist eine Erhebung dann, wenn sie numerisch erfasste Daten zusammenstellt, deren Analyse einem bestimmten Erkenntnisziel dient.
- **Psychografisch** ausgerichtete Erhebungen erfassen Persönlichkeitsmerkmale wie Einstellungen und Werte. **Demografisch** ausgerichtete Erhebungen erfassen äußerliche Merkmale der Bevölkerung.
- Bei den demografischen Erhebungen wird zwischen **sozioökonomischen** (Beruf, Einkommen usw.), **soziodemografischen** (Alter, Geschlecht, Einkommen, Familienstand, Religionszugehörigkeit usw.) und **soziogeografischen** Ansätzen (Region, Wohnort, Bundesland oder zum Beispiel die Aufteilung Deutschlands in die sogenannten Nielsen-Gebiete) unterschieden.

Beispiel → Sinus-Milieus

Sinus-Milieus sind das Ergebnis einer umfassenden und kombinierten demografischen und psychografischen Erhebung. Sie setzen die Werteorientierung von Bevölkerungsgruppen in Beziehung zu deren sozialer Stellung. Die Sinus-Milieus sind in einem Diagramm, der sogenannten Kartoffelgrafik, dargestellt. Die senkrechte Achse des Diagramms ist durch drei bis fünf verschiedene Bevölkerungsschichten von „Oberschicht" bis „Unterschicht" definiert. Auf der horizontalen Achse ist eine Skala von Grundhaltungen und Lebenseinstellungen von konservativ bis modern dargestellt. Oben in der entstehenden Matrix sind die gesellschaftlichen Leitmilieus angesiedelt, am linken Rand die traditionellen Milieus, in der Mitte die Mainstream-Milieus und rechts die hedonistischen Milieus.

AUFGABEN

1. Recherchieren Sie die detaillierten Milieubeschreibungen der aktuellen Sinus-Milieus und versuchen Sie, sich selbst und Ihre Lehrer bzw. Vorgesetzten tendenziell den Milieus zuzuordnen.
2. Begründen Sie, warum psychografisch ausgerichtete Erhebungen in der Regel qualitativen Charakter und demografisch ausgerichtete Erhebungen in der Regel quantitativen Charakter haben.

Kriterien zur Erstellung eines Fragebogens

Mit Fragebogen zu erfassende Umstände können grundsätzlich auf sozialwissenschaftlichen Erkenntnissen basieren, ebenso gut aber auch im Team aus eigenen Überlegungen, Zielen und Alltagsbeobachtungen abgeleitet werden. Man unterscheidet das freie Interview und standardisierte Interviewverfahren. Bei der Gestaltung der Frageformen unterscheidet man zwischen offenen und geschlossenen Fragen.

Folgende Fragetypen gibt es: Eisbrecherfragen, Puffer, Überrumplung, Kontrollfragen, Einführungsfragen, Filter, normale Fragen.

Bei der Erstellung des Fragebogens sollte man folgende Grundlagen beachten:

1. Entscheidung über die Form und Länge des Fragebogens
2. Entscheidung über die Art der verwendeten Fragen
   - in persönlicher („ich") oder unpersönlicher Form („man")
   - Einstellungsfragen („Halten Sie sich für eine kommunikative Persönlichkeit?")
   - Feststellungen (Statements, zum Beispiel: „Ich bin ein kommunikativer Mensch.")
   - Ja/Nein-Fragen, Antwortkategorien, Ratings (zum Beispiel Benotungsskala), Alternativfragen, Wertungsfragen, offene Fragen usw.
3. Erstellung der Kategorien und Fragen

Eine mittlere Antwortkategorie („neutral" oder „Weiß ich nicht") sollte dann möglichst weggelassen werden, wenn Ausweichmöglichkeiten minimiert werden sollen.

Beispiel → Fragebogen einer sponsorenorientierten Marktanalyse (Auszüge)

Fragebogen zum Musikfest am Ring

Fragebogen Nr. ____________ Interviewer-Code __________

1. Wie sind Sie auf das Ringfest aufmerksam geworden?

1 Zeitungen/Magazine
2 Plakate
3 Sonstiges
4 Freunde/Bekannte
5 Radio
6 TV

2. Was gefällt Ihnen am Ringfest?

1 Atmosphäre/Stimmung
2 Entertainment-Angebote
3 Gratisveranstaltung
4 Sonstiges
5 Musik
6 Publikum
7 Organisation des Ringfests

3. Das wievielte Mal besuchen Sie das Ringfest?

1 das erste Mal
2 das zweite Mal
3 das dritte Mal
4 mindestens das vierte Mal

5. Welche Marken sind Ihnen aufgefallen?

1 Camelia
2 Coca-Cola
3 Desperados
4 Red Bull
5 Karlsberg Mixery
6 Sony PlayStation
7 Intel
8 Vita Malz
9 Nokia
10 Warsteiner
11 Hjundai
12 AWB

7. Welche Biersorte bevorzugen Sie?

1 Kölsch   2 Pils   3 Alt   4 Ich trinke kein Bier.

8. Sind Sie bereit, einen Eintrittspreis für die Bühnen zu zahlen?

1 ja, weniger als 5,00 €
2 ja, 5,00 €
3 ja, mehr als 5,00 €
4 nein

10. Welche Note würden Sie dem Ringfest geben? (1 = sehr gut, 5 = ungenügend)

1   2   3   4   5

Abschließend einige Fragen zu Ihrer Person:

11. Welche Musikrichtung bevorzugen Sie? (Mehrfachnennung möglich)

1 Pop/Mainstream
2 Heavy Metal/Hard Rock
3 Mundart/Schlager/Volksmusik
4 Folklore/Weltmusik
5 Funk/Jazz
6 Hip-Hop/Reggae/Rap
7 Elektro/Techno
8 Rock 'n' Roll/Blues/Swing
9 Punk/Wave/Ska
10 RNB/Soul/Black Music

12. Von wo sind Sie angereist?

1 Köln
2 Bonn/VRS-Gebiet
3 sonstiges NRW
4 andere Bundesländer
5 Ausland

Fragebogen zum Musikfest am Ring	
13. Besucherstruktur	
1 berufstätig (Einkommen unter 2.000,00 €)	5 Schüler/Student
2 berufstätig (Einkommen unter 1.000,00 €)	6 Rentner
3 berufstätig (Einkommen über 2.000,00 €)	7 Hausfrau
4 Arbeit suchend	
14. Wie alt sind Sie?	
1 jünger als 18 Jahre	5 zwischen 30 und 35 Jahren
2 zwischen 18 und 20 Jahren	6 älter als 35 Jahre
3 zwischen 21 und 24 Jahren	7 keine Angabe
4 zwischen 25 und 29 Jahren	
15. Geschlecht	
1 männlich	2 weiblich

Erhebungsmethoden und Fragebogen werden auch im Verfahren der Erfolgsmessung (Evaluation) einer Veranstaltung, zum Beispiel eines Messeauftritts, eingesetzt. Mehr dazu in den Lernfeldern 8 und 9 (Abschnitt 9.4).

AUFGABEN

1. Die Grohte Sanitär- und Einrichtungstechnik AG möchte eine neuartige Wellnessdusche entwickeln und auf den Markt bringen, die im Handel rund 1.200,00 € kosten wird. Als Marketingmitarbeiter/-in sollen Sie für diese neue Produktlinie an der Erstellung eines Marketingkonzepts mitarbeiten.
   a) Listen Sie sieben sinnvolle Schritte zur Erarbeitung eines Marketingplans auf und präsentieren Sie diese in einer schlüssigen Reihenfolge.
   b) Begründen Sie, warum Marktforschung sinnvoll für die Marketingplanung ist.
   c) Was bedeutet Marktsegmentierung? Entwerfen Sie anhand von selbst gewählten Kriterien vier Segmente (Teilgruppen) für das Produkt.
   d) Sie schlagen eine Marktanalyse vor. Was genau ist damit gemeint?
   e) Nennen Sie je drei Beispiele für primäre und sekundäre Marktforschungsmethoden.
   f) Nennen Sie drei Vorteile eines Panels.
   g) Ein Marktforschungsinstitut wird beauftragt und präsentiert einen Fragebogen. Auf welche möglichen Fehler achten Sie bei der Durchsicht? Nennen Sie mindestens drei.
2. Als Marketingmitarbeiter/-in des Musik-Download-Portals rockload sollen Sie eine Zufriedenheitsanalyse durch eine Befragung der Kunden erstellen.
   a) Welche Art der Befragung schlagen Sie vor? Nennen Sie fünf Inhalte einer solchen Befragung.
   b) Wie sollten Sie vorgehen, wenn Ihr Unternehmen die Befragung selbst durchführen möchte? Erstellen Sie eine sinnvoll strukturierte To-do-Liste mit mindestens acht Punkten.
   c) Welche Vorteile bringt die Vergabe der Befragung an ein Marktforschungsinstitut mit sich? Nennen Sie je zwei Vor- und Nachteile.

4.2.4 Kommunikationspolitik: Wo überall stecken Business-Events drin?

Eventmarketing ist in den letzten Jahrzehnten eine zunehmend wichtige Instrumentengruppe im Orchester der Marketingkommunikation geworden. Wir können darüber hinaus feststellen, dass der weiter oben skizzierte Kommunikationsmix außerhalb der klassischen Werbung noch eine gewisse Portion weiterer Business-Events enthält (vgl. Tabelle).

Kommunikationskanal	Beispiele zugehöriger Business-Events
Public Relations (PR)	Pressekonferenz, Hauptversammlung, VIP-Event
Verkaufsförderung	Promotionaktionen, Tag der offenen Tür
Sponsoring	Sport-Event-Sponsoring, Kultur-Event-Sponsoring

Business-Events als Bestandteil des Kommunikationsmix

Eventmarketing inklusive der Organisation von Messeauftritten zählt also heute zu einem wichtigen Teil des Kommunikationsmix eines Unternehmens. Man vergesse darüber hinaus nicht die Relevanz von Business-Events in der internen Mitarbeiterkommunikation und -motivation und in der angewandten Vertriebspolitik (siehe Abschnitt 4.2.9). Es ist also nicht nur für uns als Eventprofis nützlich, sich mit Eventmarketing auszukennen. Auch die anderen Marketingspezialisten (zum Beispiel Betriebswirte, Kaufleute für Marketingkommunikation, Kommunikationswirte) haben Vorteile, wenn sie mit der Organisation von Business-Events vertraut sind.

4.2.5 Marketing-Event, Eventmarketing und Veranstaltungsmarketing

In diesem Abschnitt geht es um zentrale inhaltliche Unterschiede und wichtige begriffliche Unterscheidungen: Was bedeuten die Begriffe Marketing-Event, Eventmarketing und Veranstaltungsmarketing, welche unterschiedlichen Dinge beschreiben sie? Gehen wir dazu noch einmal zurück zur Tabelle auf Seite 25 und betrachten die Ziele und die Art der Finanzierung von Public Events und Business-Events. Wir erinnern uns, dass Unternehmen Eventmarketing-Budgets einrichten, die zur Finanzierung von Business-Events dienen.

Wie unterscheiden sich Marketing-Event und Eventmarketing?

Halten wir zunächst die beiden folgenden Punkte fest:

- Marketing-Events können auch Business-Events genannt werden.
- Eventmarketing ist Teil des Marketingpfeilers Kommunikationspolitik.

Business-Events dienen der direkten oder noch häufiger der indirekten Steigerung des Absatzes eines Produkts, einer Marke, einer Dienstleistung oder eines Unternehmens und sind Teil der Marketingkommunikationsmaßnahmen für ein anderes Produkt. Vernetzt mit den anderen Maßnahmen im Kommunikationsmix, werden Business-Events genutzt, um Mitarbeitern, Geschäftspartnern oder potenziellen Kunden nachhaltig und emotionalisierend ein Produkt, eine Dienstleistung oder ein Unternehmen nahezubringen.

Ein **Business-Event (Marketing-Event)** ist eine Veranstaltung, die Faktoren wie „Unterhaltung“ und „Emotionalisierung“ zur direkten oder indirekten Steigerung des Absatzes nutzt.

Ein Marketing-Event ist also die Bezeichnung für eine bestimmte Veranstaltung, zum Beispiel einen Messeauftritt, eine Produktpräsentation, eine Incentive-Veranstaltung, eine Aktionärsversammlung oder einen Tag der offenen Tür. Eventmarketing dagegen ist der Dachbegriff für alle Tätigkeiten zur strategischen und operativen Anlage sowie zur Durchführung von Marketing-Events.

Eventmarketing bezeichnet alle Maßnahmen, bei denen mithilfe von Marketing-Events Produkte, Dienstleistungen oder Unternehmen am Markt platziert und die Kaufbereitschaft der Kunden geweckt werden sollen. Oder bildlich ausgedrückt: Eventmarketing ist die Summe der Marketing-Events, die zur Absatzförderung durchgeführt werden.

Im Zeitalter der modernen Marktwirtschaft hat sich die Kategorie der Business-Events im Rahmen des Eventmarketings als Veranstaltungen der wirtschaftlichen Eliten etabliert.

Interessant wird es, wenn man bedenkt, dass Business-Events eng abgestimmt und vernetzt werden müssen mit

- der aktuellen Marketingstrategie,
- den konkreten Absatzzielen,
- der Unternehmenskultur und Corporate Identity,
- dem bisherigen Erfahrungshorizont,
- den Budgetvorstellungen und
- vielen weiteren Anforderungen des Unternehmens/Auftraggebers.

Und eine weitere Frage drängt sich auf: Wie mache ich nun eigentlich erfolgreiche Business-Events, das heißt erfolgreiches Eventmarketing? Dafür sollte man in erster Linie in der Lage sein, zielorientierte und wirksame Business-Events anzulegen. Diesem Thema widmen wir uns im Lernfeld 8 ausführlich.

Was unterscheidet Eventmarketing von Veranstaltungsmarketing?

Zwar ließe sich der Begriff so auslegen, doch wie wir gesehen haben, bedeutet Eventmarketing nicht, Marketing für eine Veranstaltung zu machen. Dies ist vielmehr die Domäne des Veranstaltungsmarketings.

Veranstaltungsmarketing umfasst alle Maßnahmen, die dazu dienen, ein Live-Event am Markt zu platzieren und die Kaufbereitschaft der Kunden zu wecken.

Natürlich benötigt man Veranstaltungsmarketing auch für Business-Events, und das umso mehr, wenn sich das Live-Event an Endkunden richtet. Im Folgenden liegt aber der Schwerpunkt auf dem Veranstaltungsmarketing für Public Events, das heißt konkret auf den Marketingkommunikationsmaßnahmen für eine Veranstaltung. Mithilfe der Marketingkommunikation wird Aufmerksamkeit für das Produkt geschaffen.

MERKE

Ein wichtiger Bestandteil des Veranstaltungsmarketings sind Marketingkommunikationsmaßnahmen für ein Live-Event.

Dieses Themenfeld wollen wir vertiefen, indem wir im nächsten Abschnitt Werbemaßnahmen für Public Events vorstellen.

AUFGABEN

1. Nennen Sie die fünf Phasen des Eventmanagements und ordnen Sie jeder Phase fünf beispielhafte Tätigkeitsfelder zu.
2. Erklären Sie den Unterschied zwischen Eventmanagement und Eventmarketing mit eigenen Worten.
3. Die erste CD der Backstage Girls wird veröffentlicht. Nennen Sie je fünf Marketingmaßnahmen in den Marketingsäulen Produktpolitik, Preispolitik, Kommunikationspolitik und Distributionspolitik.
4. Was bedeutet die Linie beim Above/below-the-line-Modell?
5. Ihre Agentur wird beauftragt, in Dortmund, Bochum und Gelsenkirchen eine zweiwöchige Promotion für das Lifestylegetränk Bad Bull durchzuführen. Listen Sie mithilfe eines Brainstormings benötigte und beteiligte Personengruppen und Materialien auf.
6. Die erste CD der Backstage Girls wird veröffentlicht. Entwerfen Sie drei Sales-Promotion-Maßnahmen.
7. Nach welchen Kriterien werden die x- und die y-Achse in der Portfolioanalyse bezeichnet?
8. Sie arbeiten bei einem Trainingsinstitut, das Schulungspakete zu vier Themen anbietet, die laut Portfolioanalyse folgendermaßen eingeordnet werden können: Kreativitätsentfaltung (poor dog), Managementtechniken (poor dog), Präsentationstraining (question mark) und Vertriebstraining (star). Nehmen Sie Stellung zu der Frage, ob das Portfolio optimal ist.
9. Benennen Sie die drei Phasen der Produktzyklusanalyse, in denen der Umsatz steigt.
10. Stellen Sie in der Berufsschulklasse Teams aus Auszubildenden zusammen, die in ähnlichen Betrieben oder sogar bei Mitbewerbern arbeiten. Betreiben Sie Benchmarking, indem Sie die Betriebe und deren Angebote nach Kriterien wie Angebotsprofil, Außendarstellung, Image, Kosten, Leistungen, Prozesse und Betriebsklima vergleichen.

11. Der Kartoffelchipshersteller Brunchips hat seine Produkte durch ein Marktforschungsinstitut untersuchen lassen und folgende Ergebnisse erhalten: Bekanntheit: 68 % (Männer 80 %, Frauen 50 %), Sympathie 30 % (Männer 27 %, Frauen 34 %), Kaufbereitschaft 22 % (Männer 16 %, Frauen 26 %) und Kauf 14 % (Männer 10 %, Frauen 17 %).
    a) Erläutern Sie mindestens zwei Erkenntnisse, die sich aus den Werten ableiten lassen.
    b) Die Sympathie für das Produkt soll durch eine Werbekampagne gesteigert werden. Entwerfen Sie drei Maßnahmen, durch die die Kaufbereitschaft am Point of Sale erhöht werden kann.
12. Recherchieren Sie die wesentlichen Inhalte des Gesetzes gegen den unlauteren Wettbewerb (UWG). Erklären Sie, welchen Zweck dieses Gesetz hat und für wen es gilt. Nennen Sie je fünf Marketing- oder Vertriebsmaßnahmen, die im Wettbewerb unter Geschäftskunden sowie gegenüber Endkunden laut UWG verboten oder Einschränkungen unterworfen sind.
13. Recherchieren Sie das Gesetz gegen unerlaubte Telefonwerbung und nennen Sie fünf wichtige Regelungen zum Schutz des Verbrauchers.
14. Sie sehen im TV den folgenden Werbespot für die Automarke Maxi Cooper: Ein junger, gut aussehender Darsteller rast mit seinem nagelneuen Maxi Cooper durch die menschenleeren Häuserschluchten einer Metropole zu angesagten House-Beats. Plötzlich scheint es eine Bildstörung zu geben und ein grässlicher Außerirdischer mit Riesenfühlern auf dem Kopf ist im Bild zu sehen, der in einer wirren Weltallsprache auf den Zuschauer einredet. Schnitt zurück, und wir sehen unseren Darsteller, wie er zufrieden aus dem Auto steigt, seinen Arm lässig auf die offene Fahrertür legt und die nonverbale Botschaft sendet „Dieser Maxi Cooper gefällt mir“. Warum haben sich die Werbemacher einen solchen Spot einfallen lassen? Berücksichtigen Sie bei der Analyse die AIDA-Formel.

4.2.6 Veranstaltungsmarketing: Werbeplanung in der Kommunikationspolitik für Public Events

Im Anschluss an eine allgemeine Darstellung der Werbeplanung (auch Mediaplanung genannt) wollen wir grundlegende Aussagen zu den Themenfeldern Marketing und Marketingkommunikation zusammenfassend einordnen und am Beispiel eines regionalen Rock-Festivals eine Reihe von Werbemaßnahmen vorstellen. Marketing „aus dem Bauch heraus“ ist zwar in unserer Branche noch verbreitet und sicherlich auch wirkungsvoll; dennoch empfiehlt sich ein fundiertes, strukturiertes und zielorientiertes Vorgehen, das Erkenntnisse der Betriebswirtschaftslehre nutzt.

Um Zielgruppen kommunikativ zu erreichen, benutzen wir Medien.

Ein **Medium** ist ein Transportmittel für Unkörperliches. Medien können beispielsweise betrachtet werden als vermittelnde Elemente im Allgemeinen, als organisatorische und technische Apparate für die Vermittlung von Meinungen und Informationen (zum Beispiel Radio, TV, Zeitschrift) oder als für die Werbung benutzte Kommunikationsmittel (Werbeträger).

Mediaplanung/Mediamix

Mediaplanung ist eine operative Marketingtätigkeit im Rahmen der Kommunikationspolitik. Sie bezeichnet den Vorgang der Buchung bzw. des Einkaufs von Werbezeiten. Ein Mediaplan wird auch gerne als Werbeplan bezeichnet. Mediaplanung beantwortet die Frage, zu welchen Zeiten mit welcher Frequenz Anzeigen, Werbespots und PR-Beiträge geschaltet werden. Häufig wird hierbei das Maximalprinzip angewendet (maximale Wirkung bei gegebenem Budget).

Wichtige Fragen der Mediaplanung sind:
- → Wer soll erreicht werden?
- → In welchen Medien soll geworben werden?
- → An welcher Stelle soll in einem Medium geworben werden (Sender, Format, Titel, Platz)?
- → Wann soll geworben werden?
- → Wie lange soll geworben werden?
- → Mit welchen Unterbrechungen soll geworben werden?
- → Wie stark soll geworben werden?
- → Welches Budget wird benötigt?
- → Wie lauten die Mediadaten des potenziellen Werbeträgers?

Ein wesentlicher Teil der Mediaplanung ist die Gestaltung des **Mediamix,** das heißt die aufeinander abgestimmte und systematische Auswahl von Werbeträgern. Werbemittel werden auf der Basis von Kosten-Nutzen-Analysen in Medien zeitlich gestaffelt und abgestimmt im Rahmen einer Werbekampagne eingesetzt. Dabei soll die größtmögliche Wirkung erzielt werden.

Mediaplaner arbeiten im Unternehmen selbst, in einer klassischen Full-Service-Werbeagentur oder in einer **Mediaagentur,** das heißt einer auf den Einkauf von Werberaum, -fläche und -zeit spezialisierten Werbeagentur. Mediaagenturen planen den Werbeplatzbedarf eines Unternehmens für ein Produkt/eine Marketingkampagne und kaufen in dessen Auftrag Werbeplätze beispielsweise in TV, Radio, Internet oder Printmedien. Festgelegte Preislisten für Werbeplätze werden aufgrund der großen Zahl von Mitbewerbern (privater Rundfunk/Privatfernsehen) zumindest im TV-Geschäft kaum noch geführt. Mediaplaner suchen die passenden Medien aus und buchen die Werbeplätze zu bestmöglichen Konditionen, zum Beispiel unter Nutzung von Bündelrabattangeboten.

Werbemittel/Werbeträger

- → **Werbeträger** sind Medien, auf oder in denen Werbung geschaltet oder gedruckt wird.
- → Ein **Werbemittel** transportiert über einen Werbeträger eine Werbebotschaft zur Zielgruppe.
- → **Werbeelemente** sind die Bestandteile eines Werbemittels.

Beispiele → Werbeträger

- Printmedien: Zeitung/Zeitschrift (Tageszeitung, Wochenzeitung, Anzeigenblatt, Illustrierte, Publikumszeitschrift, Programmzeitschrift, Beilage, Fachzeitschrift, Magazin), Katalog, Branchenbuch, Buch
- Außenwerbung: Plakat, Litfaßsäule, City-Light-Poster, Verkehrsmittel
- Elektronische Medien: TV (Kabel, Satellit, Bildschirmtext, Pay-TV), Hörfunk, CD
- Onlinemedien: Portale, Webseiten, Suchmaschinen, E-Commerce-Marktplätze Sonstige Medien: Merchandisingartikel, Produkte, Verpackungen, Schaufenster, Werbegeschenke

Im Rahmen der Mediaplanung erfolgt die Auswahl der Werbeträger zum einen durch die Intermediaselektion (Auswahl der Werbeträgerkategorien), zum andern durch die Intramediaselektion (Auswahl zwischen Werbeträger A und B). Auswahlkriterium ist die Effizienz der Zielgruppenansprache gemessen an der Reichweite, dem festgelegten Zeitrahmen und dem verfügbaren Budget.

Beispiele → Werbemittel

- Anzeige und Beilage in Printmedien
- Funk- oder TV-Werbespot
- Plakat
- Prospekt/Broschüre
- Handzettel/Flyer
- Display, Regalbeschriftung

Auswahl und Ausgestaltung der Werbemittel sind abhängig von der Zielgruppe und deren Interessen, Sprachgebrauch und Wertevorstellungen.

Beispiele → Werbeelemente

- Text
- Logo
- Foto

AUFGABEN

1. Recherchieren Sie die Anzeigenpreise für die lokale Tageszeitung, das lokale Anzeigenblatt und gegebenenfalls die lokale Stadtzeitung.
2. Ihre Agentur veranstaltet jedes Jahr ein regionales Rock-Festival. Listen Sie auf, mithilfe welcher Werbeträger die kommunikative Besucheransprache erfolgen könnte.
3. Welcher der in der Tabelle wiedergegebenen Mediapläne ist effektiver und effizienter, das heißt, bringt mehr Reichweite bei niedrigerem finanziellem Aufwand?

Medium	Ausgangsplan	Alternativplan	Index
RTL Prime Time	12-mal	–	–
SAT 1 Prime Time	12-mal	12-mal	–
PRO 7 Prime Time	12-mal	12-mal	–
Stern	–	12-mal	–
Focus	–	6-mal	–
Kosten	1.965.765,00 €	1.754.300,00 €	89,24
Zielgruppe: Bevölkerung ab 18 bis 49 Jahre, Haushalts-Nettoeinkommen 2.000,00 € und mehr			
Kriterium	**Ausgangsplan**	**Alternativplan**	**Index**
Nettoreichweite	63,5 %	76,8 %	121
Bruttoreichweitetakte	420	533	127
Durchschnittskontakte	6,6	6,9	105
Tausender-Kontakt-Preis	38,34 €	29,87 €	78
Mindestens 6 Kontakte	30,1 %	38,6 %	128
Mindestens 12 Kontakte	10,8 %	15,7 %	145

Beispiel für einen Intermediavergleich

MERKE

Bruttoreichweite = erreichte Personenzahl (Kontaktsumme)

Nettoreichweite = Anteil einer Zielgruppe, die mit dem Medium Kontakt hatte (bezogen auf einen Kontakt)

Durchschnittskontakte = Berührung einer Person mit einem Medium. Bei Bezug auf eine Werbeschaltung = Reichweite

Tausender-Kontakt-Preis (TKP) = Einschaltpreis · 1 000/Bruttoreichweite (Kontaktsumme)

4.2.7 Marketing- und Werbeplanung in Kulturbetrieben

Werbeziele spiegeln die gewünschte Wirkung von Werbung wider. In der klassischen betriebswirtschaftlichen Sichtweise unterscheidet man direkte oder finanzielle Werbeziele (zum Beispiel Umsatzsteigerung) und indirekte oder nichtfinanzielle Werbeziele (zum Beispiel Imageverbesserung, Vertrauensaufbau). Auch bekannt ist die Unterscheidung zwischen ökonomischen (quantitativen) und psychologischen (qualitativen) Zielen.

Marketing von Kulturangeboten

In der jüngeren Debatte unter Kulturwissenschaftlern wird Marketing nicht mehr nur absatzorientiert begriffen, sondern als ein komplexer Austauschvorgang rund um Themen wie Absatz, Beschaffung und Bedürfnisbefriedigung. Solche Ansätze ermöglichen den Blick über den Tellerrand einer allein profitorientierten Marktbetätigung. So treten auch eher nichtkommerziell orientierte Marktaktivitäten in unseren Blickwinkel, zum Beispiel die gesellschaftliche Tätigkeit von Nonprofit-Organisationen wie Greenpeace oder Aktion Mensch oder wertorientierte Formen der Versorgung der Bevölkerung mit Kultur wie Konzerte, Theater oder Festspiele.

Der Begriff **Kultur** hat viele Facetten. Als Kultur werden in unserem mitteleuropäischen Kulturkreis gemeinhin die künstlerischen und sozialen Erscheinungsformen der Gesellschaft bezeichnet (zum Beispiel Theater, Schule und Sport). Gemeint sind damit häufig die allgemein akzeptierten Erscheinungsformen unserer Hochkultur. Philosophisch wird im abendländischen Verständnis Kultur als gegensätzlicher Begriff zu Natur verwendet, um die evolutionär entstandenen biologischen Erscheinungen von den vom Menschen geschaffenen Sozial- und Erscheinungsformen im Sinne von Zivilisation, Agrarkultur, Industriekultur usw. abzugrenzen.

Unternehmen in den Bereichen Kultur und Soziales bauen die klassischen Berührungsängste gegenüber Marketing- und Kommunikationsmaßnahmen mehr und mehr ab. Eine präzise und fundierte Zielgruppendefinition ermöglicht einen hohen Wirkungsgrad von Werbung mit geringen Streuverlusten.

Die Höhe eines Werbebudgets hängt grundsätzlich von Faktoren ab wie Art des Produkts, Werbeziele, Mittelausstattung und Zielgruppenaffinität. Manche Unternehmen legen bei der Festsetzung der Werbeausgaben einen prozentualen Anteil vom Jahresumsatz fest, zum Beispiel 6 % bis 9 %. Andere bilden aus ihren Gewinnen Rücklagen für ihren Werbeetat, die sie nach Maßgabe der Werbeziele und der daraus abgeleiteten Werbemaßnahmen einsetzen.

Eine wirksame Werbeerfolgskontrolle setzt voraus, dass das Werbeziel in einer messbaren Größe ausgedrückt und dass die tatsächliche Werbewirkung gemessen wird. Die Werbewirkung lässt sich zum Beispiel mithilfe von Befragungen und Interviews messen (vgl. dazu Abschnitt 4.2.3).

Marketingplanung in Kulturbetrieben

Ein Marketingplan für kulturelle Angebote kann in folgenden Schritten entwickelt werden:

1. Formulierung der Veranstaltungsidee (Produktbeschreibung);
2. Erarbeiten eines Grobkonzepts für die Veranstaltung (Produktmanagement), zum Beispiel Frage nach der Relevanz für das potenzielle Publikum, detaillierte Zielgruppenformulierung, Bedarfsermittlung durch Marktforschungsmethoden, Wettbewerbsanalyse;

weiter auf S. 212

3. Formulierung von Marketingzielen, zum Beispiel Umsatzziele, Marktanteilsziele, Imageziele, Kundenbindungsziele, Wertverankerung, Vertrauensbildung;
4. Konzeption und vernetzte Abstimmung von Vertriebs- und Kommunikationsmaßnahmen, zum Beispiel Ticketingkonzeption (Planung der Vertriebskanäle) und Konzeption der Kommunikations- und Werbemaßnahmen;
5. Erstellung eines Budgetentwurfs/einer Kalkulation, Preisbestimmung;
6. vernetzte Planung der einzelnen Marketing- und Werbemaßnahmen (Aktionsplanung), unter anderem Konzeption einer Werbekampagne, Herausstellen von Alleinstellungsmerkmalen (USP – Unique Selling Proposition), Suche nach einer Nutzen versprechenden Werbebotschaft (Claim);
7. abgestimmte Umsetzung und Anpassung der Maßnahmenpakete;
8. Erfolgskontrolle/Auswertung.

Die Werbe- und Kommunikationsmaßnahmen sollen dabei zielorientiert angelegt werden.

Beispiele → Mögliche Werbeziele für Public Events

- → Imageprofil ausbilden
- → Bekanntheitsgrad erhöhen
- → Umsatz schaffen

Kulturelle Veranstaltungen, zum Beispiel ein regionales Rock-Festival, sind im Gegensatz zu gewöhnlichen Gebrauchsgütern (zum Beispiel ein Smartphone) für den potenziellen Besucher bis zum Live-Event nur als Nutzungsversprechen erlebbar. Die imageorientierte Ansprache der Zielgruppen ist daher bei Veranstaltungen deshalb so wichtig, weil der Besucher sich auf das Live-Event nur dann einstimmen und Kaufbereitschaft entwickeln kann, wenn er vorab Informationen darüber bekommt, die ihn zum Besuch motivieren. Die Kommunikationsbotschaft sollte also im Vorfeld emotional verankerte Argumente zur Event-Attraktivität und zum Erlebnisnutzen für den potenziellen Besucher vermitteln.

MERKE

Kommerziell wie nichtkommerziell ausgerichtete Darstellungen kultureller Angebote sollten in eine imageorientierte und zielgruppengerechte Kommunikation eingebettet sein. Die Ansprache der Zielgruppe muss in einer Art erfolgen, die dort auch motivierend wirkt.

Entwicklung einer Werbekampagne

Bei der Entwicklung einer Werbekampagne sollten die Interessen und Bedürfnisse der Zielgruppen durch Kommunikationsideen angesprochen werden, die den Produktnutzen hervorheben und die Frage nach dem „reason why“ beantworten. Eine aufmerksamkeitsstarke Idee kann dabei in eine von den Zielgruppen akzeptierte visuelle, textliche und sprachliche Form gepackt werden.

Beispiel → Möglichkeiten der Umsetzung einer Kommunikationsidee

Die spezifische Bild- und Textsprache der werblichen Kommunikation im Fall eines regionalen Rock-Festivals mit einer Zielgruppe im Alter von 16 bis 32 Jahren könnte in den folgenden Elementen und Maßnahmen zum Ausdruck kommen.

1. Titel der Veranstaltung
2. Abbildung der Location
3. Entwicklung eines regionalen Logos
4. Porträtierung der auftretenden Künstler
5. Verwendung von Szenesprache und Dialekten
6. vorab platzierte Hintergrundberichte in der lokalen Presse

Für den Werbeerfolg ist es nötig, die Partner im Meinungsmarkt strategisch und operativ zu aktivieren sowie die Werbemedien gezielt zu nutzen.

Beispiele → Möglichkeiten der Werbemediennutzung für Public Events

- → Plakate
- → Litfaßsäulen
- → City-Light-Poster
- → Blow-up-Flächen (Großplakate)
- → Fahnen
- → Straßenüberspanner
- → mobile Displays
- → Diaprojektionen
- → Leuchtwerbung
- → Verkehrsmittelwerbung
- → Werbepostkarten
- → Broschürenauslagen in Hotel-/Gastronomie-/Kulturbetrieben
- → Anzeigen und Artikel in Stadtmagazinen/Zeitschriften/Tageszeitungen
- → Berichte und Belegung von Spots in Regional-TV/-Radio
- → örtliche Kinowerbung
- → regionales Sportsponsoring
- → Messe- und Kongresspräsentation
- → Promotions
- → Point-of-Sale-Aktionen
- → Direktmailing-Aktionen (Database-Marketing)
- → Präsentationskooperationen
- → Patenschaften durch Prominente

Werbekooperationen

Zu den Beziehungen gegenüber Partnern im Meinungsmarkt rechnet man neben der Pressearbeit (Public Relations) auch die Werbekooperation. Im Unterschied zum Sponsoring handelt es sich bei einer Werbekooperation um den Austausch von Ressourcen, in der Regel zur Schaffung einer Situation, die beiden Partnern Vorteile bringt. Ein typisches Modell der Werbekooperation ist die Präsentationspartnerschaft: Ein Medienpartner, in der Regel eine lokale oder überregionale TV- oder Radiostation, eine Stadtzeitung oder eine Website, übernimmt die Präsentation der Veranstaltung.

Feste Regeln für Werbekooperationen sind im Markt nicht festzustellen, auch keine Standardverträge. Im Rahmen der gewachsenen Strukturen werden Umfang und Inhalt der Kooperation je nach den Besonderheiten der konkreten Situation bestimmt.

Beispiele → Das Leistungsspektrum ausgewählter Kölner Präsentationspartner

	Kölner Illustrierte	WDR 1Live	Radio Köln (Radio NRW)
Umfang/Art	regelmäßige Präsentationspartnerschaften, z. B. mit VIVA, KD-Stiftung, E-Werk	Regelmäßige Präsentationspartnerschaften, z. B. mit der Konzertagentur Marek Lieberberg (Rock am Ring)	feste Präsentationspartnerschaften, z. B. mit 1. FC Köln, Kölner Haie; überregionale Vermarktung über die HSG (Hörfunk Service Gesellschaft)
Ticketing Verlosung	monatlich ca. zehnmal und mehr	ca. zwei- bis dreimal pro Woche	kleine Verlosungen ca. dreimal pro Woche
Rahmen der Verlosung	z. B. Konzerte, Partys, Schifffahrten	Konzerte, Partys, Festivals (auch Überraschungspakete)	Tickets Kölner Haie, 1. FC Köln, Tickets für Theater und Konzerte im Raum Köln
Kontaktknüpfung, Leistungen	Veranstalter kommen auf Illustrierte zu. als Gegenleistung z. B. redaktionelle Berichterstattungen	1Live sondiert den Markt und geht auf Veranstalter zu. als Gegenleistung z. B. Features, Jingle-Ankündigungen, redaktionelle Berichte und Mitschnitte (Senderechte)	Veranstalter kommen auf den Sender zu. Sender nennt beispielsweise Spielergebnisse des 1. FC Köln als indirekte Werbung Sender bekommt Tickets für Verlosung
Zweck	finanzieller Gewinn (z. B. durch Kopplung mit Werbeanzeigen und bezahlter Titelblattbelegung)	redaktionelle Freiheit, Imagetransfer	Werbung/Präsenz/Tauschgeschäft

Im Mediengeschäft gibt es noch etliche weitere Formen der Kooperation, die einen synergetischen Ressourcenaustausch deutlich erlösorientierter nutzen.

Beispiel → Erlösorientierte Werbekooperation

Ende der 1990er-Jahre produzierte die Bertelsmann Music Group (BMG) einen CD-Comedy-Sampler mit dem Titel Best of Comedy. Der Fernsehsender Pro 7 konnte als Präsentationspartner gewonnen werden. Im Interesse von Pro 7 lagen nicht nur Imagetransfer und Überschneidung in der Zielgruppenansprache. Der Sender stellte kostenfreien Raum für Werbespots im Umfeld comedy-affiner Sendeformate zur Verfügung und erhielt für jede verkaufte CD 1,00 € Beteiligungsprovision.

Strategische Verwertung

Von der Werbekooperation abzugrenzen ist die Formatauswertung im Rahmen einer sogenannten strategischen Verwertung. Hier wird eine Formatgrundlage oder -idee auf mehreren Verwertungsebenen vermarktet. Neben einem synergetischen Marketingeffekt sollen Gewinne auf jeder Verwertungsebene erzielt werden.

Beispiel → Strategische Verwertung des Formats „Deutschland sucht den Superstar“

Die strategische Verwertung von DSDS umfasst die folgenden Komponenten:

- → TV-orientierte Verwertung auf RTL,
- → Tonträgerauswertung durch die BMG,
- → eigene Zeitschrift,
- → umfangreiches Merchandising und
- → Live-Tournee-Auswertung teils auf Arena-Niveau.
- → Die einzelnen Verwertungskanäle sind strategisch aufeinander abgestimmt.

Die Attraktivität strategischer Verwertung besteht darin, dass jede einzelne Auswertungsform einen Marketingeffekt für jede andere Auswertungsform hat. Es gibt aber auch kaufmännische Risiken: Wenn ein Verwertungskanal versagt, müssen die Verluste kompensiert werden.

Beispiel → TV Total mit Folgen

Anfang des Milleniums wollte der Kölner TV-Produzent Brainpool neben der erfolgreichen Verwertung des Formats TV Total von Stefan Raab eine gleichnamige Fernsehzeitschrift für die Zielgruppe der 14- bis 29-Jährigen herausbringen, um auf einer weiteren Verwertungsebene Gewinne zu erzielen (Printauswertung). Um ein solches Produkt am Markt zu etablieren, entstehen hohe Entwicklungskosten. Darüber hinaus müssen über 100 000 Hefte im Zeitschriftenhandel platziert werden. Das Projekt scheiterte, denn der erwartete Absatz der platzierten Hefte blieb aus. Es entstanden Verluste in Millionenhöhe. Das bereits angeschlagene Unternehmen geriet in die roten Zahlen und wurde ein Jahr später vom TV-Sender VIVA aufgekauft.

AUFGABEN

1. Was ist der Unterschied zwischen Werbung und Public Relations?
2. Was ist der Unterschied zwischen Marketingmaßnahmen und strategischer Verwertung?
3. Was ist der Unterschied zwischen Sponsoring und einer Werbekooperation?
4. Stellen Sie sich vor, Sie wollen sich nach Ihrer Ausbildung und einem anschließenden Studium der Kulturwissenschaften als freiberuflicher Trainer und Dozent selbstständig machen. Ihr Schwerpunkt liegt in der Vermittlung von Präsentations- und Managementtechniken.
   a) Listen Sie fünf konkrete Marketingziele für einen Zeitraum von zwölf Monaten auf.
   b) Welche Vorteile ergeben sich für Sie aus einer solchen Marketingzielplanung?
   c) Listen Sie drei Zielgruppen auf, an die Sie Ihre Dienstleistung verkaufen können.

d) Listen Sie zehn konkrete Marketingkommunikationsmaßnahmen auf.
e) Erstellen Sie einen Aktionsplan zur Umsetzung der Kommunikationsmaßnahmen über einen Zeitraum von zwölf Monaten.
f) Entwerfen Sie einen Flyer zu einem von Ihnen angebotenen Seminar.
g) Entwerfen Sie eine Pressemitteilung.
h) In welchen Medien würden Sie Anzeigen schalten? Nennen Sie mindestens drei konkrete Möglichkeiten.
i) Wie können Sie den Erfolg Ihrer Maßnahmen kontrollieren? Beschreiben Sie zwei Möglichkeiten.

4.2.8 Übersicht: Marketingplan, Kommunikationsplan, Mediaplan

Das folgende Schema vermittelt eine Übersicht über die Zusammenhänge zwischen Marketing-, Kommunikations- und Mediaplan.

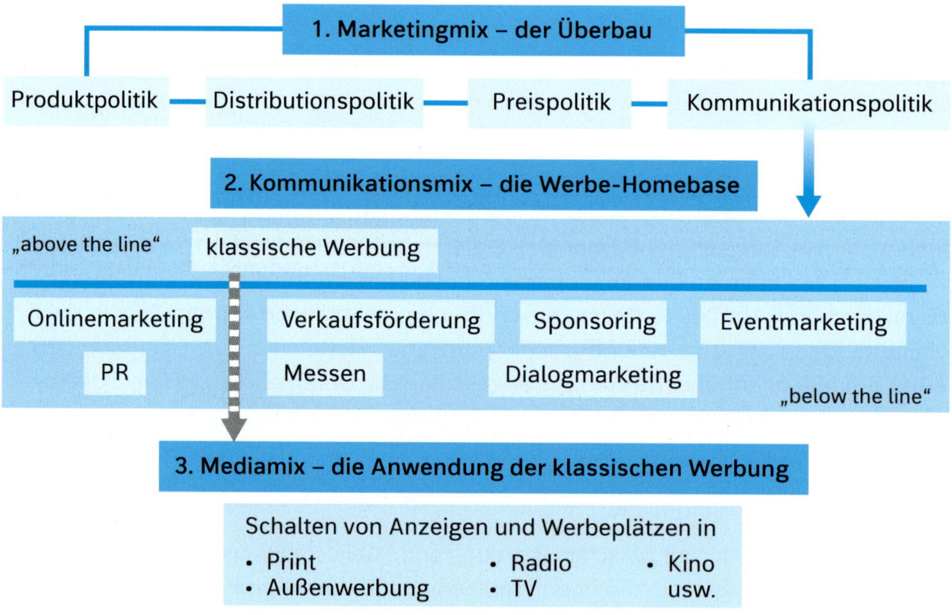

AUFGABE

Erläutern Sie die zentralen Aussagen des obigen Schemas unter besonderer Berücksichtigung der Frage, wie Marketingplan, Kommunikationsplan und Mediaplan miteinander zusammenhängen.

Die Planungsabfolge beim Marketingplan, beim Kommunikationsplan und beim Mediaplan entspricht prinzipiell derjenigen des modernen Projektmanagements:

Zielfestlegung → Entwurf der Strategie → Konzeption → Umsetzung → Zielerreichung → Ergebniskontrolle

Marketingstrategie

In der Phase des Strategieentwurfs wird festgelegt, wie die vereinbarten Ziele erreicht werden sollen. Hier wird entschieden, welche Märkte und Zielgruppen wie bearbeitet und welche Mittel dafür zur Verfügung gestellt werden sollen. Die Strategie gibt den Zusammenhang zwischen den marketingorientierten Zielen und den absatzpolitischen Instrumenten, die zu ihrer Erreichung eingesetzt werden sollen, wieder.

Eine **Strategie** ist ein visionärer Plan des eigenen Vorgehens. Er umfasst zielbezogene Maßnahmen unter vorausschauender Berücksichtigung derjenigen äußeren Faktoren, die die Wirkungen des eigenen Handelns beeinflussen könnten. Eine Strategie setzt die Rahmenbedingungen.

Die Bedeutung von Strategie lässt sich gut am Beispiel eines Schach-Großmeisters erkennen, der verschiedene mögliche Züge des Gegners und die jeweiligen Konsequenzen für die eigenen Züge im Voraus berechnet.

Marketingkonzept

Im Marketingkonzept werden die operativen Mittel und Maßnahmen definiert, mit denen die Strategie umgesetzt werden soll. Mit anderen Worten: Hier wird der Marketingmix bestimmt.

Ein **Konzept** ist ein skizzenhafter Plan des eigenen Vorgehens, der die zur Realisierung der Ziele bzw. zur Umsetzung der Strategie geplanten Maßnahmen konkret beschreibt. Es ist ein Entwurf, eine Art Beschreibung des Weges inklusive der „Verkehrsmittel“, die auf dem Weg benutzt werden sollen.

Marketingplan	Kommunikationsplan	Mediaplan (Werbeplan)
1. Markt- und Situationsanalyse	→ 1. Analyse der Marketingstrategie	→ 1. Analyse der Kommunikationsstrategie
2. Festlegung der Marketingziele	2. Festlegung der Kommunikationsziele	2. Mediastrategie/-konzept
3. Marketingstrategie (Zielplanung)	3. Kommunikationsstrategie (Zielplanung)	3. Mediaplan
4. Marketingkonzept (Wegplanung)	4. Kommunikationskonzept (Wegplanung)	4. Zielgruppenzuordnung (auf der Basis der Mediaforschung)
5. Umsetzung	5. Umsetzung	5. Umsetzung
6. Zielerreichung	6. Zielerreichung	6. Zielerreichung
7. Erfolgskontrolle/Auswertung (Evaluation)	7. Erfolgskontrolle/Auswertung (Evaluation)	7. Erfolgskontrolle/Auswertung (Evaluation)

Planungsabläufe im Vergleich

AUFGABE

Erklären Sie, worin sich – systematisch betrachtet – die Abfolge der Mediaplanung von der Abfolge der Kommunikations- sowie der Marketingplanung unterscheidet. Warum ist die Abfolge hier anders?

4.2.9 Distributionspolitik: Vertrieb und Verkauf

Unterschiede

Vertrieb und Verkauf sind Bestandteile des Marketingpfeilers Distributionspolitik. Die Marketingkommunikationsabteilung des Unternehmens kümmert sich um die Werbemaßnahmen für das Unternehmen oder Produkt, die Vertriebsabteilung um die Organisation der Verteilung und den Absatz. Die Tätigkeiten sind sicherlich verwandt, und Marketing und Vertrieb arbeiten dementsprechend eng zusammen; dennoch weichen die Tätigkeitsschwerpunkte eines Marketing- und eines Vertriebsmanagers deutlich voneinander ab.

Der Vertrieb richtet sich an die Abnehmer (Kunden) eines Unternehmens. Er stellt einerseits das letzte, aus Unternehmenssicht als äußerst wichtig wahrgenommene Glied der betrieblichen Wertschöpfungskette dar, andererseits umfasst er die Tätigkeit des Verkaufens im Allgemeinen.

Vertriebsleute sollten nicht nur verkaufstechnische Kompetenzen (das heißt Kompetenzen bezüglich Präsentationsmitteln, Werbeträgern und Werbemitteln) vorweisen können, sondern auch Kompetenzen in der Verkaufspsychologie, vor allem im Verkaufsgespräch. Die Verkaufspsychologie umfasst Methoden zur gezielten Einflussnahme auf (potenzielle) Kunden, zur Einwandbehandlung und zur Kundenrückgewinnung im Reklamationsfall. Dazu gehören auch die Methoden des Selbstmanagements einschließlich Zeitmanagement und Persönlichkeitsbildung sowie das After-Sales-Management. Ein Vertriebsmitarbeiter sollte außerdem Erfahrung und Kompetenzen in der Akquisition mitbringen, das heißt mit Maßnahmen der Kundengewinnung vertraut sein.

Kaltakquise ist die abschlussorientierte Ansprache noch nicht bekannter Kunden, **Warmakquise** die abschlussorientierte Ansprache bereits bestehender Kontakte.

Vertriebsmitarbeiter arbeiten häufig mit einem Grundgehalt zuzüglich Provisionen auf Geschäftsabschlüsse.

Ein **fester Verkäufer** (auch **Reisender** oder Handlungsreisender genannt) ist als Arbeitnehmer fest angestellt. Dagegen arbeitet ein **Handelsvertreter** als selbstständiger Gewerbetreibender auf eigene Rechnung.

Arten des Vertriebs

Bei der Wahl des Vertriebsweges sind viele Faktoren zu beachten.

Beispiele → Vertriebswege

Wichtige Vertriebswege (Distributionskanäle) sind:

- → Direktvertrieb,
- → Direktverkauf beim Kunden (durch Handelsvertreter oder Reisende),
- → Telefonverkauf,
- → E-Commerce,
- → Kommissionsverkauf (die Ware bleibt zunächst Herstellereigentum),
- → Direktvermietung,
- → direktes Leasing,
- → Handelsverkauf (durch Vertrags- und freie Händler),
- → Franchising,
- → indirekter Tausch (Bartering),
- → abschlussorientierte Beratungsmaßnahmen.

Business-Events werden häufig für und mit Vertriebsmitarbeitern eines Unternehmens veranstaltet (zum Beispiel als Produkt-Kick-off, Produktschulung, Messeauftritt). Die gezielte und nachhaltige Ansprache dieser Multiplikatoren durch Veranstaltungen kann eine effektive Maßnahme des Eventmarketings im Rahmen der Kommunikationspolitik des Unternehmens sein. Dasselbe gilt für die Ansprache weiterer Multiplikatoren wie Pressevertreter, Verbandsmitarbeiter und Politiker.

4.3 Regionale und globale Veranstaltungsmärkte

Gemeinhin möchte man annehmen, dass Veranstaltungen aus der Natur der spezifischen Nachfrage heraus hauptsächlich auf regionalen Märkten nachgefragt werden. Das ist sicherlich im Allgemeinen richtig und gilt für den größten Teil der Public Events, die vor allem lokal vermarktet werden. Doch sind in Zeiten der zunehmenden wirtschaftlichen Globalisierung deutliche Veränderungen auch im Public-Event-Geschäft festzustellen.

Globalisierung beschreibt den Prozess der zunehmenden internationalen Verflechtung in den Bereichen Wirtschaft, Politik, Kultur, Umwelt und Kommunikation auf der Ebene von Individuen, Gesellschaften, Institutionen und Staaten als Ergebnis des technischen Fortschritts sowie der zunehmenden Liberalisierung des Welthandels.

Wie in Lernfeld 1 bereits beschrieben, agieren auf dem deutschsprachigen Live-Entertainment-Sektor auch überregional tätige konzernartige Eventveranstalter (zum Beispiel DEAG, CTS Eventim, Stage Entertainment), die das überregionale Tourgeschäft betreiben sowie die häufig international lizenzierten Großproduktionen in festen Häusern vermarkten.

Im Bereich der Business-Events hat die Globalisierung insofern ihren Einzug gehalten, als die Konzerne und Firmen, für die diese Veranstaltungen durchgeführt werden, dem Prozess der Globalisierung unterworfen sind.

Rendering eines Messestandes

Wir wollen uns stellvertretend einem traditionell wichtigen, regional wie überregional bedeutenden Teilmarkt der Veranstaltungsbranche im Bereich Business-Event widmen: der Messewirtschaft.

4.3.1 Einführung in die Messewirtschaft

Begriffsdefinition laut Gewerbeordnung

- → Eine **Messe** ist laut § 64 Gewerbeordnung (GewO) eine zeitlich begrenzte, im Allgemeinen regelmäßig wiederkehrende Veranstaltung, auf der eine Vielzahl von Ausstellern das wesentliche Angebot eines oder mehrerer Wirtschaftszweige ausstellt und überwiegend nach Muster an gewerbliche Wiederverkäufer, gewerbliche Verbraucher oder Großabnehmer vertreibt. Der Veranstalter kann in beschränktem Umfang an einzelnen Tagen während bestimmter Öffnungszeiten Endabnehmer zum Kauf zulassen.
- → Eine **Ausstellung** ist laut § 65 GewO eine zeitlich begrenzte Veranstaltung, auf der eine Vielzahl von Ausstellern ein repräsentatives Angebot eines oder mehrerer Wirtschaftszweige oder Wirtschaftsgebiete ausstellt und vertreibt oder über dieses Angebot zum Zweck der Absatzförderung informiert.

Eine Messe ist also in der Regel eine branchenbezogene Fachveranstaltung, zu der jeder Aussteller zugelassen werden muss, der der betreffenden Branche angehört, solange keine objektiven Gründe wie Platzmangel oder Unzuverlässigkeit des Ausstellers dagegen stehen. (Verbraucher-)Ausstellungen hingegen sind Branchen- oder Themenveranstaltungen, in denen Aussteller den Endkunden ansprechen wollen. Aus dieser historisch gewachsenen und im deutschen Ordnungsrecht grundlegend verankerten Aufteilung ergeben sich etliche Praxisunterschiede. So ist es auf Messen in der Regel nicht erlaubt, Ware gegen Entgelt zu verkaufen.

AUFGABE

Bilden Sie Teams und erstellen Sie eine systematische Liste der Ihnen bekannten regionalen wie überregionalen Messen und Ausstellungen.

Der Messemarkt Deutschland ist ein handelsgeschichtlich wie regionalgeschichtlich betrachtet bedeutsamer Teil der deutschen Volkswirtschaft.

Geschichte der Messe und der Verbraucherausstellung

Am Anfang des Handels stand wohl das lokale Verbreiten von Ware zum Zweck des Tauschs. Früh bereits entstanden Handelswege und Handelsplätze und überregionale Strukturen des Austauschs von Waren und Dienstleistungen. Im mitteleuropäischen Raum gewannen ab dem Mittelalter parallel zu den regionalen Marktplätzen und den am Fernhandel beteiligten Marktstandorten die Jahrmärkte an Bedeutung. Die Geschichte der Verbraucherausstellung ist eng verbunden mit der Geschichte der Jahrmärkte, die Geschichte der Messe, der Messegesellschaften und der Messestandorte dagegen eng mit der Geschichte des Fernhandels und historischen Phänomenen wie dem Stapelrecht, das heißt dem Recht der Städte, durchreisende Kaufleute für begrenzte Zeit zum Angebot ihrer Waren auf ihrem Gebiet zu verpflichten.

Bis heute ist der Begriff Messe nicht geschützt, da er im Deutschen sprachgeschichtlich betrachtet ein Synonym für eine Reihe von wichtigen öffentlichen Ereignissen oder Einrichtungen geworden ist. Die historisch bestimmende Rolle der katholischen Kirche und das lateinische Grundwort *missa* (Sendung) sind dafür wohl Gründe: Man denke nur an die Messe als katholische Gottesdienstform, die Messe als gemeinsamen Wohn- und Speiseraum der Schiffsoffiziere (eigentlich abgeleitet vom englischen *mess* – Mahlzeit) und an den Begriff der Kirmes. Kirmes hieß früher Kirchmesse und ist eigentlich ein Begriff für Volksfeste, die zum Jahrestag eines Kirchenpatrons abgehalten wurden. Böse Zungen behaupten, dass diese Volksfeste immer nach einer wichtigen Kirchmesse abgehalten wurden und der Name im Mittelalter einfach in den volkstümlichen Sprachgebrauch übernommen wurde. Eine Erotikmesse oder eine Gebrauchtcomputermesse in der lokalen Stadthalle müssen also nicht den oben genannten Definitionen der Gewerbeordnung entsprechen. Man spricht von einer Messe oder Verbraucherausstellung laut Gewerbeordnung dann, wenn diese von Amts wegen festgesetzt wurde.

Die **Festsetzung** laut § 69 GewO bedeutet, dass die zuständige Behörde auf Antrag des Veranstalters eine Veranstaltung, die die Voraussetzungen der §§ 64 bis 67 oder 68 erfüllt, nach Gegenstand, Zeit, Öffnungszeiten und Platz für jeden Fall der Durchführung festzusetzen hat. Auf Antrag können, sofern Gründe des öffentlichen Interesses nicht entgegenstehen, Volksfeste, Großmärkte, Wochenmärkte, Spezialmärkte und Jahrmärkte für einen längeren Zeitraum oder auf Dauer, Messen und Ausstellungen für die innerhalb von zwei Jahren vorgesehenen Veranstaltungen festgesetzt werden. § 60 b GewO legt fest, dass ein Volksfest zum Beispiel bis spätestens drei Wochen vor seinem Beginn beantragt werden muss. Die Festsetzung eines Wochenmarkts, eines Jahrmarkts oder eines Spezialmarkts verpflichtet den Veranstalter zur Durchführung der Veranstaltung. Die Absage einer festgesetzten Messe oder Ausstellung oder eines festgesetzten Großmarkts muss der Veranstalter der zuständigen Behörde unverzüglich schriftlich anzeigen.

Wichtige Fachmessen der Veranstaltungsbranche wurden in Lernfeld 2, Abschnitt 2.2.3 vorgestellt.

Arten von Messen

In der Tabelle sind die wichtigsten Messe- und Ausstellungsarten zusammenfassend dargestellt.

Regionale Messen	überwiegend regionales Einzugsgebiet der Besucher
Überregionale Messen	Einzugsgebiet der Besucher geht über den jeweiligen regionalen Bereich hinaus.
Nationale Messen	Veranstaltungen ohne ausländische Aussteller und Besucher
Internationale Messen	Veranstaltungen, die regelmäßig mindestens 10 % ausländische Aussteller und mindestens 5 % ausländische Fachbesucher aufweisen und das wesentliche Angebot eines oder mehrerer Wirtschaftszweige präsentieren
Welt- oder Leitmessen	Die führenden weltweiten Messen einer Industriesparte
Publikumsmessen/ Verbraucherausstellungen	Endverbraucher und Konsumenten haben Zutritt.
Fachmessen	Ausschließlich Fachbesucher haben Zutritt.
Industriemessen	Hier präsentiert sich in der Regel ein exportorientiertes Land oder eine Industriesparte als Gemeinschaftsschau in einem ausländischen Importland.

Projektions-, LED- und Lichttechnik bei einer Produktpräsentation im Berliner Tempodrom

In Deutschland wurden 2018 etwa 1 200 Messeveranstaltungen durchgeführt, davon etwa 170 als überregionale oder internationale Messen. Unter den ca. 175 000 Ausstellern waren knapp 61 % ausländische Firmen. Deutschland ist damit im internationalen Vergleich eines der weltweit wichtigsten Messeländer. Zwei Drittel aller Leitmessen finden in Deutschland statt. In der Messewirtschaft sind rund 100 000 Menschen ganz oder überwiegend beschäftigt. 25 deutsche Städte bieten insgesamt 6,5 Millionen Quadratmeter Messehallen und Ausstellungsfläche an.

Die größten Hallenflächen finden sich in Hannover (Deutsche Messe AG), Frankfurt am Main (Messe Frankfurt GmbH), Köln (KölnMesse Messe- und Ausstellungsgesellschaft mbH), Düsseldorf (Messe Düsseldorf GmbH), Berlin (Messe Berlin GmbH) und München (Messe München GmbH).

Deutsche Messegesellschaften gründen Tochtergesellschaften vor allem in Asien, um dort mit ihrem Know-how Fachmessen durchzuführen, die in Deutschland unter bekanntem Namen bereits etabliert sind. Ebenfalls besteht ein Trend hin zu kleineren, produktspezifischen Fachmessen, die sich meist als Ableger („Zellteilung") aus größeren internationalen Veranstaltungen entwickeln. Zunehmend drängen amerikanische Privatmesseveranstalter auf den deutschen Markt, zum Beispiel die REED Expo mit der deutschen Zentrale in Düsseldorf.

4.3.2 Stellung von Messen im Marketingmix

Das folgende Schema illustriert die Stellung von Messen im Marketingmix.

Messebeteiligung im Marketingmix

Messen im Marketingmix

Quelle: Ausstellungs- und Messeausschuss der Deutschen Wirtschaft e. V.: In: Erfolgreiche Messebeteiligung. Teil 1, Grundlagen, S. 10. https://www.auma.de/de/medien_/publikationen_/Documents/erfolgreiche-messebeteiligung-teil-1-grundlagen/auma-praxis-2019-erfolgreiche-messebeteiligung-1-grundlagen.pdf [09.08.2019] (verändert)

AUFGABE

Analysieren Sie das obige Schema und formulieren Sie sechs zentrale Aussagen, die Sie daraus ableiten können.

Wenn Unternehmen auf Messen ausstellen, so tun sie dies aus vielerlei marketingbezogenen Gründen. In der Regel wird aufgrund einer kritischen Analyse der Unternehmenssituation in Bezug auf die in der mittelfristigen Unternehmensplanung festgesetzten Ziele ein Konzept zur zielorientierten Messebeteiligung erstellt.

Die Messepräsenz kann mehreren Zwecken dienen. Neben der Produktvorstellung und der Rolle als Absatzkanal kann sie zusätzlich für PR-Aktionen, die Mitbewerberbeobachtung oder zu Marktforschungszwecken genutzt werden. Die Stärke liegt in der direkten Kommunikation, die im persönlichen Kontakt mit dem Besucher aufgebaut wird; Messen bieten eine große Bandbreite von Möglichkeiten zum Kontakt mit einer Vielzahl von Interessenten. Gerne wird die Beteiligung an Messen mit ergänzenden Aktionen wie beispielsweise Inhouse-Seminaren, Kunden-Workshops, Roadshows oder Betriebsbesichtigungen gekoppelt.

Beispiele → Motive für eine Messebeteiligung

- → Steigerung des Absatzes
- → Kennenlernen neuer Märkte
- → Entdecken von Marktnischen
- → Überprüfung der eigenen Konkurrenzfähigkeit
- → Erkundung von Exportchancen
- → Beobachtung der Branchensituation
- → Austausch von Branchenerfahrungen
- → Anbahnung von Kooperationen
- → Erkennen von Entwicklungstrends
- → Sondierung der Mitbewerber
- → Wecken von Interesse für das Unternehmen oder das Produkt in neuen Absatzmärkten

Beispiele → Wichtige Funktionen von Messen

Messen
- → erschließen neue Märkte und Absatzmöglichkeiten,
- → ermöglichen den direkten Vergleich von Preis, Leistung und Nutzen im Kreis der Anbieter,
- → haben Erlebnischarakter und sprechen die menschlichen Sinne an,
- → garantieren und vergrößern die Markttransparenz,
- → fördern den intensiven Informationsaustausch.

AUFGABE

Sie arbeiten bei der Grohte Sanitär- und Einrichtungstechnik AG in der Marketingabteilung und sollen den Personalplan für den Auftritt auf der Leitmesse Internationale Fachmesse für Sanitär und Gebäudetechnik (ISH) in Frankfurt am Main erstellen. Aus welchen Abteilungen sollte sich der Mitarbeiterstamm auf der Messe zusammensetzen? Begründen Sie Ihre Entscheidung.

Das Thema Messe wird in Lernfeld 8, Abschnitt 8.4 vertieft.

4.4 Zusammenfassung

- → Betriebswirtschaftliche Begriffsdefinitionen
- → Konjunkturphasen der Wirtschaft
- → Die vier Marketingpfeiler im Marketingmix
- → Der Marketing-Kommunikations-Mix „above the line“ und „below the line“
- → Marketingorientierte Einordnung von Public Event und Business-Event
- → Abgrenzung Eventmarketing und Marketing-Event
- → Methoden der Marktforschung inklusive Begriffsklärung
- → Anwendung der Marketingkommunikation auf Public Events (Veranstaltungsmarketing)
- → Marketingstrategie, Marketingkonzept und Werbeplanung
- → Abgrenzung zwischen Marketing, Vertrieb und Verkauf
- → Einordnung der Messewirtschaft in den Marketingmix

4.5 Zwischentest: Muster-Prüfungsfragen

Hinweis: Bitte keine Eintragungen im Buch vornehmen.

1. Bedarf bedeutet

a) etwas kaufen zu dürfen.
b) die Befriedigung der Bedürfnisse durch Kaufkraft.
c) den Einbau eines Bidets.

2. Die Preisbildung eines Tonträgerunternehmens kann sich orientieren an (drei Antworten)

a) betrieblichen Zielen.
b) dem Preisindex des Statistischen Bundesamts.
c) der gemittelten Inflation der letzten 30 Wirtschaftsjahre.
d) den Aktivitäten der Konkurrenz.
e) den Vorstellungen der Nachfrager.
f) den Preisen für Heizöl und Erdgas.

3. Ordnen Sie zu (1 = räumliche, 2 = zeitliche, 3 = sachliche und 4 = persönliche Preisdifferenzierung):

a) Ein Billigfluganbieter reduziert die Preise bei Nachtflügen.
b) Ein Hotel bietet in der Nebensaison günstigere Preise an.
c) Ein Musicalproduzent gewährt Schülern und Auszubildenden an bestimmten Tagen verbilligten Eintritt.
d) Bei einer Abnahme im Wert von unter 200,00 € erhebt ein Zulieferer für Gastronomiebedarf einen Mindermengenzuschlag in Höhe von 15 %.

4. Question marks weisen in der Portfolioanalyse folgende Merkmale auf:

a) ein hohes Marktwachstum und einen niedrigen relativen Marktanteil
b) ein niedriges Marktwachstum und einen niedrigen relativen Marktanteil
c) ein niedriges Marktwachstum und einen hohen relativen Marktanteil
d) ein hohes Marktwachstum und einen hohen relativen Marktanteil

5. Ein Handelsvertreter ist

a) ein selbstständiger Gewerbetreibender.
b) ein fest angestellter Mitarbeiter.
c) ein auf Provisionsbasis freiberuflich Tätiger.
d) gesetzlich unfallversichert.

6. Eine Werbeagentur unterstützt Unternehmen schwerpunktmäßig in der

a) Preispolitik.
b) Produktpolitik.
c) Distributionspolitik.
d) Kommunikationspolitik.
e) Anwerbung von Mitarbeitern.

7. Ordnen Sie Händlerpromotions zu:

a) Teil der klassischen Werbung
b) Teil der Verkaufsförderung
c) Teil der Direktkommunikation
d) Teil der PR

8. PR bedeutet

a) Promotion.
b) Öffentlichkeitsarbeit.
c) Werbung.
d) Preisgestaltung.

9. Laut Gesetz gegen den unlauteren Wettbewerb ist es nicht erlaubt,

a) Kundendaten zu gewinnen und zu speichern.
b) ohne Einwilligung Kunden anzurufen.
c) Werbebroschüren über den Briefkasten zuzustellen.
d) vergleichende Werbung zu treiben.

10. Welche der folgenden Aussagen ist falsch?

a) Werbung soll Aufmerksamkeit und Interesse wecken und den Kauf auslösen.
b) Werbepläne bezeichnen Streukreis, Streuzeit und Streugebiet.
c) Public Relations ist Bestandteil der Verkaufsförderung.
d) Zeitungsanzeigen werden eingeschaltet.

11. Bringen Sie die folgenden Planungsmaßnahmen in die richtige Reihenfolge:

a) Werbeträger auswählen
b) Werbeerfolg kontrollieren
c) Werbemittel einsetzen
d) Marktanalyse durchführen
e) Marketingziele definieren
f) Kommunikationskonzeption

12. Eventmarketing beschreibt

a) die nachhaltige und emotionale Verankerung von Werbebotschaften mithilfe von Events.
b) die Vermarktung von Events.

Swarovski Kristallwelten, Januar 2018
https://kristallwelten.swarovski.com

5 Veranstaltungsrecht, Vertragsgestaltung und Haftung

Hurra! Sie können Bergfest feiern! Sie sind ungefähr in der Mitte dieses Lehrbuches angekommen. Zumindest dann, wenn Sie das nun folgende Kapitel durchgearbeitet haben. Aber Vorsicht: Feiern Sie nicht zu früh, denn dieses Kapitel hat es in sich! Wir wollen nicht zu viel versprechen, aber Kapitel 5 ist das Power-Lernfeld in der Schwergewichtsklasse des täglichen Live-Event-Boxkampfs. Es handelt sich um schweren Branchenstoff, gewürzt mit einer großen Prise Spezialwissen.

Aus didaktischen Gründen weichen die Inhalte in den Kapiteln 5 und 6 von den Lernfeldern in den Rahmenlehrplänen teilweise ab. Einige Themen aus späteren Lernfeldern wurden vorgezogen oder verschoben und inhaltlich in einen stimmigeren Lernzusammenhang gebracht. Um die Inhalte der drei folgenden Abschnitte (5.1 bis 5.3) grundlegend zu begreifen, sollten Sie sich zunächst die in Lernfeld 3, Abschnitt 3.1.2 (Die Public-Event-Treppe) herausgearbeiteten Erkenntnisse noch einmal vor Augen führen.

5.1 Gesetze, Verordnungen und Vorschriften

AUFGABEN

1. Was bedeutet der Begriff Föderalismus und in welchem Gesetz finden sich die grundlegenden Regelungen dazu?
2. Nennen Sie die wesentlichen Träger der Exekutive und der Legislative in Deutschland jeweils auf Bundes- und Landesebene.
3. Wer erlässt in Deutschland Gesetze, wer Verordnungen und wer Vorschriften?

Gesetze werden in Deutschland von der Legislative erlassen. Auf Bundesebene sind das im Wesentlichen der Bundestag und der Bundesrat, auf Landesebene die Landesparlamente. Verordnungen, die ebenfalls Gesetzescharakter besitzen, werden in Deutschland von der Exekutive erlassen. Auf Bundesebene ist das im Wesentlichen die Bundesregierung, auf Landesebene sind es die Landesregierungen.

Öffentliche Aufgaben werden in Deutschland auch von nichtstaatlichen Funktionsträgern übernommen, die bindende Vorschriften erlassen. Zu nennen sind hier etwa die Industrie- und Handels- bzw. Handwerkskammern, die beispielsweise Prüfungsordnungen für Berufsabschlussprüfungen vorgeben, oder die Berufsgenossenschaften, die bindende Unfallverhütungsvorschriften für die betreffenden Branchen erlassen.

5.2 Rechtliche Pflichten von Veranstalter und Location

Im Mittelpunkt des veranstaltungsbezogenen Käufermarkts stehen gemäß Public-Event-Treppe der Veranstalter und die Location. Wir wollen zunächst auf grundlegende rechtliche Aspekte eingehen, die im Speziellen für diese zentralen Partner im Veranstaltungsgeschäft gelten, um dann im Abschnitt 5.3 ausgewählte Vertragsbeziehungen zwischen den Public-Event-Partnern zu beleuchten.

Generell muss jeder, der sich am gesellschaftlichen sowie am Geschäftsverkehr beteiligt, Verantwortung und Haftung aus bürgerlichem Recht (lt. BGB) übernehmen, d. h., er muss vertraglich haften, z. B. als Verkäufer, Anbieter, Arbeitgeber o. Ä.

Außer- und vorvertragliche Haftung

Neben der vertraglichen Haftung gibt es auch Phänomene der verschuldensunabhängigen Haftung, z. B. aus Gefährdungshaftung oder aus der Verletzung außervertraglicher Pflichten.

Die Begriffe außer- und vorvertragliche Haftung umfassen Pflichten am Verkehr Beteiligter, die auch ohne Vertragsgenerierung entstehen, also Dinge, an die sich jeder halten muss. Diese Dinge sind entweder in Gesetzen, Verordnungen und Vorschriften festgelegt oder durch traditionelle Werte und Sitten eingebürgert. Die vorvertragliche Haftung kann z. B. bei Aufnahme von Vertragsverhandlungen entstehen und zwar dann, wenn der Veranstalter eine der sogenannten Nebenpflichten, wie z. B. seine Aufklärungspflicht, verletzt.

Der Veranstalter und die Location sowie die Dienstleister haben vor allem gegenüber dem Zuschauer Sorgfalts-, Verkehrssicherungs- und Obhutspflichten. Demnach müssen die Beteiligten die im Verkehr erforderlichen Sicherheitsvorkehrungen treffen, die dazu dienen, Gefahren von Dritten abzuwenden, solange ihnen dies zumutbar ist. Dies ist bestenfalls bereits im Vorfeld gründlich und detailliert zu dokumentieren, um im Schadensfall nachzuweisen, dass man entsprechende Vorkehrungen getroffen hat, und um Haftungsansprüche abzuwehren.

5.2.1 Gefährdungshaftung des Veranstalters

Zum Einstieg

Lulu Lobenthal von Dick Bäcker Live Entertainment hat letzte Woche an der Durchführung des erfolgreichen Konzerts der Newcomer-Band Die Backstage Girls in der Kölner Location G-Werk mitgewirkt. Ihre Firma hatte dafür als Veranstalter (Local Promoter) die Location (Venue) angemietet. Während des Konzerts kam es aufgrund der ausgelassenen Stimmung zu einigen Schäden am Mobiliar des G-Werks. Das G-Werk macht Schäden in Höhe von 3.500,00 € für die nötigen Wiederherstellungs- und Renovierungsarbeiten geltend. Lulu wundert sich darüber, da die Schäden doch durch die Besucher des Konzerts verursacht wurden und nicht durch die Konzertagentur in ihrer Rolle als Veranstalter.

Im vorliegenden Fall dürften die Ansprüche der Geschädigten gerechtfertigt sein. Das liegt an einem besonderen Umstand, der im deutschen Rechtssystem an verschiedenen Stellen verankert ist, der sogenannten Gefährdungshaftung. Sie ist dem Bereich der außervertraglichen Haftung zuzuordnen.

Gefährdungshaftung bedeutet, dass derjenige, der eine gefährliche Sache in den Verkehr bringt, auch für die Schäden haften muss, die dadurch entstehen.

Beispiel → Gefährdungshaftung im Straßenverkehr

Der Halter und der Fahrer eines Kfz unterliegen generell der Gefährdungshaftung, da das Inverkehrbringen des Fahrzeugs an sich ein Gefährdungspotenzial mit sich bringt. So kann es beispielsweise vorkommen, dass ein Fahrer mit seinem Mercedes vorschriftsmäßig mit 25 km/h durch eine Tempo-30-Zone fährt. Ein Kleinkind fährt mit seinem Kinderlauffahrrad unachtsam zwischen zwei parkenden Autos auf die Straße und frontal auf den vorderen Kotflügel des Mercedes. Kotflügel und Fahrrad sind beschädigt, dem Kind passiert zum Glück nichts. Obwohl das Kind der Verursacher des Schadens ist, muss der Fahrer des Pkw in der Regel den eigenen Schaden und den Schaden am Kinderfahrrad übernehmen, da er die Gefahr (das Kfz) in den Verkehr gebracht hat. Das Kind kann eine solche Gefahr noch nicht überblicken und wird vom Gesetzgeber geschützt. Auch die Eltern können so lange nicht zur Haftung herangezogen werden, wie sie ihre Aufsichtspflicht nicht verletzt haben.

Ähnliches wie im oben geschilderten Beispiel gilt grundsätzlich auch für einen Veranstalter, denn dieser ist verantwortlich dafür, dass die Konzertbesucher zu einem Konzert zusammenkommen. Erst dadurch entstehen Gefahrenpotenziale wie die Gefahr von Schäden am Mobiliar oder an Sachen, die die Besucher mit sich führen. Daraus folgt, dass zunächst der Veranstalter für den entstandenen Schaden haftet und gegebenenfalls Schadensersatz leisten muss. Aus diesem Grund ist es ratsam, eine Veranstalter-Haftpflichtversicherung abzuschließen, die Risiken der beschriebenen Art abfedert (mehr dazu im Lernfeld 7, Abschnitt 7.5.2).

Dem Veranstalter bleibt es übrigens unbenommen, die letztlichen Verursacher der Schäden ausfindig zu machen und sich den Schaden von diesen ersetzen zu lassen. Er kommt in der Regel allerdings nicht umhin, erst selbst den Schaden gegenüber den Geschädigten zu übernehmen.

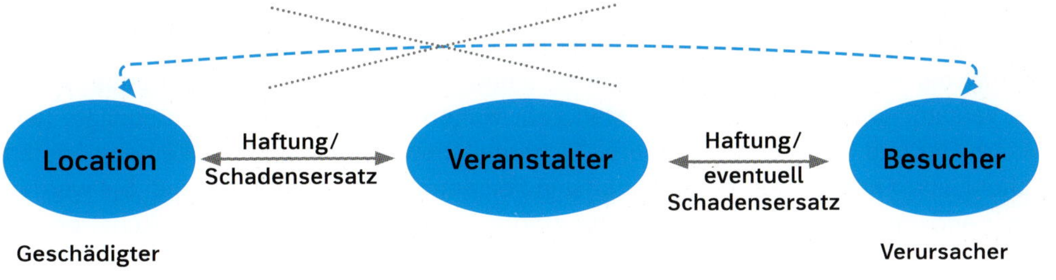

Möglicher Weg von Haftungsansprüchen aus Gefährdungshaftung bei Schäden in der Location

Übersicht Veranstalterpflichten

Als Veranstalter gilt derjenige, der für eine Veranstaltung die Verantwortung trägt und/oder sie im eigenen Namen und auf eigene Rechnung organisiert. Ein Veranstalter haftet für organisatorische, technische, wirtschaftliche Abläufe einer Veranstaltung und ggf. daraus resultierende Folgen. Nach der aktuellen Rechtsprechung hat der Veranstalter alles

Zumutbare und Erforderliche zu tun, um Dritte (z. B. Besucher, Mitarbeiter etc.) vor Schäden zu bewahren.

Allgemeine Pflichten sind: Verkehrssicherungspflichten, Aufklärungspflichten, Aufsichtspflichten, Fürsorgepflichten, Organisations-, Auswahl und Überwachungspflichten (allgemeine Pflicht auch gegenüber Lieferanten, z. B. Sachkundenachweise, berufliche Zertifizierungen, anerkannte Regeln der Technik etc.), Gefährdungsbeurteilung/Gefahrenanalyse, Normalfallorganisation/Notfallorganisation, ggf. Sicherheitskonzept (bei Gefährdungspotential).

5.2.2 Sicherheit der Location: Die Versammlungsstättenverordnung

WWW

www.dthg.de

www.b-safe.de

www.versammlungsstaetten-verordnung.de

Die Versammlungsstättenverordnungen (VStättVO) gelten aufgrund des föderalistischen Staatsordnungsprinzips in Deutschland für das jeweilige Bundesland. Sie sind vom Baurecht abgeleitet (Musterbauordnung [MBO], zum Beispiel in Nordrhein-Westfalen die Landesbauordnung) und Sache der Länder. Um zu einer bundeseinheitlichen Regelung zu gelangen, wurde im Mai 2002 die Musterversammlungsstättenverordnung (MVStättV) entworfen, auf deren Grundlage die einzelnen Bundesländer ihre Verordnungen umgesetzt haben. Im Jahr 2005 sowie im Jahr 2014 wurden einige Änderungen veröffentlicht, die die Bundesländer nach und nach umsetzen. Der aktuelle Stand der länderspezifischen Umsetzungen lässt sich auf der Website der Deutschen Theatertechnischen Gesellschaft (DTHG) verfolgen.

Wenn wir hier von der Versammlungsstättenverordnung (VStättVO) sprechen, beziehen wir uns auf die Musterversammlungsstättenverordnung.

Die jeweilige VStättVO gilt für Betreiber von Versammlungsstätten (Locations). Entsprechende Auflagen und Genehmigungsverfahren liegen in der Hand der Bau- und Ordnungsbehörden der Kommunen. Die VStättVO ist in erster Linie dazu gedacht, Besucher und an der Veranstaltung Unbeteiligte zu schützen, da diese in der Regel unbedarft in die Versammlungsstätte kommen. Man geht weiterhin davon aus, dass Beteiligte (wie Mitarbeiter und Künstler) ein größeres Sicherheitsbewusstsein und auch einen höheren Schutzbedarf haben, weil sie regelmäßig in Versammlungsstätten tätig sind. Sie werden unter anderem durch die Unfallverhütungsvorschriften der Berufsgenossenschaften geschützt, die teilweise ähnliche Inhalte haben (siehe dazu Lernfeld 2, Abschnitt 2.5).

Wann muss die VStättVO angewendet werden?

MERKE

Der Geltungsbereich der VStättVO ist folgendermaßen abgesteckt:

- **Indoor** – Die VStättVO gilt für Räume mit **mehr als 200 Besuchern Fassungsvermögen** (egal, wie viele Besucher tatsächlich anwesend sind, und unabhängig davon, ob eine Szenenfläche vorhanden ist). Kleinere Räume fallen dann unter den Geltungsbereich, wenn sie gemeinsame Rettungswege haben. Gaststätten fallen bereits ab 100 m² Grundfläche unter den Anwendungsbereich.
- **Outdoor** – Die VStättVO gilt für Outdoor-Locations, die im Besucherbereich ein Fassungsvermögen von **mehr als 1 000 Besuchern** haben (egal, wie viele Besucher tatsächlich anwesend sind), mit Szenenflächen und Tribünen, die keine fliegenden Bauten sind.
- **Sportstadien** – Die VStättVO gilt für Stadien und Freisportanlagen mit **mehr als 5000 Besuchern Fassungsvermögen** (egal, wie viele Besucher tatsächlich anwesend sind), mit Tribünen, die keine fliegenden Bauten sind.

Nicht angewandt wird die VStättVO bei folgenden Räumen:

- Kirchen (nur bei kirchlichen Veranstaltungen, beispielsweise Gottesdiensten);
- Ausstellungsräume in Museen/Ausstellungshallen;
- Unterrichtsräume in Schulen;
- Seminarräume von unter 100 m², die keinen gemeinsamen Rettungsweg ins selbe Geschoss haben.

Diese Ausnahmen sind aber dann der VStättVO zu unterwerfen und es ist gegebenenfalls ein Nutzungsänderungsantrag zu stellen, wenn eine nicht bestimmungsgemäße Veranstaltung, zum Beispiel eine Party, stattfinden soll. Bei einer Kirche muss bei Konzerten, sofern keine entsprechende Genehmigung vorliegt, ein solcher Antrag gestellt werden. Die Kirche wird in diesem Falle zur Versammlungsstätte.

Des Weiteren gilt die VStättVO nicht bei sogenannten fliegenden Bauten, das heißt Anlagen, die geeignet und dazu bestimmt sind, an verschiedenen Orten aufgebaut und wieder zerlegt zu werden, zum Beispiel Veranstaltungszelte (hier gibt es eigenständige Vorschriften) und Anlagen im Rahmen von Wochen- oder Jahrmärkten oder auch von Straßenfesten.

Die letztgenannte Art von Veranstaltungen fällt nicht unter das allgemeine Baurecht. Für sie gilt vielmehr die Gewerbeordnung. Ansprechpartner sind in der Regel die kommunalen Gewerbeämter.

Ausgewählte Bestimmungen der VStättVO

Die Tabelle gibt die Regelungen zur Berechnung der maximal zulässigen Besucherzahl wieder, wenn sich aus den Bauvorlagen nichts anderes ergibt.

Sitzplätze an Tischen	1 Besucher/-in je m^2 Grundfläche des Versammlungsraumes
Sitzplätze in Reihen und für Stehplätze	2 Besucher/-innen je m^2 Grundfläche des Versammlungsraumes
Stehplätze auf Stufenreihen	2 Besucher/-innen je laufendem Meter Stufenreihe
Für Besucher nicht zugängliche Bereiche (zum Beispiel Backstage-Bereiche, Front-of-House-Platz für Licht und Tonregie) werden abgezogen.	
Ausstellungsräume	1 Besucher/-in je m^2 Grundfläche des Ausstellungsraumes

Bemessung des Fassungsvermögens eines Veranstaltungsraums

Beispiel → Raumberechnung

Eine Veranstaltungslocation soll für ein Business-Event genutzt werden. Sie hat eine Gesamtfläche im Versammlungshauptraum von 1 500 m^2. Die Szenenfläche einschließlich des zugehörigen Backstage-Bereichs ist 340 m^2 groß. Für den FOH-Platz (Ton-, Licht- und AV-Regie) sind 12 m^2 vorgesehen. Der für Büfett und Servicekräfte vorgesehene Platz beträgt 60 m^2.

Wir subtrahieren nun die Fläche der für die Besucher nicht zugänglichen Bereiche von der Gesamtfläche: 1 500 m^2 – 340 m^2 – 12 m^2 – 60 m^2 = 1 088 m^2

AUFGABE

Einem Tagungshotel wurde vor etwa zwei Jahren die örtliche Stadthalle angegliedert. Der größte Veranstaltungsraum hat die Maße 30 m x 60 m (ohne Szenenflächen und andere für die Besucher nicht zugängliche Bereiche). Wie viele Besucher sind jeweils maximal zugelassen?

a) parlamentarische Bestuhlung
b) Reihenbestuhlung
c) Benutzung von Stehplatztribünen (zehn Reihen je 22 m)
d) Nutzung als Ausstellungsfläche für eine regionale Messe

Rettungswege

Hauptziel der VStättVO bei der Bemessung und Führung der Rettungswege ist das schnelle Evakuieren der Versammlungsstätte. Rettungswege in Versammlungsstätten bestehen aus den folgenden drei Teilen:

1. Weg aus dem Versammlungsraum. Dazu gehören Gänge/Stufengänge sowie die Ausgänge zu den Fluren und den Treppenräumen;
2. Weg von dort aus ins Freie. Dazu gehören Flure, Treppen, Treppenräume, als Rettungsweg genehmigte Balkone, Dachterrassen und Außentreppen sowie Ausgänge ins Freie;
3. direkter, ungehinderter Weg auf dem Grundstück zur nächsten öffentlichen Verkehrsfläche.

Generell gilt: Rettungswege müssen ins Freie zu öffentlichen Verkehrsflächen führen und ständig frei bleiben. Das Abstellen von jeglichen Gegenständen (auch kurzfristig) ist während des Betriebs unzulässig. Rettungswege dürfen über Gänge und Treppen durch Foyers oder Hallen zu Ausgängen ins Freie geführt werden, soweit mindestens ein weiterer von dem Foyer oder der Halle baulich unabhängiger Rettungsweg vorhanden ist. Um den Druck des Besucherstroms bei einer möglichen Evakuierung zu verkleinern, müssen Versammlungsräume mit mehr als 100 m² Grundfläche jeweils mindestens zwei möglichst weit auseinander oder entgegengesetzt liegende Ausgänge ins Freie oder zu Rettungswegen aufweisen. Falls Geschosse vorhanden sind, müssen in jedem Geschoss mindestens zwei baulich voneinander unabhängige Rettungswege vorhanden sein. Die Kennzeichnung muss dauerhaft anhand von gut sichtbaren Fluchtwegpiktogrammen erfolgen.

Damit ein Versammlungsraum schnell evakuiert werden kann, müssen die Rettungswege an jeder Stelle, also nicht nur an den Ausgängen, mindestens 1,20 m breit sein. Pro 0,60 m Rettungswegbreite (zum Beispiel Türbreite) dürfen höchstens 100 Personen im Raum anwesend sein.

Beispiel → Bemessung der höchstzulässigen Besucherzahl

Für einen Raum mit drei Türen à 1,20 m Breite gilt folgende Berechnung der höchstzulässigen Besucherzahl: 1,20 m · 3 = 3,60 m | 3,60 m/0,60 m = 6 | 6 · 100 Personen = 600 Personen

Grundlage dieser Bemessung ist die Forderung, dass zwei Personen nebeneinander den Rettungsweg passieren können müssen. Man rechnet pro Person 0,60 m Platzbedarf. Dies entspricht der DIN EN 13200.

Ausgang im Sportstadion

Das Verhältnis von Besucherzahl und Rettungswegbreite beträgt

- im Freien und in Sportstadien 1,20 m Rettungswegbreite je 600 Besucher,
- bei allen anderen Versammlungsstätten 1,20 m Rettungswegbreite je 200 Besucher.

Staffelungen sind nur in 0,60 m zulässig. Seit 2014 sind Zwischenwerte zulässig.

Beispiel → Bemessung der höchstzulässigen Besucherzahl eines Sportstadions

Der in der Abbildung wiedergegebene Ausgang ist 2,40 m breit. Diese Rettungswegbreite bedeutet, dass diesem Ausgang maximal 1 200 Besucher zugeordnet werden dürfen.

Bei Rettungswegen von Versammlungsräumen mit nicht mehr als 200 Besucherplätzen genügt eine lichte Breite von 0,90 m. Für Rettungswege von Arbeitsgalerien genügt eine Breite von 0,80 m.

Bestuhlung und Sitzplätze

Der von der Behörde genehmigte Bestuhlungs-/Rettungswegeplan darf nicht geändert werden. Der Rettungswegeplan/Bestuhlungsplan ist in der Nähe des Haupteingangs gut sichtbar anzubringen.

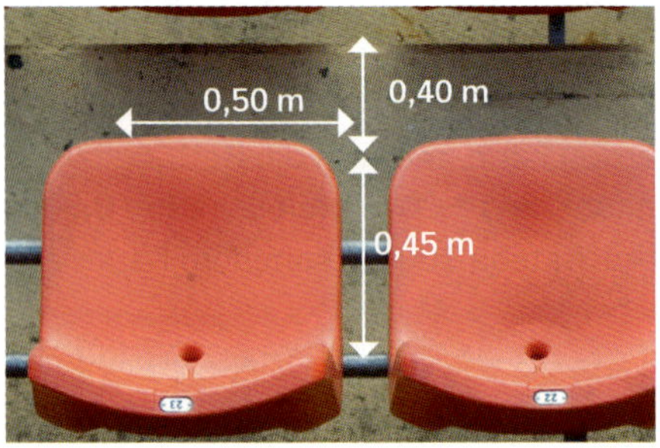

Mindestabmessungen von Sitzplätzen lt. VStättVO

Stuhlreihen müssen unverrückbar befestigt sein. Vorübergehend angebrachte Stuhlreihen sind zu verbinden. Kleinere, abgetrennte Bereiche wie Logen mit bis zu 20 Sitzplätzen sind davon ausgenommen. Tribünen in Versammlungsstätten mit mehr als 5000 Plätzen müssen unverrückbar befestigte Einzelsitze haben.

Die Sitzplätze müssen generell mindestens 0,50 m breit und 0,45 m tief sein und zwischen den Reihen eine lichte Durchgangsbreite von 0,40 m haben (siehe Abbildung).

Blöcke für Sitzplätze dürfen maximal 30 Reihen haben. Für Rollstuhlbenutzer müssen mindestens 1 % der Besucherplätze und mindestens zwei Plätze auf ebenen Standflächen (1,50 m x 1,50 m) freigehalten werden.

Bei Plätzen an Tischen darf der Weg von jedem Tischplatz zu einem Gang nicht länger als 10 m sein. Der Abstand von Tisch zu Tisch soll 1,50 m nicht unterschreiten.

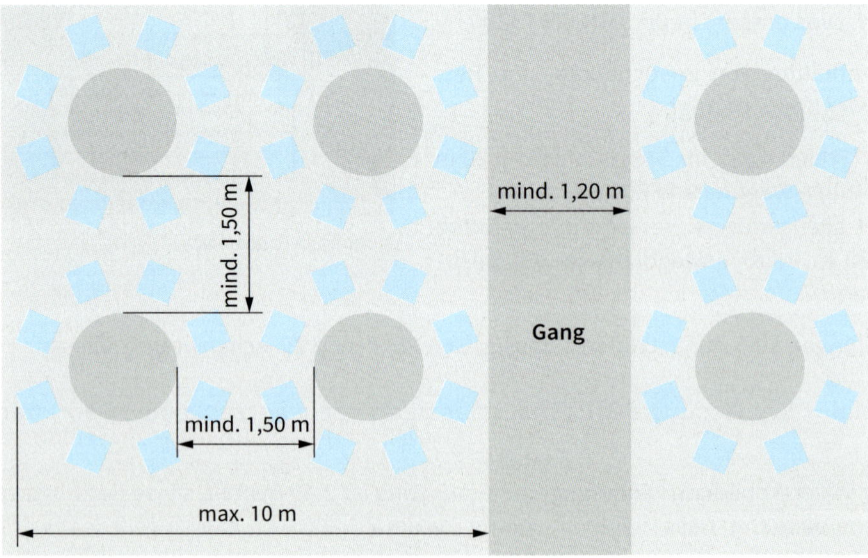

Mindestabstände laut VStättVO bei Tischbestuhlung

Abschrankungen und Schutzvorrichtungen

Begehbare Flächen, die an tiefer liegende Flächen grenzen, sind zu umwehren. Abschrankungen wie Umwehrungen, Geländer, Wellenbrecher, Zäune, Absperrgitter oder Glaswände müssen vor begehbaren Flächen mindestens 1,10 m hoch sein, vor Sitzplatzreihen genügen 0,90 m.

Brandschutz/Räumungskonzept

Der Brandschutz ist eines der zentralen Verordnungsgebiete. Er ist in keiner eigenen, bundesweit gültigen Verordnung geregelt; das Thema findet sich hingegen in vielzähligen Verordnungen und Vorschriften wieder. Laut VStättVO muss der Betreiber im Einvernehmen mit der Brandschutzdienststelle neben einer Brandschutzordnung gegebenenfalls ein Räumungskonzept aufstellen. Darin sind die Erforderlichkeit und die Aufgaben eines Brandschutzbeauftragten und der Kräfte für den Brandschutz festzulegen sowie die Maßnahmen, die im Gefahrenfall für eine schnelle und geordnete Räumung der gesamten Versammlungsstätte oder einzelner Bereiche unter besonderer Berücksichtigung von Menschen mit Behinderung erforderlich sind. Die Maßnahmen nach Satz 2 Nr. 2 sind bei Versammlungsstätten, die für mehr als 1 000 Besucher bestimmt sind, gesondert in einem Räumungskonzept darzustellen. Die Brandverhütung gemäß VStättVO stellt die in der Tabelle zusammengefassten Anforderungen an die benutzten Gegenstände/Materialien.

Gegenstand/ Material	Präzisierung nach VStättVO	A (nicht brennbar)	B1 (schwer entflammbar)	B2 (normal entflammbar)	B3 (leicht entflammbar)
Vorhänge	Vorhänge von Bühnen und Szenenflächen	zulässig	zulässig	unzulässig	unzulässig
Ausstattungen	Bestandteile von Bühnen- oder Szenenbildern	zulässig	zulässig	unzulässig	unzulässig
Ausstattungen (bei automatischen Feuerlöschanlagen)	Bestandteile von Bühnen- oder Szenenbildern bei Verwendung von automatischen Feuerlöschanlagen	zulässig	zulässig	zulässig	unzulässig
Requisiten	Bewegliche Einrichtungsgegenstände von Bühnen- oder Szenenbildern, z. B. Möbel	zulässig	zulässig	zulässig	unzulässig
Ausschmückungen	vorübergehend eingebrachte Dekorationsgegenstände, z. B. Drapierungen, Girlanden usw.	zulässig	zulässig	unzulässig	unzulässig
Ausschmückungen (in Fluren und Treppen)	vorübergehend eingebrachte Dekorationsgegenstände in Fluren und Treppenhäusern	zulässig	unzulässig	unzulässig	unzulässig

Einordnung von Gegenständen/Materialien in Brandschutzklassen laut Brandschutznorm DIN 4102

Brennbares Material muss von Zündquellen wie Scheinwerfern oder Heizstrahlern so weit entfernt sein, dass das Material nicht gefährdet wird. Auf Bühnen und Szenenflächen, in Werkstätten und Magazinen ist das Rauchen verboten. Das Verwenden von offenem Feuer, brennbaren Flüssigkeiten und Gasen, pyrotechnischen Gegenständen und anderen explosionsgefährlichen Stoffen ist prinzipiell verboten. Auf die Verbote ist dauerhaft und gut sichtbar hinzuweisen. Die Verwendung pyrotechnischer Gegenstände bedarf in der Regel einer behördlichen Genehmigung und muss durch eine nach Sprengstoffrecht geeignete Person überwacht werden.

Versammlungsräume, Bühnen, Foyers, Werkstätten, Magazine, Lagerräume und notwendige Flure sind mit geeigneten Feuerlöschern in ausreichender Zahl auszustatten. Übersteigt die betreffende Grundfläche 1 000 m^2, so müssen die Räume stattdessen mit Wandhydranten versehen werden. Die Löschvorrichtungen sind gut sichtbar und leicht zugänglich anzubringen.

Besondere Regelungen für Großbühnen mit Bühnenhaus

Alle für den Bühnenbetrieb notwendigen Räume und Einrichtungen sind in einem eigenen, vom Zuschauerhaus getrennten Bühnenhaus unterzubringen. Eine feuerbeständige, selbstständig innerhalb von 30 Sekunden schließende Trennwand wird benötigt („Eiserner Vorhang"). Beim Schließen muss ein Warnsignal zu hören sein. Täglich vor Beginn der ersten Vorstellung muss dieser Schutzvorhang auf Betriebsbereitschaft geprüft werden. Auf jeder Seite der Bühnenöffnung muss für die Brandsicherheitswache ein Platz von mindestens 1 m x 1 m vorhanden sein (2,20 m hoch). Die Bühne muss von dort einsehbar sein.

Besondere Regelungen für Versammlungsstätten mit mehr als 5000 Besucherplätzen

Es muss eine Lautsprecherzentrale vorhanden sein, von der aus die Besucherbereiche und der Innenbereich überblickt und Polizei, Feuerwehr und Rettungsdienste benachrichtigt werden können. Eine Einsatzleitung der Polizei muss vor Ort sein, die mit einer räumlichen Verbindung Zugang zur Lautsprecherzentrale und Videoanlage zur Überwachung der Besucherbereiche haben muss. Schließlich ist ein ausreichend großer Raum für den Sanitäts- und Rettungsdienst vorzusehen. Bei großen temporären Open-Air-Anlagen sollte sich die Polizei im Bedarfsfall für Notfalldurchsagen in das Beschallungssystem der Veranstaltung einkoppeln können.

Abschrankungen/Drängelgitter/Wellenbrecher

Der Begriff Wellenbrecher wird in der Innenarchitektur und im Veranstaltungsmanagement für alle Elemente verwendet, die unkontrollierten panischen Menschenmassen ordnend im Weg stehen. Dazu gehören beispielsweise auch Absperrgitter (Drängelgitter) bei Konzertveranstaltungen.

Wellenbrecher im Sinne der VStättVO sind installierte, versetzt angeordnete Absperrungen in Stehplatzbereichen von Stadien und Hallen. Entsprechende mobile Vorrichtungen für Konzerte werden in der VStättVO Abschrankungen genannt, gemeint sind Drängelgitter.

Werden für eine Veranstaltung Stehplätze vor einer Szenenfläche eingerichtet, so muss generell eine Gefährdungsbeurteilung erstellt werden. Zwischen Szenenfläche und Stehplätzen muss ein mindestens 2 m breiter Gang abgeschrankt sein. Dieser Gang soll es den Sicherheits- und Rettungskräften ermöglichen, Personen aus den Zuschauerbereichen von vorne zu bergen und nötigenfalls medizinisch zu versorgen. Die benutzten Abschrankungen müssen einem Personendruck von 2 kN/m standhalten. Werden vor Szenenflächen Stehplätze für mehr als 5000 Besucher eingerichtet, sind mindestens zwei seitlich zugängliche Bereiche zu bilden (an der Seite mindestens 5 m, in der Mitte mindestens 10 m Abstand). Diese Bereiche sollen dazu dienen, den Personendruck auf die vordersten Stehplatzreihen zu minimieren. Seit der Überarbeitung der MVStättV gilt dies auch für Veranstaltungen mit weniger als 5000 Stehplätzen, soweit es nach der Art der Veranstaltung erforderlich ist. Ermittelt wird dies durch eine Gefährdungsbeurteilung.

Pflichten der Betreiber, Veranstalter und Beauftragten

Laut MVStättV und den Grundsätzen des allgemeinen Ordnungsrechts ist der Betreiber für die Sicherheit der Veranstaltung und die Einhaltung der Vorschriften verantwortlich. Der Betreiber oder Veranstaltungsleiter muss während der Veranstaltung ständig anwesend sein. Er ist zur Zusammenarbeit mit Sanitätswache, Polizei, Feuerwehr und Ordnungspersonal verpflichtet.

Bei nicht betriebsfähigen Anlagen oder Einrichtungen, etwa im Fall einer zweckwidrig genutzten Feuerwehrfläche, auf der Pkw parken, ist der Betreiber zur Einstellung des Betriebs verpflichtet.

MERKE

Der Betreiber kann seine Pflichten, nicht jedoch seine Haftungsverpflichtung, durch schriftliche Vereinbarung an den Veranstalter übertragen.

Der Verantwortliche für Veranstaltungstechnik

Die VStättVO ersetzt hier die bisherige Fachkräfteregelung (TFaVO). An die Stelle der „Technischen Fachkraft" ist die Bezeichnung „Verantwortlicher für Veranstaltungstechnik" getreten. Hinsichtlich der geforderten Qualifikation knüpft die VStättV an die in der Verordnung über die Prüfung zum Abschluss „Geprüfter Meister für Veranstaltungstechnik" anerkannten Abschlüsse an.

Beispiel → Verantwortliche für Veranstaltungstechnik

Verantwortliche für Veranstaltungstechnik dürfen sein

- geprüfte Meister/-innen für Veranstaltungstechnik der Fachrichtungen Bühne/Studio, Beleuchtung oder Halle;
- technische Fachkräfte mit bestandenem fachrichtungsspezifischen Teil der Prüfung (Fachkräfte mit Befähigungszeugnis nach altem Recht sind Meistern gleichgestellt);

- → Hochschulabsolventen/-absolventinnen mit berufsqualifizierendem Hochschulabschluss der Fachrichtung Theater- oder Veranstaltungstechnik mit mindestens einem Jahr Berufserfahrung im technischen Betrieb von Bühnen, Studios oder Mehrzweckhallen in der jeweiligen Fachrichtung, denen die zuständige Stelle ein Befähigungszeugnis ausgestellt hat (zum Beispiel Diplomingenieure mit abgeschlossener Fachrichtung);
- → Kräfte mit einer gleichwertigen Ausbildung, die in einem anderen Mitgliedstaat der Europäischen Union absolviert wurde und durch einen Ausbildungsnachweis belegt wird.

Verantwortliche für Veranstaltungstechnik müssen mit den bühnen-, studio- und beleuchtungstechnischen sowie sonstigen technischen Einrichtungen der Versammlungsstätte vertraut sein und deren Sicherheit und Funktionsfähigkeit, insbesondere hinsichtlich des Brandschutzes, während des Betriebs gewährleisten.

Auf- oder Abbau bühnen-, studio- und beleuchtungstechnischer Einrichtungen von Großbühnen oder Szenenflächen mit mindestens 200 m² Grundfläche oder in Mehrzweckhallen mit mindestens 5000 Besucherplätzen, wesentliche Wartungs- und Instandsetzungsarbeiten an diesen Einrichtungen und technische Proben dürfen nur von einem/einer Verantwortlichen für Veranstaltungstechnik geleitet und beaufsichtigt werden.

Bei Generalproben, Veranstaltungen, Sendungen oder Aufzeichnungen von Veranstaltungen auf Großbühnen oder Szenenflächen mit mindestens 200 m² Grundfläche oder in Mehrzweckhallen mit mehr als 5000 Besucherplätzen müssen mindestens ein(e) Verantwortliche(r) für Veranstaltungstechnik der Fachrichtung Bühne/Studio oder der Fachrichtung Halle sowie ein(e) Verantwortliche(r) für Veranstaltungstechnik der Fachrichtung Beleuchtung anwesend sein.

Bei Szenenflächen mit mindestens 50 m² und höchstens 200 m² Grundfläche oder in Mehrzweckhallen mit nicht mehr als 5000 Besucherplätzen können die Aufgaben von einer Fachkraft für Veranstaltungstechnik mit mindestens drei Jahren Berufserfahrung wahrgenommen werden. Für Szenenflächen und Mehrzweckhallen mit einfacher bühnen- und beleuchtungstechnischer Ausstattung genügt es, wenn während der Vorstellungen und des sonstigen technischen Betriebes ein erfahrener Bühnenhandwerker oder Beleuchter anwesend ist.

Die folgende Tabelle fasst die Regelungen zur Anwesenheit von Verantwortlichen und Fachkräften für Veranstaltungstechnik zusammen.

	Szenenflächen 200 m² und mehr	**Großbühnen**	**Mehrzweckhallen 5 000 und mehr Besucher**
Bei Auf- und Abbau	1 VfV	1 VfV	1 VfV
Bei Generalproben, Veranstaltungen, Sendungen und Aufzeichnungen	1 VfV-B/S oder 1 VfV-H und 1 VfV-Bel.	1 VfV-B/S oder 1 VfV-H und 1 VfV-Bel.	1 VfV-B/S oder 1 VfV-H und 1 VfV-Bel.
Bei Szenenflächen zwischen 50 m² und 200 m²	1 FfV oder 1 VfV		
Bei technischen Proben	1 VfV	1 VfV	1 VfV
Bei wesentlichen Instandsetzungs- und Wartungsarbeiten	1 VfV	1 VfV	1 VfV

VfV = Verantwortlicher für Veranstaltungstechnik (Fachrichtung frei – möglichst entsprechend Gefährdungsschwerpunkt)

VfV-B/S = Verantwortlicher für Veranstaltungstechnik Fachrichtung Bühne/Studio

VfV-H = Verantwortlicher für Veranstaltungstechnik Fachrichtung Halle

VfV-Bel. = Verantwortlicher für Veranstaltungstechnik Fachrichtung Beleuchtung

FfV = Fachkraft für Veranstaltungstechnik mit mindestens dreijähriger Berufserfahrung

Im Rahmen der Überarbeitung der MVStättV im Jahr 2005 wurden für die Anwesenheit des Verantwortlichen für Veranstaltungstechnik in einigen Punkten Ausnahmen geschaffen.

Die Anwesenheit bei Generalproben, Veranstaltungen, Sendungen oder Aufzeichnungen von Veranstaltungen auf Großbühnen oder Szenenflächen mit mindestens 200 m² Grundfläche oder in Mehrzweckhallen mit mindestens 5 000 Besucherplätzen ist nicht erforderlich, wenn

- die Sicherheit und Funktionsfähigkeit der bühnen-, studio- und beleuchtungstechnischen sowie der sonstigen technischen Einrichtungen der Versammlungsstätte von der/dem Verantwortlichen für Veranstaltungstechnik überprüft wurden;
- diese Einrichtungen nach der Überprüfung bzw. während der Veranstaltung nicht bewegt oder sonst verändert werden;
- von Art oder Ablauf der Veranstaltung keine Gefahren zu erwarten sind und
- die Aufsicht durch eine Fachkraft für Veranstaltungstechnik geführt wird, die mit den technischen Einrichtungen vertraut ist.

Eine Fachkraft für Veranstaltungstechnik kann die wesentlichen Aufgaben eines/einer VfV übernehmen, wenn:

- vom Auf- und Abbau sowie vom Betrieb der bühnen-, studio- und beleuchtungstechnischen Einrichtungen keine Gefahren zu erwarten sind;
- von Art oder Ablauf der Veranstaltung keine Gefahren zu erwarten sind;
- die Aufsicht führende Person mit den technischen Einrichtungen vertraut ist.

Hier sollte jedoch mit einer Gefährdungsbeurteilung nachweislich festgestellt werden, dass die Versammlungsstätte oder die Veranstaltung keine Gefahren birgt.

Brandsicherheitswache, Sanitäts- und Rettungsdienst

Bei Veranstaltungen mit erhöhten Brandgefahren hat der Betreiber eine Brandsicherheitswache einzurichten. Veranstaltungen mit voraussichtlich mindestens 5000 Besuchern sind der für den Sanitäts- und Rettungsdienst zuständigen Behörde rechtzeitig anzuzeigen.

Sicherheitskonzept, Ordnungsdienst

Erfordert es die Art der Veranstaltung, hat der Betreiber ein Sicherheitskonzept zu erstellen und einen Ordnungsdienst einzurichten. Diese Forderung beruht auf § 3 MBO (Musterbauordnung). Das örtliche Bauamt sowie gegebenenfalls das örtliche Ordnungsamt können hierzu Auflagen machen.

MERKE

Bei mindestens 5000 Besuchern ist ein Sicherheitskonzept in Zusammenarbeit und im Einvernehmen mit den Ordnungsbehörden, insbesondere Feuerwehr, Polizei, Rettungsdienste, zu erstellen. Einvernehmen heißt, dass die Geltung des Konzepts an die Zustimmung der beteiligten Behörden geknüpft wird.

CHECKLISTE SICHERHEITSKONZEPT

Gefährdungsbeurteilung – Gefahrenanalyse – Normalfallorganisation – Notfallorganisation – SICHERHEITSKONZEPT

(Sicherung der Durchführung einer Veranstaltung auf einem abgestimmten Schutzniveau unter Berücksichtigung relevanter baulicher, technischer, und organisatorischer Belange)

Inhalt	Details, z. B.:
Allgemeine Angaben	Veranstaltungsname, Datum, Verfasser, Kontaktdaten, Datum der Bearbeitung, Verteilerliste
Detailbeschreibung Veranstaltung	Art der Veranstaltung, Übersichten, Schutzziele Aufbauten, Wegführung im Gelände, Notausgänge, Rettungsdienstzufahrten, Zusammensetzung Publikum, erwartetes Besucherverhalten, Ablaufplan inkl. Auf- und Abbau sowie Höhepunkte
Gefährdungsanalyse	Beschreibung und Bewertung der Risiko- und Gefährdungsfaktoren, Eintrittswahrscheinlichkeiten, Materialanalysen, betriebliche und vorübergehende Sicherheitsmaßnahmen
Besonderheiten Gelände/Location	Beschreibung Veranstaltungsbereich, Flächeninformationen, Gefährdungsbereiche, Besonderheiten baulicher Strukturen, Parkplätze, Verkehrsinformationen Erwartete und maximale Besucherzahl, Anordnung der Besucherplätze, Beschreibung möglicher Personendichten Absperrmaßnahmen, Zäune, Bühnen, Materialanforderungen, infrastrukturelle Ausstattung, Übersichtspläne und -karten, Absperrungen, Schleusen, Ausrichtung Warteschlangen, Kamerasysteme/Videoüberwachung, Beleuchtungssituation, Beschallungssysteme, Stromversorgung inkl. Sicherheitsstromversorgung, Blitzschutz Organisationsplan

weiter auf S. 243

Inhalt	Details, z. B.:
Kommunikationsplan	Koordinierungsgremium, Veranstaltungsleiter, beteiligte Ämter und Institutionen (z.B. Bauamt, Ordnungsamt, Straßenverkehrsamt, Polizei, Feuerwehr, Sanitätsdienste, ÖPNV), Festlegen von Entscheidungskompetenzen vor, während und nach der Veranstaltung sowie im Gefahrenfall, Notfallkommunikation, Ersatzkommunikation, Presse- und Öffentlichkeitsarbeit, Notfall-Seelsorge, Dokumentation
Besucherleitsystem/ Besucherlenkung bzw. Orientierungssysteme	Informationskonzept vor und während des Events, Beschilderung, Sperrungen, Technische Lenkungsmaßnahmen, Organisatorische Lenkungsmaßnahmen (z. B. Einweiser), Infostellen, Servicekräfte, Versorgungs- und Infostellen Verkehrslenkung: Maßnahmen im ÖPNV, Beschilderung, Rettungszufahrten, Parkplätze, P&R
Krisenmanagement	Personal, Aufgaben, Aktivierungsdetails, Alarmierungsszenario, Verortung und Ausstattung
Rettungskräfte	z. B. Maurer-Schema, Anzahl, Verortung, Ausstattung, Kommunikationslinien, Verortung, Wegerechte
Ordnungsdienst	Leitungssystem, Mindestzahl der Ordnungsdienstkräfte gestaffelt nach Besucherzahlen und Gefährdungsgrad, Leitungsperson(en), Ein-, Aus- und Zugangskontrollen, Auftreten und Aufgaben, Anzahl und Position, Hausrechtbriefing
Flucht- und Rettungswege, Entfluchtung	Fluchtwegeplanung inkl. Beschaffenheit und Risikobereiche, Zu- und Abbewegung von und zum Veranstaltungsgelände, Sicherung der Aufenthaltsbereiche, Räumungsszenarien Planung der geordneten Evakuierung im Gefahrenfall, Sammelstellen, Entlastungsflächen
Brandschutzmaßnahmen	
Szenarien und Maßnahmen	Handlungsanweisungen, Kommunikationsketten, Verantwortlichkeiten, Schnittstellenbeschreibung, Allgemeine und besondere Sicherheitsdurchsagen
Anlagen	Pläne und Lagepläne, Flächenübersichten, Dokumente, Übersichten, Kommunikationsverzeichnis

Lt. MVStättV Pflicht ab Veranstaltungen mit mehr als 5 000 Besucherplätzen – im Einvernehmen mit den für Sicherheit und Ordnung zuständigen Behörden, insbesondere der Polizei, der Brandschutzdienststelle und den Rettungsdiensten.

Gastspielprüfbuch

Für den eigenen, gleich bleibenden Szenenaufbau von wiederkehrenden Gastspielveranstaltungen kann dem Produzenten auf schriftlichen Antrag ein Gastspielprüfbuch erteilt werden. Vor der Erteilung ist eine technische Probe durchzuführen. Der Veranstalter ist durch das Gastspielprüfbuch von der Verpflichtung entbunden, an jedem Gastspielort die Sicherheit des Szenenaufbaus und der zugehörigen technischen Einrichtungen erneut nachzuweisen. Ein Vordruck ist im Anhang der jeweiligen VStättVO zu finden.

Das einmal erstellte und von dem für den Produzenten regional zuständigen Amt genehmigte Gastspielprüfbuch ist der für den Gastspielort zuständigen Bauaufsichtsbehörde jeweils rechtzeitig vor der ersten Veranstaltung am Gastspielort vorzulegen. Werden für die Gastspielveranstaltung Fliegende Bauten genutzt, ist das Gastspielprüfbuch mit der Anzeige der Aufstellung der Fliegenden Bauten vorzulegen. Die Geltungsdauer ist auf die Dauer der Tournee befristet und kann auf schriftlichen Antrag verlängert werden.

AUFGABEN

1. Für wen gilt die Versammlungsstättenverordnung (VStättVO) in erster Linie?
2. Wann wird die VStättVO angewendet, wann nicht?
3. Wie viele Besucher darf eine Versammlungsstätte insgesamt fassen?
4. Was ist das Hauptziel der Verordnung bei der Bemessung und Führung der Rettungswege?
5. Aus welchen Teilen besteht ein Rettungsweg?
6. Wie breit müssen Rettungswege mindestens sein?
7. Wie breit müssen Sitzplätze mindestens sein? Wie viele Sitzplätze dürfen je Reihe angeordnet sein?
8. Wie lang darf der Weg von einem Tisch zu einem Gang sein?
9. Wie viele Plätze müssen für Rollstuhlbenutzer vorhanden sein?
10. Wer kann Verantwortlicher für Veranstaltungstechnik sein?
11. Welche Aufgaben und Pflichten hat der Verantwortliche für Veranstaltungstechnik?
12. Was ist ein Gastspielprüfbuch?
13. Welche Pflichten haben der Betreiber, der Veranstalter und ihre Beauftragten?

Im Mittelpunkt der sicherheitsorientierten Haftung laut VStättVO stehen in erster Linie die Location und auch der Veranstalter (Prinzip der doppelten Haftung). Im Mittelpunkt der vertraglichen Haftung dagegen steht allein der Veranstalter (siehe das Schema in Verbindung mit der nachfolgenden Aufgabe).

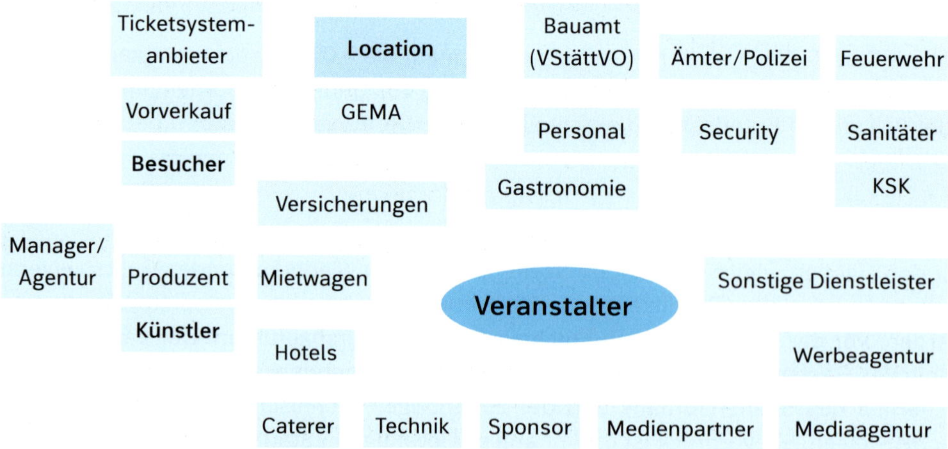

Der Veranstalter im Mittelpunkt der vertraglichen Haftung

AUFGABEN

1. Übertragen Sie das obige Schema auf ein A4- oder A3-Blatt (Querformat, bitte Platz zwischen den Beteiligten lassen) und bezeichnen Sie alle direkten Vertragsbeziehungen mit durchgezogener Linie/Pfeil und alle indirekten Vertragsbeziehungen, Kooperationen oder Beziehungen mit erhöhtem Abstimmungsbedarf mit gestrichelter Linie/Pfeil.
2. Welche Gründe könnte es für das Prinzip der doppelten Haftung laut VStättVO für Location und Veranstalter geben?

5.2.3 Fliegende Bauten

Outdoor Festival, München 2015

Fliegende Bauten sind Anlagen, die dafür geeignet und bestimmt sind, an verschiedenen Orten aufgebaut und wieder zerlegt zu werden (zum Beispiel Veranstaltungszelte). Ihr wesentliches Merkmal ist das Fehlen einer festen Beziehung zum Boden bzw. Grundstück.

Nach der Richtlinie über den Bau und Betrieb Fliegender Bauten (FIBauR) muss der für den Bau vorgesehene Platz geeignet sein, das Material für den Bau muss schwer entflammbar sein (das heißt B 1 – ausgenommen gehobeltes Holz) und in jedem Raum müssen mindestens zwei gekennzeichnete Rettungswege vorhanden sein mit mindestens 1 m Breite und 2 m Höhe.

Der Betreiber oder ein von ihm beauftragter, hinreichend sachkundiger Vertreter muss während des Betriebs der Anlage die Aufsicht führen und für die Einhaltung der Betriebsvorschriften sorgen. Unfälle hat er unverzüglich der zuständigen Behörde zu melden. Besondere Regelungen bestehen für Großveranstaltungen.

Gemäß der Verwaltungsvorschrift über Ausführungsgenehmigungen (FlBauVV) sind für Fliegende Bauten Ausführungsgenehmigungen erforderlich. Ausnahmen gelten für

- Anlagen bis 5 m Höhe, die nicht von Besuchern betreten werden;
- Fahrgeschäfte bis 5 m Höhe mit Geschwindigkeit von höchstens 1 m/s;
- Bühnen einschließlich Überdachungen und sonstiger Aufbauten bis 5 m Höhe, maximal 100 m² Grundfläche und einer Fußbodenhöhe bis 1,5 m;
- eingeschossige Zelte bis 75 m² Grundfläche (zum Beispiel Sanitäterzelte).

Ein Probeaufbau ist in der Regel notwendig für

- Zelte mit mehr als 1 500 Besucherplätzen und mehr als 750 m² Grundfläche;
- Fahr-, Schau und Belustigungsgeschäfte;
- Tribünen mit mehr als 500 Besucherplätzen.

Die Ausführungsgenehmigung und die Original-Bauvorlagen mit Prüfvermerk werden im Prüfbuch eingetragen.

5.2.4 Landesimmissionsschutzgesetz

Dieses Gesetz gilt für die Errichtung und den Betrieb von Anlagen sowie für das Verhalten von Personen, soweit dadurch schädliche Umwelteinwirkungen verursacht werden können.

Grundregeln

Jeder hat sich so zu verhalten, dass schädliche Umwelteinwirkungen vermieden werden. Wer einen anderen zu einer Verrichtung bestellt, hat durch geeignete Maßnahmen für die Einhaltung der Pflichten zu sorgen. Bei der Errichtung von Anlagen ist Vorsorge gegen schädliche Umwelteinwirkungen zu treffen. Der Stand der Technik ist einzuhalten.

Nachtruhe

Von 22 bis 6 Uhr sind Betätigungen verboten, die die Nachtruhe stören. Die zuständige Behörde kann auf Antrag Ausnahmen von diesem Verbot zulassen,

- wenn die Ausübung der Tätigkeit während der Nachtzeit im öffentlichen Interesse geboten ist. Die Ausnahme kann an Bedingungen geknüpft und mit Auflagen verbunden werden;
- für Messen, Märkte, Volksfeste, Volksbelustigungen, ähnliche Veranstaltungen und für Zwecke der Außengastronomie sowie für die Nacht vom 31. Dezember zum 1. Januar.

Ein öffentliches Bedürfnis liegt in der Regel vor, wenn eine Veranstaltung auf historischen, kulturellen oder sonstigen sozial gewichtigen Umständen beruht.

Outdoor Festival, München 2015

Tongeräte

Musikinstrumente, Tonwiedergabegeräte und andere Geräuschquellen dürfen nur in solcher Lautstärke benutzt werden, dass unbeteiligte Personen nicht erheblich belästigt werden. Ausnahmen unterliegen einer Einzelfallprüfung. Örtliche Regelungen bestehen für Parteien im Wahlkampf (vier Wochen vor der Wahl außer am Wahltag).

Abbrennen von Feuerwerken oder Feuerwerkskörpern

Wer ein Feuerwerk oder an bewohnten oder von Personen besuchten Orten Feuerwerkskörper abbrennen will, bedarf hierzu der Erlaubnis der örtlichen Ordnungsbehörde. Das Feuerwerk darf höchstens 30 Minuten dauern und muss um 22 Uhr, in den Monaten Mai, Juni und Juli um 22:30 Uhr beendet sein; in dem Zeitraum, für den die Sommerzeit eingeführt ist, darf das Ende des Feuerwerks um eine halbe Stunde hinausgeschoben werden. Die örtliche Ordnungsbehörde kann bei Veranstaltungen von Bedeutung Ausnahmen zulassen.

Anordnungsbefugnis

Die Behörden können anordnen, dass Zustände beseitigt werden, die dem Immissionsschutzgesetz oder den aufgrund dieses Gesetzes erlassenen Rechtsvorschriften widersprechen. Verfügungen, die die Errichtung, Änderung, Nutzungsänderung oder den Abbruch baulicher Anlagen zum Gegenstand haben, sind im Einvernehmen mit den Bauaufsichtsbehörden zu treffen.

TA-Lärm

TA-Lärm bedeutet Technische Anleitung zum Schutz gegen Lärm und ist eine allgemeine Verwaltungsvorschrift in der Bundesrepublik Deutschland, die dem Schutz der Allgemeinheit und der Nachbarschaft vor schädlichen Umwelteinwirkungen durch Geräusche dient. Bedeutung hat die TA-Lärm für Genehmigungsverfahren von Gewerbe- und Industrieanlagen sowie zur nachträglichen Anordnung bei bereits bestehenden genehmigungsbedürftigen Anlagen. Sie ist nicht anzuwenden bei Straßenverkehrs-, Schienenverkehrs-, Flug- oder Sportlärm. Außerdem gilt sie u. a. nicht für nicht genehmigungsbedürftige landwirtschaftliche Anlagen, Tagebaue, Seehäfen, Anlagen für soziale Zwecke (z. B. Kindergärten und Schulen) und Baustellen.

Der maßgebliche Ort der Immission ist die Messstelle, an welcher der von einer Anlage verursachte Lärm beurteilt wird. Dieses kann z. B. das einem Gewerbebetrieb nächstgelegene Wohnhaus sein und dort kann dann das vom Lärm am stärksten betroffene Wohnraumfenster maßgebend sein, z. B. bei bebauten Flächen 0,5 m außerhalb vor der Mitte des geöffneten Fensters des vom Geräusch am stärksten betroffenen schutzbedürftigen Raumes (z. B. Schlafzimmerfenster).

5.2.5 Genehmigungen und Ämter

Welche Veranstaltung muss genehmigt werden?

Man muss Veranstaltungen unterscheiden, die im öffentlichen Raum stattfinden und solche, die auf Privatgelände durchgeführt werden.

- → Grundsätzlich ist eine Genehmigung einer Veranstaltung erforderlich, wenn es sich um eine öffentliche Veranstaltung handelt (d. h. eine Veranstaltung auf öffentlichem Grund und Boden).
- → Eine private Veranstaltung ist in der Regel nur dann genehmigungspflichtig, wenn sie die Öffentlichkeit beeinträchtigt. Bei vielen Outdoor-Veranstaltungen und auch Sportveranstaltungen sowie Festen und Feiern kann dies zutreffen, egal ob sie auf privatem Grund und Boden stattfinden.
- → Indoor-Veranstaltungen, die in einer bereits genehmigten Versammlungsstätte stattfinden, müssen in der Regel nicht gesondert genehmigt werden, außer sie beinhalten genehmigungspflichtige Teile (z. B. ein Feuerwerk, den Ausschank o. Ä.).
- → Bei Veranstaltungen in einer nicht genehmigten Versammlungsstätte muss in der Regel ein Nutzungsänderungsantrag gestellt werden, um eine Nutzung des Gebäudes oder eines Geländes zu legitimieren.
- → Grundsätzlich gilt für die Genehmigungen, dass diese vor Beginn der Veranstaltung vorliegen müssen und auf der Veranstaltung bei Kontrollen nachgewiesen werden müssen.

Jeder Veranstalter ist generell verantwortlich für den Schutz und die Sicherheit aller Beteiligten, insbesondere der Besucher, der Mitarbeiter und der Umgebung bzw. Nachbarschaft; bei jeder Veranstaltung müssen also nachweisbare Maßnahmen zum Schutz vor möglichen Gefahren getroffen werden. Ebenso müssen alle Beteiligten die relevanten Vorschriften einhalten.

Zuständigkeiten

Zunächst einmal müssen Sie beachten, dass sich die Regelungen und Regulierungen von Stadt zu Stadt und von Bundesland zu Bundesland im Detail unterscheiden. Was also nun wo genau wie genehmigt, angezeigt und/oder festgesetzt werden muss, darüber sollten Sie sich in jedem Falle bei Ihren regionalen Behörden erkundigen. Bitte beachten Sie dabei, dass es in jeder Gemeinde verschiedene Voraussetzungen für eine Genehmigung geben kann, ebenso verschiedene Bezeichnungen oder Zuständigkeiten von Behörden. Ein kompetenter Ansprechpartner dürfte häufig das zuständige Ordnungsamt sein.

Behörden sollten frühzeitig eingebunden werden. Sie treten zumeist eher in der Rolle eines regulierenden Partners auf. Genehmigungsverfahren haben den praktischen Nutzen, dass ein erfahrener Dritter Ihr Vorhaben fachlich bewertet. Genehmigungen geben in der Regel Mindestbedingungen vor. Sie basieren auf ordnungsrechtlichen und behördlichen Vorschriften und kosten in der Regel eine Gebühr.

Die Erteilung einer behördlichen Genehmigung befreit den Verkehrssicherungspflichtigen jedoch nicht generell von seinen eigenen Prüfpflichten: Der Veranstalter und auch der Betreiber müssen stets eigenverantwortlich handeln und prüfen, ob bei einer konkreten Veranstaltung erweiternde oder andere Sicherungsmaßnahmen als die genehmigten getroffen werden müssen.

Je nach Veranstaltungsart müssen besondere Genehmigungen beantragt werden. Solche Genehmigungen können neben zuständigen Ämtern auch zuständige Institutionen ausstellen (z. B. die GEMA). Falls es keine klaren und eindeutigen Regeln gibt, was genau wo angemeldet oder genehmigt werden muss, so gibt es doch immer einige grundsätzliche Informationen, die Sie für jede Veranstaltung benötigen. Diese Informationen stellen Sie am besten immer schriftlich zusammen in einem Ordner, in dem Sie alle nötigen Dokumente und Informationen ablegen.

Beispiel → Behördliche Genehmigungen in Berlin-Charlottenburg (für Open Air)

a) Aufbauten (Bühne, Stände, Zelte): Bau- und Wohnungsaufsichtsamt (Bezirksamt)
b) Straßennutzung, Grünanlagen, Werbeverteilung: Ordnungsamt (Bezirksamt)
c) Nutzung überregionaler Straßen: Verkehrslenkungsbehörde (Senat)
d) Feuerwerk, Speisen und Getränke, Warenverkauf, Ladenöffnungszeiten: Wirtschaftsamt (Bezirksamt)
e) Beschallung, Stromaggregate: Umweltamt (Bezirksamt)
f) Laser- und Lichteffekte: Stadtentwicklungsamt (Senat)
g) Lebensmittelrecht: veterinär- und Lebensmittelaufsichtsamt (Bezirksamt)
h) Abfallentsorgung: Berliner Stadtreinigung

Die Tabelle fasst die für den Live-Event-Bereich in Nordrhein-Westfalen typischen Zuständigkeiten zusammen.

Bereich	Genehmigung/Abgabe	Zuständigkeit (in der Regel)
Location	Baugenehmigung (z. B. laut § 75 Bauordnung)	Bauamt, ggf. auch Ordnungsamt
	Nutzungsänderung/-genehmigung	Gewerbeamt, ggf. auch Bauamt, Amt für Liegenschaften
	Bauabnahme laut VStättVO, Gastspielprüfbuch, Fliegende Bauten	Bauamt evtl. Ordnungsamt
	Konzession Gastronomie (z. B. laut § 12 Gaststättengesetz) bzw. Schankerlaubnis, Sperrstunde (Curfew)	Gewerbeamt, auch Ordnungsamt
	Belehrung nach § 43 Infektionsschutzgesetz (früher Gesundheitszeugnis)	Gesundheitsamt
	Pyrotechnik	Ordnungsamt, Feuerwehr
Öffentliche Flächen	Straßen-, Platznutzung (Sondernutzungsgenehmigung)	Ordnungsamt
	Grünflächennutzung	Grünflächenamt, ggf. Forstamt
	Lautstärke (§ 10 Landesimmissionsschutzgesetz), Nachtruhe ab 22:00 h	Ordnungsamt, Umweltamt
	Luftraumnutzung, auch Höhenfeuerwerk	regional unterschiedlich
Veranstalter	Musiknutzung	GEMA
	Renn-, Wett- und Lotteriesteuer	Finanzamt
	Vergnügungsteuer	Amt für Steuern und Gebühren
Sonstiges	Unfall	Sanitäter
	Brand	Feuerwehr
	Sicherheit	Security, ggf. Polizei

Zuständigkeiten für veranstaltungsrelevante Genehmigungen in Nordrhein-Westfalen

Grundrecht Versammlungsrecht

Laut Artikel 8 des Grundgesetzes stehen Versammlungen unter besonderem Schutz; grundsätzlich hat also jeder das Recht, zu Versammlungen aufzurufen und an einer Versammlung teilzunehmen (Versammlungsfreiheit). Im Gesetz über Versammlungen und Aufzüge (kurz: Versammlungsgesetz) aus dem Jahre 1978 ist das Grundrecht jedes Bürgers geregelt, öffentliche Versammlungen und Aufzüge zu veranstalten und an solchen Veranstaltungen teilzunehmen, solange diese nicht gegen das Grundgesetz verstoßen. Das Versammlungsrecht ist ursprünglich zur Regulierung öffentlicher politischer Willenserklärungen wie z. B. Demonstrationen geschaffen worden; es kann jedoch auch Anwendung finden auf Events mit der Ansammlung einer unbestimmten Anzahl von Menschen.

Das Versammlungsgesetz unterscheidet dabei zwei Versammlungsarten: öffentliche Versammlungen in geschlossenen Räumen und öffentliche Versammlungen unter freiem Himmel.

- Für öffentliche Versammlungen in geschlossenen Räumen besteht grundsätzlich keine Anmeldepflicht der Veranstaltung. Es ist ein Veranstaltungsleiter zu stellen, der das Hausrecht ausübt. Ordnerpersonal (Security) darf eingesetzt werden.
- Öffentliche Versammlungen unter freiem Himmel und Aufzüge müssen allerdings bis spätestens 48 Stunden vor Bekanntgabe bei der zuständigen Behörde angemeldet werden. Es muss dabei immer einen verantwortlichen Veranstalter geben.
- Die zuständige Behörde kann diese Veranstaltung dann von bestimmten Auflagen abhängig machen oder auch verbieten, dies allerdings nur, wenn ein Verbot begründet werden kann. Der Einsatz von Ordnern (Security) bedarf hier immer einer polizeilichen Genehmigung.
- Lediglich spontane, emotional bedingte Versammlungen unter freiem Himmel sind anmelde- und genehmigungsfrei (z. B. ein spontanes Zusammenkommen auf den Straßen nach einem Fußballspiel oder ein spontanes Zusammenkommen nach einer Naturkatastrophe, aber auch Feiergesellschaften auf den Straßen zu traditionellen Anlässen wie Weiberfastnacht etc.). Hierbei müssen die staatlichen Ordnungsorgane (z. B. Ordnungsämter oder Polizei) die Veranstaltung regulierend begleiten und wenn nötig eingreifen.

Indoor-Veranstaltungen auf Privatgelände

Für Veranstaltungen auf privaten Geländen benötigen Sie in erster Linie die Genehmigung des Eigentümers bzw. Betreibers, bei Schulen des Schulleiters, bei öffentlichen Gebäuden die Erlaubnis der Kommune. Alle, die Ihnen eine Nutzungserlaubnis erteilen, können Ihnen Auflagen machen.

Besonderheiten gelten gegebenenfalls für sogenannte Musik- und Singveranstaltungen: Ist ein Einsatz von Tonwiedergabegeräten oder Musikinstrumenten geplant, müssen Sie (maßgeblich wegen der potentiellen Lärmbelästigung) dafür evtl. eine Ausnahmegenehmigung der örtlichen Behörde einholen, in der Regel beim Ordnungsamt. Dies gilt vor allem für Großveranstaltungen mit oder ohne Live-Musik. Die entsprechenden Regelungen finden sich in den Immissionsschutzgesetzen der Bundesländer.

Versammlungsstätte/Location

Die Sicherheit der Location obliegt in erster Linie dem Betreiber, der entweder selbst als Veranstalter fungiert oder als Vermieter eines Veranstaltungsraums in Erscheinung tritt. Der Veranstalter kann sich allerdings deswegen nicht von den verordnungsbedingten Verpflichtungen (z. B. lt. VStättVO) frei machen, sondern ist ebenfalls für die Sicherheit der Stätte zuständig, und zwar solange er in der Location für die Veranstaltung verantwortlich ist, also vor, während und nach der Veranstaltung (Prinzip der doppelten Haftung).

Bauabnahme/Bestuhlungspläne

Bei Veranstaltungen in einem geschlossenen Gebäude muss dieses Gebäude in der Regel von der Feuerwehr oder von Mitarbeitern der Verwaltung (z. B. Bauamt) „abgenommen" werden. Grundlage hierfür sind häufig Bestuhlungspläne. Wichtig ist, dass Fluchtwege und Brandschutzvorrichtungen geprüft werden. Informieren Sie sich beim Einholen der Veranstaltungserlaubnis daher darüber, mit wem Sie möglicherweise ein Gebäude im Vorfeld begehen müssen. Man sollte sich vergewissern, ob eine baurechtliche Hallenabnahme einschließlich Abnahme von möglichen Bestuhlungsvarianten und Rettungswegen gemäß VStättVO erfolgt ist. Sollten zum Beispiel nicht genehmigte Bestuhlungsvarianten oder neue Bühnenaufbauten geplant sein, muss eine diesbezügliche Bauabnahme herbeigeführt werden.

Es empfiehlt es sich somit für den Veranstalter, vor der Anmietung einer Location die folgenden sicherheitsrelevanten Aspekte zu prüfen, ob auf Betreiberseite eine der geplanten Veranstaltung entsprechende Nutzungsgenehmigung des zuständigen Gewerbe- oder Bauamts vorliegt. Andernfalls muss (bei einmaliger Zweckentfremdung eines anderen Gewerbeobjekts, z. B. eines stillgelegten Schlachthofs o. Ä.) eine vorübergehende Nutzungsgenehmigung bei der regional zuständigen Behörde beantragt werden.

Nutzungsgenehmigung/Nutzungsänderungsantrag

Das Baurecht unterscheidet die Baugenehmigung und die Nutzungsgenehmigung.

Eine Baugenehmigung benötigt man für eine „bauliche Anlage", also Objekte, die nicht ortsveränderlich sind, das heißt nicht ohne technische Hilfsmittel versetzt werden können oder zum langfristigen Einsatz an einer Stelle verbleiben. Eine Baugenehmigung sowie eine Bauabnahme für vorhandene Gebäude sind in der Regel bereits erfolgt.

Nutzungsgenehmigungen benötigt man dann, wenn Gebäude für eine einmalige oder erstmalige Veranstaltungsnutzung gebraucht werden. Rechtlich ist dabei bedeutsam, ob der Veranstaltungsort bereits für die Abhaltung von Veranstaltungen bestimmt ist. Ist dies nicht der Fall, muss man eine genehmigungspflichtige Nutzungsänderung beantragen.

Ein Nutzungsänderungsantrag muss somit immer dann gestellt werden, wenn ein Objekt als Versammlungsstätte genutzt wird, das vorher für eine andere Nutzung ausgeschrieben war. Auch in Kirchen, Museen und Schulen ist ggf. ein Nutzungsänderungsantrag zu stellen, wenn eine nicht bestimmungsgemäße Veranstaltung, z. B. eine Party, ein Konzert oder eine Kabarettveranstaltung, geplant ist.

Wichtig kann dabei die Art der Veranstaltung sein. Großveranstaltungen sind meistens genehmigungspflichtig. Die jeweiligen Landesbauordnungen zählen häufig auf, welche Veranstaltungen bzw. Veranstaltungsformen genehmigungsfrei sind.

Generell unterliegen Veranstaltungen auf Privatgelände nicht der Straßenverkehrsordnung. Doch kann es bei Veranstaltungen auf Privatgelände sinnvoll sein, die zuständige Verkehrsbehörde zu informieren, wenn durch die Besucher Auswirkungen auf den öffentlichen Straßenverkehr zu erwarten sind.

Nutzung öffentlicher Straßen, Plätze und Gebäude

Die Nutzung öffentlicher Straßen, Plätze und Gebäude ist Ortsrecht und Angelegenheit der jeweiligen Kommune, die dies in Satzungen regelt.

Sondernutzungen

Wenn Sie Veranstaltungen auf öffentlichen Wegen und Plätzen durchführen wollen, stellt dies meistens eine genehmigungspflichtige Sondernutzung dar. Eine Sondernutzung ist gegeben, wenn die Nutzung über den Gemeingebrauch hinausgeht; sie ist in der Regel mit einer Sondernutzungserlaubnis genehmigungspflichtig.

Handelt es sich bei Veranstaltungen um gewerberechtliche Veranstaltungsformen lt. § 64 ff. Gewerbeordnung (Messe, Jahrmarkt o. Ä.), müssen Sie weitere Aspekte beachten und unbedingt mit den zuständigen Ämtern abstimmen, ob eine gewerberechtliche Festsetzung der Veranstaltung angemessen und nötig ist. Um eine Verbraucherausstellung, einen Markt oder eine Messe durchführen zu können, benötigen Sie für eine sogenannte Festsetzung durch die zuständige Behörde bestimmte Voraussetzungen.

Veranstaltungen im öffentlichen Verkehrsraum

Öffentliche Räume oder Bereiche sind Gemeindeflächen oder Flächen einer Körperschaft des öffentlichen Rechts, die für Jedermann frei zugänglich sind und von der Gemeinde bewirtschaftet bzw. unterhalten werden, also Straßen, Parkanlagen, Plätze usw.

Jede Veranstaltung, die im öffentlichen Raum durchgeführt und beworben wird, muss rechtzeitig bei den Behörden, in der Regel beim zuständigen Ordnungsamt, angemeldet und genehmigt werden. Welche genauen Erlaubnisse, Genehmigungen oder Versicherungen Sie brauchen, hängt von der Art und der Größe, aber auch vom Ort und dem Zeitpunkt der Veranstaltung sowie den geschätzten Teilnehmerzahlen und der zu erwartenden Teilnehmerstruktur ab.

In der beruflichen Praxis ist die Einhaltung der Verordnungs- und Abgabenwege von großer Bedeutung. Bezüglich der schriftlichen bundeseinheitlichen IHK-Prüfungen hat der/die Auszubildende jedoch Glück: Da die Verordnungs- und Abgabenwege nicht bundeseinheitlich geregelt sind, kommen Fragen zum Thema nur auf allgemeinem Niveau vor. Typisch sind hier Fragen zur Bauabnahme laut VStättVO oder zum Gastspielprüfbuch. Aber Achtung bei den mündlichen Prüfungen! Hier kommen je nach Region Themen wie Bauabnahmen, Nutzungsänderungen oder auch Fragen zu Fliegenden Bauten recht häufig vor.

Sanitäterzahlen

Immer wieder wird gefragt, wo Vorgaben bezüglich der Zahl von Sanitätern zu finden sind, die bei einer Veranstaltung präsent sein müssen. Die Antwortet lautet: nirgends. Da in Deutschland eine Erstversorgung am Unfallort je nach Region innerhalb von 7 bis 20 Minuten gewährleistet sein soll, benötigt man für Veranstaltungen keine gesonderten Regelungen. Durch das erhöhte Gefährdungspotenzial bei Live-Events können die regional zuständigen Behörden allerdings in Absprache mit dem Veranstalter und dem Locationbetreiber gesonderte Auflagen erlassen. Häufig basieren die Einsatzpläne auch auf Erfahrungen aus ähnlichen Events. Dazu hat Klaus Maurer von der Berufsfeuerwehr Köln eine eigene Hochrechnungstabelle für Großveranstaltungen entwickelt, den sogenannten Maurer-Algorithmus, der unter anderen vom Deutschen Roten Kreuz verwendet wird.

Beispiele → Sanitäterzahlen gemäß dem Maurer-Algorithmus

- → Rockkonzert mit 4000 Besuchern: 10 Helfer, 2 Krankentransportwagen, 1 Rettungswagen, 1 Notarzt, keine stabsmäßige Einsatzleitung
- → Allgemeine Sportveranstaltung Open Air mit 10000 Besuchern: 5 Helfer, 1 Krankentransportwagen, 1 Rettungswagen, kein Notarzt, keine stabsmäßige Einsatzleitung
- → Oper/Musical mit 1000 Besuchern: 2 Helfer, kein Krankentransportwagen, kein Rettungswagen, kein Notarzt, keine stabsmäßige Einsatzleitung
- → Open-Air-Rockkonzert mit 20000 Besuchern: 30 Helfer, 4 Krankentransportwagen, 3 Rettungswagen, 2 Notärzte, stabsmäßige Einsatzleitung mit reduzierter Besetzung
- → Karnevalszug mit 1500 Besuchern: 5 Helfer, 1 Krankentransportwagen, kein Rettungswagen, kein Notarzt, keine stabsmäßige Einsatzleitung

5.2.6 Übersicht über die wichtigsten veranstaltungsspezifischen Vorschriften

Abkürzung	Bezeichnung	Anwendungsbereich	Bemerkung
MVStättV **Muster-Versammlungsstättenverordnung**	Musterverordnung über den Bau und Betrieb von Versammlungsstätten	Vorlage für ländereigene Versammlungsstättenverordnungen	Neu seit Mai 2002, Vereinheitlichung und Modernisierung der bestehenden VO, geändert 2005 und 2014, nach und nach Umsetzung durch die Bundesländer
VStättVO **Versammlungsstättenverordnung**	Verordnung über den Bau und Betrieb von Versammlungsstätten und Beherbergungsstätten	gültig für alle Versammlungsstätten ab 200 Personen Fassungsvermögen (Besucherplätze), Gaststätten bereits ab 100 Personen Fassungsvermögen	landesrechtliche Anwendung der MVStättV, inkl. Regelungen zu Gastspielprüfbuch, Verantwortliche für Veranstaltungstechnik usw.

weiter auf S. 254

Abkürzung	Bezeichnung	Anwendungsbereich	Bemerkung
DGUV 1/BGV A1 Grundsätze der Prävention	Berufsgenossenschaftliche Vorschrift für Sicherheit und Gesundheit bei der Arbeit, Unfallverhütungsvorschrift Grundsätze der Prävention	gültig für alle Mitgliedsunternehmen	Grundvorschrift
DGUV 3/BGV A3 (am 1. Januar 2005 von A2 nach A3 geändert) Elektrische Anlagen und Betriebsmittel	Berufsgenossenschaftliche Vorschrift für Sicherheit und Gesundheit bei der Arbeit, Unfallverhütungsvorschrift Elektrische Anlagen und Betriebsmittel	gültig für alle Mitgliedsunternehmen	Grundvorschrift
DGUV 17/BGV C1 (vormals VBG 70) Veranstaltungs- und Produktionsstätten für szenische Darstellung	Berufsgenossenschaftliche Vorschrift für Sicherheit und Gesundheit bei der Arbeit in Veranstaltungs- und Produktionsstätten für szenische Darstellung	Versammlungsstätten, Medienproduktionsstätten (Film, TV, Hörfunk, Studios, Ateliers, ...)	branchenspezifische Unfallverhütungsvorschrift
DGUV 19/BGV C2 (vormals VBG 72) UVV Schausteller- und Zirkusunternehmen	Unfallverhütungsvorschrift für Schausteller- und Zirkusunternehmen	Zirkus-, Kirmesbetriebe, Artisten	branchenspezifische Unfallverhütungsvorschrift
LImschG	Landesimmissionsschutzgesetz	Verwaltungsvorschriften zum Landesimmissionsschutzgesetz	vgl. auch TA Lärm
FlBauR Fliegende Bauten FlBauVV Fliegende Bauten	Richtlinie über den Bau und Betrieb Fliegender Bauten; Verwaltungsvorschrift über Ausführungsgenehmigungen für Fliegende Bauten und deren Gebrauchsabnahmen	Zelte, wiederholt aufgestellte, zerlegbare Bauten (nicht fest an Grundstück gebunden), Kirmesfahrgeschäfte	separate Vorschriften, da nicht in der VStättVO geregelt

Ebenfalls interessant:

DGUV 42/VBG 73 – Zelte- und Tragluftbauten

§ 34 a Gewerbeordnung – Unterrichtung im Bewachungsgewerbe

GUV-I 812/VBG SP 25.1/4 Pyrotechnik in Veranstaltungs- und Produktionsstätten für szenische Darstellung

FPersV – Fahrpersonalverordnung

EG-Verordnung VO (EG) 561/2006 – Lenk- und Ruhezeiten im Straßenverkehr

ArbZG – Arbeitszeitgesetz

DGUV 9/BGV A8 – UVV Sicherheits- und Gesundheitsschutzkennzeichnung am Arbeitsplatz

Spezielle Regelungen für die Veranstaltungswirtschaft

Fliegende Bauten und Fahrgeschäfte benötigen für Bauabnahme und Betrieb verpflichtend ein Prüfbuch.

Zu beachten sind in der Organisation großer Veranstaltungen häufig folgende Aspekte (von A-Z):

- → Anwohnerschutz
- → Arbeitsschutzbestimmungen (BGV/DGUV)
- → Aufbauten/Bauten/Tribünen
- → Ausschank (Schankerlaubnis)
- → Brandschutz
- → Bühnenaufbauten/Fliegende Bauten/Fahrgeschäfte
- → Einhaltung von Sperrstunden und Jugendschutzbestimmungen
- → Fluchtwege/Entfluchtung
- → Geländeplan/Gebäudeplan
- → GEMA-Abwicklung
- → Getränkeverkauf/Ausschank
- → Hygienebestimmungen
- → Information zuständiger Stellen wie Polizei, Rettungsdienst, Notarzt, Feuerwehr)
- → Jugendschutz
- → Künstlersozialabgabe
- → Lärmschutz
- → Lotterien, Tombola (Lotteriesteuer)
- → Müllentsorgung
- → Notausgänge, Brandschutzmaßnahmen, Erste-Hilfe-Einrichtungen
- → Notfallplan, Notfall-Meldestelle, Notfall-Rufnummern, Kommunikationsketten
- → Organisation des Verkehrs (An- und Abfahrt, Parkplätze, Verkehrsregelung, Absperrungen, Verkehrsschilder, evtl. Parkplatzorganisation)
- → Programmbesonderheiten
- → Raucherschutzgesetze
- → Sanitäre Anlagen
- → Sanitätsdienst
- → Sicherheitsdienst/Sicherheitskonzept
- → Sperrzeiten
- → Stromversorgung (Abnahmestellen, Verteilerstellen, Kabelverlegung, Sicherung der Kabel)
- → Vergnügungssteuer
- → Versicherungen, z. B. Veranstalterhaftpflichtversicherung
- → Wasserversorgung
- → Werbenutzung auf öffentlichen Plätzen oder an Straßen (Plakatieren, Werbebroschüren verteilen)
- → Zufahrt für Feuerwehr, Polizei, Krankenwagen und öffentliche Verkehrsmittel

5.2.7 Gewerbeordnung

Artikel 12 GG regelt die Gewerbefreiheit. § 15 EStG (Einkommensteuergesetz) definiert ein **Gewerbe** als eine „auf Dauer angelegte, selbstständige Tätigkeit, die auf Gewinnerzielung angelegt ist und sich am allgemeinen wirtschaftlichen Verkehr beteiligt".

Die Gewerbeordnung (GewO) findet laut ihrem § 6 „keine Anwendung auf Fischerei, Land- und Fortwirtschaft" sowie Freiberufler wie Architekten, Anwälte, Künstler oder Marktforschungsinstitute.

Die Gewerbeordnung ist eine bundesweite Regelung mit Gesetzescharakter, die den Ländern aber aufgrund der konkurrierenden Gesetzgebung Regulierungsrechte einräumt. Laut § 1 GewO gilt der Grundsatz der Gewerbefreiheit für jedermann, insbesondere auch für Ausländer.

Gewerbearten

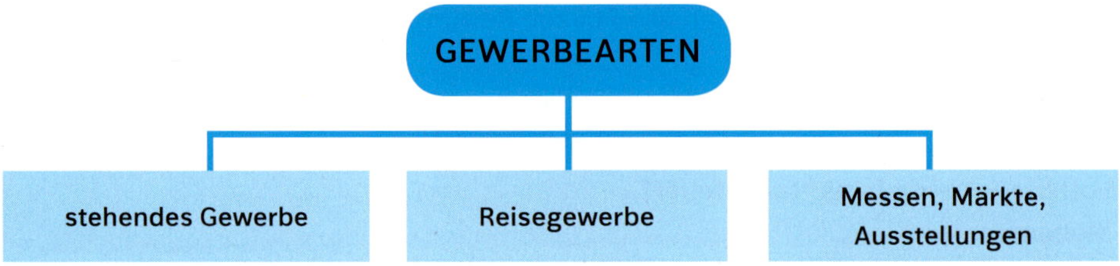

Stehende Gewerbeformen machen den überwiegenden Teil aller Gewerbeformen in Deutschland aus. Ein stehendes Gewerbe benötigt eine feste Niederlassung, die Ausübung findet in der Regel auf Bestellung statt. Es ist in der Regel genehmigungsfrei, aber anzeigepflichtig, das heißt, der Gewerbetreibende muss sich einen Gewerbeschein beim Gewerbe- oder Ordnungsamt besorgen. Manche Gewerbe sind genehmigungspflichtig und/oder mit Auflagen verbunden, etwa der Betrieb einer Metzgerei.

Reisegewerbe

Ein Reisegewerbe ist ein Gewerbe ohne oder außerhalb einer Niederlassung, die ohne Bestellung und selbstständig ausgeübt wird. Wer so herumreist, benötigt eine Reisegewerbekarte; zudem wird seine Zuverlässigkeit zum Schutz der Kunden als vorbeugende Gefahrenkontrolle vom Amt untersucht.

Messe-, Ausstellungs- und Marktgewerbe

Diese besonderen Gewerbeformen unterliegen der behördlichen Genehmigungspflicht, das heißt, sie werden „festgesetzt". Eine behördliche Festsetzung enthält in der Regel den Gegenstand der Veranstaltung (Typenzwang), Dauer und Öffnungszeiten sowie Ort und Platz. Eine Ablehnung kann nur aus bestimmten Gründen erfolgen, zum Beispiel Verstoß gegen Typenzwang, Unzuverlässigkeit des Antragstellers/Veranstalters oder Verstöße gegen öffentliche Interessen.

Messen und Ausstellungen unterliegen im Gegensatz zu Wochen- oder Jahrmärkten keiner Durchführungspflicht, die Absage muss der Behörde jedoch mitgeteilt werden.

Aussteller auf festgesetzten Messen und Ausstellungen genießen die folgenden „Marktprivilegien" (Erleichterungen):

- → keine Anzeige- oder Genehmigungspflicht (weder Regelungen über stehendes noch über Reisegewerbe anwendbar);
- → Verbot nur möglich bei begründetem Zweifel an der Zuverlässigkeit des Ausstellers;
- → Ausnahme vom Ladenschlussgesetz (stattdessen gelten die genehmigten Öffnungszeiten);
- → Ausnahme vom Beschäftigungsverbot an Sonn- und Feiertagen;
- → Ausnahme vom Arbeitszeitgesetz und vom Jugendarbeitsschutzgesetz;
- → eingeschränkte Geltung des generellen Arbeitsverbots ohne behördliche Genehmigung für ausländische Aussteller.

Diese Privilegien gelten auch für Auf- und Abbauzeiten. Allerdings werden zu sensiblen Bereichen wie den beiden zuletzt genannten Aspekten behördliche Auflagen lokal verordnet.

Aussteller haben einen Teilnahmeanspruch, wenn sie dem Teilnehmerkreis nach Typenzwang zugehören. Der Teilnahmeanspruch wird nur eingeschränkt durch einzelne sachliche Gründe, die der Aussteller zu verantworten hat, oder aufgrund von Platzmangel.

Sachliche Gründe für den Ausschluss können sein:

- → Das Angebot des Ausstellers (Waren, Dienstleistungen) entspricht nicht dem Veranstaltungstyp.
- → Das Angebot ist nicht hinreichend attraktiv (relevantes Angebot einer Branche soll gezeigt werden).
- → Bei früheren Veranstaltungen hat der Aussteller gegen Teilnahmebedingungen verstoßen.
- → Aus früheren Veranstaltungen sind noch Forderungen offen.

AUFGABE

1. Benötigt ein Promoter einen Gewerbeschein oder eine Reisegewerbekarte?
2. Welche Behörde genehmigt Promotern, in der Fußgängerzone Werbung zu machen?

5.3 Vertragsgestaltung

In der Branche kommen im Grunde alle Vertragsarten vor, allerdings sind die Verträge in der Regel nicht mit „Werkvertrag" oder „Dienstvertrag" überschrieben.

Zunächst werden die grundlegenden Vertragsarten im allgemeinen wirtschaftlichen Verkehr vorgestellt, im zweiten Schritt dann typische Vertragsbeziehungen zwischen typischen Prozessbeteiligten und im dritten schließlich typische Verträge der Veranstaltungswirtschaft. Darüber hinaus gehen wir kurz auf typische Vertragsstörungen ein.

5.3.1 Grundlegende Vertragsarten

AUFGABEN

Sammeln Sie im Team konkrete und typische Verträge, die Sie in Ihrem Alltag kennengelernt haben, und ordnen Sie diese nach Vertragsart (siehe Tabelle). Was sind Ihrer Meinung nach die häufigsten Vertragsarten in der Veranstaltungsbranche?

Vertragsart	Inhalt	Beispiele	Häufigkeit
Kaufvertrag laut § 433 ff. BGB und § 373 ff. HGB	Veräußerung und Erwerb von Sachen oder Rechten gegen Entgelt mit Eigentumsübergang	Anschaffung von technischem Equipment Kauf von Dekorationsmaterialien	normal
Mietvertrag laut § 535 ff. BGB	entgeltliche zeitweilige Überlassung eines Rechts oder eine Sache zum Gebrauch	Miete von Räumen Miete von Veranstaltungstechnik Fahrzeugmiete	je nach Betätigungsfeld ausgeprägt und typisch
Pachtvertrag laut § 581 ff. BGB	entgeltliche zeitweilige Überlassung eines Rechts oder eine Sache zum Gebrauch; der Erlös aus der Bewirtschaftung bleibt beim Pächter	selbstständiges Betreiben einer Gastwirtschaft unter Nutzung einer vorhandenen Schankanlage Bewirtschaftung einer Tankstelle unter Nutzung einer vorhandenen Zapfanlage Bewirtschaftung eines Ackers	selten, aber durchaus branchenspezifisch (Gastronomie)
Dienstvertrag laut § 611 ff. BBG und § 59 ff. HGB	Eine Tätigkeit wird geschuldet, die in der Regel nicht messbar ergebnisorientiert ist, gegen Vergütung.	typisch für die meisten Arbeitsverträge (ausgeführte Tätigkeit ist weisungsgebunden, z. B. Sachbearbeiter oder Sekretärin) typisch für Live-Events: Servicepersonal im Catering, Security-Mitarbeiter, Messehostessen, Tagungsdolmetscher, Promoter, Hands	als Arbeitsvertrag typisch als Dienstleistung normal
Werkvertrag bzw. Werklieferungsvertrag laut § 631 ff. BGB	Herstellung eines Werkes oder Leistungserfolgs gegen Vergütung. Das vereinbarte Ergebnis wird honoriert.	Erstellen eines Bühnenbildes oder einer Dekoration Bau eines Messestandes Darbieten eines Konzerts (inkl. Verkauf von Eintrittskarten), Erstellen eines Cateringbüfetts	häufig, typischste spezifische Form im Live-Event als Arbeitsvertragsvariante eher selten (z. B. bei Akkordlohn, Provisionsregelungen bei einem Vertriebsmitarbeiter)
Reisevertrag laut § 651 a ff. BGB	Erbringung einer Gesamtheit von Reiseleistungen (z. B. Pauschalreise)	Anbieten einer Incentive-Reise Anbieten einer Schulung mit integrierten Reiseleistungen	selten, aber durchaus branchenspezifisch (Incentive-Bereich)
Maklervertrag laut § 652 ff.	Auftraggeber verpflichtet sich, dem Makler für die Vermittlung eines Vertrags eine Vergütung zu zahlen (Courtage)	Künstlervermittlung, Booking, Vermittlung von Event-Dienstleistungen	typisch für Agenturen, sowhl im Public- als auch im Business-Event-Bereich

Allgemeine Geschäftsbedingungen

Häufig findet man bei Vertragsangeboten ausführliche allgemeine Geschäftsbedingungen (AGB). Das sind einseitig vorformulierte Willenserklärungen eines Anbieters (Vertragsangebote), die bei Vertragsbeziehungen möglich sind, also immer dann, wenn einem Endkunden etwas angeboten wird. Auch unter Nichtkaufleuten sind sie üblich. Unter dem Handelsgesetzbuch finden sie eingeschränkt Anwendung. Individuell ausgehandelte Absprachen genießen Vorrang vor den AGB.

Bei der Verwendung von AGB sind die folgenden Punkte zu beachten:

- Der Vertragspartner muss die Möglichkeit zur (ausführlichen) Kenntnisnahme besitzen.
- Unklare Formulierungen gehen zulasten des Verwenders.
- Die Unwirksamkeit einer Klausel führt zur Unwirksamkeit der gesamten AGB.
- Haftungsausschlüsse für Schäden an Leben, Körper und Gesundheit sind unwirksam.

Auf Eintrittskarten abgedruckte AGB sind dann unwirksam, wenn sie dem Käufer erst nach der Kaufhandlung bekannt werden.

Die Unwirksamkeit einer Klausel führt zur Anwendung entsprechender gesetzlicher Vorschriften. Der Vertrag bleibt mit Ausnahme seiner unwirksamen Klauseln gültig.

Gewährleistung und Garantie

Die Gewährleistung (auf Mängelfreiheit der Ware) ist eine Mängelhaftung des Verkäufers (nicht des Herstellers) im Rahmen eines Kauf- oder Werkvertrags. Die EU-Richtlinie 1999/44/EG gibt als Mindeststandard beim gewerblichen Verkauf an private Endverbraucher eine Verjährungsfrist von zwei Jahren nach Lieferung vor. Innerhalb der ersten sechs Monate liegt die Beweislast beim Verkäufer. Danach können die Rechte noch weiterhin geltend gemacht werden, es gibt aber eine Beweislastumkehr: Die Beweislast liegt dann beim Käufer. Nach Ablauf der Verjährungsfrist können keine Rechte mehr geltend gemacht werden.

Von der gesetzlich vorgeschriebenen Gewährleistung ist die frei gestaltbare Garantie zu unterscheiden. Diese ist insofern freiwillig, als es keine gesetzliche Verpflichtung zur Abgabe eines Garantieversprechens gibt. Garantiezusagen geben Hersteller oder Händler ab. Garantien dürfen die gesetzliche Gewährleistung nicht einschränken.

5.3.2 Typische Vertragsbeziehungen bei Public Events, Recht der Stellvertretung

Zum Einstieg

Nach dem erfolgreichen, ausverkauften Kölner Konzert soll die Auszubildende Lulu Lobenthal für den Konzertveranstalter Dick Bäcker Entertainment drei Gastspiele der Band Die Backstage Girls im Rheinland und im Rhein-Ruhr-Gebiet als örtlicher Durchführer veranstalten. Es sind Auftritte in kleinen bis mittleren Locations mit einem Fassungsvermögen von bis zu 600 Personen in den Städten Düsseldorf,

Gelsenkirchen und Hagen geplant. Diese Auftritte sollen als Test für eine bundesweite Live-Auswertung dienen. Dick Bäcker Entertainment möchte die Band danach unter Vertrag nehmen und in Zukunft in der Funktion des Tourneemanagers eine bundesweite Tour organisieren. Lulu Lobenthal soll dieses Projekt auch nach erfolgreichem Abschluss ihrer IHK-Prüfung weiter betreuen und deshalb von ihrem Ausbildungsbetrieb übernommen werden. Um sich auf die geschilderte Aufgabe vorbereiten zu können, formuliert Lulu die folgenden Fragen:

- → Welche Verträge kommen in solchen Projekten vor?
- → Wer macht welchen Vertrag mit wem und wie heißen die Verträge in der Branche genau?
- → Welche Bestandteile hat ein Konzertvertrag und wie verhält es sich mit der Bühnenanweisung (Technical Rider)?
- → Was kann passieren, wenn Vertragsinhalte nicht eingehalten werden?

AUFGABE

Auf welche Stufe der Event-Treppe wechselt Dick Bäcker Entertainment, wenn er die bundesweite Tour der Band organisiert und dafür Verträge mit verschiedenen örtlichen Durchführern abschließt?

Rechtsnatur von Aufführungs-, Konzert- und Gastspielverträgen

Über die Rechtsnatur von Gastspiel-, Konzert- und Aufführungsverträgen bestehen verschiedene Auffassungen. Eine Meinung in Literatur und Rechtsprechung ordnet den Konzert- bzw. Aufführungsvertrag teilweise in die Gruppe der selbstständigen Dienstverträge ein. Das Bundessozialgericht geht sogar regelmäßig von einem selbstständigen Dienstvertrag aus. Hier schuldet der Dienstverpflichtete das Tätigwerden, also das Einsetzen seiner Arbeitskraft, jedoch keinen bestimmten Arbeitserfolg. Andere Autoren beurteilen insbesondere den Gastspielvertrag als Werkvertrag, wenn eine bestimmte künstlerische Wertschöpfung (Aufführung) geschuldet wird. Wir plädieren in diesem Buch für die zweite Sichtweise.

Verträge zwischen Veranstalter, Manager und Künstler

Manager schließen die Verträge für die Künstler ab und kümmern sich auch sonst um das wirtschaftliche und karriereorientierte Wohlergehen des Künstlers. Dabei haben sie häufig eine Generalvollmacht inklusive Unterschriftsvollmacht, das heißt, sie führen alle Geschäfte des Künstlers und unterschreiben auch für diesen. Häufig führen sie ein sogenanntes Treuhandkonto für den Künstler.

MERKE

Managerverträge mit Geschäftsbesorgungscharakter, die übrigens laut § 627 BGB jederzeit ohne Angaben von Gründen kündbar sind, sind Dienstverträge.

Wenn Manager Verträge mit Dritten abschließen, wirken diese zwischen dem Künstler und dem Dritten, da der Manager nur in Vertretung abschließt – er handelt als Stellvertreter gemäß § 164 BGB. Diese Vertretung wird im Managementvertrag geregelt. Für seine Tätigkeit wird der Manager in der Regel mit einer Beteiligung (Ergebnisprovision) in Höhe von 10 % bis 30 % der Künstlererlöse honoriert.

Beispiel → Buchung eines Gastspiels über den Künstlermanager

Ein Veranstalter bucht einen Künstler für ein Gastspiel über dessen Manager. Der Veranstalter handelt zwar den Vertrag mit dem Manager aus, rechtlich gesehen schließt er aber einen Werkvertrag mit dem Künstler ab.

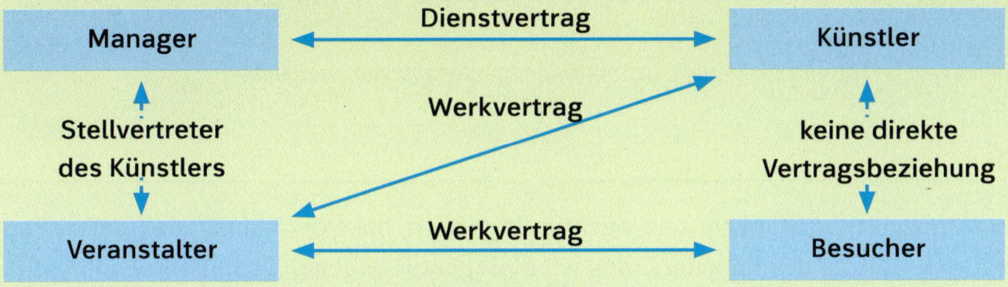

Vertragsbeziehungen im Fall eines Künstlers mit Manager

AUFGABE

Begründen Sie kurz, warum trotz der (ergebnisorientierten) Vergütung über eine Provisionszahlung der Managementvertrag als ein Dienstvertrag anzusehen ist.

Verträge zwischen Veranstalter, Agentur und Künstler

Auch Künstleragenturen (Booker) schließen Verträge für Künstler ab, allerdings in der Regel nur für punktuell. Sie führen nicht alle Geschäfte des Künstlers, doch kann es vorkommen, dass sie für den Künstler unterschreiben und gegebenenfalls ein Treuhandkonto für ihn führen.

MERKE

Ein **Agenturvertrag,** das heißt ein Vertrag mit einer Künstleragentur, Konzertagentur oder Spezialagentur, die Künstler vermittelt, ist ein Maklervertrag nach § 652 BGB (auch Mäklervertrag genannt).

Wenn eine Agentur einen Vertrag mit einem Dritten abschließt, wirkt auch sie zwischen dem Künstler und dem Dritten als Stellvertreterin gemäß § 164 BGB. Diese Vertretung wird im Agenturvertrag geregelt. Für ihre Tätigkeiten wird die Agentur in der Regel mit einer Beteiligung (Provision) in Höhe von 10 % bis 20 % der Künstlererlöse honoriert.

Beispiel → Buchung eines Gastspiels über eine Künstleragentur

Ein Veranstalter bucht über den Künstlervermittler einen Künstler für ein Gastspiel. Der Veranstalter handelt zwar den Vertrag mit der Agentur aus, rechtlich gesehen schließt er aber einen Werkvertrag mit dem Künstler ab.

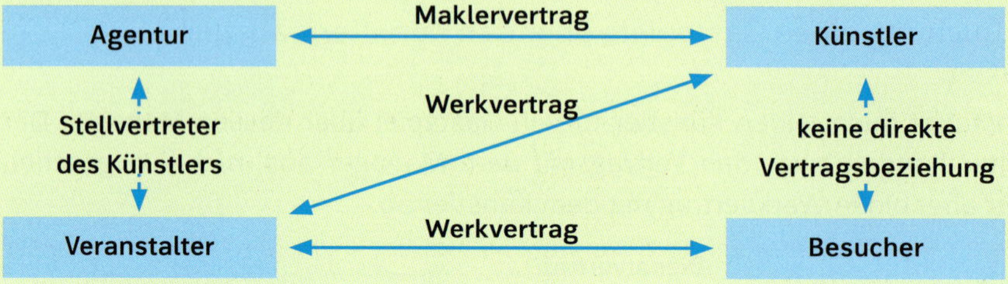

Vertragsbeziehungen im Fall eines Künstlers, der mit einer Agentur zusammenarbeitet

MERKE

Der Unterschied zwischen Manager und Agentur liegt darin, dass der Manager allumfassend und langfristig im Auftrag des Künstlers tätig ist; die Agentur dagegen vermittelt den Künstler punktuell – die Zusammenarbeit ist hier auf den einzelnen Vertragsabschluss gerichtet.

Soweit dem Vertreter im Management- oder im Agenturvertrag das Recht eingeräumt wird, Verträge zwischen dem Künstler und dem Veranstalter für den Künstler zum Abschluss zu bringen, bedarf er neben der Handlungsvollmacht – der Bevollmächtigung, für den Künstler grundsätzlich tätig zu werden – auch einer Abschlussvollmacht. Letztere ermächtigt ihn, den Vertrag selbstständig mit bindender Wirkung für den Künstler abzuschließen bzw. unter Verwendung des Zusatzes „i. A." oder „i. V." zu unterzeichnen.

Oberflächlich betrachtet, sind die beiden Institutionen Manager und Agentur manchmal schwierig auseinanderzuhalten; rechtlich betrachtet ergeben sich jedoch Unterschiede.

Beispiel → Verbuchen einer Gage durch Management oder Agentur und Künstler

- Wenn ein Vertrag vorliegt mit der Formulierung *„Der Künstler X, vertreten durch das Management Y, schließt einen Vertrag mit dem Veranstalter Z ..."*, entsteht ein Werkvertrag zwischen Künstler und Veranstalter. Der sichtbare Weg ist allerdings anders als der durch die kaufmännische Röntgenbrille betrachtete kaufmännische Weg, zum Beispiel bei der Verbuchung der Gage.
- **Der *sichtbare* Weg:** Der Veranstalter tritt nicht mit dem Künstler, sondern lediglich mit dem Management in Kontakt. Mit diesem werden die Verträge ausgehandelt und die komplette mündliche und schriftliche Kommunikation geführt. Selbst die Gage wird auf ein Treuhandkonto überwiesen, auf das der Manager Zugriff hat.
- Der Manager behält seine Provision ein und überweist den restlichen Betrag auf das Konto des Künstlers.

weiter auf S. 263

→ **Der *kaufmännische* Weg:** Obwohl die Oberfläche anders aussieht, muss der Künstler die gesamte Gage (gegebenenfalls einschließlich Umsatzsteuer) versteuern. Der Anteil des Managers ist für den Künstler eine Ausgabe (Provision zuzüglich 19 % USt). Im Falle von Vertragsproblemen haftet der Künstler. Der Manager arbeitet als Dienstleister für den Künstler und fungiert lediglich als Stellvertreter.

AUFGABEN

Der bekannte Alpenrocker DJ Fuzzi wird über seinen Manager Alpenrock Productions von der Aachener Diskothek Scheunenstall für einen Auftritt gebucht. Die Gage beträgt 10.000,00 € netto.

1. Wer stellt hier, kaufmännisch betrachtet, wem eine Rechnung? (Wer ist jeweils der Rechnungsabsender?)
2. Welchen Betrag muss DJ Fuzzi als Umsatz versteuern?
3. Wie hoch ist der Betrag (brutto), den der Manager bei einer Provision von 15 % einbehält?
4. Nehmen Sie an, die Gage sei zunächst auf das durch den Manager verwaltete Treuhandkonto überwiesen und der Manager habe anschließend den Betrag abzüglich seines Anteils an den Künstler weitergeleitet. Welcher Betrag geht in diesem Fall auf dem Privatkonto von DJ Fuzzi ein?
5. Bilden Sie bitte die folgenden vier Buchungssätze:
   a) Ausgangsrechnung DJ Fuzzi
   b) Eingangsrechnung Scheunenstall
   c) Begleichung durch Banküberweisung Scheunenstall
   d) Bankkontoeingang DJ Fuzzi
6. Wie hoch ist die Umsatzsteuerzahllast für DJ Fuzzi aus diesem Vorgang?

Verträge zwischen Veranstalter, Konzertdirektion und Künstler

Konzertdirektionen (auch Tourmanager gehören gattungsorientiert betrachtet hierzu) nehmen Künstler unter Vertrag und erstellen als Produzenten komplette Produktionen, die sie dann beispielsweise als Gastspiel an Veranstalter verkaufen. Die Direktionen übernehmen dabei meistens die organisatorische, rechtliche und wirtschaftliche Verantwortung sowie das unternehmerische Risiko (Gewinn-/Verlustrisiko).

MERKE

Ein Künstlervertrag oder ein Vertrag zwischen einem Künstler und einer Konzertdirektion ist in der Regel ein Werkvertrag.

Ein Künstlervertrag ist so lange kein Arbeitsvertrag, wie der Künstler persönlich auf Gewinn arbeitet, weisungsunabhängig bleibt und für mehrere Auftraggeber tätig ist. Werden diese Kriterien nicht eingehalten, kann eine sogenannte Scheinselbstständigkeit vorliegen und der Künstler müsste fest angestellt werden. Wenn eine Direktion einen Vertrag mit einem Dritten abschließt, wirkt dieser zwischen der Direktion und dem Dritten. Im Rahmen solcher ergebnisorientierter Verträge arbeitet die Direktion mit der gewerblichen Absicht, einen Gewinn zu erzielen.

Beispiel → Buchung eines Gastspiels über eine Direktion

Ein Veranstalter bucht über eine Direktion einen Künstler für ein Gastspiel. Der Veranstalter handelt den Vertrag nicht nur mit der Direktion aus, sondern schließt ihn auch mit ihr ab.

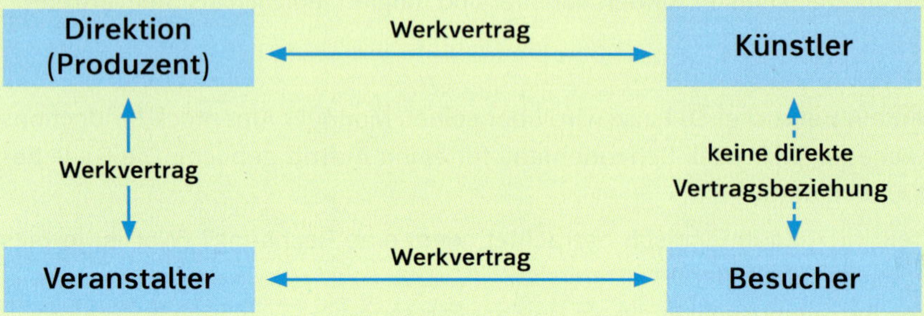

Vertragsbeziehungen im Fall eines Künstlers, der für eine Direktion arbeitet

AUFGABE

Erstellen Sie auf der Basis des obigen Schemas ein erweitertes Schaubild, in dem die folgenden weiteren Funktionen vorkommen: eine Location (als Hallenvermieter), ein Künstlermanager, eine Vorverkaufsstelle.

Zusammenfassung

Die erste Tabelle fasst die Inhalte typischer Verträge im Public-Event-Bereich zusammen. Die zweite Tabelle vermittelt einen zusammenfassenden Überblick über typische Vertragsbezeichnungen sowie die jeweiligen Vertragspartner.

Vertrag	Typische Inhalte/Regelungen
Arrangementvertrag/ Gastspielvertrag (zwischen Direktion und Veranstalter)	Zeit und Dauer der Aufführung, Inhalt der Aufführung, Ort der Aufführung, Besetzung, Honorare, Tantiemen, Nebenkosten, Fragen bezüglich Pflichten und Haftung, Konventionalstrafe(n) bei schuldhafter Nichterfüllung, salvatorische Klausel
Künstlervertrag (zwischen Direktion und Künstler)	Ort der Aufführung, damit verbundene Termine (von ... bis), vereinbarte Gage, Programm, Konventionalstrafe(n) bei schuldhafter Nichterfüllung, salvatorische Klausel
Konzertvertrag/ Gastspielvertrag (zwischen Veranstalter und Künstler)	Vertragspartner, Datum, Uhrzeit, Länge, Gagenhöhe/Abrechnungsbedingungen, technische Anforderungen/Bühnenanweisung, Soundcheckzeiten, Werbemaßnahmen, GEMA, Catering, Übernachtung, Vertrags-/Konventionalstrafe, salvatorische Klausel

Typische Inhalte von Verträgen zu Public Events

MERKE

Die salvatorische Klausel besagt, dass bei Nichtigkeit oder Ungültigkeit eines Vertragsteils der gesamte Vertrag in seinen übrigen Teilen gültig bleibt. Nichtig oder ungültig sind beispielsweise gesetzeswidrige, sittenwidrige oder rechtlich als unmöglich zu wertende Vereinbarungen.

Vertrag	Vertrags-partner 1	Vertrags-partner 2	Vertrags-art	Vertragsinhalte (grob)/Honorierung
Managementvertrag	Künstler	Manager	Dienstvertrag	umfassende Künstlervertretung, häufig in Handlungs- und Abschlussvollmacht und mit Treuhandkonto, ca. 10 % bis 30 % Ergebnisprovision
Agenturvertrag	Künstler	Agentur (Booker)	Maklervertrag	abschlussorientierte Künstlervertretung, ca. 10 % bis 20 % Vermittlungsprovision
Künstlervertrag/ Engagemenvertrag, auch Starvertrag	Direktion (Produzent)	Künstler	Werkvertrag	Vertrag über die Mitwirkung an einer Produktion
Gastspielvertrag/ Konzertvertrag	Künstler, vertreten durch Agentur oder Manager	Veranstalter	Werkvertrag	Vertrag über die Bereitstellung eines Auftritts
Arrangementvertrag/ Gastspielvertrag, auch Aufführungsvertrag	Direktion (Produzent)	Veranstalter	Werkvertrag	Vertrag über die Bereitstellung einer komplett produzierten Show
Mietvertrag	Location	Veranstalter	Mietvertrag	Vertrag über die Anmietung einer Halle

Typische Branchenverträge zu Public Events

Bühnenanweisung (Technical Rider)

Bestandteil eines Vertrags ist typischerweise die Bühnenanweisung, in Anlehnung an den Sprachgebrauch im Englischen auch Technical Rider genannt. Neben Anforderungen zu Technik, Personal, Catering und Equipment enthält die Bühnenanweisung häufig eine Zeichnung der Bühne, den sogenannten Stageplot. Die folgende Tabelle fasst die typischen Bestandteile einer Bühnenanweisung einer erfolgreichen Rockband zusammen.

Bestandteil	Typische Inhalte
Allgemeines	Daten: Stadt – Venue – Adresse – Datum – Einlass – Beginn
Auf-/Abbau und Zeitplan	Allgemein: (z. B. freier Zugang zur Ladezone, Anzahl der Helfer) Tagesablauf: Ankunft, benötigte verantwortliche Personen, die anwesend sein müssen, Aufbau, Catering, sanitäre Anlagen, Ankunft Support, Soundcheck, Abendessen, Showtime (Vorband), Showtime (Mainact), wer bzw. was muss wann/wo zur Verfügung stehen?
Parkplätze	Wo, wie viele, Anfahrtsplan, Stromversorgung Tourbus (Nightliner), zu jeder Zeit freie Zufahrt zum Gelände
Technik, Ton und Licht	Wer stellt die Ton- und Lichtanlage? Was ist vorhanden? Techniker vor Ort, Anforderungen an Frontmischpult, Monitoranlage, Effekte (Peripherie), Zuspieler, Anforderung an die Lichtanlage, Stromanschlüsse, Rauchmelder, Lüftung, Besonderheiten, Pyrotechnik
Backlineanforderung	Anforderungen an Instrumente, Verstärker und sonstiges Bühnenequipment
Stageplot	Zeichnung der Bühne und des Bühnenaufbaus

weiter auf S. 266

Bestandteil	Typische Inhalte
Bühne	Größe, Höhe, Belastbarkeit. Wie soll die Bühne ausgestattet sein? Vorhänge, Anforderungen an Monitoring, Backline usw.
Saal	Bestuhlung, Ausstattung, Sauberkeit
Soundcheck	Uhrzeit. Wer darf anwesend sein?
Garderobe/Büros/ Backstage	Wie viele Räume werden für welchen Zweck benötigt (z. B. Mainact, Support, Catering, Presseräume, Crewraum)? Duschen, sanitäre Anlagen
Bühnenabsperrung (Drängelgitter)	Welche Art von Absperrung? Wellenbrecher, Behindertenplätze, Bühnengraben. Wer baut auf/ab?
Einlass/Ordner/ Security	Wann, was darf mit hineingenommen werden? Wie viel Security wo und wann? Wer ist weisungsberechtigt? Name und Ansprechpartner der Sicherheitsfirma, Anforderung an freundlichen Umgang mit den Gästen und Besuchern, Einsatzgebiete (z. B. Backstagezugang, Bühnenaufgang usw.)
Catering	Detaillierte Getränke- und Verpflegungsanforderung, gerne auch als Extra-Rider
Verbot von Ton- und Bildaufnahmen	Akkreditierte Fotografen im Graben vor der Bühne benötigen einen Pass (Liste erhält der Tourleiter vor dem Auftritt).
Sanitäter	Rettungswagen, Anzahl der Sanitäter, Telefonnummern von Ärzten (Chiropraktiker, HNO-Arzt)
Merchandising	Vom Veranstalter zur Verfügung gestellter, guter Platz für den Verkauf von T-Shirts, CDs usw.
Lizenzen und Gebühren	Durchfahrerlaubnisse, Parkscheine, benötigte Lizenzen, Versicherungen und eventuell anfallende Gebühren (GEMA, KSK usw.)
Änderungen/ Anhang	Die Bühnenanweisung ist kommentiert und unterschrieben zurückzusenden. Regelungen zu Änderungen
Sonderwünsche	nach Eigenart

Typische Inhalte einer Bühnenanweisung

AUFGABE

Ein Teil der Bühnenanweisung, der die Bereitstellung eines bestimmten Getränks zu einer bestimmten Uhrzeit an den Künstler zum Inhalt hat, kann durch den Veranstalter nicht eingehalten werden.

→ Warum tritt in diesem Fall nicht die salvatorische Klausel in Kraft?

→ Kann der Künstler den Auftritt mit der Begründung des Vertragsbruchs durch den Veranstalter absagen? (Berücksichtigen Sie bei Ihrer Bewertung den Zusammenhang von vertraglichen Haupt- und Nebenleistungspflichten.)

Beispiel → Einfache Bühnenanweisung inklusive Lichtanforderung, Stageplot und Vertrag

Es geht auch etwas einfacher als nach der in der Tabelle wiedergegebenen Bühnenanweisung. Zur Veranschaulichung folgen die Original-Bühnenanweisung sowie ein Vertragsentwurf der Comedy-Tour von Matze Knop (alias Richie) von Anfang des Milleniums, die vom damaligen Booker bzw. Tourmanager Cocomico an die Veranstalter versendet wurde.

kontakt: marco gödde
0170 – 5327xxx
marcogoedde@entropie-event.de

entropie
event.medien.entertainment

BÜHNENANWEISUNG
Matze Knop: Oooh RICHIE!

ZUR SHOW

Comedy Solo. 100 Minuten plus 20 min Pause plus 10 min Zugaben (Gesamtdauer 02:30 h).

TOURCREW: 2–3 PERSONEN

Davon on stage: 1 Person
Crew: 1–2 Personen (1 Technik Front/1 Technik Bühne backstage)

TAGESABLAUF

Ankunft Crew: 16 Uhr
Technischer Check: ab 18:30 Uhr
Halleneinlass außen: ab 19:00 Uhr
Saaleinlass innen: 19:45 Uhr
Showtime: 20:00 Uhr/20:15 Uhr
Abbau: ab 22:30 Uhr
Warmes Essen: 17:30 Uhr oder 23:30 Uhr (veränderbar nach Tagesweisung)

AUSSENBEREICH HALLE:

- **Zufahrt und Anfahrt an die Halle für einen Transporter, Kastenwagen, VW-Bus**
- **Sichere Parkmöglichkeit für Künstler-Pkw und Transporter**

HALLENPERSONAL/HELFER

- **Betreuung von Auf- und Abbau durch Person, die Zugang und Umgang gewährleisten mit: Schlüsselgewalt, Ton-/Lichtsystem + Stromabsicherung**
- **Kassenpersonal, Garderobenpersonal**

BACKSTAGE

- **1 geheizte, geräumige, gerne abschließbare Garderobe, mit Spiegel, 2 Handtücher, gerne mit Dusche**
- **1 Tisch und ein Spiegel auf der Bühne**
- **Ein Garderobenständer in Bühnennähe für die Bühnenkostüme**

BÜHNE:

- **Bühnengröße ab ca. 5 x 3,5 x 3 (l. Höhe), kleinere Bühne nach Absprache möglich**
- **Getrennt gesicherte Stromanschlüsse für Geräte auf der Bühne (220 V/16 A)**
- **Molton/Stellwände für variable Sichtblenden (nach Absprache)**
- **Abgang/Treppe ins Publikum**

entropie
event.medien.entertainment
telefon 0221 1260050
telefax 0221 9231469
e-mail info@entropie-event.de
kreuzgasse 2-4
d-50667 köln
www.entropie-event.de
kölner bank
kto 627 083 009
blz 371 600 87
geschäftsleitung: marco gödde
steuernummer 215/5054/1933
gerichtsstand köln

kontakt: marco gödde
0170 – 5327xxx
marcogoedde@entropie-event.de

entropie
event.medien.entertainment

TECHNIK

LICHT:
- Lichtanlage (Pult/Dimmer) muss vor Ort vorhanden sein (Kleinkunststandard).
- Mindestens 7 Theater-Scheinwerfer Front á 1–2 kW plus 6–12 PAR 64 o. ä. Bühne (vgl. anliegende Zeichnung)
- Verfolger gerne (ab 200 Zuschauer), dann aber auch mit Verfolgerfahrer

TON:
- Tonanlage (Klein-PA) muss vor Ort vorhanden sein (Kleinkunststandard)
- Mischpult, mind. 6 Kanäle (1 Monitorweg und zwei Monitorboxen)
- Gerne ein Multieffektgerät und ein Summenkompressor
- 1 CD-Player, 1 MD-Player
- 1 Mikrofon SM 58 auf Stativ als spare (Bühne)

ACHTUNG:
TON UND LICHT MÜSSEN ZUSAMMENSTEHEN (mit frontaler Bühneneinsicht).
Gerne mit Sprechverbindung hinter die Bühne

KEINE PYROTECHNIK

VORRAUM/ENTRANCE:
- Möglichkeit zur Banneranbringung
- Kostenfreier Merchandisingplatz inkl. Tisch

CATERINGLISTE
Matze Knop: Oooh RICHIE!

Bei Ankunft der Tournee-Crew

GETRÄNKE BACKSTAGE
1 Kasten Stilles Wasser ohne Kohlensäure
1 Kasten verschiedene Säfte/Limo/Cola/Bier (Pils)

KALTES CATERING
- **Obst**
- **Belegte Brötchen (Wurst und Käse getrennt)**

Vor oder nach der Show (veränderbar nach Tagesweisung)

WARMES CATERING
Warmes Essen vor Ort oder in der Halle (Restaurant) für die Tourbeteiligten

entropie
event.medien.entertainment

telefon 0221 1260050
telefax 0221 9231469
e-mail info@entropie-event.de

kreuzgasse 2-4
d-50667 köln
www.entropie-event.de

kölner bank
kto 627 083 009
blz 371 600 87

geschäftsleitung: marco gödde
steuernummer 215/5054/1933
gerichtsstand köln

kontakt: marco gödde
0170 – 5327xxx
marcogoedde@entropie-event.de

entropie
event.medien.entertainment

Licht/Ton Matze Knop: Oooh RICHIE!

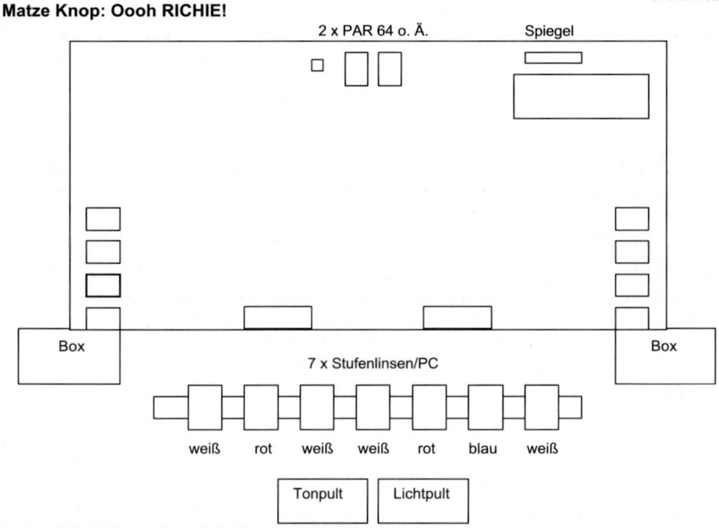

entropie
event.medien.entertainment
telefon 0221 1260050
telefax 0221 9231469
e-mail info@entropie-event.de
kreuzgasse 2-4
d-50667 köln
www.entropie-event.de
kölner bank
kto 627 083 009
blz 371 600 87
geschäftsleitung: marco gödde
steuernummer 215/5054/1933
gerichtsstand köln

kontakt: marco gödde
0170 – 5327xxx
marcogoedde@entropie-event.de

entropie
event.medien.entertainment

Oooh RICHIE! Matze Knop live 2019/2020

Der Mann mit den zwei Gesichtern

BÜHNENBILD

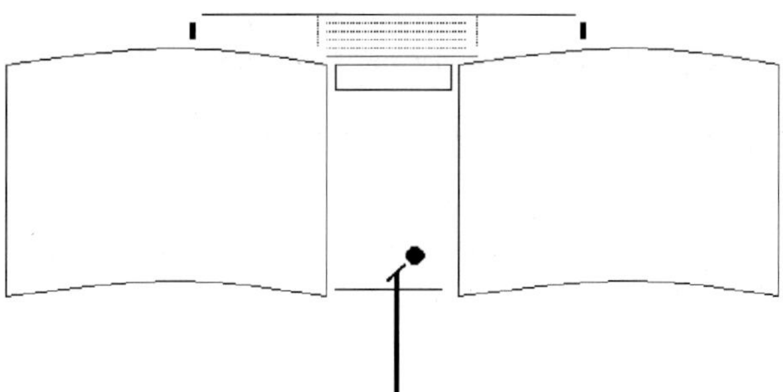

entropie
event.medien.entertainment
telefon 0221 1260050
telefax 0221 9231469
e-mail info@entropie-event.de
kreuzgasse 2-4
d-50667 köln
www.entropie-event.de
kölner bank
kto 627 083 009
blz 371 600 87
geschäftsleitung: marco gödde
steuernummer 215/5054/1933
gerichtsstand köln

COCOMICO Theater- & Medienproduktionsgesellschaft mbH
Barbarossaplatz 10 – 50674 Köln

COCOMICO – M. Gödde – Barbarossaplatz 10 - D-50674 Köln

«Veranstalter_FirmaBehörde»
«Abteilung»
«Ansprechpartner»
«Straße»

«PLZ» «Ort»

Matze Knops Comedy Show feat. Oooh RICHIE!

Liebe Kolleginnen und Kollegen,

wir freuen uns, mit der Produktion „Matze Mustermanns Comedy Show feat. Lampe an!“ in «AuftrittsStadt» zu gastieren.

Anbei übersenden wir die Gastspielverträge, die Allgemeinen Geschäftsbedingungen, die Presseinformation sowie das vorläufige technische Beiblatt zur Produktion. Alle weiteren Listen, die im Vertrag genannt und in diesem Brief nicht enthalten sind, werden in den nächsten Tagen zugestellt. Alles wird sich im branchenüblichen Rahmen halten und es wird keine Überraschungen geben.

Über alle weiteren Entwicklungen halten wir Sie ständig auf dem Laufenden und werden auch alle weiteren benötigten Materialien im Laufe der nächsten Zeit übersenden.

Bitte prüfen Sie alle Angaben in den beigefügten Unterlagen genau. Jegliche Art von Änderungen und/oder Ergänzungen können nur nach genauester Rücksprache mit uns vorgenommen werden. Für jede Art von Rückfragen stehen wir ständig zur Verfügung.

Bitte senden Sie ein Vertragsexemplar unterschrieben bis zum «Vertragsrücksendung_zum» an uns zurück.

Wir hoffen auf ein gutes gemeinsames Gelingen und verbleiben vorerst

mit freundlichen Grüßen

Marcell Gödde

COCOMICO Theater- & Medienproduktionsgesellschaft mbH
Barbarossaplatz 10 – 50674 Köln

Gastspielvertrag

«Eingegeben_am»

Zwischen:

Matze Knop, Adresse

vertreten durch:

COCOMICO Theater- & Medienproduktionsgesellschaft mbH
Barbarossaplatz 10 – 50674 Köln, vertreten durch «Ersteller»

(nachstehend **Künstler** genannt)

und:

«Veranstalter_FirmaBehörde», «Abteilung», «Straße», «PLZ» «Ort»

– vertreten durch den/die Bevollmächtigte(n): ....
(nachstehend **Veranstalter** genannt)

wird folgender Vertrag geschlossen:

§ 1 – Leistungen des Künstlers

Der Künstler verpflichtet sich, beim Veranstalter das Bühnenprogramm **„Matze Knops Comedy Show feat. Oooh RICHIE!"** wie angeboten an folgenden Terminen zur Aufführung zu bringen:

Tag:		Uhrzeit:
«AuftrittsdatumTag»	-	«AuftrittsdatumZeit»
«AuftrittsdatumWeiterer_Gig2»		«AuftrittsdatumWeitere_Zeit2»

§ 2 – Technische Leistungen des Veranstalters

a) Die Aufführung findet in folgendem Aufführungsort statt: «Aufführungsort_Halle», «AuftrittsStadt»
b) Die Räumlichkeiten stehen dem Künstler für erforderliche Vorbereitungsarbeiten ab dem «AufbauBeginnDatum», «AnkunftsUhrzeit» Uhr in sauberem und einwandfreiem Zustand zur Verfügung.

§ 3 – Bestandteile des Vertrages

Der Gastspielvertrag kommt unter Einbeziehung der beigefügten Bühnenanweisung nebst Technischem Beiblatt zur o.g. Veranstaltung und der anliegenden Allgemeinen Geschäftsbedingungen zustande. Die Allgemeinen Geschäftsbedingungen, Bühnenanweisung und Technisches Beiblatt sind bindende Vertragsbestandteile.

§ 4 – Übernachtung/Verpflegung

Die Ankunft der Tourneecrew erfolgt am «Ankunftsdatum» gegen «AnkunftsUhrzeit» Uhr. Für die ausreichende Übernachtung von «Personenanzahl_ÜB» Personen in «Doppelzimmer» Doppelzimmern und «Einzelzimmer» Einzelzimmern trägt der Veranstalter Sorge. Die genauen Übernachtungstermine (für Tourcrew und Künstler z. T. unterschiedlich) geben wir Euch noch bekannt. Die Übernachtung beinhaltet das Frühstück und erfolgt für die Künstler und Tourneemitglieder in einem Hotel von guter Kategorie. Der Veranstalter trägt «Kostenübernahme_Hotel» ggf. für die Übernachtung anfallenden Kosten. Der Veranstalter stellt für «Catering_Warmes_Essen_für» Personen jeweils ein warmes Essen pro Spieltag. Der Veranstalter stellt Catering und Getränke lt. beiliegender Catering-Liste für den Auf- und Abbau und die Aufführung kostenfrei bereit.

§ 5 – Werbung

Der Künstler stellt Werbematerial zur Verfügung: «Plakate_Anzahl» Plakate zum Preis von «Plakate_Preis»,00 €,«Fotos_Anzahl» Fotos und Stück-Informationen sowie 1 Presseinfo. K 2 übernimmt auf eigene Kosten die ortsübliche Werbung.

§ 6 – Honorarregelung

a) Für die Durchführung nach § 1 erhält der Künstler vom Veranstalter ein Mindesthonorar in Höhe von «Garantiegage» (in Worten: «Garantiegage_in_Worten»«Garantiegage_in_Worten» €) («Garantiegage») zuzüglich 7 % MwSt. als Garantiegage. «Garantiegage_Zusatz» Der Künstler erhält «Prozente_Anteil_Cocomico» % der Brutto-Eintrittseinnahmen, wenn dieser Betrag die Garantiegagensumme übersteigt

Alle Preise rein netto zzgl. 7 % MwSt.

b) Die Gage wird 30 Minuten nach Veranstaltungsbeginn ausschließlich in bar an den Künstler oder seinen Bevollmächtigten ausbezahlt.

c) Es gelten folgende Eintrittspreise als vereinbart: **«Eintrittspreise».** Die Anzahl der verkaufbaren Karten beträgt: «Halle_Verkaufbare_Karten» Stück pro Aufführung.

d) Der Veranstalter gibt ohne Rücksprache mit dem Künstler nicht mehr als 10 Frei- oder Ehrenkarten aus. Der Künstler schreibt ohne Rücksprache nicht mehr als 10 Personen auf die Gästeliste. Die Anzahl der Pressekarten muss mit dem Künstler schriftlich fixiert werden, generell werden nicht mehr als 10 Pressekarten ausgegeben. Für den jeweiligen Mediapartner sind bis zu 10 kostenfreie Karten zur Verfügung zu stellen.

e) Der Künstler ist im Sinne des KSVG **keine eigene Rechtspersönlichkeit**. Der Künstler ist selbstständig tätig. Der Veranstalter ist somit zur Abführung der KSK-Abgabe verpflichtet. Der Künstler versteuert seine Einnahmen selbst.

§ 7 – Nebenkosten:

Der Künstler trägt nur die Kosten für die Bereitstellung der Tourneeproduktion, die Transport- und Fahrtkosten. Der Veranstalter stellt eine Lichtanlage sowie die örtlichen technischen Einrichtungen inkl. einer Beschallungsanlage kostenfrei zur Nutzung unter Aufsicht zur Verfügung. Der Veranstalter sorgt dafür, dass auf die für diese Veranstaltungsart übliche Art und Weise alle nötigen Organisationsarbeiten durchgeführt und gründlich vorbereitet werden. Der Veranstalter trägt alle weiteren örtlichen Durchführungskosten (insbesondere Hallen- und örtliche Personalkosten), es sei denn, es wird unter § 12 „Sonstiges" ausdrücklich schriftlich etwas anderes vereinbart.

§ 8 – Mediale Auswertung/Ordnungsdienst

Ohne ausdrückliche schriftliche Genehmigung durch den Künstler ist es nicht gestattet, von der Darbietung Ton- oder Videoaufzeichnungen zu erstellen. Auf die Einhaltung dieses Punktes achtet der Veranstalter und haftet bei evtl. Missbrauch. Der Veranstalter organisiert nach noch folgender Anweisung einen Sicherheits- und Ordnungsdienst und haftet für eventuelle Schäden, falls er im Sicherheits- und Ordnungsbereich seinen Pflichten nicht nachkommt.

§ 9 – GEMA

Die verwendeten Musiktitel sind GEMA-pflichtig. Der Veranstalter meldet die Titel nach entsprechender Liste ordnungsgemäß an und trägt die Kosten.

§ 10 – Nichterfüllung des Vertrages

Bei Nichterfüllung des Vertrages, ausgenommen Fälle der Verhinderung durch höhere Gewalt oder Nichtverschulden, hat der/die schuldige Vertragspartner/-in eine Konventionalstrafe in Höhe der Gage, mindestens aber 1500,00 € (eintausendfünfhundert) zu zahlen.

§ 11 – TV-Ausschluss

Im Falle einer TV-Aufzeichnung in einer Sendung, in der Matze Knop regelmäßig auftritt, oder im Falle eines TV-Auftritts bei einer TV-Livesendung ist der Künstler berechtigt, den Auftritt abzusagen und nach gegenseitiger Vereinbarung innerhalb von 32 Wochen nach dem ursprünglichen Datum nachzuholen.
Wird der Auftritt 8 Wochen vor dem vereinbarten Termin vonseiten des Künstlers verschoben, entstehen ihm keine Kosten, bei einer Verschiebung von weniger als 8 Wochen vor dem vereinbarten Termin ersetzt der Künstler die evtl. entstandenen Zusatzkosten, die durch die Verschiebung bedingt sind, zu 50 %, max. jedoch in Höhe der o. g. Konventionalstrafe. Der Veranstalter übersendet hierzu eine detaillierte Kostenaufstellung.

§ 12 – Wirksamkeit

Der Veranstalter sendet ein gegengezeichnetes Exemplar des Vertrages bis zum «Vertragsrücksendung_zum» an den Künstler zurück. Der Veranstalter übersendet dem Künstler zusätzlich einen Hallen-, einen Licht-, Beschallungs- und einen Bühnenplan des Veranstaltungsortes zusammen mit einer detaillierten Anfahrtsbeschreibung und benennt eine verantwortliche Person zur technischen Durchführung der Veranstaltung. Sollte der Vertrag nicht fristgerecht zurückgesandt werden, hat der Künstler das Recht, die Veranstaltung mit sofortiger Wirkung abzusagen.

***§ 13 – Sonstiges:* «Sonstige_Vereinbarungen»**

....

Unterschriften:

Für den Künstler:	In Vollmacht für den Veranstalter: (Ort, Datum, Unterschrift, Stempel)
....	....

AUFGABEN

1. Erklären Sie die Begriffe Rechts- und Geschäftsfähigkeit und deren Auswirkungen etwa auf Kaufverträge. Formulieren Sie zwei prägnante Beispiele.
2. An welche zwei Kundengruppen richten sich in der Regel die allgemeinen Geschäftsbedingungen eines Unternehmens?
3. Nennen Sie jeweils zwei typische Anwendungsbeispiele in unserer Branche für einen Werkvertrag und einen Dienstvertrag.
4. Was ist beim Ticketing hinsichtlich der Veröffentlichung von allgemeinen Geschäftsbedingungen besonders zu beachten?
5. Worin besteht der Unterschied zwischen Gewährleistung und Garantie?
6. Nennen und erläutern Sie fünf typische Bestandteile eines Gastspielvertrags.
7. Was ist ein Stageplot? Was wird darin typischerweise enthalten sein?
8. Nennen Sie zehn typische Bestandteile einer Bühnenanweisung.
9. Welchen rechtlichen Stellenwert hat eine Bühnenanweisung in der Regel und welche Auswirkungen hat dies auf den örtlichen Durchführer (Local Promotor)?

5.3.3 Typische Vertragsbeziehungen bei Business-Events

Zum Einstieg

Die Auszubildende Michaela Meierhofer soll in der Juniversal Event- und Veranstaltungsagentur GmbH im dritten Ausbildungsjahr und perspektivisch nach ihrer angestrebten Übernahme mehr Verantwortung übernehmen und eine Reihe kleinerer Business-Events für den Mobilfunkanbieter H^2O übernehmen, für den die Juniversal seit einigen Jahren tätig ist. Um sich umfassend auf die Aufgabe vorbereiten zu können, formuliert sie für sich die folgenden Fragen:

→ Welche Verträge kommen in solchen Projekten vor?
→ Welche Bestandteile hat ein Agentur- oder Projektvertrag?
→ Was kann passieren, wenn vertragliche Abmachungen nicht eingehalten werden?

Grundsätzlich können wir die Vertragsbeziehungen für Business-Events aus dem allgemeinen Vertragsrecht sowie den Rechtsbeziehungen im Public-Event-Bereich ableiten. Wir wollen uns daher an dieser Stelle auf zwei typische Fälle aus der Sicht einer Marketing-Eventagentur konzentrieren.

Vermittlungsverträge zwischen Auftraggeber, Eventagentur und Dienstleistern

Häufig ist eine Eventagentur für den Kunden oder Auftraggeber nur vermittelnd tätig. Dies ist vor allem bei zentral geführten Konzernen der Fall, bei denen jede einzelne Bestellung über die Bücher und den Einkauf laufen muss (zum Beispiel Renault Deutschland). In diesem Falle schließt der Auftraggeber mit jedem einzelnen Dienstleister einen Vertrag ab und nimmt Bestellung, Lieferung und Rechnungsstellung vor. Die Eventagentur ist als Projektleitung für die Führung des gesamten Ablaufs einschließlich der Vermittlung der Dienstleister zuständig. Am Ende des Projekts berechnet die Agentur dem Kunden dann in der Regel einen vorher festgelegten Prozentsatz (meist rund 15 %), der auf das Gesamtbudget für das Projekt bezogen ist. Diese Provision wird auch AE-Provision genannt. Ursprünglich sprach man von Anzeigen-Expeditions-Provision, im modernen Sprachgebrauch steht „AE" auch für Auftragserteilung.

MERKE

Agenturverträge, in denen Agenturen für ein Projekt Dienstleistungen vermitteln und für diese Tätigkeit eine Provision beim Auftraggeber berechnen, sind Dienstverträge.

Wenn Agenturen Verträge zwischen einem Dienstleister und einem Kunden vermitteln, werden diese zwischen dem Dienstleister und dem Kunden geschlossen. Die Agentur fungiert auch hier nur stellvertretend nach § 164 BGB. Die Vertretung wird im Agenturvertrag geregelt. Zudem können gegenüber dem Kunden zusätzlich diejenigen Dienstleistungen extra abgerechnet werden, die über die Vermittlung und Führung des Projekts hinausgehen und direkt von der Eventagentur erbracht wurden.

Beispiel → Buchung eines Caterings für eine Firmengala über eine Eventagentur

Ein Kunde bucht aufgrund der Vermittlung einer von ihm beauftragten Eventagentur neben anderen Leistungen (Locationsuche, Programmgestaltung, Einladungsszenario) ein Cateringbüfett. Der Kunde als Veranstalter schließt hierbei einen Vertrag mit dem Dienstleister und wickelt diesen auch kaufmännisch direkt mit diesem ab. Die Aushandlung und Abfassung des Vertrags sowie die damit verbundene Kommunikation mit dem Dienstleister liegt in den Händen der Agentur.

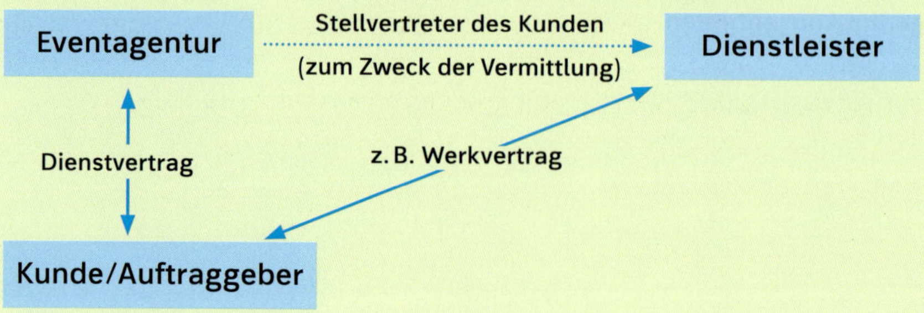

Die Eventagentur als Vermittler

AUFGABEN

1. Erklären Sie den generellen Unterschied zwischen Künstleragentur (Booker) und vermittelnder Eventagentur. Ziehen Sie dazu die weiter oben beschriebenen Modellfälle heran.
2. Begründen Sie, warum trotz der (ergebnisorientierten) Vergütung über eine Provisionszahlung der Agenturvertrag als ein Dienstvertrag anzusehen ist.
3. Welche Vor- und welche Nachteile hat aus Ihrer Sicht der im oben aufgeführten Beispiel beschriebene Vermittlungsprozess?
4. Weshalb kassiert die Künstleragentur die Provision beim Künstler, die Eventagentur hingegen beim Auftraggeber? Nennen Sie jeweils zwei Gründe.
5. Erweitern Sie das obige Schema um den folgenden Fall: Ein Comedy-Künstler arbeitet mit einem Manager zusammen. Dieser vereinbart mit einer Eventagentur, dass der Künstler auf einer Firmenfeier auftritt.

Produktions- oder Generalunternehmerverträge zwischen Auftraggeber, Eventagentur und Dienstleistern

Mindestens genauso häufig oder noch häufiger wie die oben beschriebene Variante ist der Fall, dass eine Eventagentur ein Business-Event für einen Auftraggeber komplett zusammenstellt, das heißt, alle Dienstleistungen einkauft, daraus die Leistung zusammenstellt und das gesamte Leistungspaket dem Kunden in Rechnung stellt. Vor allem Konzerne, die nur einen Adressaten haben wollen und nur eine Ausgabenrechnung verbuchen möchten (zum Beispiel vodafone Deutschland), bevorzugen dieses Modell. Dabei schließen sie nur mit der Eventagentur als Dienstleister Verträge ab. Die Eventagentur kalkuliert ihre Gewinnaufschläge auf die Eigenleistungen und die eingekauften Fremdleistungen intern und berechnet dem Kunden einen Gesamtpreis.

MERKE

Agenturverträge, in denen Agenturen eine kombinierte Leistung meist als neues Werk anbieten, sind in der Regel Werkverträge. Einen komplexen Werkvertrag, der auch andere Vertragsarten beinhaltet, nennt man Generalunternehmervertrag.

Agenturen kaufen die Leistungen ein und verkaufen sie im neuen Ensemble weiter. Die Lieferanten sind zum Teil als Subunternehmer für die Agentur tätig. Verträge zwischen Dienstleistern und der Agentur sowie zwischen der Agentur und dem Kunden sind jeweils eigenständig. Dienstleister wie Eventagentur arbeiten eigenständig auf Gewinn.

Beispiel → Buchung eines Messeauftritts durch eine Eventagentur

Ein Kunde bucht eine komplette Messeinszenierung (inklusive Konzeption, Messebau, Messeshow, Promotionaktionen, ein Mitarbeiter- und ein Vertriebspartnerevent) bei einer Eventagentur. Der Kunde als Veranstalter schließt hierbei einen Vertrag mit der Eventagentur ab, die wiederum Einzelverträge mit den einzelnen Dienstleistern abschließt. Alle Beteiligten wickeln ihre Prozesse kaufmännisch direkt untereinander ab.

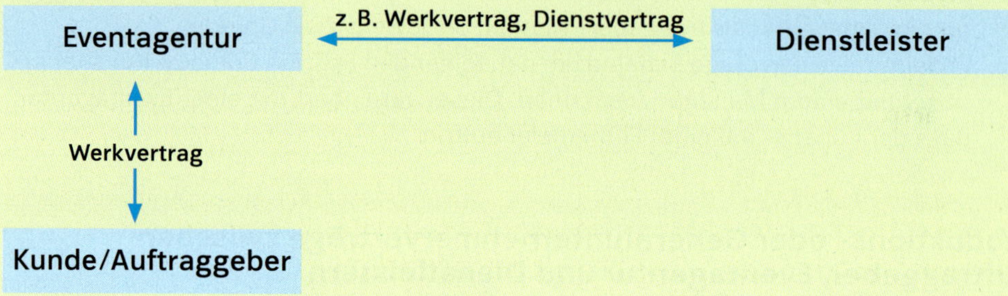

Die Eventagentur als Produzent/Generalunternehmer

AUFGABEN

1. Welche systematischen Unterschiede zwischen Generalunternehmung im Business-Event-Geschäft und Direktion im Public-Event-Geschäft können Sie erkennen?
2. Welche Vorteile hat ein Kunde als Auftraggeber eines Generalunternehmers und welche Risiken entstehen bei der betreffenden Eventagentur?
3. Auf welche Kostenblöcke wird die Eventagentur als Generalunternehmer in der internen Projektkalkulation einen Handlungskostenaufschlag (Handling Fee) von 15 % erheben?

Typische Bestandteile eines Generalunternehmervertrags

Als Generalunternehmerin übernimmt die Eventagentur die Werkvertragsverpflichtung mit allen Risiken. Typische Inhalte und Regelungen eines Generalunternehmervertrags sind:

- Gegenstand des Vertrags,
- Durchführung,
- Leistungsverzeichnis und Änderungen,
- Pflichten des Generalunternehmers,
- Gewährleistung/Haftung,
- Erwerb von Rechten,
- Ansprechpartner,
- Folge- und Nebenleistungen,
- Vergütung,
- Zahlungsmodalitäten,
- Eigentumsübergang,
- Kündigung,
- Sonstiges,
- Anlagen (zum Beispiel Einkaufsbedingungen des Auftraggebers), Abnahmeprotokollvordruck.

5.3.4 Ausgewählte Vertragsstörungen

Um Vertragsstörungen beurteilen zu können, sollte man neben den Vertragsarten wichtige Grundbegriffe der Vertragserfüllung kennen. Die Tabelle vermittelt einen Überblick.

Bezeichnung	Bedeutung
Primäre Leistungspflicht	Pflicht z. B. des Veranstalters, die vertraglich festgelegten Leistungen zu erbringen
Sekundäre Leistungspflicht	kommt infrage, wenn die primäre Leistungspflicht nicht erfüllt wird, z. B. Schadensersatz
Vertragsgemäße Leistung	Der Veranstalter hat gegenüber seinem Vertragspartner die Pflicht, die vereinbarte Leistung am rechten Ort, zur rechten Zeit und in rechter Weise zu bewirken (§ 294 BGB).
Mängelansprüche	Ist die bewirkte Leistung seitens des Veranstalters mangelhaft, entstehen laut BGB Mängelansprüche, wie z. B. Nacherfüllung (§ 439 BGB) oder Rücktritt vom Vertrag (§ 323 BGB).
Haftung	tritt z. B. bei Verletzung der vertraglichen Verpflichtungen seitens des Veranstalters ein, z. B. als Schadensersatzpflicht
Außervertragliche Haftung	Haftungsart, deren Voraussetzungen sich aus dem Gesetz ergeben und nicht privatautonom gestaltet worden sind (z. B. aus Verkehrssicherungspflichten)
Verschuldens-unabhängige Haftung	Haftungsfälle, die auch ohne Verschulden des Veranstalters eintreten. Daraus resultieren ggf. Schadensersatzansprüche.
Vertragliche Leistungsstörungen	bezeichnen die problembehaftete Abwicklung eines Vertrags. Diese können sein: → Unmöglichkeit (§ 275 BGB). Ausfall der geschuldeten Leistung. Mögliche Folge ist gemäß § 275 BGB, dass der Veranstalter von seiner Leistung befreit wird und der primäre Leistungsanspruch des Gläubigers erlischt. Dieser kann jedoch ggf. sekundäre Ansprüche geltend machen, falls der Veranstalter die Unmöglichkeit zu vertreten hat; → Schuldnerverzug (§ 286 BGB). Zu späte Bewirkung der geschuldeten Leistung seitens des Veranstalters; → Gläubigerverzug (§ 293 BGB). Nichtannahme der geschuldeten Leistung;
Vertragliche Leistungsstörungen	→ Mängelhaftung (§ 437 BGB). Die mangelhafte Erbringung der Vertragsleistung seitens des Leistungsschuldners, z. B. Kaufmängel (Anspruch auf Beseitigung des Mangels), Mietmängel (Anspruch auf Minderung), Werkmängel (Anspruch auf Nacherfüllung und Mängelbeseitigung), Reisemängel (Anspruch auf Abhilfe und ggf. Minderung); → Schlechterfüllung oder auch positive Vertragsverletzung. Die erbrachte Leistung ist nicht wie geschuldet (Ansprüche ähnlich der Mängelhaftung); → vorvertragliche Haftung (§ 311 BGB). Kann schon bei Aufnahme von Vertragsverhandlungen entstehen, z. B. wenn der Veranstalter eine der sog. Nebenpflichten verletzt. Nebenpflichten sind z. B. die Aufklärungspflicht oder die sog. Verkehrssicherungspflichten. Bei Erfüllung dieser Tatbestände können Schadensersatzpflichten aus § 280 ff. BGB entstehen.

Vertragspflichten und Vertragsstörungen

Unterschieden werden müssen auch die Hauptpflichten eines Vertrags gegenüber den sogenannten Nebenpflichten. Eine Verletzung der Nebenpflichten (zum Beispiel Details einer Bühnenanweisung, die den Auftritt nicht gefährden) kann in der Regel nicht die Aussetzung der Hauptpflichten zur Folge haben.

5.3.5 Beispiele für typische Vertragsstörungen bei Live-Events

Beispiel → Katastrophe bei einer Familienfeier

Für eine Familienfeier vermietet ein Locationeigentümer die zweite Etage seines Saals. Beim Tanz stürzt der Boden ein und die Gäste fallen in die Tiefe. Es gibt 40 teils schwer Verletzte. Das Unglück geht auf den Umstand zurück, dass der Besitzer zwei tragende Säulen im Erdgeschoss entfernen ließ, um eine Theke einzubauen.

In diesem Beispiel entstehen Schadensersatzansprüche der Geschädigten, weil der Eigentümer eigenhändig die Ursache des Einsturzes bewirkt hat, seine Handlung nicht gerechtfertigt und damit als widerrechtlich einzuschätzen ist. Darüber hinaus hat er seine Sorgfaltspflichten vernachlässigt, es trifft ihn ein Verschulden. Der Eigentümer muss Schadensersatz leisten, er haftet für den materiellen Schaden (zum Beispiel Arzt-, Krankenhaus- und Heilungskosten) und den immateriellen Schaden (ein angemessenes Schmerzensgeld).

Beispiel → Verspätetes Open-Air-Konzert

Eine Open-Air-Veranstaltung beginnt aufgrund von Problemen beim Bühnenaufbau rund viereinhalb Stunden später als angesetzt (geplanter Veranstaltungszeitraum 17 bis 22 Uhr). Um 19:30 Uhr hatte ein Gast vergeblich versucht, das Eintrittsgeld in Höhe von 45,00 € beim Konzertveranstalter zurückzufordern. Um 22:30 Uhr verlässt der ermüdete Besucher das Konzert.

Der Gast kann einen Anspruch auf Rückzahlung des Eintrittsgeldes geltend machen, da der Veranstalter über den Ticketverkauf einen Werkvertrag mit dem Besucher abgeschlossen hat. Der Veranstalter hat für den termingerechten Beginn und den programmgemäßen Ablauf zu sorgen. Kleinere Verspätungen sind üblich, viereinhalb Stunden Verzug jedoch sind nicht gerechtfertigt.

Beispiel → Brand in der Diskothek

Ein Discobesitzer veranstaltet einen Tanz in den Mai zum Eintrittspreis von 20,00 €. Gegen Mitternacht zünden Gäste ein bengalisches Feuer an, ohne dass der Veranstalter oder sein Personal einschreiten. Es entwickelt sich eine Stichflamme, die die Deckendekoration in Brand setzt. In der folgenden Panik kommen einige der Gäste nicht rechtzeitig ins Freie, da die Notausgänge durch Equipment und Büfetttische verstellt sind. Diese Gäste erleiden Brandverletzungen und machen Ansprüche geltend.

Es besteht ein Schuldverhältnis, da die Gäste Eintrittsgeld bezahlt haben. Daraus entsteht eine Schutzpflicht, die der Veranstalter in mindestens drei Fällen verletzt hat: Nichteinschreiten bei gefährlichem Feuereinsatz, Versperrung der Notausgänge (die gemäß VStättVO vorgeschrieben sind und frei bleiben müssen), Benutzung von brennbarer Dekoration (ebenfalls entgegen der VStättVO). Der Veranstalter handelte mindestens fahrlässig in drei Fällen, es entstehen außervertragliche Ansprüche mit Schadensersatzpflicht nach § 823 BGB. Wegen dieser Ansprüche muss er für den entstandenen materiellen und immateriellen Schaden aufkommen.

Beispiel → Hörschaden bei einem Punkkonzert

Ein jugendlicher Konzertbesucher (16) trägt nach einem Punkkonzert in einem Kellergewölbe einen dauerhaften Hörschaden davon (Tinnitus in Form eines Dauerklingelns).

Der Veranstalter hat Verkehrssicherungspflichten widerrechtlich und schuldhaft verletzt, wenn er keine Vorsorge für die Messung und Begrenzung der Lautstärke getroffen hat. Dies muss der Geschädigte allerdings dem Veranstalter nachweisen. Es kommt auf die Umstände im Einzelnen an.

AUFGABEN

1. Was ist eine Willenserklärung?
2. Nennen Sie je zwei Rechtsgeschäfte, bei denen eine einseitige Willenserklärung erforderlich ist, und je zwei Rechtsgeschäfte, bei denen eine zwei- oder mehrseitige Willenserklärung erforderlich ist.
3. Wann kommt ein Kaufvertrag zustande? Kann Schweigen auf ein Angebot die Annahme auslösen?
4. Nennen Sie je zwei Beispiele für gesetzliche Vertretung bei natürlichen und bei juristischen Personen.
5. Welche Vollmachten im Rahmen der vertraglich vereinbarten Vertretung kennen Sie? (fünf Nennungen)
6. Welche Arten der Handlungsvollmacht sieht das HGB vor?
7. Was bedeutet Prokura?
8. Welche Einschränkungen der Stellvertretung gibt es bei der Prokura? (sechs Nennungen)
9. Ab welchem Zeitpunkt beginnt die Prokura im Innenverhältnis und ab welchem Zeitpunkt im Außenverhältnis?
10. Wann endet die Prokura? (fünf Nennungen)
11. Welcher Mangel liegt bei folgenden Beispielen vor?
    a) Ein Privatmann brennt in seinem Hobbykeller Schnaps und verkauft ihn über das Internet.
    b) In einem Wettbüro ist es möglich, sich kurzfristig Geld zu leihen, es muss jedoch die doppelte Summe zurückgezahlt werden.
    c) Ein sechsjähriges Kind kauft eine Flasche Cola.
    d) Ein Kaufvertrag über eine Eigentumswohnung liegt vor, wurde jedoch nicht notariell beglaubigt.
12. Nennen Sie drei Beispiele für anfechtbare Rechtsgeschäfte, die auf Irrtum, Täuschung oder einer Drohung beruhen.
13. Erklären Sie anhand von Beispielen aus dem Veranstaltungsgeschäft die Anfechtbarkeit von Kaufverträgen wegen arglistiger Täuschung, Erklärungsirrtum und Inhaltsirrtum.

14. Die Einschalttaste eines frisch gekauften Beamers funktioniert nicht. Welches Recht kann man geltend machen? Erklären Sie dabei den Unterschied zwischen Nachbesserung und Nachlieferung.
15. Der Schlagerstar Matthias Heim soll ein Gastspiel in der Komischen Oper in Leipzig geben. Der Veranstalter Big East Productions hat eine Festgage in Höhe von 18.000,00 € vereinbart, das Theater extra für das Konzert angemietet, die Technik gemäß Bühnenanweisung gemietet und viel Werbung gemacht. Der Künstler ist am anvisierten Auftrittstag unpässlich, sagt den Auftritt kurzfristig ab und faxt ein Attest eines Facharztes an den Veranstalter, das einen Stimmschaden bescheinigt.
    a) Welche Form der Leistungsstörung liegt vor und welche grundlegenden Folgen hat diese?
    b) Welchen Anspruch haben die Besucher, die bereits ein Ticket gekauft haben? Gegen wen ist der Anspruch gerichtet?
    c) Der Veranstalter ist verärgert und macht Schadensersatz gegen Matthias Heim sowie die Zahlung der vertraglich festgelegten Konventionalstrafe geltend. Hat er darauf einen Anspruch?
16. Die Popsängerin Jeannice soll im Berliner Event Dome auftreten. In der dem Vertrag zugeordneten Bühnenweisung und dem anhängenden Catering-Rider ist festgelegt, dass der Künstlerin exakt 20 Minuten vor dem Auftritt ein Rosé-Champagner der Marke Extra-Brut gereicht werden soll. Leider haben Sie als örtlicher Durchführer vergessen, dieses Luxusgetränk zu besorgen. Der Tourneeleiter von Jeannice droht aufgebracht damit, den Auftritt platzen zu lassen, da der Vertrag nicht erfüllt sei, und droht mit der im Vertrag festgelegten Vertragsstrafe.
    a) Kann er dieses Ansinnen rechtlich wirksam begründen?
    b) Wie verhalten Sie sich, um eine weitere Eskalation der Situation zu vermeiden?
17. Fünf Freunde wollen ein Musical besuchen. Sie treffen sich vorher zur gemeinsamen Anreise und verspäten sich um 20 Minuten. Als sie am Musicalhaus ankommen, hat die Vorstellung bereits begonnen. Das Theaterpersonal verweigert ihnen den Zutritt, sie dürfen den Saal erst vor Beginn des zweiten Akts betreten. Nun verlangt die Truppe den Eintrittspreis zurück.

Hinweis: Bitte keine Eintragungen im Buch vornehmen.

Bitte setzen Sie die folgenden Begriffe in den Lückentext ein:

Annahmeverzug, 50 %, Teil, Zutritt, verspätete, Rückerstattung, Teilrückzahlung, nicht, Spielzeit von 120 Minuten, Werk- und Dienstvertrag, dargebotene Werk, Unmöglichkeit, Eintrittspreises, erhoben, Leistung, 60 Minuten.

Die fünf Besucher machen einen Anspruch auf _____ des Eintrittsgeldes geltend. Sie begründen dies damit, dass es ihnen nicht ermöglicht wurde, die bezahlte _____ komplett zu genießen. Sie wollen _____ des Eintrittspreises zurückerstattet bekommen, da bei einer _____ der versäumte _____ mit einer Länge von _____ die Hälfte der Vorstellung ausmachte. Da sie das _____ Erscheinen jedoch selbst zu verantworten haben, ist die anteilige _____ des Eintrittspreises nicht möglich. Rechtlich handelt es sich um eine _____ der Leistungserbringung, die fünf Freude waren im _____. Es handelt sich beim Erwerb der Eintrittskarte um einen gemischten Vertrag aus _____ (für die Aufführung und den Sitzplatz). Die Besucher haben das _____ nicht rechtzeitig besucht. Es lag im Entscheidungsbereich des Veranstalters, den _____ wegen der Ablenkung der rechtzeitig anwesenden Besucher sowie der Darsteller zu unterbinden. Ein Anspruch auf Rückerstattung des _____ kann also _____ werden.

5.4 Besondere Abgaben und Steuern im Veranstaltungsgeschäft

5.4.1 Künstlersozialabgabe

Künstler nehmen nicht nur im wirklichen Leben eine Sonderstellung ein, sondern auch, was die Sozialversicherung betrifft. Zumindest die professionell freiberuflich arbeitenden Künstler und Publizisten (zum Beispiel Journalisten, Grafikdesigner, Autoren), die mit ihrer künstlerischen oder publizistischen Tätigkeit maßgeblich ihren Lebensunterhalt verdienen, müssen gemäß Künstlersozialversicherungsgesetz der gesetzlichen Sozialversicherung beitreten.

Hintergrund

Die Beiträge zur Renten-, Kranken- und Pflegeversicherung fließen an die Künstlersozialkasse (KSK) und von dort aus an die Träger der gesetzlichen Sozialversicherung. Die KSK bringt die Hälfte der Beiträge auf, indem sie die Verwerter der Leistungen der Künstler mit einer speziellen Abgabe belastet, der Künstlersozialabgabe. Den Betrag, der über diesen Weg nicht zusammenkommt, trägt der Bund über eine Ausfallbürgschaft. Die andere Hälfte tragen die Künstler selbst bei.

Dieses Verfahren ähnelt der Lastenteilung, wie sie zwischen Arbeitgebern und Arbeitnehmern im Rahmen der allgemeinen gesetzlichen Sozialversicherung gilt. Allerdings tritt die KSK als Mittlerin zwischen die Beteiligten, das heißt Künstler, Verwerter und Träger der gesetzlichen Sozialversicherung. Der Vorteil für die versicherten Künstler und Publizisten ist, dass sie nur 50 % der Sozialversicherungsbeiträge selbst aufbringen müssen, ähnlich wie fest angestellte Arbeitnehmer. Der Nachteil für die Verwerter als Auftraggeber der Künstler ist, dass sie eine Künstlersozialabgabe, das heißt eine Art indirekten „Arbeitgeberanteils“, zahlen müssen.

AUFGABEN

1. Welche Kriterien machen einen Künstler aus? Wer darf entscheiden, wann eine Person Künstler ist? Gibt es staatlich anerkannte Künstler? Sammeln Sie im Rahmen eines Brainstormings im Team Antworten auf diese Fragen.
2. Recherchieren Sie: Welche vier Arten von Künstlern gibt es nach gängiger Auffassung? Benutzen Sie zur Recherche auch die Übersicht auf Seite 285 f.
3. Ein Darsteller in einer Daily Soap im TV-Vorabendprogramm wird von manchen als Schauspieler bezeichnet. Was meinen Sie: Ist ein solcher Akteur ein Künstler?

4. Recherchieren Sie: Müssen Künstler für die Ausübung ihrer Tätigkeit ein Gewerbe anmelden?
5. Recherchieren Sie: Benötigen Künstler eine Steuernummer und wenn ja, wie bekommen sie diese? Welche Bestimmungen gelten in dieser Hinsicht für selbstständige Gewerbetreibende, beispielsweise Promotoren in der Verkaufsförderung? Sind Künstler umsatzsteuerpflichtig?
6. Rund 50 % der Beiträge an die Künstersozialkasse (KSK) trägt der in der KSK versicherte Künstler selbst, rund 30 % der benötigten Gelder für die Künstlersozialversicherung kommen durch die Künstlersozialabgabe zusammen und rund 20 % schießt der Bund über eine Ausfallbürgschaft zu (Stand 2018). Aus diesem Topf werden die Sozialversicherungsbeiträge von der KSK für die Künstler monatlich an die Sozialversicherungsträger überwiesen. Vervollständigen Sie unter Verwendung dieser Angaben das folgende Schema. Verwenden Sie zur Kennzeichnung des Geldflusses Pfeile, für die Leistungen gestrichelte Linien.

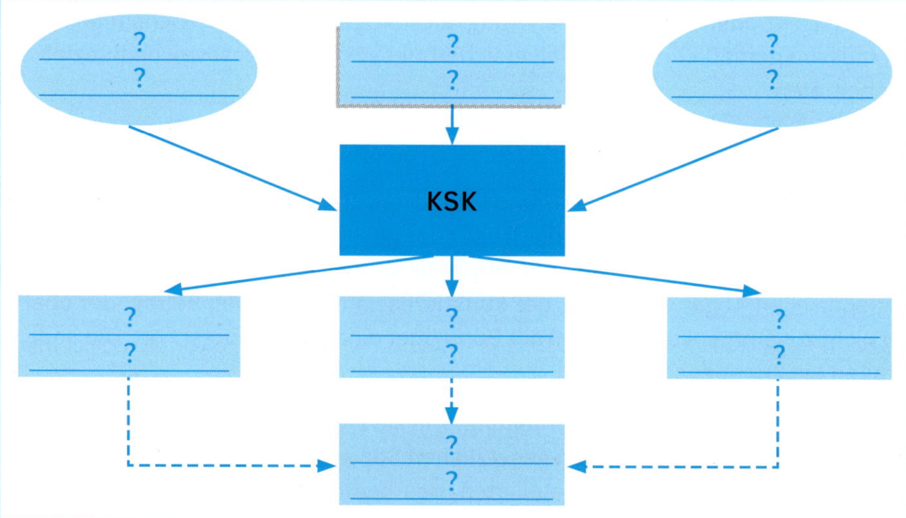

Leistungen und Finanzierung der Künstlersozialversicherung

MERKE

VERWERTER zahlen eine KÜNSTLERSOZIALABGABE (**KSA**) an die KÜNSTLERSOZIALKASSE (**KSK**) zur Finanzierung der KÜNSTLERSOZIALVERSICHERUNG (**KSV**), in der professionell tätige selbstständige Künstler und Publizisten (FREIBERUFLER) pflichtversichert sind.

Unternehmen, die Werke und Leistungen von Künstlern und Publizisten gegen Entgelt verwerten, das heißt Dritten zugänglich machen, zahlen eine Künstlersozialabgabe von 4,2 % (Stand 2019). Auf diese Weise werden sie an der Finanzierung der Sozialversicherungsleistungen für Künstler beteiligt. Der genannte Satz ist auf die Honorare aufzuschlagen, die im Jahr an freiberufliche Künstler gegen Rechnung gezahlt wurden, und unaufgefordert an die Künstlersozialkasse zu überweisen.

Zur Durchführung der Renten-, Kranken-, und Pflegeversicherung meldet die Künstlersozialkasse die versicherten Künstler und Publizisten bei den von diesen selbst gewählten Kranken- und Pflegekassen (zum Beispiel der AOK oder der Barmer Ersatzkasse) und beim zuständigen Rentenversicherungsträger an. Leistungen aus den Versicherungsverhältnissen wie Altersrente, Krankengeld und Pflegegeld erbringen ausschließlich die gesetzlichen Kranken- und Pflegekassen und die Deutsche Rentenversicherung Bund (früher: BfA, Bundesversicherungsanstalt für Angestellte) als Rentenversicherungsträger.

Kreis der Abgabepflichtigen

Alle Institutionen, die die Leistungen von Künstlern verwerten, sind zur Zahlung von Künstlersozialabgaben verpflichtet, nicht jedoch Privatpersonen. Im Einzelnen sind dies:

- → private Unternehmen und Betriebe,
- → öffentlich-rechtliche Körperschaften und Anstalten (zum Beispiel Fernseh- und Rundfunkanstalten wie WDR und ZDF),
- → eingetragene Vereine (e. V.) und
- → andere Personengemeinschaften.

Auch die steuerrechtlich anerkannte Gemeinnützigkeit ändert nichts daran, dass die Künstlersozialabgabe gezahlt werden muss.

Beispiel → **Wer ist konkret zur Künstlersozialabgabe verpflichtet?**

Unternehmen, die typischerweise als Verwerter künstlerischer oder publizistischer Werke oder Leistungen tätig werden, sind zum Beispiel

1. Verlage und Presseagenturen,
2. professionelle Theater (ausgenommen Filmtheater), Orchester und Chöre,
3. Theater-, Konzert- und Gastspieldirektionen,
4. Rundfunk- und Fernsehanbieter,
5. Hersteller von Bild- und Tonträgern,
6. Galerien und Kunsthändler,
7. Werbeagenturen,
8. Varieté- und Zirkusunternehmen,
9. Museen,
10. Ausbildungseinrichtungen für künstlerische und publizistische Tätigkeiten.

Zur Künstlersozialabgabe sind darüber hinaus auch Unternehmen verpflichtet, die für eigene Zwecke Werbung oder Öffentlichkeitsarbeit betreiben und dazu nicht nur gelegentlich Aufträge an selbstständige Künstler oder Publizisten erteilen. Dies geht aus der Generalklausel in § 24 des Künstlersozialversicherungsgesetzes (KSVG) hervor. Damit gehören praktisch alle verkaufsorientierten Unternehmen zu den Abgabepflichtigen nach dem KSVG. Werden in einem Kalenderjahr nicht mehr als drei Veranstaltungen durchgeführt, in denen künstlerische oder publizistische Werke oder Leistungen aufgeführt oder dargeboten werden, liegt eine nur gelegentliche Erteilung von Aufträgen vor. Es müssen also im Jahr mindestens viermal selbstständige künstlerische oder publizistische Leistungen für erlösorientierte Zwecke des Unternehmens in Anspruch genommen werden oder es muss eine andere Regelmäßigkeit vorliegen, beispielsweise eine jährlich wiederkehrende Inanspruchnahme. Dann muss eine KSA gezahlt werden.

MERKE

Private Veranstaltungen sowie nichtöffentliche Veranstaltungen (zum Beispiel firmeninterne Events) sind künstlersozialabgabenfrei.

AUFGABEN

Betrachten Sie die folgenden Fälle und geben Sie an, ob die betreffende Firma oder Person zur Leistung von Künstlersozialabgaben verpflichtet ist. Begründen Sie Ihre Antworten kurz.

a) Die Friesennerz GmbH bucht einen Schlagersänger für die seit Jahren vierteljährlich stattfindende Mitarbeiter-Party mit Live-Künstlern.
b) Der Zirkus Sirisana bucht einen neuen Artisten für einen Gastauftritt.
c) Die Konzertagentur Euroconcert bucht eine Band für einen Auftritt.
d) Die Eheleute Schmidt wollen ihre Silberhochzeit feiern und buchen für das Fest einen Alleinunterhalter.
e) Der neu gegründete Schachclub SW-Frechen bucht für sein Gründungsfest einen Jongleur.
f) Der SW-Frechen hat Spaß am Feiern bekommen und wiederholt das Fest mit Künstlern im gleichen Jahr noch viermal.
g) Die Eventagentur Colonia-Promo bucht für eine Promotiontour einen freiberuflichen Schauspieler.

Berechnung der Abgabe

Der Abgabesatz wird jedes Jahr im September für das Folgejahr durch die Künstlersozialabgabe-Verordnung des Bundesministeriums für Arbeit und Soziales festgesetzt. Die folgende Abbildung gibt die Entwicklung des Abgabesatzes wieder.

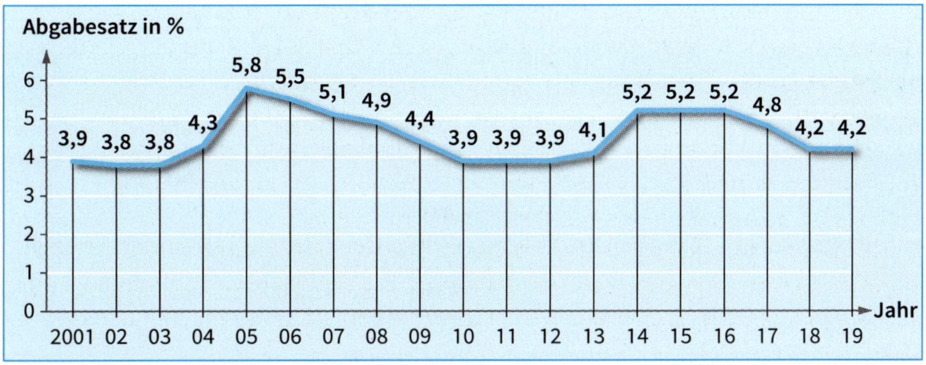

Entwicklung des Künstlersozialabgabesatzes seit 2001

Zur Berechnung der Abgabenlast müssen alle Zahlungen (ohne Umsatzsteuer), die ein Verwerter im Lauf eines Jahres an selbstständige Künstler und Publizisten leistet, aufgezeichnet und addiert und mit dem jeweils geltenden Abgabesatz multipliziert werden. Das Ergebnis ist die für das jeweilige Jahr zu zahlende Künstlersozialabgabe. Sämtliche Nebenkosten, die einem Künstler oder Publizisten gegen Rechnung erstattet werden (zum Beispiel Materialkosten, Transportkosten, nachgewiesene Reisekosten), müssen in diese Berechnung einbezogen werden. Zahlungen an Nichtversicherte sind ebenso aufzuzeichnen und zu melden wie etwa Zahlungen an ausländische Künstler und Publizisten.

Ein abgabepflichtiger Unternehmer, der mit einem Künstler oder Publizisten einen Vertrag über eine künstlerische oder publizistische Leistung schließt, muss das gezahlte Honorar inklusive aller an den Künstler gezahlten Nebenkosten an die Künstlersozialkasse melden. Er ist allerdings dann nicht abgabepflichtig, wenn er an eine juristische Person, beispielsweise eine GmbH, zahlt. In diesem Fall muss die juristische Person selbst die Abgabe leisten.

Die folgende Tabelle gibt eine Übersicht über die wesentlichen von der KSK anerkannten künstlerischen und publizistischen Berufe.

A Akrobat, Alleinunterhalter, Arrangeur (Musikbearbeiter), Artdirector, Autor, künstlerisch/publizistischer Ausbilder	B Ballettlehrer, Bildberichterstatter, Bildhauer, Bildjournalist, Bildregisseur, Bühneneurythmist, Bühnenmaler, Büttenredner	C Choreograf, Chorleiter, Clown, Comiczeichner	D Designer, Dichter, Dirigent, Dompteur, Dramaturg, Drehbuchautor
E Eiskunstläufer (Show), Entertainer, experimenteller Künstler	F Figurenspieler (Puppen), Filmbildner, Filmemacher, Fotodesigner, künstlerischer Fotograf	G Geräuschemacher, Grafikdesigner, Grafiker	I/J Illustrator, Industrie-Designer, Interpret Instrumentalsolist, Journalist
K Kabarettist, Kapellmeister, Karikaturist, Komiker, Komponist, Korrespondent, Kritiker	L Layouter, künstlerisch/publizistischer Lehrer, Lektor, Librettist, Liedermacher	M Maler, Marionettenspieler, Modedesigner, Moderator, Multimedia-Designer, Musikbearbeiter, Musiker, Musiklehrer	O Objektmacher

P, Q	R	S	T
Pantomime, Plastiker, Pressefotograf, Publizist, Puppenspieler, Quizmaster	Regisseur, Reporter, Rezitator	Sänger, Schriftsteller, Showmaster, Sprecherzieher für Sänger/Moderatoren usw., Standfotograf (Film), Stylist	Technischer Redakteur, Textdichter, Texter, Textildesigner, Theaterpädagoge, Travestiedarsteller (Show), Trickzeichner
U	**V**	**W**	**Z**
Unterhaltungskünstler	Videokünstler, Visagist	Webdesigner, Werbefotograf, Werbesprecher, wissenschaftlicher Autor	Zauberer, Zeichner

Wesentliche von der KSK anerkannte künstlerische und publizistische Berufe

Steuer- und abgabenfreie pauschale Erstattungen von Reisekosten

Die Künstlersozialabgabe wird nicht auf pauschal erstattete Reisekosten im Rahmen der Steuerfreibeträge bezogen. Reisekosten sind Aufwendungen, die aufgrund von beruflich bedingten Reisen anfallen. Die Tabelle vermittelt einen Überblick über die von der Abgabe ausgenommenen Reisekostenpauschalen.

Reisekostenart	Steuerfreie Pauschale (pro Person pro Tag)
Verpflegungsmehraufwand	Abwesenheit vom Betriebsort → 8 bis 24 Stunden: 12,00 € → mehr als 24 Stunden: 24,00 € pro Tag
Übernachtungskosten	Im Inland 20,00 € pro auswärtiger Übernachtung (ohne Frühstück), im Ausland länderspezifisch unterschiedliche Auslandstagegelder
Fahrtkosten	Bei Fahrten mit einem → Kfz: 0,30 € pro gefahrenem km → Motorrad/Motorroller: 0,13 €/km → Moped/Mofa: 0,08 €/km → Fahrrad: 0,05 €/km

Von der Künstlersozialabgabe ausgenommene Reisekostenpauschalen

AUFGABE

Die Eventagentur Munich-Evenzz hat für einen namhaften Kunden die Konzeption, Planung und Durchführung von Promotionaktionen im gesamten Bundesgebiet übernommen. Im Jahr 2019 sind vier verschiedene Promotionteams an insgesamt 84 Einsatztagen in den Städten Berlin, Hamburg, Dortmund, Düsseldorf, Frankfurt, Stuttgart und München unterwegs. Für 20 Termine sind zusätzlich Kinderaktionen geplant, für die der Kinderclown Fappelzillipp, der als selbstständiger Künstler für seine Leistungen wirbt, von der Eventagentur gebucht wurde. Bei weiteren zwölf Terminen soll der bekannte Hochradkünstler Tommy Speedwheel zur Unterhaltung beitragen. Die Zeichenkünstler Oskars Erben werden bei zwei Terminen von den Besuchern Zeichnungen anfertigen.

Am Jahresende sind Sie als Veranstaltungskaufmann/-frau für die Abrechnung der zu zahlenden jährlichen Künstlersozialabgabe zuständig. Ihnen liegen die Rechnungen der beteiligten Künstler vor.

- → Fappelzillipp rechnet Tagesgagen von 200,00 € und Tagesspesen von 50,00 € ab. Er hat keine Umsatzsteuer ausgewiesen.
- → Tommy Speedwheel führt Tagesgagen von 535,50 € brutto, das heißt inklusive 19 % Umsatzsteuer, in seiner Rechnung auf.
- → Die Zeichenkünstler stellen als Oskars Erben GmbH ihre Gage von 2.000,00 € netto sowie Materialkosten von 300,00 € in Rechnung.

Wie hoch ist die Künstlersozialabgabe für das Jahr 2019, die Sie in die Projektkostenkalkulation übernehmen sollten?

Erhebung der Künstlersozialabgabe

Die Künstlersozialabgabe wird aufgrund der erstmaligen Meldung des abgabenpflichtigen Unternehmens bei der KSK erhoben. Zunächst entscheidet die KSK über die Abgabepflicht nach § 24 KSVG. Bestand schon vor der Meldung die Pflicht zur Zahlung der Abgabe, so droht eine Nachbelastung für die der Meldung vorausgegangenen fünf Jahre, wobei die Möglichkeit zu Ratenzahlungen besteht. Sodann hat das abgabepflichtige Unternehmen jährlich die im abgelaufenen Jahr an selbstständige Künstler/Publizisten gezahlten Entgelte bis zum 31. März an die KSK zu melden. Übersteigt die Künstlersozialabgabe eine gewisse Höhe, so hat das Unternehmen monatliche Vorauszahlungen zu leisten. Die Höhe dieser Schwelle kann bei der KSK erfragt werden.

Wer seinen Meldepflichten bewusst nicht nachkommt und die Erfassung durch die KSK abwartet, muss unter Umständen mit einer rückwirkenden Inanspruchnahme rechnen, die über den Zeitraum von fünf Jahren hinausgeht. Zudem sieht das Gesetz ein Bußgeld in Höhe von 5.000,00 € bis zu 50.000,00 € vor (§ 36 Abs. 2 KSVG).

Der Künstler selbst darf die Künstlersozialabgabe nicht erheben. Zahlt ein Unternehmer die Abgabe dennoch an den Künstler aus, so muss er auch für diesen Betrag eine entsprechende Abgabe an die KSK abführen.

Wer zahlt die Abgabe bei zweiseitigen Verträgen?

Grundsätzlich gilt, dass die Künstlersozialabgabe nur einmal zu zahlen ist. Im Fall eines Vertrags, den der Künstler mit zwei oder mehr Vertragspartnern abgeschlossen hat, muss geklärt werden, wer von diesen die Künstlersozialabgabe zu zahlen hat. Grundsätzlich ist die Abgabepflicht von dem Unternehmer zu entrichten, der in einer unmittelbaren Vertragsbeziehung zu dem Künstler steht. Das ist im Regelfall derjenige, der von dem Künstler die künstlerische Leistung verlangen und gegebenenfalls einklagen kann und umgekehrt gegen den der Künstler seine finanziellen Ansprüche richtet und durchsetzen kann.

Ein Vertreter, zum Beispiel ein Manager oder Künstlervermittler, ist demnach nur ausnahmsweise zur Zahlung einer Künstlersozialabgabe verpflichtet, nämlich dann, wenn der Vertragspartner des Künstlers nicht selbst abgabepflichtig ist. Es ist deswegen (auch) zur korrekten Erhebung der Künstlersozialabgabe wichtig, dass klare, die Praxis abbildende vertragliche Vereinbarungen geschlossen werden.

Zu beachten ist schließlich, dass durch einen Vertrag nicht geregelt werden kann, wer die Künstlersozialabgabe gegenüber der Künstlersozialkasse zu zahlen hat. Die Abgabepflicht ergibt sich allein aus dem Gesetz.

Die zehn Lernsätze zur Künstlersozialabgabe

1. Die Künstlersozialabgabe (2019 in Höhe von 4,2 %) zahlt immer derjenige Verwerter, der in direkter vertraglicher Beziehung mit dem Künstler oder dem Publizisten steht (im Public Event in der Regel also entweder der Produzent/Tourmanager oder der Veranstalter, im Business Event entweder die produzierende Eventagentur oder der veranstaltende Kunde).

2. Der Verwerter zahlt die Künstlersozialabgabe auf all diejenigen Nettobeträge, die an den Künstler oder Publizisten gegen Rechnung ausgezahlt werden, also auf die Gage und etwaige vom Künstler in Rechnung gestellte Nebenkosten.

3. a) Typische Verwerter zahlen die Künstlersozialabgabe immer.

   b) Sonstige Verwerter zahlen laut § 24 KSVG (der sogenannten Generalklausel) nur dann die Künstlersozialabgabe, wenn sie regelmäßig oder mindestens vier Mal im Jahr Künstler engagieren. Bei Publizisten reicht ein Engagement pro Jahr.

4. Künstlersozialabgabe wird nur bei öffentlichen Veranstaltungen fällig. Rein betriebsinterne Veranstaltungen fallen nicht unter die Abgabepflicht. Auch Veranstaltungen von und für Privatleute bleiben abgabenfrei.

5. Zahlungen an Körperschaften oder Kapitalgesellschaften sind abgabenfrei.

6. Für die Abgabepflicht ist es unerheblich, ob der Künstler oder Publizist selbst Mitglied der Künstlersozialkasse oder Ausländer ist. Die Künstlereigenschaft wird besteuert, nicht die Mitgliedschaft in der KSK.

7. Auch die Ausländersteuer einschließlich Solidaritätszuschlag ist abgabepflichtig.

8. Der Künstler ist für sich selbst nie künstlersozialabgabepflichtig. KSA-Abgaben dürfen auch nicht an den Künstler selbst geleistet werden.

9. Ausnahme 1 von der Abgabepflicht: Pauschal erstattete und ausgewiesene Steuerfreibeträge (zum Beispiel Verpflegungsmehraufwand/Kilometerpauschale) sind abgabefrei (Achtung: ausschließlich die gesetzlich festgelegten Steuerfreibeträge).

10. Ausnahme 2 von der Abgabepflicht: Ein Vertreter ist nur ausnahmsweise zur Künstlersozialabgabe verpflichtet, und zwar dann, wenn der Vertragspartner des Künstlers nicht selbst abgabepflichtig ist.

AUFGABEN

1. Die Berliner Gastspieldirektion Fun Productions schließt einen Künstlervertrag mit der World-Music-Kapelle Black Dixies, der der Band 4.000,00 € Garantiegage pro Gig sichert. Fun Productions verkauft die Darbietungen der Band für 5.400,00 € an das Bundeskanzleramt für dessen jährliches Sommerfest weiter.
   a) Wie hoch ist der Erlös von Fun Productions in Prozent (ohne Berücksichtigung von Künstlersozialabgaben und sonstigen Kosten)?
   b) Wer zahlt die Künstlersozialabgabe?
2. Der deutsche Nachwuchs-Comedian Michael Mayermitter erhält für seinen Auftritt im Flatsch Comedy Klub eine Gage in Höhe von 950,00 € netto. Wie hoch ist die KSA (2019)?
3. Der Jazzkeller Dinslaken hat im Jahr 2019 für seine Veranstaltungen einen Betrag von 15.660,00 € für Live-Gagen (brutto inklusive 7 % Umsatzsteuer) an die gebuchten Künstler überwiesen. Darüber hinaus wurden den Künstlern Materialkosten im Wert von insgesamt 881,60 € (brutto inklusive 19 % Umsatzsteuer) erstattet. Wie hoch ist der an die KSK zu zahlende Jahresbetrag?
4. Die Firma Schrauben Müller feiert ihr 50-jähriges Betriebsjubiläum und veranstaltet deshalb ausnahmsweise ein Mitarbeiterfest. Für das Fest bucht sie die Top-40-Kapelle Delicious Minds, die über die Künstleragentur Showtime auf Provisionsbasis vermittelt wird. Wer ist zur Zahlung der Künstlersozialabgabe verpflichtet?
5. Die experimentelle Künstlerin Petra Pixel erhält von der Gastspieldirektion Hauke Offner aus Köln ein Honorar von 800,00 € inklusive 7 % Umsatzsteuer ausgezahlt. Die Agentur vermittelt die Künstlerin mit einem Aufschlag von 18 % an den Versicherungskonzern Garling weiter.
   a) Wie hoch ist der durch den Verkauf an Garling erzielte Erlös (netto)?
   b) Wie hoch ist die Umsatzsteuer für Hauke Offner?
   c) Wie hoch ist die Künstlersozialabgabe für das Jahr 2019?
6. Ein Tourneeveranstalter hat im Jahr 2019 dem amerikanischen Soulstar Freak Blackmann Honorare von insgesamt netto 20.000,00 € in bar gezahlt. Wie hoch ist die Künstlersozialabgabe, die das Unternehmen für 2019 an die KSK zahlen muss?
7. Recherchieren Sie, ob laut Rechtsprechung des Bundessozialgerichts für die Juroren des TV-Formats „Deutschland sucht den Superstar" eine Künstlersozialabgabe abzuführen ist.

5.4.2 Beschränkte Einkommensteuerpflicht: Die Ausländersteuer

Hintergrund

Wer seinen Wohnsitz in Deutschland hat und sich mehr als 183 Tage im Jahr auch in Deutschland aufhält, der muss sein weltweit erzieltes Einkommen in Deutschland versteuern. Diese Regelung brachte vor einigen Jahren den Tennisprofi Boris Becker in Verlegenheit: Das Finanzamt hatte ihm nachgewiesen, dass er sich im betreffenden Jahr mehr als 183 Tage in Deutschland zu Geschäfts- und Privatterminen aufgehalten hatte. Becker musste daher sein komplettes Jahreseinkommen nachversteuern, obwohl er zu dieser Zeit seinen offiziellen Wohnsitz im steuerfreien Monaco hatte.

Wer dagegen im Inland keinen Wohnsitz hat und sich weniger als 183 Tage in Deutschland aufhält, gilt steuerlich als Ausländer und muss in Deutschland nur sein in Deutschland erzieltes Einkommen versteuern. Entscheidend für diese Einordnung ist neben der genannten Tageregelung, dass sich der Betriebssitz des leistenden Unternehmers im Ausland, der Ort der Leistung hingegen im Inland befindet sowie dass der ausländische Unternehmer keine Steuernummer in Deutschland hat.

Ausländersteuer ist der umgangssprachliche Ausdruck für die Einkommensteuer im Rahmen der sogenannten beschränkten Steuerpflicht, die sich aus § 50 a des Einkommensteuergesetzes ergibt.

Die Ausländersteuer ist eine spezielle Form der Einkommensteuer. Es gibt in Deutschland zwei maßgebliche Wege, um Einkommensteuern zu erheben: zum einen an der Quelle, zum Beispiel in Form der Lohnsteuer, die im Zug der Lohnabrechnung direkt vom Arbeitgeber an das Finanzamt überwiesen wird, und zum andern – im Fall von Einkünften zum Beispiel aus unternehmerischer Tätigkeit oder aus Vermögen – in Form der Veranlagung des Steuerpflichtigen.

Ein dritter Weg ist die Erhebung im Fall von beschränkt Einkommensteuerpflichtigen: Die Ausländersteuer, die quartalsweise abzurechnen ist, wird nicht beim Steuerpflichtigen erhoben – etwa dem ausländischen Künstler, der Gastspiele in Deutschland gibt –, sondern bei dessen deutschem Vertragspartner, der die Steuerschuld als Haftungsschuldner zu begleichen hat.

AUFGABE

Was könnten Gründe dafür sein, die Steuer nicht beim ausländischen Künstler, sondern beim deutschen Vertragspartner zu erheben?

Beispiele → Wer zahlt Ausländersteuer?

1. Eine Konzertdirektion verpflichtet einen ausländischen Künstler, 20 Gastspiele zu geben, und verkauft die Konzerte an verschiedene Local Promoter. Die Direktion führt die Steuer ab, die der ausländische Künstler dem Finanzamt schuldet.
2. Ein Veranstalter verpflichtet einen ausländischen Künstler direkt. Aufgrund dessen führt er die Ausländersteuer ab.

Jeder Arbeitnehmer, jeder Selbstständige, jeder Freiberufler und jede Firma muss in Deutschland sein/ihr Einkommen versteuern. Arbeitnehmer zahlen Lohnsteuer, die der Arbeitgeber von ihrem Bruttogehalt einbehält und an das Finanzamt überweist (Lohnabzugsverfahren). Selbstständige, Freiberufler und Betriebe müssen dem Finanzamt in der Regel eine Gewinnermittlung oder Bilanz vorlegen, auf deren Basis dann die an den Staat abzuführende Einkommensteuer berechnet wird.

MERKE

Der steuerliche Gewinn wird grob zusammengefasst folgendermaßen ermittelt:
Gewinn = Einnahmen – laufende Ausgaben bzw. Abschreibungen vom Vermögen
(oder: Gewinn = Ertrag – Aufwand)

Die Ausländersteuer ist im Kern eine pauschal bemessene Einkommensteuer, die gewährleisten soll, dass etwa die nur vorübergehend in Deutschland auftretenden ausländischen Künstlerinnen und Künstler (Freiberufler) ihr in Deutschland erzieltes Einkommen auch tatsächlich in Deutschland versteuern. Die Erhebung beim deutschen Vertragspartner beruht auf der Überlegung, dass sie dem Staat nur dann auch sicher zufließt, wenn er sie an einer Stelle erhebt, auf die er einen direkten Zugriff hat; ausländische Steuerschuldner sind demgegenüber unter Umständen nur schwer greifbar.

Berechnung

Seit 2009 gilt der in der Tabelle wiedergegebene Tarif.

Betrag pro Künstler und Auftritt (€)	Steuersatz (%)	Solidaritätszuschlag (% des Steuersatzes)
bis 250,00	0	0
ab 250,01	15	5,5 von 15

Einkommensteuersätze im Rahmen der beschränkten Steuerpflicht

Die Berechnung der Ausländersteuer gehört zu einem der kompliziertesten Bereiche unseres Branchenwissens. Die folgenden Punkte sind zum Verständnis notwendig:

1. Die genannten Gagen sind nicht identisch mit den auszuzahlenden Beträgen. Vielmehr enthalten sie noch die Ausländersteuer, die von der vertraglich vereinbarten Gage erst abgezogen werden muss; nur der Restbetrag wird an den Künstler ausgezahlt. Der Steuergesetzgeber und das Finanzamt denken hier relativ praxisfern.

2. Wenn wir von dem praxisnäheren Fall einer mit dem Künstler vereinbarten Auszahlungsgage oder Nettogage ausgehen, muss die Gage um die Steuerschuld bereinigt werden. Das bedeutet, dass ein höherer Prozentsatz angewendet werden muss, um dieselben Summen wie in obigen Tabelle zu erhalten.

Betrag pro Künstler und Auftritt (€)	Steuersatz (%)	Solidaritätszuschlag (% des Steuersatzes)
bis 250,00	0	0
ab 250,01	17,82	5,5 von 17,82

Einkommensteuersätze im Rahmen der beschränkten Steuerpflicht auf Nettobasis

3. Neben der Ausländersteuer und dem Solidaritätszuschlag muss der deutsche Steuerschuldner für den ausländischen Künstler auch die Umsatzsteuer an das Finanzamt abführen.

4. Nach den aktuellen Formvorschriften ist zusätzlich zum Vertrag eine detaillierte Rechnung nötig, um die Beträge steuerlich komplett absetzbar zu machen.

Beispiel → Vorgehensweise bei der Berechnung der Ausländersteuer

1. Prüfen, ob die Ausländer-Netto- (= Auszahlungs-) oder Ausländer-Brutto- (= Vertrags-) Gage gefragt ist, um den richtigen Prozentsatz anwenden zu können (zum Beispiel bei 600,00 € Gage minus 15 % zuzüglich Solidaritätszuschlag von Brutt-/Vertragsgage oder plus 17,82 % zuzüglich Solidaritätszuschlag von Nettogage/Auszahlungssumme).
2. Ausrechnen der Ausländersteuer (auf der Basis der Bemessungsgrundlage).
3. Ausrechnen des Solidaritätszuschlags (zuzüglich 5,5 % auf Ausländersteuer).
4. Beide Beträge zusammenrechnen und diesen Betrag an das Finanzamt abführen.
5. Prüfen, ob Umsatzsteuer anfällt (die vom deutschen Vertragspartner an das Finanzamt abgeführt werden muss). Achtung: Bezug der Umsatzsteuer immer auf die Bruttogage!
6. Den Umsatzsteuerbetrag in die Umsatzsteuervoranmeldung übertragen.

Die folgende Tabelle fasst die Ausländersteuersätze auf Brutto- und Nettobasis verkürzt zusammen. Die Tabelle basiert auf der vom Bundesverband der Veranstaltungswirtschaft (IDKV) in Umlauf gebrachten Tabelle und wurde bis 2009 sowohl in der IHK-Prüfung als auch beim Finanzamt benutzt. Bei näherer Betrachtung bringt sie einige Rundungsungenauigkeiten mit sich.

Vertragsgage (€)	Beispiel: 1.000,00
Bruttobetrag, Faktor	100
Steuersatz (%)	15
Solidaritätszuschlag (%)	0,825
Summe	15,825
Nettobetrag, Faktor	84,175
Auszahlungsgage (€)	**841,75**
Steuersatz bei Zurückrechnung (%)	17,82
Solidaritätszuschlag bei Zurückrechnung (%)	0,98
Summe	18,80

Größen zur Berechnung der Ausländersteuer

Beispiele → Berechnung mit der IDKV-Tabelle

1. Ein ausländischer Künstler erhält 10.000,00 € Gage ausbezahlt. Die Ausländersteuer inklusive Solidaritätszuschlag beträgt zusätzlich 18,80 %, also 1.880,00 €, die vom Veranstalter an das Finanzamt gezahlt werden müssen.
2. Ein ausländischer Künstler hat 10.000,00 € als Vertragsgage vereinbart. Die Ausländersteuer inklusive Solidaritätszuschlag beträgt 15,825 % davon, also 1.582,50 €, die vom Veranstalter an das Finanzamt gezahlt werden müssen. Der Künstler erhält 8.417,50 € ausbezahlt.

Die unten dargestellte Rechentabelle von eventpruefung.de dagegen ermöglicht das exakte Errechnen aller Beträge aus allen Richtungen.

Bei Nettovereinbarung (netto bedeutet hier = inkl. Abzüge, netto bedeutet hier nicht: exklusive Umsatzsteuer)

Auszahlung in € (Ausländer-Netto)	Berechnungssatz für die Steuer in % der Nettovergütung	Berechnungssatz für den Solidaritätszuschlag in % des Steuersatzes	Ausländergage in % (Ausländer-Brutto)	zzgl. Umsatzsteuer (Bruttobetrag, in %)
bis 250,00	0,00	0,00	= 100	107 oder 119
ab 250,01	17,82	5,5 von 17,82	= 100	107 oder 119
zu zahlen an den Künstler	*zu zahlen an das Finanzamt*	*zu zahlen an das Finanzamt*	*Ausländersteuer-Bemessungsgrundlage (= Umsatzsteuer-Netto)*	*= Ausländergage inkl. Umsatzsteuer (brutto)*

Bei Bruttovereinbarung (brutto bedeutet hier ohne Steuerabzüge, brutto bedeutet hier nicht: inklusive Umsatzsteuer)

Ausländergage in € (Ausländer-Brutto)	Berechnungssatz für die Steuer in % der Bruttovergütung	Berechnungssatz für den Solidaritätszuschlag in % der Steuerschuld	Auszahlung in €
bis 250,00	0,00	0,00	= Ausländer-Netto (Netto-Auszahlungsbetrag)
ab 250,01	15,00	von 15 %	= Ausländer-Netto (Netto-Auszahlungsbetrag)
Auf diesen Betrag ist jeweils die Umsatzsteuer (7 % oder 19 %) aufzurechnen.			

Größen zur Berechnung von Ausländersteuer und Umsatzsteuer

MERKE

Formel zur Ausländersteuer

- **(Ausländer-)Nettogage** = Auszahlungsbetrag (ohne Umsatzsteuer) an den Künstler *(sogenannte Auszahlungsgage)*
- **(Ausländer-)Bruttogage** = Nettogage inkl. Ausländersteuer inkl. Solidaritätszuschlag *(sogenannte Vertragsgage)*
- **Faustformel:** Ausländer-Brutto ist gleich Umsatzsteuer-Netto!

Auf Reise- und Übernachtungskosten, die dem ausländischen Künstler vom deutschen Vertragspartner ersetzt wurden, fällt seit 2009 keine Ausländersteuer mehr an, solange die tatsächlich entstandenen Kosten nicht überschritten wurden. Darüber hinausgehende Zahlungen sind weiterhin abgabepflichtig. Verpflegungskosten können ebenfalls bis zur Höhe der Pauschbeträge für den Verpflegungsmehraufwand nach § 4 Abs. 5 Satz 1 Nr 5 EStG nicht mit der Ausländersteuer belegt werden (vgl. dazu die Tabelle zu Reisekostenpauschalen auf Seite 286).

Alternativ zu der bis hierhin skizzierten pauschalen Abgeltung der Ausländersteuer können deutsche und in der EU ansässige Veranstalter (natürliche Personen) auf Antrag eine Besteuerung des Gewinns aus der Veranstaltung mit einem Steuersatz von 30 % zuzüglich Solidaritätszuschlag (also 31,65 %) beantragen. Für Körperschaften gilt bei der Besteuerung des Gewinns in dieser Variante weiterhin der Satz von 15,825 %.

Ausländersteuer und Umsatzsteuer sowie Rechnungsanforderungen

Der deutsche Vertragspartner des ausländischen Dienstleisters haftet für die Steuerschuld des Ausländers und ist insofern dazu verpflichtet, die Umsatzsteuer (bezogen auf die Bruttovergütung, das heißt die sogenannte Vertragsgage) stellvertretend für den Ausländer an die zuständige deutsche Finanzbehörde abzuführen. In der Praxis ist das ein Vorgang, der Beträge nur auf dem Papier auslöst, solange der deutsche Unternehmer vorsteuerabzugsberechtigt ist – und das ist die Regel. Die Umsatzsteuer wird dann zwar ausgerechnet und taucht als Betrag mit einem Hinweis auf die Steuerschuldnerschaft des deutschen Unternehmers auf der Rechnung des Ausländers auf, wird aber nicht ausbezahlt.

Der in der Rechnung ausgewiesene Betrag wird später in die Umsatzsteuererklärung eingetragen, und zwar

- einerseits als abziehbarer Vorsteuerbetrag im Sinne des § 13 b Abs. 1 UStG,
- andererseits als im Kontext der Lieferung/Leistung eines im Ausland ansässigen Unternehmens gemäß § 13 b Abs. 1 UStG durch den Steuerschuldner einbehaltene Umsatzsteuer.

Die Zahlungsbeträge heben sich rechnerisch auf – es handelt sich um einen rein formalen, zahlungsneutralen Vorgang.

Unangenehm ist die skizzierte Umsatzsteuerregelung für umsatzsteuerbefreite Unternehmen, beispielsweise für umsatzsteuerbefreite Kleinunternehmer, Theater oder Vereine. Diese müssen die für den Ausländer ausgewiesene Umsatzsteuer nämlich an das Finanzamt überweisen, da sie keinen Vorsteuerabzug geltend machen können – die ausländische Dienstleistung wird dann faktisch teurer.

Wichtig ist, dass die Umsatzsteuer auf der Rechnung nicht nur ausgewiesen, sondern zusätzlich als durch den Steuerschuldner einbehaltener Betrag gekennzeichnet werden muss. Fehlt diese Kennzeichnung, wird die Umsatzsteuer Teil der Bemessungsgrundlage für die Ausländersteuer, die sich dadurch erhöht. Um sicherzugehen, empfiehlt es sich, als deutscher Vertragspartner eine den Anforderungen des Finanzamts entsprechende Rechnung für den ausländischen Dienstleister vorzubereiten und hier die oben skizzierten Regelungen sowie die generellen Anforderungen an Rechnungen wie die Angabe von

Steuernummer/Umsatzsteuer-Identifikationsnummer, fortlaufende Nummerierung usw. zu berücksichtigen. (vgl. Lernfeld 6, Abschnitt 6.5.5). Früher war dies nicht unbedingt nötig, da beispielsweise auch ein Vertrag als Rechnungsdokument anerkannt wurde. Ob dies heute noch ausreicht, ist zumindest strittig.

Beispiele → Übungsaufgaben inklusive Musterlösungen

1. Der englische Comedy-Künstler Monty Thypon bekommt für seinen Auftritt in der Kölner Location Waschsalon 1.080,00 € als Honorar ausgezahlt. Wie hoch ist unter Verwendung der Tabelle von eventpruefung.de die Ausländersteuer inklusive Solidaritätszuschlag, die Typhoon Entertainment an das zuständige Finanzamt abführen muss?

   Lösung
   Bemessungsgrundlage = Ausländer-Nettogage + Nebenkosten
   Von der Bemessungsgrundlage werden 17,82 % Ausländersteuer, von der resultierenden Steuer 5,5 % Solidaritätszuschlag berechnet:
   1.080,00 € · 17,82/100 = 192,46 €
   192,46 € · 5,5/100 = 10,59 €
   192,46 € + 10,59 € = **203,05 €**

2. Bei seinem ersten Live-Gastspiel in Deutschland hat der englische Comedy-Künstler Monty Thypon mit dem Düsseldorfer Veranstalter Königsgala eine Vertragsgage in Höhe von 730,00 € vereinbart. Alle anfallenden Nebenkosten trägt laut Vertrag der englische Künstler.
   a) Wie hoch ist unter Verwendung der Tabelle von eventpruefung.de die Ausländersteuer inklusive Solidaritätszuschlag, die der Veranstalter an das zuständige Finanzamt abführen muss?
   b) Wie hoch ist die ebenfalls von Königsgala abzuführende Umsatzsteuer?
   c) Welcher Betrag wird an Monty Thypon ausgezahlt?

   Lösung
   a) Die Ausländersteuer beträgt 15% der Bruttogage, der Solidaritätszuschlag 5,5% der Steuerschuld, das heißt
   730,00 € · 15/100 = 109,50 €
   109,50 € · 5,5 = 6,02 €
   109,50 € + 6,02 € = **115,52 €**
   b) Die Umsatzsteuer beträgt 7 % der Bruttogage, das heißt
   730,00 € · 7/100 = **51,10 €**
   c) Die Auszahlungssumme entspricht der Bruttogage, vermindert um die Ausländersteuer und den Solidaritätszuschlag, das heißt
   730,00 € – 109,50 € – 6,02 € = **614,48 €**

5.5 Urheberrecht und abgeleitete Rechtsgebiete

5.5.1 Urheberrecht und Leistungsschutzrecht

Das Urheberrecht ist grundrechtsähnlich und schützt die Schöpfer eines Werks, zum Beispiel eines Buchs, Musikstücks, Bildes, Fotos, einer Zeichnung oder einer Software. Zentrales Recht ist das Recht auf Veröffentlichung und angemessene Vergütung bei Nutzung. Das folgende Schema vermittelt einen Überblick über die wichtigsten Bestimmungen des Urheberrechtsgesetzes.

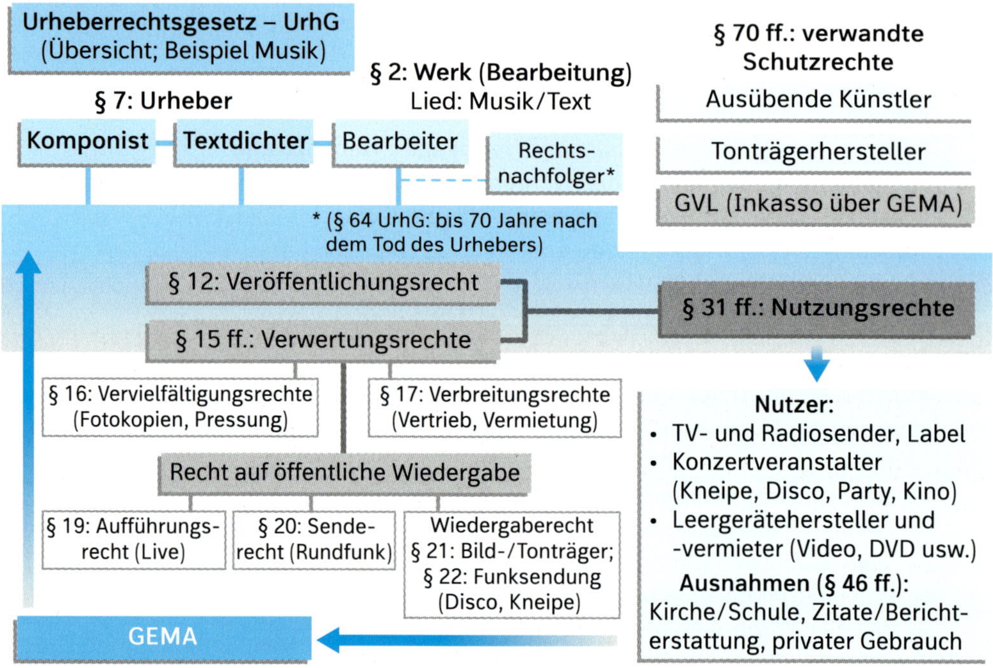

Ausgewählte Bestimmungen des Urheberrechtsgesetzes am Beispiel Musik

Neben den Urhebern genießen Interpreten, ausübende Künstler, Regisseure, Dirigenten, Schauspieler und Tonträgerhersteller sogenannte verwandte Schutzrechte, auch Leistungsschutzrechte genannt. Die Schutzrechte von Veranstaltern gelten bis 25 Jahre, die von Interpreten bis 70 Jahre nach Veröffentlichung. Die Schutzrechte der Urheber gelten bis 70 Jahre nach ihrem Tod; vertreten werden sie nach dem Tod von den Erben. Ideen sind nicht geschützt, ein Werk muss vielmehr ausgearbeitet sein.

Im Jahr 2019 wurden europaweit Präzisierungen der Schutzrechte verabschiedet, die vor allem eine genauere Regulierung im Bereich der digitalen Verwertung beabsichtigen und Rückwirkungen für die großen Medien- und Internetkonzerne in Bezug auf Veröffentlichung und Abrechnung von urheberrechtlich geschütztem Material haben.

Die Rechte werden gemäß dem Urheberrechtswahrnehmungsgesetz von sog. Verwertungsgesellschaften wahrgenommen. Die bekannteste ist die GEMA (Gesellschaft für musikalische Aufführungs- und mechanische Vervielfältigungsrechte), die Komponisten, Textdichter und Musikverlage vertritt. (Mehr dazu siehe Kap. 5.5.3). Die Interpreten werden von der GVL (Gesellschaft zur Verwertung von Leistungsschutzrechten) vertreten. Die GVL nimmt die sog. Zweitverwertungsrechte für die ausübenden Künstler (Interpreten) und die Tonträgerhersteller wahr. Die GVL bezieht u. a. Gebühren von Hörfunk- und Fernsehsendern für die Verwendung erschienener Tonträger, von Diskotheken, Gaststätten, Hotels etc. für die öffentliche Wiedergabe von Tonträgern und von Radio- und Fernsehsendungen. Das Inkasso läuft bei Events in der Regel über die GEMA. Mit der GVL haben Veranstaltungskaufleute kaum direkt etwas zu tun, wir gehen daher auf diese Institution nicht näher ein.

5.5.2 Markenrecht, Patent- und Titelschutz, Wettbewerbsrecht

Die Grundlage des deutschen Markenrechts ist das Markengesetz (MarkenG) vom 24. Oktober 1994. Die Rechtsgebiete Patentrecht und Gebrauchs- und Geschmacksmusterrecht sind hier angeschlossen. Das Titelschutzrecht ergibt sich aus dem Werkcharakter laut Urhebergesetz sowie dem Markenschutz laut § 5 Abs. 3 MarkenG.

Namen sind gemäß dem Markenrecht schutzfähig. Sie müssen allerdings unterscheidbar und funktional sein sowie ein Wortzeichen darstellen. Bürgerliche Namen sind laut Gesetz geschützt, Wahlnamen durch Aufnahme der Benutzung. Marken können geschäftliche Bezeichnungen (Unternehmenskennzeichen, Werktitel) und geografische Herkunftsangaben sein. Die Marke muss nach der Idee als Format oder Konzept verwirklicht sein.

Patentschutz

Ein Patent schützt eine technische oder erfinderische Konstruktion oder Lösung. Es muss beantragt, bezeichnet, beansprucht und beschrieben werden. Der Patentschutz dauert maximal 20 Jahre, als Gebrauchsmuster zehn Jahre. Das Patentamt übernimmt auch die Registrierung von Marken und Warenzeichen. Geschützt sind Namen, Logos und Unternehmenskennzeichen.

Eine nationale Marke ist in Deutschland beim Deutschen Patent- und Markenamt (DPMA) in München anzumelden. Die amtlichen Anmeldegebühren betragen 300,00 € für die Eintragung in bis zu drei der insgesamt 45 Waren- oder Dienstleistungsklassen.

Für die Europäischen Gemeinschaftsmarken ist das Harmonisierungsamt für den Binnenmarkt (HABM) in Alicante, Spanien zuständig.

Vor der Markenanmeldung sollte in jedem Fall eine professionelle Ähnlichkeitsrecherche durchgeführt werden. Für die Analyse des Rechercheberichts und die Anmeldung des Patents ist die Einschaltung einer Rechtsanwaltskanzlei empfehlenswert, die sich auf Markenrecht spezialisiert hat.

Titelschutz

www.titelschutzanzeiger.de

Voraussetzung für den Schutz eines Titels ist das Vorliegen eines (künstlerischen) Werks bzw. der konkreten Absicht, ein Werk zu schaffen. Der wettbewerbsrechtliche Titelschutz knüpft an die Kennzeichnungsfunktion des Titels an und dient der Individualisierung. Er setzt aber nicht voraus, dass der Titel selbst eine eigentümlich geistige Schöpfung ist (urheberrechtlicher Schutz). Voraussetzung für den Titelschutz ist vielmehr die Unterscheidungskraft. Durch eine vom gewöhnlichen Sprachgebrauch abweichende Benutzung kann auch ein Wort der Umgangssprache Unterscheidungskraft erlangen.

Der Werktitelschutz beginnt mit der Benutzung des Titels, das heißt, wenn ein Printmedium erscheint, ein Filmwerk gezeigt oder ein Tonträger hörbar gemacht wird. Mit einer Titelschutzanzeige kann der Werktitelschutz zeitlich vorgezogen werden. So kann der rechtliche Schutz schon in der Produktionsphase einsetzen. Die Titelschutzanzeige selbst stellt noch keine Benutzung dar, sie sichert lediglich den Zeitrang durch eine Veröffentlichung. Eine öffentliche Ankündigung allein, zum Beispiel im Rahmen von Werbeaktionen oder Pressemitteilungen für das geplante Produkt, reicht allerdings nicht aus. Die Titelschutzanzeige sollte, um wirksam zu sein, branchenüblich veröffentlicht werden, um die Möglichkeit einer breiten Kenntnisnahme durch die Fachöffentlichkeit bzw. die interessierten Konkurrenten zu sichern. Diesen strengen Anforderungen – nämlich der zuverlässigen Unterrichtung der Verkehrskreise – entspricht der *Titelschutzanzeiger*.

Das geplante Werk sollte dann innerhalb einer angemessenen Frist auf den Markt kommen. Jenseits dieser Frist verfällt der vorgezogene Werktitelschutz. Welche Frist angemessen ist, richtet sich nach der Art des Werks. So werden etwa sechs Monate bis zum Erscheinen eines Titels im Printbereich für ausreichend erachtet.

Wettbewerbsrecht

Das Wettbewerbsrecht ist ein schwieriges und weit differenziertes Rechtsgebiet. Es gilt einerseits generell der Grundsatz der Nachahmungsfreiheit, andererseits der Grundsatz der Verwechslungsgefahr. Nachahmung ist im Interesse des wirtschaftlichen Fortschritts zwar erlaubt, eine wirtschaftliche Betätigung darf aber für den Kunden nicht verwechselbar sein.

Verstöße gegen Marken-, Titel- oder Wettbewerbsrechte können schon ohne Prozess teuer werden: Bei Verstoß oder Problemen kann der potenziell Geschädigte Ansprüche auf Unterlassung geltend machen. Dazu muss der Verursacher der Schutzverletzung in der Regel hohe Rechtsanwaltskosten des Geschädigten übernehmen. Die nächste Stufe der rechtlichen Auseinandersetzung wäre dann der Erlass einer einstweiligen Verfügung auf Unterlassung und der anschließende Prozess vor dem zuständigen Gericht.

5.5.3 GEMA – Gesellschaft für musikalische Aufführungs- und mechanische Vervielfältigungsrechte

Das europäische Urheberrecht sieht vor, dass jeder Urheber für die Einräumung von Nutzungsrechten einen Anspruch auf eine angemessene Vergütung hat. Wahrgenommen werden die Urheber- und Leistungsschutzrechte von sogenannten Verwertungsgesellschaften, geregelt wird dies im Urheberrechtswahrnehmungsgesetz. Die bekannteste Wahrnehmungsgesellschaft ist die GEMA (Gesellschaft für musikalische Aufführungs- und mechanische Vervielfältigungsrechte), die Komponisten, Textdichter und Musikverlage vertritt.

Reine Textautoren vertritt die VG Wort. Interpreten und Plattenfirmen werden von der GVL (Gesellschaft zur Verwertung von Leistungsschutzrechten) vertreten.

Die GEMA macht das Inkasso bei den Nutzern und besorgt den Komponisten und Textern von Songs das ihnen zustehende Geld. Die GEMA-Gebühr ist zu verstehen als eine Vergütung für die Erlaubnis, Noten und Liedtexte zu benutzen – eine Lizenzgebühr für die Werknutzung.

Die GEMA kassiert dabei viele Beträge für die GVL gleich mit und erhebt bei der Nutzung von Tonträgern bei Veranstaltern einen sogenannten GVL-Zuschlag. Im Prinzip lässt sich das System darstellen wie im folgenden Schema.

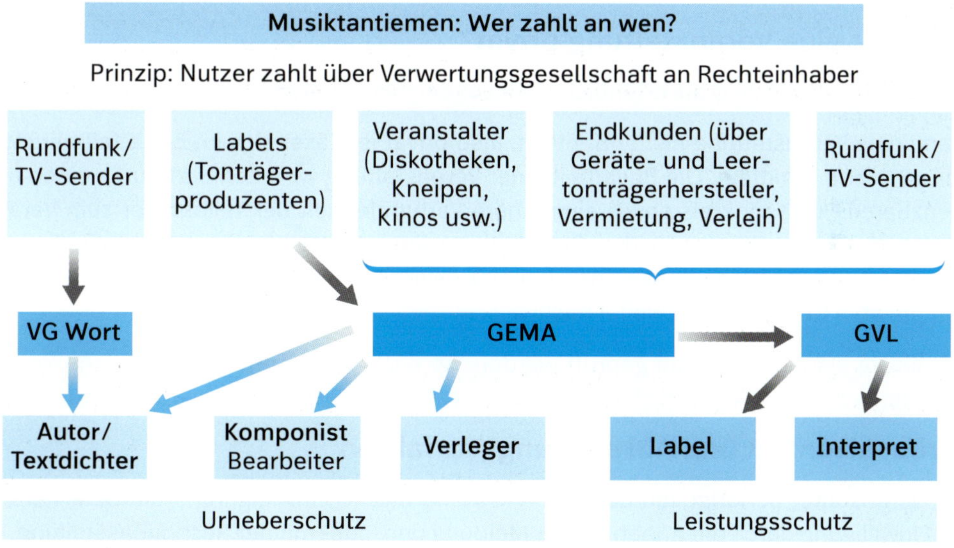

Gläubiger und Schuldner von Musiktantiemen

Die GEMA ist privatrechtlich betrachtet ein wirtschaftlicher Verein, Inhaber sind die vertretenen Mitglieder. Die GEMA darf keine Überschüsse erwirtschaften und muss die kompletten Erlöse an die Mitglieder verteilen. Sie schützt und fördert die Urheber von Musik und vertritt deren Interessen.

Die GEMA hat daher eine wichtige – auch wirtschaftliche – Bedeutung für alle, die Musik machen oder die Musik aufführen, z. B. bei Live-Auftritten, im Rundfunk, im Fernsehen oder auf Tonträgern (CD/Download).

Jeder, der Musik öffentlich abspielt, ist dazu verpflichtet, an die GEMA Nutzungsgebühren zu zahlen. Hierzu zählen in der Veranstaltungsbranche typischerweise:

- Veranstaltungen mit Live-Musik (indoor und open air)
- Veranstaltungen mit Tonträger-Wiedergabe
- Veranstaltungen mit Wiedergabe von Video, Radio und TV

Typischerweise übernimmt der Veranstalter die an die GEMA zu entrichtenden Gebühren, da er die urheberrechtlich geschützte Musik der Öffentlichkeit zugänglich macht. Die GEMA-Anmeldung hat also über den Veranstalter zu erfolgen. Die GEMA schließt jedoch auch gerne kostengünstige Rahmenverträge mit Locations ab. Der jeweilige Rahmenvertrag gilt allerdings streng genommen nur für Eigenveranstaltungen der jeweiligen Location. Der Vertrag des Rauminhabers gilt nur für die Musikwiedergaben, die er im eigenen Namen auf eigene Rechnung durchführt. Eine Nutzung des Locationtarifs **ist nur dann möglich, wenn die** GEMA **dem zustimmt**.

Die Gesellschaftsform des Veranstalters, z. B. die Eigenschaft als eingetragener Verein (e. V.) tut nichts zur Sache; jeder (Musik-) Veranstalter muss die GEMA-Gebühr zahlen, auch ein gemeinnütziger Verein. Eine Nichtanmeldung oder nicht rechtzeitige Anmeldung kann zu einer nachträglichen doppelten Vergütung führen (100 % Kontrollkostenzuschlag). Nur für nicht öffentliche private Partys entfällt die GEMA-Zahlung.

Wann ist eine Veranstaltung privat?

Eine Veranstaltung wird als öffentliches Einzelereignis definiert.

Wann eine Veranstaltung nicht öffentlich, also privat ist, lässt sich im Einzelfall mitunter nur schwierig ermitteln. Die Privatheit einer Veranstaltung wird definiert durch einen abgrenzbaren Personenkreis sowie eine innere Verbundenheit der Teilnehmer zum Veranstalter oder untereinander. Selbst Geburtstagsfeiern oder Hochzeiten können im Einzelfall öffentlich sein. Wenn der Veranstalter eine Feier als nicht öffentlich deklariert, muss er den privaten Charakter im Zweifel nachweisen.

Es müsste also im Einzelfall geprüft werden, ob auch sogenannte geschlossene Veranstaltungen als (GEMA-rechtlich betrachtet) privat oder öffentlich einzustufen sind.

Tarife, Lizenzen und Abrechnungsverfahren

Der Veranstalter benötigt von der GEMA keine förmliche Einwilligung – die GEMA erteilt die Einwilligung durch die Annahme der Meldung und/oder mit der Rechnungsstellung. In der Regel erfolgt die Berechnung der Vergütung in den Standardtarifen nach Raumgröße und Eintrittspreis sowie Dauer und Art der verwendeten Musik. Ein freier Eintritt bewahrt dabei nicht vor den GEMA-Gebühren.

Es besteht zudem eine Verpflichtung zur Auflistung der Werke bei Livemusik (Einreichung einer Musikfolge), damit die erhobenen Lizenzgelder danach den verwendeten Komponisten und Textdichtern zugeordnet und verteilt werden können.

Nutzung GEMA-freier bzw. gemeinfreier Musik
Da die Rechte sehr vieler deutscher und internationaler Urheber von der GEMA vertreten werden, gibt es in Deutschland laut geltender Rechtsprechung die sogenannte

GEMA-Vermutung. Man geht hierbei bei jeder Art von Musiknutzung bei Veranstaltungen davon aus, dass GEMA-Repertoire benutzt wird. Gerade bei reinen Wortveranstaltungen sollte man zum Einlass und in Pausen GEMA-freie Musik einsetzen, um Kosten zu sparen. Es gibt zahlreiche Audio-CDs, die explizit GEMA-freie Musik beinhalten – deren Lizenz muss aber häufig erworben werden. Auch Internetdienste wie soundcloud o. ä. sind eine Fundgrube.

Also muss die Nutzung GEMA-freier Musik rechtzeitig vor der Veranstaltung durch einen Freistellungsantrag gemeldet werden. Erfolgt diese Anzeige nicht rechtzeitig, kann die GEMA Gebühren lt. Tarif verlangen. Aber Achtung: Sobald auch nur ein GEMA-pflichtiger Song eingesetzt wird, fallen Gebühren an.

Die Schutzrechte der Urheber gelten übrigens bis 70 Jahre nach Tod des letzten beteiligten Urhebers; vertreten werden sie nach dem Tod von den Erben. Nach Ablauf dieser Fristen werden Werke und Interpretationen gemeinfrei, d. h. dass sie dann nicht mehr vergütet werden müssen und jedermann sie nutzen bzw. verwerten und auch verändern kann.

Kleines und Großes Recht
Wenn ein Veranstalter Werke des großen Rechts, d. h. Theaterstücke und musikalische Werke wie Opern etc. aufführen möchte, ist die GEMA meistens nicht zuständig, sondern die Rechteinhaber direkt bzw. deren Verlage (siehe hierzu Lernfeld 7, Abschnitt 7.1.3). Nur beim Kleinen Recht, also bei Konzerten von Unterhaltungs- und Rockmusikgruppen etc., übernimmt die GEMA die Wahrnehmung der musikalischen Urheberrechte.

GEMA kalkulieren: Der passende Tarif

Generell unterscheidet die GEMA die Nutzung von Ernster Musik (E-Musik), z. B. Klassik und die Darbietung von Unterhaltungsmusik (U-Musik), z. B. Pop- und Rockmusik.

Je nach Veranstaltungsart und Art und Umfang der Musiknutzung können nach der erfolgten GEMA-Tarifreform seit 2018 für typische Live-Veranstaltungen mit U-Musik zwei grundlegende Tarife herangezogen werden: der Tarif U-K und der Tarif U-V. Für Discoveranstaltungen gilt dagegen der Tarif M-V.

Als konkrete Tarifgrundlage kann je nach Tarif entweder die Berechnung auf Basis der erzielten Einkünfte (z. B. im Tarif U-K) oder die Berechnung nach Eintrittspreishöhe und Raumgröße (z. B. im Tarif U-V) genutzt werden. Bei Veranstaltungen vor geladenen Gästen (ohne Eintritt) muss dabei zunächst ein fiktiver Eintrittspreis ermittelt werden (Aufwendungen in Euro geteilt durch Gästezahl), bevor die Berechnung nach Eintrittspreishöhe und Raumgröße erfolgt. Die wesentlichen Formulare finden sich hier: https://www.gema.de/musiknutzer/tarife-formulare/.

Anmeldung von Konzerten, Kabarett/Comedy und Festivals: Der Tarif U-K (neu)

Musikfestivals, Konzerte und musikbasierte Kabarettveranstaltungen jeder Art werden heutzutage ticket- bzw. umsatzbasiert abgerechnet und müssen vom jeweiligen Konzertveranstalter bei der GEMA angemeldet und lizensiert werden.

Konzerte werden hierbei definiert als Veranstaltungen der Unterhaltungsmusik, bei denen Musik für ein vorrangig zu diesem Zweck versammeltes Publikum erklingt und im Mittelpunkt der Aufmerksamkeit steht. Dies kann der Vortrag von Livemusik (Kapelle), die Darbietung von Tonträgermusik (Artist-DJ) oder von sonstigen Medien sein (Videoeinspielungen bei Kabarettveranstaltung).

Konzerte grenzen sich von Veranstaltungen ab, bei denen die Musik nicht die Hauptsache der Veranstaltung ist (z. B. Showveranstaltungen, Silvesterbälle, Tanzveranstaltungen, Musik auf Stadtfesten). Die Vergütungssätze gelten auch nicht für Veranstaltungen, auf denen Geselligkeit sowie der Verzehr von Speisen und Getränken keine nur untergeordnete Rolle spielen.

Konzerte sollten rechtzeitig, spätestens bis drei Tage vor der Veranstaltung, angemeldet werden. Empfohlen wird das Nutzen der Onlineformulare unter www.gema.de, Meldungen per E-Mail, Brief oder Fax sind ebenfalls möglich.

Angegeben werden sollten:

- → Name und Adresse des Veranstalters sowie die Rechnungsadresse,
- → Angaben zum Veranstaltungsort,
- → Veranstaltungsangaben inkl. Einnahmenübersicht,
- → Art der Musiknutzung.

Bis 14 Tage nach der Veranstaltung müssen dann die Umsätze gemeldet werden, anschließend sendet die GEMA die Rechnung zu (das kann unangenehmerweise bis zu 6 Monate dauern).

Der zu zahlende Betrag basiert hierbei auf den getätigten Umsätzen (in der Regel 5,75 bis 8 % der jeweiligen Berechnungsgrundlage).
Bei fehlenden Angaben bzw. Anmeldungen wird als Berechnungsgrundlage der mögliche Kartenumsatz aus Höchsteintritt und Höchstpersonenzahl rechnerisch ermittelt.
Dies sollte man vermeiden, denn das kann teuer werden.

Beispiel → Tarif U-K: Typischer Ablauf in der Kommunikation mit der GEMA:

1. Erstkontakt zum GEMA-Kundencenter: Information über die geplante Veranstaltung
2. Ausfüllen und Absenden des Anmelde- bzw. Fragebogens
3. Die Veranstaltung findet statt (der Veranstalter erhält bei Livekonzerten die ausgefüllte Musikfolge von den Musikern).
4. Ausfüllen und Absenden der Umsatzmeldung; der Veranstalter sendet die Aufstellung der Musikfolge an die GEMA.
5. Die GEMA versendet die Rechnung.
6. Der Veranstalter zahlt die GEMA-Rechnung.

Typische Formulare:

1. Tarif für Konzerte der Unterhaltungsmusik und Wortkabarett (U-K)
2. Fragebogen Musik bei Veranstaltungen bzw. Meldung von Konzerten der Unterhaltungsmusik

weiter auf S. 303

3. Umsatzmeldung für Konzerte mit Unterhaltungsmusik
4. Musikfolge für eine Einzelveranstaltung (Live-Musik)

Hinweis: Die Formulare dienen als Hilfe – Meldungen sind auch ohne Formulare möglich.

Zur Kalkulation: Werte lt. GEMA-Tarif (2019)

Vergütungssätze für Konzerte der Unterhaltungsmusik:

Anzahl der Konzertbesucher	Vergütung in Prozent der Berechnungsgrundlage gem. Ziffer II. 2.
bis zu 2.000 Personen	5,75 %
bis zu 15.000 Personen	7,60 %
über 15.000 Personen	8,00 %

Für Konzerte der Unterhaltungsmusik im Bereich der musikalischen Nachwuchsarbeit: 4,50 % der Berechnungsgrundlage

Vergütungssätze für Wortkabarett, Comedy u. Ä.

Die Vergütung je angefangene 5 Musikminuten je Veranstaltung/Vorstellung beträgt:

Anzahl der Besucher	Vergütung in Prozent der Berechnungsgrundlage gem. Ziffer II. 2.
bis zu 2.000 Personen	0,575 %
bis zu 15.000 Personen	0,760 %
über 15.000 Personen	0,800 %

Als Mindestsätze gelten nachstehende Pauschalvergütungen je Veranstaltung:

Anzahl der Personen je Veranstaltung	Mindestsatz in €
bis zu 150 Personen	24,10
bis zu 300 Personen	48,20
je weitere 150 Personen	24,10

(Alle Werte umsatzsteuernetto, also zzgl. 7 % Mehrwertsteuer)

Zur Berechnungsgrundlage werden gerechnet:

- → Der Kartenumsatz netto (also abzgl. Umsatzsteuer, Vorverkaufs- und Systemgebühren), aber inkl. ticketabhängige Zusatzleistungen wie z. B. Campinggebühren bei Festivals
- → Geldwerte Vorteile, z. B. Einnahmen aus Werbung und Sponsoring und öffentliche Fördergelder (als steuerpflichtige Umsätze); ein pauschalierter Aufschlag in Höhe von 7 % auf die Berechnungsgrundlage ist hier der Standard.

Die Übersicht ab Seite 308 informiert über mögliche Gebührenreduzierung.

Bei Events, bei denen in der Regel kein Eintritt genommen wird, wird von der GEMA der Wert der dargebotenen Leistungen als Berechnungsgrundlage genommen (ein fiktiver Umsatz muss ermittelt werden). Diese Berechnung sollte in enger kommunikativer Abstimmung mit der GEMA gemeinsam durchgeführt werden.

Bitte beachten:
Der oben dargestellte Tarif gilt nicht für z. B. gastronomische Unternehmen (Umsatzerzielung nicht überwiegend durch Livemusik, sondern mit Food and Beverage), ebenso nicht

für Tanzveranstaltungen, Schützenfeste, Jahrmärkte und Kirmesveranstaltungen etc.; siehe dazu die dargestellten Tarife in den Folgekapiteln.

Anmeldung von Vereinsfesten und Tanzveranstaltungen mit Livemusik: Der Tarif U-V

Für Vereinsfeste, Abschlussbälle, Karnevalssitzungen, Zeltveranstaltungen und Tanzveranstaltungen, die Livemusik beinhalten, gilt der Tarif für Unterhaltungs- und Tanzmusik mit Musikern (Tarif U-V).

Solche Veranstaltungen sollten auch hier rechtzeitig angemeldet werden. Die Rechnung der GEMA kommt hier in der Regel noch vor dem Konzert mit einem Zahlungsziel bis 14 Tage nach der Veranstaltung. Empfohlen wird auch hier das Nutzen der Onlineformulare unter www.gema.de.

Die Vergütungssätze U-V finden – unabhängig von der Art der Veranstaltung und unabhängig, in welchem Zusammenhang die Musikaufführung stattfindet – für Einzelaufführungen mit Musikern mit Veranstaltungscharakter Anwendung. Aufführungen, die länger als 8 Stunden dauern, kosten je 2 Stunden Zusatzdauer 25 % Aufschlag.
Die Vergütungssätze gelten nicht bei Konzerten (U-K), nicht für bühnenmäßige Aufführungen (U-Büh), nicht für Tanzlokale (U-T) sowie nicht bei Bürger-, Straßen-, Dorf- und Stadtfesten u. ä. Veranstaltungen ohne Eintrittsgeld oder sonstigen Kostenbeitrag, die im Freien stattfinden (U-ST).

Angegeben werden sollten:
- → Name und Adresse des Veranstalters sowie die Rechnungsadresse,
- → Angaben zum Veranstaltungsort,
- → Angaben zur Musiknutzung.

Der Tarif basiert – wie früher auch – auf der Berechnung nach Eintrittspreishöhe und Raumgröße.

Bei Veranstaltungen vor geladenen Gästen (ohne Eintritt) muss dabei zunächst ein fiktiver Eintrittspreis ermittelt werden (Aufwendungen in € geteilt durch Gästezahl), bevor die Berechnung nach Eintrittspreishöhe und Raumgröße erfolgt.

Beispiel → Tarif U-V: Typischer Ablauf in der Kommunikation mit der GEMA:

1. Erstkontakt zum GEMA-Kundencenter: Information über die geplante Veranstaltung
2. Ausfüllen und Absenden des Anmeldebogens
3. Die GEMA versendet die Lizenzberechtigung/-genehmigung und die Rechnung.
4. Die Veranstaltung findet statt (der Veranstalter erhält bei Livekonzerten die ausgefüllte Musikfolge von den Musikern).
5. Der Veranstalter zahlt die GEMA-Rechnung.
6. Der Veranstalter sendet die Aufstellung der Musikfolge an die GEMA. (Die Schritte 5 und 6 können auch getauscht werden.)

Typische Formulare:

1. Tarif für Unterhaltungs- und Tanzmusik mit Musikern (U-V) bzw. Tarifübersicht für Veranstaltungen mit Live-Musik
2. Fragebogen Musiknutzung bei Festveranstaltungen
3. Musikfolge für eine Einzelveranstaltung (Live-Musik)

Zur Kalkulation: Werte lt. GEMA-Tarif (2019) für Veranstaltungen mit Unterhaltungs- und Tanzmusik

Vergütungssatz je Aufführung/Veranstaltung in €:

Größe des Veranstaltungsraumes	Mindestvergütung oder bei bis zu 2,00 € Eintrittsgeld/sonstiges Entgelt	je weitere 1,00 € Eintrittsgeld/sonstiges Entgelt
bis 100 qm	24,10	6,67
bis 200 qm	48,20	13,33
bis 300 qm	72,30	20,00
bis 400 qm	96,40	26,67
bis 500 qm	120,50	33,33
je weitere 100 qm	24,10	6,67

Eintrittsgeld oder sonstiges Entgelt

Größe des Veranstaltungsraumes	ohne oder bis zu 2,00 €	bis zu 3,00 €	bis zu 4,00 €	bis zu 5,00 €	je weitere 1,00 €
bis 100 m^2	24,10	30,77	37,44	44,11	6,67
200 m^2	48,20	61,53	74,86	88,19	13,33
300 m^2	72,30	92,30	112,30	132,30	20,00
400 m^2	96,40	123,07	149,74	176,41	26,67
500 m^2	120,50	153,83	187,16	220,49	33,33
600 m^2	144,60	184,60	224,60	264,60	40,00
700 m^2	168,70	215,37	262,04	308,71	46,67
800 m^2	192,80	246,14	299,48	352,82	53,34
900 m^2	216,90	276,91	336,92	396,93	60,01
1 000 m^2	241,00	307,68	374,36	441,04	66,68
1 500 m^2	361,50	461,53	561,56	661,59	100,03
2 000 m^2	482,00	615,38	748,76	882,14	133,38
2 500 m^2	602,50	769,23	935,96	1.102,69	166,73
3 000 m^2	723,00	923,08	1.123,16	1.323,24	200,08

(Alle Werte umsatzsteuernetto, also zzgl. 7 % Mehrwertsteuer)

Einige wichtige Details:

- GVL-Zuschlag bei Veranstaltungen mit Musik von Original-CDs in Höhe von 20 %; bei Live-Musikveranstaltungen, bei denen zusätzlich, z. B. in den Pausen, Musik von Original-CDs u. Ä. wiedergegeben wird, GVL-Zuschlag in Höhe von 10 %.
- Bemessungsgrundlage ist bei unterschiedlichen Eintrittsgeldern jeweils das höchste Eintrittsgeld. Menü- oder Büfettanteile (Arrangement-Preise) werden bei Veranstaltungen mit einem Eintrittsgeld von bis zu 75,00 € zu 2/3 pauschal abgezogen. Bei Veranstaltungen mit einem Eintrittsgeld von mehr als 75,00 € ist der tatsächliche Verzehranteil vom Veranstalter zu belegen und in Abzug zu bringen.
- Gegebenenfalls Zuschläge bei Zeitüberschreitung
- Für Veranstaltungen vor geladenen Gästen (wie z. B. Firmenjubiläen, Empfänge, Werbeveranstaltungen, Produktpräsentationen etc.), bei denen der Veranstalter kein Eintrittsgeld oder sonstiges Entgelt erhebt, werden die Aufwendungen für musikalische Darbietungen (wie z. B. Künstlerhonorare, Aufwendungen für die Bühne und die Technik, Moderatoren, DJs etc.) durch die Anzahl der geladenen Gäste dividiert. Dieses Ergebnis bildet ein fiktives Entgelt, welches zur Findung des Tarifbetrages herangezogen wird. Die zugrunde zu legende Raumgröße berechnet sich abweichend, indem für jeweils 150 Gäste jeweils 100 m² angenommen werden.

Über mögliche Gebührennachlässe können Sie sich in der Übersicht ab Seite 308 informieren.

Das Nichteinreichen von Musikfolgen innerhalb von zwei Wochen nach der Veranstaltung kann einen Strafzuschlag in Höhe von 10 % der tariflichen Vergütung zur Folge haben.

Weitere typische bzw. ähnliche Tarife gibt es für Livemusik in Tanzlokalen (Tarif U-T). Hier ist die Vergütungshöhe abhängig von Raumgröße, Eintrittsgeld und Anzahl der wöchentlichen Regelöffnungstage.

- Bürger-, Straßen-, Dorf- und Stadtfeste im Freien ohne Eintritt (U-ST): Vergütungssatz pro Tag und je angefangene 500 m²
- bühnenmäßige Aufführungen (Tarif U-Büh): Prozentanteil am geldwerten Vorteil (d. h. Umsätze)
- für Sportveranstaltungen mit Unterhaltungsmusik (M-SP): Vergütungshöhe abhängig von Zuschauerzahl und Eintrittsgeld
- für Hintergrundmusik mit Musikern (Tarif U): jährliche Pauschalvergütungssätze
- für Narrenvereinigungen und -verbände (WR-VR-K): jährliche Pauschalvergütung je Verein

Anmeldung von Veranstaltungen mit Tonträgern: Der Disco- bzw. Party-Tarif M-V

Für Vereinsfeste, Abschlussbälle, Karnevalssitzungen, Zeltveranstaltungen und Tanzveranstaltungen, bei denen Musik von Tonträgern aufgelegt oder wiedergegeben wird, gilt der Tarif für Unterhaltungs- und Tanzmusik mit Tonträgerwiedergabe mit Veranstaltungscharakter (Tarif M-V).

Veranstaltungen sollten auch hier rechtzeitig angemeldet werden. Die Rechnung der GEMA kommt in der Regel noch vor der Veranstaltung mit einem Zahlungsziel bis 14 Tage nach der Veranstaltung. Empfohlen wird ebenfalls das Nutzen der Onlineformulare.

Der Tarif ist übrigens identisch mit dem Live-Veranstaltungstarif U-V inkl. GVL-Zuschlägen.

Die Vergütungssätze M-V finden – unabhängig von der Art der Veranstaltung und unabhängig in welchem Zusammenhang die Musikwiedergabe stattfindet – für einzelne Wiedergaben mit Tonträgern mit Veranstaltungscharakter Anwendung.

Angegeben werden sollten:

- Name und Adresse des Veranstalters sowie die Rechnungsadresse,
- Angaben zum Veranstaltungsort,
- Angaben zur Musiknutzung.

Der Tarif basiert – wie früher auch – auf der Berechnung nach Eintrittspreishöhe und Raumgröße. Bei Veranstaltungen vor geladenen Gästen (ohne Eintritt) muss dabei zunächst ebenfalls ein fiktiver Eintrittspreis ermittelt werden (Aufwendungen in Euro geteilt durch Gästezahl), bevor die Berechnung nach Eintrittspreishöhe und Raumgröße erfolgt.

Beispiel → Tarif M-V: Typischer Ablauf in der Kommunikation mit der GEMA

1. Erstkontakt zum GEMA-Kundencenter: Information über die geplante Veranstaltung
2. Ausfüllen und Absenden des Anmeldebogens
3. Die GEMA versendet die Lizenzberechtigung/-genehmigung und die Rechnung.
4. Die Veranstaltung findet statt.
5. Der Veranstalter zahlt die GEMA-Rechnung.

Typische Formulare:

1. Tarif für Unterhaltungs- und Tanzmusik (M-V) bzw. Tarifübersicht für Veranstaltungen mit Tonträgerwiedergaben
2. Fragebogen Musiknutzung bei Festveranstaltungen bzw. Musik bei Veranstaltungen

Einige wichtige Details:

- GVL-Zuschläge sind hier enthalten.
- Nicht gültig für Bürger-, Straßen-, Dorf- und Stadtfeste
- Gegebenenfalls Zuschläge bei Zeitüberschreitung
- Bemessungsgrundlage ist bei unterschiedlichen Eintrittsgeldern jeweils das höchste Eintrittsgeld. Menü- oder Büfettanteile (Arrangement-Preise) werden bei Veranstaltungen mit einem Eintrittsgeld von bis zu 75,00 € zu 2/3 pauschal abgezogen. Bei Veranstaltungen mit einem Eintrittsgeld von mehr als 75,00 € ist der tatsächliche Verzehranteil vom Veranstalter zu belegen und in Abzug zu bringen.
- Für Veranstaltungen vor geladenen Gästen (wie z. B. Firmenjubiläen, Empfänge, Werbeveranstaltungen, Produktpräsentationen etc.), bei denen der Veranstalter kein Eintrittsgeld oder sonstiges Entgelt erhebt, werden die Aufwendungen für musikalische Darbietungen (wie z. B. Künstlerhonorare, Aufwendungen für die Bühne und die Technik, Moderatoren, DJs etc.) durch die Anzahl der geladenen Gäste dividiert. Dieses Ergebnis bildet ein fiktives Entgelt, das zur Findung des Tarifbetrages herangezogen wird.

Weitere typische bzw. ähnliche Tarife gibt es

- für Musikkneipen (Tarif M-CD): Vergütungshöhe abhängig von Raumgröße und Anzahl der wöchentlichen Regelöffnungstage,
- für Messestände (WR-VR-MES): Sätze je Stand je Tag,
- für Hintergrundmusik mit Tonträgern (Tarif M-U): unterschiedliche Tarife für verschiedene Veranstaltungsarten.

Die folgende Übersicht zeigt Ihnen mögliche Nachlässe auf GEMA-Gebühren.

GEMA-Gebühren einsparen

Wichtig: Nichtanmelden ist keine Lösung: Wenn dies auffällt, wird die doppelte Lizenzgebühr fällig. Doch einige Veranstaltungsmerkmale ermöglichen eine Einsparung von GEMA-Gebühren.

Gemeinfreie Musik (live)	Aufführung von Werken alter Urheber, die schon länger als 70 Jahre tot sind	GEMA-Gebühr entfällt Aufgrund der Leistungsschutzrechte der Plattenfirmen und Interpreten bedarf es einer Nutzungslizenz.
GEMA-freie Musik (live)	Verwenden ausschließlich GEMA-freier Musik	GEMA-Gebühr entfällt Rechtzeitiger Antrag auf Freistellung ist erforderlich.
Mengenrabatt	Jahrespauschalverträge pro Kalenderjahr lohnen sich aber in der Regel erst ab 11 bzw. 31 Veranstaltungen pro Jahr	Jahresverträge z. B. bei 10–30 Veranstaltungen 10 %, ab der 31. Veranstaltung 14,5 % Nachlass. Im Tarif U-V können Nachlässe von mehr als 10 % nur dann gewährt werden, wenn die Veranstaltungen innerhalb des gleichen Veranstaltungsbetriebes durchgeführt werden. Bei halbjährlicher Zahlungsweise erhöhen sich hier die Vergütungssätze um 2,5 %, bei vierteljährlicher Zahlungsweise um 5 %.
Benefiz- oder Kultur- bzw. Sozialrabatt	Gültig für Veranstaltungen der Brauchtumspflege, Kinder- oder Seniorenveranstaltungen, Jugendtanzveranstaltungen, Veranstaltungen der freien Wohlfahrtspflege, von Chören oder gemeinnützigen Sportvereinen. Diese dürfen nachweislich keine wirtschaftlichen Ziele verfolgen und keine Überschüsse erwirtschaften.	Nachlass von 15 %
Jugendtanzveranstaltungen, die im Rahmen der Jugendbetreuung für Jugendliche unter 21 Jahren durchgeführt werden	Voraussetzungen. – nur alkoholfreie Getränke werden ausgegeben – von den Besuchern wird ein Eintrittsgeld von nicht mehr als 5,00 € erhoben	Nachlass von: 15 %

weiter auf S. 309

Konzerte der Unterhaltungsmusik im Bereich der musikalischen Nachwuchsarbeit	Voraussetzungen: Eintrittsgeld max. 20,00 € brutto. – maximale Besucherzahl 300 Personen. – Durchschnittsalter aller Bandmitglieder übersteigt nicht 27 Jahre. – Im vorgetragenen Programm ist mindestens 50 % von den Bandmitgliedern selbstverfasstes Repertoire enthalten.	Die reduzierte Vergütung beträgt 4,5 % der Berechnungsgrundlage.
Veranstaltungen gemeinnütziger Sportvereine	Dürfen keine wirtschaftlichen Ziele verfolgen und der Sport soll im Vordergrund stehen	Sondernachlass in Höhe von 15 %
Auf Veranstaltungen von Amateurtheatern		Nachlass in Höhe von 50 % auf Mindestvergütung für musikalische Umrahmungen bei Theateraufführungen
Versammlungen und Kundgebungen		Nachlass von 25 %
Benefizveranstaltung	Voraussetzungen: – gesamter Reinertrag ist ausschließlich für wohltätige Zwecke bestimmt, wobei unter „wohltätigem Zweck" ausschließlich die Hilfe für in Not geratene Menschen zu verstehen ist; es muss eine Bestätigung aller mitwirkenden Künstler vorgelegt werden, aus der hervorgeht, dass diese vollumfänglich auf ihre Gage verzichten; – der Veranstalter muss einen Einzahlungsbeleg bzw. Überweisungsträger vorlegen, aus dem hervorgeht, welcher Betrag welcher Institution zufloss; – eine detaillierte Aufstellung sämtlicher Einnahmen und Ausgaben der Benefizveranstaltung muss vorgelegt werden; – die Veranstaltung muss vor ihrer Durchführung bei der GEMA als Benefizveranstaltung angemeldet werden und die erforderlichen Nachweise müssen innerhalb von 6 Wochen nach deren Durchführung vorgelegt werden.	Nachlass von 10 % Als zu berücksichtigendes Eintrittsgeld wird bei Benefizveranstaltungen der Betrag zugrunde gelegt, der vom Veranstalter nicht als Spende an die zu unterstützende(n) Einrichtung(en) weitergegeben wird – dieser Betrag wird nicht rabattiert.
Verbandsrabatte		Verbände geben ihren Mitgliedern einen GEMA-Rabatt von bis zu 20 % weiter.
Angemessenheitsregelung (früher: Härtefallnachlassregelung)	Für Einzelveranstaltungen sind Härtefallregelungen denkbar, z. B. – bei Nachweis, dass die Personenkapazität des Veranstaltungsraumes geringer ist als die diesbezüglich tarifliche Berechnungsgrundlage. Berechnungsgrundlage sind insbesondere Eintrittsgelder und/oder sonstige Entgelte wie z. B. Sponsorengelder,	Die GEMA berechnet als Vergütung 10 % nach der Formel: gewichtetes durchschnittliches Eintrittsgeld * Personenkapazität. Der Antragsteller hat der zuständigen Geschäftsstelle der GEMA eine geordnete Zusammenstellung der

weiter auf S. 310

Spenden, Werbeeinnahmen und sonstige Zuschüsse, die unmittelbar zur Finanzierung der Veranstaltung dienen.

- wenn die Bruttoeinnahme (geldwerter Vorteil) aus der Veranstaltung im Einzelfall in grobem Missverhältnis zur Höhe der Pauschalvergütungssätze steht.

Als Vergütung werden 10 % der Eintrittsgelder und/oder sonstigen Entgelte wie z. B. Sponsorengelder, Spenden, Werbeeinnahmen und sonstige Zuschüsse, die unmittelbar zur Finanzierung der Veranstaltung dienen, berechnet.

Einnahmen vorzulegen und hierzu – soweit Belege erteilt werden – Belege vorzulegen. Mehrere Veranstalter sind verpflichtet, Antrag und Rechnungslegung gemeinsam einzureichen. Der Antrag ist spätestens 6 Wochen nach Rechnungsstellung der GEMA schriftlich bei der zuständigen Geschäftsstelle der GEMA zu stellen.

Gamescom 2014, Köln

5.6 Merchandising/Licensing

§ 30 MarkenG begründet das Recht, die Bekanntheit einer Marke „für alle oder für einen Teil der Waren oder Dienstleistung, für die die Marke Schutz genießt, zum Gegenstand von ausschließlichen und nicht ausschließlichen Lizenzen für das Gebiet der Bundesrepublik Deutschland insgesamt oder einen Teil des Gebiets“ zu machen.

Eine solche Lizenz kann räumlich, zeitlich, örtlich und inhaltlich begrenzt oder unbegrenzt vergeben werden. Aus diesem Grundsatz leitet sich das sogenannte Licensing ab, das mittlerweile ein weltweit enorm florierendes Geschäft geworden ist.

Der korrekte Fachbegriff für Merchandising (was eigentlich nur „Handel treiben“ bedeutet) ist Licensing. Licensing hat drei Facetten:

→ Es nutzt die Popularität eines Produkts, einer Firma oder einer Marke kommerziell und gewinnorientiert auf der Basis einer Lizenz (Verwertungsebene).
→ Es verfolgt das Ziel, die Produkte, Firmen oder Marken emotional zu positionieren und dadurch den Absatz zu erhöhen (Marketing-Kommunikationsebene).
→ Es möchte die Zielgruppen an das Produkt, die Firma oder Marke binden (Zielgruppenebene).

Licensing-Produkte sollen also das Marketing unterstützen, Gewinne einbringen und Fans binden.

Merchandising/Licensing ist vor allem in den Bereichen Sport, Musik, Kunst, Cartoon, TV-Formate verbreitet, aber auch bei Luxusgütern und Produkten für Kinder. Voraussetzungen für funktionierendes Licensing sind eine gewisse Popularität der Marke sowie die Möglichkeit und der Wille zur Rechtevergabe durch den Rechteinhaber.

Durch die Übertragung der Popularität der Marke auf andere Konsumgüter entsteht eine auf starker Identifikation des Kunden mit dem Produkt basierende Absatzdynamik.

Beispiel → Typische Merchandisingprodukte einer Popband

1. Kleidung (Shirts, Pullis usw.)	**6.** Geschirr
2. Kappen/Mützen	**7.** Accessoires
3. Badges/Sticker	**8.** Sportartikel
4. Taschen	**9.** Fahnen
5. Wäsche	**10.** Convenience-Food

Das folgende Schema vermittelt einen Überblick über den professionellen Merchandising-Prozess.

Rechteinhaberin: Ellis Kaut →

1. Rechteinhaberin vergibt Licensing-Rechte (exklusiv) über Vertrag mit Umsatzbeteiligung an →

2. Licensing-Agentur, z. B. die Firma X-Merchandising

← 3. Agentur vergibt Rechte (nichtexklusiv) über Vertrag mit Umsatzbeteiligung an ↓

4. Hersteller von Markenwaren, z. B.
– Pumuckl-Puppe
– Pumuckl-Fahrrad
– Pumuckl-Ranzen
– Pumuckl-Hörspiel-CD

← 5. Verkauf über den Handel

← 6. an den Kunden

5.7 Zusammenfassung

- → Rechtsförmige Pflichten, Grundlagen und Gefährdungshaftung
- → Versammlungsstättenverordnung, Verantwortliche für Veranstaltungstechnik, Gastspielprüfbuch
- → Übersicht über behördliche Genehmigungen
- → Vertragsarten inklusive allgemeine Geschäftsbedingungen (AGB)
- → Vertragsbeziehungen im Public-Event-Geschäft, Abgrenzung Manager, Agentur, Direktion, Veranstalter und Künstler
- → Vertragsinhalte und Bühnenanweisung
- → Vertragsarten im Business-Event-Geschäft, Beziehungen zwischen Agentur, Auftraggeber und Dienstleistern, Generalunternehmervertrag
- → Ausgewählte Vertragsstörungen
- → Künstlersozialversicherung und Künstlersozialabgabe
- → Grundlagen und Rechenbeispiele zur beschränkten Steuerpflicht (Ausländersteuer)
- → Urheberrecht, Markenrecht, Titelschutz und Wettbewerbsrecht
- → GEMA (inklusive Rechenaufgabe)
- → Merchandising/Licensing

Gamescom 2014, Köln

5.8 Zwischentest: Muster-Prüfungsfragen

Hinweis: Bitte keine Eintragungen im Buch vornehmen.

1. Welchem Rechtsgebiet ist die Gefährdungshaftung zuzuordnen?

a) der außervertraglichen Haftung
b) der vertraglichen Haftung
c) der außergewöhnlichen Haftung
d) der gewöhnlichen vorvertraglichen Haftung

2. Verkehrssicherungspflichten sind

a) Verpflichtungen zur Regelung des Geschäftsverkehrs.
b) vorvertragliche Pflichten, zum Beispiel die Pflicht zur Ablegung einer eidesstattlichen Versicherung.
c) allgemeine Pflichten zum Schutz des Vertragspartners.

3. Das Fassungsvermögen einer Versammlungsstätte wird berechnet (zwei Antworten)

a) durch die Bestimmung des Verhältnisses von Fassungsvermögen zu Personenzahl.
b) durch die Bestimmung des Verhältnisses von Personen zu Bestuhlungsart.
c) durch eine Bemessung auf der Basis der vorhanden Rettungswege und Türbreiten.
d) durch das genaue und schrittweise Abmessen des vorhandenen Raumes.

4. Bestuhlung umfasst

a) das Planen und Stellen von Stühlen, Bühnenelementen, Dekoration und Technikelementen.
b) das Planen und Stellen von Tischen, Bühnenelementen, Dekoration und Technikelementen.
c) das Planen und Stellen von Stühlen, Tischen, Bühnenelementen, Dekoration und Technikelementen.

5. B1 bedeutet

a) gut brennbar.
b) leicht brennbar.
c) schwer brennbar.
d) schwer entflammbar.

6. Ein zu erstellendes Gastspielprüfbuch wird abgenommen (zwei Antworten)

a) von der Fachkraft für Veranstaltungstechnik.
b) vom örtlichen Bauamt.
c) vom Verantwortlichen für Veranstaltungstechnik.
d) von der regionalen Aufsichtsbehörde.

7. Die Verantwortung für die Sicherheit der Versammlungsstätte und die Haftung bei Schäden

a) kann von der Location auf den Veranstalter übertragen werden.
b) bleibt auch bei schriftlicher Übergabe der Aufsicht an den Veranstalter Angelegenheit der Location.
c) muss während Aufbau und Veranstaltung vor Ort durch die Location nicht zwingend beachtet werden.
d) ist Sache der Besucher.

8. Die Anzahl der Sanitäter auf einer Veranstaltung (zwei Antworten)

a) ist gesetzlich festgelegt.
b) basiert auf Erfahrungswerten.
c) wird häufig in Absprache mit den örtlichen Behörden festgelegt.
d) ist allein Sache des Veranstalters und außerdem eine Kostenfrage.

9. Der Werkvertrag ist die typische Vertragsform für Live-Events. Festgelegt wird in der Regel

a) eine zu leistende Tätigkeit.
b) ein zu bewirkendes Ergebnis.
c) eine gute Leistung.
d) eine gute Provision und Marge.

10. Der Unterschied zwischen Manager und Agent ergibt sich aus

a) der Höhe der Provision.
b) dem Umfang der Betreuung des Künstlers.
c) der Art des Auftretens.
d) der Professionalität.

11. Direktionen (zwei Antworten)

a) vermitteln.
b) produzieren.
c) arrangieren.
d) lamentieren.

12. Ein Technical-Rider ist

a) eine Person, die die Instrumente auf der Bühne anordnet.
b) eine Anweisung bezüglich der angeforderten Technik.
c) eine zusätzliche technische Leistung on top auf das abgesprochene Layout.

13. Bei Unmöglichkeit einer Lieferung oder Leistung

a) entsteht automatisch ein Anspruch auf Schadensersatz.
b) wird der Vertrag erst einmal nichtig.
c) kann erst Nachbesserung und dann Nachlieferung verlangt werden.

14. Allgemeine Geschäftsbedingungen (AGB)

a) können beliebig gestaltet werden.
b) können Bestandteil eines Vertrags sein, wenn sie vor Vertragsschluss vom Vertragspartner zur Kenntnis genommen werden konnten.
c) werden nur bei HGB-Geschäften benötigt und sind nichts für Privatleute.

15. Welche drei der folgenden Aussagen zur Künstlersozialkasse sind falsch?

a) Der Beitragssatz zur Künstlersozialabgabe steigt seit 2002 kontinuierlich an.
b) Nebenkosten für Hotel und Verpflegung sind Teil der Bemessungsgrundlage, wenn diese auf Rechnung direkt an Künstler gezahlt werden.
c) Die Bußgelder der KSK sind gefährlich hoch und betragen bis zu 150.000,00 €.
d) Wer als normaler Gewerbetreibender nicht mehr als drei Veranstaltungen im laufenden Kalenderjahr mit Künstlerbeteiligung durchführt, bleibt abgabenfrei.
e) Die Künstlersozialkasse ist eine Mittlerin zur gesetzlichen Sozialversicherung für Künstler und Publizisten.
f) Bahnkosten sind immer Teil der Bemessungsgrundlage, Kosten für Mietwagen aber nicht.

16. Die Ausländersteuer ist (zwei Antworten)

a) eine komische Erfindung.
b) eine Einkommensteuer.
c) Teil der beschränkten Steuerpflicht.
d) eine Art Lohnsteuer.

17. Die GEMA vertritt

a) Komponisten, Verleger und Textdichter.
b) Sänger, Autoren und Produzenten.
c) die Interessen der Musikindustrie.
d) den Staat beim Musik-Inkasso.

18. Merchandising besteht aus

a) Werbeartikeln und Give-aways.
b) Artikeln und Waren zur Umsatzgenerierung.

Musiktheater Heiter bis Wolkig live 2016

6 Finanzierung, Beschaffung und Verwaltung von Gütern und Dienstleistungen in der Veranstaltungsbranche

Zum Einstieg

Die Juniversal Event- und Veranstaltungsagentur GmbH erhält von der Deutschen StädteBank den Auftrag, über einen Zeitraum von 16 Monaten hinweg Inhouse-Mitarbeiterseminare zu planen und durchzuführen. Inhalt dieser Seminare ist die Vorstellung der neuen Kreditkartenproduktlinie, zu deren Vermarktung die Vertriebsmitarbeiter der Bank in den Niederlassungen geschult werden sollen. Da die Veranstaltungen mit aufwendiger Veranstaltungstechnik bestückt sowie umfangreiche Informations- und Werbematerialien zu den Veranstaltungen transportiert werden sollen, steht die Beschaffung von Firmenfahrzeugen (Kleintransporter) an. Aufgrund von zeitlichen Überschneidungen der Veranstaltungen müssen mindestens vier Fahrzeuge zeitgleich zur Verfügung stehen.

Michaela Meierhofer soll recherchieren, welche der dem Unternehmen zur Verfügung stehenden Beschaffungsmöglichkeiten am besten geeignet ist. Sie findet heraus, dass es die Möglichkeit des Kaufs, der Miete und des Leasings gibt. Sie stellt sich die folgenden Fragen:

- Welche Vor- und Nachteile haben die einzelnen Beschaffungsarten?
- Wie passt die Beschaffungsmaßnahme in die allgemeine Finanzplanung des Unternehmens?
- Welches flüssige Kapital (liquide Mittel) ist zur Beschaffung notwendig und wo kommt dieses her?
- Gibt es Möglichkeiten zur Berechnung von anstehenden Investitionen sowie von deren Wirtschaftlichkeit?
- Um welche Art der Investition handelt es sich bei der Beschaffung der Fahrzeuge?

Bereits bevor Michaela Meierhofer von ihrem Chef Herrn Richthofen den Auftrag zur Recherche erhalten hat, wurden im Unternehmen einige wichtige Entscheidungen getroffen.

6.1 Bedarfsanalyse

Unmittelbar nach der Anfrage der StädteBank bei der Agentur wurde aufgrund der vorgelegten Daten eine grobe Planung der Veranstaltungen vorgenommen. Sie diente zur Schätzung der zu erwartenden Kosten auf Agenturseite.

Um die Kosten möglichst genau beziffern zu können, wurde eine Bedarfsanalyse angestellt. Folgende Aspekte spielten hier eine Rolle:

- Welche Ressourcen (Arbeitsmittel und Personal) hat das Unternehmen bereits zum jetzigen Zeitpunkt zur Verfügung?
- Welche dieser jetzt verfügbaren Ressourcen können für diese Veranstaltungen eingesetzt werden?
- Welche zusätzlichen Mittel müssen beschafft werden, um die Veranstaltungen, wie vom potenziellen Auftraggeber gewünscht, durchführen zu können?

Die Bedarfsanalyse hat unter anderem ergeben, dass während der Durchführung der Veranstaltungen zusätzlich zu dem einen der beiden Kleintransporter, die der Agentur bereits zur Verfügung stehen, drei weitere Fahrzeuge benötigt werden (einen Transporter benötigt die Agentur ständig am Firmensitz).

6.2 Bezugsquellenermittlung

Trucks & Cases, Foto: Saskia Gaulke (www.saskiagaulke.de)

Die Bezugsquellenermittlung stellt Michaela Meierhofer vor keine großen Schwierigkeiten. Die Juniversal Event- und Veranstaltungsagentur GmbH hat bereits Geschäftsverbindungen zu verschiedenen Unternehmen. Es werden regelmäßig Fahrzeuge (Lkw, Kleintransporter, Kleinbusse usw.) bei der ortsansässigen TT-Car-Rental GmbH zu Firmenkonditionen für kurze Zeiträume gemietet. Auch werden andere Autovermietungen bemüht, wenn diese in einzelnen Segmenten (zum Beispiel Kleinwagen) günstigere Konditionen anbieten als die TT-Car-Rental. Auch kann es vorkommen, dass alle Fahrzeuge von TT-Car-Rental bereits vermietet sind und deshalb Fahrzeuge von anderen Autovermietern geordert werden.

Die beiden Kleintransporter, die der Agentur bereits jetzt zur Verfügung stehen, wurden über ein Autohaus in der benachbarten Kleinstadt beschafft. Der erste Kleintransporter wurde gekauft. Der zweite Transporter wurde letztes Jahr über den Leasingpartner des Autohauses finanziert. Der Leasingvertrag wird nächstes Jahr auslaufen.

In einer Datenbank haben die Mitarbeiter der Juniversal Event- und Veranstaltungsagentur GmbH alle bestehenden und potenziellen Lieferanten erfasst. Sie können sich somit jederzeit einen Überblick über die Angebotssituation eines bestimmten Bereichs machen. Darüber hinaus helfen die regelmäßig eintreffenden Werbeinformationen der verschiedenen Anbieter sowie gezielte Recherche im Internet.

Doch welche der infrage kommenden Beschaffungsarten passt nun am besten? Schauen wir uns dazu die einzelnen Möglichkeiten einmal genauer an.

6.3 Kauf und Finanzierung von Kaufobjekten

Grundlage für einen Kauf ist ein Kaufvertrag. Dieser wird durch beiderseitige Willenserklärung (Angebot und Annahme) von zwei Vertragspartnern geschlossen.

Beispiel → Zustandekommen eines Kaufvertrags

Die Juniversal Event- und Veranstaltungsagentur GmbH hat vor drei Jahren den ersten Kleintransporter von der Firma Autohaus Weber gekauft. Das Autohaus hatte zuvor aufgrund der Anfrage der Juniversal Event- und Veranstaltungsagentur GmbH Angebote von verschiedenen Fahrzeugen mit unterschiedlicher Ausstattung erstellt. Die Juniversal Event- und Veranstaltungsagentur GmbH entschied sich nach ausführlicher Prüfung aller Angebote für eines der Fahrzeuge des Autohauses Weber. Durch die Bestellung kam ein rechtsgültiger Kaufvertrag zustande. Das Autohaus Weber erfüllte durch Lieferung des Fahrzeugs ihre Vertragsverpflichtung, die Juniversal Event- und Veranstaltungsagentur GmbH erfüllte die vertraglichen Verpflichtungen ihrerseits durch Zahlung des Kaufpreises. Das Fahrzeug ging in das Eigentum der Juniversal Event- und Veranstaltungsagentur GmbH über.

Herr Richthofen zahlte den Kaufpreis von 38.780,00 € aus seinem Privatvermögen für das Unternehmen. Diese Mehrung auf dem Eigenkapitalkonto (durch Privateinlage) des Unternehmens holte er sich nach und nach durch verschiedene Privatentnahmen wieder zurück. Für diesen Zeitraum war Herr Richthofen in seiner privaten Liquidität eingeschränkt. Er möchte im Moment diesen Weg der Beschaffung nicht mehr gehen.

AUFGABEN

1. Um welche Art der Finanzierung handelt es sich, wenn Herr Richthofen ein Fahrzeug mit Mitteln aus seinem privaten Vermögen kauft?
   a) Fremdfinanzierung
   b) Eigenfinanzierung
2. In welche Kategorie lässt sich diese einordnen?
3. Woher stammen die Mittel aus einer Innenfinanzierung?
4. Für eine Außenfinanzierung kann Eigenkapital oder Fremdkapital eingesetzt werden. Nennen Sie einige Beispiele und ordnen Sie sie den beiden Kapitalarten zu.
5. Welche Möglichkeiten der Co-Finanzierung hätte die Juniversal Event- und Veranstaltungsagentur GmbH bei der Anschaffung eines Fahrzeugs, das beispielsweise für Public Events genutzt wird?

6.3.1 Kreditfinanzierung

Michaela Meierhofer überlegt, die Summe für die Anschaffung der Fahrzeuge über einen Bankkredit zu finanzieren.

Ein **Kredit** (aus dem Lateinischen credere [„glauben"] und creditum [„das auf Treu und Glauben Anvertraute"]) ist die Gebrauchsüberlassung von Geld oder vertretbaren Sachen (Warenkredit) auf Zeit.

Deshalb holt sie bei verschiedenen Banken, bei denen die Juniversal Event- und Veranstaltungsagentur GmbH Konten führt, Kreditangebote ein. Zum Vergleich der verschiedenen Angebote erstellt sie mit MS-Excel eine Tabelle. Mithilfe der RMZ-Funktion (regelmäßige Zahlung) kann sie sich die monatlichen Zins- und Tilgungsraten berechnen lassen.

LKW-Trailer

Mithilfe des Funktionsassistenten (Schaltfläche fx) fügt sie die folgenden Argumente in die Funktion ein:

- → Zins = Zinssatz per annum, dividiert durch zwölf Monate;
- → Zzr = Laufzeit per annum, multipliziert mit zwölf Monaten;
- → Bw = Barwert oder Anfangswert (entspricht der aufgenommenen Kreditsumme);
- → Zw = zukünftiger Wert oder Endwert;
- → F = Fälligkeit der Zahlung (Ziffer 0 für Ende des Monats, Ziffer 1 für Anfang des Monats).

Die Funktion für die Zelle B6 sieht danach folgendermaßen aus:
=RMZ(B1/12;B2*12;B3;B4;1)

Zinssatz	6,0 %
Laufzeit (per annum – in Jahren)	3
Anfangskapital/Kreditsumme	120.000,00 €
Endkapital	0,00 €
monatliche Rate – Zahlung Anfang des Monats	– 3.632,47 €
monatliche Rate – Zahlung Ende des Monats	– 3.650,63 €

Berechnung von Zins- und Tilgungsraten aufgrund einer Kreditschuld

Die Höhe der Zinsen (ohne Berücksichtigung von Kapitaltilgungen) lässt sich mithilfe der allgemeinen Zinsformel errechnen.

Zinsen = (Kapital · Zinssatz · Laufzeit in Tagen) / 100 · 360

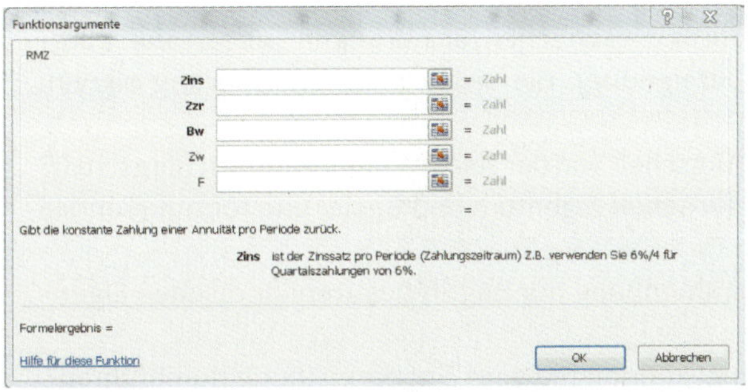

Funktionsargumente bei der Berechnung von Zins- und Tilgungsraten aufgrund einer Kreditschuld

AUFGABEN

1. Berechnen Sie mit den Angaben aus dem Excel-Arbeitsblatt (obige Tabelle) die gesamte Rückzahlungssumme bei Zahlung der Raten jeweils am Anfang des Monats.
2. Berechnen Sie mithilfe der allgemeinen Zinsformel die Höhe der Zinsen auf der Grundlage der folgenden Angaben: Zinssatz 4,4 %, Kreditsumme 110.000,00 €, Laufzeit drei Jahre.

Zur Absicherung des Risikos sind bei Abschluss eines Kreditvertrags in der Regel persönliche oder sachliche Sicherheiten des Kreditnehmers zu erbringen. Für die Juniversal Event- und Veranstaltungsagentur GmbH bieten sich zwei Möglichkeiten der Kreditsicherung an.

Herr Richthofen könnte persönlich mit einer selbstschuldnerischen Bürgschaft den Kredit absichern. Dies ist ihm jedoch zu riskant, aus gutem Grund hat er die Rechtsform der GmbH gewählt, um im Falle von finanziellen Schwierigkeiten nur mit der Stammeinlage (25.000,00 €) haften zu müssen. Die Kreditsumme übersteigt jedoch die Stammeinlage der GmbH um ein Vielfaches. Diese Lösung wäre nicht sinnvoll.

Für Kreditgeber und Kreditnehmer bietet sich hier die Sicherungsübereignung an. Sie ist eine Form der sachlichen Sicherung. Die Bank als Kreditgeber erhält nach der Zulassung der Fahrzeuge durch die Zulassungsbehörde die Fahrzeugbriefe (nach EU-Recht Zulassungsbescheinigung Teil II) im Weg der Übereignung. Sie bleibt somit so lange treuhändische Eigentümerin der Fahrzeuge, bis die Kreditsumme vom Kreditnehmer vollends zurückgezahlt wurde. Der Kreditnehmer wird unmittelbarer Besitzer der Fahrzeuge. Nur im Falle einer Nichtzahlung des Kreditnehmers kann die Bank als Kreditgeberin von ihrem Eigentumsrecht Gebrauch machen und die Fahrzeuge verwerten (Sicherungsfall).

AUFGABEN

1. Welche Bedingungen sind mindestens in einem Kreditvertrag enthalten?
2. Was bedeutet der Begriff „per annum“ und wie wird er abgekürzt?
3. Nennen Sie mindestens drei wesentliche Arten von Bankkrediten.
4. Neben den Bankkrediten gibt es weitere Kreditarten. Welche davon kennen Sie?
5. Wann endet eine Kreditbeziehung zwischen Kreditgeber und Kreditnehmer?

6. Welche weiteren persönlichen und sachlichen Sicherungen (neben der Bürgschaft und der Sicherungsübereignung), die sich zur Kreditsicherung eignen, kennen Sie?
7. Was unterscheidet die Ausfallbürgschaft von der selbstschuldnerischen Bürgschaft?
8. Nennen Sie den Unterschied zwischen Eigentum und Besitz und formulieren Sie jeweils drei Beispiele.
9. Was bedeutet in diesem Zusammenhang der Begriff des treuhändischen Eigentümers?
10. Mit welcher allgemeinen Formel können Sie eine Zinsberechnung durchführen?

6.3.2 Leasing

Nachdem Michaela Meierhofer die verschiedenen Kreditangebote verglichen und überprüft hat, wendet sie sich einer weiteren Alternative der Beschaffung der benötigten Fahrzeuge zu, dem Leasing.

Im letzten Jahr hat die Juniversal Event- und Veranstaltungsagentur GmbH bereits einen Kleintransporter über das Autohaus Weber und deren Leasingpartner, die tolease AG angeschafft.

Die Leasinggesellschaft tolease AG kauft die Fahrzeuge beim Hersteller und bietet sie über ihren Vertragspartner, das Autohaus Weber, Privat- und Geschäftskunden zur Nutzung an. Die Juniversal Event- und Veranstaltungsagentur GmbH erwirbt nur die Nutzungsrechte an den Fahrzeugen für einen vertraglich festgesetzten Zeitraum und eine bestimmte Kilometerlaufleistung. Die Fahrzeuge werden auf die Agentur zugelassen, bleiben jedoch im Eigentum der Leasinggesellschaft. Für den Vertragszeitraum zahlt die Agentur monatlich eine Leasingrate. Diese kann steuerlich voll als Betriebsausgabe geltend gemacht werden. (Oft wird neben den Monatsraten eine einmalige Sonderzahlung bei Vertragsabschluss vereinbart – meist bei Privatleasing.) Nach Vertragsende gehen die Fahrzeuge an den Eigentümer tolease AG zurück. Je nach Vertragsgestaltung kann der Leasingnehmer am Ende der Vertragslaufzeit die Fahrzeuge zu bestimmten Konditionen (Restwert) übernehmen (kaufen). Dies ist häufig beim Privatleasing der Fall. Beim Geschäftsleasing wird oft ein Anschlussvertrag über die Nutzung neuer Fahrzeuge geschlossen.

AUFGABEN

1. Welche Vor- und Nachteile hat die Anschaffung von Fahrzeugen über einen Leasingvertrag? Fertigen Sie eine Gegenüberstellung in Form einer Tabelle an.
2. Was ist der Unterschied zwischen direktem und indirektem Leasing?

6.3.3 Miete

Das Mieten von Gegenständen für den Einsatz bei Veranstaltungen gehört für alle Mitarbeiter der Juniversal Event- und Veranstaltungsagentur GmbH zum Tagesgeschäft. Teures Equipment wie Veranstaltungstechnik, Toilettenwagen, Gastronomiezubehör und Dekorationsmaterial werden für einzelne Tage oder längere Zeiträume von verschiedenen Anbietern gemietet. Grundlage einer Anmietung von Gegenständen ist ein Mietvertrag.

Der **Mietvertrag** verpflichtet den Vermieter, dem Mieter die vermietete Sache zu überlassen. Im Gegenzug schuldet der Mieter dem Vermieter den Mietzins. Der Vermieter bleibt der Eigentümer der Sache, der Mieter wird während des Mietzeitraums der Besitzer.

Michaela Meierhofer kennt bereits einige Anbieter von Mietausrüstung. Für vorherige Veranstaltungen hat sie bei der Autovermietung TT-Car-Rental GmbH bereits Fahrzeuge gemietet. In der firmeninternen Datenbank sind darüber hinaus stets die aktuellen Preislisten der verschiedenen Autovermieter hinterlegt. Zur Schätzung der Kosten multipliziert sie die voraussichtlichen Einsatztage der anzumietenden Fahrzeuge mit dem entsprechenden Tagessatz.

Beispiel → Mietgebühren für Fahrzeuge

127 Einsatztage insgesamt für alle Fahrzeuge

Grundmietpreis pro Einsatztag: 124,00 € netto (für Kastenwagen bis 3,5 t zulässigem Gesamtgewicht inkl. 200 km)

Preis pro zusätzlich gefahrenem Kilometer: 0,16 € netto

127 Tage · 124,00 € = 15.748,00 €

Geschätzte zusätzliche Kilometer im Durchschnitt: 250

127 Tage · 250 km = 31 750 km

31 750 km · 0,16 € = 5.080,00 €

15.748,00 € + 5.080,00 € = 20.828,00 € (netto) geschätzte Mietkosten

6.4 Investitionsrechnung und Finanzplanung

Nachdem sich Michaela Meierhofer nun einen ungefähren Überblick über die auf die Agentur zukommenden Kosten der verschiedenen Beschaffungsarten Kauf, Leasing und Miete verschafft hat, steht eine Finanzierungsentscheidung an.

AUFGABEN

1. Welche Art der Investition bedeutet der Kauf von Fahrzeugen für die Juniversal Event- und Veranstaltungsagentur GmbH?
   a) Ersatzinvestition
   b) Rationalisierungsinvestition
   c) Gründungsinvestition
   d) Erweiterungsinvestition
   e) Zwangsinvestition
   f) Vorratsinvestition
2. Erklären Sie, was der Begriff Investitionsrechnung bedeutet.
3. Welche Investitionsrechnungsverfahren kennen Sie?
4. Welche Arten der Investitionsrechnung kennen Sie?
5. Welche Vor- und Nachteile hat die Anschaffung der Fahrzeuge über einen Leasingvertrag im Vergleich mit Miete und Kauf? Fertigen Sie eine Gegenüberstellung in Form einer Tabelle an.
6. Zu welcher Art der Anschaffung würden Sie im vorliegenden Fall raten?

Nach ausführlicher Analyse schlägt Michaela Meierhofer ihrem Chef Herrn Richthofen vor, die Fahrzeuge dann, wenn sie benötigt werden, bei der Autovermietung TT-Car-Rental GmbH zu mieten.

In der Zwischenzeit hat sich die Auftragslage der Agentur verbessert. Herr Richthofen hat mit dem Getränkehersteller Bad Bull AG einen weiteren einjährigen Rahmenvertrag ausgehandelt und bereits abgeschlossen. Dessen Gegenstand ist die Planung und Durchführung von Promotion-Events in deutschen Großstädten. Aufgrund der guten Auftragslage entscheidet Herr Richthofen sich deshalb dafür, drei weitere Fahrzeuge zu kaufen und über einen Bankkredit zu finanzieren.

AUFGABEN

1. Was spricht aus Ihrer Sicht für den Vorschlag von Michaela Meierhofer, die Fahrzeuge zu mieten?
2. Nennen Sie einige wichtige Aspekte zugunsten der Entscheidung von Herrn Richthofen, die Fahrzeuge zu kaufen.

6.5 Wareneingang und Reklamationen

Zum Einstieg

Der Geschäftsführer der Juniversal Event- und Veranstaltungsagentur GmbH Thomas Richthofen hat während eines Kundenbindungs-Events in der Eventlocation Eurostrand seinen ehemaligen Studienkollegen Manfred Dellmann wiedergetroffen. Dellmann ist inzwischen Leiter der Abteilung Marketing des Getränkeherstellers Bad Bull AG.

Eher beiläufig erwähnt er, dass Bad Bull Promotion-Events in deutschen Großstädten plane, worauf Thomas Richthofen für die Juniversal Event- und Veranstaltungsagentur GmbH zunächst eine grobe Kostenschätzung und kurz darauf einen konkreten Kostenvoranschlag bei der Bad Bull AG einreicht.

Dieser Kostenvoranschlag sowie die überzeugende Präsentation der geplanten Promotion-Events durch Herrn Richthofen und sein Team haben dazu geführt, dass die Bad Bull AG der Agentur den Abschluss eines einjährigen Rahmenvertrags vorgeschlagen hat. Die beiden ehemaligen Kommilitonen freuen sich darauf, als Vertragspartner bei diesem Projekt zusammenzuarbeiten.

In einem Briefing lernt Michaela Meierhofer die wichtigsten Eckdaten des Projekts kennen. Sie wird zusammen mit ihrer Kollegin Frau Vogel für die Disponierung und Bereitstellung der Werbeartikel sowie für die Personaleinsatzplanung der zu bildenden Promotionteams verantwortlich sein.

Sie notiert sich:

- Flyer, Werbegeschenke (Give-aways), Aufkleber sowie Preise für das Gewinnspiel werden nach Anforderung an die Juniversal Event- und Veranstaltungsagentur GmbH aus dem Zentrallager der Bad Bull AG geliefert.
- Zusätzlich wird im Auftrag und auf Rechnung der Agentur ein Werbeartikel in hoher Auflage erstellt. Grundlage ist ein von der Agentur selbst entworfenes Logo (schwarze Kuhglocke mit roten Hörnern und rotem Logo). Hierzu soll noch ein Angebot erstellt werden.
- Die Promotions sollen innerhalb eines Jahres in Hamburg, Köln, Hannover, Berlin, Leipzig, Frankfurt, Stuttgart und München über jeweils einen Zeitraum von mehreren Tagen stattfinden.
- Die Promotionteams sollen aus jeweils drei männlichen und drei weiblichen Promotoren bestehen. Deren Auswahl wird spezifischen Anforderungen unterworfen, die von der Bad Bull AG noch ausgearbeitet und der Agentur anschließend mitgeteilt werden.

Licht- und Videoshow bei Musikfestival

6.5.1 Angebot und Kostenvoranschlag

Eine Grobkostenschätzung ist eine erste unverbindliche Schätzung und stellt noch kein verbindliches Angebot dar. Ein Kostenvoranschlag ist hingegen rechtlich verbindlich. Der berechnete Endpreis kann jedoch bis zu 20 % von der veranschlagten Summe abweichen.

Ein Angebot ist ebenfalls rechtlich verbindlich. Der berechnete Endpreis darf hier jedoch nicht vom angebotenen Preis abweichen. Das Angebot ist nicht an eine besondere Form gebunden. Wenn es kein Ablaufdatum enthält, ist es so lange gültig, wie unter normalen Umständen und verkehrsüblichen Bedingungen mit einer Antwort gerechnet werden kann. Auch kann ein Angebot durch sogenannte Freizeichnungsklauseln in seiner rechtlichen Wirksamkeit eingeschränkt werden.

6.5.2 Wareneingangskontrolle, Lagerwirtschaft

Am Montag früh bekommt Michaela Meierhofer einen Anruf von einem Spediteur. Dieser kündigt für denselben Tag die erste Lieferung der Werbeartikel aus dem Zentrallager der Bad Bull AG an. Michaela verständigt den Mitarbeiter im angemieteten Lagerraum, der gegenüber der Agentur liegt, und bittet diesen, sie unverzüglich zu verständigen, wenn die Lieferung eintrifft. Sie möchte bei der Wareneingangskontrolle selbst anwesend sein.

Werbeartikel (auch Give-away genannt) sind meist markierte (gebrandete), das heißt mit dem Firmenlogo oder einer Werbebotschaft versehene Kleinartikel, die zum Zweck der Werbung für ein Unternehmen oder Produkt hergestellt werden. Im Gegensatz zu lizenzierten Merchandisingartikeln, die im Rahmen einer strategischen Verwertung erlösorientiert vermarktet werden, werden Werbeartikel meist kostenlos verteilt (gesampelt).

Werbeartikel sollten in der Zielgruppe verteilt werden und für diese in mehrerer Hinsicht einen Nutzen mit sich bringen, damit die Empfänger sich bei der Verwendung an das Unternehmen erinnern.

Eine besondere Form des Werbeartikels stellt das meist etwas hochwertigere Werbegeschenk dar. Beim Werbegeschenk ist zu beachten, dass nur 35,00 € netto pro Kalenderjahr und Empfänger als Betriebsausgabe voll steuerlich absetzbar sind.

Beim Eintreffen der Lieferung ist Michaela Meierhofer vor Ort. Der Fahrer des Lkw entlädt mithilfe eines Hublifters die Ware, die in auf vier Euro-Paletten gestapelten Kartons verpackt ist. Nach dem Abladen übergibt der Fahrer Michaela den Lieferschein zur Unterschrift.

Mit der Unterschrift bestätigt Michaela den vollzähligen und unbeschädigten Erhalt der Warenlieferung. Sie nimmt sich deshalb vor der Unterschrift genügend Zeit, um die angelieferte Ware zu kontrollieren. Sie achtet auf die Zahl der Kartons (Kollizahl) und insbesondere auf sichtbare Beschädigungen. Zwei der Kartons auf einer Palette weisen Dellen und Beulen auf der Kartonage auf. Sie entnimmt deshalb die beiden Kartons der Palette und öffnet sie. Dabei stellt sie fest, dass die in ihnen aufbewahrten Schlüsselanhänger dank der stabilen Innenverpackung keine erkennbaren Schäden aufweisen.

Der bereits etwas ungeduldige Lkw-Fahrer erhält von ihr nun die Unterschrift auf dem Lieferschein. Damit gilt die Warenlieferung vom Spediteur als übernommen.

Beispiele → Richtige Reihenfolge bei der Warenannahme laut HGB

1. Anschrift prüfen
2. Äußere Schäden am Paket? (Wenn vorhanden, dann Klärung mit Versandfirma)
3. Empfang quittieren
4. Ware entnehmen
5. Ware auf sichtbare Mängel prüfen
6. Wenn Mängel erkennbar, dann umgehende Reklamation erforderlich
7. Ware einlagern

AUFGABEN

1. Nennen Sie die fünf wichtigsten Lagerarten.
2. Wo könnte man dort das oben beschriebene Lager der Juniversal Event- und Veranstaltungsagentur GmbH einordnen?
3. Nennen Sie vier wichtige Aufgaben der Lagerverwaltung.
4. Nennen Sie wichtige Anforderungen an ein Lager.
5. Welche Anforderungen sind für die Juniversal Event- und Veranstaltungsagentur GmbH bei der Einrichtung eines Werbeartikellagers besonders wichtig?
6. Welche Aspekte sind maßgeblich für den optimalen Lagerbestand?
7. Was bedeutet „just in time"?
8. Erklären Sie die folgenden Begriffe: Mindestbestand, Meldebestand, Höchstbestand.
9. Nennen Sie drei wichtige Lagerkennziffern.
10. Was benötigt die Juniversal Event- und Veranstaltungsagentur GmbH als Grundausstattung für ihr neu eingerichtetes Werbeartikellager?

6.5.3 Anbahnung von Kaufverträgen

Zum Einstieg

Bei der Präsentation der geplanten Promotionaktionen durch die Juniversal Event- und Veranstaltungsagentur GmbH wurde ein Logoentwurf gezeigt. Dieser gefiel dem Kunden so gut, dass die Agentur den Auftrag erhalten hat, auf der Basis des Logos ein neues Give-away zu entwerfen und herstellen zu lassen. Als besonderer Werbeartikel soll nun eine schwarze Kuhglocke mit roten Hörnern und rotem Bad-Bull-Logo bei den Promotionaktionen verteilt werden.

Michaela Meierhofer kontaktiert Dienstleister aus der firmeninternen Datenbank, die auf die Herstellung von Werbeartikeln spezialisiert sind. In ihrer Anfrage bittet sie um Angebote. Als Anlage übersendet sie das entworfene Logo, auf dessen Grundlage die Give-aways hergestellt werden sollen.

Nach Absprache mit der Assistentin der Geschäftsleitung Sabine Vogel und der Freigabe des Proofs (Druckmuster mit vereinbarten Farbtönen) bestellt Michaela Meierhofer 6000 Stück bei dem Dienstleister Alpenhof Marketing Services (siehe Anschreiben auf der folgenden Seite). Mit der auf dem Angebot basierenden Bestellung ist zwischen dem Dienstleister und der Agentur ein Kaufvertrag zustande gekommen. Die Bestellung bzw. Auftragserteilung wird von dem Dienstleister einen Tag später per Fax bestätigt.

Bei unserem Auszubildenden Thomas Wieczorek, der bei der Stadtverwaltung Fürth seine Ausbildung macht, wäre der Ablauf etwas anders. Für die Veranstaltungsreihe „Fränkischer Kultursommer" möchte er ebenfalls Werbeartikel bestellen. Hier werden die Aufträge für Waren oder Dienstleistungen per Ausschreibung vergeben.

MERKE

Mit der Abgabe eines Angebots gibt der Dienstleister eine einseitige Willenserklärung zur Anbahnung eines Kaufvertrags ab.

Durch die Bestellung gibt der Kunde seinerseits eine Willenserklärung ab und es kommt zum Kaufvertrag.

In einem Lastenheft oder Leistungsverzeichnis werden die Anforderungen einer Ausschreibung genauer fixiert. Sie umfassen beispielsweise

- das Profil des Produkts oder der Dienstleistung,
- vertragliche Bedingungen wie Gewährleistungen,
- Auflistung von Voraussetzungen an die Auftragnehmer (zum Beispiel Zertifizierungen),
- Einkaufsbedingungen des Auftraggebers.

Eine **Ausschreibung** ist die Aufforderung eines Auftraggebers an potenzielle Auftragnehmer (öffentlich oder beschränkter Personenkreis), Angebote oder Kostenvoranschläge über Waren oder Dienstleistungen abzugeben. An einer öffentlichen Ausschreibung kann sich jeder beteiligen.

Die Ausschreibung läuft über einen festgelegten Zeitraum. Nicht nur in Zeiten knapper Budgets wird bei Ausschreibungen der öffentlichen Verwaltung in der Regel bei gleicher Qualität das preisgünstigste Angebot den Zuschlag bekommen.

Juniversal
Event- und Veranstaltungsagentur GmbH

Juniversal Event GmbH • Oranienburger Straße 128 • 10123 Berlin

Alpenhof Marketing Services GmbH
Herrn Meier
Frankfurter Straße 29
70305 Böblingen

Ihr Zeichen, Ihre Nachricht vom	Unser Zeichen, unsere Nachricht vom	Telefon, Name	Datum
14. April 20..	mh-tr	17 Frau Meierhofer	29. April 20..

Bestellung

Sehr geehrter Herr Meier,

vielen Dank für Ihre ausführliche telefonische Beratung. Ihr Angebot vom 29. April 20.. hat uns überzeugt.

Hiermit bestellen wir

6 000 Stück „Kuhglocke schwarz mit roten Hörnern und Logoaufdruck“.

Bitte senden Sie uns die Waren bis zum 15. Juni 20.., da die Promotion-Events für unseren Kunden Anfang Juli d. J. beginnen.

Wir bitten um einen Probedruck (Proof), den wir ausdrücklich nach Rücksprache mit unserem Kunden freigeben werden.

Eine rechtzeitige Versandanzeige würde uns helfen, unsere Lagerkapazitäten zu disponieren.

Wir freuen uns auf die Zusammenarbeit.

Mit freundlichen Grüßen

Juniversal Event- und Veranstaltungsagentur GmbH
i. V. Meierhofer
Meierhofer

Geschäftsräume
Oranienburger Str. 128
10123 Berlin

Telefon
030 123456-0
Telefax
030 123456-77

E-Mail
info@juniversal-wvd.net
Internet
www.juniversal-wvd.com

Bankverbindung
Postbank Berlin
Konto 54 345-666 • BLZ 100 100 10
IBAN: DE30 1001 0010 0054 3456 66
BIC: PBNKDEFF

Geschäftsführer: Thomas Richthofen
Handelsregister HRB 32170 B
Erfüllungsort und Gerichtsstand: Berlin
Steuernummer: 061 986 04058

Beispiel für eine Warenbestellung

MERKE

Die wichtigsten vier Schritte zur Anbahnung eines Kaufvertrags im kaufmännischen Schriftverkehr sind Anfrage, Angebot, Bestellung und Auftragsbestätigung.

6.5.4 Störungen beim Kaufvertrag

Die Alpenhof Marketing Services GmbH liefert die bestellten Werbeartikel vier Wochen später per Spediteur bei der Juniversal Event- und Veranstaltungsagentur GmbH an. Bei der Wareneingangskontrolle bemerkt Michaela Meierhofer, dass die Farben des Bad-Bull-Logos nicht den Farben des Corporate Designs (CD) des Unternehmens entsprechen.

In dem von ihr freigegebenen Druckmuster waren die Druckfarben des roten Bad Bull-Logos in Pantone per numerischem Wert korrekt angegeben.

Die Tabelle gibt die gängigsten Farbräume und Farbsysteme in der Druckindustrie wieder.

RGB (Rot-Grün-Blau) zur Bildschirmdarstellung	Additives Farbmodell, die Farben Rot, Grün und Blau ergeben übereinandergelegt Weiß. Der RGB-Modus kommt bei der Ausgabe auf Bildschirmen zum Einsatz. Ein Bildschirm (Monitor) kann mit nur drei Grundfarben einen Eindruck von Millionen von Farben erzeugen. Das additive Farbmischverfahren wird immer dann angewendet, wenn Licht direkt ohne Reflexion durch einen Gegenstand in das Auge gelangen soll.
HSV (Hue Saturation Value)	Intuitiveres Modell zur Bildschirmdarstellung als RGB; Farbton (hue), Sättigung (saturation), Dunkelstufe (value); verschiedene Farbräume: HSB (brightness), HSL (lightness), HSI (intensity)
CMYK (Cyan Magenta Yellow Key) zur Druckdarstellung	Subtraktives Farbmodell. Es werden umgekehrt einzelne Lichtfarben aus weißem Licht wieder herausgenommen (Absorbtion). Der CMYK-Modus (sprich „zmük" oder „ssiemwaikee") bildet die Grundlage für den modernen Druck. Die subtraktiven Primärfarben sind Gelb, Magenta und Cyan, die Mischung dieser drei Farben absorbiert das weiße Licht und ergibt theoretisch Schwarz. Da in der Druckpraxis dieses Schwarz zu unsauber aussieht (dunkelbraun), hat man zusätzlich die Farbe Schwarz (Key) hinzugefügt.
Pantone brilliante Sonderfarben zur Druckdarstellung	Das Pantone Matching System (PMS) ist ein Farbsystem, das hauptsächlich in der Grafik- und Druckindustrie eingesetzt wird. Es wurde von der Pantone Inc. 1963 in New Jersey entwickelt und enthält Sonderfarben, die nicht im herkömmlichen Vierfarbdruck erreicht werden können. Es werden eindeutige individuelle Nummern vergeben, die man im Pantone Formula Guide nachschlagen kann.
HKS Schmuckfarben zur Druckdarstellung	HKS ist die Abkürzung für ein Warenzeichen bzw. eine Marke der Druck- bzw. Künstlerfarbenhersteller Hostmann-Steinberg Druckfarben, Kast + Ehinger Druckfarben und H. Schmincke & Co. Der HKS-Farbfächer beinhaltet auf der Basis von 120 sogenannten Volltonfarben insgesamt 3 250 Farbtöne für Kunstdruck- und Naturpapiere, deren Sinn die vorhersagbare Wiederholbarkeit und Kommunikation bestimmter Farbnuancen in der grafischen Industrie ist.
RAL für Lackfarben	Die RAL-Farbtabelle für Lacke und Farben wurde schon 1927 mit 40 Farben vom Reichsausschuss für Lieferbedingungen entwickelt. Jede Farbe bekam seitdem eine eindeutige Zahl in willkürlicher Reihenfolge zugewiesen. 1940 wurde auf ein vierstelliges Zahlensystem umgestellt. Heute umfasst das RAL-System in verschiedenen Kategorien über 2 000 festgelegte Farben.

Farbräume und Farbsysteme

Michaela Meierhofer überlegt, was nun als Nächstes zu tun ist. Die Werbeartikel sind mit den falschen Logofarben nicht zu gebrauchen. Sie informiert sich im Handelsgesetzbuch (HGB).

MERKE

Beim zweiseitigen Handelskauf hat der Kaufmann die folgenden drei Pflichten zu erfüllen, damit er seine Rechte aus mangelhafter Lieferung wahrnehmen kann:

- → Prüfpflicht – sofort (Sichtkontrolle bei Erhalt) und unverzüglich (Wareneingangskontrolle);
- → Rügepflicht – unverzüglich, das heißt ohne schuldhaftes Verzögern;
- → Aufbewahrungspflicht – ordnungsgemäß.

Der Prüfpflicht ist Michaela Meierhofer durch die unverzügliche Wareneingangskontrolle bereits nachgekommen. Dadurch hat sie die Fehler entdeckt.

Die Tabelle fasst die Bestimmungen zur Mängelanzeige zusammen.

Art des Kaufs	Offene Mängel	Versteckte Mängel
Bei zweiseitigem Handelskauf laut § 377 ff. HGB	unverzüglich bemängeln	unverzüglich nach Entdeckung, spätestens aber vor Ablauf von sechs Monaten nach Lieferung bemängeln
Bei Kauf unter Privatleuten und einseitigem Handelskauf laut § 477 ff. BGB bzw. § 377 ff. HGB	innerhalb von sechs Monaten nach der Lieferung	

Gesetzliche Bestimmungen zur Mängelanzeige

Nun ist sie verpflichtet, den Lieferanten zu rügen. Um die Rechte der Juniversal Event- und Veranstaltungsagentur GmbH aus dem geschlossenen Kaufvertrag zu wahren, schreibt sie der Alpenhof Marketing Services GmbH eine Mängelrüge (siehe Anschreiben auf der folgenden Seite). Sie kann eine Nacherfüllung, das heißt Nachbesserung, oder eine Ersatzlieferung innerhalb einer angemessenen Frist verlangen.

Lässt die Alpenhof Marketing Services GmbH diese Frist verstreichen, kann die Agentur danach vom Kaufvertrag zurücktreten bzw. Kaufpreisminderung verlangen. Je nach Situation ist es unter Umständen sogar möglich, Schadensersatzforderungen gegenüber dem Verkäufer geltend zu machen.

In jedem Fall muss die gelieferte Ware ordnungsgemäß eingelagert werden, denn sie ist immer noch Eigentum der Alpenhof Marketing Services GmbH. Sie muss dem Lieferanten dort jederzeit zur Abholung zur Verfügung stehen. Die Lagerung erfolgt bei der Juniversal Event- und Veranstaltungsagentur GmbH durch Abstellen der Paletten im Lagerraum. Es ist jedoch auch möglich, die Ware auf Kosten des Lieferanten bei einem Spediteur einzulagern.

Juniversal
Event- und Veranstaltungsagentur GmbH

Juniversal Event GmbH • Oranienburger Straße 128 • 10123 Berlin

Alpenhof Marketing Services GmbH
Herrn Meier
Frankfurter Straße 29
70305 Böblingen

Ihr Zeichen, Ihre Nachricht vom	Unser Zeichen, unsere Nachricht vom	Telefon, Name	Datum
27. Mai 20..	mh-tr	-17 Frau Meierhofer	30. Mai 20..

Mängelrüge

Sehr geehrter Herr Meier,

vielen Dank für Ihre Lieferung von 6 000 Stück „Kuhglocke schwarz mit roten Hörnern und Logoaufdruck". Die Lieferung traf wie vereinbart am 29. Mai 20.. bei uns ein.

Bei der unverzüglich erfolgten Wareneingangskontrolle mussten wir leider feststellen, dass die aufgedruckten Logos der Firma Bad Bull nicht den von uns freigegebenen Pantone-Werten gemäß dem von Ihnen am 2. Mai 20.. übersandten Proof entsprechen.

Die Waren sind für uns völlig unbrauchbar, da unser Auftraggeber auf einer hundertprozentig farbechten Umsetzung des Corporate Designs besteht.

Bitte liefern Sie uns ersatzweise bis zum 18. Juni 20.. die bestellte Ware auf der Grundlage der korrekten Pantone-Werte.

Die Ware steht Ihnen ordnungsgemäß bei uns eingelagert jederzeit zur Verfügung.

Auf eine weiterhin gute Zusammenarbeit.

Mit freundlichen Grüßen

Juniversal Event- und Veranstaltungsagentur GmbH
i. V. Meierhofer
Meierhofer

Anlagen
Kopie der Bestellung
Kopie des Proofs

Geschäftsräume
Oranienburger Str. 128
10123 Berlin

Telefon
030 123456-0
Telefax
030 123456-77

E-Mail
info@juniversal-wvd.net
Internet
www.juniversal-wvd.com

Bankverbindung
Postbank Berlin
Konto 54 345-666 • BLZ 100 100 10
IBAN: DE30 1001 0010 0054 3456 66
BIC: PBNKDEFF

Geschäftsführer: Thomas Richthofen
Handelsregister HRB 32170 B
Erfüllungsort und Gerichtsstand: Berlin
Steuernummer: 061 986 04058

Beispiel für eine Mängelrüge

Die Alpenhof Marketing Services GmbH lässt die gelieferten Give-aways abholen und liefert der Agentur innerhalb der erbetenen Frist Ersatz. Zuvor hatte sich herausgestellt, dass einer ihrer Mitarbeiter bei der telefonischen Übermittlung der Druckdaten an die Druckerei die falschen Pantone-Werte weitergegeben hatte.

AUFGABEN

1. Welche weiteren Formen des kaufmännischen Schriftverkehrs, die der Wahrung der Rechte aus einem Kaufvertrag dienen, kennen Sie?
2. Nennen Sie den Unterschied zwischen einem Zweckkauf und einem Fixkauf.
3. Welche rechtliche Situation wäre entstanden, wenn Michaela Meierhofer die Lieferung der Ware ungeprüft abgelehnt hätte?

6.5.5 Rechnungsstellung

Vier Tage nachdem die Bestellung mängelfrei angeliefert wurde, schickt der Dienstleister die Rechnung.

Die Fakturierung

Fakturierung ist der Prozess der Rechnungsstellung vom Lieferanten an seinen Kunden.

Die Alpenhof Marketing Service GmbH hat die Rechnung kurzfristig erstellt, um eine rasche Einlösung ihrer Forderung zu erreichen. Eine Rechnung muss übrigens nicht als solche bezeichnet werden. Als Rechnung wird jede Urkunde angesehen, in der über eine Lieferung oder sonstige Leistung abgerechnet wird.

Rechnungen sind als Abrechnungspapiere für die Umsatzsteuerpflicht von wesentlicher Bedeutung. Für den Leistungsempfänger besteht bei Vorliegen einer Rechnung die Möglichkeit, den Vorsteuerabzug in Anspruch zu nehmen, soweit er die Vorraussetzungen dafür erfüllt. Der leistende Unternehmer schuldet dem Finanzamt die in der Rechnung ausgewiesene Umsatzsteuer.

MERKE

Jede Rechnung muss neben den Kernangaben die beiden folgenden wichtigen Informationen enthalten, um einen Vorsteuerabzug zu ermöglichen:

1. Steuernummer oder Umsatzsteuer-Identifikationsnummer (USt-IdNr.) und
2. laufende Nummer (Rechnungsnummer).

Zahlungsziel und Zahlungsfristen

Eine Rechnung muss innerhalb von 30 Tagen nach Ausstellungsdatum bezahlt werden. Diese gesetzliche Frist gilt dann, wenn keine andere Frist gesetzt wurde.

Es empfiehlt sich jedoch, ein genaues und konkretes Zahlungsziel (zum Beispiel „bis zum 15. Mai 2019“ oder „14 Tage nach Rechnungsdatum“) zu setzen. Dieses Datum muss erreichbar für die Debitoren sein, darf aber auch weniger oder mehr als 30 Tage betragen.

Bei unklaren Zahlungszielangaben (zum Beispiel „sofort ohne Abzug“ oder „innerhalb von 14 Tagen“) entsteht folgendes Problem: Da kein kalendarisches Zahlungsziel gesetzt wurde, gilt auch die gesetzliche Frist nicht mehr. Der Debitor muss also bis zur Setzung eines gültigen Zahlungsziels nicht zahlen und gerät auch nicht in Zahlungsverzug.

Kreditoren und Debitoren

- **Kreditoren** sind in der Buchführung Lieferanten, deren Rechnungen das Unternehmen noch bezahlen muss.
- **Debitoren** sind in der Buchführung Kunden, die die Rechnungen, die das Unternehmen ihnen gestellt hat, noch bezahlen müssen.

Die Personenkonten für Kreditoren und Debitoren werden in Nebenbüchern erfasst. Häufig werden die Vorgänge alphabetisch nach Namen sortiert in Papier-Ordnern abgelegt.

AUFGABEN

1. Definieren Sie den Begriff Rechnung.
2. Recherchieren Sie alle Pflichtbestandteile einer Rechnung und listen Sie diese auf.

Beispiele → Was tun, wenn eine Rechnung eintrifft?

- Michaela Meierhofer versieht die Rechnung der Hechler GmbH mit dem Stempel „Eingang am ...".
- Von der Buchhaltung wird der Geschäftsfall gebucht. Die Rechnung wird fortan als Verbindlichkeit geführt. Die Original-Eingangsrechnung mit dem Buchungsvermerk wird im Kreditorenordner abgeheftet.
- Regelmäßige Kontrolle des Kreditorenordners auf Zahlungsziele.
- Zeitgerechte Zahlung des Rechnungsbetrags per Banküberweisung, Stempel „Überwiesen am ..." auf die Originalrechnung.
- Wenn die Rechnung bezahlt worden ist, wird vom Konto „Verbindlichkeiten" auf ein Verrechnungskonto (ein Bestandskonto) umgebucht und bei erfolgter Abbuchung wieder ausgeglichen (Verbindlichkeiten a. LL an Verrechnungskonto, Verrechnungskonto an Bank). Die Eingangsrechnung wird aus dem Kreditorenordner herausgenommen.
- Die Eingangsrechnung wird zeitlich und sachlich sortiert im Ordner für bezahlte Eingangsrechnungen und als Kopie im Lieferantenordner abgelegt.

Wenn eine Rechnung nicht oder nicht zeitig beglichen wird, kann man auf das Mittel des gesetzlichen Mahnverfahrens zurückgreifen.

Beispiele → Schritte des Mahnwesens

Voraussetzung für das Mahnverfahren ist, dass die Zahlung nicht innerhalb der gesetzten oder gesetzlichen Frist (30 Tage nach Rechnungsdatum) eingegangen ist. Das Verfahren umfasst maximal die folgenden vier Stufen:

1. erste schriftliche Mahnung bzw. Zahlungserinnerung, gegebenenfalls mit Fristsetzung, Berechnung von Kosten und Verzugszinsen;
2. zweite schriftliche Mahnung mit Fristsetzung, Kosten und Verzinsung;
3. (kostenpflichtiges) gerichtliches Mahnverfahren mit Mahnbescheid (Zustellung durch einen Gerichtsvollzieher) und Widerspruchsrecht des Säumigen, eventuell Vollstreckungsbescheid;
4. Bei Widerspruch des Säumigen oder Nichtzahlung Erhebung einer Zivilklage gemäß BGB.

Alternativ möglich ist das Inkasso durch ein (kostenintensives) Inkassounternehmen.

AUFGABEN

1. Nennen Sie die wichtigsten Methoden des modernen Zahlungsverkehrs.
2. Nennen Sie die gesetzlichen Zahlungsmittel.
3. Welche Möglichkeiten der bargeldlosen Zahlung gibt es?
4. Was ist ein Verrechnungsscheck?
5. Nennen Sie die wichtigsten Möglichkeiten im elektronischen Zahlungsverkehr.

6.6 Zusammenfassung

- → Beschaffung, Bedarf und Bezugsquellenermittlung anhand eines Projektbeispiels
- → Vergleichende Analyse von Kauf, Kreditfinanzierung, Leasing und Miete
- → Warenannahme, Kontrolle und Beanstandung
- → Branchenspezifischer Schriftverkehr: Bestellung und Reklamation
- → Farbräume und Farbsysteme: CMYK, Pantone, HKS, RAL, RGB
- → Rechnungsstellung und Faktura, Kreditorenbearbeitung und Mahnwesen

6.7 Zwischentest: Muster-Prüfungsfragen

Hinweis: Bitte keine Eintragungen im Buch vornehmen.

1. Ein Dauerauftrag ist

a) eine Form der Lastschrift.
b) eine besondere Form der Überweisung.
c) eine halbbare Zahlung.
d) eine Voraussetzung für den Scheckverkehr.

2. Ein Lieferung per Nachnahme (zwei Antworten)

a) wird im Zug der Aushändigung vom Empfänger an die Post bar gezahlt.
b) wird nach Geschäftsschluss noch ausgeliefert.
c) wird nach der baren Zahlung an den Lieferanten überwiesen.
d) ist an den Nachnamen adressiert.

3. Eine Rechnung enthält eine rechtlich gültige Zahlungsfrist, wenn (zwei Antworten)

a) ein genaues und erreichbares Datum genannt ist.
b) sie die Formulierung „zahlbar sofort ohne Abzüge" enthält.
c) die Frist innerhalb von drei Tagen nach Rechnungsdatum liegt.
d) keine Zahlungsfrist genannt ist.

4. Zum Vorsteuerabzug muss eine Rechnung die folgenden Elemente enthalten:

a) Rechnungsnummer, Steuernummer, ausgewiesene Umsatzsteuer in Prozent, ausgewiesene Umsatzsteuer in Euro, genaue Firmierung, genaue Adresse
b) Umsatzsteuer-Identifikationsnummer, Steuernummer, ausgewiesene Umsatzsteuer in Prozent, ausgewiesene Umsatzsteuer in Euro, genaue Firmierung, genaue Adresse
c) Rechnungsnummer, ausgewiesene Umsatzsteuer in Prozent, ausgewiesene Umsatzsteuer in Euro, genaue Firmierung, genaue Adresse

5. Der Prozess der Beschaffung besteht aus den folgenden Elementen:

a) Bedarfsermittlung, Bestandsbereinigung, Kostenanalyse, Lieferantenanfrage, Bestellung, Bestellüberwachung, Wareneingang, Zahlungsabwicklung
b) Bedarfsermittlung, Bestandskontrolle, Budgetermittlung und -freigabe, Lieferantenauswahl, Kostenvoranschläge, Warenversand, Rechnungsstellung, Zahlungsabwicklung
c) Bedarfsermittlung, Bestandskontrolle, Budgetermittlung und -freigabe, Lieferantenauswahl, Bestellung, Bestellüberwachung, Wareneingang, Zahlungsabwicklung

6. Leasing ist eine Form

a) der Miete.
b) der Pacht.
c) der Leihe.
d) des Kaufs.

7. Das gerichtliche Mahnverfahren (zwei Antworten)

a) kann eine stumpfe Waffe werden, wenn der Säumige dem Anspruch einfach widerspricht.
b) ist ein wirkungsvolles Mittel, das uns die Zahlung so gut wie garantiert.
c) kostet Geld.
d) kostet kein Geld.

8. Ein Kreditor

a) schuldet unserer Firma Geld.
b) hat uns eine Rechnung gestellt, die noch beglichen werden muss.

9. Ein Fixkauf

a) wird schnell abgewickelt.
b) bedeutet, dass die Ware zu einem bestimmten Termin geliefert werden muss.

Lichtinstallation zur Eröffnung der Elbphilharmonie 2017, Hamburg

7 Veranstaltungen planen, organisieren, durchführen und nachbereiten

Zum Einstieg

Die drei Konzerte in Nordrhein-Westfalen, die die Konzertagentur Dick Bäcker Entertainment als örtlicher Durchführer mit der Band The Backstage Girls durchgeführt hat, waren ein voller Erfolg. Dick Bäcker hat nun mit der Band einen Vertrag über eine bundesweite Tournee im Winter des Jahres durch ausgewählte Clubs und Hallen abgeschlossen und tritt als Tourneemanager auf.

Anvisiert sind zunächst 16 Termine an Donnerstagen bis Sonntagen. Die Auszubildende Lulu Lobenthal soll weiterhin den Job der Tourneeleiterin übernehmen. Ihr macht diese Aufgabe sehr viel Spaß, auch wenn sie manchmal sehr anstrengend sein kann. Ihre Freundin Carla, die ebenfalls musikbegeistert ist, fragt nach einigen wichtigen Aspekten des Tourneemanagements:

- → Was sind die Aufgaben eines Tourneeleiters?
- → Wie werden die Gastspielorte ausgewählt?
- → Wie wird eine Tournee kalkuliert?
- → Wie sieht die Arbeitsteilung zwischen Tourneemanagement und örtlichem Durchführer (Local Promotor) aus?
- → Wie wird ein einzelnes Konzert (Gastspiel) abgerechnet?
- → Was sind Support-Acts und welche Arten von Vereinbarungen („Deals") gibt es?
- → Welche Veranstaltungstechnik wird die Tourproduktion mitnehmen?
- → Welche Veranstaltungstechnik stellt der örtliche Durchführer?

7.1 Tourneemanagement und örtliche Durchführung

Für Lulu Lobenthal war am Anfang der Ausbildung so einiges neu. Als Bassistin ihrer eigenen Band namens Nix-xen kümmerte sie sich hauptsächlich selbst um die Gastspiele und Konzerte, da die Band keinen Manager hat. Die Band schloss jeweils direkt einen abgewandelten und selbst gestrickten Gastspielvertrag mit dem Veranstalter ab, der auf einer Vorlage des lokalen Rockfördervereins basierte. Deshalb war Lulu die Aufteilung des Tourneebetriebs in Tourneemanagement und örtlichen Durchführer noch nicht vertraut.

Eine Band oder deren Vertreter – zum Beispiel eine Agentur bzw. ein Booker oder ein Manager – kann einzelne Konzerte und Gastspiele direkt mit einem Veranstalter oder Club aushandeln. Bei einer größeren Tournee ist es jedoch sinnvoll und auch üblich, dass Bands und Künstler mit einem Tourneemanagement zusammenarbeiten.

Das Tourneemanagement schließt mit der Band oder dem Künstler einen Vertrag über die Durchführung und meistens auch die Produktion einer Tournee ab. Es fungiert dann häufig auch als Booker und sucht Local Promotor (örtliche Durchführer) als Partner, die an den Gastspielorten die Aufgabe des Veranstalters übernehmen. Der Veranstalter mietet in der Regel für den Auftritt („Gig") eine Location an. Zwischen Tourneemanager und Veranstalter wird der Gastspielvertrag geschlossen. Die Aufgaben und die Kosten werden dabei auf die beiden Vertragspartner verteilt.

Der Tourneeleiter begleitet die Tourneeproduktion zu den einzelnen Gastspielen. Er kümmert sich um alle Belange der Produktion, insbesondere um die Vertretung der Interessen des Tourmanagers gegenüber dem örtlichen Durchführer.

Zu seinen Hauptaufgaben gehören die Überprüfung der Einhaltung von Vertragsinhalten, der Bühnenanweisung sowie des Technical Riders. Darüber hinaus ist er für die kaufmännische Abwicklung und Abrechnung gegenüber dem örtlichen Durchführer und tourintern verantwortlich. Das Führen und immer neue Motivieren der Tour-Crew gehört genauso zu seinen Aufgaben wie das Organisieren der Fahrten und Fahrzeuge, die Organisation von Unterkunft und Verpflegung sowie die Betreuung von Presse, Fans und Sponsoren. Er kümmert sich auch um die Einhaltung von Sicherheitsvorschriften vor Ort. Die Position umfasst viele spannende, jedoch auch sehr anstrengende Facetten – sie reichen vom Projektleiter bis hin zum Mädchen für alles.

Wacken Open Air 2017

7.1.1 Tourneeplanung

Kontakt zu den Künstlern

Der Kontakt zwischen dem Tourneemanagement und den Künstlern oder Bands kommt auf unterschiedlichem Weg zustande. Bei unbekannten Darstellern geht die Initiative oft von Künstlerseite aus. Die Künstler möchten durch eine „richtige Tour" ihren Bekanntheitsgrad steigern. Auch der Abschluss eines Plattenvertrags kann Folge einer erfolgreich absolvierten Tournee oder Voraussetzung für eine gewünschte Tournee sein.

Vorgruppe

Viele Bands machen durch sog. Support-Auftritte im Vorprogramm einer etablierten Band auf sich aufmerksam. Hier sind die Wege sehr kurz, da für die Produktion die Möglichkeit besteht, die Bands live zu testen und mit ihr ins Gespräch zu kommen.

Beispiele → Von der Vorgruppe zum Headliner

Bei der letzten großen nationalen Tournee von Jeanette Biedermann im Jahr 2004 war die Bautzener Band Silbermond, die bis dahin nur in kleinen bis mittleren Clubs spielte, während der gesamten Tournee im Vorprogramm. Knapp zwei Jahre später wurde sie selbst Headliner (Hauptkünstler) einer eigenen großen Tourneeproduktion durch große Hallen. Das Tourneemanagement war wie bei Jeanette Biedermann die Firma Undercover Entertainment. Silbermond war 2003/2004 noch Vorgruppe von Jeanette Biedermann, 2006/2007 füllte die Band bereits größere Hallen als die Kollegin.

Es gibt prinzipiell drei grundlegende Deals für Support-Acts:

1. Die Vorgruppe kauft sich in die Tour ein, das heißt, sie bezahlt für jeden Gig ein Honorar an das Tourneemanagement der Hauptgruppe.
2. Die Vorgruppe wird auf Wunsch der Hauptgruppe auf die Tour gebucht und bekommt vom Tourneemanagement ein (meist recht bescheidenes) Auftrittshonorar.
3. Die Vorgruppe wird vom Tourneemanager oder dem örtlichen Durchführer gegen ein kleines Honorar oder unentgeltlich zum Gig hinzugebucht.

Dick Bäcker hat einen anderen Weg beschritten. Er hat, da er von Anfang an vom Potenzial der Band The Backstage Girls überzeugt war, nach wenigen Probe-Gigs auf eigenes Risiko dem Bandmanagement eine bundesweite Tournee mit optionalen Terminen im deutschsprachigem Ausland angeboten. Er vertraut auf seinen Riecher.

Internationales Geschäft

Internationale Topkünstler werden durch Agenten oder Agenturen vertreten. Diese arbeiten weltweit und bieten ihre Künstler auf dem internationalen Markt an. Wenn Tourneen anstehen, die über mehrere Länder oder gar ganze Kontinente führen sollen, wird die Koordination meist von der Agentur vorgenommen, die die Band oder den Künstler weltweit vertritt. Oft haben weltweit operierende Agenturen auch nationale Ableger, die dann wiederum die Partnerrolle des nationalen Tourneemanagements übernehmen (zum Beispiel ist die US-amerikanische Firma Live Nation Inc. beim deutschen Tourneeveranstalter Marek Lieberberg beteiligt, der wiederum zu CTS EVENTIM gehört). Die internationale Agentur und der nationale Tourneemanager schließen einen Tourneevertrag ab. Der nationale Tourneemanager bietet das Thema dann den potenziellen örtlichen Durchführern für Einzel-Gigs und Festivals mit recht langfristigem Vorlauf an.

Die Koordination ist notwendig, damit Europa- oder Welttourneen als aus einem Guss erscheinen, obwohl unterschiedliche nationale Tourneemanager diese als nationale Tourneen veranstalten. Da die Belastungen für eine Band oder einen Künstler während einer solch großen Tournee sehr groß und Termine knapp sind, kann man davon ausgehen, dass die Gesamtzahl von Gastspielterminen limitiert ist und die jeweiligen nationalen Termine vom Künstlermanagement nach Prioritäten der Band, ihrer internationalen Agentur oder der Plattenfirma vergeben werden.

Routing – Auswahl der Gastspielorte

Die Auswahl der geeigneten Gastspielorte („Venues") im Rahmen einer Tourneeplanung wird Routing genannt. Der nationale Tourneemanager einer internationalen Produktion muss seine Planung innerhalb von recht strengen Vorgaben vornehmen. Steht eine ausschließlich nationale Tourneeproduktion an, kann das Tourneemanagement die Termine innerhalb des Tourneezeitraums flexibler vergeben. Die Frage, welchen örtlichen Durchführern die Gastspieltermine angeboten werden, ist von den folgenden Aspekten abhängig:

- langjährige Geschäftsbeziehungen;
- Erfahrungen miteinander (erfolgreiche Konzerte bereits zusammen absolviert);
- Gebietsabdeckung/Gebietsschutz;
- persönliche Präferenzen der Band/des Künstlers sowie des Tourneemanagers;
- geplante Festivalauftritte;
- logistische Aspekte, zum Beispiel Erreichbarkeit der Gastspielorte von Band und Technik zwischen zwei Gastspielorten unter Kostengesichtspunkten;
- mögliche Freitermine in potenziellen Locations;
- Passung von Club und Zielgruppe, Ruf der Location in der Zielgruppe;
- Einbindung und besondere Wünsche des Plattenlabels und des Managements;
- Konkurrenzveranstaltung(en) in der Region.

MERKE

Generell ist beim Routing zu beachten, dass die Abfolge der Auftrittsstädte logistisch sinnvoll ist und dass auftrittsfreie Tage möglichst vermieden werden.

Es ist also wenig sinnvoll, Routen wie München – Kiel – Nürnberg – Rostock zu buchen. Routing ist auch unter Berücksichtigung der Freitermine möglicher Veranstaltungsorte eine komplexe Angelegenheit. Bei kleineren Tourneeproduktionen vor allem im Underground-Bereich ist es bisweilen sogar üblich, dass Bands, die sich bereits auf einer Tournee befinden, etwa bei Ausfall eines Gigs oder im Fall von freien Tagen Clubs oder Veranstaltern kurzfristig Termine anbieten. Hier spielen allerdings aufseiten der örtlichen Durchführer Aspekte wie der Gebietsschutz eine Rolle. Hat die Band bereits in der letzten Zeit in dieser Region in einem anderen Club gespielt, kann es sein, dass ein erneutes Konzert nicht mehr genügend Besucher anlockt.

AUFGABEN

1. Für wen arbeitet in der Regel der Tourneeleiter? Beschreiben Sie den Unterschied zwischen Tourneeleiter und Tourneemanager.
2. Nennen Sie mindestens sechs typische Aufgaben eines Tourneeleiters an einem Tourtag.
3. Nennen Sie mindestens sechs typische Aufgaben eines Veranstalters gegenüber dem Tourneeleiter an einem Veranstaltungstag.
4. Bringen Sie folgende Veranstaltungsorte einer Tournee in eine sinnvolle Reihenfolge: München (Startort) – Kiel – Nürnberg – Rostock – Berlin – Leipzig – Köln – Münster – Freiburg – Zürich – Oldenburg – Mannheim – Saarbrücken

7.1.2 Typische Veranstalterpflichten: Wer zahlt was?

Im Allgemeinen sind die Zuständigkeiten zwischen den Vertragspartnern aufgeteilt wie in der Tabelle wiedergegeben.

Tourneemanagement (Produzent) zahlt die allgemeinen Tourneekosten	Örtlicher Durchführer (Veranstalter) zahlt die örtlichen Veranstaltungskosten
→ Künstlerhonorar (Gage) → Steuern (Umsatzsteuer, ggf. Ausländersteuer) → Künstlersozialabgabe (wenn er der Produzent der Tour ist) → Werbung überregional und für den Verkauf der Tour → Tourneeproduktionskosten (z. B. Probenräume, Instrumente, Backline, Choreograf) → Personalkosten für mitreisendes Personal (z. B. Lichtregie, Tonregie Front, Tonregie Monitor, Backliner, Tourneeleiter, Head of Security/Sicherheitschef) → Transportkosten für Künstler und mitreisendes Personal → Kosten für Fahrzeuge → überregionale Einrichtung des Vorverkaufs beim Systemanbieter (z. B. CTS EVENTIM)	→ Gage lt. Deal → Locationmiete → Abgaben (z. B. GEMA, ggf. Vergnügungsteuer) → Werbung regional → örtliches Personal (z. B. Hands, Einlass, Garderobe, Local Security) → alle aus dem Gastspielvertrag und der Bühnenanweisung inkl. Technical Rider resultierenden Kosten (z. B. Public Address – die an das Publikum gerichtete Tonanlage, Lichtanlage, Hotelkosten Crew und Künstler, Catering Künstler und Crew) → regionale Einrichtung des Vorverkaufs Gebühren für Vorverkaufsstelle und Ticketing-Systemanbieter (z. B. CTS EVENTIM)

Typische Pflichten der Vertragspartner

7.1.3 Großes und Kleines Recht

Wenn ein Veranstalter große Werke, das heißt Theaterstücke und musikalische Werke, aufführen möchte, muss er im Rahmen des sogenannten Großen Rechts die urheberrechtlichen Tantiemen (Lizenzgebühren für die Nutzungsgenehmigung durch die Urheber, das heißt Autoren und Komponisten) an den Rechteinhaber (häufig ein Verlag oder Produzent) direkt zahlen. Üblich sind hier rund 10 % der Bruttoeinnahmen aus dem Ticketerlös.

Bei Konzerten von Unterhaltungs- und Rockmusikgruppen, die dem sogenannten Kleinen Recht zugeordnet werden, übernimmt die GEMA die Wahrnehmung der musikalischen Urheberrechte (siehe Abschnitt 5.5.3).

Gattungsorientiert betrachtet, lassen sich Bühnenaufführungen in zwei Kategorien einteilen: geschlossene Werke und Nummernprogramme (siehe Tabelle).

Geschlossene Werke	Nummernprogramme
Theaterstück	Show, Potpourri
Oper und Operette (Musiktheater)	Varieté
Musical	Zirkus
Ballett	Travestie
Sinfonie	Rockkonzert, Jazzkonzert
Puppentheaterstück	Chansonaufführung
	Kabarett und Comedy (Sketch/Szene)
	Party

weiter auf S. 344

Geschlossene Werke	Nummernprogramme
Spielfilm Roman	TV-Show
Mischformen	
Revue TV-Format	

Gängige Beispiele für verschiedene Werkgattungen

Geschlossene Werke zeichnen sich durch eine **geschlossene Dramaturgie** aus, das heißt, sie weisen Kompositionskriterien auf wie eine komplexe Handlung mit rotem Faden (plot) und differenzierten Charakterführungen. Sie erzählen eine Geschichte. Nummernprogramme umfassen eher eine Aneinanderreihung von Szenen, Liedern oder Inszenierungsteilen, eine Art bunten Straußes bekannter Melodien. Diese Form der Gestaltung des Spannungsbogens nennt man **offene Dramaturgie**.

Dramaturgie ist die gestaltende Realisierung des Spannungsbogens.

Am Public- wie Business-Event-Markt setzt sich im Zeitgeist zunehmend wieder eine Tendenz zur geschlossenen Dramaturgie durch. Durchdachte ganzheitliche Gesamtinszenierungen treffen den Geschmack des Publikums und überzeugen nachhaltig in ihrer emotionalen Wirkung. Ein gutes Beispiel dafür sind die ausgefeilten Inszenierungen des weltweit erfolgreichen Cirque du Soleil aus Kanada. Hier werden eigentlich zirkustypische Nummern zu einem Gesamtwerk komponiert. Das angesprochene Phänomen lässt sich auch in den Auftaktinszenierungen zu den Olympischen Sommerspielen wiederfinden: Imposante Aushängeschilder waren hier die Inszenierungen von Sydney (2000) und Rio de Janeiro (2016).

7.2 Zielgruppenbestimmung

Zum Einstieg

Im Büro der Stadthalle Fürth, in dem Thomas Wiczorek als Auszubildender des Kulturamts der Stadt Fürth arbeitet, wird es immer betriebsamer. Ein wesentlicher Bestandteil der Arbeit des Kulturamts ist die jährliche Planung, Ausrichtung und Nachbereitung des Fränkischen Kultursommers, der in den Monaten Juli und August in verschiedenen Locations der Stadt indoor und outdoor stattfindet.

Höhepunkt der jährlichen Veranstaltungsreihe ist das große Abschlusskonzert im Stadtpark, in dessen Rahmen verschiedene Künstler auf einer großen Open-Air-Bühne auftreten. Wie in jedem Jahr ist der Eintritt für alle Bürger frei. Ein großes Feuerwerk bildet den Abschluss der Veranstaltung.

Thomas Wiczorek ist maßgeblich in die Organisation dieser Abschlussveranstaltung eingebunden. Er hat seit dem Beginn seiner Ausbildung die verschiedenen Phasen der Planung und Vorbereitung intensiv miterlebt und sich voll eingebracht. Für einige Teilbereiche trägt er bereits die Verantwortung.

Lichtshow bei Techno-Event

Bei den ersten Besprechungen hat er eine Liste mit Fragen erstellt. Einige der Fragen hat er bereits abgearbeitet, er geht dennoch alle Fragen noch einmal im Geiste durch.

- → Wie ist die Zielgruppe des Abschlusskonzerts umrissen?
- → Wo bekommt man die Künstler für diese Veranstaltung her?
- → Wie wird die Veranstaltung ohne Ticketingerlöse finanziert?
- → Wie gestalte ich den Termin- und insbesondere den Ablaufplan der Abschlussveranstaltung?
- → Was wird an Veranstaltungstechnik für eine solch große Veranstaltung benötigt?
- → Welche Anforderungen gelten für die Künstlerbetreuung?
- → Welches interne und externe Personal wird benötigt?
- → Wie soll die eingeladene Presse betreut werden?
- → Was ist an logistischen Ressourcen notwendig?
- → Was geschieht bei schlechtem Wetter?
- → Welche branchenspezifischen Versicherungen gibt es zur Minimierung der Risiken?
- → Wie sehen eine gute Nachbereitung und Ergebnisanalyse aus?

Für eine erfolgreiche Veranstaltung ist eine möglichst genaue Bestimmung der Zielgruppe erforderlich, die für den Besuch gewonnen werden soll.

Beispiele → Zielgruppenbestimmung

→ In der Stadtverwaltung Fürth werden im Vorfeld des Fränkischen Kultursommers ausführliche Gespräche im Projektteam geführt. Da die Stadt als öffentliche Trägerin ihrem Kulturauftrag nachkommen soll, sollen die Veranstaltungen im Rahmen der Veranstaltungsreihe möglichst viele Bürger aller Altersklassen und aller sozialer Schichten erreichen. Deshalb soll die Zielgruppe der Abschlussveranstaltung, die den Höhepunkt der Veranstaltungsreihe bildet, möglichst breit definiert werden. Dies wiederum erfordert ein besonders feinfühliges Vorgehen bei der Auswahl der auftretenden Künstler. Für spezielle Zielgruppen – zum Beispiel Jugendgruppen, Senioren – werden jeweils besondere Veranstaltungen im Rahmenprogramm des Fränkischen Kultursommers angeboten.

→ Dick Bäcker plant für die Band The Backstage Girls eine bundesweite Tournee im Winter des Jahres durch ausgewählte Clubs und Hallen in Deutschland. Seit geraumer Zeit macht er sich deshalb Gedanken über die Zielgruppe der Band. Auch möchte er Sponsoren und Kooperationspartner akquirieren, für die die Zielgruppe der Band ebenfalls interessant ist. Folgende Maßnahmen haben ihm bei der Zielgruppenbestimmung geholfen:
- Beobachtung der Besucher und Zuschauerbefragung bei den Testkonzerten,
- Gespräche mit der Band und dem Management,
- Absprachen mit der Plattenfirma,
- Fragebogen mit Gewinnspiel auf der Website der Band,
- Einbeziehung des entstandenen Fanclubs Backstage-People.

AUFGABEN

1. Entwickeln Sie vier konkrete Veranstaltungsideen, die Sie im Rahmen des Fränkischen Kultursommers für die Zielgruppe der Senioren und der Jugendlichen empfehlen. Begründen Sie Ihre Auswahl.
2. Wie können Sie überprüfen, ob die Künstlerauswahl einer Veranstaltung von der Zielgruppe angenommen worden ist oder nicht? Nennen Sie fünf Möglichkeiten.
3. Nennen Sie sechs Beispiele für mögliche Locations für die 16 Auftrittstermine der Backstage-Girls-Tour (gerne konkrete Angaben). Berücksichtigen Sie dabei Zielgruppenaspekte.
4. Nennen Sie mindestens drei mögliche Sponsoren und Kooperationspartner für die Backstage-Girls-Tour. Auch hier berücksichtigen Sie bitte Zielgruppenaspekte.
5. Nennen Sie mindestens vier mögliche Sponsoren und Kooperationspartner für den Fränkischen Kultursommer. Auch hier berücksichtigen Sie bitte Zielgruppenaspekte.

7.3 Preispolitik: Bestimmung des Eintrittspreises

Die Zusammensetzung des Preises einer Eintrittskarte ist von vielerlei Faktoren abhängig, die bei jeder Veranstaltung und auch auf jeder Tournee variieren. Manchmal werden Richtpreise für eine Tournee vorgegeben, manchmal differieren die Eintrittspreise für die Aufführungen einer Band von Stadt zu Stadt.

AUFGABEN

1. Nennen Sie mindestens zwei Gründe dafür, warum es aus der Sicht des Künstlers oder Tourneemanagements sinnvoll ist, Richtpreise für eine Tournee vorzugeben.
2. Nennen Sie vier Kategorien, die den Prozess der Preisbildung maßgeblich beeinflussen.
3. Füllen Sie jede Kategorie mit mindestens zwei Faktoren, die die Preisbildung beeinflussen.

Die Tabelle fasst die Faktoren zusammen, die die Bestimmung des Preises einer Eintrittskarte beeinflussen.

Kategorie	Faktoren
Zielgruppenorientierung	→ Kaufkraft der Zielgruppe → Zahlungsbereitschaft der Nachfrager → Zahl der potenziellen Käufer → psychologische Grenzen
Kostenorientierung	→ Höhe der Gagen und der künstlerbezogenen Nebenkosten → Höhe der reinen Veranstaltungskosten → Höhe der Abgaben (Ausländersteuer, Künstlersozialabgabe, GEMA) → Höhe der Betriebskosten → vorgegebene Höhe der Umsatzsteuer
Wettbewerbsorientierung	→ Preise der direkten und indirekten Konkurrenz → Niveau des am Markt erzielbaren Preises → Orientierung an Durchschnittspreisen → regionaler und überregionaler Vergleich der Eintrittspreise bei ähnlichen Konzerten
Erlösorientierung	→ Umsatzziele → Gewinnziele → Break-even-Berechnungen
Wirkungsorientierung	→ Prestigeeffekt des Preises → Imagewirkung des Preises

Preisfindung

7.4 Finanzierung von Veranstaltungen

Konkrete Einnahmen für Live-Events kommen aus folgenden Quellen zustande:

- → Eintrittsgelder (Vorverkauf und Abendkasse) bzw. Teilnehmergebühren
- → Einnahmen aus Bewirtung/Gastronomie bzw. Standplatzverpachtung
- → Einnahmen aus Merchandising/Licensing
- → Einnahmen aus Sponsoring bzw. Werbekostenzuschüssen (WKZ) oder Spenden
- → Einnahmen aus Gewinnspielen/Lotterien
- → Einnahmen aus Medienauswertungen (z. B. Sendelizenzen)

7.4.1 Kulturetat und Co-Finanzierung

Die Mittel für die Veranstaltungsreihe Fränkischer Kultursommer werden aus dem Etat des öffentlichen Haushalts des Veranstalters, das heißt des Kulturamts der Stadt Fürth, aufgebracht. Da der Etat aufgrund der Finanzknappheit der Kommunen von Jahr zu Jahr kleiner wird, werden Möglichkeiten der Co-Finanzierung immer wichtiger.

AUFGABE

Beschreiben Sie mindestens drei Möglichkeiten, durch die im Rahmen des Kultursommers zusätzliche Einnahmen erzielt werden können.

7.4.2 Tourneekalkulation und Gagen-Break-even

Zum Einstieg

Auch die 16 Konzerte, die die Konzertagentur Dick Bäcker Entertainment als örtlicher Durchführer mit der Band The Backstage Girls durchgeführt hat, waren erfolgreich. Außerdem platziert sich die Band europaweit in den Charts mit der neuen Single „WANNA move Baby move".

Dick Bäcker will nun für die Band eine effektvolle Show produzieren, mit Pyrotechnik, Tänzerinnen, einem fetten Bühnenbild und einer ausgiebigen Audio-Video-Projektion. Geplant sind europaweit 48 Termine.

Die beiden Tourneen der Backstage Girls werden hauptsächlich über die Ticketingerlöse der Veranstalter finanziert. Gegebenenfalls kann eine Mindestgage gefordert werden. Dick Bäcker Entertainment schließt dazu entsprechende Verträge mit den jeweiligen örtlichen Durchführern. Je nach Vertragsgestaltung erhält Dick Bäcker Entertainment als Tourneemanager Garantiegagen oder prozentuale Anteile von den Einnahmen aus dem Ticketing. Von diesen Einnahmen deckt er die Tourneekosten, bezahlt die Band und behält mögliche Gewinne ein.

Typische Kostenarten eines Tourneeproduzenten

Wir wollen nun herausarbeiten, welche typischen Kosten ein Tourneeproduzent hat und wie er die im Durchschnitt geforderte Gage errechnen kann, die er pro Tourneetag erzielen sollte, um einen Gewinn zu realisieren. Wir errechnen hierfür den sogenannten Gagen-Break-even. (In Lernfeld 10 wird dieses Thema bei der Betrachtung der angewandten Deckungsbeitragsberechnung noch weiter vertieft.)

Wir trennen für die Berechnung von Gagen-Break-even und Forderungsgage zunächst die Kosten, die vor dem Start der Tournee entstehen, von den anfallenden Tageskosten.

Beispiel → Typische Kosten bei der Produktion einer Show

Typische Kosten entstehen bei der Produktion einer Show in den in der Tabelle zusammengefassten typischen Arbeitsfeldern.

Formatentwicklung	Produktionsorganisation	Technische Planung/ Umsetzung
→ Buch/Storyboard/Programm → Künstlerrecherchen → Teamzusammenstellung (künstlerische, technische, organisatorische Mitarbeiter) → Unterlagenerstellung und -verbreitung → strategische Verwertung (z. B. Merchandisingproduktion) → Musik- und Playback-produktion	→ Tourzeiträume, Tourdaten → Casting/Audition → Personaldisposition → Projektplanung und -durchführung → Projektkalkulation → Vorgruppen/Support-Acts → Vertragsgestaltung → Tourneeplanung	→ technische Umsetzung der Produktionsanforderungen → Dienstleister für Ton, Licht, Bühne, Projektion, Effekte, Nightlining/ Trucking usw. → Bühnenanweisung/ Technical Rider → Disposition der Gewerke → technische Vorbereitung der Gigs → Probenbetreuung
Marketing und Vertrieb	**Proben und Umsetzung**	**Fixe Kosten (Overhead)**
→ Marketing/Kommunikation → Broschüren und Materialien → Werbeplanung/Pressearbeit → Internet/Promotion/Aktionen → Vertrieb (Booking) → Veranstalterauswahl, -ansprache und -akquise → Verhandlung von Konditionen → Vertragsabwicklung → Tourneekalkulation und -vorbereitung	→ Probenplanung, Probenräume → Regie/künstlerische Leitung → Choreografie/Bühnen-coaching → Kostümbild und -umsetzung → Bühnenbild und Bühnenbau → Requisiten	→ Löhne/Gehälter → Betriebskosten Firma → Mieten → Fahrzeuge → Kosten Betriebsbereitschaft

Arbeitsfelder in der Tourneeplanung

Beispiele → Kosten während der Tournee

- → Künstlergagen
- → Honorare Produktionsleitung, -begleitung und -hands/-roadies
- → Tourtechnik inklusive Personal
- → Fahrzeuge und Verbrauch
- → Verpflegung und Übernachtung
- → Rechte und Lizenzen
- → sonstige Tageskosten

Um die Break-even-Gage zu errechnen, das heißt die Gage, die nötig ist, um alle anfallenden Kosten zu decken, müssen die Produktionskosten der Tourerstellung sowie die Tageskosten aufaddiert und mit der angestrebten Zahl von Auftritten abgeglichen werden.

Gagen-Break-even: Berechnung aus der Sicht des Tourneeproduzenten

Wie kann ein Tourneeproduzent die Mindesthöhe der Gage ermitteln, die er beim Veranstalter einfordern muss, um seine Kosten zu decken (rechnerische Ermittlung des Gagen-Break-Even)? Zunächst muss er die vermutliche Höhe der Produktionskosten sowie der Tageskosten ermitteln. Die Produktionskosten müssen anschließend auf die Tageskosten umgelegt werden. Das kann folgendermaßen geschehen:

1. Die Tageskosten werden mit der Zahl der geplanten Gastspiele multipliziert.
2. Die Produktionskosten werden aufaddiert.
3. Die ermittelte Summe wird durch die geplante Zahl der Auftritte dividiert.
4. Die so ermittelte Höhe der Kosten pro Auftritt wird mit einem Gewinnaufschlag versehen. Der resultierende Betrag entspricht der Forderungsgage.

Beispiel → Gagen-Break-Even und Forderungsgage eines Tourneeproduzenten

Es seien 48 Gastspiele geplant.

Produktionskosten (in €)

Formatentwicklung	Produktionsorganisation	Technische Planung	Marketing und Vertrieb	Proben und Umsetzung	Fixe Kosten (Overhead)	Summe
4.800,00	6.200,00	6.400,00	18.600,00	12.200,00	8.400,00	56.600,00

Tageskosten (in €)

Künstlergagen	Produktionsleitung usw.	Tourtechnik	Fahrzeuge und Verbrauch	Lizenzen/Rechte	Sonstiges	Summe
4.800,00	580,00	2.740,00	980,00	300,00	185,00	9.585,00

Die Schritte 1 bis 3 lassen sich in der folgenden Formel darstellen:
Kostendeckende Gage pro Auftritt (Gagen-Break-even)
= (Planzahl Auftritte · Tageskosten + Produktionskosten)/Planzahl Auftritte
Die entsprechende Berechnung lautet:
(48 · 9.585,00 € + 56.600,00 €)/48 = <u>10.764,17 €</u>
Als Gewinnaufschlag seien 20 % vorgesehen. Daraus ergibt sich:
Forderungsgage pro Auftritt (inkl. Gewinn) = 10.764,17 € · 1,2 = <u>12.917,00 €</u>
Die Durchschnittsgage pro Auftrittstag, die zur Deckung der Kosten nötig ist, beträgt 10.764,17 €. Wenn der Produzent 20 % Gewinn machen möchte, muss er im Durchschnitt 12.917,00 € pro Auftrittstag umsetzen.

AUFGABEN

1. Wie könnte man die oben genannte Formel zur Ermittlung des Gagen-Break-even vereinfachen? Schlagen Sie eine alternative Formel vor.
2. Der Produzent einer Comedy-Tournee hat die folgenden kalkulatorischen Werte ermittelt: 6.465,00 € Tageskosten und 50.600,00 € Produktionskosten. Geplant sind 32 Gastspiele. Wie hoch ist der Gagen-Break-even?
3. Wie hoch muss die Forderungsgage im Durchschnitt sein, wenn der Produzent 20 % Gewinn anstrebt?
4. Wie hoch sind Gagen-Break-even und Forderungsgage unter Verwendung der Vorgaben in Aufgabe 2 und 3, wenn fünf Off-Tage (auftrittsfreie Tourneetage) hinzukommen, an denen der Produzent im Durchschnitt 4.200,00 € Tageskosten hat, weil er die gesamte Tour-Bagage bezahlen muss?
5. Wie beeinflusst die Forderungsgage den Deal-Break-even (Abschnitt 3.2.6)?

7.5 Ausgewählte Aspekte der Veranstaltungsorganisation

7.5.1 Veranstaltungstechnik

AUFGABEN

1. Unterstützen Sie Thomas Wizcorek bei der Planung der Veranstaltungstechnik für das Abschlusskonzert des Fränkischen Kultursommers. Welche Technik benötigt er für seine Veranstaltung? Führen Sie ein kurzes Brainstorming durch und notieren Sie die Begriffe auf Moderationskarten. Sortieren Sie anschließend die Begriffe an einer Pinnwand grob nach Gewerken und bringen Sie diese in eine sinnvolle Reihenfolge.
2. Recherchieren Sie im Internet Anbieter von professioneller Veranstaltungstechnik und werten Sie Onlinekataloge und -preislisten aus.

Im Folgenden werden veranstaltungstechnische Aspekte in der Reihenfolge erklärt, gemäß der ein Aufbau der Technik für eine Veranstaltung erfolgt. Der Text konzentriert sich darauf, Grundkenntnisse zu vermitteln.

Strom

Die entscheidende Voraussetzung für den Einsatz von moderner Veranstaltungstechnik ist die Versorgung des Veranstaltungsorts mit ausreichend elektrischem Strom. Um den Strombedarf für die Veranstaltung auszurechnen, ist es wichtig, alle bei der Veranstaltung eingesetzten Geräte nach Gewerkeart zu kennen. Es bietet sich an, bereits in der Planungsphase den Bedarf potenzieller Stromabnehmer abzufragen.

Beispiel → Strombedarfsermittlung

Für das Abschlusskonzert möchte Thomas Wiczorek den Strombedarf der Veranstaltung ermitteln. Die einzigen Angaben über Stromverbraucher, die ihm bislang vorliegen, sind die Angaben der Gastronomiestände. Diese hat er im Anmeldeverfahren mithilfe eines Fragebogens erfasst. Aus den Antworten geht hervor, dass für alle Stände zusammen ein Strombedarf von 10000 Watt (10 kW) besteht.

Beim ortsansässigen Veranstaltungstechnik-Dienstleister Soundland erfährt er den Strombedarf für die große Tonanlage und die Bühnenlichtanlage. Der Bedarf für die Tonanlage beträgt 10 kW und für die Lichtanlage 200 kW.

Für die Beleuchtung der Anfahrtswege des Sanitätszelts sowie weiterer Einrichtungen notiert er sich nach Absprache mit den zuständigen Fachleuten weitere 20 kW.

Nun addiert er alle erhobenen Werte:

Gastronomiestände	10000 W
Tonanlage	10000 W
Bühnenlichtanlage	200000 W
Beleuchtung Anfahrtswege	20000 W
Summe	**240000 W (240 kW)**

,Monitor World', Backstage PRG LEA Stage, Frankfurt 2017

Den Strom für diese Veranstaltung bezieht Thomas Wiczorek vom örtlichen Energieversorgungsunternehmen. Wie alle öffentlichen Plätze der Stadt ist auch der Stadtpark mit Strom versorgt. Die grauen Anschlusskästen, die an wichtigen Stellen des Parks stehen, gewähren nach der Anmeldung Zugang zum Versorgungsnetz des örtlichen Energieversorgungsunternehmens. Für eine Unterverteilung ab den Anschlusskästen muss er als Veranstalter jedoch selbst sorgen.

Ein normales Schuko-Kabel (Schutzkontaktstecker – CEE 7/4) mit einer Phase mit 230 Volt Spannung, einer Rückleitung sowie einem Schutzleiter eignet sich nicht, man kann daraus maximal 16 Ampere (etwa 3680 W) Strom ziehen. Für die Versorgung mit großen Strommengen benötigt man Mehrphasen-Wechselstrom. Hier werden drei unabhängige Phasen mit je 230 V Spannung und höheren Stromstärken durch entsprechend dickere

Kabel übertragen. Die Phasen haben eine gemeinsame Rückleitung (Null-Phase) und einen gemeinsamen Schutzleiter. Die großen roten Stecker gibt es in verschiedenen Größen je nach der zu übertragenden Stromstärke. Ihren Namen CEE haben Sie von der Internationalen Kommission für Regeln zur Begutachtung elektrotechnischer Erzeugnisse (CEE = Commission on the Rules for the Approval of the Electrical Equipment). Die gängigsten CEE-Stecker sind nach Größe sortiert CEE16A, CEE32A, CEE63A und CEE125A.

Verkabelung

Lichttechnik (Dimmer-Racks) Backstage, PRG LEA Stage, Frankfurt 2017

Bei der Versorgung einer Veranstaltung mit Strom sollte immer auf eine „sternförmige" Verkabelung geachtet werden, das heißt, ausgehend von einem Stromverteiler sollte möglichst jede Stromverbrauchergruppe eine eigene Leitung bekommen. Vermeiden sollte man das sog. Durchschleifen von Stromverbrauchern durch mehrere Stromverteiler. Kabel auf einer Kabeltrommel müssen immer komplett abgewickelt werden, da sich sonst die Trommel ab einer gewissen Leistungsentnahme zu stark erhitzen kann. Ein Verkabelungsplan hilft die Kabelwege zu bemessen und ist ein hilfreiches Mittel für alle beteiligten Gewerke.

Die Gewerke Ton und Licht müssen durch separate Phasen versorgt werden, da die Dimmerpacks (Lastverstärker der Lichtanlage) durch elektromagnetische Strahlen die Tonanlage stören können. Die Störung wird, wenn die Tonanlage kein Tonsignal überträgt, durch ein Brummen hörbar.

Stromführungen, die Besucherwege kreuzen, sollten mit Kabelbrücken versehen werden, etwa in Form von Gummimatten oder mit Gaffaband (starkes Klebeband) abgeklebt. Für Stellen, an denen Fahrzeuge oder schweres Gerät verkehren, gibt es spezielle und relativ teure Kabelbrücken mit geschützten Kabelkanälen. Kabelwege quer zu Rettungswegen sind nach VStättVO nicht zulässig.

Beispiele → Schutz von Kabelwegen

Bei einem kleinen Outdoor-Rockfestival über Pfingsten kam es im letzten Jahr zu folgendem Vorfall: Eine Band, die mit ihrem Kleinbus angereist war, fuhr ohne Absprache direkt vor die Bühne, um ihre Backline (Verstärker usw.) auszuladen. Da die

Tontechniker das Multicore (die Tonkabelverbindung von den Bühnensignalen zum FOH-Pult) durch den Besucherbereich (nicht sichtbar vergraben) verlegt hatten, zerstörte der Kleinbus durch das Überfahren den Kabelweg. Das hatte die folgenden Konsequenzen:

- → Ein Ersatz-Multicore war kurzfristig nicht zu besorgen, das Konzert konnte nur mit dreistündiger Verspätung durchgeführt werden.
- → Der Veranstalter musste dem Veranstaltungstechnik-Dienstleister den Schaden ersetzen, den dieser durch das defekte Multicore erlitt, außerdem die Mehrkosten für das Ersatz-Multicore.
- → Durch verunsicherte Besucher entstand für den Veranstalter ein Imageschaden.
- → Die übel gelaunten Tontechniker erzeugten einen schlechten Sound.

AUFGABE

Recherchieren Sie Möglichkeiten der Stromversorgung für das Abschlusskonzert des Fränkischen Kultursommers, wenn das örtliche Energieversorgungsunternehmen den Stadtpark nicht mit ausreichend Strom versorgen kann.

MERKE

Kleine Checkliste Strom

- → Sind alle Stromabnehmer bekannt?
- → Sind genügend getrennt voneinander abgesicherte Stromkreise vorhanden (Ton, Bühne und Licht)?
- → Sind die unterschiedlichen Steckergrößen der verschiedenen Gewerke berücksichtigt?
- → Kabelwege (Kabellänge) kontrollieren und dokumentieren
- → Kabelbrücken für Publikumsverkehr nicht vergessen

Bühne

Bei der Planung der Bühne kann Thomas Wiczorek auf die Erfahrung aus dem letzten Jahr zurückgreifen. Die Bühne wird komplett von einem Bühnendienstleister geliefert und aufgebaut. Die Bühnenfläche besteht aus mobilen, wetterfesten Standard-Bühnenpodesten in der Größe 1 m × 2 m. Die Bühnengröße von 16 m × 12 m wird aus 96 Podesten gebildet. Das Dach wird mit vier Motoren, die mit Kettenzügen arbeiten, an den vier Stützpfeilern hochgezogen. Die Dachtraversen dienen gleichzeitig als Rigg (Mastwerk) für die aufzuhängenden Scheinwerfer und die geflogenen (gehängten) Lautsprecherboxen. Sie werden von den Veranstaltungstechnikern bequem in Arbeitshöhe bestückt sowie verkabelt und dann motorisch hochgezogen. Man spricht in diesem Falle von einem Ground-Support-System, da in der Regel mindestens vier Pfeiler die Konstruktion tragen.

An den Seiten der Bühne werden jeweils weitere Traversen angebracht, die über die Bühnenseiten hinausragen. An diesen Traversen werden die PA-Lautsprecher-Konfigurationen angebracht. Diese seitlichen Ausleger nennt man PA-Wings.

Ein **PA-System** (Public-Adress-System) ist ursprünglich der an die Zuschauer gerichtete Teil der Tonanlage bei einer Veranstaltung (ohne das Monitoring, das heißt die Selbsthöranlage für die Bühnenmusiker). Heutzutage wird der Begriff als Synonym für die komplette Tonanlage bei einer Veranstaltung benutzt.

Die Bühnenseiten sowie die Bühnenrückseite werden mit luftdurchlässigem Gazestoff abgespannt. Dieses Material bietet Schutz vor Regen, andererseits aber aufgrund seiner Luftdurchlässigkeit dem Wind weniger Angriffsfläche. Das Bühnendach besteht aus widerstandsfähigem Zeltmaterial. Die gesamte Bühne wird nach dem Aufbau an allen vier Seiten ähnlich wie ein Zelt mit Seilen abgespannt und mithilfe von Wassertanks gesichert.

Traversen

Für den FOH-Platz, der die Ton- und Lichtregie beherbergt, benötigt Thomas Wiczorek einen wetterunabhängigen Unterstand. Dies möchte er mithilfe von Traversen realisieren. Er fragt seinen Kollegen Roman Stehlsen, der ihm die verschiedenen Traversensysteme erklärt.

Eine **Traverse** ist ein mechanischer Träger, der zur Stabilisierung, Befestigung oder Verbindung dient. Sie findet Verwendung in Konstruktionen oder als Lastaufnahmemittel in der Veranstaltungsbranche.

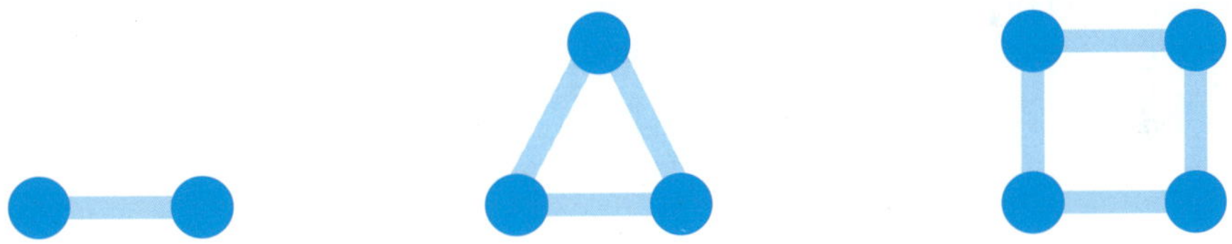

2-Punkt-Traverse (Leiter) *3-Punkt-Traverse Triangle-Truss* *4-Punkt-Traverse Square-Truss*

Die modernen Traversensysteme sind heutzutage aus Aluminium gefertigt und entsprechend leicht. Die einzelnen Elemente sind in den verschiedensten Konfektionen erhältlich. Sie haben unterschiedliche Schenkellängen (gängig sind 30 cm oder 40 cm), man spricht deshalb beispielsweise von 40er-Square-Truss oder 30er-Triangle-Truss. Darüber hinaus sind verschiedene Traversenlängen üblich, etwa 2 m, 2,5 m und 3 m. Der Verband für professionelle Licht- und Tontechnik VPLT hat in Zusammenarbeit mit der Verwaltungsberufsgenossenschaft die Informationsschrift VPLT SR1.0 herausgegeben, die mit die Anforderungen an ein Traversensystem erläutert (neu gefasst als Informationsschrift SQP1 Traversen des Dachverbands Interessensgemeinschaft Veranstaltungswirtschaft IGVW).

MERKE

Kleine Checkliste Bühne/Rigging

- → Was soll auf der Bühne stattfinden, wie viele Personen treten auf?
- → Wie groß muss die Bühne sein?
- → Was wird auf der Bühne präsentiert?
- → Welcher Bühnentyp passt?
- → Wie hoch wird die Bühne bzw. wie viele Zuschauer werden erwartet?
- → Wie ist der Untergrund/das Gelände beschaffen? Jahreszeit beachten (Schneelast, Wassertank wegen Frost)
- → Bei Traversenkonstruktionen: Welche Lasten müssen abgehängt werden (Punktlast, verteilte Last)? Welche Strecken müssen überbrückt werden? Ist ein Hängepunkteplan vorhanden? Ist ein Prerigg vorhanden? Ist genügend Platz unter der Decke vorhanden?

AUFGABEN

1. Welche weiteren Bühnenformen kennen Sie? Listen Sie diese auf und sortieren Sie sie in die Kategorien mobile und fest installierte Bühnen ein.
2. Bei einem Konzert möchten Sie den Künstler am Ende des Auftritts im Boden verschwinden lassen. Mit welchem Hilfsmittel können Sie dies realisieren?
3. Wie hoch sollte eine Bühne für ein Rockkonzert (400 Zuschauer) mindestens sein, welche höchstmögliche Höhe empfehlen Sie und warum?
4. Sie möchten verschiedene Höhen innerhalb einer Szenenfläche mit Bühnenpodesten realisieren. Welche zwei Standardmöglichkeiten haben Sie und wie nennt man die gängigen Hersteller?
5. Recherchieren Sie die Begriffe Prerigg und Hängepunkte. Diese können beim Abhängen von Lasten eine wichtige Rolle spielen.

Lichttechnik

Für die Ausleuchtung der Bühne erkundigt Thomas Wiczorek sich beim Technikdienstleister Soundland über verschiedene Scheinwerfertypen. Die Liste mit den Scheinwerfertypen bekommt er per E-Mail als PDF-Datei zugesandt. Einige Typen kennt er bereits, andere noch nicht.

Ein traditioneller **Scheinwerfer** besteht aus einer Lichtquelle und einem Reflektor, mit dem man einen begrenzten Bereich einer Szenerie oder ein einzelnes Objekt beleuchten kann.

Diese klassischen Scheinwerfer lassen sich grob in solche mit und ohne optische Linse einteilen. Optische Linsen werden benötigt, um Lichtstrahlen zu sammeln oder zu zerstreuen (Konvergenz oder Divergenz). Zur punktuellen Beleuchtung etwa einer Sängerin auf einer Szenenfläche ist demnach eine Sammellinse erforderlich.

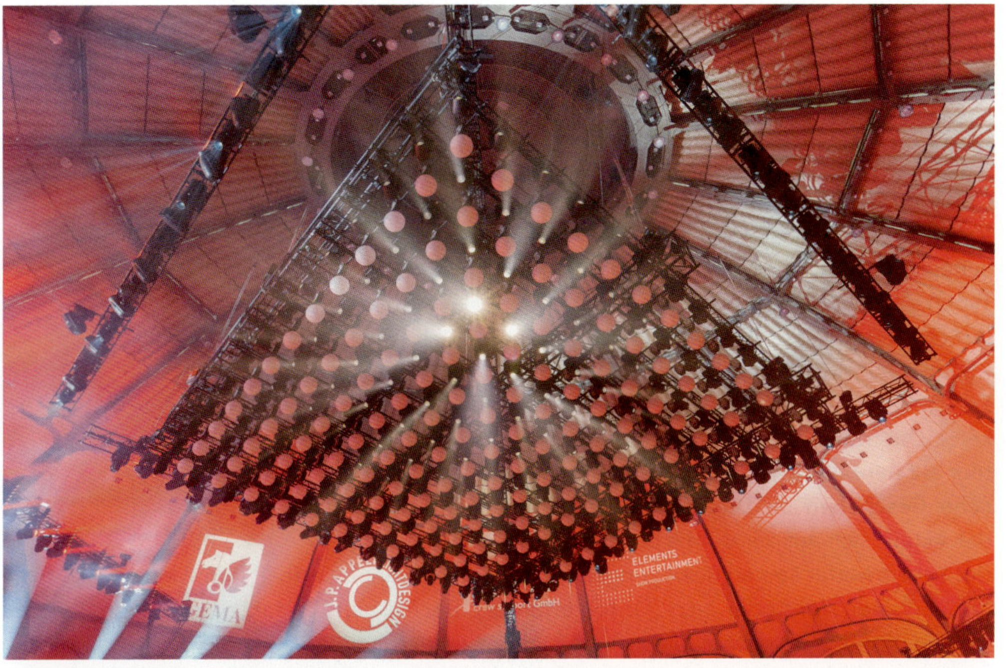

Lichttechnik und kinetische Elemente, PRG LEA Stage, Frankfurt 2017

Komplexe Lichttechnik über der Bühne

Der günstigste Scheinwerfer mit optischem System ist der **Stufenlinsenscheinwerfer**. Er ist das klassische Mittel für die Grundausleuchtung einer Bühne von der Front-Traverse aus und erlaubt eine kontrollierte Ausrichtung des Lichts.

Der **Profilscheinwerfer** (engl.: Profiler) ist ein weiterer klassischer Scheinwerfer mit einem optischen System. Der Unterschied zum Linsenscheinwerfer besteht darin, dass die Lampe zur Größenverstellung des Lichtkegels nicht verschoben werden muss. Zusätzlich bietet der Profiler die Möglichkeit, Teile des Lichtkegels mithilfe eines „Shutters“ einzugrenzen. So sind beispielsweise quadratische Lichtkegel möglich. Auch können sogenannte Gobos (Graphical optical blackout) verwendet werden, das heißt Masken aus Metall oder Glas, die in den Scheinwerfer eingesteckt werden, um so Muster, Texte, Bilder oder Logos projizieren zu können.

Aufbau einer gerundeten LED-Wand für Sportveranstaltung

Der **Verfolgerscheinwerfer** (engl.: Followspot) ist eine besondere Form des Profilscheinwerfers und einer der bekanntesten Typen. Auch er besitzt ein optisches System in Form einer Linse und wird benutzt, um Künstler auf einer Bühne in Szene zu setzen. Er ist in der Lage, einen punktgenauen, starken Lichtstrahl abzugeben, der nur den Akteur auf der Bühne hervorhebt und das restliche Geschehen im Dunkeln lässt. Wenn der Akteur sich auf der Bühne bewegt, kann der Scheinwerfer seinen Bewegungen folgen. Die Bedienung erfolgt durch eine Person, die am Verfolger steht oder sitzt (Verfolgerfahrer). Bei kleinen Produktionen ist der Job des Verfolgerfahrers oft vakant, da dort meist das Budget für das Personal fehlt. So bekommen junge, interessierte Menschen oder auch rüstige Rentner, die bei der Produktion aushelfen, manchmal unversehens die Möglichkeit, in die anwendende Veranstaltungstechnik einzusteigen. Moderne Verfolgerscheinwerfer können mitsamt dem Bedienungspersonal auch oben in der Front-Traverse positioniert werden.

Der **PAR-Scheinwerfer** (Parabolic Aluminium Reflector) besitzt keine optische Linse. Er besteht aus einem Reflektor, einer Lampe (Brenner), dem Scheinwerfergehäuse, einem Befestigungsbügel sowie einer Halterung für einen Farbfilterrahmen. Dieser Scheinwerfer ist der klassische Rock-'n'-Roll-Scheinwerfer. Er ist sehr günstig und in verschiedenen Größen verfügbar. PAR-Scheinwerfer können mit verschiedenen Leuchtmitteln und Reflektoren bestückt werden. In der Praxis werden sie an sogenannte T-Bars (T-förmige Stangen) in Vierer- oder Sechser-Konfigurationen montiert. Diese Stangen enthalten in der Regel auch die fertig verkabelte Stromzuführung.

Alle genannten Scheinwerferarten besitzen die Möglichkeit, **Filterfolien** in einem Filterrahmen vor den Scheinwerfer einzuschieben. Diese Filterfolien können auf Bögen bestellt und gemäß der benötigten Größe beschnitten werden. Die Folienfarben haben Nummern. Diese finden Sie in den Bühnenanweisungen der Künstler wieder, die oft bestimmte Farben für ihre Bühnenshow anfordern.

Der **Fluterscheinwerfer** kommt immer dann infrage, wenn eine Fläche möglichst gleichmäßig ausgeleuchtet werden soll. Typische Anwendungsmöglichkeiten sind Horizont- und Prospektbeleuchtung sowie Decken- und Bodenbeleuchtung. Als Kaskaden von mehreren Scheinwerfern findet man die Fluter auch oft als sogenannte Audience-Blinder. Diese werden auf das Publikum gerichtet und an exponierten Stellen des Showsets eingeschaltet, um das Publikum zu blenden.

Um die Scheinwerfer mit Strom versorgen zu können, benötigt man sogenannte **Dimmerpacks**, die auch die Helligkeit regeln können. Die Dimmerpacks stehen in der Regel in Bühnennähe. Je vorhandenem Kanal können ein oder mehrere Scheinwerfer bis zur Maximalleistung (meist 2,3 kW) angeschlossen werden. Gängige Versionen haben sechs, zwölf oder mehr Kanäle. Die Steuersignale bekommen die Dimmerpacks vom Lichtstellpult in der Lichtregie.

Spiegelbewegte Multifunktionsscheinwerfer werden **Scanner** genannt. Bei einem Scanner strahlt das Leuchtmittel auf einen beweglichen Spiegel, der je nach Wunsch seine Position verändern kann. Der Lichtstrahl wird von dem Spiegel abgelenkt und man kann verschiedene Positionen auf der Bühne anfahren. Per additiver Farbmischung kann der Lichtstrahl alle Farben annehmen. Gobos können zum Beispiel zur Logoprojektion benutzt werden. Scanner sind sehr flink, da der Spiegel nur wenig wiegt. Populär ist der sogenannte **kopfbewegte Scheinwerfer (Movinghead)**. Der Kopf mit dem Scheinwerfer lässt sich um alle Achsen schwenken, so können viele Bühnenpositionen angefahren werden.

Die **LED** (Light Emitting Diode) spielt als Leuchtmittel eine wachsende Rolle. Im Vergleich mit Glühbirnen oder Halogenbrennern verbrauchen LED weniger Energie und arbeiten praktisch trägheitslos. Die Lebensdauer von LEDs beträgt ein Vielfaches derer von klassischen Glühlampen. Es gibt zu vielen genannten Scheinwerfertypen inzwischen auch LED-Varianten. Auch in modernen Ampelanlagen werden sie verbaut, da sie weniger Energie verbrauchen und zudem im Tageslicht heller leuchten.

PRG Live Entertainment Award (LEA), Frankfurt 2017

MERKE

Kleine Checkliste Lichttechnik

Der Programminhalt ist mit den Gewerken Rigging- und Bühnentechnik sowie mit der Projektionstechnik abzusprechen. Bitte beachten, dass das Licht meist der größte Stromverbraucher ist.

- → Genaue Bühnenmaße (Breite × Tiefe)?
- → (Lichte) Höhe über der Bühne?
- → Welche Showbeiträge, wo finden sie statt? Positionierung von Rednerpult, Talkecke usw.?
- → Kommt Video- oder Kameratechnik zum Einsatz? Wenn ja, was wird aufgenommen? Wo ist die genaue Leinwandposition?
- → Genaue Auflistung sowie Maße und Position von Dekorationsmaterialien, die ausgeleuchtet werden sollen
- → Sind Anweisungen (Rider) von Künstlern zu beachten?

AUFGABEN

1. Nennen Sie fünf Scheinwerfertypen, recherchieren Sie die Mietpreise und sortieren Sie die Typen aufsteigend nach den ermittelten Preisen.
2. Nennen Sie die wesentlichen Bestandteile einer klassischen Lichtanlage.
3. Für eine Messeaussteller-Party am zweiten Tag einer Fachmesse sollen Sie die Lichtanlage buchen. Da Ihr Budget begrenzt ist, müssen Sie möglichst kostenbewusst einkaufen. In der Partylocation stehen zwei typische Exponate der Branche, die punktuell beleuchtet werden sollen. Die Bühne und die Tanzfläche sollen mit farbigem Licht ausgeleuchtet werden. Welche Scheinwerfer bestellen Sie?

Audiovisuelle Veranstaltungstechnik/Projektion

Neben den klassischen Gewerken der Veranstaltungstechnik hat sich bei modernen Produktionen die AV-Technik etabliert. Sowohl bei Business- als auch bei Public Events wird sie heute verstärkt eingesetzt. Die Versorgung einer großen Location mit Bildinformationen an einer zentralen Stelle wird mithilfe von leistungsstarken Video-Projektionsgeräten oder mit LED-Screens realisiert. Für kleinere Versammlungsstätten oder die Versorgung mit mehreren Bildmonitoren bieten sich Bildschirmgeräte an. Mit einer Projektion lassen sich große Bilddiagonalen erreichen.

Beispiel → Audiovisuelle Darbietung im Rahmen einer Aktionärsversammlung

Ist es möglich, den Versammlungsraum mit einer großen Leinwand zu bestücken, so können während der Veranstaltung mit einer Projektion das Podiumsgeschehen sowie vorproduzierte Filme und Beiträge auf der Leinwand in angemessener Größe für alle Beteiligten gezeigt werden. Je größer der Abstand vom Beamer zur Leinwand ist, desto größer wird das Bild. Dabei ist zu beachten, dass zugleich dessen Helligkeit abnimmt. Für große Distanzen werden deshalb sehr große Lichtleistungen der Beamer benötigt.

Die Lichtleistung eines Beamers wird in ANSI-Lumen angegeben. Kleine Beamer für den Heimgebrauch haben etwa 1000 bis 1600 ANSI-Lumen, für den Seminarbereich sind etwa 1600 bis 2300 ANSI-Lumen anzusetzen. Hochleistungsbeamer für Großveranstaltungen haben bis zu 30000 ANSI-Lumen und mehr und werden von speziellen Dienstleistern zur Miete pro Einsatztag mit Personal angeboten.

Hochleistungsbeamer für Großveranstaltungen

Bei der Projektion mit einem Beamer ist zuerst eine generelle Entscheidung zu treffen. Werden die Inhalte mit einer Aufprojektion auf die Leinwand projiziert oder mit einer Rückprojektion durch eine spezielle Leinwand seitenkorrigiert geworfen? Die **Rückprojektion** hat den Vorteil, dass auf der Bühne selbst kein Beam vorhanden ist und diese Variante in der Regel sich besser für Tageslicht eignet. Sie ist jedoch wesentlich aufwendiger zu realisieren. Hinter der Szenenfläche ist zusätzlicher Platzbedarf zur Errichtung des Rückprojektionstunnels notwendig. Dieser muss verdunkelt werden, damit kein Streulicht in den Projektorbeam fällt. Eine lichtdurchlässige, spezielle Rückprojektions-Leinwand ist notwendig.

Die **Aufprojektion** ist einfacher zu realisieren. Der Beamer steht im Raum oder wird von der Decke oder dem Rigg abgehängt (eventuell kopfüber). Aufprojektions-Leinwände können aufgrund ihrer Reflektionseigenschaften die Lichtleistung des Beamers vergrößern. Nachteilig ist die Gefahr der Schattenbildung auf der Leinwand durch Personen, die im Lichtstrahl des Beamers stehen.

Flachbildschirme sind in der Veranstaltungsbranche inzwischen zur Standardlösung zur Darstellung von Inhalten auf mehreren Bildschirmen avanciert.

LED-Screens haben eine beeindruckende Entwicklung durchgemacht. Waren sie anfänglich nur in Sportstadien oder großen Multifunktionsarenen zu finden, so gibt es sie heute in handlicher modularer, transportabler Form. Einzelne LED-Panels lassen sich zu größeren Einheiten zusammenfügen und eignen sich für mobile Produktionen im gehobenen Veranstaltungssegment.

Aufbau einer zylindrischen LED-Wand für Sportveranstaltung

Früher spielte die **klassische Diaprojektion** in der Veranstaltungstechnik immer dann eine Rolle, wenn hohe Auflösungen gefragt waren. Spezielle Großbild-Diaprojektoren, die mehrere Motive auf großformatigen Filmrollen beinhalten, konnten beispielsweise Fotos oder Logos über große Entfernungen in bestechender Qualität projizieren.

Zuspieler für Videoprojektoren und Bildschirme sind zum Beispiel Computer, DVD-Player, Video-Player. Sie finden in der Bildregie Platz. Dort werden sie an einen Bildmischer angeschlossen, mit dem die einzelnen Geräte eingeblendet werden können. Heutzutage werden in der Regel computerähnliche digitale Medienserver eingesetzt, die sowohl die Licht-, als auch die Bildsignale steuern.

MERKE

Kleine Checkliste Projektion

- → Geplante Veranstaltung im Freien oder einer Halle, am Tag oder bei Dunkelheit?
- → Größe des Veranstaltungsraums? Größe des Publikums, Entfernung von der Projektionsfläche?
- → Lichtverhältnisse während des Produktionszeitraums (Verdunkelung möglich?)
- → Positionierung der Leinwand/Monitorwand wegen Lichteinfalls
- → Rückprojektion oder Aufprojektion?
- → Größe der Leinwand/Monitorwand?
- → Bildformat 4:3,16:9, noch breiter?
- → Livebild gewünscht, wenn ja, wie viele Kameras und welches System?
- → Art der Zuspieler
- → Sollen Bilder aufgezeichnet werden?

AUFGABEN

1. Was müssen Sie bei einer Rückprojektion beachten?
2. Nennen Sie drei Vorteile und einen Nachteil von LED-Screens.

Kommunikation

Um den reibungslosen Ablauf einer Veranstaltung zu gewährleisten, ist es notwendig, dass die verschiedenen Gewerke miteinander kommunizieren können. Lösungen, die dies unterstützen, nennt man Interkom. Kabelgestützte Lösungen werden überall dort eingesetzt, wo die Mitarbeiter festen Positionen zugeordnet sind, zum Beispiel am FOH-Pult, am Monitorpult oder am Verfolgerscheinwerfer. Die Kommunikationsstationen verfügen jeweils über ein Mikrofon und einen Lautsprecher. Sie werden mit Kabeln untereinander verbunden und haben Anschlussmöglichkeiten für einen Kopfhörer oder ein Headset. In lauten Umgebungen kann zusätzlich eine Lampe zur optischen Signalisierung angeschlossen werden.

Simplex-Verfahren: Teilnehmer A kann mit Teilnehmer B sprechen, dieser kann jedoch nicht antworten.
Semiduplex-Verfahren: Teilnehmer A kann mit Teilnehmer B sprechen und umgekehrt. Es kann jedoch nicht gleichzeitig, sondern nur nacheinander gesprochen werden.
Duplex-Verfahren: Teilnehmer A und Teilnehmer B können gleichzeitig sprechen und hören.

Mitarbeiter mit wechselnden Positionen können mit drahtlosen Systemen versehen werden. Dies sind meist Funkgeräte mit einer Anschlussmöglichkeit für ein Headset. Zunehmend sind sogenannte Matrix-Systeme im Einsatz, die es ermöglichen, basierend auf programmierten Hierarchien gleichzeitig zu kommunzieren – ähnlich wie in einer Telefonkonferenz.

DMX-Splitter (Lichtnetzwerk) Backstage beim PRG Live Entertainment Award (LEA), Frankfurt 2017

Es empfiehlt sich, für eine Veranstaltung einen Kommunikationsplan zu erstellen. Die Veranstaltungstechniker haben in der Regel ihre eigenen Kommunikationswege über ihre Interkom-Systeme. Unter Umständen ist es sinnvoll, sich als Produktionsleiter in diese Kommunikationswege einzuschalten (etwa bei der Abendregie für Saallicht und weitere Regieanweisungen).

Bei Kommunikation über Festnetz- und Mobiltelefone ist es sinnvoll, alle Telefonnummern der Produktionsbeteiligten zu erfassen und in Form einer laminierten Karte (zum Beispiel zusammen mit den Zugangspässen) zur Verfügung zu stellen.

MERKE

Kleine Checkliste Kommunikation

- → Wie viele Personen müssen miteinander kommunizieren?
- → Wer von den Personen soll mit wem sprechen? Wer von den Personen soll wen hören?
- → Wer hat einen fest positionierten Arbeitsplatz? Welche Personen sollen ein Funkgerät bekommen?
- → Wie viele Funkstrecken und -kreise werden benötigt?

Tontechnik

Die Tontechnik ist ein essenzieller Bestandteil der Veranstaltungstechnik. Einzelmusiker, Bands, Comedians oder Orchester benötigen die Tontechnik, damit jeder Besucher ihre Beiträge in guter Qualität und in ausreichender, angemessener Lautstärke hören kann.

Die Anforderungen an die Tontechnik sind je nach Veranstaltung und Art des Auftritts unterschiedlich.

Beispiele →

Beim großen Abschlusskonzert des Fränkischen Kultursommers werden mehrere Künstler auftreten. Nach Vertragsabschluss hat Thomas Wiczorek von den Künstlern oder deren Vertretern die Bühnenanweisungen erhalten. Diesen entnimmt er wertvolle Informationen, die er zur Planung der Tontechnik benötigt, zum Beispiel

- die Anzahl der zu verstärkenden Signalquellen auf der Bühne,
- die Art der jeweiligen Signalquelle – akustisches oder elektronisches Signal (Line-Signal),
- die Art der benötigten Mikrofone,
- die Art der zusätzlichen Komponenten,
- die Anforderungen der Künstler an das Monitoring.

Verfolgen wir zu Beginn einmal den typischen Weg eines Signals vom Ursprung auf einer Szenenfläche/Bühne bis zum Besucher.

Den Weg eines Signals bezeichnet man in der Tontechnik auch als **Signalkette**. Die Übertragung des Signals kann nur so gut sein wie das schwächste Glied in dieser Kette.

Zur Umwandlung eines akustischen Signals, z. B. des Gesangs einer Sängerin, benötigen wir ein Mikrofon. **Mikrofone** sind ein besonders schwaches Glied der Signalkette, deshalb sind die Anforderungen an sie sehr hoch.

Dynamische Mikrofone arbeiten, vereinfacht gesagt, umgekehrt wie ein Lautsprecher. Es wird eine Membran in Schwingungen versetzt, die in elektrische Energie umgewandelt werden. Dynamische Mikrofone sind relativ preiswert, sehr robust und halten einen hohen Schalldruck aus. Bei der Übertragung eines Signals etwa von einem Rock 'n' Roll-Gitarrenverstärker, den Trommeln eines Schlagzeugs oder einem Sänger ist ein dynamisches Mikrofon in der Regel die erste Wahl. Es neigt zudem in lauten Umgebungen weniger zur Feedback-Rückkoppelung (erkennbar durch ein unangenehmes Pfeifen).

Kondensatormikrofone kommen meist bei Signalen zum Einsatz, die möglichst originalgetreu übertragen werden sollen. Auf der Bühne sind dies beispielsweise die über dem Schlagzeug aufgehängten „Overhead-Mikrofone", die die sehr obertonreichen Becken übertragen. Auch Gesangsmikrofone können als Kondensatormikrofone konstruiert sein und auf der Bühne benutzt werden. Jazz- oder auch Bluessänger mögen oft die sehr obertonreiche, klare Übertragung ihrer Stimme. Darüber hinaus werden Kondensatormikrofone oft zur Sprachübertragung etwa im Tagungs- und Kongressbereich eingesetzt. Das wichtigste Einsatzgebiet ist jedoch die Aufnahme im Studio. Kondensatormikrofone sind oft teurer als dynamische Mikrofone.

Neben kabelgebundenen kommen in zeitgemäßen Produktionen immer mehr **drahtlose Mikrofone** zum Einsatz. Die gängigsten Typen sind das Handmikrofon, das Ansteckmikrofon (Lavaliermikrofon) und das Nackenbügelmikrofon (Headset). Beim Handmikrofon ist der Sender direkt in das Mikrofon eingebaut. Das Ansteck- und das Nackenbügelmikrofon werden an einen Sender angeschlossen, der am Gürtel oder in der Kleidung getragen wird. Um beim Einsatz die gefürchteten Funkaussetzer zu vermeiden, benutzen die modernen funkgestützten Mikrofonanlagen die sogenannte True-Diversity-Technik: Der Empfänger besitzt zwei Empfangseinheiten, das jeweils stärkste Signal wird benutzt.

In der Tabelle sind wichtige Vor- und Nachteile der drahtlosen Mikrofontypen zusammengefasst.

Mikrofontyp	Anwendung beispielsweise durch	Vorteile	Nachteile
Handmikrofon	Sänger, Moderatoren	flexibel, mobil, Nahbesprechungseffekt	Eine Hand ist gebunden.
Ansteckmikrofon	Moderatoren, Interviewgäste, Referenten	fast unsichtbar, Hände frei	feedbackempfindlich, möglichst nur in unverstärkten Umgebungen einsetzen (z. B. TV)
Nackenbügelmikrofon	tanzende Sänger, Moderatoren, singende Instrumentalisten wie Schlagzeuger oder Keyboarder	Hände frei, gutes Signal, fällt bei heftigen Bewegungen nicht zu Boden	frisurenfeindlich, „Science-Fiction-Look“

Vor- und Nachteile drahtloser Mikrofone

Doch zurück zu unserer Sängerin. Das Schallsignal wurde vom Mikrofon in ein elektrisches Signal umgewandelt und kann nun seinen weiteren Weg gehen. Nehmen wir einmal an, die Sängerin benutzt ein kabelgebundenes Mikrofon. Über das Kabel landet das Signal in der **Stagebox**. Hier werden alle Signalquellen, die per Mikrofon aufgenommen wurden, eingesteckt. Auch bereits vorhandene elektrische Signale (zum Beispiel Keyboards oder akustische Gitarren mit Tonabnehmern) können hier auf den entsprechenden Kanal gesteckt werden. Vorher muss jedoch das unsymmetrische Signal mithilfe einer DI-Box (Directbox) in ein weniger störanfälliges symmetrisches Signal umgewandelt werden.

Die Stagebox ist bühnenseitig mit dem **Multicore-Kabel** (englisch = Vielkernkabel) verbunden. Dieses Kabel enthält viele Signalkabel (entsprechend der Kanalzahl) und schafft die Verbindung von den Signalquellen zum FOH-Tonmischpult. Das Multicore wird durch den Zuschauerraum hin zum FOH-Platz verlegt. Es ist sehr empfindlich und teuer.

Beispiel → Einsatz eines Multicore-Kabels

Der Westdeutsche Rundfunk möchte die bekannte alternative Kölner Kinderkarnevalsveranstaltung Ziegenbartsitzung, die jährlich stattfindet, am letzten Vorstellungstag für das Fernsehen aufzeichnen. Neben den Signalen der TV-Kameras benötigt das Aufzeichnungsteam die Tonsignale der Liveproduktion. Deshalb werden hinter der Stagebox die Signale mithilfe einer Splitbox geteilt und mit zwei unabhängigen Multicore-Kabeln weitertransportiert. Eines von diesen führt zum FOH-Pult für die Saalbeschallung, das zweite zum Übertragungswagen für die TV-Aufzeichnung.

Bei Verwendung eines separaten Mischpults für den neben der Bühne verorteten Monitormix der Künstler wird ähnlich verfahren. Hier versorgt ein Multicore den Saalton und das andere das Monitorpult mit voneinander unabhängig regelbaren Signalen.

Audiomischpult

Am anderen Ende des Multicore-Kabels kommt das Tonsignal unserer Sängerin am **FOH-Tonmischpult** an. Aufgabe des Tonmischpults ist die Verwaltung und Bearbeitung der auf der Bühne/Szenenfläche anfallenden Tonsignale. Die Effektgeräte für Hall (Reverb), Echo (Delay) oder Modulationseffekte (zum Beispiel Chorus, Flanger, Phaser) stehen meist neben dem Pult in einem Rack (Peripherie-Rack oder Effekt-Rack). Dort sind je nach Tontechniker auch noch andere Geräte eingebaut, auch Zuspiel- und Aufnahmegeräte wie CD-Player und Dat-Recorder bzw. MD-Player finden hier Platz.

Das fertig abgemischte Signal wird nun über die Summe des Mischpults mithilfe der Rückleitungen (Returns) des Multicore-Kabels zurück zur Bühne übertragen. Bei einer 3-Wege-aktiven PA-Anlage (Bass, Mittelhochton, Hochton) benötigen wir neben den aktiven Frequenzweichen demnach drei Stereo-Endstufen. Von den Endstufen wird das Signal zur jeweiligen PA-Lautsprecherbox gesendet, aus der es dann letztendlich wieder von der elektrischen Form in Schallwellen umgewandelt wird und das Ohr des Besuchers erreicht.

Moderne PA-Boxen werden heute in der Regel **geflogen** (gehängt). Früher wurden sie häufig **gestackt** (gestapelt). Für größere Veranstaltungsräume kann es notwendig sein, weitere Lautsprecherboxen, sogenannte **Delay-Lines**, in den hinteren Bereichen aufzustellen. Da das Signal einige Zeit benötigt (im Millisekunden-Bereich), um von den vorderen Hauptboxen zum Ohr des Zuschauers im hinteren Bereich zu gelangen, wird es auf den hinteren Boxen zeitlich verzögert angepasst. Ansonsten würde der Sound verwaschen und unklar wirken.

Damit eine Person in der Lage ist, zu sprechen oder zu singen, muss sie sich selbst gut hören. Dies ist nur in leisen Umgebungen kein Problem. In Situationen mit hoher Umgebungslautstärke wie bei einem Rockkonzert ist es hingegen notwendig, die Hörbarkeit der eigenen Stimme oder des Instruments technisch zu gewährleisten. Mit einer **Monitoranlage** hat der Künstler die Möglichkeit, den Tonmix auf einer Monitorbox, einem sogenannten **Wedge**, zu hören. Die Monitoranlage besteht aus den gleichen Komponenten wie eine PA-Anlage (Mischpult, Endstufen, Boxen usw.). Mit dem sogenannten **In-Ear-Monitoring** kann in Teilbereichen (bei manchen Produktionen auch ganz) auf Monitorboxen verzichtet werden. Der Künstler erhält hier das Monitorsignal per Sender auf einen Empfänger am Körper, an den ein Ohrhörer angeschlossen ist.

MERKE

Kleine Checkliste Tontechnik

- → Anforderung an die Mikrofonausstattung, wie viele Drahtlosanlagen?
- → Musikdarbietungen? Instrumente, Monitoring, Backline-Anforderung? Darbietungen im Zuschauerraum?
- → Separater Monitormix? Genügend Platz und freie Sicht dafür auf die Bühne?
- → Tanzdarbietungen in Bezug auf Monitoring und Tonträgereinsatz (Art der Zuspieler)?
- → Genaue Maße des Raumes (L × B × H), Publikumsvolumen, Publikum wo verortet?
- → Akustische Eigenschaften des Veranstaltungsraums (z. B. problematische Dekoration?)
- → Gibt es über der Bühnenkante Hängepunkte, soll ein Traversensystem erstellt werden oder eine Stativlösung?
- → Delay-Line?
- → Genügend Platz für Tonregie (FOH), möglichst im Saal oder mittig an der Rückwand?

AUFGABEN

1. Nennen Sie zwölf Bestandteile eines PA-Systems und erstellen Sie einen Lageplan der Geräte.
2. Wofür benötigt man bei großen Konzerten ein eigenes Monitorpult?
3. Es treten auf: drei Talkgäste, eine Popsängerin mit Tanzeinlagen, eine Rockgruppe. Ordnen Sie zu: Wer bekommt ein Nackenbügelmikrofon, wer einen Handsender und wer ein Ansteckmikrofon?
4. Wie viele Funkkreise für die interne Kommunikation schlagen Sie für die folgenden an einem Business-Event Beteiligten vor: Security-Mitarbeiter, Saaltechniker inklusive Backliner und Hands, Übertragungswagen-Techniker (TV), Abendregie, Projektleitung?

Effekte in der Veranstaltungstechnik

Nebelmaschinen dienen vor allem dazu, die Sichtbarkeit des Bühnenlichts zu unterstützen. Eine Nebelmaschine kann per Intervallschaltung eine festgelegte Dosierung von Bühnennebel abgeben. Dadurch wird gewährleistet, dass die Lichtkegel der Scheinwerfer gut sichtbar sind. Die modernen Nebelmaschinen arbeiten mit Nebelfluid (destilliertes Wasser mit Glykolzusatz), das im Gerät verdampft wird. Mit Kühlgeräten kann der Nebel gekühlt werden, um einen Bodennebeleffekt zu simulieren, ähnlich dem Effekt der klassischen Trockeneisnebelmaschine, die Kohlendioxid (CO_2) in fester Form bei rund –80 Grad Celsius verdampft. Nebelmaschinen, die nur einen leichten Dunst erzeugen, nennt man Hazer.

Kabuki sind fallende Vorhänge oder fallende Verhüllungen, häufig auf der Basis elektromagnetischer Zangen, die den Vorhang oder die Verhüllung halten, solange die Stromzufuhr nicht unterbrochen ist.

Es gibt **Flitter-, Glitter- und Konfettikanonen** auf pyrotechnischer und pneumatischer Basis. Durch pneumatisch erzeugten Druck aus CO_2-Kartuschen werden vorher mit Flitter-, Glitter- oder Papierschlangen gefüllte Behälter leergeschossen. Dies erzeugt die klassischen Konfetti- und Luftschlangeneffekte in großen Höhen. Klassische Einsatzmöglichkeiten sind Finalsequenzen oder Sportevents.

CO_2-Jets erzeugen nebelartige Fontänen mit großem Druck. Das flüssige CO_2 wird dabei in einen gasförmigen Zustand dekomprimiert. Durch die hohe Lautstärke der Geräte ist dieser Effekt jedoch nicht für leise Umgebungen geeignet.

Stroboskope sind Lichtblitzgeräte, die Lichtblitze sehr schnell in regelmäßigen zeitlichen Abständen abgeben. Dadurch erscheinen bei dunkler Umgebung Bewegungen abgehackt als eine Abfolge von stehenden Bildern. Sie können meist in ihrer Frequenz und Helligkeit eingestellt werden.

UV-Licht (**Schwarzlicht/Blacklight**) kommt bei Dunkelheit zur Anwendung. Spezielle, mit Dauerstrom versorgte Lampen oder Röhren bewirken, dass fluoreszierende Stoffe (zum Beispiel der vielen Waschmitteln zugesetzte optische Aufheller) zum Leuchten angeregt werden. Bei normaler Bühnenbeleuchtung ist UV-Licht nicht sichtbar.

Schaummaschinen können in kurzer Zeit einen Veranstaltungsraum unter Schaum setzen. Dies ist ein beliebter Effekt, aus dem die sogenannten Schaumpartys entstanden sind.

Schneemaschinen erzeugen einen künstlichen Schneeeffekt und beschneien Bühnen oder Kulissen.

Windmaschinen werden zur Simulation von Windeffekten bei Produktionen eingesetzt. Kleinere Ventilatoren helfen auch bei Zeltmessen oder anderen Veranstaltungen, bei warmen Temperaturen Menschen und Geräte zu kühlen.

PRG Live Entertainment Award (LEA) 2017, Frankfurt

Pyrotechnik

Pyrotechnik (vom griechischen pyr, „Feuer") bezeichnet Technik mit explosionsartiger Verbrennung, zum Beispiel Feuerwerk und Sprengkörper.

Beispiel → Einsatz von Pyrotechnik bei Veranstaltungen

Im Rahmen des Fränkischen Kultursommers ist es Tradition, nach dem Abschlusskonzert die Veranstaltungsreihe mit einem großen Feuerwerk im Freien zu beenden. Thomas Wiczorek bespricht im Team, welche organisatorischen und rechtlichen Schritte notwendig sind, um ein solches Feuerwerk zu realisieren.

Für den Umgang mit Feuerwerk gilt in Deutschland das Sprengstoffgesetz (SprengG). Dort werden die Erzeugung, der Umgang mit sowie die Beförderung von Pyrotechnik geregelt. Man unterscheidet die Erlaubnis (nach § 7 SprengG) für Unternehmer und die Befähigung für die Mitarbeiter (nach § 20 SprengG). Die Erlaubnis, ein Pyrotechnik-Unternehmen zu führen, erfordert den Nachweis bestimmter Voraussetzungen. Dazu gehören Zuverlässigkeit, Fachkunde, die körperliche Eignung sowie die Vollendung des 21. Lebensjahres. Die Beschäftigten bei Unternehmen mit Erlaubnis benötigen eine Bescheinigung über ihre persönliche und fachliche Qualifikation. Dieser Befähigungsschein ist auf fünf Jahre befristet.

Silvesterfeuerwerk am Brandenburger Tor

MERKE

Ein Feuerwerk kann nur von einem Dienstleister hergestellt werden, der eine **Erlaubnis** (nach § 7 SprengG) besitzt und dessen Mitarbeiter die **Befähigung** (nach § 20 SprengG) nachweisen können.

Generell muss vor dem Einsatz von Pyrotechnik, wie bei allen gefährlichen szenischen Vorgängen, eine Gefährdungsanalyse durchgeführt werden. Den Gefahren wie Funken- oder Flammenbildung sind geeignete Maßnahmen (Abstände, Wahl der pyrotechnischen Produkte) entgegenzusetzen.

Die zur Verwendung zugelassenen pyrotechnischen Sätze und Gegenstände sind in verschiedene Klassen eingeteilt. Man unterscheidet zwischen Sätzen und Gegenständen für Vergnügungszwecke und solchen für technische Zwecke.

Einteilung		**Verwendungsbedingungen**			
Klasse	Bezeichnung	Erlaubnis	Befähigungs-nachweis	Beschränkung	Mindestalter
Für Vergnügungszwecke					
I	Kleinstfeuerwerk	frei	nein	keine	–
II	Kleinfeuerwerk	frei	nein	Verwendung nur 31.12. bis 01.01.	18 Jahre
III	Mittelfeuerwerk	ja	nein	anzeigepflichtig	21 Jahre
IV	Großfeuerwerk	ja	ja	anzeigepflichtig	21 Jahre
Für technische Zwecke					
T	pyrotechnische Sätze und Gegenstände für technische Zwecke				
T1	Unterklassen T1 und T2 je nach Gefährlichkeit	frei	nein	keine	18 Jahre
T2	Unterklassen T1 und T2 je nach Gefährlichkeit	ja	ja	keine	21 Jahre

Verwendungsbedingungen von Pyrotechnik

Eine **Indoor-Pyrotechnik-Anlage** besteht in der Regel aus mehreren Komponenten. Auf der Szenenfläche werden die Rampen positioniert, an denen die Patronen gezündet werden. Diese Rampen haben eine oder mehrere Öffnungen, in die die Pyro-Patronen eingesteckt werden. Es gibt viele verschiedene Patronen auf dem Markt (zum Beispiel Theaterblitz, Silverstar, Fontäne). Sie gehören zur Klasse der pyrotechnischen Sätze und Gegenstände für technische Zwecke (T). Die Rampen werden per Kabel mit der Pyro-

Abschuss-Steuerung verbunden. Je nach Kanalzahl können diese Steuerungen eine entsprechende Anzahl von Patronen zünden (zum Beispiel sechs oder zwölf). Ein Schlüsselschalter ist vorgeschrieben, damit ein unbefugtes vorzeitiges Zünden von Pyro-Patronen verhindert wird.

Bei der Verwendung von Indoor-Pyrotechnik sind einige Dinge zu beachten. Die Verwendung von T2-Pyrofeuerwerk muss bei der zuständigen Behörde genehmigt werden. Für manche Locations ist jegliches Bühnenfeuerwerk (auch das bei bestimmungsgemäßer Anwendung genehmigungsfreie T1) genehmigungspflichtig. Eine Genehmigung muss mindestens zwei Wochen vor Produktionsbeginn beantragt werden. Es empfiehlt sich jedoch in der Praxis, diese Frist nicht zu strapazieren.

AUFGABE

Recherchieren Sie Anschaffungs- und Mietpreise für Geräte aus der Veranstaltungstechnik. Erstellen Sie eine Liste mit Geräten aus den typischen Gewerken der Veranstaltungstechnik. Werten Sie die Anschaffungs- und Mietpreise aus und ermitteln Sie das durchschnittliche Verhältnis zwischen Miet- und Anschaffungspreis. Den ermittelten Prozentsatz können Sie als Grundlage einer Kalkulation pro Einsatztag eines Gerätes benutzen.

Einsatz von Pyrotechnik auf Live-Konzert

7.5.2 Versicherungen

Unternehmen in der Veranstaltungsbranche unterliegen geschäftlichen und haftungsrechtlichen Risiken.

Risikobereiche	Beispiele
Unternehmerische Risiken hinsichtlich des wirtschaftlichen Erfolges	mangelndes Besucherinteresse, Kostenüberschreitungen, Rücknahme von Genehmigungen, Ausfall externer Dienstleister, Nichterscheinen von Künstlern, Ausfall der Location, Wetter, Zahlungsausfälle, mangelnde Erfüllbarkeit vertraglicher Pflichten, behördliche Verfügungen
Schäden am Eigentum des Unternehmens durch Mitarbeiter, dritte Personen oder höhere Gewalt	Transport- oder Transportmittelunfälle, Sturmschäden/Feuer, Blitzschlag, Leitungswasserschäden, Eigentumsdelikte/Vandalismus, Schäden durch Unachtsamkeit
Gesundheitliche Risiken für Unternehmer/Mitarbeiter durch Krankheit oder Unfall (mit oder ohne Fremdeinwirkung)	Krankheiten, auch berufsbedingte Krankheiten (Stress, Wirbelsäule), Eigenunfall inner- oder außerhalb der Arbeitszeit, Verletzungen, die ein Mitarbeiter einem anderen zufügen kann

Spezielle Risiken in der Veranstaltungsbranche

Das Unternehmen hat die Möglichkeit, sich und seine Mitarbeiter gegen Risiken zu versichern, um die negativen Auswirkungen von Schadensfällen zu kompensieren.

Eine **Versicherung** arbeitet nach dem Prinzip der kollektiven Risikoübernahme. Viele Versicherungsnehmer zahlen einen Versicherungsbeitrag in einen Fonds bei einem Versicherer ein, um im Versicherungsfall einen Schadensausgleich aus diesem Fonds zu erhalten.

Die Tabelle vermittelt einen Überblich über die gängigsten Privat- und gewerblichen Versicherungen.

Schadenstyp	Privatversicherung	Gewerbliche Versicherung (Live-Event)
Haftpflichtschäden	Privathaftpflichtversicherung	Betriebshaftpflichtversicherung inkl. Umweltschäden
	Tierhalterhaftpflicht	
		Veranstalter-Haftpflichtversicherung
	private Kfz-Haftpflicht	Gewerbliche Kfz-Haftpflicht
Diebstahl/ Eigentumsschäden/ Vermögensschäden		Garderobenversicherung
	Wohngebäudeversicherung	Geschäftsgebäudeversicherung
	Hausratversicherung	Geschäftsinhaltsversicherung
		Elektronikversicherung
		Betriebsunterbrechungsversicherung
		Veranstaltungsausfallversicherung
		Break-even-Versicherung
	Gepäckversicherung	Ausstellungs-/Transportversicherung

weiter auf S. 373

Schadenstyp	Privatversicherung	Gewerbliche Versicherung (Live-Event)
Personenschäden	Berufsunfähigkeitsversicherung	Berufsunfähigkeitsversicherung
	Lebensversicherung	Lebensversicherung
	gesetzliche Rentenversicherung	private Rentenversicherung
	gesetzliche Krankenversicherung	private/gesetzliche Krankenversicherung
	private Unfallversicherung	gesetzliche Unfallversicherung
Sonstige Schäden	private Rechtsschutzversicherung	gewerbliche Rechtsschutzversicherung
		Gewinnspielversicherung
	Reiserücktrittsversicherung	gesetzliche Reiseveranstalterversicherung

Versicherungslösungen

Auf die Veranstaltungs- und Medienbranche spezialisierte Versicherungen wie die Zurich Versicherung bieten durch ihre Vertreter sowohl einzelne Versicherungen als auch auf den Kundenkreis abgestimmte Paketlösungen an. In den Medienregionen haben sich auch unabhängige Versicherungsbüros auf die Branche spezialisiert.

Veranstalter-Haftpflichtversicherung

Aufgrund der gesetzlichen Gefährdungshaftung (vgl. Lernfeld 5, Abschnitt 5.2.1) muss der Veranstalter gewährleisten, dass jeder die Veranstaltung besuchen kann, ohne Schaden zu nehmen. Daher ist es für Veranstalter sinnvoll, sich mit einer Veranstalterhaftpflichtversicherung gegen die Folgen von Schäden an Gesundheit oder Eigentum Dritter abzusichern. Der Begriff Veranstalter-Haftpflichtversicherung ist etwas irreführend, da sich der Versicherungszeitraum in der Regel nur über den Zeitraum der Veranstaltung (Aufbau, Darbietung, Abbau) erstreckt. Selten nur lohnen sich Jahres-Rahmenverträge, etwa dann, wenn eine ganze Reihe ähnlicher Live-Events in einem Diskothekenbetrieb stattfinden soll.

Die Versicherung deckt das Risiko des Veranstalters ab, im Fall von Personen- oder Sachschäden, die im Rahmen der Veranstaltung unter seiner Verantwortung entstanden sind, finanziell und haftungsrechtlich belangt zu werden. Typische Deckungssummen sind ab 2 Mio. € für Personenschäden, ab 1 Mio. € für Sachschäden, ab 100.000,00 € für Vermögensschäden, ab 20.000,00 € für Leitungs- und Tätigkeitsschäden sowie ab 1 Mio. € für Schäden an gemieteten Gebäuden infolge von Brand oder Explosion.

Die Veranstalterhaftpflichtversicherung tritt beispielsweise im Fall der folgenden Schäden ein:

- → Schäden aus Auf- und Abbau von Technik, Dekoration, Bestuhlung usw., im Rahmen der Bewachung der Veranstaltung inklusive der Tätigkeit von Fremddienstleistern;
- → Schäden aus der Verletzung von Verkehrssicherungspflichten;
- → Schäden aus der Durchführung von Werbemaßnahmen;
- → Mietsachschäden (oft nur für Schäden an Gebäuden oder Gebäudeteilen);
- → Schäden durch Kraftfahrzeuge oder Arbeitsmaschinen.

Schäden, die durch Besucher herbeigeführt werden, werden in der Regel durch die Veranstalterhaftpflichtversicherung nicht abgedeckt. Das Haftungsrisiko kann vom Veranstalter nur durch eine im Voraus erteilte, ausdrückliche Freistellung auf einen Partner (etwa die Location oder den Auftraggeber) übertragen werden, um zum Beispiel dessen Versicherung zu bemühen. Bei Schäden an einer Mietsache ist generell zunächst der Mieter haftbar; er kann sich gegebenenfalls im nächsten Zug an den Verursacher wenden, wenn dieser bekannt ist und den Schaden zu vertreten hat.

Beispiel → Einschaltung der Veranstalter-Haftpflichtversicherung

Bei einer Incentive-Veranstaltung eines Kosmetikherstellers, die die Juniversal Event- und Veranstaltungsagentur GmbH als Veranstalter für den Kunden organisiert hat, ist es im Foyer der Location zu einem Schadensfall gekommen. Ein Besucher ist gestürzt und hat sich ein Bein gebrochen. Der Schadensfall (Behandlungskosten, Arbeitsausfall) kann über die Veranstalter-Haftpflichtversicherung abgewickelt werden.

Elektronikversicherung

Diese Versicherung empfiehlt sich insbesondere für Dienstleister im Bereich Veranstaltungstechnik, aber auch für alle Unternehmen, die teures elektronisches Material besitzen. Dieses kann gegen folgende Risiken versichert werden (Allgefahrenversicherung): Fahrlässigkeit, unsachgemäße Handhabung, Vorsatz Dritter, Kurzschluss, Überspannung, Induktion, Brand, Blitzschlag, Ex- oder Implosion, Wasserschäden, Einbruchdiebstahl, Diebstahl, Beraubung, Plünderung, Sabotage, höhere Gewalt, Konstruktions-, Material- oder Ausführungsfehler. Auch Mietgeräte können versichert werden. Zu beachten sind in der Regel die Eigenbeteiligung pro Gerät und der Ersatz des Gerätes zum Zeitwert.

Veranstaltungsausfallversicherung

Eine Veranstaltungsausfallversicherung gewährt dem Versicherten Versicherungsschutz

- beim Ausfall einer Veranstaltung, etwa durch Nichterscheinen des Künstlers;
- beim Abbruch einer Veranstaltung, zum Beispiel wegen schlechten Wetters (Achtung: Das Wetterrisiko muss in der Regel zusätzlich versichert werden);
- bei einer Änderung oder Einschränkung der Durchführungsänderung, zum Beispiel aufgrund eines behördlichen Eingriffs;
- bei einer zeitlichen Verschiebung;
- bei einer örtlichen Verlegung.

Die Versicherung ist eine Eigenschadenversicherung und soll einen Veranstalter so stellen, als sei die Veranstaltung planmäßig abgelaufen. Die Versicherung übernimmt im Schadensfall die angefallenen Kosten und, falls mitversichert, den entgangenen Gewinn. Nicht versichert sind in der Regel Schäden durch höhere Gewalt (zum Beispiel durch Streik, Krieg, Atomunfall, Attentat). Zu beachten ist die Schadensminderungspflicht des Veranstalters, der im Schadensfalle alles tun muss, um den Schaden so gering wie möglich zu halten.

Break-even-Versicherung

Die Break-even-Versicherung (auch Shortfall-Versicherung genannt) versichert einen festzulegenden finanziellen Schaden, den der Veranstalter dadurch erleiden kann, dass zu wenig Tickets für die Veranstaltung abgesetzt werden. Versichert wird im Höchstfalle der Differenzbetrag zwischen dem festgelegtem Break-even und einem angesetzten Mindestumsatz. Auf der Basis der örtlichen Kosten, der Künstlergage und abzüglich der Sponsoringeinnahmen muss ein Ticketumsatz den Veranstaltungs-Break-even glaubhaft erreichen können. Der Versicherungsbeitrag selbst ist dabei nicht Teil des Break-evens.

Als Untergrenze und Selbstbeteiligung des Veranstalters wird eine Mindestverkaufsprognose festgelegt. Im Höchstfall deckt die Versicherung den Schaden entsprechend der Differenz zwischen dem Veranstaltungs-Break-even und der Mindestverkaufsprognose.

Beispiel → Beispiel für eine Shortfall-Versicherung

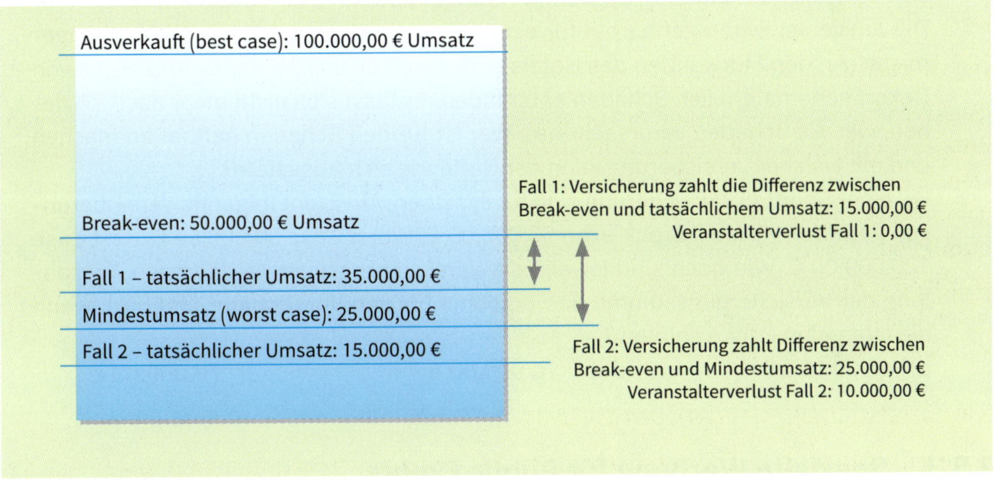

Shortfall-Versicherungen sind teuer und nur bei großen Konzerten üblich.

Weitere Spezialversicherungen

Bei Incentive-Veranstaltungen und Veranstaltungen mit sportlicher Betätigung der Teilnehmer bietet sich eine kurzfristige Unfall- oder Krankenversicherung für die Teilnehmer an. Bei Risikosportarten ist es ratsam, die Teilnehmer zuvor eine Haftungsausschlussklausel unterzeichnen zu lassen. Eine solche Klausel sollte eine Haftungsbegrenzung bzw. Selbsthaftung der Teilnehmer vorsehen.

Eine Garderobenversicherung (die etwa 7 Cent pro Garderobenschein kostet) bietet sich an, wenn eine bewachte Garderobe angeboten wird.

Eine Lotterieversicherung oder auch eine Versicherung gegen werblichen Übererfolg versichert den oder die Hauptgewinne einer Lotterie oder eines Gewinnspiels. Sie ist mittlerweile bei hohen Gewinnsummen üblich, die zum Beispiel im Rahmen von Fernseh-

Gewinnspielen ausgesetzt und nur selten geknackt werden. Die gewonnene Million stammt in solchen Fällen also nicht vom Sender, sondern von der Versicherung. Achtung: Diese Versicherungsart ist recht teuer!

Zunehmend wird Endkunden eine Eintrittskartenversicherung (ähnlich einer Reiserücktrittskostenversicherung) angeboten. Sie sichert den Eintrittspreis von Veranstaltungen inklusive Gebühren ohne Selbstbeteiligung weltweit ab (bei Tod, schwerer Unfallverletzung, unerwarteter schwerer Erkrankung, Schwangerschaft, Elementarereignissen oder Umzug aufgrund der Aufnahme eines neuen Arbeitsverhältnisses). Die Kosten einer solchen Versicherung belaufen sich auf etwa 3 % des Eintrittspreises.

AUFGABEN

1. Sie geben ein gewerblich gemietetes Fahrzeug zurück. Bei der Rücknahme stellt der Autovermieter einen Lackschaden an der linken Seite des Fahrzeugs fest, der bei der Übergabe noch nicht bestand. Dieser Schaden muss wohl nachts entstanden sein, als das Fahrzeug abgestellt war. Wer haftet?
2. Die Juniversal Eventagentur hat für ein Motivationsevent ein Kongresshotel angemietet. An den Flurwänden des Hotels sind durch unsachgemäßes Anbringen von Dekorationsmaterialien Schäden entstanden. Es lässt sich nicht mehr nachvollziehen, wer die Schäden verursacht hat. Wer ist für den Schaden haftbar zu machen und mit welcher Versicherung kann der Haftende sich absichern?
3. Bei einer Shortfall-Versicherung sind für ein Open-Air-Event folgende Vereinbarungen getroffen worden: Break-even 50.000,00 €, Worst Case 30.000,00 €, Best Case 120.000,00 €. Wie hoch sind jeweils die Versicherungssumme und nach Auszahlung der Versicherungssumme das Ergebnis für den Veranstalter (in Euro), wenn die folgenden Erlöse anfallen?

   a) 40.000,00 € b) 10.000,00 € c) 70.000,00 €

7.5.3 Spezielle Werbung für Public Events

Internetauftritt

Für Veranstaltungen ist ein Internetauftritt heute Standard. Die Besucher erwarten eine schnelle und ständige Verfügbarkeit von Informationen, das Internet ist dafür das zeitgerechte Transportmedium. Bei der Gestaltung des Auftritts ist darauf zu achten, dass eine eigene Domain eingerichtet wird und auch die E-Mail-Adressen einen firmen- oder produktbezogenen Wortlaut haben. Gänzlich unprofessionell wirken Adressen mit den Domainnamen web.de, gmx.de oder t-online.de. Eine Website kann beispielsweise die folgenden Aufgaben übernehmen:

- → Bewerbung der Veranstaltung;
- → Absatz von Tickets;
- → Bereitstellung von Veranstaltungsinformationen, Besucherservice, zum Beispiel Anfahrtsbeschreibungen;
- → interaktive Einbindung der Besucher;

→ interne Kommunikation von Mitarbeitern oder Kunden durch mittels Passwort geschützte Bereiche;
→ Besucherbindung über die Veranstaltung hinaus (zum Beispiel mithilfe einer Fotogalerie).

Checkliste → Vorgehen bei der Erstellung und Publikation einer Webseite

1. Ist die gewünschte Domain noch frei? (Domaincheck, zum Beispiel www.backstagegirls.de bei www.denic.de)
2. Domain reservieren oder kaufen
3. Hosting-Provider auswählen
4. Gegebenenfalls eine Webdesignagentur auswählen und beauftragen (Angebote vergleichen)
5. Speicherplatz für Website mieten (Hosting oder eigener Webserver)
6. E-Mail-Anbindung an die Domain aktivieren
7. Software zur Erstellung der Website nutzen
8. Erstellung der Website (intern oder extern), Konzept und Erstellung von Sitemap und Inhalten
9. Upload der Inhalte auf den Webserver beim Hosting-Provider
10. Launch (Veröffentlichung) der Seite
11. kontinuierliche Webseitenpflege und Onlineredaktion

Spezialisierte Online- oder Werbeagenturen bieten bei der professionellen Gestaltung ihre Dienste an. Heutzutage werden dynamische Programmiersysteme (PHP-Systeme) sowie redaktionelle Pflegesysteme (Content-Management-Systeme) präferiert, die nach der grundlegenden Erstellung nicht mehr umständlich programmiert werden müssen und die direkte Einspeisung der Inhalte durch autorisierte Firmenmitarbeiter erlauben. Moderne Websiten sollten zudem so programmiert sein, dass sie sich automatisch an die gängigen Bildschirmdarstellungen von Smartphones, Tablet-Computern und PCs anpassen.

PHP ist eine an der Skriptsprache Java orientierte Skriptsprache zur Herstellung dynamischer Websites.

Plakatgestaltung und Plakatierung

Plakate für eine eigene Veranstaltung druckt der Veranstalter. Plakate für eine Tournee druckt der wirtschaftliche Produzent; sie werden in der Regel über das Tourneemanagement, den Booker oder beim Künstlermanagement bezogen. Es gibt Varianten mit Eindruckmöglichkeit (das heißt mit Platzhalter für das nachträgliche Bedrucken des Plakats mit Termin, Spielstätte und Vorverkaufsinformationen) oder Plakate mit allen Tourneeterminen.

1. Was muss beim Entwurf beachtet werden?

Lesbarkeit und Wirksamkeit aus der Entfernung, Eyecatcher (aufmerksamkeitsstarke Elemente) Künstlername, Tourneename oder -motto, gegebenenfalls Sponsoren mit Logo, Tourneeveranstaltername mit Logo, werbewirksame und zum Thema passende Farbe, Größe (von DIN A2 bis DIN A0 oder Blow-up-Riesenplakat). Namens-, Titel- und Urheberrechte am Artwork und bei den verwendeten Fotos müssen beachtet und gegebenenfalls lizenziert werden.

2. Was muss im Eindruck stehen? Soll ein Störer auf das Plakat?

Termin (Datum und Uhrzeit, gegebenenfalls Einlass und Beginn), Spielstätte (Ort und Halle), Vorverkaufsstellen, Tickethotline, Hinweis auf Online-Ticketing, örtliche Veranstalter mit Logo, örtliche Sponsoren

---

Ein **Störer** ist ein Etikett, das meist schräg auf das fertige Plakat geklebt wird und als Blickfang dienen soll.

Wie groß (im Verhältnis zum Plakat) soll der Störer sein, welche Farbe soll er haben (zum Beispiel um einen ausreichenden Kontrast zum Plakat zu erzielen), welchen Text enthalten?

Bei der Entwurfsübergabe und den Zwischenabnahmen ist immer von Neuem zu kontrollieren, ob

- → die Namen und Anschriften richtig geschrieben sind,
- → die richtigen Logos verwendet wurden und die Telefonnummern korrekt sind,
- → die angegebenen Termine und Spielstätten mit den entsprechenden Vertragsinhalten übereinstimmen.

Hat man alle Informationen zusammen, kann man einen Grafiker mit der Gestaltung beauftragen. Auch hier die Entwürfe permanent gegenlesen!

3. Bestimmung der Auflage und des Druckzeitpunkts

Wie viele Plakate werden insgesamt benötigt, wie viele jeweils mit und ohne Eindruck? Wie sollen die Eindrucke lauten? Wie viele Plakate pro Veranstaltung und Spielstätte werden benötigt? Wie viele Störer werden benötigt? Welcher Vorlauf ist sinnvoll? Wie lang werden die Plakate hängen? Für welchen Zeitraum muss Werbefläche angemietet werden?

4. Auftrag an Druckerei und Plakatierer

Nun werden Angebote bei Druckereien und Plakatierdienstleistern eingeholt. Hier gilt es, die Preise zu vergleichen, die Lagerung zu klären und den Versand zu organisieren. Zum Plakatieren werden Genehmigungen der zuständigen Ordnungsämter benötigt. (Diese werden in der Regel vom Plakatierer oder vom Veranstalter eingeholt.)

5. Auswahl der Plakatwerbeflächen

Wo soll plakatiert werden? Welche Werbeflächen sind für die Veranstaltung sinnvoll (Zielgruppenaffinität)? Wie lange sollen sie in welchem Umfang belegt werden?

Möglichkeiten sind: **Outdoor** in City-Light-Kästen, an Bushaltestellen und U-/Bahnhöfen, Großflächen auf Häuserwänden, Litfaßsäulen, Bauzäune, Banden, auf Pappen. **Indoor** in Bars, Cafés, Kneipen, Restaurants, Ladengeschäften, öffentlichen Gebäuden (Museen, Schulen, Ämtern), Freizeiteinrichtungen (Fitnessstudios, Schwimmbädern).

6. Kontrolle

Haben die Dienstleister auftragsgemäß gearbeitet? Eventuell Kontrollfahrten unternehmen. Wurden die Werbeziele erreicht und die gewünschte Wirkung erzielt? Was kann verbessert werden?

Pressekonferenz

Zum Einstieg

Vor dem Abschlusskonzert überlegt das Projektteam des Fränkischen Kultursommers, ob es für die Pressevertreter eine Pressekonferenz abhalten soll. Fest steht: Die Pressekonferenz ist ein wichtiges Instrument der Öffentlichkeitsarbeit (PR). Eine Pressekonferenz sollte jedoch nur dann abgehalten werden, wenn der Anlass für mehrere Medien von Interesse ist und es wirklich Wichtiges zu berichten gibt. Da der international bekannte chinesische klassische Pianist Hong Long zusammen mit der Schweinfurter Philharmonie auf dem Abschlusskonzert auftreten wird, ist ein außergewöhnliches Interesse der regionalen und überregionalen Medien zu vermuten. Eine Pressekonferenz sollte möglichst von einem erfahrenen und kompetenten Moderator geleitet werden. Für die Moderation des Abends wurde ein bekannter TV-Moderator vom Bayerischen Rundfunk engagiert. Mit ihm wurde vereinbart, dass er schon zur Pressekonferenz zur Verfügung steht.

Der Ablauf der Pressekonferenz sollte detailliert geplant sein. Für die Pressevertreter sollten komplette Pressemappen bereitgehalten werden. Sie sollten folgendes Material enthalten:

- Künstlervorstellung, Künstlerinfo, Referentenvorstellung, Foto;
- Liste mit Ansprechpartnern und Kontaktpersonen;
- Ablaufplan;
- Pressemitteilungen;
- Abschriften der Reden.

Deutlich lesbare Namensschilder am Referententisch helfen den Pressevertretern, die Namen den Personen zuzuordnen. Schreibmaterial am Platz gehört zum guten Ton einer jeden Pressekonferenz. Aufgrund der mittäglichen Redaktionsbesprechungen in den aktuellen Zeitungsmedien sollte der Termin vor- oder nachmittags liegen. Falls Journalisten verhindert sind, können die Pressemappen in die Redaktion nachgesendet werden. Die Vorträge der einzelnen Programmpunkte einer Pressekonferenz sollten nicht länger als zehn Minuten dauern. Eine Bewirtung ist je nach Tageszeit für die Journalisten eine willkommene Möglichkeit, Arbeit und Notwendiges miteinander zu verbinden. Getränke für Teilnehmer und Pressevertreter sollten ebenfalls in ausreichender Menge bereitgestellt werden.

Ein weiterer wichtiger Aspekt der Pressekonferenz ist die einzubindende Veranstaltungstechnik. Das Podium sollte gut ausgeleuchtet sein. Eine Beschallungsanlage mit Mikrofonen für den Moderator sowie für jeden Podiumsteilnehmer ist Pflicht. Für die Pressevertreter sollten Saalmikrofone, zum Beispiel drahtlose Handmikrofone, verfügbar sein, mit denen sie für alle Anwesenden hörbar ihre Fragen an die Podiumsteilnehmer stellen können. Weitere Präsentationsmedien wie Beamer, Präsentationsrechner oder Flipchart können zur Unterstützung eingebunden werden. Ein Skirting (Abhängen mit textilen Stoffen) der vorderen Seite der Podiumstische ist zu empfehlen, damit nur die Oberkörper der Podiumsteilnehmer zu sehen sind. Ebenso sollte eine Hintergrundwand aufgebaut sein, auf der zum Beispiel die Sponsoren abgebildet sind.

Online-Pressekonferenzen, die auch aufgezeichnet werden und danach digital abrufbar sind (on demand), erfreuen sich immer größerer Beliebtheit, da sie es den Journalisten ermöglichen, live und exklusiv dabei zu sein, ohne selbst zum Veranstaltungsort reisen zu müssen.

Bestuhlung

Auch die Bestuhlung ist ein wichtiger Punkt der Vorbereitung einer Pressekonferenz.

SEA Games 2017

Bei der Entscheidung für eine Bestuhlungsart unter Auslotung von Vor- und Nachteilen bieten sich die folgenden Bewertungskriterien an: Sichtkontakt (auf Bühne/Präsentation/Team), kommunikativer Charakter, Durchgangsmöglichkeiten/Erreichbarkeit, Aufwand, Komfort, Bewegungsfreiheit, Platzausnutzung/Platzbedarf, Service (Bewirtung), Arbeitsplatznutzung, Flexibilität. Bei einer entsprechenden Analyse sollten die Perspektiven der Besucher und des Veranstalters berücksichtigt werden.

Die Tabelle fasst die Bewertung verschiedener Bestuhlungsarten aus Besucher- und Veranstaltersicht zusammen.

	Besuchersicht		Veranstaltersicht	
Bestuhlungsart	+	–	+	–
Block 	gute Sicht, komfortabel, kommunikativ, teamfördernd, Arbeitsplatznutzung möglich, guter Durchgang, Gedecke möglich	wenig flexibel, u. U. schlechte Bühnensicht, Service bei Arbeitsnutzung störend, Gefahr der Frontenbildung, eingeschränkte Beinfreiheit	platzsparender als Bankett oder Carree, gute Servicemöglichkeit	großer Platzbedarf, u. U. Sitzordnung nötig, nicht jeder TN von der Bühne aus erkennbar
Carree 	wie Block, Deko in der Mitte möglich, besserer Service, mehr Beinfreiheit, u. U. keine Hierarchie	wie Block, größerer Abstand (Distanz), u. U. nicht zentral	wie Block, etwas übersichtlicher	wie Block, noch größerer Platzbedarf, größerer Aufwand
Parlament 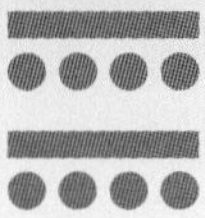	gute Sicht, eindeutige Blickrichtung, Beinfreiheit, Platz für Gedecke	problematischer Durchgang, kaum Kommunikation, man guckt auf den Kopf, kaum flexibel, Hierarchie, kein Team, typische Empfängerhaltung	Klarheit	nicht unbedingt optimale Platzausnutzung, serviceunfreundlich, technisch aufwendig
Bankett 	wie Block, kommunikativer, eleganter, keine Statusunterschiede, Wohlfühleffekt	Arbeitsplatz unüblich, Blickrichtung, Sitzordnung	sehr gute Servicemöglichkeit, flexibel	großer Platzbedarf, personalintensiv
Theater 	gute Sicht, volle Aufmerksamkeit, bequem, konsumfreudig	nicht kommunikativ, wenig Platz, keine Arbeitsmöglichkeit, Interaktion nur mit Bühne, schlechter Durchgang, Sicht beachten, beschränkter Zugang	platzsparend (effizient), klare Sitze, ökonomisch	schlechte Bewirtungsmöglichkeiten
U-Form 	Sichtkontakt untereinander, Durchgang, Komfort, Bewegungsspielraum, Bühnensicht, Platz für Gedecke	TN könnten sich beobachtet fühlen, Entfernung, Alternative: offene O-Form	Service und Moderationsorientierung	aufwendig, großer Platzbedarf
E-Form 	arbeitstauglich, intern sehr kommunikativ, Platz für Gedecke	nicht flexibel, Bühnenaufmerksamkeit schwer, eng, nicht zentral	ökonomisch	eingeschränkte Servicemöglichkeiten, Medieneinsatz kaum möglich
Fischgräte 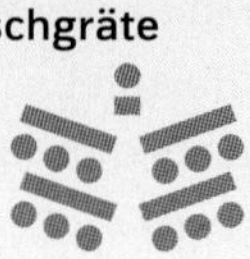	kommunikativer als Parlament, locker, Gedecke, Arbeitsmöglichkeit, komfortabel, gute Sicht auf Moderator	recht unkommunikativ, Service könnte stören	Service gut möglich, präsentationsfreundlich	großer Platzbedarf, akustische Probleme
Arena 	beste Sicht, demokratisch (viele gleich nah), stylisch, gute Sicht auf Szenenfläche	wenig Komfort, unkommunikativ, beschränkter Zugang, keine Ablagemöglichkeit	große Zuschauermengen und damit hohe Ticketverkaufszahlen möglich, ökonomisch	kaum Servicemöglichkeiten, schwer zu inszenieren, technisch sehr schwer, Präsentationsprobleme, hohe Kosten, weite Wege

Vor- und Nachteile verschiedener Bestuhlungsvarianten

AUFGABEN

1. Welche Bestuhlung kommt für die Pressekonferenz zum Abschlusskonzert des Fränkischen Sommers infrage? Begründen Sie Ihre Entscheidung.
2. Für die After-Show-Party im Schloss für geladene Gäste soll der Saal bestuhlt werden. Welche Bestuhlung schlagen Sie vor?

Stadionbestuhlung (Kuala Lumpur National Stadium) mit LED Pixel Tablets

7.5.4 Anforderungen an die Location

Eine wichtige Grundlage bei der Wahl der Location bilden die in der Regel von Bauzeichnern erstellten Hallenpläne. Hier sind Angaben zu Bestuhlung, Traversen, Hängepunkten, Stromanschlüssen, Ausgängen, Fluchtwegen usw. grafisch erfasst.

Wie in Lernfeld 5, Abschnitt 5.2.2 herausgearbeitet, obliegt die Sicherheit der Location in erster Linie dem Betreiber, der entweder selbst als Veranstalter fungiert oder als Vermieter eines Veranstaltungsraums in Erscheinung tritt. Der Veranstalter kann sich allerdings deswegen nicht von den Verpflichtungen laut VStättVO freimachen, sondern ist ebenfalls für die Sicherheit der Stätte zuständig, und zwar solange er in der Location für die Veranstaltung verantwortlich ist, also vor, während und nach der Veranstaltung (Prinzip der doppelten Haftung).

Streng genommen empfiehlt es sich für den Veranstalter, vor der Anmietung einer Location die folgenden sicherheitsrelevanten Aspekte zu prüfen:

→ Liegt auf Betreiberseite eine der geplanten Veranstaltung entsprechende **Nutzungsgenehmigung** des zuständigen Gewerbe- oder Bauamts vor? Andernfalls muss (bei einmaliger Zweckentfremdung eines anderen Gewerbeobjekts, zum Beispiel eines stillgelegten Schlachthofs) eine vorübergehende Nutzungsgenehmigung bei der regional zuständigen Behörde beantragt werden.

→ Ist eine baurechtliche **Hallenabnahme** einschließlich Abnahme von möglichen Bestuhlungsvarianten und Rettungswegen **gemäß VStättVO** erfolgt? Sollten zum Beispiel nicht genehmigte Bestuhlungsvarianten oder neue Bühnenaufbauten geplant sein, muss eine diesbezügliche Bauabnahme herbeigeführt werden.

Neben den bereits in Lernfeld 5 beschriebenen Sicherungspflichten und den in Lernfeld 2 behandelten Arbeitsschutzvorschriften ergeben sich weitere Anforderungen an die Location aus Veranstaltersicht vor allem aus den Vorstellungen des Veranstalters, den Veranstaltungszielen und den Rahmenbedingen des Live-Events. Die Anforderungen an eine Location für ein Business-Event werden in Lernfeld 9, Abschnitt 9.5.5 vorgestellt.

AUFGABE

Besorgen Sie für die gemeinsame Analyse im Unterricht über die geschäftlichen Kontakte Ihrer Ausbildungsunternehmen Hallenpläne jeweils einer kleinen, einer mittleren und einer großen Location.

7.5.5 Personaleinsatzplanung

Die Disposition, das heißt die Einteilung von Live-Event-Personal für eine Veranstaltung, erfolgt mithilfe von Personaltabellen, die nach dem zeitlichen Einsatz, dem örtlichen Einsatz und nach Personalgruppen geordnet sind.

Auch das Balkendiagramm eignet sich als Hilfsmittel. Hier werden in die Definitionsspalte die Personengruppen und in die Definitionszeile eine Zeitfolge eingetragen. Den einzelnen Personen werden dann in Balkenform Einsatzzeiten zugeordnet.

In der Tabelle sind typische Personengruppen für Live-Events zusammengefasst.

Tätigkeitsbereich	Funktion
Bühne	Künstler, Schauspieler, Tänzer, Musiker, Moderator, Referent inkl. Begleitung bzw. Management
Künstlerische Produktion	Regie, Choreografie, Bühnenbild, Dekoration, Kostümbild, Konzeptioner, Ausstattung/Requisite, Produzent
Abendablauf	Projektleiter, Projektassistenz, Abendregie, Techniker für die Gewerke, Hands, Transporte
Service	Hostess, Promoter, Dolmetscher, Standdienst, Künstler- und Gästebetreuer, Runner, Fahrer, Kellner, Köche, Küchenhelfer, Reinigungskraft, Toiletten- und Garderobenpersonal, Parkplatzeinweiser
Sicherheit	Security, Feuerwehr, Sanitäter, Verantwortlicher für Veranstaltungstechnik
Sonstige	VIP-Gäste, Sponsoren, Geschäftspartner

Personengruppen

Anforderung an Security-Fachkräfte

Wer in Deutschland gewerbliche Tätigkeiten im Objekt- und Werksschutz, Streifendienst, Geld- und Werttransport, Empfangsdienst, Personenschutz oder Veranstaltungsschutz ausüben möchte, benötigt eine Bewachungserlaubnis nach § 34 a der Gewerbeordnung. Je nach Tätigkeit muss entweder die Unterrichtung oder die Sachkundeprüfung nachgewiesen werden.

Die Erteilung der Erlaubnis für den Betrieb eines Bewachungsunternehmens ist davon abhängig, ob der Antragsteller und seine Beschäftigten durch eine Bescheinigung einer Industrie- und Handelskammer nachweisen, dass sie über die für Ausübung dieses Gewerbes notwendigen rechtlichen Vorschriften unterrichtet wurden und mit ihnen vertraut sind. Dies setzt aufseiten des Antragstellers 80 Stunden Schulung, aufseiten der Beschäftigten jeweils 40 Stunden Schulung voraus.

Die Sachkundeprüfung wird durch die örtliche IHK durchgeführt. Sie besteht aus einem schriftlichen und einem mündlichen Teil. Erforderlich ist sie für Unternehmer und Mitarbeiter bei Tätigkeiten im öffentlichen Verkehrsraum, in Hausrechtsbereichen mit tatsächlichem öffentlichem Verkehr (etwa für die Bestreifung öffentlicher Parks oder Einkaufszentren) und im Personennah- und Fernverkehr sowie für Kaufhausdetektive und Türsteher vor gastgewerblichen Diskotheken.

Den im Bewachungsgewerbe Tätigen soll eine einführende Hilfe in die eigenverantwortliche Wahrnehmung von Bewachungsaufgaben vermittelt werden. Die IHK bestätigt nach Abschluss der Unterrichtung durch eine Bescheinigung, dass dieses Ziel erreicht wurde. Voraussetzung für den Unterrichtungsnachweis ist, dass die Teilnehmer die Unterrichtung lückenlos und aufmerksam verfolgt und ihren Inhalt verstanden haben. Davon muss sich die IHK durch unterrichtsbegleitende Prüfungen (auch in schriftlicher Form) überzeugen.

Der Veranstalter muss sich im Vorfeld beim Dienstleister vergewissern, dass die entsprechenden Bescheinigungen vorliegen; um im Fall von Kontrollen durch das Ordnungsamt gerüstet zu sein, sollten die Einsatzkräfte der Security einen Beleg über die Sachkundeprüfung bei sich tragen.

7.6 Durchführung von Veranstaltungen

7.6.1 Checkliste Vorbereitung und Aufbau

Tätigkeitsbereich	Themenbereich	Beispiele
Übernahme der Location	Checkliste, Protokoll	Abnahmeprotokoll erstellen
Überwachung der Installation von Einrichtungen, Aufbauten und Dekorationen	Ausstattung, Sicherheit und Struktur der Veranstaltungsstätte, technische Einrichtungen, Logistik	Aufbaupläne erstellen, kontrollieren und überwachen
Einweisung von Personal, Überwachung des Personaleinsatzes	Personalkoordination, Personaleinsatzplanung	Personaldispositionen erstellen, Einhaltung überwachen, Locationbegehung, Abnahmen
Proben organisieren und durchführen	Probenplanung	Proben, Soundcheck, Technikchecks in die Wege leiten
Mitwirkende betreuen	Künstlerbetreuung, VIP-Betreuung, Geschäftspartner- und Sponsorenbetreuung	Catering planen, Hotelbuchungen vornehmen und koordinieren
Kassen und Abrechnung vorbereiten	Ticketing, Vertragsabwicklung	Abendkasse bestücken, Abrechnung und Rechnungsstellung gemäß Deal vorbereiten, Dienstleister auszahlen

7.6.2 Checkliste Veranstaltungsablauf

Tätigkeitsbereich	Themenbereich	Beispiele
Abendkasse abwickeln	Verkauf und Abrechnung	Plätze vergeben, Tickets verkaufen, Quittungen erstellen
Einlasskontrolle, Überwachung Besucherregistrierung	organisatorische Maßnahmen zum Veranstaltungsbeginn, Veranstaltungssicherheit, Besucherbetreuung	Zutrittsberechtigung überwachen, Eintrittskartenkontrolle, Backstagekontrolle
Überwachung Besucherbetreuung	Besucherbetreuung, Kundenorientierung	Kontrolle der Dienstleister
Ablaufplan einhalten, Korrekturmaßnahmen bei Abweichung einleiten	Terminplanung, Ablaufplanung, Regiepläne	Ablauf- und Regiepläne erstellen, prüfen und überwachen
Reklamationen bearbeiten, Lösungen anbieten	Fehleridentifikation, Kundenbetreuung, Verbesserungsvorschlagswesen	Beschwerden entgegennehmen, Maßnahmen einleiten
Reaktion auf veränderte Anforderungen, erforderliche Maßnahmen veranlassen	Feinplanung von Veranstaltungen, situatives Führen	Personal anweisen, Ablaufpläne ändern, Änderungen kommunizieren und umsetzen
Künstler und Beteiligte betreuen	Prozessmanagement	Einhaltung der Bühnenanforderungen überwachen, Catering prüfen

7.6.3 Checkliste Veranstaltungsende und Abbau

Tätigkeitsbereich	Themenbereich	Beispiele
Abbau von Einrichtungen, Aufbauten und Dekorationen sicherstellen	Abbauplanung, Logistik	Abbaupläne erstellen und überwachen, Transportplanung, sicheres Verpacken, Einlagern
Ordnungsgemäße Übergabe der Veranstaltungsstätte	Übergabe von Veranstaltungsstätten, Protokoll	Schadensanalyse durchführen, Schäden dokumentieren, weitere Verfahren und Haftung, Übergabeprotokoll anfertigen
Vorbereitung und Durchführung von Auszahlungen und Abrechnungen	Zahlungsverkehr, Rechnungsbearbeitung, Vertragsbearbeitung	Zahlungsvorgänge bearbeiten und überwachen, Deals abrechnen

7.7 Checkliste Veranstaltungsnachbereitung

Die Nachbereitung einer Veranstaltung gliedert sich in organisatorische, quantitative, qualitative und kaufmännische Aspekte. Zur qualitativen Analyse empfiehlt sich neben dem Abgleich mit den Veranstaltungszielen ein Vergleich mit bekannten Werten, zum Beispiel aus Vorjahren, aus Erfahrungen bei ähnlichen Veranstaltungen oder von Mitbewerbern.

Art der Nachbereitung	Nachbereitungsziele	Beispiele
Organisatorische Nachbereitung	Betriebsbereitschaft wiederherstellen	Abbau, Aufräumen, Rücktransport, Einlagerung, Kommissionsabrechnung und -rückgabe, Bestandskontrolle, Fahrzeugrückgabe, Projektunterlagen abheften und archivieren
	Schäden abwickeln	z. B. gegenüber Geschäftspartnern, Dienstleistern, Vermietern, Versicherungen
Quantitative Nachbereitung	Absatz- und Verbrauchszahlen	Besucherzahlen eruieren und vergleichen, Ticketverkauf nach Kategorien analysieren
	Umsatzzahlen	Kassenumsätze, Thekenumsätze usw. auswerten
	Response auf Aktionen	Promotions, Merchandising, Kampagnen auswerten
Qualitative Nachbereitung	Betrachten der Imagewirkung	Presseclipping veranlassen (Zusammenstellung der Medienberichte) und auswerten
	Manöverkritik, Prozessanalyse	Teamgespräch oder Befragung von Mitarbeitern, Kunden und Dienstleistern, Verbesserungsvorschläge auflisten
	Kundenfeedback	Beschwerden auswerten, Befragungen auswerten
	Abgleich mit Veranstaltungszielen	Soll-Ist-Vergleich, Abweichungen auflisten und präsentieren, Korrekturmaßnahmen einleiten
Kaufmännische Nachbereitung	Nachkalkulation	zeitliche/sachliche Rechnungsprüfung, Ausgaben und Einnahmen analysieren, Rabatte und Provisionen betrachten
	Endabrechnung	Werte intern und extern aufarbeiten
	Abgaben und Steuern	Ausländersteuer, Künstlersozialabgabe, GEMA, Vergnügungsteuer und Lotteriesteuer abwickeln
Sonstiges	Veranstaltungsdokumentation	Aufbereitung für die interne Ablage und zum Zweck der externen Werbung (z. B. Imagevideo, Fotodokumentation, Pressespiegel, Broschüre, Internet, PowerPoint-Präsentation)
	Dank	Beteiligte, Zuschauer, Medienpartner und Sponsoren, Geschäftspartner

Der Themenbereich Erfolgsmessung/Evaluation wird in Lernfeld 9, Abschnitt 9.4 ausführlicher behandelt.

AUFGABEN

1. Entwickeln Sie nach Absprache mit Ihrem Lehrer im Projektteam für ein Schulprojekt eine Veranstaltungskonzeption inklusive Veranstaltungspräsentation, erarbeiten Sie dazu die nötigen Veranstaltungspläne, organisieren Sie Kooperationspartner und Sponsoren und bereiten Sie alle nötigen Maßnahmen zur Umsetzung und Nachbereitung inklusive einer Terminplanung, einer Ablaufplanung und einer Personaldisposition vor. Erstellen Sie für das Projekt Teilziele und verteilen Sie die Aufgaben auf Personen.

Bistro-Tische in Veranstaltungssaal

2. Die Veranstaltungsagentur Alpenblues aus Garmisch-Partenkirchen veranstaltet jährlich am 30. April die bislang stets ausverkaufte Veranstaltung Heimat-Rock in der örtlichen Stadthalle, die komplett inklusive Nebenräume bespielt wird. Hauptact ist neben Platten auflegenden einheimischen DJs aus der örtlichen Diskothekenszene die Damenkapelle Die fidelen Bayern-Madeln, die zu Technorhythmen ins Alphorn blasen und eine Rechnung als GmbH stellen. In einer kostenpflichtigen Verlosung werden hochwertige Sponsorengaben versteigert. Um Mitternacht gibt es ein spektakuläres Indoor-Feuerwerk. An der Erstellung der Werbung arbeiten freiberufliche Grafiker der Agentur auf Rechnung zu. Die Theken werden von der Agentur selbst bewirtschaftet.

a) Wie hoch muss der Umsatzsteuersatz auf ein Ticket sein?
b) Welche vier Abgaben muss der Veranstalter für dieses Event vermutlich leisten? Für welche Leistung müsste an wen die jeweilige Zahlung fließen?
c) Welche Anforderung muss der Veranstalter ordnungsgemäß an die Securitykräfte stellen?
d) Erstellen Sie einen möglichen Ablaufplan für die Veranstaltung mit vier bis fünf Spalten inklusive Auf- und Abbauzeiten.
e) Erstellen Sie eine strukturierte Liste von beteiligten Personen.
f) Nennen Sie vier Ämter, bei denen Genehmigungen eingeholt werden müssen.
g) Nennen und begründen Sie vier Faktoren, die in diesem konkreten Fall auf die Preisbildung einer Eintrittskarte Einfluss haben könnten, und begründen Sie darauf aufbauend einen Preisvorschlag (brutto).
h) Welche Art von Gagendeal bieten Sie der Damenkapelle an?
i) Listen Sie im Rahmen eines Brainstormings die benötigte Veranstaltungstechnik auf.
j) Welche zwei Versicherungen sollte der Veranstalter unbedingt abschließen? Welche weiteren Versicherungen empfehlen Sie? Begründen Sie Ihre Auffassung.
k) Machen Sie für vier ausgewählte Areas Bestuhlungsvorschläge.
l) Nennen Sie zwölf Werbemaßnahmen für das Event.
m) Arbeiten Sie vier qualitativ-quantitative Methoden zur Nachbereitung der Veranstaltung aus.

7.8 Zusammenfassung

- → Abgrenzung und Beschreibung Tourneemanager (Produzent) und örtlicher Durchführer (Veranstalter)
- → Aspekte der Tourneeplanung und Künstlerbuchung
- → Abgrenzung Großes und Kleines Recht
- → Zielgruppenanalyse und Prozess der Preisfindung bei Eintrittskarten
- → Finanzierung von Public Events, Ermittlung von Gagen-Break-even bzw. Forderungsgage und Arten von Veranstaltungs-Deals
- → Veranstaltungstechnik (Detailbeschreibung aller Gewerke)
- → Arten und Formen von Versicherungen in der Veranstaltungsbranche
- → Detailbeschreibung spezieller Werbeformen für Public Events (Internet, Plakatierung, Pressekonferenz)
- → Anwendende Beschreibung von Bestuhlungsvarianten
- → Checklisten zur Veranstaltungsvorbereitung, -durchführung und -nachbereitung

7.9 Zwischentest: Muster-Prüfungsfragen

Hinweis: Bitte keine Eintragungen im Buch vornehmen.

1. Zu den typischen Aufgaben des Tourneemanagers gehört (drei Nennungen)

a) das Schalten von regionalen Anzeigen.
b) das Aushandeln von Verträgen mit örtlichen Durchführern.
c) das Routing einer Tour.
d) das Einhalten der Bühnenanweisung.
e) das Erstellen eines Technical Riders.
f) die Abrechnung des Vorverkaufs.

2. Der Local Promoter übernimmt vom Produzenten in der Regel (drei Nennungen)

a) die Hotelkosten des Künstlers.
b) die Druckkosten für die Tourplakate.
c) die Ausländersteuer.
d) die Kosten für das Catering.
e) die Vorverkaufsgebühr.
f) die Kosten für die Tourneecrew.

3. Großes Recht nennt man

a) die Rechtsgebiete, die im Grundgesetz festgelegt sind.
b) Anordnungen des Bundespräsidenten (Exekutive).
c) die Entscheidungen der höchstrichterlichen Rechtsprechung (Judikative).
d) Gesetze des Parlamentes (Legislative).
e) die direkte Abrechnung von urheberrechtlichen Nutzungslizenzen mit dem Rechteinhaber.
f) Zahlungen an die GEMA per Rahmenvertrag.

4. Welche Antwort ist richtig? Folgende preispolitische Kategorien unterscheidet man bei der Preisfindung von Tickets:

a) Kostenorientierung, Wettbewerbsorientierung, Zielgruppenorientierung, Wirkungsorientierung
b) Kostenorientierung, Wettbewerbsorientierung, Zielgruppenorientierung, Wirkungsorientierung, Erlösorientierung
c) Kostenorientierung, Wettbewerbsorientierung, Zielgruppenorientierung, Erlösorientierung

5. Der Gagen-Break-even ermittelt

a) die Kosten einer Tournee pro Auftritt.
b) die Gage für einen Auftritt.
c) die Kosten für einen Gagenschnitt beim Friseur.
d) die Tageskosten pro eingenommener Gage.

6. Die Forderungsgage (zwei Nennungen)

a) bekommt der Veranstalter.
b) bekommt die Gastspieldirektion.
c) enthält einen Gewinnaufschlag auf die Gage, die zur Deckung der Tourneekosten dient (Gagen-Break-even).
d) kann vom Staat eingefordert und direkt der Einkommensteuer unterworfen werden.

7. Welche Art von Deal ist bei Gastspielverträgen unbekannt?

a) Garantiegage bzw. Festgage ohne Prozentbeteiligung
b) Prozentverteilung ab der ersten Karte, zum Beispiel 70/30 (70 % für Künstler/Tourmanager, 30 % für Veranstalter)
c) Prozentverteilung ab Veranstaltungs-Break-even (das heißt ab Deckung der Veranstaltungskosten)
d) Mindestgage abzüglich Prozentverteilung über Veranstaltungs-Break-even
e) Mindestgage zuzüglich Prozentverteilung ab Veranstaltungs-Break-even
f) Mindestgage oder Prozentverteilung ab der ersten Karte, wenn dieser Beteiligungsbetrag höher ist

8. Künstler können gebucht werden über (drei Nennungen)

a) Veranstalter.
b) Manager.
c) Agenten.
d) Locations.
e) Direktionen.
f) Medienberater.

9. In welcher Reihenfolge wird Veranstaltungstechnik aufgebaut?

a) Bühne, Rigging, Strom, Licht, AV, Ton, Effekte
b) Strom, Bühne, Rigging, Licht, AV, Ton, Effekte
c) Licht, Strom, Bühne, Rigging, Effekte, AV, Ton

10. Mit welcher Einschränkung darf Pyrotechnik T1 bestimmungsgemäß genutzt werden?

a) In der Regel nur mit Erlaubnis und mit Befähigungsnachweis
b) In der Regel ohne Erlaubnis und ohne Befähigungsnachweis
c) In der Regel ohne Erlaubnis, nur mit Befähigungsnachweis

11. Veranstaltungsausfallversicherungen treten nicht ein für

a) das Ausbleiben des Künstlers.
b) die rechtliche Unmöglichkeit eines Events.
c) fehlendes Besucherinteresse.
d) die witterungsbedingte Absage der Veranstaltung.

12. Die Shortfall-Versicherung übernimmt

a) das Minus einer Veranstaltung.
b) den Betrag zwischen Mindestumsatz (als Selbstbeteiligung) und Veranstaltungs-Break-even.
c) Mindereinnahmen des Veranstalters in der Abrechnung mit der Direktion, weil er bei der Abrechnung nicht aufgepasst hat.

13. Das sogenannte wilde Plakatieren

a) kann durch die Zahlung einer nachträglichen Erlaubnisgebühr vom Ordnungsamt genehmigt werden.
b) ist in der Regel verboten.
c) ist immer erlaubt, wenn nur Tesafilm benutzt wird.
d) ist Sache der Location.

14. Was bedeutet im Künstlerjargon der Terminus „Backstagesaufen"?

a) Das Leertrinken der Minibar im Hotel bei gleichzeitigem Auffüllen der geleerten Fläschchen mit Wasser
b) Den nicht legitimierten Zugang zu den Künstlergarderoben mit anschließender Plünderung des Künstlerkühlschranks, während die Band auf der Bühne steht
c) Das attraktive, aber gefährliche Springen von Zuschauern von der Bühne ins Publikum

15. Die Reihenbestuhlung

a) ist kommunikativ, präsentationsfreundlich und platzsparend.
b) ist platzsparend, präsentationsfreundlich und interaktiv.
c) ist präsentationsfreundlich und platzsparend, bietet aber keine guten Bewirtungsmöglichkeiten.

16. Für Personaldispositionen nutzt man gerne (vier Nennungen)

a) einen Netzplan.
b) eine nach dem zeitlichen Einsatz geordneten Personaltabelle.
c) ein Balkendiagramm.
d) eine nach dem örtlichen Einsatz geordnete Personaltabelle.
e) einen Ablaufplan.
f) eine nach Personalgruppe geordneten Personaltabelle.

17. Die Besucherbefragung zählt man zur

a) organisatorischen Nachbereitung.
b) quantitativen Nachbereitung.
c) qualitativen Nachbereitung.
d) kaufmännischen Nachbereitung.
e) sonstigen Nachbereitung.

Swarovski Kristallwelten 2018 –
https://kristallwelten.swarovski.com

8 Eventmarketing: Veranstaltungen im Rahmen der vernetzten Kommunikation eines Unternehmens

In diesem Kapitel wird das Thema Business-Event-Management in den angewandten Marketingmix des Unternehmens eingeordnet und am Beispiel eines firmeninternen, vertriebsorientierten Produkt-Kick-offs sowie der Planung eines Messeauftritts behandelt. Die Themen werden zunächst aus der Sicht eines Unternehmens behandelt, das Marketing-Events im Rahmen des Eventmarketings als absatzsteigerndes Kommunikationsinstrument einsetzt. Die Konzeption, Planung und Organisation eines Business-Events wird anschließend in Lernfeld 9 aus Agentur-, das heißt Dienstleisterperspektive behandelt.

8.1 Eventmarketing als Teil der integrierten Kommunikation

Ein **Business-Event** (Marketing-Event) ist ein Werkzeug im Kommunikationsmix, das der Absatzsteigerung dient.

Business-Events nutzen Faktoren wie „Unterhaltung“ und „Emotionalisierung“, um den Adressaten ein Produkt, eine Dienstleistung oder ein Unternehmen nachhaltig nahezubringen.

MERKE

- Marketing-Event: Bezeichnung für eine bestimmte Veranstaltung
- Eventmarketing: Dachbegriff zur Bezeichnung der Tätigkeit des Veranstaltens von Marketing-Events. Eventmarketing ist die Summe der Marketing-Events, die zur Absatzförderung veranstaltet werden.

Häufig legen Unternehmen die Ziele und den Umfang ihrer Eventmarketingmaßnahmen fest und beauftragen sodann spezialisierte Full-Service-Dienstleister wie Eventagenturen und Messebauer mit deren Durchführung.

AUFGABE

Erklären Sie den Unterschied zwischen Eventmarketing, Marketing-Event, Veranstaltungsmarketing und Eventmanagement. Erstellen Sie zur Prüfungsvorbereitung eine entsprechende Liste mit Kurzdefinitionen.

8.1.1 Ansprechpartner für Marketing-Events im Unternehmen

In großen Unternehmen sind häufig die in der Tabelle aufgeführten Ansprechpartner aus typischen Abteilungen für die Budgetierung, Planung und Durchführung von Business-Events zuständig.

Abteilung im Unternehmen	Ansprechpartner
Marketingkommunikation	Eventmanager als Spezialisten für Eventmarketingmaßnahmen, Messemanagement und interne Firmenveranstaltungen, ggf. Spezialisten für verkaufsfördernde Maßnahmen (Promotion)
Abteilung Vertrieb oder Vertriebsmanagement	Spezialisten für Verkaufsveranstaltungen, verkaufsfördernde Maßnahmen, Vertriebsschulungen
Assistenz der Geschäftsführung (Sekretariat)	Spezialisten für alle Arten von Firmenevents, die zur Chefsache gemacht werden
Pressestelle/Pressereferat	Spezialisten für Public-Relations-Events, interne Veranstaltungen für die Mitarbeiterkommunikation/-motivation
Personalabteilung	Spezialisten für Events zur Mitarbeitermotivation und Personalentwicklung
Produktmanagement	Spezialisten für die Produktentwicklung, ggf. Organisatoren von Kick-off-Veranstaltungen bei Produktneueinführungen oder Produktschulungen

Ansprechpartner für Marketing-Events in Unternehmen

8.1.2 Eventmarketing-Budget

Business-Events als konkrete Maßnahmen des Eventmarketings werden in der Regel budgetiert, das heißt, das Unternehmen stellt einen gewissen Betrag für die Umsetzung zur Verfügung. Unternehmen haben also ein Eventmarketing-Budget, mit dem Business-Events finanziert werden.

Ein **Budget** (oder Etat) umfasst die finanziellen Mittel, die für ein Projekt, eine Abteilung oder ein Betätigungsfeld zur Verfügung stehen.
Budgetierung ist die Planung und Festlegung der für ein Projekt, eine Abteilung oder ein Betätigungsfeld notwendigen finanziellen Mittel.

Im Prozess der Budgetfindung arbeiten in einem Unternehmen die Fachabteilungen, das Controlling und die Unternehmensführung zusammen. Ein Budget für einen Teilbereich des Unternehmens, beispielsweise ein Marketingbudget, ist dabei immer abhängig von den insgesamt zur Verfügung stehenden Mitteln. Diese können letztendlich nur aus den Umsatzerlösen entnommen werden. Grundsätzlich kann in einem Unternehmen dabei nach dem folgenden (vereinfachten) Planungsmuster gerechnet werden:

mögliche Umsätze
– potenzielle variable Kosten für Produktion und Projektfinanzierung
– potenzielle fixe Kosten für die Betriebsbereitschaft
= vorläufiger Betriebserlös

Auf der Basis des vorläufigen Erlöses können Budgets, etwa für Marketing-Kommunikationsmaßnahmen, Vertriebsaktivitäten oder Investitionen, veranschlagt werden. Häufig werden diese Budgets auf der Basis von Erfahrungen aus früheren Jahren sowie der Analyse der geplanten Aktivitäten gebildet.

- In der **Top-down-Planung** werden Budgets aus den Unternehmenszielen abgeleitet und von übergeordneten Stellen vorgegeben. Das gegebene Gesamtbudget wird „von oben nach unten“ auf die einzelnen Fachabteilungen verteilt, die dann damit wirtschaften.
- In der **Bottom-up-Planung** erarbeiten die Fachabteilungen auf der unteren Ebene Pläne und kalkulieren die Kosten. Das Controlling und die Unternehmensleitung auf der oberen Ebene prüfen die Werte und geben die Budgets frei. Die Fachbudgets bestimmen die Höhe des Gesamtbudgets.
- Im sogenannten **Gegenstromverfahren** (zuweilen auch als **Bottom-down-Planung** bezeichnet) werden Top-down- und Bottom-up-Planung kombiniert.

8.1.3 Eventmarketing im Marketing-Kommunikations-Mix

Business-Events sind Teil der operativen Maßnahmen im Marketing-Kommunikations-Mix eines Unternehmens. Sie sollten eng abgestimmt und vernetzt werden mit

- der Unternehmenskultur und der Corporate Identity,
- der aktuellen Marketingstrategie des Unternehmens,
- den Absatzzielen,
- dem bisherigen Erfahrungshorizont und
- den Budgetvorstellungen.

Beispiel → Die Praxis eines Telekommunikationsanbieters

Der Telekommunikationsanbieter o.tel.o (Schwerpunkt Festnetztelefonie) setzte Anfang des Milleniums folgende Schwerpunkte im Kommunikationsmix und leitete daraus sein Eventmarketing-Engagement ab:

1. Marketing-Kommunikationsstrategie. Der Schwerpunkt lag in der Vermarktung der Produktlinie „o.tel.o Baukastensystem“, eines Pakets aus verschiedenen Telekommunikationsdienstleistungen (Festnetztelefonie, Internet und Mobilfunk). Der Endkunde konnte sich aus verschiedenen Produkt- und Serviceangeboten seinen persönlichen Mix zusammenstellen. Als Hauptzielgruppen wurden die junge Familie mit Kindern im Segment der bürgerlich-liberalen Mittelschicht sowie ethnografisch sozialisierte Migrantengruppen mit türkischer und russischer Herkunft lokalisiert.
2. Marketing-Kommunikationskonzept. Als Hauptwerbemedien wurden der TV-Spot, die Anzeige in Tageszeitung und Zeitschrift, der verbesserte Internetauftritt, der Auftritt auf Messen sowie die gezielte begleitende Verstärkung der Handelsmarketingmaßnahmen festgelegt sowie entsprechende Maßnahmenpläne erarbeitet. Für das Baukastensystem wurde ein Logo im Corporate Design des Unternehmens erarbeitet und eingebaut.

3. Beispiel Eventmarketing: Im Bereich Messe wurde für den Auftritt auf der Cebit ein Budget in Höhe von 1,5 Mio. € festgelegt und ein baukastenaffiner Auftritt im Corporate Design des Unternehmens geplant und durchgeführt. Der Messeauftritt wurde mit den anderen Kommunikationsmaßnahmen abgestimmt (integrierte Kommunikation).

8.1.4 Integrierte Kommunikation

Integrierte Kommunikation ist die strategische und konkrete Abstimmung von Kommunikationsmaßnahmen aufeinander: die richtige Dosis zum richtigen Zeitpunkt in der richtigen Form für die richtige Zielgruppe. Integrierte Kommunikation bedeutet, die Kommunikationsmaßnahmen aufeinander abzustimmen, das heißt

- → miteinander zu vernetzen,
- → miteinander zu verzahnen,
- → im Sinne der wechselseitigen Befruchtung zu gestalten.

Die Maßnahmen der integrierten Kommunikation sollten zeitlich, sachlich, räumlich und inhaltlich aufeinander abgestimmt sein. Das übergeordnete Ziel integrierter Kommunikation ist die Optimierung der kommunikativen Wirkung.

Ein solches Vorgehen betreibt man nicht aus Spaß, sondern weil es effektiver wirkt. Beim Endkunden erzeugt ein abgestimmtes Miteinander der kommunikativen Ansprache eine stärkere Wirkung und einen nachhaltigeren Effekt und regt somit auf effiziente Weise die Kaufbereitschaft an. Für erfolgreiche integrierte Kommunikation braucht man Feeling, Zielstrebigkeit, Überblick, das richtige Händchen, eine fundierte Ausbildung und – sehr viel Erfahrung.

Welche Farbe erhält man, wenn man alle Farben der Farbpalette willkürlich zusammenmischt? Einen hässlichen Braunton! Wenn man alle Gewürze aus dem Gewürzregal willkürlich in die Speise mischt und dabei noch Zucker mit Salz verwechselt, wie schmeckt dann das Gericht? Eklig bis widerlich!

Ein guter Mix muss gekonnt sein. Das gilt selbstverständlich auch für den Kommunikationsmix. Verkettete Wirkungspotenziale entfalten ihre Wirkung durch die intelligente Abstimmung der Kommunikationsmaßnahmen in der integrierten (das heißt vernetzten) Kommunikation.

Beispiel → Der Coca-Cola-Weihnachtstruck

Jährlich startet Coca-Cola im Spätherbst und Winter unter strenger Anwendung der Corporate Identity die Werbekampagne „Der Coca Cola-Weihnachtstruck“.

Eigentlich ein Mittel aus der Werkzeugkiste Verkaufsförderung/Promotion (eine Roadshow), ist diese Marketingmaßnahme gewürzt mit einer Prise Marketing-Event: Auf den Marktplätzen der besuchten Städte werden aus dem Truck-Konvoi eine Bühne, eine große Probierstation und eine eigene Coca-Cola-Erlebniswelt. In ausgewählten Städten trat 2007 als Highlight die Popsängerin Sarah Connor live auf.

Zeitig vor und parallel zur Tour durch Deutschland, Österreich und die Schweiz wird der Coca- Cola-Weihnachtstruck in einer umfassenden Kampagne mit TV-, Radio- und Kinospots angekündigt und beworben (klassische Werbung). In den Spots wird auch die Internetadresse der Kampagne kommuniziert. Im Internet wird parallel zur Kampagne eine virtuelle Weihnachtstruck-Tour ermöglicht.

AUFGABE

Was glauben Sie: Wie viele Coca-Cola-Weihnachtstruck-Konvois fahren im Kampagnenzeitraum durch Deutschland? Nennen Sie drei Gründe für Ihre Antwort.

8.2 Kategorien von Business-Events

In der Szene der etablierten Full-Service-Werbeagenturen, die auf eventbasierte Kommunikationsmaßnahmen spezialisiert sind, haben sich seit Anfang des Milleniums folgende Kategorien informell konkretisiert:

Kategorie	Beschreibung
Corporate-Event	Live-Inszenierung im Rahmen der strategischen Unternehmens-, Marken- oder Produktkommunikation
Exhibition-Event	Inszenierung auf Ausstellungen und Messen
Mitarbeiter-Event	Inszenierung einer firmeninternen Veranstaltung
Public-Event/Consumer-Event	Business-Inszenierung für ein offenes Publikum (Privatkundenorientierung)
Charity-Event	Veranstaltung für einen guten Zweck
Promotion-Event	produkt- oder markenorientierte Inszenierung am Point of Sale zum Zweck der Verkaufsförderung (Promotion, Sampling, Roadshow)
Incentive-Event	Veranstaltung zur verkaufsorientierten Motivation oder verkaufsergebnisorientierten Honorierung

AUFGABEN

1. Was unterscheidet die oben genannte Kategorie Public Event von der im Einführungskapitel genannten?
2. Was könnten Gründe dafür sein, die Hauptkategorie Corporate-Event zu nennen? Was bedeutet in diesem Zusammenhang „Corporate“?
3. Ordnen Sie den oben genannten Kategorien jeweils drei Beispiele zu, die Sie aus Ihrem Berufsalltag kennen oder von denen Sie gehört haben.

8.2.1 Zielorientierung von Business-Events

Stephan Schäfer-Mehdi schlägt in seinem lesenswerten, agenturen- und auftraggeberorientiertem Werk mit dem Titel „Event-Marketing" die in der Tabelle zusammengestellte, nach Kommunikationszielen sortierte Liste von Business-Event-Arten vor.

Kommunikationsziel	Art des Events
Bewusstseinsbildung	Aufklärungsveranstaltung, Veranstaltung zu Kampagnenbeginn
Emotionalisierung und Aktivierung	alle Eventformen, insbesondere Get-together-Event, Motivationsveranstaltung, Incentive-Event
Information und Kommunikation	Kongress, Forum, Kundgebung, Symposium, Tagung, Workshop
Produktkommunikation	Produktpräsentation, Promotion-Event, Promotiontour, Event am Point of Sale, Ausstellung, Messe-Event
Unternehmenskommunikation	Tag der offenen Tür, Unternehmenspräsentation, Jahreshauptversammlung, Messe-Event
Multiplikatorenansprache	Presse-Event, PR-Event, VIP-Event, Händlermeeting
Imagebildung	alle Eventformen
Indirekte Ziele	Sponsoring, Kooperation

Zielorientierte Aufstellung von Business-Events

AUFGABEN

1. Warum ist es so fruchtbar, Events nach ihrem Kommunikationsziel zu gliedern?
2. Was glauben Sie? In welche der oben genannten Kommunikationsziel-Kategorien fallen wohl die meisten durchgeführten Events? Erläutern und diskutieren Sie Gründe für Ihre Einschätzung.

Der oben aufgeführten Gliederung liegt die analytische Erkenntnis zugrunde, dass das Kommunikationsziel eines Business-Events maßgeblich für die Entscheidung für eine bestimmte Eventform ist:

1. Ein Business-Event dient indirekt oder direkt immer dem Ziel der Absatzsteigerung.
2. Um dieses Ziel zu erreichen, werden allgemeine und spezifische Kommunikationsziele erarbeitet.
3. Um die Kommunikationsziele zu erreichen, nutzen wir diejenigen Eventformen, die dazu am besten geeignet sind, und gestalten sie entsprechend.

Zusätzlich zu den allgemeinen Kommunikationszielen benötigen wir konkret formulierte Ziele. Typische Ziele von Business-Events sind

→ die Aktivierung der Motivationsbedürftigen,
→ die Honorierung der bereits Motivierten,
→ die Bindung beispielsweise von Mitarbeitern, Geschäftspartnern oder Kunden.

Konkrete Anlässe für Business-Events oder Kommunikationskampagnen können sein:

- → Jubiläen und Jahrestage,
- → Eröffnungen, Neu- und Wiedereröffnungen,
- → Jahreshauptversammlungen,
- → Messe- oder Ausstellungstermine,
- → der Launch (die Veröffentlichung) eines Produkts oder einer Marke.

Für die letztere Kategorie werden gern sogenannte Kick-off-Events veranstaltet.

MERKE

Kick-off bedeutet Anstoß. Ein Kick-off-Event ist in der Regel eine interne oder externe Auftaktveranstaltung zum Start einer Kampagne, eines Produkt-Launches oder eines Vertriebsjahres.

Anfang des Millenniums hat man Entscheidungsträger aus deutschen Konzernen und Unternehmen gefragt, welche konkreten Ziele sie mit ihren Eventmarketingmaßnahmen verfolgen. Die folgende Grafik fasst die Ergebnisse der Befragung zusammen. (Mehrfachantworten waren zugelassen.)

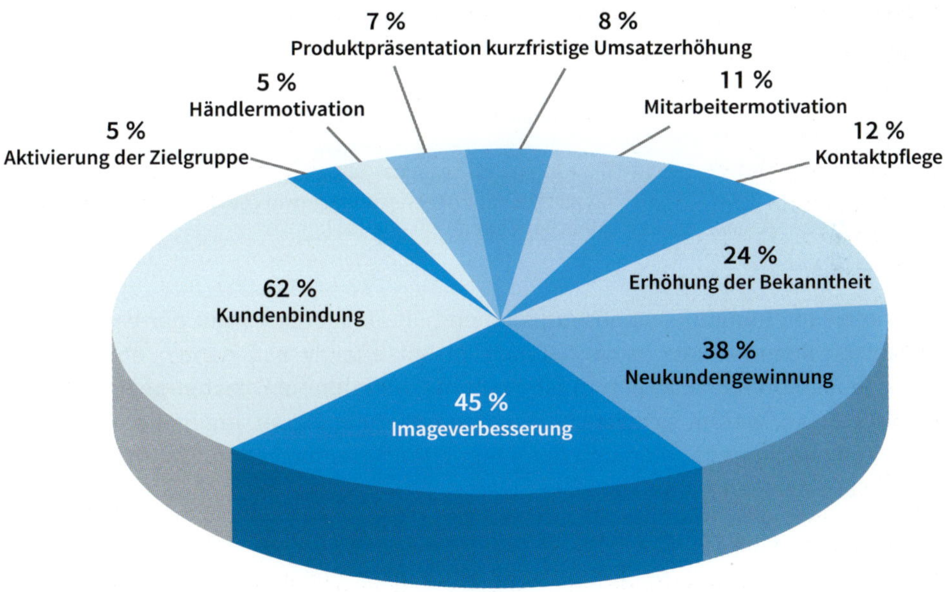

Ziele von Business-Events

AUFGABEN

1. Arbeiten Sie auf der Basis der obigen Grafik heraus, ob die Unternehmen mithilfe von Eventmarketingmaßnahmen eher direkte oder eher indirekte Ziele erreichen möchten.
2. Was glauben Sie: Warum steht vor allem die Kundenbindung im Mittelpunkt des absatzorientierten Interesses der Unternehmen? Nennen Sie drei Gründe.

Auf der Grundlage der oben herausgearbeiteten Analysen wollen wir uns nun damit beschäftigen, was Business-Events im Vergleich mit anderen Kommunikationsformen besonders gut können und wer als Anbieter für deren Durchführung infrage kommt.

8.2.2 Stärken des Eventmarketings

Wenn wir im modernen Marketing definierte Kommunikationsziele erreichen wollen, sollten wir ausloten können, mit welcher Art von Maßnahmen welche Ziele erreicht werden können. Der Kommunikationsmix (vgl. Lernfeld 4, Abschnitt 4.2.2) eignet sich dabei als Grundlage für die Reflexion von Vorteilen des Eventmarketings im Vergleich mit anderen Werkzeugen im Orchester der Marketingkommunikation.

Stärke	Aspekte
Emotionale und direkte Kundenansprache bei Live-Events	→ hohe Akzeptanz der Botschaft → emotionale Verankerung der Botschaft → Aktivierung durch die Möglichkeit der interaktiven Ansprache → mögliche Einbindung der Zielgruppe, Ansprache aller Sinne → ganzheitliche Wahrnehmung → hohe Attraktivität der Maßnahme durch erlebbare Einmaligkeit
Nachhaltiges Wirkungspotenzial ermöglicht einen hohen Grad an Kundenbindung	→ nachhaltige Wirkung und langes Erinnerungspotenzial → langfristiger, emotionaler Wirkungsgrad → effiziente Mittelverwendung durch wirkungsvolle Ansprache → gefühlte Imageübertragung auf Produkt und Unternehmen → Verinnerlichung der Botschaften beim Kunden → emotionale Verankerung von Loyalität zum Produkt
Zielgenauigkeit in der Wirkung	→ geringe Streuverluste im Gegensatz zu anderen Werbeformen → häufig geringere Kosten pro werthaltigem Kontakt → Möglichkeit der Alleinstellung gegenüber Mitbewerbern → zeitlich und räumlich präzise planbar

Vorteile von Eventmarketing

Das Ausloten von Kommunikationsvorteilen enthebt uns jedoch nicht der Verpflichtung, die einzelnen Kommunikationsmaßnahmen im Mix effektiv aufeinander abzustimmen. Nicht für jedes Kommunikationsziel ist Eventmarketing die am besten geeignete Maßnahme. Die Frage, warum sich welche Eventinszenierung eignet, ergibt sich aus den jeweiligen Kommunikationszielen und der integrierten Kommunikation. Das Wie allerdings ergibt sich aus den Fähigkeiten des Eventteams.

Ein Live-Event als einzigartiges komplexes Einzelvorhaben bedarf in jeder Hinsicht der Fähigkeit des Eventmanagers/der Eventmanagerin, in jeder Phase des Projektmanagements die beiden folgenden Ebenen miteinander zu verbinden:

- → Emotional-inhaltlich betrachtet ist ein erfolgreiches Marketing-Event ein großartiges motivierendes Erlebnis.
- → Sachlich-organisatorisch betrachtet steckt hinter jedem Live-Event eine minutiöse Planung, in der nichts dem Zufall überlassen bleibt.

Im positiven Sinne darf das unser Zuschauer oder Gast gar nicht merken. Er muss es erleben und fühlen. Wenn es ihm als Defizit auffällt, ist das Eventmanagement bereits misslungen.

8.2.3 Der professionelle Eventagenturen-Markt

Im 2013 wieder aufgelösten Forum Marketing Event-agenturen hatten sich professionelle und qualitätsbewusste Marketing-Eventagenturen zusammengeschlossen, um gemeinsam ihre Interessen zu vertreten und einen Qualitätsstandard für die Branche zu setzen:

PRG Messestand auf der Best of Events Messe, Dortmund 2017

Von 1997 bis 2013 bestand unter dem Dach des messeorientierten FAMAB (Verband Direkte Wirtschaftskommunikation e. V.) ein eigener Fachverband von Marketing-Eventagenturen (FME Forum Marketing Eventagenturen). Hier hatten sich sich professionelle und qualitätsbewusste Eventmarketingagenturen zusammengeschlossen, um gemeinsam ihre Interessen zu vertreten und einen Qualitätsstandard für die Branche zu setzen. Dabei wurde z. B. der Versuch unternommen, den Begriff Marketing-Event zu definieren und es wurden Qualitätskriterien etabliert. Zu Hochzeiten hatte der Verband über 50 auf Live-Kommunikation spezialisierte Mitglieder, die über die Konzeption und Durchführung von Marketing-Events hinaus umfassende Maßnahmen im Bereich der direkten, erlebnisorientierten Marketingkommunikation konzipieren, organisieren und durchführen konnten. Auch wurden allgemeine Geschäftsbedingungen für Marketing-Eventagenturen ermittelt, das Berufsbild des/der Veranstaltungskaufmanns/-frau mitgestaltet, Möglichkeiten zum Erfahrungsaustausch und Aufbau von Netzwerken geschaffen und Richtlinien für Pitchhonorare veröffentlicht.

Ein **Pitch** ist eine Wettbewerbspräsentation, in der verschiedene Agenturen auf der Basis eines Briefings eine Konzeption für eine Ausschreibung eines Unternehmens erarbeiten und präsentieren.

Wenn sich auf Unternehmensseite die zuständigen Ansprechpartner auf die Suche nach einem professionellen Agenturenpartner im Markt machen, können sie zur ersten fundierten Orientierung das jährlich aktualisierte Eventagenturen-Ranking nach Honorarumsatz der Zeitschrift w&v (werben und verkaufen) konsultieren. Ein Kreativ-Ranking der Marketing-Eventagenturen veröffentlicht jährlich der BlachReport.

WWW
www.wuv.de
www.blachreport.de

Checkliste: Auswahl der passenden Marketing-Eventagentur

Wenn es um das Engagement einer Eventagentur geht, beziehen Auftraggeber gerne mehrere Kandidaten in den Auswahlprozess ein; gegebenenfalls erbitten sie auch Pitches zu einem konkreten Projekt. Anhand der in der folgenden Tabelle zusammengefassten Kriterien kann eine systematische Auswahl vorgenommen werden. Dabei geht man folgendermaßen vor: Pro Kriterium vergibt man auf einer Punkteskala von 1 bis 10 eine Bewertung ab (1 = nicht geeignet, 10 = bestens geeignet), dann rechnet man die Werte zusammen und lässt das Ergebnis in den Entscheidungsprozess einfließen.

Kriterium	Beschreibung	Agentur 1	Agentur 2	Agentur 3	Agentur 4
Zielorientierung	geplante Dauer und Intensität der Zusammenarbeit				
Materialanalyse	Projektdokumentationen, Presseberichte Unternehmenspräsentationen auswerten				
Agenturstruktur	Potenzial, Schwerpunkte, Aufbauorganisation, Personalstärke				
Kreativität und Innovation	vermuteter Grad an Konzeptstärke in Relation zum benötigten Grad				
Referenzen/ Empfehlungen	Art und Dauer abgewickelter Projekte, dokumentierte Budgethöhe				
Rankings	dokumentierte Größe und Schlagkraft				
Auszeichnungen	z. B. EVA (Event Award), ADAM (Award für Messebeteiligungen), MBA (Meeting Business Award), ADC (Art Directors Award)				
Kostenstruktur	Honorarniveau, Vergütungsmodelle				
Passung	erwartete „Chemie“ der Zusammenarbeit				
Persönlicher Eindruck	Auftritt der Personen, Verträglichkeit, Zuverlässigkeit, Vertrauen, Niveau				
	Summe:				

Auswahlkriterien für Eventagenturen

Bevor wir in Lernfeld 9 das Thema Event-Projektmanagement mit einer kleinen Anleitung „How to create and sell a business event“ aus Agenturperspektive beleuchten, wollen wir uns zunächst aus der Perspektive des Unternehmens der zentralen Frage widmen, wie Business-Events/Eventmarketing nun genau gemacht werden. Deshalb skizzieren wir den Planungsablauf einer firmeninternen Vertriebs-Kick-off-Veranstaltung aus Firmensicht und beleuchten ausgewählte Facetten des angewandten Messemanagements (siehe auch Lernfeld 4, Abschnitt 4.3.1).

Swarovski Kristallwelten 2018 – https://kristallwelten.swarovski.com

8.3 Kick-off-Meetings: Ein Beispiel

Am Anfang steht die Idee eines Unternehmens, ein Marketing-Event durchzuführen. Auf der Grundlage eines Briefings entsteht ein erstes Grobkonzept. Das folgende Beispiel für das Projektmanagement eines typischen Business-Events haben wir an ein Kick-off-Meeting des Telekommunikationsunternehmens o.tel.o (heute als Otelo eine Marke im Vodafone-Konzern) angelehnt, das zur internen Schulung der Vertriebsmitarbeiter anlässlich einer Produkteinführung der Produktlinie o.tel.o mobil zu Anfang des Milleniums veranstaltet wurde.

8.3.1 Briefing und Grobkonzeption

Briefing kommt vom englischen *brief* (kurz und knapp). Der Begriff ist dem militärischen Sprachgebrauch entlehnt und steht heute in Marketing-Zusammenhängen meist für eine knappe Anweisung zur Erstellung eines Konzepts oder Entwurfs.

Das Briefing in unserem Sinne ist also keine Diskussionsgrundlage, sondern die Basis für die zielgerichtete Durchführung eines Marketing-Teilprojekts. Im Unternehmen wird auf der Grundlage eines firmeninternen Briefings zunächst ein Grobkonzept erstellt, hier im kurzen und knappen Exposé-Stil.

Methodisch-dramaturgische Konzeption

Vertriebs-Kick-off „o.tel.o mobil“, Do., 15.07. /Fr., 16.07.20.. – Dorint Resort, Bitburg

Eingeladen zum Kick-off sind die Mitarbeiter der Abteilungen Vertrieb Handel und Zentralvertrieb. Für den ersten Tag werden zur Intensivierung der Kommunikationssituation ausgewählte Mitarbeiter und Mitarbeiterinnen aus anderen, mit dem Produkt befassten Abteilungen eingeladen.

Die dramaturgische und methodische Konzeption der Veranstaltung ist an zwei grundsätzlichen Zielen ausgerichtet: Im ersten Schritt des geplanten Vertriebs-Kick-offs wird den Vertriebsmitarbeitern die Produktlinie o.tel.o mobil rechtzeitig zum Produktlaunch am 15.08.20.. transparent vorgestellt und zielgerichtet präsentiert. Im zweiten Schritt wird die Vertriebsstrategie effektiv vermittelt und interaktiv trainiert.

Tag 1: Komprimierte Informationsvermittlung – Schulungscharakter

Im Mittelpunkt des ersten Tages steht die kompakte Informationsvermittlung rund um das Produkt und seine Implementierung (Umsetzung in die Wirklichkeit). Neben der Vermittlung reiner Fakten soll der emotionale Zugang der Teilnehmer zum Produkt positiv verstärkt werden. Dazu wird die Produktpräsentation multimedial aufgewertet. Als Auftakt setzen sechs Tänzerinnen des Jumpoo'Robic Show-Teams das Thema „Mobil telefonieren“ in eine moderne, zeitgerechte und effektvolle Choreografie um. Aspekte wie Unabhängigkeit, Mobilität, Lifestyle und Kommunikation werden zielgruppenorientiert aufgearbeitet und zu Musikstilen wie Salsa, House und Hip-Hop trendgerecht präsentiert.

Die anschließende Produktpräsentation wird wie gewohnt anhand von kommentierten, auf eine zentrale Leinwand projizierten Darstellungen durch das Produktmanagement erläutert. Auf weiteren Projektionsflächen im Raum werden, thematisch geordnet, assoziative Bilder zugespielt.

Methodisches Trainingslayout: Gruppenarbeit in Workstations

Im Laufe des Tages werden die komplexen Auftrags- und Abwicklungsprozesse in adäquater Gruppengröße in drei Workstations transparent und anschaulich vermittelt. Dazu werden drei Workteams gebildet, die bis zum Ende des zweiten Tages zusammenarbeiten.

Team 1: Vertrieb Handel Nord/Ost/Mitte

Team 2: Vertrieb Handel West/Südwest/Südost

Team 3: Zentralvertrieb (Key-Account-Manager)

(Die Teilnehmer aus den anderen Abteilungen werden am ersten Tag Team 3 zugeordnet.)

In verschiedenen Räumen werden Workstations zu den drei zentralen Themengebieten Logistik, Service Provisioning/Service Assurance und Marketingkommunikation eingerichtet. Die Teams arbeiten sich im Zirkeltraining durch die drei, von kompetenten hausinternen Referenten geführten Stationen.

Tag 2: Effektive Vertriebskonditionierung – Trainingscharakter

Unter der fachlichen Anleitung von externen Trainern soll am zweiten Tag die produktspezifische Vertriebsstrategie vermittelt werden. Die Teams bekommen die Aufgabe, eine für ihr Workteam spezifische, modellhafte Umsetzung der Vertriebsstrategie für o.tel.o mobil zu erarbeiten und diese am Nachmittag den anderen Teilnehmern zu präsentieren. Mithilfe eines Applausometers wird unter den drei Teams das Erfolg versprechendste Umsetzungs-Layout ermittelt und gewürdigt.

Durch den Einsatz moderner Trainingsmethodik und mithilfe einer multimedial unterstützten Darbietung der produktspezifischen Ausprägungen werden die Mitarbeiter inhaltlich umfassend geschult, emotional energisch eingestimmt und so bestens auf eine kompetente und engagierte Marktimplementierung vorbereitet.

- → Ein **Exposé** ist die konzeptartige Darlegung der Hauptidee und des Handlungsgangs eines literarischen Werks oder Drehbuchs. Es ist knapp formuliert und enthält weder Dialoge noch Einzelheiten. Vorläufer des Exposés ist die **Ideenskizze,** die nächste Stufe das **Treatment.**
- → Ein **Key-Account-Manager** betreut wichtige Kunden eines Unternehmens (sogenannte Key-Accounts).

Die vorgestellte Grobkonzeption – in diesem Fall intern vom Eventmanager in der Marketingabteilung nach Rücksprache mit der Vertriebsabteilung und dem Produktmanagement entwickelt – bildet die Grundlage der Planung und Durchführung des Events. Die zuständigen Marketingmitarbeiter und Produktmanager greifen dabei in Teilbereichen auf die Unterstützung durch eine Marketing-Eventagentur zurück.

8.3.2 Post-Briefing-Phase: Ermittlung erster Arbeitspakete

Auf der Basis der Analyse des Briefings und des Grobkonzepts werden zunächst Arbeitspakete und zugehörige zielorientierte Leitfragen formuliert und zusammengestellt.

Feinkonzeption inklusive Programmgestaltung

Zentraler Punkt der Feinkonzeption ist ein Programmvorschlag einschließlich einer groben Ablaufplanung. Für das Rebriefing mit dem Auftraggeber sollte auch ein inhaltlich ausgerichteter Fragenkatalog zu den Produkt- und Vertriebsworkshops vorbereitet werden. Um zu einem Feinkonzept zu gelangen, sollten primär die anschließend vorgestellten Fragen geklärt werden.

Recherche der Location

Die Veranstaltungsräume des Hotels und die Situation der Zimmer müssen recherchiert werden. Eine Aufrisszeichnung inklusive Bestuhlungsplan für den Saal, in dem die Eröffnungsveranstaltung stattfindet, wird erstellt (unter Berücksichtigung der Regelungen der VStättVO).

Unternehmensrecherche/Produktrecherche/Corporate Identity

Aus Agentursicht sollte man sich einen Überblick über das beauftragende Unternehmen verschaffen, speziell über die Corporate Identity und die Gestaltungsrichtlinien zum Corporate Design, die Aufbauorganisation und die Produktpalette. Im Speziellen sollten die vorhanden Unterlagen zum neuen Produkt (o.tel.o mobil) gesichtet werden.

Recherche Teilnehmer- und Personalmanagement/ Einladungsszenario

Hier gilt es, sich ein Bild über die Beteiligten an diesem Event zu machen (nach Gruppen sortiert), eine Teilnehmerdatenbank zur Erstellung von Dispositionen, Listen und Auswertungen anzulegen und das Einladungsszenario vorzubereiten (als Serienbrief- oder Serien-E-Mail-Einladung).

Die **Primärzielgruppe** eines Events umfasst die anwesenden Teilnehmer (zum Beispiel die eingeladenen Vertriebsmitarbeiter), die **Sekundärzielgruppe** diejenigen Personen, die mittelbar durch das Event eigentlich erreicht werden sollen (etwa die potenziellen Käufer eines Produkts).

Kalkulation

Zunächst wird eine grobe Vorkalkulation erstellt. Im Lauf des Projekts wird diese mehr und mehr verfeinert und im Zug der Soll-Ist-Kontrolle weiterentwickelt (permanenter Status-Abgleich von Plan und Wirklichkeit). Den Abschluss bildet die Nachkalkulation. (Mehr dazu in Lernfeld 9, Abschnitt 9.2.4.)

Weitere typische Arbeitsfelder können der folgenden allgemeinen Übersicht entnommen werden, die im Übrigen auch auf Public Events angewendet werden kann.

			ORGA-TEAM
Konzeption	Thema/Inhalt Besucherprofil	Ort (Stadt) Terminierung	Projektplan
Planung	Musik/Tanz/Show Technik/Bauten	Location Catering	Personal/Dienste Genehmigungen
Programm	Vorprogramm	Hauptprogramm	After Show
Marketing	Werbung Presse/PR	Materialien Besucher-management	Dokumentation
Finanzierung	Kalkulation Kosten	Liquidität Einnahmen	Sponsoring Versicherungen
Nachbereitung	Erfolgskontrolle	Manöverkritik	Dank

Arbeitsfelder im Eventmanagement

8.3.3 Planung, Organisation und Durchführung – ausgewählte Aspekte

Aufrisszeichnung des Veranstaltungssaals

Nach der Auswahl des Veranstaltungssaals sollte eine Aufplanung als Grundrisszeichnung erstellt werden. Hierzu kann – wenn keine geeignetere Spezialsoftware verfügbar ist – zur Not auch die Software PowerPoint herangezogen werden. Sie bietet durchscheinendes Millimeterpapier und ein Lineal, es fehlt jedoch an brauchbaren Archivvorlagen etwa für die Bestuhlung. Außerdem ist es relativ aufwendig, maßstabsgerecht zu visualisieren. Mit ein bisschen Fantasie, Improvisation und Detailgenauigkeit können jedoch ansprechende Saalzeichnungen entstehen.

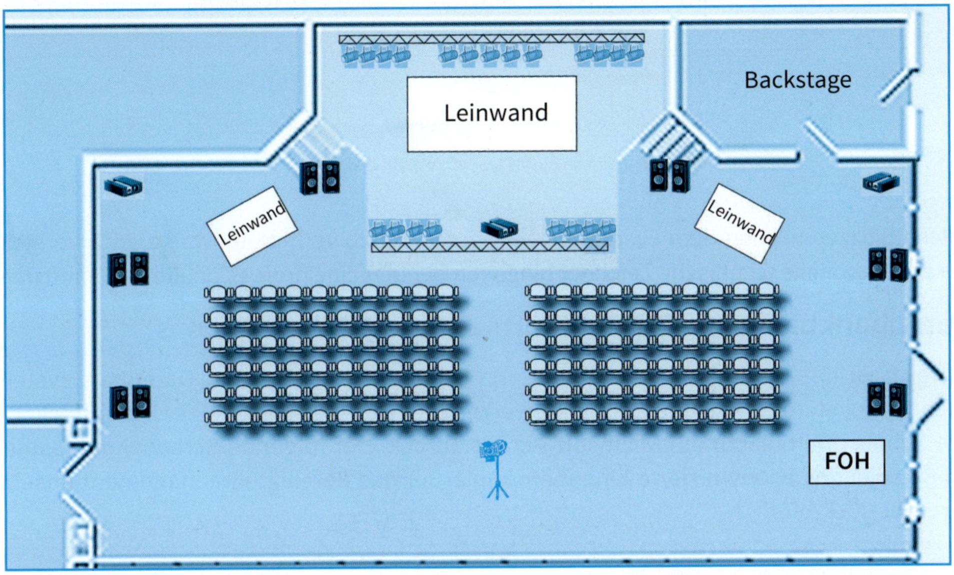

Mit PowerPoint erstellte einfache Grundrisszeichnung (Dorint Bitburg, Europasaal 1)

Besser geeignet ist z. B. die Software Visio. Mit dieser Anwendung können auch Laien im technischen Zeichnen einfache, aber professionell anmutende Aufzeichnungen und Grundrissvisualisierungen vornehmen. Hier finden sich bessere Zeichenobjekte im Vorlagenarchiv; darüber hinaus hat Visio viele Automatik-Layout-Features und kann professionelle CAD-Formate exportieren.

CAD ist die Abkürzung von Computer Aided Design und bezeichnet die rechnerunterstützte Konstruktion auf der Basis eines „elektronischen Zeichenbretts".

Gute Vorlagen finden sich beispielsweise in „Datei – Neu – Bauplan – Grundriss". Aufgrund dieser Befehlsfolge öffnet sich ein Blatt Millimeterpapier, auf das beliebige Vorlagen gezogen werden können. Visio rechnet die gezeichneten Maße automatisch und erleichtert damit das maßstabsgetreue Arbeiten.

Beispiel → Skizze eines Messestandes

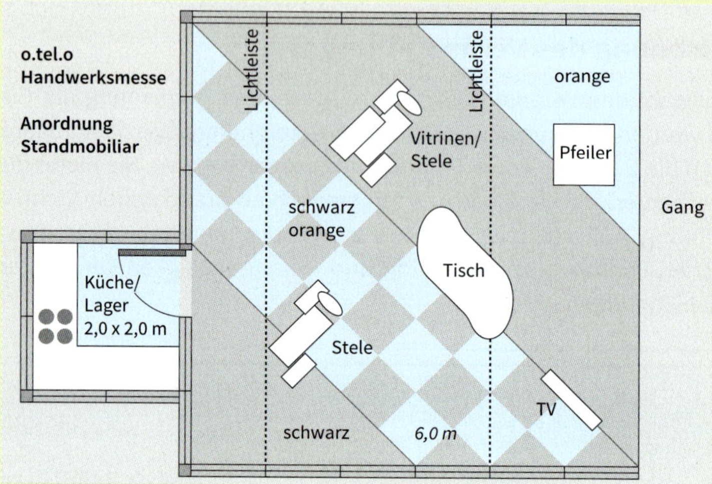

Grundrisszeichnung eines Messestandes (40 m²) mit Visio

Solche Skizzen reichen dem Eventmanager häufig, um zu vermitteln, was er sich vorstellt. Der professionelle technische Zeichner hingegen benutzt eine professionelle CAD-Software.

Datenbankbasiertes Teilnehmermanagement mit Access

Hilfreich ist das strukturierte Verwalten von Teilnehmern mit einem Datenbanksystem. Auch für Zulieferer, Dienstleister und Gewerke lohnt sich die Anlage einer Datenbank. Die alte Schule greift hierzu auf Microsoft Access zurück. Der folgende Screenshot illustriert als Beispiel das anonymisierte Eingabeformular für das Beteiligtenmanagement unseres Vertriebs-Kick-offs.

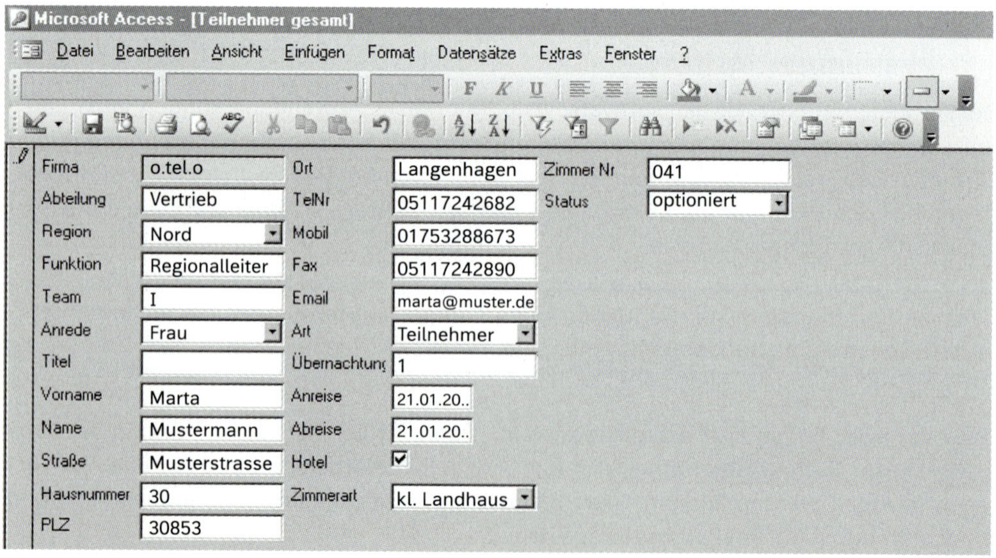

Teilnehmermanagement mit Access

Mithilfe dieser Datenbank lassen sich zum Beispiel eine Hotelbelegungsliste, Namensschilder, Teilnehmerlisten (gesamt und nach Gruppen), Statusberichte (Wer hat zugesagt?) und Referentenlisten erstellen. Sie liefert auch die Adressen für die als Serienbriefe erzeugten Einladungen, zur Beschriftung von Adressetiketten oder für die Einladungen via E-Mail mithilfe von Outlook. Auch sind mittlerweile etliche webbasierte Speziallösungen auf dem Markt.

Erstellen eines Ablaufplans mit Word oder Excel

Beispiel → Ablaufplan für das Kick-off o.tel.o mobil

Uhrzeit	Programm	Ort	Beteiligte
09:00 Uhr	Opening-Performance	Europasaal A	Auftritt Breakdance-Team
09:15 Uhr	Begrüßung/Einleitung		Geschäftsführung
09:30 Uhr	Produktpräsentation		Produktmanagement
11:00 Uhr	Pause		
11:15 Uhr	Briefing für Workstations		Teamleiter
11:45 Uhr	Mittagessen im Gartenrestaurant		
13:00 Uhr	Workstation: Logistik	Brüssel	Team 1: Vertrieb Handel Nord/Ost/Mitte
	Workstation: Service Provisioning, Service Assurance	Europasaal A	Team 2: Vertrieb Handel West/Südwest/Südost
	Workstation: Marketing	Eindhoven	Team 3: Zentralvertrieb und Teilnehmer aus anderen Abteilungen
14:00 Uhr	Pause	Foyer	
14:15 Uhr	Workstation: Logistic	Brüssel	Team 2: Vertrieb Handel West/Südwest/Südost
	Workstation: Service Provisioning, Service Assurance	Europasaal A	Team 3: Zentralvertrieb und Teilnehmer aus anderen Abteilungen
	Workstation: Marketing	Eindhoven	Team 1: Vertrieb Handel Nord/Ost/Mitte
15:15 Uhr	Pause	Foyer	
15:30 Uhr	Workstation: Logistik	Brüssel	Team 3: Zentralvertrieb und Teilnehmer aus anderen Abteilungen
	Workstation: Service Provisioning, Service Assurance	Europasaal A	Team 1: Vertrieb Handel Nord/Ost/Mitte
	Workstation: Marketing	Eindhoven	Team 2: Vertrieb Handel West/Südwest/Südost
16:45 Uhr	Hochseilgarten	Hochseilgarten	Teams und Referenten
20:30 Uhr	Treffen im Foyer		
20:45 Uhr	Abfahrt zur Abendveranstaltung		
21:00 Uhr	Büfett/Führung Bitburger-Brauerei		Abendprogramm lt. eigenem Ablaufplan
00:10 Uhr	Rückfahrt Hotel		

Ablaufplan

Mithilfe von Excel oder Word kann ein Ablaufplan für das Event erstellt werden, der an alle beteiligten Gewerke und das Personal verteilt wird und als Grundlage für den Zeitplan dient, der den Teilnehmern zur Verfügung gestellt wird, siehe Tabelle auf Seite 409.

Ein Ablaufplan für ein typisches Abend-Event findet sich in Lernfeld 9, Abschnitt 9.1.6.

8.3.4 Konzeption, Planung und Durchführung – Ablaufübersicht

In der Tabelle ist ein Musterablauf dargestellt, an dem sich der Eventmanager bei der Planung, Organisation und Durchführung eines Business-Events orientieren kann.

Phase	Aufgabe	Details
Konzeption	Idee zur Veranstaltung	Recherche, erstes Grobkonzept, erste interne Ausarbeitung
	Beschluss zur Planung der Veranstaltung	Prüfung erste Ausarbeitung, evtl. Korrekturen, erster Budgetplan/erste Kalkulation
	Festlegen der Veranstaltungsziele	Hauptziele, Nebenziele
	Definieren der Veranstaltungszielgruppe	Hauptzielgruppe, weitere Zielgruppen
	Recherche/Fixierung von Rahmenbedingungen	Beteiligte, Orte, Termine
	Zuständigkeiten hausintern festlegen	Projektleitung, Projektbeteiligte
	Recherche und Briefing von externen Dienstleistern/Spezialisten	z. B. Agenturen, Locations, Künstlervermittler, Caterer, Referenten, Logistiker, Werbegrafiker
	Festlegen des Veranstaltungszeitpunkts und gegebenenfalls des Veranstaltungsorts	Check paralleler Events und Termine; wann und wo ist der größtmögliche Erfolg zu erwarten?
Planung/ Organisation	Location checken	Alternativen checken, Besonderheiten anpassen
	Beginn Planung Programminhalt/Programmablauf	Start Detailplanung, permanentes Update
	Projektplan erstellen und laufend abarbeiten	permanente Aktualisierung
	Angebote einholen, überprüfen, verhandeln und beauftragen, Liefertermine kontrollieren, Abnahmen, Proben usw.	z. B. Unterbringung, Catering/Verpflegung, Travel Management, Logistik, Regie, Programm/Show, Technik (Bühne, Ton, Licht, AV-Projektion), Raumdekoration, Drucksachen, Personal
	permanentes Abgleichen der Kalkulation	begleitende Soll-Ist-Kontrolle von Plan und Realität
	Beteiligte briefen	extern und intern
	Teilnehmer einladen	Verfahren festlegen, planen und durchführen
	begleitende Kommunikation planen	PR-Auswertung und hausinterne Kommunikation
	Listen, Pläne und Abläufe erstellen	Feinabstimmung von Gewerken und Materialien
	Personaldisposition	Zuständigkeiten kommunizieren, Personal buchen
	konkrete Eventvorbereitung	Packen, Anreise, Vorbereitung und Aufbau vor Ort

weiter auf S. 411

Phase	Aufgabe	Details
Durchführung	Ablauf und Regiepläne kommunizieren	Gewerke und Beteiligte briefen
	Produktionsrider kommunizieren	interne Produktionsübersicht an alle Beteiligten
	evtl. Proben begleiten/Abnahmen vornehmen	Durchläufe, Hauptproben, Generalprobe, Korrekturen vornehmen
	Travel und Teilnehmermanagement vor Ort, Einchecken in Location und Hotel	umfassende Gästebetreuung, Transfers, Garderobe usw.
	Betreuung und Leitung Beteiligte	z. B. Referenten, Technik, Künstler, Hostessen, Service
	Veranstaltung abwickeln	Regie, Dokumentation, Kontrolle, Anweisungen
Nachbereitung	Erfolgskontrolle, Rückmeldung, Auswertung	Näheres weiter unten in den Lernfeldern 8 und 9

Planung und Durchführung eines Business-Events

AUFGABEN

1. Beantworten Sie zum oben skizzierten Beispielevent von o.tel.o die folgenden fünf Fragen:
   a) Benennen Sie auf der Grundlage der Informationen aus der Grobkonzeption das Hauptziel und mindestens zwei Nebenziele der Kick-off-Veranstaltung.
   b) Benennen Sie die beiden Hauptzielgruppen der Kick-off-Veranstaltung sowie die Nebenzielgruppe.
   c) Benennen Sie die Primärzielgruppe der Kick-off-Veranstaltung und erarbeiten Sie auf der Basis der Angaben in Abschnitt 8.1.3 Angaben zu drei typischen Vertretern der Sekun-därzielgruppe.
   d) Welche Key-Accounts könnten vom Vertrieb/Handel und welche vom Zentralvertrieb des Unternehmens betreut werden? Nennen Sie je drei Beispiele.
   e) Welche Gewerke, Tätigkeiten und Programmelemente würden Sie als Unternehmensmitarbeiter an externe Dienstleister vergeben? Erstellen Sie eine Liste mit mindestens fünf Vorschlägen.
2. Arbeiten Sie im Team und betrachten Sie den folgenden Fall: Sie arbeiten als Auszubildende(r) zur Veranstaltungskauffrau/zum Veranstaltungskaufmann in der Abteilung Marketing-Services der OST-Versicherung in Berlin, einem Direktversicherer für Privat- und Geschäftskunden. Hier ist man auf Versicherungen für Verbände spezialisiert. Die Abteilung betreibt das Eventmanagement der Marketing-Events des Unternehmens und betreut neben den Vertriebsveranstaltungen auch die auf den Endkunden ausgerichteten Veranstaltungen des Unternehmens sowie die Auftritte auf Verbraucherausstellungen und Fachmessen. Ebenso liegen der Einkauf von Werbeartikeln und das Werbeartikellager in ihrer Verantwortung. In enger Abstimmung mit der Geschäftsleitung, der Presseabteilung, der Marketing-/Kommunikationsabteilung und dem Vertriebsmanagement soll eine Reihe von zwölf Tagesveranstaltungen in Brandenburg und den neuen Bundesländern organisiert werden. Tagsüber sollen Aktionen in zwölf wichtigen Städten organisiert werden, in deren Zentrum ein

extra gemieteter und markierter Showtruck steht. Höhepunkt des jeweiligen Veranstaltungstages ist eine exklusive Abendveranstaltung für Geschäftskunden und Verbandsvertreter aus der jeweiligen Region. Die Eventreihe soll der Kundenbindung, Neukundengewinnung und Imagesteigerung des Versicherers dienen.

a) Recherchieren, erstellen und präsentieren Sie
   - → eine Liste von möglichen Städten und beispielhaften Standorten in den Städten für den Showtruck;
   - → einen Routenplan der Roadshow für Veranstaltungen an vier Tagen in der Woche (Mittwoch bis Samstag). Visualisieren Sie diesen auf einer großen Landkarte;
   - → pro Stadt eine Liste von exklusiven Locations, in denen das Abend-Event für jeweils rund 300 Personen stattfinden könnte (inklusive Informationsprogramm, Entertainment und Catering in Form eines Büfetts).

b) Entwerfen Sie das Programm. Erstellen Sie einen beispielhaften Programmablauf für das Tagesevent und für ein Abend-Event jeweils in Form einer Ablauftabelle. Erstellen Sie auf der Basis des Briefings und der Programmübersichten eine Liste der beteiligten Gewerke/Dienstleister sowie eine Personalübersicht. Präsentieren Sie Ihre Ergebnisse.

c) Entwerfen Sie einen Slogan/ein Motto für die Eventreihe. Erstellen Sie einen Pressetext, in dem Sie das Motto, die Highlights und den Nutzen für den Besucher herausstellen. Erstellen Sie eine Liste von Werbematerialien und Werbeaktionen, die Sie zur Kommunikation des Tagesevents benutzen möchten, sowie eine Liste von Werbeartikeln/Give-aways, die Sie tagsüber verteilen wollen. Erstellen Sie für die Teilnehmer des Abend-Events einen Einladungstext. Präsentieren Sie Ihre Ergebnisse.

8.4 Ausgewählte Phasen der Planung eines Messeauftritts

Dieser Abschnitt ist zu Übungszwecken und zur Prüfungsvorbereitung aufgebaut wie der Prüfungsteil 1.1 (Veranstaltungsorganisation) in der IHK-Abschlussprüfung. Auf der Basis einer Fallsituation werden offene Fragen formuliert, die in Aufsatzform, stichwortartig oder tabellarisch zu beantworten sind. Die Reihenfolge der Fragen folgt häufig den Planungsphasen im Eventmanagement und die Fragen sind gemäß IHK-Stoffkatalog den folgenden Themengebieten zugeordnet: Dienstleistungen, Planung und Organisation von Veranstaltungen, Durchführung von Veranstaltungen, Nachbereitung von Veranstaltungen, rechtliche Rahmenbedingungen.

8.4.1 Beispiel: Messeplanung laut IHK-Abschlussprüfung

Zum Einstieg: Situation zur Aufgabe

(circa 90 Minuten Bearbeitungszeit, 100 Punkte)

Das mittelständische Unternehmen Moto-Bike GmbH aus Augsburg produziert hochwertige, speziell für Aktivitäten im Freien geeignete Quad-Fahrzeuge, verkauft diese in einer zentral gelegenen, stillgelegten Fabrikhalle und vertreibt sie in München und Umgebung. Zielgruppe sind sportlich aktive, motorsportbegeisterte, qualitätsbewusste Männer und Frauen mit gehobenem Einkommen. Die Fahrzeuge mit drei Jahren Garantie kosten je nach Ausstattung zwischen 5.000,00 € und 8.000,00 € inklusive einer jährlichen kostenlosen Inspektion. Der Umsatz ist im letzten Jahr um 24 % gestiegen. Das Vertriebsgebiet soll nun über den Fachgroß- und -einzelhandel auf ganz Deutschland erweitert werden. Dafür soll die Universal-Event GmbH nun mit einer Vorlaufzeit von 12 bis 18 Monaten die Beteiligung an einer Fachmesse planen und organisieren.

FRAGE 1.1 (16 VON 100 PUNKTEN)

Es sollen acht Marketingziele der Messebeteiligung genannt werden (aus jedem Bereich des Marketingmix je zwei Ziele).

Je bis zu 2 Punkte für die acht richtigen Nennungen

LÖSUNGSANSATZ, ZUM BEISPIEL

(je zwei Aspekte auswählen)

Pfeiler	Beteiligungsziele
Kommunikationsziele	→ Ausbau persönlicher Kontakte, Vervollständigung der Abnehmerdatei → Kennenlernen neuer Abnehmergruppen → Steigerung des Bekanntheitsgrades des Unternehmens → Steigerung der Werbewirkung des Unternehmens gegenüber Kunden und → Öffentlichkeit → Ausbau der Pressearbeit → Diskussion mit Abnehmern über Wünsche und Ansprüche → Pflege der bestehenden Geschäftsbeziehungen → Sammlung neuer Marktinformationen → Umsetzung der Corporate-Design-Konzeption → Weiterbildung für Forschung und Vertrieb durch Erfahrungsaustausch
Preis- und Konditionenziele, z. B.	→ Auftreten am Markt mit überzeugenden Serviceleistungen → Ausloten von Preis- und Konditionenspielräumen → Überprüfen des eigenen Preis-Leistungs-Verhältnisses gegenüber der Konkurrenz
Distributions- bzw. Vertriebsziele, z. B	→ Ausbau des Vertriebsnetzes → Abschätzung der Ausschaltung einer Händlerstufe → Vertreter/Repräsentantensuche
Produktziele, z. B.	→ Vorstellung von Produktinnovationen → Akzeptanz des Sortiments am Markt testen → Produktneuentwicklungen der Konkurrenz beobachten und evtl. in eigene Konzepte einbeziehen → Neuplatzierung eines Produkts am Markt testen

FRAGE 1.2 (5 VON 100 PUNKTEN)

Es sollen fünf Informationsquellen genannt werden, die zur professionellen Information über relevante Motormessen herangezogen werden können.

Je bis zu 1 Punkt für die fünf richtigen Nennungen

LÖSUNGSANSATZ, ZUM BEISPIEL

Fachzeitschriften, Fachverbände, AUMA/FKM, FAMAB, IHK und Handwerkskammern

FRAGE 1.3 (13 VON 100 PUNKTEN)

Zwei Messen kommen nach der erfolgreichen Recherche in Betracht: die „worldmotor" in Frankfurt und „IMA" (Internationale Motorausstellung) in Hannover. Die geplante Größe des Messestandes beträgt 175 m². Es wird mit folgenden Kosten gerechnet:

→ Standmiete worldmotor	120,00 €/m²
→ Standmiete IMA	125,00 €/m²
→ Frühbucherrabatt bei IMA, bis 9 Monate vor Messebeginn 12 % (würde in Anspruch genommen werden)	
→ Kosten für Standkonzeption, Standbau- und Betriebskosten (sowohl bei worldmotor als auch bei IMA)	75.000,00 €
→ Transportkosten worldmotor	35.000,00 €
→ Transportkosten IMA	39.000,00 €
→ Kosten für Kommunikation (Werbegeschenke, Broschüren, Flyer, Anzeigen usw., sowohl worldmotor als auch IMA)	7.000,00 €
→ Standbewirtung (sowohl worldmotor als auch IMA)	4.200,00 €
→ Personal-, Reise- und Schulungskosten IMA	6.000,00 €
→ Personal-, Reise- und Schulungskosten worldmotor	5.500,00 €
→ Agenturhonorar worldmotor	18.000,00 €
→ Agenturhonorar IMA (Agentur aus Hannover)	13.500,00 €
→ Sonstige Kosten jeweils	5.000,00 €

Es sollen die Gesamtkosten pro Messe kalkuliert werden (netto).

Bis zu 13 Punkte für die schlüssige Kalkulation (exkl. USt)

LÖSUNGSANSATZ

Worldmotor		**IMA**	
Standmiete	21.000,00 €	Standmiete	19.250,00 €
Standkonzept	75.000,00 €	Standkonzept	75.000,00 €
Transportkosten	35.000,00 €	Transportkosten	39.000,00 €
Kommunikationskosten	7.000,00 €	Kommunikationskosten	7.000,00 €
Standbewirtung	4.200,00 €	Standbewirtung	4.200,00 €
Personal, Reise, Schulung	5.500,00 €	Personal, Reise, Schulung	6.000,00 €
Agenturhonorar	18.000,00 €	Agenturhonorar	13.500,00 €
Sonstiges	5.000,00 €	Sonstiges	5.000,00 €
Gesamt	**170.700,00 €**	Gesamt	**168.950,00 €**

FRAGE 1.4 (15 VON 100 PUNKTEN)

Folgende weitere Informationen liegen über die beiden Messen vor:

	Worldmotor 2018	Worldmotor 2019	IMA 2018	IMA 2019
Aussteller	830	838	924	934
Besucher	110330	123210	113346	127140
Fachbesucheranteil		80 %		55 %
Anteil inländische Fachbesucher		82 %		61 %
Angebotsschwerpunkte	Motorräder, Zubehör, Werkstattausrüstung, Sportbekleidung, Ladenbau		Motorräder, Zubehör, Fahrräder, Werkstattausrüstung, Sportbekleidung	
Messetermine im Jahr	September		Oktober	

Es soll eine begründete Entscheidung zur Empfehlung einer der beiden Messen getroffen werden.

__Bis zu 15 Punkte für die richtige Entscheidung und schlüssige Begründung__

LÖSUNGSANSATZ, ZUM BEISPIEL

Die worldmotor ist zwar etwas teurer als die IMA und die Zahl der Gesamtbesucher ist bei der IMA höher. Die Zielgruppe der inländischen Fachhändler bei der worldmotor liegt jedoch bei über 80 % (IMA nur 61 %). Ausländische Händler sind zurzeit für den Kunden nicht interessant. Auf der worldmotor entsteht also ein größeres Kontaktpotenzial. Trotz der höheren Gesamtkosten ist die worldmotor zu empfehlen. Auch die Angebotsschwerpunkte von worldmotor passen besser zu den Zielgruppen.

FRAGE 1.5 (12 VON 100 PUNKTEN)

Es sollen vier Aspekte zur Auswahl einer optimalen Standposition genannt und begründet werden.

__Je bis zu 1 Punkt für die vier richtigen Nennungen, je bis zu 2 Punkte für die jeweils schlüssige Begründung__

LÖSUNGSANSATZ, ZUM BEISPIEL

Eine möglichst frühzeitige Standortauswahl erleichtert die Anmietung von Wunschflächen.

Kriterium	Begründung
Lage/ Standort	Bevorzugte Lagen sind die Nähe der Halleneingänge und die Hauptdurchgangsachsen innerhalb der Halle.
Laufrichtung der Besucher	Hauptströme der Besucher zunächst in den breiten Hauptgängen, danach in den Nebenarmen, besondere Bedingungen der einzelnen Hallen sollten berücksichtigt werden.
Standort der Wettbewerber	In der Nähe von Marktführern sollten sich nur kleinere Mitbewerber platzieren. Dann kann evtl. an dem Zuschauerflow partizipiert werden.
Themenbereiche	Die Platzfläche sollte in einem passenden Themenbereich der Messe positioniert werden. Thematische Überschneidungen bringen Synergieeffekte.

Kriterium	Begründung
Schnitt der Fläche	Ein günstiger Schnitt der Fläche bedingt eine optimale Präsentation der Produkte, ermöglicht eine individuelle Beratung sowie den Einsatz von Exponaten und Medien.
Standart	Insel-/Block-, Kopf-, Eck- oder Reihenstand

FRAGE 1.6 (4 VON 100 PUNKTEN)

Auf dem Messestand soll Hintergrundmusik laufen. Es sollen zwei Zusatzkostenarten genannt werden.

Je 2 Punkte für die richtigen beiden Nennungen

LÖSUNGSANSATZ

Kosten für PA (Beschallung), GEMA-Gebühren

FRAGE 1.7 (15 VON 100 PUNKTEN)

Die Agentur soll das Standpersonal für den Messeauftritt der Moto-Bike GmbH auswählen und das vorbereitende Messetraining organisieren.

FRAGE 1.7.1 (5 VON 15 PUNKTEN)

Es sollen fünf persönliche Voraussetzungen der Bewerber genannt werden.

Je bis zu 1 Punkt für die richtigen fünf Nennungen

LÖSUNGSANSATZ

(fünf Voraussetzungen auswählen)

- → Kommunikativität
- → offenes Wesen
- → Fremdsprachenkenntnisse
- → Interesse am Sortiment
- → sportliche Erscheinung
- → gepflegte Erscheinung
- → Grundkenntnisse vom Sortiment

FRAGE 1.7.2 (10 VON 15 PUNKTEN)

Es sollen fünf wesentliche Inhalte des Messetrainings genannt und kurz erläutert werden.

Je bis zu 1 Punkt für die richtigen fünf Nennungen, je bis zu 1 Punkt für die richtigen fünf Erläuterungen

LÖSUNGSANSATZ

(fünf Aspekte erläutern)

- → Messeziele der Moto-Bike GmbH bekannt geben, um effizient und zielgerichtet zum Messeerfolg beizutragen
- → Unternehmensphilosophie und gewünschtes Image vermitteln, um das Unternehmen angemessen zu repräsentieren
- → Kenntnisse über Struktur und Erwartung der Messebesucher vermitteln, um Kunden individuell ansprechen zu können
- → Die Zielgruppe der Fachhändler im Fahrradbereich beschreiben
- → Kenntnisse über Konkurrenten und deren Produkte vermitteln, um Unterschiede im Sortiment herausstellen zu können
- → Fähigkeiten zur verkaufs- und beratungsorientierten Gesprächsführung trainieren
- → Sensibilität in Form und Stil im Umgang mit Kunden und Mitarbeitern vermitteln
- → Dresscode für angemessene Kleidung bekannt geben

FRAGE 1.8 (10 VON 100 PUNKTEN)

Es sollen fünf Follow-up-Maßnahmen genannt werden.

Je bis zu 2 Punkte für die richtigen fünf Nennungen

LÖSUNGSANSATZ

Kundenkontakte werden auf Messen im sogenannten Messeleadprozess in Form von Kontaktdatentzetteln festgehalten. Follow-up-Maßnahmen sind die nachfolgenden Maßnahmen, die in der Regel kunden- und abatzorientiert die Messekontakte hin zu Vertriebs- und Verkaufskontakten entwickeln helfen sollen, zum Beispiel

(fünf Maßnahmen nennen)

- → Vertriebsorientierter Versand von Werbematerialien
- → Telefonisches und persönliches Nachfassen der Kontakte
- → Bemusterung mit Broschüren und Produktproben
- → Akquirieren von Kundengesprächen, Kontaktpflege bezüglich der erfassten Messebesucher, gezieltes Eingehen auf offen gebliebene Fragen
- → Mailings mit Dankesschreiben
- → Pflege im Ausbau der Außendienstkontakte
- → Zusammenstellung und Zusendung der Messedokumentation
- → Informationen über Neuigkeiten und Weiterentwicklungen

FRAGE 1.9 (10 VON 100 PUNKTEN)

Es sollen fünf Möglichkeiten zur Erfolgsmessung bzw. -bewertung des Messeauftritts erläutert werden.

Je bis zu 2 Punkte für die richtigen fünf Nennungen

LÖSUNGSANSATZ, ZUM BEISPIEL

- → Quantitative Auswertung der Besucherzahlen und der Besuchererfassung, zum Beispiel über eine Besucherzählung oder die Anzahl der Messeleadbögen (Besucher-Kontaktdaten-Formular)
- → Qualitative Auswertung der Gesprächsnotizen
- → Manöverkritik und teaminterner Austausch über Schwachstellen und gute Erfahrungen
- → Ermitteln der Kosten pro Messekontakt
- → Auswerten der Vertragsanbahnungen/-abschlüsse

8.4.2 Ausgewählte Aspekte der Messestandplanung

Kauf oder Miete des Standes

Die Tabelle fasst die jeweiligen Vorteile von Miete und Kauf zusammen.

Vorteile Standmiete	Argumente Standkauf
→ Keine Kapitalbindung notwendig → Konzept und Gestaltung für jede Messe neu anpassbar → Keine Engpässe bei parallelen Veranstaltungen → Es sind stets die neuesten Standbausysteme verfügbar.	→ Standbaukosten pro Jahr niedriger → Abschreibung als Anlagevermögen über drei Jahre → Anfertigung der Standteile nach Kundenwunsch → Sinkende Kosten bei mehreren Veranstaltungen ähnlicher Größe pro Jahr → Lager- und Instandsetzungskosten (Veränderungen und Reparaturen) fallen an (einkalkulieren).

Standerwerb

Typische Standarten

Häufig werden von der Seite des Messeveranstalters die Platzflächen zum gleichen Preis pro Quadratmeter angeboten. In der folgenden Tabelle sind die wichtigsten Arten von Ständen beschrieben, die dann zu unterschiedlichen Kostenbelastungen führen können.

Standart	Beschreibung
Reihenstand	Der Reihenstand ist in der Regel die günstigste Standvariante pro Quadratmeter. Er ist nur an einer Seite zum Gang hin offen, besteht aus zwei Seiten- und einer Rückwand und ist in der Regel in einer Reihe zwischen Reihenständen verschiedener Frontbreiten platziert. Er grenzt also mit Rück- und Seitenwänden an drei Standnachbarn.
Eckstand	Ein Eckstand liegt am Ende einer Standreihe und ist nach zwei Seiten, zum Gang und zum Quergang hin, offen. Die Rückseite und eine Seitenwand grenzen an zwei Nachbarstände. Er wirkt im Besucherstrom gewissermaßen wie ein „Brandungsbrecher“, denn der Besucher muss sich vor einem Eckstand entscheiden, welche der beiden Gangmöglichkeiten er wählen will. Ein Eckstand hat durch diese Lage an zwei Gängen automatisch eine höhere Besucherfrequenz, kostet jedoch auch rund 3 % bis 5 % mehr Grundmiete als ein Reihenstand.
Kopfstand	Der Kopfstand ist am Ende eines Standblocks nach drei Seiten hin offen. Er ist qualitativ den beiden vorgenannten Standtypen überlegen, da er bei guter Nutzung der Gestaltungsmöglichkeiten äußerst repräsentativ und einladend wirken kann. Die Rückfront grenzt nur an einen Standnachbarn. Der Aufpreis pro Quadratmeter beträgt circa 4 % bis 6 %.
Block- oder Inselstand	Ein Block- oder Inselstand ist die kostspieligste und unabhängigste Standform, die dem Aussteller alle Möglichkeiten bietet, sich losgelöst vom unmittelbaren Standnachbarn anspruchsvoll zu präsentieren. Er wirkt durch seine zugängliche Lage repräsentativ mit hoher werblicher Qualität. Zuschläge von bis zu 10 % auf den Grundpreis einkalkulieren.
Freigelände	Freigeländestände sind keine Messestände im eigentlichen Sinn. Es sind in der Regel Ausstellungsflächen für besondere Exponate. Im Freigelände muss der Aussteller selbst für Überdachungen sorgen. Häufig haben Aussteller in der Messehalle einen Repräsentations- oder Informationsstand und zeigen ihre Exponate im Freigelände.

Briefing des Standbauers

Folgende Fragen sind vor dem Briefing des Standbauers sinnvoll:

- Soll der Stand innovativ und informativ für die ausgestellten Produkte werben oder tritt das Unternehmen überwiegend repräsentativ auf?
- Sind die Exponate die Hauptattraktion des Standes (in Bewegung, in Produktion oder als statische Displays, Produktgruppen/Produktlinien)?
- Finden Kundenveranstaltungen, Demonstrationen, audiovisuelle Präsentationen, Empfänge oder Pressekonferenzen auf dem Stand statt?

Aus diesen Grundsatzentscheidungen ergibt sich bereits eine Anforderungsliste für die Flächenaufteilung des Standes und den Platzbedarf beispielsweise für

- → Exponate mit Demonstrationsflächen,
- → notwendige Freiräume,
- → Besprechungsräume,
- → offene Sitzecken,
- → Empfangsbereich,
- → Küche,
- → Bar,
- → Garderobe,
- → Prospektlager,
- → AV-Präsentationen (Plasmabildschirme, Videowände, einzelne Videogeräte),
- → Technikraum.

Im Vorfeld sollte neben den technischen Richtlinien des Messeveranstalters auch berücksichtigt werden, wo sich die benötigten Anschlüsse für Strom, Wasser und Abwasser befinden. Sie sind in der Regel im Hallenplan verzeichnet. Oft befinden sich auf der Standfläche Hallensäulen, die bei der Planung gern übersehen werden. Sie können kreativ in die Standgestaltung mit einbezogen werden und als grafischer Blickfang meist über die erlaubte Höhe hinaus (als Entgegenkommen seitens des Messeveranstalters) dienen. In der Konzeption hilft es, wenn im Maßstab 1:25, 1:50 oder 1:100 – je nach Standgröße – die Grundfläche aufgezeichnet wird und alle auszustellenden Exponate, Besprechungskabinen, Info-Counter sowie Messemöbel im gleichen Maßstab eingezeichnet werden. Das geht natürlich heute auch mit einer 3D-CAD-Software, eine moderne Variante ist etwa Pytha. Interessante Anwendungsbeispiele finden sich auf den Webseiten www.pytha.de (Anwendungsbeispiele von 3D-Modellpräsentationen) und www.erignisfeld.com (Eventprojektdokumentationen von Mitgliedern des Fachverbands FAMAB).

Checkliste zur Beurteilung eines Messekonzepts

Checkliste zur Bewertung der Präsentation eines Konzepts einer Messebaufirma	
Allgemein	
Relevante Positionen des Briefings aufgefasst und umgesetzt?	
Flächenaufteilung analog der Briefinganforderungen berücksichtigt?	Muster
Vorgegebener Budgetrahmen eingehalten?	
Standart/Nutzungsmöglichkeiten	
Systembauteile (zum Beispiel Mero, Octanorm)?	
Mischbauweise – Systeme, kombiniert mit individuellem Standbau – evtl. interessanter?	
Individuell geplanter und gebauter Stand mehrfach einsetzbar bei anderen Auftritten?	Muster
Standbaumöglichkeiten unter wirtschaftlichen Aspekten beurteilt?	
Gestaltung/Wirkung	
Haben sich Auftraggeber und -nehmer in die Rolle der Besucher versetzen können?	
Emotionale Inszenierung des Standes gelungen? Faszinationsschwerpunkte geschaffen?	
Stand nach außen hin offen gestaltet?	Muster
Produktschwerpunkte gut in Szene gesetzt? Exponatwahl, Theken, Vitrinen einladend?	
Grafikwände erschlagend oder informierend?	

weiter auf S. 420

Corporate Design	
Standmaterialien (Metall, Glas, Holz, Textilien) in der Corporate Identity?	
Standkonzept in Architektur, Grundfarben, Design und Funktionalität gemäß Ausstellerimage?	
Firma und Logo prominent und gut sichtbar platziert?	
Funktionalität des Standes	
„Form follows funktion" (Design folgt Funktionalität) – Prinzip berücksichtigt?	
Platzierung der Highlights ästhetisch, praktikabel und logisch?	
Besucherführung innerhalb des Standes gut gelöst?	
AV-Einsätze richtig und überzeugend platziert?	
Abgrenzung zu den Nachbarständen gelungen?	
Standbeleuchtung hoch genug angebracht?	
Küche/Catering und Bewirtschaftungsflächen (Besprechungsräume, Bar) störungsfrei und unauffällig angeordnet?	

8.4.3 Organisation eines Messeauftritts – Ablaufübersicht

−12 −9	−8	−7	−6	−5	−4
Ziele und Erwartungen festlegen Neue Produkte/Dienstleistungen einsatzbereit? Wirtschaftssituation, Absatzmöglichkeiten prüfen Kostenerwartung, Return on Investment Unternehmensentscheidung Teilnahme Messe Budgetfreigabe Projektleitung/Team ernennen Interne Koordinierung	Messeunterlagen anfordern Standgröße festlegen Anmeldung	Exponatauswahl Standplanung	Auswahl Messebaufirma Außenwerbung, Werbegeschenke	Briefing der Messebaufirma Auftrag	Messekatalog Eintrag begleitende Werbemaßnahmen Präsentation der Messebaufirma externe Mitarbeiter, Hostessen Dresscode, Uniformen

−3	−2	−1	Messe	+1	+2	+3
Kataloge/Prospekte in Auftrag geben Kommunikation, Strom/Wasser anfordern Standbesatzung festlegen Grafik	Mailings an Kunden, Einladungen Beginn Briefing Standbesatzung Namensschilder Pressearbeit Hostessen-Briefing Austellerausweise	Übergabe von Messebaufirma	Besucherbefragung Erfolgskontrolle Beobachtung der Mitbewerber	Abbau und Rücktransport Analyse der Beteiligung Unternehmensziele erreicht? Nachbearbeitung der Kundenkontakte	Kostenerfassung Konsequenzen für die Zukunft Return on Investment feststellen	Entscheidung nächste Messe Abschlussbericht Dokumentation

Übersicht über den Ablauf der Organisation eines Messeauftritts

AUFGABE

Erstellen Sie einen chronologischen Ablaufplan mit 20 Aktivitäten für den oben skizzierten Messeauftritt der Moto-Bike GmbH.

8.5 Zusammenfassung

→ Beschreibung Eventmarketing und Marketing-Event inklusive Budgetierung
→ Integrierte/vernetzte Kommunikation inklusive praktische Anwendungsbeispiele
→ Kategorien von zielorientierten Business-Events inklusive Analyse von Eventmarketingzielen
→ Vorteile von Eventmarketing im Vergleich mit anderen Kommunikationsmaßnahmen
→ Eventagenturen: Übersicht, Rankings, Auswahlkriterien
→ Beispielprojekt Vertriebs-Kick-off mit ausgewählten praxisnahen Planungsaspekten und einer Übersicht von Planungsfeldern
→ Grundrisszeichnung mit PowerPoint und Visio, Datenbankmanagement mit Access und Meeting Manager, Ablaufplanung mit Word und Excel
→ Ablaufübersicht Business-Eventmanagement
→ Messespezifisches Prüfungsbeispiel IHK-Abschlussprüfung zum Thema Veranstaltungsorganisation
→ Aspekte im Messemanagement: Anschaffung, Standarten, Beurteilung von Messebaukonzepten
→ Ablaufübersicht Messemanagement (Planung eines Messeauftritts)

Rendering Event Loft

8.6 Zwischentest: Muster-Prüfungsfragen

Hinweis: Bitte keine Eintragungen im Buch vornehmen.

1. Eventmarketing bedeutet

a) das Vermarkten von Veranstaltungen.
b) Marketing für ein Event.
c) Events als Werkzeug zur Absatzsteigerung im Rahmen des Kommunikationsmix einzusetzen.

2. Integrierte Kommunikation

a) ist die vernetzte Abstimmung von Kommunikationsmaßnahmen.
b) ist die Integration von Migranten in die Gesellschaft.
c) migriert die Marketingstrategie.
d) assimiliert die kollektiven Kommunikationsansätze.

3. Typische Kommunikationsziele von Business-Events sind

a) die möglichst edle und exklusive Versorgung der Gäste mit Speisen und Getränken.
b) Spaß und Unterhaltung for free.
c) Aktivierung, Honorierung und Kundenbindung.

4. Eventmarketing als Kommunikationsinstrument (zwei Antworten)

a) ermöglicht eine nachhaltige und emotionale Kundenansprache mit langfristigem Wirkungsgrad.
b) ermöglicht eine breite Zielgruppenansprache mit hohen Streuverlusten.
c) ist zeitlich und räumlich präzise planbar und zielgenau in der Wirkung.
d) besticht durch den Einsatz teurer Werbespots auf großen Leinwänden.

5. Marketing-Eventagenturen

a) können als spezialisierte Werbeagenturen angesehen werden.
b) sind eine eigene Gattung von Eventagenturen.
c) vermitteln Künstler ins In- und Ausland an Gastspieldirektionen.

6. Welche Reihenfolge im Business-Eventmanagement stimmt?

a) Kundenrecherche, Angebotserstellung, Rechnungslegung, Soll-Ist-Kontrolle
b) Konzeption, Planung, Organisation, Durchführung, Nachbereitung
c) Idee, Strategie, Taktik, Umsetzung, Kontrolle, Disposition
d) Budgetermittlung, Kostenstellenanalyse, Controlling, Abfindung

7. Budget und Etat für Eventmarketing-Maßnahmen (zwei Antworten)

a) legt der Chef fest.
b) kommen vom Kunden.
c) dürfen auch zuweilen überschritten werden.
d) können wir ausgeben.
e) werden häufig auf der Basis von Erfahrungen gebildet.
f) sind in das Gesamt-Ausgabenbudget für ein Unternehmen eingebettet.

8. Welcher Begriff ist korrekt? (zwei Antworten)

a) Top-up-Planung
b) Up-Skirt-Planung
c) Bottom-up-Planung
d) Top-down-Planung
e) Bottom-Girl-Planung
f) Upside-down-Planung

9. Business-Events nennt man auch (zwei Antworten)

a) Marketing-Events.
b) Kommunikations-Events.
c) Corporate-Events.
d) Direct-Marketing-Events.
e) Partner-Events.
f) Platinum-Events.

10. Die Sekundärzielgruppe eines Events sind

a) Key-Accounts.
b) die anwesenden Besucher.
c) Kunden, die den Absatz steigern sollen.
d) Multiplikatoren.

11. Messeauftritte

a) können als Eventmarketing-Maßnahme in den Kanon der Marketing-Events eingeordnet werden.
b) sind ein anerkannter, klassischer Bestandteil des Marketings (above the line).
c) sind die Gesangseinlagen der Führungsoffiziere an Bord eines Luxusliners.
d) sind eine alternative Bezeichnung der Priester-Performance auf dem evangelischen Kirchentag.

Heiter bis Wolkig live 2017

9 Live-Event-Dienstleistungen anbieten und Eventprojekte leiten

Im Folgenden werden wir uns ausgewählten Phasen des Business-Eventmanagements, der Kalkulation eines Angebots aus der Sicht der Agentur als Auftragnehmerin, der Erfolgsmessung von Business-Events und schließlich – stellvertretend für die vielen Facetten der Live-Event-Dienstleistungen – den spezifischen Dienstleistungen Incentive, Promotion und Catering widmen.

9.1 Management von Business-Events

Professionelle Eventagenturen arbeiten dem Kunden zielgerichtet zu. Der Kunde greift auf die Agentur als spezialisierten Dienstleister zurück. Entscheidend für die Auftragserteilung, die häufig im Pitch erstritten werden muss, ist aus der Sicht der Agentur zunächst, die Vorstellungen des Unternehmens und die Kommunikationsziele des anvisierten Live-Event-Projekts genau zu erfassen und im Sinne des Kunden zu konkretisieren und umzusetzen.

9.1.1 Fünf Phasen des Eventmanagements

Allgemein lassen sich im Projektmanagement die folgenden fünf Phasen unterscheiden:

1. Analyse/Strategie (Zieldefinition)
2. Konzeption/Projektlösung
3. Planung/Organisation
4. Realisation (Umsetzung)
5. Erfolgskontrolle (Nachbereitung)

Im Eventmanagement können wir diese Abfolge in der folgenden, leicht veränderten Form anwenden:

1. Konzeption
2. Planung
3. Organisation
4. Durchführung
5. Nachbereitung

De facto laufen die skizzierten Phasen nicht nacheinander ab, sondern ineinander verschränkt. So ist beispielsweise die Konzeptionsphase im Grunde schon Teil der Planung. Planung und Organisation erfolgen in Wirklichkeit gleichzeitig, wobei die Organisation die gedanklichen Planungsaktivitäten in konkrete Handlungen umsetzt.

Das folgende Schema zeigt die Zeitanteile, die im Business-Eventmanagement typischerweise für die einzelnen Phasen aufgewendet werden.

ABLAUFSTRAHL	Konzeption	Planung	Organisation	Durchführung	Nachbereitung
ZEITSTRAHL	15 %	30 %	40 %	5 %	10 %

Zeitaufwand in den Projektphasen

Begleitend erstreckt sich der Kalkulationsprozess über die verschiedenen Phasen.

Beim Business-Eventmanagement ist die Phase der Konzeption besonders wichtig, da erst die anschließende Präsentation vor dem Kunden über die Auftragsvergabe entscheidet. Manche Betrachtungsweisen erweitern das Fünf-Phasen-Modell daher um eine zusätzliche Phase, die Phase der Präsentation und Auftragsvergabe im Anschluss an die Konzeption und im Vorfeld der Planung.

Das Sechs-Phasen-Modell gilt allerdings nur für Business-Events. Das Fünf-Phasen-Modell hingegen eignet sich für alle Live-Events.

9.1.2 Briefing, Konzeption und Präsentation

Erstes Ziel nach dem Briefing durch den Auftraggeber ist die Erstellung eines Konzepts, das dem Kunden in einer Präsentation vorgestellt wird.

Briefing und Rebriefing

Das Briefing umfasst die Informationen, die das Unternehmen der Eventagentur vermittelt, damit diese ein Konzept erstellen kann. Nach dem Briefing und einer Recherche der Aufbauorganisation und der Corporate Identity des Unternehmens folgt die Konzeption, in der zunächst – meist im Team – Ideen entwickelt und bewertet werden. Dafür sollten in der Phase des Rebriefings (dieses kann Ergebnis eines weiteren Gesprächstermins mit dem Kunden oder eines länger andauernden Austauschs mit ihm sein) die in der Tabelle zusammengefassten Aspekte bearbeitet werden.

Briefingthemen	Ausgewählte Details
Allgemein	Was ist das Ziel der Veranstaltung? Wie viele Personen sollen teilnehmen? Hat das Unternehmen bereits ähnliche Veranstaltungen vorgenommen? Welche Erfahrungen wurden dabei gemacht? Besteht bereits ein Konzept? Welche Leistungen sind gewünscht, z. B. Locationauswahl, Programm, Catering? Welche Leistungen sollen noch angeboten werden, z. B. Einladungsszenario, Evaluation?
Location	Fassungsvermögen, Maße, Pläne, Bestuhlung (Bestuhlungspläne), Mobiliar, Infrastruktur, Erreichbarkeit, Parkplätze, Planung der An-/Abreise (individuell/organisiert), Unterbringung der Gäste, welche Leistungen kann/soll die Location erbringen?
Zeitablauf	Gewünschtes Datum? Gewünschter Ablauf? Verschiedene Räume oder Umbau von Tages- auf Abendveranstaltung nötig und möglich? Sind aufwendige technische Ein-/Ausbauten oder Proben notwendig? Steht die Location zur Verfügung (auch für Vorbereitung und Rückbau)?
Programm	Was stellt sich der Kunde vor? Wer stellt Referenten, Künstler usw.
Catering	Vorstellung des Kunden, z. B. Büfett, gesetztes Essen, Getränke? Wertigkeit? Zuliefererbindung der Location vorhanden?
Technik	Künstleranforderungen: Was ist vorhanden, was wird benötigt, z. B. Stromversorgung, Gewerke, Effekte, Besonderheiten?
Bühnenbau, Dekoration	Was ist gewünscht, was ist vorhanden, was wird benötigt?
Sonstiges	Lassen sich die Vorstellungen des Kunden bezüglich Zeit, Ort und Budget umsetzen? Berücksichtigung der einschlägigen Vorschriften (VStättVO, Fliegende Bauten, Brandschutz, Arbeitszeitgesetz, Berufsgenossenschaftliche Vorschriften usw.)

Briefingdetails

Konzeption

Ziel der Konzeption ist die Kreation eines möglichst einzigartigen Eventlayouts. Dazu muss frühzeitig ein Zeitplan erstellt werden und auch die Aufgaben sollten im Team klar definiert werden. Die fundierte Recherche ist die tragende Säule einer guten Kreation. Mithilfe von Kreativitätstechniken wie dem moderierten Brainstorming, dem Mindmapping oder dem morphologischen Kasten nimmt eine Eventidee immer konkretere Formen an.

Ein Konzept, das als Grundlage für die Präsentation dient, kann folgendermaßen gegliedert sein:

1. Deckblatt mit Inhaltsübersicht, eventuell auch Kurzvorstellung der Agentur
2. Ausgangslage
3. Zielgruppe
4. Aufgabe/Ziel
5. Idee/Motto
6. Strategie
7. Umsetzung/Programm (einzelne Maßnahmen)
8. Ablauf (inklusive Ablaufplan)
9. Details (Location, Acts, Catering, Teilnehmermanagement)
10. ggf. Alternativen/Add-ons
11. Budgetübersicht

Präsentation

In der Präsentation des Konzepts (meistens als PowerPoint-Präsentation, gestützt durch ein vierfarbiges Booklet und nach Bedarf auch durch ein maßstabsgetreues Modell oder andere überzeugende Visualisierungen) sollten vor allem die Highlights herausgearbeitet werden.

MERKE

Auf der Grundlage des aus dem Briefing ersichtlichen **Eventthemas** können **die Idee/das Leitmotiv/der rote Faden oder der Grundgedanke** unter dem **Eventtitel** oder **-motto** in einem **Claim** (das heißt einem motivierenden Slogan) zielgenau präsentiert werden.

9.1.3 Visualisierung der Projektplanung

Wenn Sie heute einen engagierten Mitarbeiter in einem Event-Unternehmen fragen, welche Aufgaben er/sie täglich so zu bearbeiten hat, bekommen Sie Antworten wie „Ich arbeite an verschiedenen Projekten“ oder „Die meiste Zeit arbeite ich an dem Projekt XY“.

Ein Live-Event-Vorhaben hat alles, was ein Projekt ausmacht: Es ist einmalig, wir verfolgen ein eindeutiges Ziel. Wir müssen das Projekt in einem sinnvollen Zeitraum abwickeln, gewinnorientiert in einem noch zu klärenden Budgetrahmen, mit einem festen Team.

Im Zuge des Projektmanagements sollten die folgenden Fragen beantwortet werden:

- Was ist wie zu tun?
- Wer erledigt was?
- Welches sind wichtige Zwischenergebnisse (Meilensteine)?
- Welche Voraussetzungen müssen erfüllt sein?
- Was muss bis wann erledigt sein?
- Wie hoch ist der Aufwand/sind die Kosten?
- Wie wird das Ziel effizient erreicht (Vorgehen zur Erfüllung von Sachziel/Kostenziel/Terminziel)?
- Welche Risiken müssen berücksichtigt und wie soll mit ihnen umgegangen werden?

Projektplanung (Ablauforganisation)

Um ein Projekt erfolgreich durchzuführen, müssen wir systematisch vorgehen und erst einmal planen. Am Anfang steht die Zieldefinition. Erst danach beginnt die Konzeption einschließlich der an den jeweiligen Aufgaben orientierten Zusammenstellung des Teams. Benötigt wird dazu eine Aufbauorganisation (Wer macht was? Wer berichtet an wen? Wie wird kommuniziert? Meistens dokumentiert durch ein Projekt-Organigramm, vgl. Lernfeld 1, Abschnitt 1.3) und eine Ablauforganisation, das heißt eine sinnvolle zeitliche Ordnung der Abläufe.

Die Ablauforganisation wird meist in größere Abschnitte unterteilt, in unserem Fall in die oben bereits genannten Projektphasen. Letztere können ihrerseits unterteilt werden. Wichtige Teilergebnisse oder besondere Stationen werden häufig als Meilensteine bezeichnet. Die Funktion von Meilensteinen sollte klar umrissen und unmissverständlich vereinbart werden.

Projektstrukturplan

Nach DIN 69 900 ist ein Projektstrukturplan (PSP oder auch Work-Breakdown-Structure, WBS) eine „hierarchisch über verschiedene Gliederungsebenen aufgebaute Darstellung des Projekts". Der PSP bildet als zentrales Planungsinstrument im Projektmanagement die Basis für alle weiteren Detailplanungen. Er unterteilt die Gesamtaufgabe in plan- und kontrollierbare Teilaufgaben und Arbeitspakete. Er sollte in übersichtlicher grafischer oder tabellarischer Form möglichst alle Arbeitsschritte umfassen, die notwendig sind, um die Projektziele zu erreichen. Er dient als Kontrolle der Vollständigkeit der Planung und ist die Basis der Kommunikation im Team. Zu den Varianten gehören die objektorientierte (aufbauorientierte) Zerlegung, die funktionsorientierte (ablauforientierte) Gliederung und eine Mischform aus beidem. Die grafische Darstellung ähnelt einem Organigramm, die tabellarische ergibt eine Aufgabenliste.

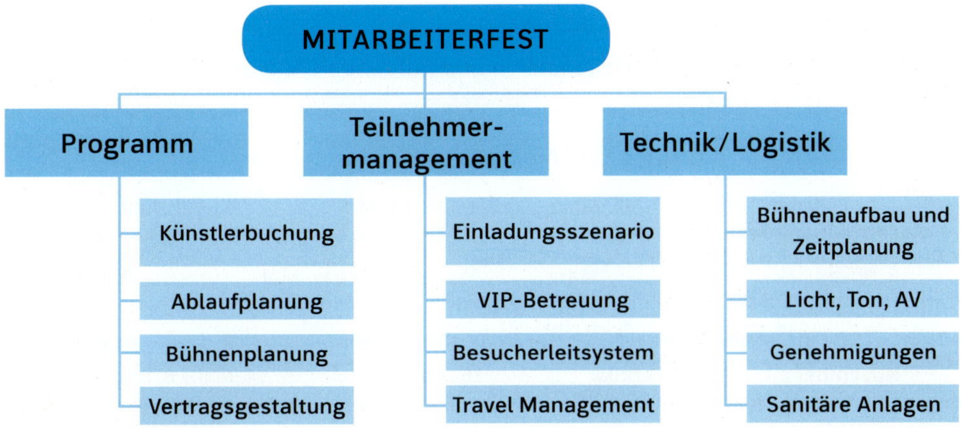

Projektstrukturplan

Balkendiagramm

Erprobt ist weiterhin die detaillierte visuelle Beschreibung zu erledigender Aufgaben im Balkendiagrammformat, nach seinem Erfinder Henry L. Gantt (1861–1919) auch GANTT-Chart genannt. Es besteht üblicherweise aus den folgenden vier Elementen:

- → Aufgaben- und Teilaufgabenleiste (Definitionsspalte),
- → Zeitleiste (Definitionszeile),
- → Bearbeiterinformation und
- → Meilensteine (wichtige Teilschritte).

Ein Balkendiagramm wird häufig in der Phase der Projektplanung erstellt und muss permanent aktualisiert werden (mehr dazu in Kapitel 7). Es wird beispielsweise mithilfe der Software MS Project erstellt. Aber auch in Excel lassen sich Balkendiagramme gut erstellen.

Beispiel → Ergebnis einer Schulungssitzung

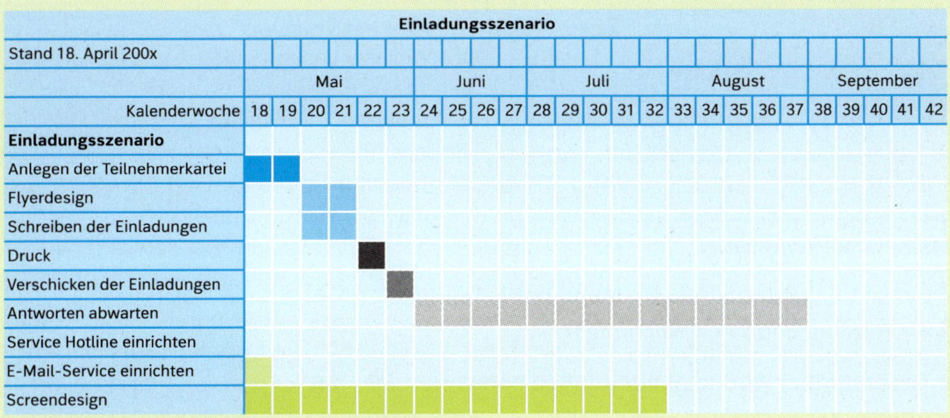

Balkendiagramm auf der Basis einer Excel-Tabelle

Zeitstrahltechnik

Hier erfolgt die Anordnung der Meilensteine und Aufgaben entlang eines Zeitstrahls (siehe das folgende Schema).

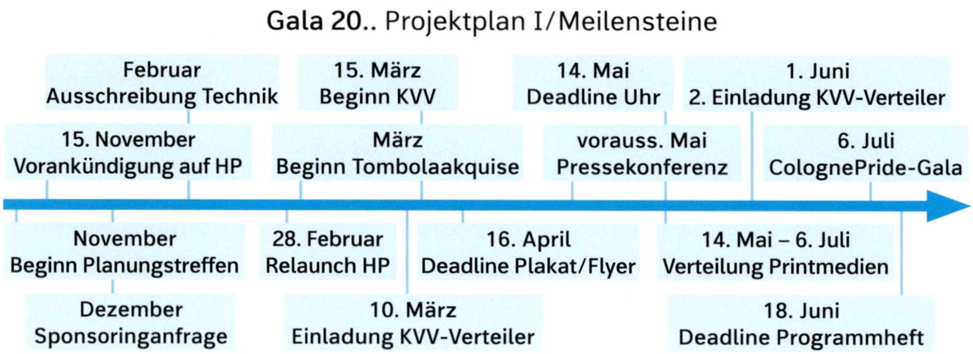

Zeitstrahl

Netzplan

Die Netzplantechnik ist eine Projektprognosetechnik, die in der Planung und Durchführung komplexer Projekte zur Abschätzung der voraussichtlichen Dauer und Kosten und zur Kontrolle des zeitlichen Verlaufs eingesetzt wird. Für jede Aktivität wird eine Vorgangsdauer, der früheste mögliche Anfangstermin sowie der späteste mögliche Endtermin errechnet und festgehalten. Anhand dieser Daten lässt sich ein möglicher oder der kritische Pfad (Weg, für den keine Pufferzeiten zur Verfügung stehen) ermitteln. Mit dieser Technik kann man Abhängigkeiten im Projektablauf sowie realistische End- und Zwischentermine ermitteln und drohende Terminüberschreitungen erkennen. Die gängigste Methode ist die Vorgangsknotennetztechnik.

Ein Vorgangsknoten enthält die unten dargestellten Informationen.

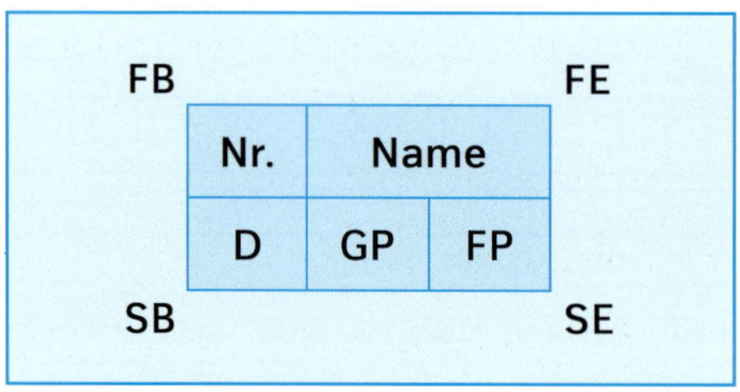

Legende:
FB = frühester Beginn
FE = frühester Endzeitpunkt
SB = spätester Beginn
SE = spätester Endzeitpunkt
FP = freier Puffer
GP = Gesamtpuffer
D = Vorgangsdauer

Struktur eines Vorgangsknotens

Die Berechnungsformel für den freien Puffer lautet: FP (x) = FB (x+1) – FE (x)
mit x = Vorgang und x+1 = Nachfolger

Der Gesamtpuffer wird folgendermaßen berechnet: GP = SB – FB

Beispiel → Netzplan für eine Konzeption

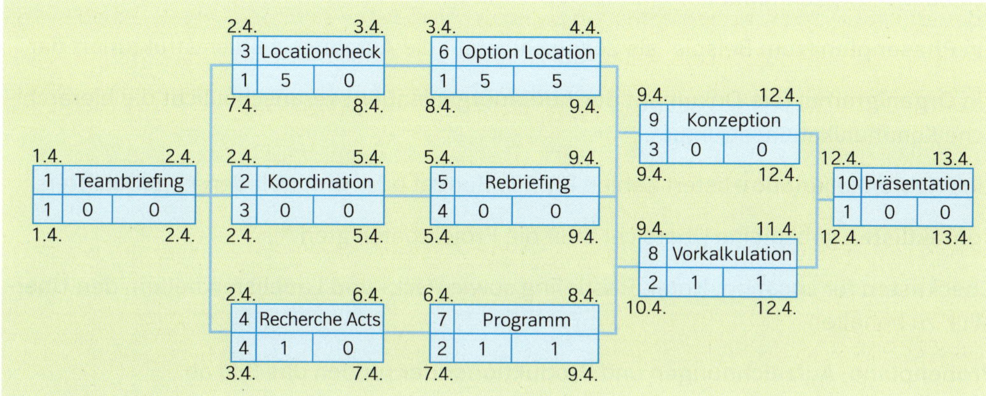

AUFGABEN

1. Wo liegt in dem Netzplan aus dem obigen Beispiel der kritische Pfad?
2. Was tun Sie, wenn
   a) die Recherche der Künstler zwei Tage länger dauert?
   b) die Koordination zwei Tage länger dauert?
   c) die Vorkalkulation zwei Tage länger dauert?
   d) die Konzeption nach einem Tag abgeschlossen ist?

Der Netzplan wird häufig für größere Projekte eingesetzt, kleinere Projekte lassen sich in einer daraus abgeleiteten Darstellung, dem Balkendiagramm (Gantt-Chart) zum Teil etwas anwenderfreundlicher darstellen.

Projektmanagementtechniken im Überblick

Die konsequente Anwendung von Techniken und Instrumenten des Projektmanagements führt zur Qualitätssicherung und einer wesentlichen Optimierung der Abläufe. Effektives Projektmanagement führt Events effizient und budgetkonform zum Erfolg.

Das **Briefing** informiert über Ziele und Rahmenbedingungen für das Projekt.

Team-Meetings bilden das Skelett der internen Verständigung und Planung.

Eine **Agenda** strukturiert vorausschauend Themen, Zeitbedarf und Inhalte.

Ein **Protokoll** dokumentiert die Gesprächsergebnisse und hält fest, was es zu tun gibt.

Vertieft wird das alles durch einen **Aktionsplan.**

Ein **Projektplan** (zum Beispiel als Balkendiagramm) ist die grundlegende Aufstellung von Aufgaben, Personal, Zeit und Kosten.

Ein **Projektstrukturplan** (zum Beispiel als Ablauforganigramm) zerlegt das Projekt in verschiedene Aufgabenpakete.

Ein **Phasenplan** (zum Beispiel als Zeitstrahl) stellt die Aufgaben zeitlich strukturiert dar.

Ein **Organigramm** (als Dokument der Aufbauorganisation) veranschaulicht die hierarchische Kommunikationsstruktur.

Eine **Kostenkalkulation** liefert Zahlen für das Budget oder ermittelt den Angebotspreis.

Kontaktlisten geben eine Übersicht über die Projektbeteiligten.

Checklisten für Location, Hotel, Rebriefing sowie Pack- und Ladelisten helfen, den Überblick zu behalten.

Probenpläne, Aufzeichnungen und **Produktionsrider** runden das Bild ab.

Wichtige Helfer sind **Transferübersichten, Personalpläne** und **Hotelbelegungslisten.**

Der **Ablaufplan** schließlich ist für alle Eventbeteiligten die ultimative Übersicht. Verfeinert wird er durch den gewerkeorientierten **Regieplan.**

9.1.4 Checkliste Organisation und Durchführung

Themenfeld	Zu beachten	Aktuelle Trends im Millennium
Programm-gestaltung	Programm detailliert mit dem Auftraggeber abstimmen kein Event ohne Top-Act oder Prominenz Rednerzeiten auf ein Minimum reduzieren, Texte abstimmen Redner des Auftraggebers (Unternehmen) briefen und inszenieren Chart-Operating (Folien einlegen) einplanen	Alle Programmpunkte sollten Zweck und Motto des Events widerspiegeln. Ganzheitliche Inszenierung aller Phasen des Events (auch: Ankunft, Begrüßung, Catering, Abschied). Persönliche Ansprache der Gäste. Ideal: von der Idee zur Form Trends aufnehmen: Wellness-/Wohlfühl-Szenarios, Interaktion usw.
Entertainment	Ein Event lebt von Überraschungseffekten und der (am besten interaktiven und haptischen) Einbeziehung der Gäste.	Erlebnischarakter subjektiv verstärken Choreografierte Inszenierung aller Örtlichkeiten dramaturgische Feinplanung durch Inszenierungsprofis
Location	Ausstrahlung, Atmosphäre und Image müssen zu Unternehmen und Eventkonzept passen.	Tendenz zur außergewöhnlichen Location kreativ aufnehmen Besonderheiten der Location in das Eventkonzept aufnehmen
Aufplanung	Zeichnungen, Modelle usw. maßstabsgerecht erstellen Backstageplanung Verortung von Küche und Catering	Tendenz zur Darstellung in 3-D Tendenz zu Mood-Charts (emotionalen Vorabbildern auf einer Metaplan-Wand)

weiter auf S. 433

Themenfeld	Zu beachten	Aktuelle Trends im Millennium
Technik	technische und veranstaltungstechnische Ausstattung beachten Versammlungsstättenverordnung beachten Strom, Rigging (Hängepunkte, Trussing, Bodenbelastbarkeit), Licht, Ton (Delay Line, Sendemikrofone, Ersatzsender), Monitorpult, Zuspielgeräte	Realisierbarkeit und Budgetgerechtigkeit der Veranstaltungstechnik durch Profis bewerten lassen Tendenz weg von staunender Technikfixierung hin zum subjektiven Erlebnis dramaturgisches Beleuchtungskonzept (v. a. für Bühne, Tanzfläche und Tische, auch für Catering, Vorräume, Außenbereiche) Tendenz zu Dolby Surround 5.1-Hörwelten
AV-Medien/ Projektion	AV-Medien planen und in Gesamtkonzept einbinden Corporate Design des Auftraggebers einbinden zentral oder dezentral (Screens oder TV-Monitore), Auf- oder Rückprojektion, Regieplatz, Ersatz-PC (Absturzrisiko) Normen, Zuspielgeräte, Kameras (Livebild)	Eigendynamik beachten: Regiekonzept für Dauerbespielung von Leinwänden sorgfältiges dramaturgisches Regiekonzept
Kommunikation	Funkgeräte, Intercom, Handys Wer redet mit wem auf welchem Kanal (Funkkreise und Funkhierarchie)?	moderne Matrixsysteme
Effekte	Sicherheitsbestimmungen einhalten (Pyrotechnik) Nebel, Laser, Strobo, Beduftung	Jeden Effekt gezielt einsetzen, große Effekte nur einmal!
Bauten/ Dekoration	Verkleidung und Kaschierung unnötiger Elemente (Technik, Instrumente) Wand- und Raumgestaltung	kreative Umsetzung von Corporate Design und Logos (Markenwelt) modern: helle und offene Bauten, nachvollziehbar, gebrochen, warm, in den Raum übergehen lassen
interne Logistik	An-, Abfahrt- und Ladewege eruieren und einplanen, Fahrzeugplan, Fahrtenplan Materiallisten, Stauraum, Lagerflächen, Depots	sinnvolle Ablaufplanung (Material- und Gewerke-Reihenfolge bei engem Zeitrahmen)
Catering	Catering-Bindungen beachten Form und Umfang der Verpflegung	Tendenz zur Spitzenküche und zum Selbstkochen
Dienste	Reinigung, Entsorgung, Garderobe, Security, Parksituation, Platzanweisung usw.	Abnahmen und Übergaben planen
Teilnehmermanagement	Travel-Management VIP-Betreuung, Pressebetreuung, Künstlerbetreuung Leitsysteme, Orientierungssysteme, Garderobenszenario	Einladungsszenario ganzheitlich in Idee/ Konzept einbinden Einladungsdramaturgie (Aufbau eines Spannungsbogens) Das Richtige zum richtigen Zeitpunkt verraten, aber auch: das Wichtige zum richtigen Zeitpunkt kommunizieren

Organisation und Durchführung

9.1.5 Beispiel: Das Einladungsszenario

Bereits im Einladungsszenario sollte sich der Gast mithilfe einer kreativen Einladungsdramaturgie in die Welt des kommenden Events einfinden. Die Besucheransprache kann mithilfe von Briefen, Broschüren, E-Mail-Nachrichten, über die Mitarbeiterzeitschrift, das Intranet oder das Internet, mithilfe von überraschenden Aktionen oder auch Promotionteams erfolgen. Dabei achtet man heutzutage auf eine individuelle, höfliche und lebendige Ansprache des Adressaten und verzichtet auf Phrasen in Wortwahl und Schreibstil.

Beispiel → Elf Punkte eines Einladungsszenarios

1. Definition und Ansprache des Teilnehmerkreises über passende Medien (persönliche Einladung, Internet, Fachzeitschriften usw.)
2. Terminblocker mit Ankündigung des Termins etwa sechs bis zwölf Monate vor der Veranstaltung („Save the date")
3. detaillierte Ankündigung der Veranstaltung etwa drei bis sechs Monate vorher (auch später möglich)
4. Versand der Einladungen etwa zwei bis fünf Monate vorher. Szenario repräsentativ an der Corporate Identity des veranstaltenden Unternehmens orientieren. Inhalte: Motto und Key-Visual, Anlass, Programm, Zeitpunkt und Dauer, Ort und Anreise, Antwortelement
5. nach Bedarf Rabatte/Angebotsaktionen
6. beiliegende Antwortkarte/Fax-Rückläufer
7. alternativ: E-Mail-basiertes Online-Szenario (internetgestützt)
8. Erinnerung/Nachfassaktion
9. Fragebogen mit Fragen zu Anreise, Hotelbedarf, Teilnahme am Rahmenprogramm
10. Teilnahmebestätigung und praktische Hinweise mit allen Details inklusive Dresscode
11. Versand von Informationsunterlagen, Kongressmappe, Plänen usw., eventuell via Downloadlink

9.1.6 Ablaufplan und Regieplan

Der Ablaufplan („Running Order") und der stärker detaillierte Regieplan finden intern Anwendung und dienen den Beteiligten als Orientierung für ihren Einsatz.

Beispiel → Tagesablaufplan für ein Abendevent

Uhrzeit	Programm/Aktivität	Beteiligte	Ort	Bemerkung
ab 08:00 h	Aufbau Bühne	Technik	Ballsaal 1	
16:00 h	Ankunft Produktions-leitung	+ Produktionsleitung		
17:00 h	Abnahme Bühne			
17:30 h	Soundcheck	+ Band	Bühne 1	
18:00 h	Stellprobe	+ Firmenmitarbeiter		
18:45 h	Standby	alle		Inszenierung Foyer
19:00 h	Doors open			Licht- und Soundinstallation
19:20 h	Auftaktinszenierung	Darsteller		
19:30 h	Begrüßung	Vorstand		
19:45 h	Tagesshow	AV-Technik		Einspielung
20:00 h	Eröffnung Büfett	Catering Standby	Saal	begleitende Inszenierung Bühne
20:40 h	Dessert-Roll-in	Kochpersonal		Pyrotechnik
21:00 h	Anmoderation	Moderator		
21:10 h	Sambashow	Samba XXL		
21:45 h	Anmoderation, Umbau	Moderator		
22:00 h	Show-Act	Top 40 Kapelle		
23:30 h	Abmoderation, DJ-Act	Moderator, DJ		
24:00 h	Karaoke-Aktion	Vorstand		Playback Standby
01:00 h	Last orders			
01:30 h	Veranstaltungsende			Start Abbau

Ablaufplan eines Abendevents

Der Regieplan ist meist querformatig angelegt und gibt möglichst minutengenau Auskunft über den Einsatz der Gewerke. Er ist die Regieanweisung für alle Beteiligten mit Stichworten und Zeitrahmen.

Beispiel → Auszug aus Regieplan zum umseitigen Ablaufplan

Uhrzeit	Programm	Licht	Ton Front	Ton Bühne	AV-Technik	Bemerkung
18:50 h	Foyerinszenierung	Effekte Foyer	Standby	Standby	Standby	Nebelinszenierung
19:00 h	Einlass	Installation 1	Countdown, DJ Space Mix	Standby	Logos und Bildwelten 1	Tunneleinlass, Hostessenbetreuung
19:15 h	Plätze einnehmen	Installation 2	Background	Standby	Bildwelten 2	Walking-Act
19:20 h	Auftaktinszenierung	Saal und Bühne	Playback	3 Headsets	Einspielung 1	Business Dance Theater
19:30 h	Intro	Black und Flash	Star Wars	Mikroansage aus dem Off	Spaceworld	
19:32 h	Auftritt Moderator und Regionalleiter	Spot, Atmo	Star Trek	2-mal Wireless	Logoeinspielungen, Kamerabild, Gobos	Kostümauftritt und Hostessen
19:40 h	Tagesshow	Black	AV	AV	Einspielung 2	Filmeinspielung
19:48 h	Moderation	Saalspot		1-mal Wireless	Kamerabild	im Saal, Aufbau Zauberer
19:52 h	Zauberer 1	nach Anweisung	Einspielung	Headset	Kamerabild	anschließend: Vorhang zu
20:05 h	Abmoderation	Saalspot		1-mal Wireless	Kamerabild	im Saal
20:08 h	Eröffnung Büfett	Moving Lights	Countdown	Standby	Einspielung Feuerwerk	fallender Vorhang am Büfett; Pyrotechnik
bis 20:40 h	Büfett	Installation 2	Kammerorchester Bühne	nach Anweisung	Standby im Logobetrieb	begleitendes Damen-Bratschenensemble
20:40 h	Dessert-Roll-in	Moving Lights		Mikroansage aus dem Off	Feuerwerk	Kochpersonal mit Wunderkerzen
21:10 h	Anmoderation	Spot, Atmo		1-mal Wireless	Kamerabild	
21:15 h	Samba XXL	Show-Licht	Live-Ton	nach Anweisung	Kamerabild	

Regieplan Abend-Event

AUFGABEN

1. In welcher Eventphase und wofür benutzen Sie einen Projektplan?
2. Für wann, für wen und wofür erstellen Sie einen Ablaufplan?
3. Was unterscheidet den Ablaufplan vom Regieplan? Wer erhält einen Regieplan?

9.2 Angebots- und Verkaufskalkulation eines Business-Events aus Agentursicht

9.2.1 Zwei Methoden der Budgetermittlung

Im Grunde hat der Auftraggeber die folgenden zwei Möglichkeiten zur Ermittlung und Verwendung des Eventmarketingbudgets.

1. Er bestimmt das Budget und verteilt es auf eine bestimmte Anzahl geeigneter Marketing-Event-Maßnahmen. Die Maßnahmen setzt er selbst um oder er beauftragt Marketing-Eventagenturen damit. Den Agenturen teilt er die Beträge zu, die diese jeweils veranschlagen können.
2. Er plant eine bestimmte Anzahl geeigneter Marketing-Event-Maßnahmen und setzt sie entweder selbst um oder beauftragt Marketing-Eventagenturen damit. Für jedes Projekt kalkuliert er die Kosten oder er lässt sich von den Eventagenturen Kostenvoranschläge/Angebote erstellen. Die Summe der Kalkulationsergebnisse bildet das Eventmarketingbudget.

In der Praxis kommen Mischformen aus beiden Verfahren vor.

MERKE

Der Unterschied zwischen Angebot und Kostenvoranschlag liegt darin, dass der Angebotspreis fix ist, also ohne übereinstimmende Willenserklärung der Vertragspartner nicht geändert werden kann. Der im Kostenvoranschlag genannte Preis hingegen darf um bis zu 20 % nach oben oder unten variieren.

AUFGABEN

1. Welche der beiden Methoden folgt dem Bottom-up-Ansatz, welche dem Top-down-Ansatz?
2. Wie wird wohl das Agenturhonorar im Rahmen der beiden genannten Methoden abgerechnet?
3. Welche Vorteile bietet aus Agentursicht die zweite Variante?
4. Wann sollte eine Eventagentur einen Kostenvoranschlag erstellen, wann ein Angebot?

Budgetvorgaben eines Auftraggebers sollten ernst genommen werden; in der Regel darf man sie nicht überschreiten. Daher sollte in der Konzeption eine Budgetierung schon von der ersten Idee an mitlaufen, das heißt, alle Ideen sollten auch direkt budgetär bewertet und auf

Machbarkeit geprüft werden. Sollten sich im Zuge der Konzeption teurere, aber effektivere Ideen ergeben, können diese als Add-ons optional oder als Alternativen angeboten werden.

9.2.2 Drei Möglichkeiten der Agenturvergütung

Die Agenturleistungen werden in der Praxis auf drei Wegen vergütet:

1. Die Agentur rechnet auf Honorarbasis (Tages- oder Stundensätze) oder gegen ein Pauschalhonorar ab. Diese Form ist üblich bei beratenden Tätigkeiten sowie bei Tätigkeiten zur allgemeinen Unterstützung des Kunden.

2. Die Agentur erhält eine pauschale Provision in Höhe von 12 % bis 22 % des Projektbudgets. Diese Form ist üblich bei Methode 1 (Projektbudget wird vom Kunden zugewiesen). Die Pauschalprovision ist dann in der Regel Teil des Projektbudgets. In der Werbebranche nennt man diese Art der Vergütung AE-Provision (Anzeigen-Expeditions-Provision).

3. Die Agentur berechnet die Selbstkosten, versieht sie mit einen Gewinnaufschlag von 10 % bis 30 % und schlägt auf die Kosten von Fremdleistungen einen Handlingsaufschlag von rund 15 % auf. Die Summe der so ermittelten Werte bildet den Angebotspreis. Diese Form der Vergütung ist üblich bei Methode 2 (Agentur erstellt Kostenvoranschlag).

Bei großen Projekten wird viel Geld bewegt und die Agentur muss häufig in Vorleistung treten. Damit die Liquidität gesichert ist, hat es sich eingebürgert, einen Teil der Auftragssumme bei Auftragserteilung (zum Beispiel 30 %), einen weiteren bei Abnahme (zum Beispiel 40 %) und den Rest mit der Endabrechnung/Rechnungslegung in Rechnung zu stellen.

9.2.3 Vier übliche Arten von Vertragsbeziehungen

Basierend auf den beiden genannten Methoden der Budgetermittlung und -nutzung und den drei Möglichkeiten der Agenturvergütung, ergeben sich die folgenden vier möglichen Vertragsbeziehungen zwischen den Beteiligten (vgl. auch Lernfeld 5, Abschnitt 5.3.3):

1. Die Agentur schließt einen Vertrag als Consulter/Vermittler (gegebenenfalls einen Rahmenvertrag) und berechnet Konzeptionshonorare und Beratungshonorare pauschal oder auf Stunden- oder Tagessatzbasis. Möglich ist hier auch die beschriebene pauschale Provision in Höhe von 12 % bis 22 % des Projektbudgets nach erfolgreicher Mittelverwendung. Der Kunde verlangt im letzteren Fall häufig einen Nachweis über die verwendeten Mittel (Verwendungsnachweis). Solche Vereinbarungen werden in der Regel im Rahmen eines Dienstvertrags getroffen. Das Vertragsverhältnis entspricht der Budgetermittlungsmethode 1 und den Agenturvergütungsformen 1 und 2.

2. Die Agentur tritt als Produzent des Events oder arrangierten Layouts auf und berechnet dem Auftraggeber die Eigenleistungen mit Gewinnaufschlag. Zusätzlich beauftragt sie Dritte und berechnet deren Fremdleistungen mit einer Handlinggebühr an den Kunden weiter. Der Kunde verlangt in diesem Rahmen aus Gründen der Transparenz häufig einen detaillierten Rechnungsnachweis. Diese im Business-Event-Geschäft wohl gän-

gigsten Vereinbarungen werden in der Regel im Rahmen eines Werkvertrags getroffen; möglich ist auch ein Generalunternehmervertrag. Das Vertragsverhältnis entspricht der Budgetverwertungsmethode 2 und der Agenturvergütungsform 3.

3. Wenn die Agentur etwa für zentralistisch ausgerichtete Unternehmen arbeitet, die alle Vorgänge über die eigenen Bücher abrechnen wollen (beispielsweise Renault Deutschland), tritt sie im Auftrag des Kunden als Arrangeur der Leistungen auf, das heißt, sie führt das Projekt zwar, vermittelt aber die Dienstleister direkt an den Kunden. Hierbei werden also direkte Verträge zwischen den Dienstleistern und dem Kunden geschlossen und entsprechend werden auch die Leistungen zwischen diesen beiden direkt abgerechnet. Die Agentur erstellt das Konzept, vermittelt und steuert die Dienstleister. Dafür berechnet sie dem Auftraggeber nach Abschluss des Projekts eine Vermittlungsprovision als Handlingpauschale sowie Tages- oder Stundensätze (in der Regel rund 15 % des Auftragswerts). In diesem Verfahren müssen alle Vorgänge dreimal dokumentiert werden, erstens zwischen Agentur und Dienstleister, zweitens zwischen Agentur und Kunde und drittens zwischen Dienstleistern und Kunde. Diese Form der Leistungserbringung vollzieht sich in der Regel im Rahmen eines Dienstvertrags zwischen Agentur und Kunde. Das Vertragsverhältnis entspricht der Budgetverwertungsmethode 2 und der Agenturvergütungsform „1 bis 3“ (Mischform).

4. Die vierte Variante funktioniert nur zusammen mit Variante 3, manchmal auch mit Variante 1. Es handelt sich um das Prinzip der doppelten, häufig versteckten Provisionierung. Die Eventagentur kann nämlich hier auch mit dem Dienstleister eine Provision vereinbaren, und zwar dafür, dass sie ihm einen lukrativen Auftrag vermittelt hat. Legalität und Legitimität dieses Vorgehens sind rechtlich umstritten.

AUFGABEN

1. Welche Vor- und Nachteile haben die vier oben vorgestellten Vertrags- und Abrechnungsvarianten?
2. Erstellen Sie pro Vertrags- und Abrechnungsvariante ein Schema, aus dem hervorgeht, wer in welchem Vertragsverhältnis zueinander steht und wer wem eine Rechnung stellt.

9.2.4 Projektkostenkalkulation auf Einzelkostenbasis

Ein Projekt wird auf der Basis einer Einzelkostenbetrachtung kalkuliert. Die Projektkosten ergeben sich aus der Summierung der Einzelkosten. Eigentlich ein ganz einfaches Verfahren, wir wollen es die „Kostenplanung zu Fuß“ nennen. Datengrundlage kann ein Projektplan sein. Man ordnet dazu den einzelnen Arbeitspaketen Kostenpositionen zu. In der Tabelle sind typische Kosten aufgeführt, die bei einem Live-Event anfallen können.

Kostenverursacher	Kostenpositionen (Beispiele)
Location	Miete (inkl. Auf-/Abbauzeit), Mietnebenkosten, Bestuhlung, Dekoration, Bühne, Betriebskosten (Wasser/Heizung), Strom/Elektro, Reinigung, Verkehrskosten/Erschließung, Beschriftung, Besucherleitsystem, Hauspersonal
Technik	Strom, Ton, Licht, Bühne, Projektion, Effekte, Personal, EDV, Kommunikation
Transport/Logistik	Fahrzeuge, Fracht, Lieferung, Fahrer, Benzin, Busse, Trucking, Zölle
Inszenierung/ Programm	Konzeption, Buch, Regie, Choreografie, Maske, Kostüm, Requisite, Objekte, Dekoration, Bühnenbild, Medienproduktion (von Konzeption/Drehbuch bis Realisation und Banderstellung), Künstler, Künstlernebenkosten, Abgaben (KSA, GEMA, Ausländersteuer), Referenten, Reisekosten, Transfers, Hotelkosten, Verpflegung, Management/Künstlerbetreuung,
Personal	vgl. Lernfeld 7, Abschnitt 7.5.6, Eventpersonal, Guest-Management/Gästebetreuung usw.
Materialien	Plakaterstellung/-druck, Spoterstellung/-schaltung, Broschüren/Programmheft, Kartendruck, Pressearbeit (vgl. PR)
Gebühren	GEMA, Urheberrechte, Behördenauflagen, evtl. Vergnügungsteuer, Konzessionen, Tombola/Preisausschreiben
Versicherungen	Veranstaltungs-Haftpflicht, Elektronikversicherung, Ausfallversicherung (z. B. Keymanversicherung/Hauptdarsteller), Unfallversicherungen (vgl. Lernfeld 7, Abschnitt 7.5.2)
Security	Security, Polizei, Feuerwehr, Sanitäter, Absperrungen, Kontrollen
Catering	Personal, Mobiliar, Speisen und Getränke, Geschirr, Reinigung, Lagerung, Entsorgung, Konzessionen
Agenturkosten	Konzeption, Grafik, Einladungsszenario, Kommunikation/PR, laufende Mehrkosten, Honorare, Selbstkosten und Gemeinkosten (vgl. dazu näher Abschnitt 9.2.5)
Büro- und Betriebskosten	Büromaterial, Telekommunikation, Verbrauch, Gebühren, Material, Porto, Kopien, Buchhaltung
Weitere Fixkosten	Löhne und Gehälter, Lohnnebenkosten, Ausstattung, Mieten, Fuhrpark, Inventar, Steuern, Versicherungen, Gebäudekosten,
Unterbringung/ Hotel	Zimmermieten, Raummieten, Verzehr
Anreisekosten und Transfers	Travel-Management für die Teilnehmer
Dekoration und Ausstattung	Bauten, Vorhänge, Banner, Mobiliar, Bestuhlung, Displays

Die Einzelkosten werden Kostengruppen zugeordnet und beispielsweise mithilfe einer Tabellenkalkulation nach dem folgenden Muster (Auszug) aufgestellt und addiert:

7.	Personalkosten (inkl. Auf- und Abbau)	Tagessatz	Stück	Summe
7.1.	1 Projektleiter	400,00 €	3	1.200,00 €
7.2.	1 technischer Leiter	400,00 €	3	1.200,00 €
7.3.	4 Hostessen	100,00 €	1	400,00 €
	Zwischensumme			**2.800,00 €**
8.	**Sonstige Agenturleistungen**			
8.1.	Einladungen, Idee, Satz/Druck	800,00 €	1	800,00 €
8.2.	Teilnehmerverwaltung	600,00 €	6	3.600,00 €
8.3.	Reise-/Übernachtungskosten.	95,00 €	2	190,00 €
8.4.	Haftpflicht-/Elektronikversicherung	300,00 €	1	300,00 €
	Zwischensumme			**4.890,00 €**

Die Agentur kalkuliert die Leistungsbereiche sowie externe Kostenfaktoren und berechnet diese mit Gewinnaufschlag an den Kunden weiter. Das Ergebnis, das in der Regel nach der Präsentation mit dem Konzept-Handout an den Kunden gereicht wird, ist ein detailliertes schriftliches Angebot. Gerne wird hier auch ein detaillierter Produktionsplan mit Deadlines, etwa in Form eines Balkendiagramms, abgegeben.

AUFGABEN

1. Erstellen Sie eine Excelvorlage, die als Grundlage für die Kalkulation eines Live-Events dient.
2. Welche Leistungen werden mit einem Agenturaufschlag in Höhe von 15 % versehen?

Teilnehmerorientierte Kalkulation

Vergleichbar werden Business-Events, wenn man die Kosten zur Zahl der Tage und der Teilnehmer ins Verhältnis setzt. Kennt man die Kosten eines Events pro Gast und Tag, so kann man abschätzen, ob das Event preiswert (bis 200,00 € pro Person und Tag) oder teuer (mehr als 500,00 € pro Person und Tag) ist. Die mittlere Preislage entspricht der Spanne von 200,00 € pro Person und Tag bis 500,00 € pro Person und Tag. Generell ist auch der konkrete Leistungsumfang von Bedeutung (Anreise, Catering, Übernachtung, Programm, Transfers, Give-aways usw.).

Beispiele → Kostenrichtwerte pro Person für Business-Events

- → Kosten für ein normales Abend-Event für rund 500 Personen inklusive Location, Catering, Programm, Dekoration, ohne großen Top-Act: etwa 80,00 € bis 140,00 €
- → Gleiches Layout mit Top-Act: etwa 150,00 € bis 200,00 €
- → Tagesveranstaltung mit exklusivem Programm (zum Beispiel Hochseilgarten) inklusive Verpflegung: 70,00 € bis 120,00 €
- → Kosten für ein mittleres Cateringangebot in Büfettform inklusive Getränke: etwa 40,00 € bis 70,00 €
- → Kosten für eine Übernachtung im Einzelzimmer eines 4-Sterne-Hotels inklusive Frühstück wochentags: etwa 80,00 € bis 120,00 €

Messeauftritte werden übrigens nach der Ausstellungsfläche pro m² berechnet, Filme pro Minute, Tonträger und Werbematerialien pro Stück.

Eine genauere Methode als die Kalkulation auf Einzelkostenbasis bietet die Projektkostenrechnung als Teil der Kostenartenrechnung. Mit ihr kann die Agentur auch die Höhe ihrer internen Sätze, die sie dem Kunden in Rechnung stellt, betriebswirtschaftlich begründen.

9.2.5 Projektkostenrechnung als Basis der Angebotserstellung

Die Kernfrage der Kalkulation eines Projekts im Zug der Angebotserstellung lautet: „Make or buy?“ Erst einmal gilt es, die eigenen Ressourcen zu nutzen, bevor Fremdleistungen eingekauft werden, um mögliche Gewinnspannen mitzunehmen.

Projektkosten = Selbstkosten + Fremdkosten

Fremdkosten

Typische Fremdkosten einer Agentur in der Leistungserstellung sind Honorare für Dienstleister und Fremdpersonal, Kosten für externe Gewerke und Dienstleistungen, Mieten für Location, Technik und Materialien sowie Abgaben, zum Beispiel GEMA-Gebühren und Künstlersozialabgaben.

Die Höhe der Fremdkosten kann bei den Anbietern recherchiert und mit einem Aufschlag (Handling Fee) an den Kunden weiterberechnet werden.

Selbstkosten

Selbstkosten = Personaleinzelkosten + Sacheinzelkosten + anteilige Gemeinkosten

In der Projektvorbereitung entstehen typischerweise Kosten für Beratung, Recherche, Konzeption, Planung, Organisation, Projektcontrolling und Kalkulation, in der Durchführung für Betreuung, Produktion und Dokumentation. In der Nachbereitung verursachen Vorgänge wie Abrechnung, Lagerung und Evaluation Kosten.

Gängig ist auch eine Unterteilung der Kosten in Sach- und Personalkosten. Erstere umfassen beispielsweise Kosten für spezielle Gerätschaften, Finanzierungskosten, Reise-/Fahrt-/Übernachtungskosten, letztere Kosten für Konzeption, Grafikdesign, Inszenierung, Redaktion/Text.

Ermittlung von Sozialversicherungsbeiträgen

Die Löhne/Gehälter müssen verbucht, die Sozialversicherungsbeiträge an die Sozialversicherungsträger überwiesen werden. Die Beträge, die der Arbeitgeber aufbringen muss, fließen in die betriebliche Kostenkalkulation ein. Zusätzlich muss der Beitrag an die Berufsgenossenschaft zur gesetzlichen Unfallversicherung berücksichtigt werden. (Hier gelten je nach Berufsgruppe unterschiedliche Prozentsätze, die bei der zuständigen Berufsgenossenschaft erfragt werden können.)

Kalkulatorische Tages- und Stundensätze

Zur Ermittlung der kalkulatorischen Kosten für einen Mitarbeiter gilt die folgende Formel:

Personalkosten = Bruttolohn + Arbeitgeberanteil zur Sozialversicherung + Abgabe Berufsgenossenschaft + x % Urlaub + 5 % Krankheitstage

Als Faustregel gilt: Der Bruttolohn kann – je nach Unternehmen unterschiedlich – mit einem Faktor von 1,36 bis zu 1,65 multipliziert werden. Pro Jahr können 220 Arbeitstage inklusive Urlaub und Krankheitstagen zugrunde gelegt werden. Die folgenden Formeln führen zu den Monats- bzw. Tageskosten:

Tageseinzelkostensatz = Personalkosten/effektive Zahl der Arbeitstage
Stundeneinzelkostensatz = Tageseinzelkostensatz/Arbeitsstunden pro Tag

Beispiel → Personaleinzelkosten

Tageseinzelkosten = 30.000,00 € Bruttolohn · 1,57 = 47.100,00 €/220 Arbeitstage = 214,09 €
Stundeneinzelkosten = 214,09 € Tageseinzelkosten/8 Arbeitsstunden = 26,76 €

Um einen Angebotspreis zu ermitteln, kann auf diese Werte ein Gemeinkostenaufschlag (als Umlage der Betriebskosten) sowie ein Gewinnaufschlag angewendet werden.

Beispiel → Stundensatz als Basis zur Bestimmung des Angebotspreises

26,76 € (Stundeneinzelkosten) · 1,25 (Gemeinkostenzuschlag) · 1,2 (Gewinnzuschlag) = 40,14 €

Achtung: Kein Mitarbeiter arbeitet zu 100 % in bestimmten Projekten. Folglich geht ein gewisser Anteil der Personalkosten in die Gemeinkosten ein.

Gemeinkosten

Einzelkosten sind in der Regel einem Kostenträger direkt zurechenbar, Gemeinkosten dagegen nicht. Typische Gemeinkosten einer Agentur sind: Büro- und Agenturausstattung, Fuhrpark, Material, Hardware, Software, Mieten, Energiekosten, sonstige Mietnebenkosten, Gebäudekosten (Reinigung, Instandhaltung), Versicherungen (Geschäftsinhaltsversicherung, Elektronikversicherung, Haftpflicht, Rechtsschutz), Unternehmenssteuern, Werbung und PR (Anzeigen, Broschüren, Webauftritt, Werbeartikel), allgemeine Personalkosten (Verwaltung, Akquise, Empfang) inklusive Lohnnebenkosten, allgemeine Verwaltungskosten (Kopien, Kommunikationskosten, Telefonanlage usw.).

Ermittlung des Gemeinkostenanteils

Anhand der Zuschlagskalkulation lassen sich die Gemeinkosten anteilig auf die Kostenträger bzw. die Kosten verursachenden Projekte umlegen. Das Verhältnis der Gemeinkosten zu den Einzelkosten lässt sich auf der Basis der Analyse der Vorjahreswerte oder einer Prognose für das laufende Jahr mithilfe der folgenden Formel berechnen:

Gemeinkostenanteil (in Prozent) = Gemeinkosten · 100/(Personalkosten + Sacheinzelkosten)

Beispiel → Ermittlung der prozentualen Gemeinkosten

800.000,00 € (Personaleinzelkosten) + 200.000,00 € (Sacheinzelkosten) = 1.000.000,00 €
Gemeinkosten: 250.000,00 €

250.000,00 € · 100/1.000.000,00 € = 25 %

Ermittlung des Angebotspreises

Um den Angebotspreis für ein Projekt zu ermitteln, können zunächst die Selbstkosten für das Projekt errechnet werden. Dann können Gemeinkosten und Gewinn sowie Fremdkosten und eine Handlinggebühr nach der folgenden Formel aufgeschlagen werden.

Personaleinzelkosten
+ Sacheinzelkosten
+ anteilige Gemeinkosten
= **Selbstkosten**
+ Fremdkosten
+ Handlungskostenzuschlag (nur auf Fremdkosten)
= **Projektkosten**
+ Gewinnaufschlag
= **Angebotspreis** (netto, das heißt ohne Umsatzsteuer)

Beispiel → Berechnung des Angebotspreises

14.000,00 € (Personaleinzelkosten) + 7.600,00 € (Sacheinzelkosten) = 21.600,00 €
25 % Gemeinkostenaufschlag = 5.400,00 €
Zwischensumme = 27.000,00 €
20 % Gewinnaufschlag = 5.400,00 €
Angebotspreis = **32.400,00 €** netto, zzgl. 19 % Umsatzsteuer (6.156,00 €) = **38.556,00 €**

Eine solche Rechnung ist auch möglich auf Tageseinzelkostenbasis für einen Mitarbeiter.

Beispiel → Berechnung des Angebotspreises für den Einsatz eines Mitarbeiters

214,09 € (Tagessatz Projektleitung) + 53,52 € (25 % Gemeinkostenzuschlag) = 267,61 €
+ 53,53 € (20 % Gewinnaufschlag) = **321,13 +/– 0,01 €** (Tagessatz netto)

AUFGABE

Ermitteln Sie für die Projektleiterin Frau Chantal die Höhe der Tageseinzelkosten (Kosten pro Tag). Gehen Sie dabei von den folgenden Werten aus: Faktor 1,55; 220 Arbeitstage.

Bestandteile eines Angebots

Ein Angebot sollte für den Kunden nachvollziehbar sein und aus den folgenden Positionen bestehen:

1. Leistungen
2. Sonstige Kosten (Sonderkosten, optionale Kosten, Finanzierungskosten),
3. Angebotspreis (netto),
4. Umsatzsteuer,
5. Angebotspreis (brutto),
6. Zahlungsbedingungen und -fristen,
7. ggf. AGB.

Zum Vergleich: Handelskostenkalkulation (Vorwärts- und Rückwärtskalkulation)

Die Kalkulation im Handel kennt zwei typische Verfahren:

→ **Bezugskalkulation** (Einkaufskalkulation oder Vorwärtskalkulation). Nach der Ermittlung der Einzelkosten werden die im Einkauf erhaltenen Nachlässe abgezogen und die Bezugskosten oder sonstigen Nebenkosten hinzugerechnet. Die Vorwärtskalkulation ist eine Kalkulation zur Ermittlung des Verkaufspreises (Vorkalkulation mit Normalzuschlägen).

→ **Verkaufskalkulation** (Rückwärtskalkulation). Angebotspreise werden unter Einbezug der im Verkauf gewährten Nachlässe ermittelt. Die Rückwärtskalkulation ist eine Kalkulation zur Ermittlung des Listeneinkaufspreises.

Vorwärtskalkulation	Rückwärtskalkulation
Listeneinkaufspreis	**Listenverkaufspreis (netto)**
– Lieferantenrabatt	– Kundenrabatt
= Zieleinkaufspreis	= Zielverkaufspreis
– Lieferantenskonto	– Kundenskonto
= Bareinkaufspreis	= Barverkaufpreis
+ Bezugskosten	– Gewinn
= Bezugspreis/Einstandspreis	= Selbstkostenpreis
+ Allgemeine Handlungskosten/Gemeinkosten	– Allgemeine Handlungskosten/Gemeinkosten
= Selbstkostenpreis	= Bezugspreis/Einstandspreis
+ Gewinn	– Bezugskosten
= Barverkaufpreis	= Bareinkaufspreis
+ Kundenskonto	– Lieferantenskonto
= Zielverkaufspreis	= Zieleinkaufspreis
+ Kundenrabatt	+ Lieferantenrabatt
= Listenverkaufspreis (netto)	**= Listeneinkaufspreis**
+ Umsatzsteuer	
= Verkaufspreis (brutto)	

9.3 Zehn Kalkulationsschritte im Business-Eventmanagement

In jeder der folgenden zehn Projektphasen des Business-Eventmanagement sind Kalkulationsvorgänge erforderlich.

Projektphase	Kalkulationsschritt
1. Kundenanfrage 2. Briefing und Rebriefing	
3. Konzeption inkl. Ressourcenrecherche (Lösungen, Kosten, Dienstleister und Lieferanten)	1. Grobkostenschätzung
4. Optionierung von Ressourcen/Lieferanten/Dienstleistern	2. Vorkalkulation
5. Erstellen des Konzepts	
6. Präsentation inkl. ausgewählter Projekt- und Ablaufpläne	
7. Auftragsvergabe	3. Budgetverhandlung (Einsparpotenziale) 4. Kostenvoranschlag/Angebot 5. Auftrag/Bestellung/Auftragsbestätigung
8. Detailplanung inkl. Raum- und Ablaufpläne	6. Feinkalkulation
9. Organisation/Produktion/Umsetzung inkl. Beauftragung der Lieferanten 10. Durchführung inkl. Produktionsbesprechung, Kundenabnahme und Ablaufregie	7. Fortlaufender Soll-Ist-Vergleich
11. Nachbereitung inkl. Qualitätskontrolle und Nachbesprechungen	8. Endabrechnung 9. Rechnungslegung 10. Nachkalkulation

Kalkulationsschritte im Business-Eventmanagement

9.4 Erfolgskontrolle eines Business-Events

In Lernfeld 7, Abschnitt 7.7 haben wir allgemeine Kriterien zur Nachbereitung von Live-Events zusammengestellt. Diese Übersicht lässt sich um Bewertungskriterien für Business-Events erweitern, anhand deren beurteilt werden kann, ob die Marketing-Kommunikationsziele erreicht wurden.

Evaluation oder Ergebnisbewertung ist die systematische Untersuchung von Qualität oder Nutzen von Maßnahmen oder die Abschätzung von deren Wirksamkeit.

Der Erfolg einer Maßnahme kann zum Beispiel nach der SMART-Formel bewertet werden. In einem Projekt anvisierte Ziele müssen danach spezifisch (das heißt definiert), messbar, angemessen (das heißt erreichbar), relevant (das heißt bedeutsam) und terminiert (das heißt mit einem Zeitrahmen versehen) sein.

Neben einer Nachbesprechung mit dem Auftraggeber und einer kritischen projektteam-internen Auswertung empfiehlt sich eine Evaluation etwa durch ein externes Event-Gutachten. Motive für einen solchen Event-Check können die betriebsinterne Dokumentation des Erfolgs, das Einholen eines unabhängigen Feedbacks zur Fehleranalyse oder die Einleitung von Korrekturmaßnahmen sein.

Die Tabelle fasst Kriterien einer qualitativen Erfolgsbewertung zusammen.

Kriterium	Erläuterung
Vorbereitung/ Planung	Die Qualität der Maßnahmen zur internen und externen Vorbereitung und Planung eines Business-Events wird bewertet.
Organisation	Die Qualität der Maßnahmen in der Organisation eines Business-Events wird bewertet.
Technisch-logistische Durchführung	Die Qualität der faktischen Durchführung wird prozessorientiert bewertet.
Story und Dramaturgie	Die Eventidee und ihre Umsetzung im Spannungsbogen werden bewertet.
Unternehmen, Marke, Produkt	Die Darstellung des Unternehmens, die Integration der Marke und die Qualität der Produktpräsentation im Event werden bewertet.
Image	Der Transport des Imagefaktors durch das Event wird bewertet.
Integrierte Kommunikation	Die Vernetzung mit anderen Kommunikationsmaßnahmen wird bewertet.
Informationsgehalt	Die Qualität der angebotenen Informationen und ihre Wirkung werden bewertet.
Emotionale Verankerung	Die Qualität und Nachhaltigkeit des emotionalen Erinnerungswerts werden bewertet.
Teilnehmeraktivierung	Die Integration der Besucher wird bewertet.
Innenwirkung	Die Wirkung im Unternehmen des Auftraggebers wird bewertet.
Verkaufsförderung	Aspekte der Wirksamkeit verkaufsfördernder Maßnahmen werden bewertet.

Evaluationskriterien

Einen weiteren Ansatzpunkt der Bewertung bilden Besucherbefragungen. Generelle Aspekte der Nachbereitung finden sich auch in Lernfeld 7, Abschnitt 7.7.

9.5 Ausgewählte Formen von Business-Event-Dienstleistungen

9.5.1 Incentive-Events und Incentive-Reisen, Compliance

Ein **Incentive** ist im ursprünglichen Wortsinn ein Anreiz oder eine Belohnung (zum Beispiel in Form einer Prämie) und bezeichnet eine Maßnahme, die Belohnungscharakter hat.

Unternehmen setzen Incentives überwiegend zur Motivation oder Honorierung von Mitarbeitern und Geschäftspartnern ein. Auch zur Kundenbindung eignet sich dieses Werkzeug gut. Die Tabelle fasst verschiedene Incentive-Kategorien zusammen.

Art des Incentives	Erläuterung
Geldprämie	Belohnung von Leistungen. Als Bonus oder mit dem Verkaufserfolg steigende Provision etabliert als motivierender Faktor ohne wirkliche, nachhaltige emotionale Wirkung.
Sachprämie	zum Beispiel Auslobung von Konsumgütern bei Vertriebswettbewerben. Erfolgreiches und etabliertes Instrument, das sich allerdings in Zeiten umfassender Konsumorientierung nicht nachhaltig abhebt.
Incentive-Event	Veranstaltung mit Anreizcharakter, häufig mindestens anteilig in internen Business-Events abgebildet. Typischer Incentivecharakter bei Weihnachtsfeiern, Betriebsausflügen, Motivationsveranstaltungen und Teambuildingmaßnahmen. Nachhaltige emotionale Wirkung.
Incentive-Reise	Im Zeitgeist wohl populärste, aber im gesellschaftlichen Diskurs auch umstrittene Form des Incentives. Exklusive Orte (z. B. Segeltörn, Dubai, Städtereise), Clubaufenthalte oder Outdoor-Activities vermitteln einzigartige Erlebniswelten mit starker und nachhaltiger emotionaler Wirkung.

Arten von Incentives

Incentive-Reisen versus Geschäftsreisen

Hauptziel eines Unternehmens bei Auslobung einer Incentive-Reise ist letztlich die Umsatzsteigerung. Dazu sollen die Motivation und Loyalität der Mitarbeiter und der Teamgeist gefördert werden.

Als Belohnungsreise mit freizeitorientierten Erlebnisinhalten für Mitarbeiter, Kunden oder Multiplikatoren wie Verbandsmitglieder oder Journalisten muss die Incentive-Reise von der Geschäftsreise abgegrenzt werden. Die Ausgaben für reine Geschäftreisen können abgesetzt werden, ebenso wie jene für Firmenschulungen, sofern diese keinerlei freizeitorientierte Leistungen umfassen. Steuerrechtlich gelten freizeit- oder erholungsorientierte Schulungsteile wie Incentive-Reisen als geldwerter Vorteil für die Mitarbeiter oder Geschäftskunden, der versteuert werden muss.

Für Mitarbeiter werden Incentives wie ein steuer- und sozialversicherungsbeitragspflichtiges Entgelt behandelt. Seit 2008 kann der Wert dieser Leistungen pauschal mit 30 % Lohnsteuer zzgl. 5,5 % Solidaritätszuschlag (von der Lohnsteuer) versehen werden, die direkt vom Unternehmen an das Finanzamt abgeführt wird. So kommt es nicht zu Irritationen in der Lohnabrechnung, denn kein Mitarbeiter würde verstehen, dass er weniger Nettolohn ausgezahlt bekommt, weil er an einem Betriebsausflug teilgenommen hat.

Auch Incentives, die zum Beispiel Geschäftskunden gewährt werden, können mit 30 % pauschal versteuert werden. Das bedeutet, dass eine Einladung zu einer Incentive-Reise an einen Geschäftspartner im Wert von 3.000,00 € zusätzlich 949,50 € Steuern und Solidaritätszuschlag kostet, ggf. auch noch zusätzlich Kirchensteuer (je nach Bundesland 8 % oder 9 % der Steuerschuld).

Als Steuerfreibeträge können für Betriebsveranstaltungen oder ähnliche Zuwendungen 110,00 € im Jahr pro Mitarbeiter geltend gemacht werden (die sogenannte Weihnachtsfeier-Pauschale, Stand 2019). Zusätzlich gelten Freigrenzen für Werbegeschenke an Mitarbeiter im Wert von monatlich bis zu 44,00 € (netto) und an Geschäftsfreunde im Wert von bis zu 35,00 € (netto) pro Jahr und Person, die als Ausgaben abgesetzt werden können. Werden diese Grenzen überschritten, unterliegt das Geschenk im vollen Umfang der Besteuerung.

Anwendung des Reiserechts auf Incentive-Reisen

Für Agenturen, die sich auf Incentive-Reisen spezialisiert haben, gelten die Bestimmungen des BGB für Pauschalreisen. Diese Bestimmungen schützen den Reisekunden, sobald eine Pauschalreise angeboten wird. Dies ist dann der Fall, wenn mehrere Leistungen wie Reise, Transfer, Übernachtung und Verpflegung als Gesamtpaket verkauft werden. In diesem Fall haftet der Reiseveranstalter gegenüber dem Reisenden für alle Mängel in den Einzelmodulen. Der Reisende hat darüber hinaus einen gesetzlichen Anspruch auf einen Reisesicherungsschein, der beispielsweise einen Rückflug aus dem Reiseland bei Insolvenz des Reiseveranstalters garantiert. Der Veranstalter ist verpflichtet, eine entsprechende Versicherung abzuschließen.

Compliance

Compliance meint die Einhaltung des geltenden Rechts. Compliance kann auch als regelkonformes Verhalten beschrieben werden. Das wichtigste Ziel von Compliance besteht darin, Rechtsverstöße zu unterbinden und damit rechtliche und steuerliche Schwierigkeiten für das Unternehmen abzuwenden. Im Eventbereich reichen Compliance-Themen vom Sponsoring über Geschenke und Einladungen, Rednerhonorare, Wahl der Leistungsträger, das Gemeinnützigkeits- und persönliche Haftungsrecht bis hin zum richtigen Umgang mit Daten (online wie offline).

- → Beim Thema Einladungen sollte eine entsprechende Transparenz gewahrt werden. So sollte beispielsweise die persönliche Adressierung des Einzuladenden vermieden werden und diese stattdessen gegenüber dem Unternehmen ausgesprochen werden, dem der Einzuladende angehört.
- → Der Ort der Veranstaltung sowie das Veranstaltungsprogramm sollten fachlich ausgerichtet sein. Touristische Erwägungen dürfen keine Rolle spielen. Das Rahmenprogramm sollte nicht mehr Zeit und wirtschaftlichen Aufwand in Anspruch nehmen als der unternehmerische Anteil der Veranstaltung.
- → Ehe- und Lebenspartner, Kinder sowie sonstige Angehörige des Veranstaltungsteilnehmers sollten nur im Einzelfall eingeladen werden.
- → Die Übernahme von Reise-, Unterkunft und Nebenkosten muss angemessen sein.

- Geschäftsessen sind dann zulässig, wenn eine überschaubare Anzahl an Personen teilnimmt und sich während des Essens über fach- sowie sachbezogene Themen unterhalten wird. Hierbei ist zu beachten, dass der genaue Anlass sowie die Personen bei der Abrechnung dokumentiert werden müssen. Strittig hingegen sind Geschäftsessen, welche dem Abschluss eines Geschäftes zugutekommen.
- Bei der Annahme oder Abgabe von Geschenken sind Einschränkungen zu beachten. So ist es zum Beispiel in Ordnung, wenn man zum Geburtstag einen Strauß Blumen verschenkt oder geschenkt bekommt. Fällt das Geschenk allerdings vom Wert her größer aus, kann es den Anschein von Bestechung machen und somit ggf. strafbar sein.

Unternehmensabläufe und Geschäftsvorgänge sollten generell möglichst offen und transparent geführt und dokumentiert werden; wenn nötig sollten Verweise auf notwendige Genehmigungen und Rechtsgrundlagen gelegt werden. Alle kritischen Aktivitäten sollten von Vorgesetzten oder Revisionsabteilungen genehmigt und nachvollziehbar dokumentiert werden.

9.5.2 Fachbegriffe aus der Kongress- und Tagungsbranche

Die Tagungs- und Kongressbranche ist ein wachsender Zweig in der Veranstaltungswirtschaft. In der Tabelle sind einige Fachbegriffe aus der Szene zusammengestellt.

Fachbegriff	Beschreibung
MICE	Abkürzung für Meeting, Incentive, Congress and Event. Hotel- und gastronomieaffine Bezeichnung des eher konservativ ausgerichteten Teilbereichs der kongress- und tagungsorientierten Veranstaltungswirtschaft
PCO	Abkürzung für Professional Congress Organisation/Organiser. Bezeichnung für einen auf Kongressveranstaltungen spezialisierten Dienstleister.
Destination Management	die event- und tourismusorientierte Vermarktung einer Region
Incoming Agency	Agentur vor Ort in einer Region, die sich gut auskennt und auswärtige Kunden mit lokalem Event-Know-how betreut und akquiriert.
Site-Inspection	Vor-Ort-Besichtigung
FAM Trip	FAM steht für „familiarize“; gemeint ist der Besuch einer Region oder eines Angebots, um die Leistungen persönlich kennenzulernen. In der Regel finanziert durch die regionalen Anbieter, die potenzielle Kunden kostenfrei einladen und betreuen. Man soll sich als potenzieller Einkäufer durch den kostenfreien Aufenthalt mit Rundum-Versorgung mit einem Angebot vertraut machen. Achtung: Versteuerungsproblematik beachten (siehe Incentive)
Hospitality	englisch für Gastfreundschaft; Bezeichnung für ein hochwertiges Event oder eine hochwertige Aktion, zu dem oder der Geschäftspartner eingeladen werden, meist im Sport angesiedelt, z. B. in der Formel 1. Gängige Ziele sind Kundenbindung, Aufbau neuer Geschäftskontakte, Image- und Verkaufsförderung und Mitarbeitermotivation.
Hosted Buyer	Eingebuchter potenzieller Einkäufer, der z. B. auf eine Tagungsmesse eingeladen wird, um dort die Aussteller persönlich zu treffen. Flug, Unterkunft und Rahmenprogramm werden organisiert und bezahlt. Finanziert werden solche Programme über Umlagen aus Standmieten der Aussteller.

Fachbegriffe der MICE-Branche

9.5.3 Aspekte der Organisation von Promotion-Events

Promotion-Events dienen der Verkaufsförderung, sind der Marketingkommunikation zugeordnet und unterstützen in der Regel den Vertrieb/Verkauf durch Aktionen am Point of Sale (POS).

Beispiel → Promotion für die Bad Bull AG

Zusammen mit der Assistentin der Geschäftsleitung Sabine Vogel ist Michaela Meierhofer in die Vorbereitung von Promotion-Events eingebunden, die die Juniversal Event- und Veranstaltungsagentur GmbH für die Bad Bull AG plant und durchführen soll. Gegenstand der Promotion ist eine neue Reihe von Lifestyle-Erfrischungsgetränken.

In den Großstädten Hamburg, Köln, Hannover, Berlin, Leipzig, Frankfurt, Stuttgart, Freiburg und München sollen über einen Zeitraum von jeweils zwei Tagen an Wochenenden Promotion-Events vor Nightlife-Szeneclubs stattfinden. Für diese Promotion-Event-Reihe sollen je drei parallel arbeitende Promotionteams gebildet werden, die jeweils aus drei weiblichen und drei männlichen Promotoren bestehen.

Die Promotoren sollen folgende Eigenschaften und Qualifikationen besitzen:

- Alter gemäß der Zielgruppe zwischen 18 und 25 Jahren
- attraktives Erscheinungsbild
- Erfahrungen im Promotionbereich

Auf der Basis einer Setcard-Analyse werden Damen und Herren gecastet.

AUFGABEN

1. Wie viele Promotoren müssen gebucht und in wie vielen Teams zusammengestellt werden, um eine effektive Durchführung der parallel verlaufenden Promotion-Events zu gewährleisten?
2. Schlagen Sie einen sinnvollen Tourplan durch die genannten Städte vor.
3. Wie viele Manntage berechnet die Agentur in unserem Beispiel, wenn die Aktionen an drei Wochenenden hintereinander jeweils freitags und samstags stattfinden?
4. Erstellen Sie eine Liste der Materialien, die Sie für die Ausstattung und als Arbeitshilfe für die Promotoren benötigen.
5. Entwickeln Sie in Anlehnung an die Ablaufübersicht in Lernfeld 8, Abschnitt 8.3.4 eine entsprechende Übersicht für die Durchführung von Promotion-Events.

9.5.4 Catering

Im Public Event bedeutet Catering die Künstler- und Backstageverpflegung, die Publikumsverpflegung nennt man hier Gastronomie. Im Business-Event bedeutet Catering alles, was mit der Verpflegung vor allem der Besucher zu tun hat. Aus der Hotel- und Gastronomiebranche stammt der Begriff Food and Beverage (Essen und Trinken).

Speisen und Getränke sollten heute inhaltlich und wertbezogen in das Eventkonzept eingebunden werden: Heute sind internationale Küche, saisonale Küche, Büfettlandschaften, Speisenarchitektur und Überraschungseffekte gefragt. Das Cateringangebot und die Speisenfolge sollten mit den Entscheidungsträgern abgestimmt werden, Fauxpas wie Unsauberkeiten dürfen nicht vorkommen. Drei Varianten sind aktuell: das Menü, das Büfett und das Flying-Büfett mit Fingerfood. Daneben hat sich eine Tendenz zur edlen Spitzenküche mit teils experimentellen Varianten wie der Molekularküche etabliert, die auch durch die TV-Berichterstattung unterstützt wird.

Die Tabelle stellt die Vor- und Nachteile von Büfetts und Menüs einander gegenüber.

Büfett		**Menü**	
+	–	+	–
weniger Servicepersonal	muss vorher zubereitet werden	persönlicher	bei schlechter Planung nichtsynchrone Gänge
häufig kostengünstiger	Gefahr von zu langen Garzeiten	Gäste können am Platz sitzen bleiben.	personalintensiv
(vermeintlich) geringere Wartezeiten	bei schlechter Planung „Büfettschlangen“	keine Unterbrechungen von Gesprächen am Tisch	relativ starr – Kommunikation nur am Tisch möglich
individuellere Speisenwahl	muss „gepflegt“ werden („Zerstörung“ durch Gäste)	hochwertige Anmutung	ggf. zu klassisch
nicht starr, locker kommunikativ	hoher Platzbedarf im Saal		hoher Platzbedarf im Backstage
längere Verfügbarkeit der Speisen			

Die gefürchteten Büfettstaus lassen sich durch mittige Aufstellung (von allen Seiten begehbar), mehrere Büfettstationen im Raum, einen spiegelbildlichen Aufbau (das heißt auf jeder Büfettseite alle Platten und Schüsseln sowie Teller, Besteck und Servietten in gleicher Weise) und eine logische räumliche Folge der Speisen (in Gehrichtung Vorspeisen, Hauptgerichte, Desserts, Käse und Kaffee) verhindern. Vor der Entscheidung für Menüs muss geprüft werden, ob das Service- und das Küchenpersonal ausreichen, um die Gäste in vertretbarer Zeit mit drei bis vier Menügängen zu versorgen.

Allgemein sollten in der Planung des Caterings die folgenden Aspekte bedacht werden:
- Art und Qualität von Gedecken, Besteck, Tischdecken, Servietten und Tischdekoration;
- Art und Wertigkeit der Bestuhlung, zum Beispiel edle Hussen (Überzüge) für die Stühle;
- Art der Tischordnung (freie Wahl, geregelte Tischordnung, Platzierungen);
- Tisch- und Menükarten;
- Auswahl und Folge der Speisen und Getränke.

9.5.5 Checklisten Eventlocation

Die Tabelle umfasst die Kriterien für einen Location-Check am Beispiel eines Tagungshotels.

Kriterium	Criteria
Verkehrsanbindung	traffic access
Lage	situation
Größe und Infrastruktur	size and infrastructure
Räume (Anzahl, Größe, Zuschnitt)	function rooms (number, size, layout)
Bestuhlungsvarianten	seating
Vorbereitung durch die Location	preparations by hotel
Tagungsservice	conference service
Tagungstechnik	technical equipment
Catering/Food and Beverage	food and beverage
Preis-Leistungs-Verhältnis	value for money

Kriterien für einen Location-Check

Die erste Tabelle umfasst ausgewählte, weiter untergliederte Kriterien, die zweite Tabelle Kriterien für einzelne Komponenten von Locations.

Anforderungsprofil		Raumanalyse	Hauptraum	Nebenräume
Größe		Maße/Sicht		
Kapazität (Personen)		Strom		
Ausstrahlung/Ambiente		Beleuchtung/Verdunklung		
Passung zum Thema		Technische Ausstattung		
Infrastruktur		Regieplatz		
Hotelnähe		Bestuhlungsvarianten		
Verkehrsanbindung		Kostenstruktur		
Parkmöglichkeiten		Etage		
Anlieferung/Zugänge		Zulieferung/Bewirtung		
Lage der Räume		Bodenart		
Optionsfristen		Behördliche Auflagen		
Exklusivität		Klima/Heizung		
Kosten		Stauraum Cases usw.		
Sanitäre Anlagen		Entsorgung		
Outdoor-Optionen		WLAN		
Cateringmöglichkeiten		Backstageräume		

Detaillierte Kriterien zur Beurteilung einer Location

CHECKLISTE TAGUNGSRAUM	CHECKLISTE EMPFANG
Maße und Höhe:	Standort:
Art der Bestuhlung:	Aufbau:
Zahl der Sitzplätze:	Dekoration:
Anordnung:	Ausschilderung:
Referentenpositionierung:	Personal:
Vorstandpositionierung:	Dresscode:
Rednerpult/Ablagetische:	Namensschilder/Teilnehmerliste:
Belüftung/Klimatisierung/Heizung:	Informationsmaterial:
Regelung durch:	Bürobedarf/Kleinmaterial:
Beleuchtung/Tageslicht:	Bestuhlung/Sessel:
Verdunklung:	Strom/Beleuchtung:
Projektionsmöglichkeiten:	Telefon/Telefax/Handy:
Tagungstechnik:	Internetanschluss/WLAN:
Lärmeindämmung:	PC/Laptop/Drucker:
Dekoration:	Speichermedien:
Transparente/Banner:	Kopierer:
Blumenschmuck:	Erste Hilfe/Neccesities:

Checklisten für Tagungsräume und Empfang

AUFGABE

PRG Messestand auf der Best of Events 2017

Als Mitarbeiter(in) der Juniversal Event GmbH sind Sie an der Konzeption und Planung eines Vertriebspartner-Events für den Mobilfunkanbieter yodelfone beteiligt. Der Slogan der aktuellen Marketingstrategie lautet: Think big talk loud. Das Event soll im März in Hannover im Rahmen der Cebit stattfinden. Eingeladen werden sollen rund 500 Handels-Vertriebspartner aus allen Regionen Deutschlands. Das Budget beträgt pro Teilnehmer 300,00 €. Das Event soll an einem Freitag vom Nachmittag bis zum Abend in einer exklusiven Location stattfinden und die Teilnehmer auf die aktuelle Zielgruppe der über 40-Jährigen einstimmen. Die strategische Marketingkooperation mit der Zeitschrift Hocus Pocus Money soll in das Eventkonzept integriert werden.

a) Ihre Agentur ist in den Pitch gegangen und Sie sollen Ideen für eine Konzeption mit dem Arbeitstitel „bigger communication value“ entwickeln. Skizzieren Sie eine Leitidee, die den aktuellen Slogan unter dem Arbeitstitel vereinigt und die Kooperation berücksichtigt. Präsentieren Sie ein passendes und schlagkräftiges Event-Motto.
b) Beschreiben Sie in Stichworten drei mögliche Highlights Ihrer Eventidee.
c) Welche zwei Abgaben müssen für dieses Event vermutlich geleistet werden?
d) Gratulation: Ihre Agentur hat den Pitch mit Ihrer Leitidee gewonnen. Nun sind Sie als Projektleiter(in) mit der Planung und Organisation des Events beauftragt worden. Nennen Sie fünf ausgewählte Bereiche, die Sie bei der Planung und Organisation der Veranstaltung berücksichtigen sollten, und beschreiben Sie stichwortartig aus diesen Bereichen jeweils drei ausgewählte Aspekte.
e) Erstellen Sie einen Ausschnitt aus einem beispielhaften Projektplan mit sechs ausgewählten Planungsaspekten für Ihr Event. Verwenden Sie die Form des Balkendiagramms.
f) Erstellen Sie einen Ausschnitt aus einem beispielhaften zeitlichen Ablaufplan für Ihr Event unter Berücksichtigung von Aufbauzeiten.
g) Skizzieren Sie acht Schritte für ein mögliches Einladungsszenario.
h) Nach welchen Kriterien wählen Sie die Veranstaltungslocation aus? Nennen Sie mindestens acht Punkte.
i) Arbeiten Sie zwei Methoden zur Evaluation dieser Veranstaltung aus und beschreiben Sie sie in Grundzügen.

9.6 Zusammenfassung

→ Gängige Projektmanagement-Modelle und ihre Anpassung an das Business-Eventmanagement
→ Typische Phasen im Eventmanagement inklusive Briefing, Konzeption und Kundenpräsentation
→ Visualisierende Techniken der Projektplanung: Balkendiagramm, Projektstrukturplan, Zeitstrahl, Netzplan, Ablaufpläne, Rider, Protokolle und Checklisten
→ Detaillierte Checkliste zur Organisation und Durchführung von Business-Events
→ Einladungsszenario, beispielhafter Ablauf- und Regieplan
→ Budgetermittlungs- und -verwertungsmethoden, Agenturvergütungsmodelle, Vertragsvarianten
→ Projektkostenkalkulation auf Einzelkalkulationsbasis inklusive ausführlicher Kostenübersicht
→ Kalkulationsvorlagen und Kalkulationsgepflogenheiten
→ Fremd- und selbstkostenorientierte Gewinnkalkulation und Angebotserstellung
→ Gegenüberstellung Projektmanagementphasen – Kalkulationsschritte
→ Techniken und Checklisten zur Erfolgskontrolle und Evaluation von Business-Events
→ Begriffsklärungen: Incentive, MICE, Promotion, Catering, Locationcheck

9.7 Zwischentest: Muster-Prüfungsfragen

Hinweis: Bitte keine Eintragungen im Buch vornehmen.

1. Ein Organigramm beschreibt

a) den Ablaufplan eines Projekts.
b) die Aufbauorganisation eines Unternehmens.
c) die Organisationsstruktur eines Verbandskastens.
d) die Grammatik eines Satzes.

2. Welche drei der folgenden Dokumentarten werden nicht Projektplan genannt?

a) Zeitliche Aufstellung von Abläufen in Tabellenform
b) Tabellarische Dokumentation eines Events in zeitlicher Ordnung
c) Aufstellung von Ergebnissen einer Umfrage in Form eines Tortendiagramms
d) Sachliche Gliederung von Aufgaben und Abläufen in Form eines Balkendiagramms
e) Auf einer großen Werbetafel abgebildete Netznylons mit Strumpfhalter
f) Zeitlich-sachliche Gliederung von Aufgaben und Abläufen in Form eines Netzplans

3. Welche fünf tasks (Aufgaben) gehören in einen Projektplan?

a) Face-to-face-Kommunikation
b) Budgetplanung und -controlling
c) integrierte Konzeptionskommunikation
d) VIP-Catering
e) Konzeption Veranstaltungstechnik
f) Markenstrategie
g) Hostessen-Casting
h) Dekoration Location

4. Welche vier Aufgaben sind in der Regel nicht bei der Planung des Caterings zu berücksichtigen?

a) inszenierte Beleuchtung des Mobiliars
b) Kopfschutz der Cateringmitarbeiter (gemäß Lebensmittelschutzgesetz)
c) Erstellen einer Tischkarte im Corporate Design des Auftraggebers
d) Genügend gleichartig drapierte Büfetttische, um Warteschlangen zu vermeiden
e) Das Servicepersonal anweisen, die Gäste immer von links zu bedienen
f) Berechnung von Korkgeld immer inklusive 7 % Mehrwertsteuer und Bewirtungsbeleg
g) Dramaturgische und logistische Feinplanung von An- und Abtragewegen
h) Stets eine parlamentarische Bestuhlung des Veranstaltungssaales veranlassen

5. Bei der Planung und Durchführung des Events wird in Ihrer Firma verstärkt auf Teamarbeit gesetzt. In welchen Aussagen erkennen Sie zwei spezielle Vorteile einer teamorientierten Projektbearbeitung?

a) Ausschluss von unproduktivem Konkurrenzdenken
b) optimales Herausstellen von Minderheitenmeinungen
c) erweiterter Informationsaustausch
d) kurze Entscheidungsprozesse
e) klare Festlegung von Verantwortlichkeiten
f) Förderung von Innovation und Kreativität

6. Welche vier der folgenden Gewerke rechnet man in der Regel nicht zur Veranstaltungstechnik?

a) Trucking
b) Saaldekoration
c) Projektionstechnik
d) Bühnenbau
e) Beleuchtung
f) Beschallung
g) Security
h) Simultantechnik

7. Welche drei der folgenden Aussagen einer befreundeten Eventmanagerin werten Sie als korrekt im Sinne des Eventerfolgs?

a) „Mir ist im Grunde egal, was wir in welcher Reihenfolge organisieren, Hauptsache, es klappt!"
b) „Redner sollten inszeniert werden, dann steigt der dramaturgische Wert eines Events."
c) „Eventmarketing bezeichnet das strukturierte und bestenfalls in andere Kommunikationsmaßnahmen integrierte Inszenieren von absatzorientierten Marketing-Events eines Unternehmens."
d) „Eine effektive Nachbereitung für unsere Events brauchen wir nicht."
e) „Catering heißt bei uns einfach Food and Beverage (F & B)."

8. Beim Kostenvoranschlag

a) schlagen wir Kosten vor.
b) ist der Angebotspreis fix.
c) kann der Abrechnungspreis noch variieren.
d) plakatieren wir eine Übersicht.

9. In der Projektkostenkalkulation werden Aufschläge vorgenommen auf

a) firmeninterne Selbstkosten.
b) die Kosten extern bezogener Leistungen.

10. Ein Budget beschreibt (zwei Antworten)

a) das Geld, das mein Chef mir zur Projektabwicklung zur Verfügung stellt.
b) die Kalkulation der Kosten für ein Projekt.
c) die Mittel, die für ein Projekt oder eine Ausgabenposition zur Verfügung stehen.
d) die Höhe der finanziellen Mittel, die ein Auftraggeber für ein Projekt zur Verfügung stellt.

11. Bottom-up bedeutet

a) die Planung eines Budgets „von unten herauf“.
b) die Planung eines Budgets „von oben herab“.

12. Selbstkosten ermittelt man in der Projektkostenkalkulation nach der Formel

a) Fremdkosten + Eigenkosten = Selbstkosten
b) Personaleinzelkosten + Eigenkosten + Sacheinzelkosten = Selbstkosten
c) Gemeinkosten + Projektkosten + Personaleinzelkosten = Gesamteigenkosten
d) Sachgemeinkosten + Personalfremdkosten = Selbstkosten
e) Fixkosten + variable Kosten = Gesamtkosten
f) Sacheinzelkosten + Personaleinzelkosten + Gemeinkosten = Selbstkosten

13. Bringen Sie die folgenden typischen Phasen der Projektplanung in die richtige Reihenfolge: Nachbereitung, Konzeption, Planung, Durchführung, Organisation

14. Bringen Sie die folgenden Feldbezeichnungen der Definitionszeile einer internen Excel-Kalkulation in die richtige Reihenfolge: Soll, Kostenposten, Vorgangsnummer, Ist, Abweichung.

15. Der Gemeinkostenanteil einer Agentur liegt bei 40 %. Welche der folgenden Aussagen ist korrekt?

a) Dieser Wert ist in Ordnung.
b) Dieser Wert ist beinahe optimal und marktgerecht.
c) Dieser Wert ist zu hoch.
d) Dieser Wert liegt am unteren Rand.
e) Wie soll man einen solchen Wert errechnen? Er ist nicht aussagekräftig.

16. Die Rechnungssumme, die der Kunde überweisen muss, ist (zwei Antworten)

a) inklusive Rabatt, Skonto und Bearbeitungsgebühr.
b) ein Nettobetrag.
c) ein Bruttobetrag.
d) inklusive Umsatzsteuer (aus Agentursicht).
e) abzüglich Vorsteuer (aus Agentursicht).
f) ein zu versteuernder Teil des Einkommens (aus Kundensicht).

17. Bringen Sie die folgenden Schritte des Budgetkalkulationsprozesses in die richtige Reihenfolge: Kostenvoranschlag, Nachkalkulation, Kostenschätzung, Soll-Ist-Vergleich, Vorkalkulation, Feinkalkulation.

18. Incentives können

a) pauschal mit 30 % versteuert werden.
b) 30 % Steuer berechnen.
c) 30 % Kosten geltend machen und absetzen.
d) nicht versteuert werden.

10 Erfolgsorientierte Steuerung von Geschäftsprozessen

Zum Einstieg

Die Juniversal Event- und Veranstaltungsagentur GmbH möchte mithilfe der Kosten- und Leistungsrechnung ihre betriebswirtschaftliche Planung optimieren. Künftig sollen alle Kosten, die im Unternehmen anfallen, erfasst, zugeordnet und verteilt werden. Der Geschäftsführer Herr Richthofen erhofft sich wichtige Informationen für die weitere Planung und strategische Ausrichtung des Unternehmens.

10.1 Kosten- und Leistungsrechnung

Das folgende Schema vermittelt einen Überblick über Ziele, Objekte, Instrumente und Einsatzgebiete der Kosten- und Leistungsrechnung.

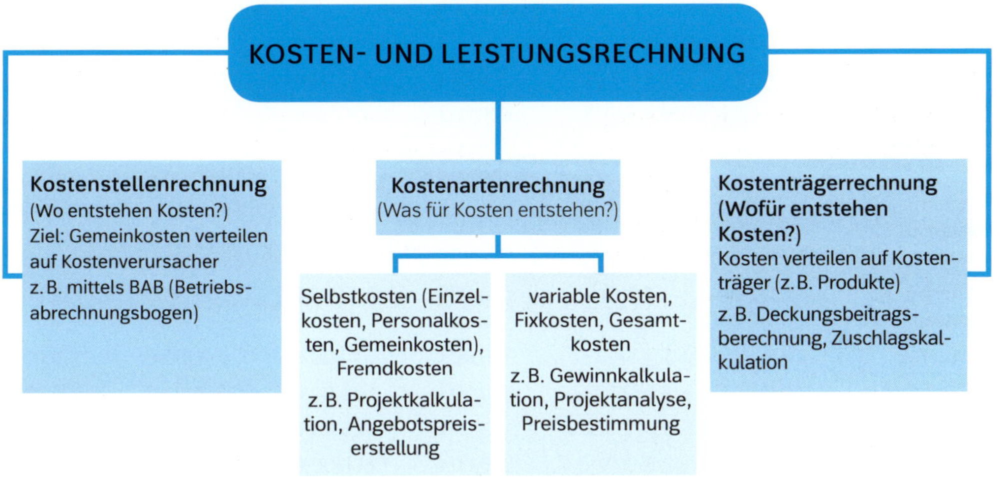

Kosten- und Leistungsrechnung

10.1.1 Kostenstellenrechnung und Betriebsabrechnungsbogen

Die Kostenstellenrechnung erfolgt im Anschluss an die Kostenartenrechnung. Kosten, die im Unternehmen anfallen, werden bestimmten Kostenstellen zugeordnet – im Idealfall dort, wo sie verursacht wurden. Kostenstellen können organisatorisch abgegrenzte Teilbereiche eines Unternehmens sein. Die Kostenstellenrechnung erlaubt eine Budgetierung auf Vollkostenbasis.

Kriterien für die Einrichtung von Kostenstellen sind generell Funktionen, Tätigkeiten oder Verantwortungsbereiche. In einer Eventagentur müssen wir anders vorgehen. Das für sie typische Teamworkmanagement mit wechselnden Projektteams bedingt die Notwendigkeit der Verteilung der abteilungsspezifischen Personalkosten auf die Hauptgeschäftsfelder. Eine Sonderrolle nimmt die Abteilung Sales/Accounting ein, die die Projekte beim Kunden akquiriert und hereinholt.

Beispiele → Kostenstellen

Folgende Kostenstellen wurden bei der Juniversal Event- und Veranstaltungsagentur GmbH eingerichtet (vgl. Organigramm in Lernfeld 1, Abschnitt 1.3.1):

- → Hauptkostenstelle Business-Event
- → Hauptkostenstelle Public Event
- → Hauptkostenstelle Messe-Event
- → Kostenstelle Sales/Accounting (Vertrieb)

Die Hauptkostenstellen Business-Event, Public Event und Messe-Event entsprechen den üblichen Geschäftsfeldern der Juniversal Event- und Veranstaltungsagentur GmbH. In diesen Bereichen werden die Erlöse erzielt. Die Kostenstelle Sales/Accounting bezieht sich auf die Kosten der Kundenakquisition und -pflege.

Gemeinkostenarten	Zahlen der Ergebnisrechnung	Verteilungsschlüssel	Kostenstelle Sales/ Accounting	Hauptkostenstelle Public Event	Hauptkostenstelle Business-Event	Hauptkostenstelle Messe-Event
Gehälter	120.000,00 €	0,5/4/2,5/3	6.000,00 €	48.000,00 €	30.000,00 €	36.000,00 €
Miete	50.000,00 €	0,5/4,5/2/3	2.500,00 €	22.500,00 €	10.000,00 €	15.000,00 €
Mietnebenkosten	4.000,00 €	0,5/4,5/2/3	200,00 €	1.800,00 €	800,00 €	1.200,00 €
Büro-/ Agenturausstattung	6.000,00 €	2,5/2,5/2,5/2,5	1.500,00 €	1.500,00 €	1.500,00 €	1.500,00 €
Energiekosten	400,00 €	1/4/2/3	40,00 €	160,00 €	80,00 €	120,00 €
Material	1.200,00 €	0,5/4,5/2/3	60,00 €	540,00 €	240,00 €	360,00 €
Hardware	2.000,00 €	2,5/2,5/2,5/2,5	500,00 €	500,00 €	500,00 €	500,00 €
Software	500,00 €	2,5/2,5/2,5/2,5	125,00 €	125,00 €	125,00 €	125,00 €
Fuhrpark	6.000,00 €	1/3/3/3	600,00 €	1.800,00 €	1.800,00 €	1.800,00 €
Telekommunikation	800,00 €	nach interner Abrechnung	230,00 €	170,00 €	180,00 €	220,00 €
Gebäudereinigung	1.800,00 €	1/3/3/3	180,00 €	540,00 €	540,00 €	540,00 €
Versicherungen	2.500,00 €	0/5/2,5/2,5	0,00 €	1.250,00 €	625,00 €	625,00 €
Unternehmensteuern	18.000,00 €	1/3/3/3	1.800,00 €	5.400,00 €	5.400,00 €	5.400,00 €
Werbung/ PR	5.000,00 €	2,5/2,5/2,5/2,5	1.250,00 €	1.250,00 €	1.250,00 €	1.250,00 €
Summe Gemeinkosten	**218.200,00 €**		**14.985,00 €**	**85.535,00 €**	**53.040,00 €**	**64.640,00 €**

Monatlicher Betriebsabrechnungsbogen einer Eventagentur

Im Betriebsabrechnungsbogen (BAB, siehe Tabelle auf Seite 460) werden die einzelnen Positionen der Kostenstellenrechnung ermittelt und zusammengefasst. Hier werden die Gemeinkosten über die Kostenbereiche auf die einzelnen Kostenstellen verteilt, zum Beispiel Kosten wie Gehälter, Mieten oder Verwaltungskosten auf alle Kostenstellen anteilig. Die Anteile der einzelnen Kostenstellen an den Gemeinkosten werden mithilfe eines Verteilungsschlüssels errechnet.

AUFGABE

Bringen Sie die folgenden Schritte in die richtige Reihenfolge:
Umlage der Gemeinkosten auf die Kostenstellen, Ermittlung der Selbstkosten je Kostenträger im Rahmen der Kostenträgerrechnung, Ermittlung der Verteilungsschlüssel zur Verteilung der Gemeinkosten auf die Kostenstellen, Übernahme der Kosten aus der Buchführung in den BAB, vorbereitende Unterscheidung von neutralen Aufwendungen/Erträgen und Kosten im Rahmen der Ergebnisrechnung.

10.1.2 Deckungsbeitragsrechnung

Lichttechnik und Rigging bei einer TV-Produktion

Die Kostenartenrechnung bezieht ihre Daten aus der Finanzbuchhaltung und unterscheidet die Kosten, die Deckungsbeitragsrechnung und die Zuschlagskalkulation sind Instrumente der Kostenträgerrechnung. In der Kostenartenrechnung wird zwischen Einzel- und Gemeinkosten unterschieden. Einzelkosten werden dem Kostenträger direkt zugeordnet. In der Kostenstellenrechnung werden die Gemeinkosten per BAB verteilt und es werden Zuschlagssätze gebildet. In der Kostenträgerrechnung werden mittels Zuschlagskalkulation die Selbstkosten ermittelt.

Unterscheidet man variable und fixe Kosten, so kann man direkt die Deckungsbeiträge der Kostenträger berechnen, das heißt, man kann den Beitrag eines verkauften Stücks, einer verkauften Stunde oder einer Arbeitseinheit zur Deckung der fixen Kosten berechnen und den Preis oder die Absatzmenge bestimmen, ab dem/der das Unternehmen einen Gewinn erzielt (Break-even-Punkt). Die Deckungsbeitragsrechnung ist dabei auch ein wichtiges Instrument zur Ermittlung der kurzfristigen Preisuntergrenze. Kurzfristig wird man ein Produkt oder Projekt anbieten, wenn es einen positiven Deckungsbeitrag liefert. Langfristig müssen die Erlöse jedoch ausreichen, um alle Kosten zu decken.

AUFGABE

Für den Backfischstand auf dem Rostocker Hafenfest kalkuliert ein Unternehmer folgende Werte:

Variable Kosten (Einkaufspreis pro Stück): 0,50 € netto. Verkaufspreis pro Stück (brutto): 3,00 €. Projektfixe Kosten (zum Beispiel Standmiete, Material): 1.500,00 €. Betriebsfixe Kosten (Personal, Ausstattung, Fahrzeug usw.), umgelegt auf den Verkaufstag: 1.800,00 €.

a) Wie kann der genannte Satz für die betriebsfixen Kosten pro Verkaufstag berechnet werden?

b) Wie hoch ist der Deckungsbeitrag pro Stück, das heißt, wie viel Euro je verkauften Fischgerichts bleiben zur Deckung der Fixkosten?

c) Wo liegt der Break-even-Punkt, das heißt, wie viele Fischgerichte müssen verkauft werden, um die Gesamtkosten zu decken?

d) Wie hoch ist der Gewinn in Euro, wenn der Unternehmer 2 200 Backfischgerichte absetzt?

Movinglights bei einer TV-Produktion

10.1.3 Deckungsbeitrag I bis III: Projektberechnung Business-Event

Beispiel → Ergebnis der Durchführung eines Messeauftritts

Die Juniversal Event- und Veranstaltungsagentur GmbH hat ein Projekt erfolgreich abgeschlossen. Für ein mittelständisches Softwareunternehmen wurde ein Messeauftritt auf der Cebit realisiert. Das Honorar von 1.000.000,00 € wurde, wie im Generalunternehmervertrag vereinbart, in mehreren Teilbeträgen vom Kunden gezahlt. Herr Richthofen möchte nun zusammen mit dem verantwortlichen Projektleiter den Gewinn des Unternehmens aus diesem Projekt ermitteln, der in das zu versteuernde Betriebsergebnis einfließen wird. Folgende Werte sind ermittelt worden:

- Umsatz: 1.000.000,00 €
- Variable Kosten: 600.000,00 €
- Projektspezifische Fixkosten: 120.000,00 €
- Geschäftsfixe Kosten: 80.000,00 €

Der Projektleiter errechnet in drei Stufen Deckungsbeiträge. In der ersten Stufe zieht er die variablen Kosten vom Umsatz ab. Dies ergibt den Deckungsbeitrag I.

DB I = Umsatz – variable Kosten, das heißt
1.000.000,00 € – 600.000,00 € = **400.000,00 €**

Der DB I entspricht noch nicht dem Betrag, der zur Deckung der von dem Projekt unabhängigen fixen Kosten dient. In der zweiten Stufe subtrahiert der Projektleiter deshalb die projektspezifischen Fixkosten. Bei einem Messeprojekt sind das typischerweise anteilige Kosten für Messemöbel, Technik oder andere Anschaffungen, die das Unternehmen für andere Projekte weiterbenutzen möchte. Der ermittelte Deckungsbeitrag II dient zur Deckung der geschäftsfixen Kosten.

DB II = DB I – leistungsspezifische Fixkosten, das heißt
400.000,00 € – 120.000,00 € = **280.000,00 €**

Um abschließend den Betrag zu ermitteln, mit dem alle Kosten gedeckt sind (den Gewinn vor Steuern), müssen vom Deckungsbeitrag II die dem Projekt zurechenbaren Geschäftsfixkosten abgezogen werden. Diese werden ermittelt, indem sie im Betriebsabrechnungsbogen (BAB) auf die Kostenstelle Messe-Event umgelegt werden.

DB III = DB II – Geschäftsfixkosten, das heißt
280.000,00 € – 80.000,00 € = **200.000,00 €**

Der ermittelte DB III entspricht dem Gewinn, den das Unternehmen mit diesem Projekt erzielt hat (ohne Berücksichtigung von Abschreibungen).

Die klassische Deckungsbeitragsberechnung kann abgewandelt und an die kaufmännischen Notwendigkeiten der Praxis bei der Kalkulation des Ticket-Break-even angepasst werden. Umgekehrt kann die in der Public-Event-Praxis übliche Variante (wie in Lernfeld 3, Abschnitt 3.2.9 beschrieben) durch Einbezug der betriebsfixen Kosten erweitert werden.

10.1.4 Deckungsbeitragsrechnung eines Public Events

Zum Einstieg

Die Auszubildende Lulu Lobenthal von der Kölner Konzertagentur Dick Bäcker Live Entertainment ist das erste Mal Produktionsleiterin beim Comeback-Konzert der Comedy-Truppe Heiter bis Wolkig, einer politischen Punk-Kabarett-Combo, die ihre Gastspielverträge selbst abschließt.

Als Location wird die Düsseldorfer Halle ZUKK mit bis zu 1 250 Plätzen angemietet. Lulu hat für die Veranstaltung die folgenden Plandaten zusammengetragen.

Werbung	5.000,00 €	Garantiegage (fest)	4.000,00 €
Locationmiete	800,00 €	Miete Technik	1.800,00 €
GEMA-Gebühren	772,50 €	Personal	600,00 €
Versicherungen	262,80 €		

Darüber hinaus hat sie mit der Gruppe Hotelkosten von 450,00 € und als Verpflegungspauschale 200,00 € vereinbart, die die GbR vereinnahmt.

Die Betriebskosten ihrer Veranstaltungsagentur bezieht Lulu mit einem Pauschalbetrag von 2.500,00 € in die Kalkulation ein. Die Künstlersozialabgabe beläuft sich auf 4,2 %.

Die Tickets sollen 28,00 € brutto kosten. Die Vorverkaufsstellen erhalten 10 % auf den Nettoumsatz pro Ticket, der Ticketing-Systemanbieter erhält pauschal 0,90 € netto pro Ticket.

Mithilfe der Deckungsbeitragsberechnung möchte Lulu nun Folgendes ermitteln:

- Wo liegt der Ticket-Break-even der Veranstaltung?
- Wie lautet jeweils das Ergebnis in Euro, wenn 450 Tickets und wenn 900 Tickets verkauft werden?

Schritt 1: Berechnung der Veranstaltungskosten (Veranstaltungs-Break-even)

Art	Bemerkung	Betrag €
Garantiegage		4.000,00
Hotel und Catering	pauschal an Künstler (daher künstlersozialabgabenpflichtig)	650,00
Künstlersozialabgabe	auf Garantiegage, Hotel und Catering, d.h. 4,2 % von 4.650,00 €	195,30
Budget für Werbung		4.995,35
Locationmiete		800,00
Veranstaltungstechnik		1.800,00
GEMA		809,70
Personal		600,00
Versicherungen		262,80
Zwischensumme Veranstaltungskosten	Deal-Break-even	**14.113,15**

Veranstaltungskosten ohne Ticket-Stückkosten

Zunächst werden, wie in der Tabelle auf Seite 464 gezeigt, die Veranstaltungskosten (ohne die stückbezogenen Kosten, die beim Verkauf eines Tickets anfallen) summiert. (Siehe dazu Lernfeld 3, Abschnitt 3.2.6.)

Schritt 2: Berechnung der Veranstaltungsgesamtkosten

Hierzu werden die fixen Gemeinkosten umgelegt.

Art	Bemerkung	Betrag €
Zwischensumme Veranstaltungskosten		14.113,15
+ Umlage fixe Gemeinkosten	Betriebskosten Dick Bäcker Entertainment	2.500,00
Veranstaltungsgesamtkosten		**16.613,15**

Veranstaltungsgesamtkosten

Schritt 3: Berechnung des Nettoerlöses pro verkauftem Ticket

Die Tabelle gibt die Ermittlung des Deckungsbeitrags wieder.

Art	Bemerkung	Betrag €
Umsatz pro Ticket brutto	107 %	28,00
– Umsatzsteuer	7 %	1,83
= Umsatz pro Ticket netto	100 %	26,17
– Anteil Vorverkaufsstelle	variable Stückkosten, 10 % des Nettoumsatzes	2,62
– Systemgebühr	variable Stückkosten	0,90
Erlös pro Ticket netto	Deckungsbeitrag, gerundeter Wert pro Stück	**22,65**

Deckungsbeitrag pro Ticket (mit Rundungen gerechnet)

Je Ticket werden gemäß Einzelverkaufskalkulation 22,65 € zur Deckung der Veranstaltungsgesamtkosten erzielt.

Schritt 4: Berechnung des kaufmännischen Ticket-Break-even-Punkts

Nun lautet die Frage, wie viele Tickets, die jeweils einen Deckungsbeitrag von 22,65 € abwerfen, zur Deckung der Veranstaltungsgesamtkosten verkauft werden müssen. Das Ergebnis dieser Rechnung entspricht der Gewinnschwelle.

Art	Bemerkung	Betrag
Veranstaltungsgesamtkosten		16.613,51 €
geteilt durch den Erlös pro Ticket netto	Deckungsbeitrag, gerundeter Wert pro Stück	22,65 €
Kaufmännischer Ticket-Break-even	in Stück, daher immer aufrunden	734 Stück

Ermittlung der Gewinnschwelle

Schritt 5: Berechnung des Ergebnisses bei 450 und bei 900 verkauften Tickets

Werden nur 450 Tickets verkauft, so ergibt sich eine Unterdeckung der Veranstaltungsgesamtkosten von

(450 · 22,65 €) – 16.613,51 € = – **6.421,01 €**

Werden hingegen 900 Tickets verkauft, so wirft die Veranstaltung einen Gewinn ab, und zwar von

(900 · 22,65 €) – 16.613,51 € = **3.772,49 €**

AUFGABEN

1. Als örtlicher Durchführer haben Sie für eine Konzertveranstaltung die folgende Kostenkalkulation erstellt:

KALKULATION PROJEKTKOSTEN

	Marketingbudget	5.000,00 €
+	Garantiegage	4.000,00 €
+	Locationmiete	800,00 €
+	Veranstaltungstechnik	1.800,00 €
+	Hotel (pauschal an Künstler)	450,00 €
+	GEMA	588,00 €
+	Personal	600,00 €
+	Catering (pauschal an Künstler)	200,00 €
+	KSK, 4,2 % auf Gage + NK (4.650,00 €)	195,30 €
+	Versicherungen	341,85 €
–	Sponsoring (Einnahme)	1.000,00 €
=	**Veranstaltungskosten**	**12.975,15 €**
+	Overheadkosten (Fixkosten Betrieb)	2.500,00 €
=	**Veranstaltungsgesamtkosten**	**15.475,15 €**

   a) Berechnen Sie, ausgehend von einem Ticketpreis von 30,00 € (brutto), den Deckungsbeitrag. Die Vorverkaufsgebühr beträgt 10 % des Ticketpreises (netto), die CTS-Systemgebühr 1,25 € pro Ticket (netto). Runden Sie in den Einzelschritten.

   b) Berechnen Sie den kaufmännischen Ticket-Break-even der Veranstaltung.

   c) Wie hoch wäre das Ergebnis (Gewinn oder Verlust), wenn 600 Tickets abgesetzt würden?

2. Der Local Promoter Berlin Connection plant mit dem TV-Comedian Marius Vollbart ein Konzert auf einer Freilichtbühne mit 3600 Plätzen. Er erhält folgendes Angebot: Ticketerlös netto (abzüglich aller Gebühren) 28,00 €, Garantiegage 30.000,00 €. Die lokalen Kosten liegen bei 25.000,00 €, es werden 3200 Zuschauer erwartet.

   a) Wie hoch ist der kaufmännische Ticket-Break-even?

   b) Wie hoch ist der Gewinn bei der erwarteten Zuschauerzahl?

   c) Was raten Sie dem Veranstalter bezüglich des Deals?

3. Ein Merchandisinghersteller möchte 6000 kleine Schlüsselanhänger-Plüschtiere zu einem Gesamtkostenpreis in Höhe von 7.200,00 € herstellen. Pro Schlüsselanhänger wird ein Nettoerlös von 1,50 € erzielt. Die variablen Stückkosten betragen 0,80 €.
   a) Wie hoch sind die fixen Kosten pro Stück?
   b) Wie hoch ist der Deckungsbeitrag pro Stück?
   c) Wo liegt der Break-even-Punkt in Euro Umsatz und in verkauften Stück?
4. Nennen Sie jeweils drei Aufgaben und drei Ziele der Kosten- und Leistungsrechnung.
5. Welche Bereiche der Kosten- und Leistungsrechnung kennen Sie?
6. Sind Primärkosten Fremdkosten? Sind Sekundärkosten Eigenkosten? Erklären Sie die Überschneidungen der Begriffe.
7. Nennen Sie für die folgenden Kostenarten typische Beispiele:
   a) Materialkosten   b) Personalkosten   c) Dienstleistungskosten
8. Was sind kalkulatorische Kosten? Wie werden sie unterteilt?
9. Die Juniversal Event- und Veranstaltungsagentur GmbH hat 2019 für das Werbeartikellager einen neuen Hublifter angeschafft. Die Investition von 6.000,00 € wird über eine Nutzungsdauer von fünf Jahren linear abgeschrieben.
   a) Errechnen Sie den jährlichen Abschreibungsbetrag.
   b) Der Wiederbeschaffungswert des Hublifters erhöht sich im Folgejahr auf 6.400,00 €. Wie hoch ist die kalkulatorische Abschreibung?
10. Bringen Sie die vier Schritte zur Überführung der Ertrags- und Aufwandsdaten der Finanzbuchhaltung in Kosten- und Erlösdaten der Kosten- und Leistungsrechnung in die richtige Reihenfolge:
    a) Gegenüberstellung von Kosten und Leistungen
    b) Aussonderung von betriebsfremden Aufwands- und Ertragspositionen
    c) Korrektur der verbleibenden Aufwands- und Ertragsdaten
    d) Gegenüberstellung von Aufwand und Ertrag aus der Finanzbuchhaltung
11. Was bedeutet der Begriff Kostenstelle?
12. Nennen Sie die Unterschiede zwischen Haupt-, Hilfs- und Nebenkostenstellen.
13. Nennen Sie Kriterien für die Einrichtung von Kostenstellen.
14. Welche Aufgabe hat ein Betriebsabrechnungsbogen und wie oft wird er erstellt?
15. Nennen Sie den Unterschied zwischen leistungsspezifischen Fixkosten und Geschäftsfixkosten.
16. Nennen Sie die Berechnungsformeln für
    a) Liquidität ersten, zweiten und dritten Grades,
    b) Eigenkapitalrentabilität eines Unternehmens,
    c) Produktivität der Mitarbeiter,
    d) Wirtschaftlichkeit eines Unternehmens,
    e) Umsatzrentabilität eines Jahres.
17. Recherchieren und definieren Sie die zehn gängigsten Finanzierungsarten.
18. Wie lauten die gängigen Formeln zur Berechnung der kurzfristigen Preisuntergrenze und der langfristigen Preisuntergrenze?

10.2 Controlling

AUFGABEN

1. Der Begriff „to control" stammt aus dem Englischen und bedeutet „steuern, messen, regeln". Was bedeutet Controlling im Bereich des betriebswirtschaftlichen Rechnungswesens?
2. Herr Richthofen von der Juniversal Event- und Veranstaltungsagentur GmbH möchte einen weiteren Mitarbeiter anstellen. Dieser soll sich laut der Stellenbeschreibung auch um das Controlling kümmern. Beschreiben Sie die wichtigsten Aufgaben eines Controllers.
3. Beschreiben Sie die Funktionen innerhalb des Regelkreises des Controllings. Welche Funktion nimmt dabei eine zentrale Stellung ein?
4. Erklären Sie die Begriffe „strategisches Controlling" und „operatives Controlling". Nennen Sie jeweils drei wichtige Instrumente.
5. Ihnen liegt die folgende Bilanz am Ende eines Geschäftsjahres vor:

Aktiva	**Bilanz**		**Passiva**
Geschäftsbauten	1.500.000,00 €	Eigenkapital	400.000,00 €
Technische Anlagen und Maschinen	110.000,00 €	Rückstellungen	25.000,00 €
Andere Anlagen, Betriebs- und Geschäftsausstattung	100.000,00 €	Darlehen (10 Jahre)	900.000,00 €
Warenvorräte	160.000,00 €	Darlehen (5 Jahre)	100.000,00 €
Forderungen aus Lieferungen und Leistungen	95.000,00 €	Darlehen (3 Jahre)	250.000,00 €
Zweifelhafte Forderungen	10.000,00 €	Verbindlichkeiten aus Lieferungen und Leistungen	325.000,00 €
Bank	20.000,00 €		
Kasse	5.000,00 €		
	2.000.000,00 €		2.000.000,00 €

Ermitteln Sie die folgenden Kennzahlen:

a) Liquidität 1. Grades (Barliquidität)

b) Liquidität 2. Grades (einzugsbedingte Liquidität)

c) Liquidität 3. Grades (umsatzbedingte Liquidität)

6. Sie haben im Geschäftsjahr einen Gewinn von 130.000,00 € erzielt. Berechnen Sie die Eigenkapitalrentabilität.

10.3 Steuern

Die Tabelle gibt einen Überblick über die für die Veranstaltungsbranche relevanten Steuern.

Steuer	nähere Bezeichnung	Beschreibung
Umsatzsteuer (USt)		Verkehrsteuer, die den Umsatz von wirtschaftlichen Leistungen belastet. Beträge gehören dem Staat. Endverbraucher müssen sie aufbringen, Wirtschaftsbetriebe müssen sie berechnen und an den Staat abführen (durchlaufender Posten).
	Vorsteuer	ausgegebene Mehrwertsteuer
	Umsatzsteuer	eingenommene Mehrwertsteuer
		Vorsteuerabzug: Umsatzsteuer minus Vorsteuer = Zahlbetrag an das Finanzamt. Umsatzsteuervoranmeldungsverfahren beachten (monatliche oder quartalsweise bzw. jährliche Meldung und Zahlung).
Einkommensteuer (ESt)		Besteuerung des Einkommens bzw. des Gewinns. Gewinn = zu versteuernde Einnahmen minus steuerrelevante Ausgaben bzw. Ertrag minus Aufwand. Erträge müssen jährlich versteuert werden. Zahlungsverfahren beachten (Vorauszahlung, monatliche, quartalsweise oder jährliche Zahlung). Gilt für juristische und natürliche Personen, d. h. Unternehmensformen, selbstständige und freiberufliche Gewerbetreibende sowie Arbeitnehmer.
	Lohnsteuer	Arbeitnehmer versteuern die Lohnzahlung monatlich (über Arbeitgeber).
	beschränkte ESt (Ausländersteuer)	spezielle Form der Einkommensteuer für Steuerausländer
	Kapitalertragsteuer	Besteuerung der Erträge aus Wertpapieren (z. B. Zinsen, Dividenden)
	Körperschaftsteuer	Einkommensteuer für juristische Personen
Gewerbesteuer		Steuer für Gewerbebetriebe, besteuert wird der Gewinn abzüglich eines Freibetrags (2012: 24.500,00 € für natürliche Personen und Personengesellschaften, 5.000,00 € für juristische Personen), gilt nicht für Freiberufler
Rennwett- und Lotteriesteuer		Lotterien und kostenpflichtige Gewinnspiele bedürfen der Genehmigung sowie Mitteilung an das Finanzamt. Steuerpflichtig ist der Veranstalter. Nur öffentliche Lotterien sind steuerpflichtig. Höhe: 20 % des Nettopreises sämtlicher Lose
Vergnügungssteuer		spezielle Verbrauchsteuer vieler Gemeinden, z. B. Tanzveranstaltungen, Misswahlen, Spielclubs/-casinos, Filmveranstaltungen, Kirmes usw. Steuerfrei: Familienfeier, Vereins- und Betriebsfeier, Gewerkschaften/Parteien, Benefiz, kostenfreie Apparate auf der Kirmes. Höhe: 10 % bis 20 % des Entgelts (brutto), z. B. des Eintrittspreises

Die wichtigsten Steuern

Lichtshow und Architekturbeleuchtung, Klangwolke Linz 2016

10.4 Qualitätsmanagement

Dem Qualitätsmanagement kommt in der Veranstaltungsbranche eine immer größere Bedeutung zu. Die Branche ist modern und trendy, viele Dienstleister streiten in einem harten Wettbewerb um die Gunst der Kunden.

10.4.1 Kaizen – betriebliches Vorschlagswesen

Kaizen stammt aus dem Japanischen und bedeutet „Veränderung zum Besseren".

Während in den 1950er-Jahren im Westen weitestgehend das Produkt im Vordergrund der Betrachtungen der Unternehmen stand, entwickelte sich in Japan ein neuer Ansatz. An die Stelle der Verbesserung von Produkten und Dienstleistungen durch innovative Entwicklungssprünge trat das Ziel der kontinuierlichen Perfektionierung in kleinen Schritten. Die Mitarbeiter wurden anhand des betrieblichen Vorschlagswesens und durch umfangreiche Weiterbildungsmaßnahmen einbezogen. Die Führung des Unternehmens orientierte sich fortan an den Kunden und an den Mitarbeitern. Der Ansatz findet sich heute auch im Westen im Total Quality Management wieder. Insgesamt trägt Kaizen zur stärkeren Identifikation der Mitarbeiter mit ihrem Unternehmen und letztlich zu einer stetigen Verbesserung der Wettbewerbsposition bei.

10.4.2 Total Quality Management

Während früher das Produkt im Vordergrund der Qualitätssicherung stand, haben sich heute die Grundgedanken des Total Quality Managements (TQM) durchgesetzt. TQM bezeichnet alle Maßnahmen, die in einem kontinuierlichen Prozess der Verbesserung von Produkten, Prozessen oder Leistungen dienen. Im TQM ist Qualität kein statisches Ziel, sondern ein fortlaufender Optimierungsprozess. Im Zentrum der Aufmerksamkeit steht die Zufriedenheit des Kunden. Er entscheidet letztlich über den Erfolg einer Dienstleistung oder eines Produkts. Ein weiterer Schwerpunkt des TQM ist die Einbeziehung der Mitarbeiter. Nur zufriedene, motivierte Mitarbeiter geben zusätzlichen Gestaltungsraum für bestmögliche Qualität.

MERKE

Vorteile des Total Quality Managements:

- zufriedene Kunden
- motivierte Mitarbeiter
- Kundenbindung an das Unternehmen
- starke Marktposition
- langfristiger Erfolg

Die Tabelle fasst den Vergleich zwischen klassischer Qualitätssicherung und TQM zusammen.

Total Quality Management	Klassische Qualitätssicherung
Alle Mitarbeiter sind gemeinsam für Fehler verantwortlich.	Einzelne Mitarbeiter verschulden Fehler.
Prozesse rufen Fehler hervor.	Menschen verursachen Fehler.
Fehlerfreiheit ist das Ziel.	Fehlerfreiheit ist nicht möglich.
Ausrichtung auf totale Kundenzufriedenheit	Die Kunden bekommen die Qualität, die das Unternehmen liefern kann.
Zusammenarbeit mit wenigen Lieferanten	Partnerschaft mit vielen Lieferanten

Typische Maßnahmen bei der Einführung von Qualitätsmanagement sind die Festlegung von Verantwortlichen, die Analyse von Schwachstellen bei Produkten und Prozessen, das Festlegen von Richtlinien und Qualitätszielen und deren Dokumentation in Qualitätshandbüchern, die Entwicklung eines Qualitätssicherungssystems (Reorganisation, Dokumentation, Kontrolle) und die systematische Überprüfung der Wirksamkeit des Qualitätsmanagements (Qualitätsaudit).

10.4.3 Benchmarking

Beim Benchmarking (vom englischen „benchmark“ = Maßstab) geht es um den Vergleich von Leistungswerten. Beim internen Benchmarking werden etwa Abteilungen, Bereiche oder Filialen eines Unternehmens miteinander verglichen. Beim externen Benchmarking kann ein Vergleich mit anderen Unternehmen in derselben oder einer anderen Branche wichtige Hinweise auf Verbesserungsmöglichkeiten geben. Auch der Vergleich mit dem Marktführer kann wichtige Anhaltspunkte liefern.

10.4.4 SWOT-Analyse

Die SWOT-Analyse oder Analyse der innerbetrieblichen Stärken („Strenghts“) und Schwächen („Weaknesses“) sowie der externen Chancen („Opportunities“) und Gefahren („Threats“) ist einfach und flexibel einzusetzen. Zunächst werden Daten gesammelt, die Aufschluss über die Leistung des Unternehmens geben. Sodann wird ein Kriterienkatalog erstellt, anhand dessen die Daten als Stärken oder Schwächen eingestuft werden. Die Ergebnisse werden mit den Daten von Mitbewerbern verglichen. Aus der Kombination der Stärken-Schwächen-Analyse und der Chancen-Gefahren-Analyse lässt sich eine Strategie für die künftige Geschäftstätigkeit des Unternehmens ableiten.

AUFGABEN

1. Was bedeutet der Begriff Qualität?
2. Welche grundsätzlichen Ansätze verfolgt das japanische Managementkonzept „Kaizen" im Gegensatz zur klassischen, westlichen Qualitätssicherung?
3. Nennen Sie wichtige Aspekte des Total Quality Managements (TQM).
4. Was ist eine Zertifizierung nach ISO 9001?
5. Was bedeutet Benchmarking?
6. Fatma Öztürk plant eine neue Seminarreihe zum Thema „Neue Trends in der Sanitärtechnik 2014" für die Vertriebsmitarbeiter der Grohte Sanitärtechnik AG. Sie möchte die neue Reihe, die auf früheren Veranstaltungen aufbaut, qualitativ verbessern. Nennen Sie konkrete Maßnahmen gemäß TQM.
7. Wofür steht die Abkürzung „SWOT"?
8. Was verbirgt sich hinter dem Begriff Balanced Scorecard?

10.5 Zusammenfassung

- → Kostenstellenrechnung und beispielhafter Betriebsabrechnungsbogen einer Eventagentur
- → Variable Kosten, fixe Kosten, Gesamtkosten
- → Deckungsbeitragsrechnung für ein Messe-Event-Projekt (DB I bis DB III)
- → Deckungsbeitragsrechnung für ein Public-Event-Projekt inklusive Ticket-Break-even
- → Fragen zum Thema Controlling
- → Übersicht über gängige Steuern
- → Methoden des Qualitätsmanagements

Bildregie bei Udo Lindenberg Konzert in der Barclaycard Arena, Hamburg 2016

10.6 Zwischentest: Muster-Prüfungsfragen

Hinweis: Bitte keine Eintragungen im Buch vornehmen.

1. Im Betriebsabrechnungsbogen werden

a) die fixen Kosten auf die variablen Kosten verteilt.
b) die Gemeinkosten auf die Kostenstellen umgelegt.
c) die Einzelkosten den Fremdkosten aufgeschlagen.

2. Welche der folgenden Formeln zur mehrstufigen Deckungsbeitragsberechnung ist nicht richtig?

a) DB I = Umsatz – variable Kosten,
b) DB I = DB II – leistungsspezifische Fixkosten
c) DB III = DB II – Geschäftsfixkosten

3. Wie lautet die korrekte Formel für die Gesamtkosten?

a) variable Kosten + fixe Kosten
b) fixe Kosten – variable Kosten
c) Fremdkosten + Einzelkosten
d) Fremdkosten + Gemeinkosten

4. Welche der folgenden Formeln entspricht dem Beitrag zur Deckung der fixen Kosten?

a) Erlös – Umsatzsteuer
b) variable Kosten – Umsatz
c) Umsatz – variable Kosten
d) Erlös – Umsatz

5. Ab dem Break-even

a) wird Verlust vermieden.
b) wird Gewinn gemacht.
c) gibt es kein Zurück mehr.

6. Welcher der folgenden Steuern wird der ermittelte betriebliche Gewinn unterworfen?

a) Umsatzsteuer
b) Einkommensteuer
c) Kapitalsteuer
d) Vergnügungsteuer

7. Controlling ist

a) die Kontrolle über die Unternehmenskennzahlen.
b) die Analyse und Steuerung laufender und die Bewertung zukünftiger Unternehmens- und Projektwerte.
c) das Bewerten von Buchhaltungsbüchern.
d) die auswertende Betrachtung bisheriger und die Bewertung zurückliegender Unternehmens- und Projektwerte.

8. Auf die Leistung einer Disco

a) sind 7 % Umsatzsteuer fällig.
b) sind 19 % Umsatzsteuer fällig.
c) können 7 % oder 19 % Umsatzsteuer berechnet werden.

9. TQM bedeutet

a) Totaler Quatsch, mein Herr
b) Total Quality Management
c) Totales Qualitäts-Manöver

Udo Lindenberg Konzert in der Barclaycard Arena, Hamburg 2016

11 Personalmanagement in der Veranstaltungsbranche

Zum Einstieg

Die Juniversal Event- und Veranstaltungsagentur GmbH soll für die Grohte Sanitär- und Einrichtungstechnik AG eine motivierende Schulung für deren Führungskräfte planen, organisieren und durchführen. Michaela Meierhofer ist an der Planung beteiligt und lernt im Rahmen eines Vorbereitungsmeetings Fatma Öztürk kennen. Die beiden Auszubildenden sollen die Personalplanung für das Event übernehmen und notieren sich die folgenden Fragen:

- → Was ist Personalmanagement?
- → Was ist internes und was externes Personal?
- → Wo bekommt man gutes Personal für eine Veranstaltung her?
- → Was ist bei externem Personal oder Dienstleistern besonders zu beachten?
- → Wie werden internes und externes Personal abgerechnet?

Bis vor einigen Jahren wurden in der Veranstaltungsbranche die Stellen häufig von Quereinsteigern aus den verschiedensten Bereichen besetzt. Heute sind daneben gut ausgebildete, spezialisierte und erfahrene Mitarbeiter gefragt, die leidenschaftlich gern in der Live-Branche arbeiten. Nicht zuletzt dieses Bedarfs wegen sind neue Berufsbilder entstanden. Auch gibt es heute spezielle Studiengänge im Bereich Eventmanagement oder Eventmarketing. Darüber hinaus ist die Veranstaltungsszene so vielfältig, dass die verschiedensten Anforderungen an das Personal gestellt werden.

Beispiele → Typisches Personal bei Veranstaltungen

- → Projektleiter/ Projektassistent
- → Veranstaltungstechniker (Bühne, Licht, Ton, AV)
- → Elektriker
- → Sicherheitspersonal (Security)
- → Cateringmitarbeiter
- → Servicepersonal
- → Hostess
- → Promoter
- → Musiker
- → Kleinkünstler (zum Beispiel Jongleur, Zauberer)
- → Moderator
- → Schauspieler
- → Tänzer
- → Kameramann
- → Fahrer
- → Fotograf
- → Sportler
- → Dolmetscher
- → Dekorateur
- → Florist
- → Handwerker
- → Messebauer

Die Personalanforderungen an eine Seminarveranstaltung sind anders als an eine Sportveranstaltung oder ein Rockkonzert. Daraus ergibt sich die Notwendigkeit, Personalangelegenheiten aktiv zu steuern. In großen Unternehmen hat sich der Begriff „Human Resource Management“ (kurz: Human Resources) eingebürgert. Hier laufen alle Maßnahmen des Personalmanagements zusammen.

Beispiele → Aufgaben der Personalabteilung

Die Grohte Sanitär- und Einrichtungstechnik AG führt eine gesonderte Abteilung, die mit allen Personalangelegenheiten betraut ist. Zu den Aufgaben der Personalführung gehören

- → die Personalplanung (Ermittlung des Personalbedarfs),
- → die Personalentwicklung (typische Maßnahmen sind etwa Weiterbildung, Training, Coaching),
- → die Betriebskommunikation (zum Beispiel Informations- und Wissensmanagement, Betriebsmedien, Schwarzes Brett),
- → Funktion als Schnittstelle zu Mitarbeitergremien (zum Beispiel Betriebsrat oder Personalrat),
- → die Personalverwaltung (zum Beispiel Einrichtung von Personalinformationssystemen, Führen von Personalakten),
- → das Lohn- und Gehaltswesen (Abwicklung der monetären Leistungen des Unternehmens an die Mitarbeiter),
- → die Personalbetreuung (zum Beispiel über das Gehalt hinausgehende Sozialmaßnahmen).

AUFGABE

Unter welche der im obigen Beispiel genannten Aufgaben fällt ein Motivationsevent für Führungskräfte?

Da die meisten Unternehmen in der Veranstaltungsbranche aus kleineren Betrieben bestehen, sind die Möglichkeiten des Personalmanagements dort etwas beschränkter. Hier werden Mitarbeiter mit Personalangelegenheiten betraut, die sie neben anderen Aufgaben im Unternehmen wahrnehmen.

Beispiele → Personalmanagement in einer Eventagentur

Frau Maus übernimmt als Sekretärin bei der Juniversal Event- und Veranstaltungsagentur GmbH die meisten Aufgaben aus dem Bereich Personalwesen. Auch sind die Projektteams in die Personalbedarfsermittlung und die Beschaffung externen Personals oder von Dienstleistern (oder Aushilfen) mit eingebunden. Der Geschäftsführer Herr Richthofen möchte jedoch nach Stellenausschreibungen für fest angestellte, interne Mitarbeiter in einem persönlichen Vorstellungsgespräch mit dem Bewerber selbst entscheiden, wer den Job bekommt und wer nicht.

11.1 Internes und externes Personal

In der Disposition des Personals für eine Veranstaltung müssen die drei folgenden Fragen beantwortet werden: Welches Personal ist erforderlich? Wo bekomme ich geeignetes Personal her? Welches Vertragsverhältnis gehe ich ein?

Der Personalbedarf (Frage 1) ergibt sich aus allen Aufgaben bei der Planung, Organisation, Durchführung und Nachbereitung der Veranstaltung. Die Aufgaben sollten sinnvoll geordnet und strukturiert werden: Was gehört zusammen, was kann in einem realistischen Zeitrahmen von einer Person erledigt werden? Danach kann man die zusammengefassten Aufgaben den zu besetzenden Stellen zuordnen und entsprechende Stellenbeschreibungen (Job Descriptions) formulieren. Sie geben die von den gesuchten Personen in diesem Projekt zu erfüllenden Aufgaben wieder.

Hockenheimring 2015

MERKE

Die Personaldisposition (der Einteilungsplan) erfolgt mithilfe von Einsatzplänen, Tabellen oder Balkendiagrammen.

11.1.1 Internes Personal

Jedes Unternehmen der Veranstaltungsbranche hat internes Personal. Fest angestellte Mitarbeiter werden auf der Basis eines Arbeitsvertrags beschäftigt. Sie stellen dem Unternehmen ihre Arbeitskraft als Gegenleistung zum gezahlten Gehalt zur Verfügung und sind sozialversichert. Der Arbeitgeber zahlt anteilige Beiträge zur Kranken-, Pflege-, Renten- und Arbeitslosenversicherung. Die Beiträge zur gesetzlichen Unfallversicherung übernimmt der Arbeitgeber allein. In der Industrie sind feste Mitarbeiter die tragende Säule des Unternehmens. In der Veranstaltungsbranche verhält es sich etwas anders. Die Veranstaltungen werden meist von überschaubaren Projektteams geplant, organisiert und nachbereitet. Die Vor- und Nachbereitung dauert im Vergleich mit der Veranstaltung selbst, die oft nur wenige Stunden, einen Tag oder mehrere Tage dauert, recht lang. Während der Durchführung ist der Personalbedarf dann um ein Vielfaches höher.

Beispiel → Feste Mitarbeiter und Aushilfen in der Veranstaltungsbranche

Für das Führungskräfte-Event benötigt die Juniversal Event- und Veranstaltungsagentur GmbH zusätzliches Personal. Die Mitglieder des Projektteams sind in führender Rolle in die Veranstaltung eingebunden. Zusätzlich sind die verfügbaren Mitarbeiter aus anderen Abteilungen und Projektteams am Veranstaltungstag vor Ort und übernehmen ausgewählte Aufgaben. Herr Richthofen als Geschäftsführer lässt es sich nicht nehmen, persönlich das Geschehen zu überwachen. Nur Frau Maus, die als Sekretärin die Leidenschaft für die Live-Kommunikation an der Veranstaltungsfront nicht teilt, bleibt in der Agentur. Für Aufbau- und Abbau- sowie für Betreuungs- und Serviceaufgaben schreibt die Agentur Stellen für Aushilfen aus. Diese arbeiten am Veranstaltungstag auf Anforderung (zum Teil nur stundenweise) und werden als „geringfügig entlohnte Beschäftigte“ abgerechnet. Einige Studierende arbeiten regelmäßig neben dem Studium oder in den Semesterferien als Aushilfen für die Agentur. Da sie ihre Sozialversicherungsbeiträge unabhängig vom Arbeitgeber zahlen, muss dieser keine entsprechenden Beiträge abführen.

11.1.2 Externes Personal

Um die vielfältigen Aufgaben bei der Durchführung einer Veranstaltung lösen zu können, sind die meisten Unternehmen in der Veranstaltungsbranche auf externes Personal angewiesen. Externes Personal hat keinen Arbeitsvertrag mit dem Unternehmen, hier basiert die Leistungserbringung auf anderen Vertragsgrundlagen. Meist werden Leistungen von anderen Unternehmen (externen Dienstleistern) in Anspruch genommen, die ihr internes Personal bei der Veranstaltung einsetzen.

Beispiel → Dienstleistungsbezug von externen Anbietern

Auf der ISH, einer großen internationalen Leitmesse für Bad, Gebäude-, Energie- und Klimatechnik in Frankfurt am Main, möchte die Grohte Sanitär- und Einrichtungstechnik AG ihre Produkte und Dienstleistungen mit einem aufwendig inszenierten Messeauftritt präsentieren. Im Projektteam, das mit Mitgliedern aus allen relevanten Abteilungen des Unternehmens besetzt ist, wird die Personalplanung für diesen Messeauftritt besprochen. Für die fünf Messetage wird ein Bedarf von insgesamt 16 Hostessen und Hosts ermittelt. An wichtigen, beratungsintensiven Stellen des Messestands werden bevorzugt interne Mitarbeiter aus den Abteilungen eingesetzt. Für sie ist die Teilnahme an einer großen Leitmesse eine wichtige Erfahrung, eine Auszeichnung und eine willkommene Abwechslung vom Betriebsalltag. Diese sechs Mitarbeiter werden von der Produktabteilung im Rahmen einer speziellen Schulung auf ihre Aufgaben vorbereitet.

Für den weiteren Bedarf an zehn Hostessen und Hosts fragt das Projektteam bei einer auf die Vermittlung von Messehostessen/-hosts spezialisierten Agentur an. Mit dieser hat die AG bereits auf kleineren Messen erfolgreich zusammengearbeitet. Die Agentur hat einen Pool von Mitarbeitern (feste Mitarbeiter, Aushilfen, Studierende oder auch freie Mitarbeiter), mit denen sie Verträge geschlossen hat. Einige der Hostessen und Hosts haben schon für die AG gearbeitet und sind erneut für den Messetermin gebucht worden. Für die Inanspruchnahme der Personalleistungen zahlt die Grohte Sanitär- und Einrichtungs AG an die Agentur einen Pauschalbetrag pro Hostess/Host und Einsatztag. Die Hostessen und Hosts werden von der Agentur bezahlt. Auch sie werden mit einer speziellen Schulungsmaßnahme auf die Veranstaltung, die Produkte und geplanten Aktionen am Messestand vorbereitet. Sie erhalten wie die internen Mitarbeiter firmengerechte Kleidung und Namensschilder und sind äußerlich nicht von den internen Mitarbeitern zu unterscheiden.

Neben dem im Beispiel beschriebenen Dienstvertrag sind auch andere Vertragsformen zur Einbindung von externem Personal üblich. Künstler werden oft mittels Werkvertrag in eine Veranstaltung eingebunden: Ihre Vertragsleistung ist an ein Ergebnis gebunden. So kann man von einer Gala-Band vertraglich erwarten, dass sie die Gäste mit Titeln aus dem vereinbarten Repertoire unterhält und nicht mit Free-Jazz-Improvisationen.

Ein weiterer Aspekt bei der Einbindung von externem Personal ist die Frage der Weisungsbefugnisse. Da das Unternehmen nicht in einem direkten Arbeitsverhältnis mit dem externen Mitarbeiter steht, müssen die Weisungswege mit den Führungskräften der externen Dienstleister abgesprochen und allen Mitarbeitern bekannt gegeben werden.

Beispiel → Weisungsweg bei Beschäftigung externen Personals

Michaela Meierhofer ist bei dem Motivationsevent für die Vertriebsmitarbeiter eines Telekommunikationsanbieters zugegen. Während der Veranstaltung bemerkt sie, dass einige der ausgewiesenen Rettungswege vom Personal des externen Catering-Dienstleisters Food4You mit Leergut zugestellt worden sind. Laut VStättVO muss sie als Vertreterin des Veranstalters dafür sorgen, dass die Rettungswege freigehalten werden. Gelingt dies nicht, muss sie die Veranstaltung unterbrechen. Sie spricht mit dem Projektleiter des Catering-Dienstleisters, der einen Mitarbeiter anweist, sich um die Lösung des Problems zu bemühen und den Rettungsweg freizuräumen.

Auch die Unfallprävention erfordert, dass die Weisungsbefugnisse externem Personal gegenüber geklärt werden. In der Berufsgenossenschaftlichen Vorschrift A1 (DGUV Vorschrift 1), Grundsätze der Prävention, ist ausdrücklich vorgeschrieben, dass bei der Zusammenarbeit von Beschäftigten mehrerer Unternehmen an einem Arbeitsplatz eine Person zu bestimmen ist, die zur Vermeidung einer gegenseitigen Gefährdung die Arbeiten aufeinander abstimmt.

Neben Unternehmen mit mehreren Mitarbeitern werden in der Veranstaltungsbranche oft Einzelunternehmer oder freie Mitarbeiter als Externe in Veranstaltungen eingebunden.

AUFGABE

Erklären Sie, warum ein freier Mitarbeiter nicht unbedingt ein Freiberufler ist.

Auch freie Mitarbeiter stellen dem Unternehmen eine Rechnung, in der sie die erbrachte Leistung abrechnen. Wird ein freier Mitarbeiter regelmäßig für das Unternehmen eingesetzt, so besteht die Möglichkeit der Scheinselbstständigkeit, die bestimmte Pflichten des Auftraggebers begründet.

Scheinselbstständigkeit ist dann gegeben, wenn eine erwerbstätige Person als selbstständige Unternehmerin auftritt, obwohl sie faktisch nach der Art ihrer Tätigkeit abhängig beschäftigt ist. Scheinselbstständigkeit eines externen Mitarbeiters wird angenommen, wenn drei der folgenden Eigenschaften gegeben sind:

- → Der Mitarbeiter beschäftigt nicht selbst regelmäßig von ihm Angestellte.
- → Die vereinbarte Tätigkeit ist auf Dauer angelegt und wird im Wesentlichen nur für einen Auftraggeber erbracht. (Fünf Sechstel oder mehr des Umsatzes werden mit einem Auftraggeber erzielt.)

- Der Auftraggeber hat Beschäftigte, die dieselben Tätigkeiten verrichten wie der Selbstständige.
- Der Mitarbeiter ist weisungsgebunden und in die Arbeitsorganisation des Auftraggebers eingegliedert.
- Der Mitarbeiter handelt nicht unternehmerisch. (Das Unternehmen besitzt kein eigenes Firmenschild, keine eigenen Geschäftsräume, kein eigenes Briefpapier oder Visitenkarten, der Unternehmer tritt in der Arbeitskleidung des Auftraggebers auf.)
- Der Selbstständige hat zuvor als Angestellter seines Auftraggebers dieselben Arbeiten verrichtet.

Wird Scheinselbstständigkeit festgestellt, hat dies weitreichende Folgen für den Auftraggeber. Scheinselbstständig Beschäftigte gelten sozialversicherungsrechtlich als Arbeitnehmer. Der Auftraggeber muss für sie nachträglich Beiträge zur Sozialversicherung entrichten. Dasselbe gilt für die Arbeitnehmeranteile. Auch arbeitsrechtlich können diese Personen als Arbeitnehmer eingestuft werden, weshalb Ansprüche auf Kündigungsschutz oder bezahlten Urlaub entstehen können.

PRG Messestand auf der Best of Events 2017

11.1.3 Personalbeschaffung

Fest anzustellende Mitarbeiter werden in der Regel mithilfe von Stellenausschreibungen für das Unternehmen gewonnen. Diese können klassisch in regionalen oder überregionalen Tageszeitungen veröffentlicht werden, aber auch in Fachzeitschriften oder thematisch passenden Sonderausgaben. Mit der nahezu flächendeckenden Verbreitung des Internets werden immer mehr Stellenanzeigen über das elektronische Medium veröffentlicht.

Aushilfen und spezielles Personal werden in der Branche kaum mithilfe von Stellenanzeigen angeworben. Hier betreiben externe Dienstleister Werbung in eigener Sache und kontaktieren die Agenturen und anderen Veranstaltungsunternehmen. Bestehen bereits bewährte Geschäftsverbindungen zu Dienstleistern, so wird man meist die gemeinsame Arbeit bei Bedarf fortsetzen. Es kann jedoch aus Budgetgründen notwendig sein, Alternativangebote bei Mitbewerbern einzuholen. Eine gute Informationsquelle für den Kontakt zu externen Dienstleistern sind Fachmessen. Seit Jahren hat sich die Branchenmesse „World of Events“ in Wiesbaden etabliert. Spezielle Branchenbücher und -verzeichnisse werden hier gerne verteilt, sie enthalten verschiedene Rubriken mit Inserenten aus allen Bereichen der Event-Branche (zum Beispiel Ausstattung & Deko, Gastro & Küchen, Veranstaltungstechnik, Künstler & Agenturen, Film & Fernsehen, Messen & Tagungen, Werbung & Promotion).

Freie Mitarbeiter können überall akquiriert werden. Einerseits sind diese selbst daran interessiert, immer neue Kontakte zu knüpfen. Andererseits ist die Branche recht offen und es ist üblich, dass gute freie Mitarbeiter für mehrere Auftraggeber arbeiten. Qualifizierte freie Mitarbeiter werden oft durch attraktive Rahmenangebote an ein Unternehmen gebunden. Durch erfolgreich absolvierte Projekte können freie auch zu festen Mitarbeitern aufsteigen, sofern passende Stellen bei Unternehmen zu besetzen sind. Der Unternehmer kennt die Eigenschaften und Fähigkeiten des Bewerbers, unter Praxisbedingungen hat er diese schon unter Beweis gestellt. Gerade in unserer angesagten, überlaufenen Branche kann Projektarbeit ein guter Einstieg in einen festen Job sein.

Werden für eine Veranstaltung Künstler benötigt, kann man sich an die Künstlervermittlung der Zentralen Auslands- und Fachvermittlung (ZAV) der Bundesagentur für Arbeit wenden. Die früheren Vermittler ZBF (Zentrale Bühnen-, Fernseh- und Filmvermittlung) und Kd (Künstlerdienste) wurden zusammengefasst. Die Künstlervermittlung ist eine spezielle Serviceeinrichtung der Bundesagentur für Arbeit. Sie vermittelt darstellende Künstler und Mitarbeiter aus künstlerisch-technischen Berufen rund um Bühne und Kamera, die ein abhängiges Beschäftigungsverhältnis suchen, und unterhält Agenturen in Berlin, Hamburg, Hannover, Köln, Leipzig, München und Stuttgart.

11.2 Vergütung und Abrechnung von Personalleistungen

Generell unterscheidet man mehrere Arten der Vergütung von erbrachten Personalleistungen. Die in Geld bemessene Vergütung ist die am weitesten verbreitete Form. Arbeitnehmer erhalten in der Regel ihre Bezüge monatlich bargeldlos per Überweisung. Grundlage ist die monatliche Gehaltsabrechnung, die von der Personalabteilung erstellt wird. Früher wurden für Angestellte der Begriff Gehalt und für Arbeiter der Begriff Lohn verwendet. Heute ist diese Unterscheidung rechtlich nicht mehr von Belang. Bei stundenweiser Abrechnung spricht man von Lohn, bei pauschalen Bezügen von Gehalt. Aus der Sicht des Unternehmens setzen sich die Personalkosten aus dem Bruttolohn/-gehalt, dem Arbeitgeberanteil an den Beiträgen zur Sozialversicherung, dem Beitrag zur gesetzlichen Unfallversicherung sowie etwaigen freiwilligen sozialen Leistungen zusammen.

11.2.1 Sozialversicherung

Die Beiträge zur Sozialversicherung zahlten Arbeitgeber und Arbeitnehmer traditionell je zur Hälfte. Kinderlose Arbeitnehmer mit vollendetem 23. Lebensjahr zahlen einen Zuschlag von 0,25 % für die Pflegeversicherung. Die Krankenkassen können einen Zusatzbeitrag erheben, der bis 2018 allein vom Arbeitnehmer zu tragen war, ab 2019 je zur Hälfte von Arbeitnehmer und Arbeitgeber zu zahlen ist. Nach der Berechnung zieht der Arbeitgeber die die Arbeitnehmeranteile zur Sozialversicherung von dessen Bruttogehalt ab und überweist sie zusammen mit den Arbeitgeberanteilen an die Sozialversicherungsträger. Die Beiträge müssen zum Ende des Abrechnungsmonats an die Krankenkassen gezahlt worden sein.

Im Jahr 2019 belaufen sich die Beitragssätze in der Sozialversicherung auf die in der Tabelle zusammengefassten Werte.

Sozialversicherungszweig	Beitragssatz
Rentenversicherung	18,6 %
Arbeitslosenversicherung	2.5 %
Pflegeversicherung	3,05 % (zusätzlich 0,25 % für den Arbeitnehmer bei Kinderlosigkeit sofern er das 23. Lebensjahr vollendet hat)
Krankenversicherung	allgemein 14,6 % plus ggf. bis zu 0,9 % Zusatzbeitrag

Beitragssätze zur Sozialversicherung (Stand 2019)

Beispiel → Gehaltsabrechnung

Fatma Oztürk von der Grohte Sanitär- und Einrichtungs AG bereitet in der Personalabteilung die Gehaltsabrechnung von Frau Halsroth aus dem Vertrieb vor. Diese verdient laut Arbeitsvertrag 2.400,00 € brutto im Monat. Mithilfe eines Abrechnungsprogramms ermittelt Fatma die folgenden Werte:

Gehalt Frau Halsroth	2.400,00 €			
	Prozentsatz	Gesamtanteil	Arbeitgeberanteil	Arbeitnehmeranteil
Rentenversicherung	18,6	446,40	223,20	223,20
Krankenversicherung	14,6	350,40	175,20	175,20
KV-Zusatzbeitrag	0,9	21,60	10,80	10,80
Pflegeversicherung	3,05	73,20	36,60	36,60
PV-Zusatzbeitrag	0,25	6,00		6,00
Arbeitslosenversicherung	2,5	60,00	30,00	30,00
Summe		**957,60**	**475,80**	**481,80**

Bei kinderlosen Arbeitnehmern ab vollendetem 23. Lebensjahr wird bei der PV zusätzlich ein Aufschlag von 0,25 % vom Bruttolohn fällig.

Beitragsbemessungsgrenzen

Eine Beitragsbemessungsgrenze ist eine Grenze, bis zu der Beiträge erhoben werden. Auch wenn das Einkommen des Arbeitnehmers die Beitragsbemessungsgrenze übersteigt, wird nur dieser Grenzwert der Beitragsbemessung zugrunde gelegt. Die Tabelle weist die im Jahr 2019 geltenden Beitragsbemessungsgrenzen in der gesetzlichen Sozialversicherung aus.

Versicherungszweig		Beitragsbemessungsgrenze	
		monatlich	jährlich
Krankenversicherung/Pflegeversicherung		5.062,20 €	60.750,00 €
Rentenversicherung und Arbeitslosenversicherung	Westdeutschland	6.700,00 €	80.400,00 €
	Ostdeutschland	6.150,00 €	73.800,00 €

Beitragsbemessungsgrenzen in der gesetzlichen Sozialversicherung (Stand 2019)

Bei der Entlohnung ebenfalls zu beachten sind Sachbezüge, die steuerlich als sogenannte geldwerte Vorteile behandelt werden.

Sachbezüge sind Einnahmen von Mitarbeitern, die nicht aus Geld bestehen. Man nennt sie auch geldwerte Vorteile. Sie unterliegen wie alle Einkünfte der Einkommensteuerpflicht (Freibetrag derzeit 1.080,00 € im Jahr).

Beispiele → Sachbezüge

- Nutzung eines Dienstwagens auch für private Zwecke
- Preisnachlässe auf Waren, die ein Arbeitnehmer aufgrund seines Arbeitsverhältnisses erhält
- Kost und Logis
- Veranstaltungen mit Incentive-Charakter (Bewirtung, Unterbringung und anderes)

11.2.2 Lohnsteuer

Neben den Beiträgen zur gesetzlichen Sozialversicherung wird bei der Lohn- und Gehaltsabrechnung die Lohnsteuer errechnet. Dies geschieht mithilfe von Lohnsteuertabellen, die für jedes Jahr vom Bundesministerium der Finanzen veröffentlicht werden.

WWW
www.bmf-steuerrechner.de

Alternativ zur Lohnsteuerberechung anhand der Tabellen kann man auch einen interaktiven Abgabenrechner einsetzen. Moderne kaufmännische Software wie Lexware lohn&gehalt bieten die Möglichkeit, mit den jeweils aktuellen Lohnsteuertabellen zu arbeiten. Die Lohnsteuer wird dem Arbeitnehmer vom Bruttolohn abgezogen und von der Personalabteilung an das zuständige Finanzamt überwiesen. Im Zuge der Einkommensteuererklärung kann der Arbeitnehmer anschließend bestimmte Kosten wie Werbungskosten oder Fahrtkosten steuermindernd geltend machen. Aufgrund dieser Erklärung rechnet das Finanzamt mit dem Arbeitnehmer ab.

MERKE

Einkommensteuer	= auf das Einkommen natürlicher Personen erhobene Steuer
Lohnsteuer	= auf das Einkommen aus abhängiger Beschäftigung erhobene Steuer

Für die Berechnung der Lohnsteuer ist die Steuerklasse des Arbeitnehmers wichtig. Sie ist in dessen Lohnsteuerkarte eingetragen, die von der Meldebehörde an dessen Wohnort ausgestellt wird. Bei Beginn eines Arbeitsverhältnisses muss der Arbeitnehmer die Lohnsteuerkarte und Unterlagen zur Sozialversicherung bei der Personalabteilung abgeben. Für jedes neue Kalenderjahr erhält der Arbeitnehmer eine neue Lohnsteuerkarte.

Die Tabelle fasst die Charakteristika der verschiedenen Steuerklassen zusammen.

Steuerklasse	Einstufungskriterien
I	ledig, geschieden oder dauernd getrennt, keine Kinder
II	ledig, geschieden oder dauernd getrennt, mindestens ein Kind im Haushalt
III	verheiratet oder nicht dauernd getrennt, Ehepartner arbeitet nicht oder per gemeinsamen Antrag in Steuerklasse V
IV	Verheiratete, beide beziehen Lohn/Gehalt, nicht dauernd getrennt
V	verheirateter Arbeitnehmer, der die Voraussetzungen für Steuerklasse IV erfüllt, wenn der Ehepartner nach gemeinsamem Antrag in Steuerklasse III eingestuft ist
VI	ab zweiter Lohnsteuerkarte, ungeklärte Verhältnisse

Steuerklassen im deutschen Einkommensteuerrecht (Stand 2019)

Ob für den Arbeitnehmer Kirchensteuer an das Finanzamt abzuführen ist, kann die Personalabteilung ebenfalls der Lohnsteuerkarte entnehmen. Die Höhe der Kirchensteuer variiert je nach Bundesland.

Um die Kosten der deutschen Wiedervereinigung zu finanzieren, wurde 1995 der Solidaritätszuschlag eingeführt. Er ist ein Zuschlag auf die Einkommensteuer, Kapitalertragsteuer und Körperschaftsteuer und beträgt derzeit 5,5 % der zu entrichtenden Steuer.

11.2.3 Gehaltsbuchung

Beispiele →

Die Gehaltsabrechnung für Frau Halsroth ist abgeschlossen, ihr Gehalt an sie überwiesen worden. In ihrem Finanzbuchhaltungsprogramm gibt Fatma die folgenden Buchungssätze ein (die angenommene Lohnsteuer inkl. Solidaritätszuschlag beträgt 386,65 €):

1. Gehaltsbuchung

Gehälter	2.400,00 €	an	Bank	1.531,55 €
			Verbindlichkeiten ggü. Finanzamt	386,65 €
			Verbindlichkeiten ggü. Sozialversicherungsträgern	481,80 €

2. Arbeitgeberanteil zur Sozialversicherung (zeitgleich zu 1)

SV-Anteil AG	475,80 €	an	Verbindlichkeiten ggü. Sozialversicherungsträgern	475,80 €

Bei Zahlung der Beiträge an das Finanzamt und die Sozialversicherungsträger wird der folgende Buchungssatz eingegeben:

3. Zahlung der Verbindlichkeiten an Finanzamt und Sozialversicherungsträger

Verbindlichkeiten ggü. Finanzamt	386,65 €	an	Bank	386,65 €
Verbindlichkeiten ggü. Sozialversicherungsträgern	957,60 €	an	Bank	957,60 €

11.2.4 Abrechnung von Honoraren an Aushilfen

WWW
www.minijob-zentrale.de

Wenn das Arbeitsentgelt aus einer regelmäßigen Tätigkeit 450,00 € im Monat nicht übersteigt, handelt es sich um einen sogenannten Minijob (geringfügig entlohnte Beschäftigung). In diesem Fall muss der Arbeitgeber pauschale Beiträge zur Sozialversicherung von 13 % (Krankenversicherung) und 15 % (Rentenversicherung) sowie 2 % für Lohnsteuer (einschließlich Solidaritätszuschlag) und Kirchensteuer zahlen. Umlagen nach dem Aufwandsausgleichgesetz sowie Beiträge zur gesetzlichen Unfallversicherung hat der Arbeitgeber ebenfalls zu zahlen.

Arbeitnehmer, die Minijobs ausführen, müssen bei der Minijob-Zentrale angemeldet werden. Die Anmeldung muss Angaben wie Rentenversicherungsnummer, Geburtsort, Geburtsdatum und Geburtsname umfassen. Der Arbeitgeber erstellt einen Umlagen Beitragsnachweis und zahlt die Beiträge per Überweisung oder Lastschriftverfahren.

AUFGABEN

1. Was bedeutet der Begriff „Human Resource Management“?
2. Nennen Sie wichtige Ziele der Personalwirtschaft.
3. Nennen Sie konkrete Maßnahmen der Personalführung im Unternehmen in den folgenden Bereichen:
   a) Personalentwicklung
   b) Personalverwaltung
   c) Betriebskommunikation
4. Was ist ein Personalinformationssystem? Welche Aufgabe hat es?
5. Beschreiben Sie den Unterschied zwischen dem individuellen und dem kollektiven Arbeitsrecht.
6. Recherchieren Sie die wichtigsten Gesetze und Verordnungen des Arbeitsrechts in Deutschland und erstellen Sie eine Übersicht.
7. Nennen Sie die wichtigsten Merkmale der Arbeitnehmertätigkeit.
8. Was ist ein Tarifvertrag? Nennen Sie mögliche Vertragsbestandteile.
9. Was ist ein sogenannter Minijob?
10. Nennen Sie mögliche vertragsrechtliche Grundlagen bei der Einbindung von internem und externem Personal bei einer Veranstaltung.
11. Recherchieren Sie Stellenanzeigen und stellen Sie eine Checkliste zusammen, welche Angaben dort in der Regel enthalten sind.
12. Was bedeutet Scheinselbstständigkeit? Nennen Sie drei Merkmale.
13. An wen müssen Sie sich wenden, wenn Sie Künstler oder andere Mitarbeiter aus dem Bereich Bühne und Kamera, die eine abhängige Beschäftigung suchen, buchen wollen?
14. Recherchieren und erklären Sie die folgenden Begriffe:
    a) Management by exception
    b) Management by objectives

c) Management by delegation
d) situatives Führungsmodell nach Hersey/Blanchard

Formulieren Sie bitte für jedes Führungsmodell ein bildhaftes Beispiel.

15. Ihnen liegen die folgenden Gehaltsdaten vor: Bruttogehalt: 3.500,00 €, Alter des Beschäftigten: 22 Jahre.
    a) Berechnen Sie die Arbeitnehmer- und Arbeitgeberanteile zur gesetzlichen Sozialversicherung.
    b) Bilden Sie die zur Buchung der Gehaltsüberweisung notwendigen Buchungssätze.
16. Sie sind am letzten Aufbautag einer wichtigen Messe am Stand vor Ort. Es ist spät geworden, Ihre Armbanduhr zeigt 23:30 Uhr und es sind noch wichtige Dinge zu erledigen. Sie sind seit heute Morgen 7:30 Uhr für Ihr Unternehmen unterwegs. Ist dies zulässig? Recherchieren Sie die rechtliche Situation.
17. Das Bundesdatenschutzgesetz regelt den Umgang mit personenbezogenen Daten. Was sind personenbezogene Daten?
18. Wann muss ein Unternehmen einen Datenschutzbeauftragten bestellen?
19. Nennen Sie typische Inhalte einer Personalakte.
20. Frau Halsroth möchte gerne Einblick in ihre Personalakte nehmen. Muss ihr dies gewährt werden?
21. Das Mutterschutzgesetz (MuSchG) enthält wichtige Bestimmungen für die Zeit der Schwangerschaft und danach. Was ist in der Zeit vom Beginn der Schwangerschaft bis zum Ablauf von vier Monaten nach der Entbindung bis auf wenige Ausnahmen unzulässig?
22. Wann dürfen werdende Mütter nicht beschäftigt werden? Was ist die Voraussetzung dafür?
23. Wie lange dürfen Mütter nach der Entbindung nicht beschäftigt werden?
24. Wer trägt das sogenannte Mutterschaftsgeld?
25. Was unterscheidet eine Stellenbeschreibung von einer Stellenausschreibung?
26. Recherchieren Sie die für Ihr Bundesland geltenden Kirchensteuersätze.
27. Wie wird der Tagessatz für eine Hostess berechnet?

11.3 Zusammenfassung

- → Personalübersicht für Veranstaltungen
- → Aufgaben der Personalabteilung
- → Buchung und Abrechnung von internem und externem Personal
- → Vergütung und Abrechnung von Personal inklusive Gehaltsabrechnung, Minijob und Steuern

11.4 Zwischentest: Muster-Prüfungsfragen

Hinweis: Bitte keine Eintragungen im Buch vornehmen.

1. **Personaldispositionen sind**
   a) Einsätze von Mitarbeitern, die gesondert abgerechnet werden.
   b) Einsatzpläne mithilfe von Tabellen, Plänen oder Balkendiagrammen.
   c) Einsatzorte von Mitarbeitern.

2. **Der Fachbegriff Personalentwicklung bedeutet**
   a) das Entwickeln von Personaleinsatzplänen.
   b) Weiterbildung, Training und Coaching von Mitarbeitern.
   c) die Weiterentwicklung des Personalbestands.
   d) die Abrechnung und Erfassung von Personaldaten.

3. **Freie Mitarbeiter sind in der Regel Freiberufler, wenn sie (zwei Antworten)**
   a) künstlerische oder publizistische Tätigkeiten gegen Honorar auf Rechnung ausüben.
   b) eine Rechnung stellen.
   c) keinen Gewerbeschein benötigen.
   d) weisungsbefugt sind.
   e) frei in der Wahl ihrer Arbeitszeit sind.

4. **Selbstständige Promotoren benötigen in der Regel**
   a) eine Reisegewerbekarte.
   b) einen Gewerbeschein.
   c) einen deutschen Pass.
   d) eine Genehmigung des Ordnungsamts.

5. **Scheinselbstständigkeit liegt vor, wenn**
   a) ein freier Mitarbeiter so tut, als sei er selbstständig tätig.
   b) ein freier Mitarbeiter weisungsgebunden ist und zu fünf Sechstel für einen Auftraggeber arbeitet.
   c) ein freier Mitarbeiter auf Rechnung arbeitet.
   d) ein freier Mitarbeiter für mehrere Auftraggeber arbeitet.

6. **Welche der folgenden Aussagen ist korrekt?**
   a) Die gesetzliche Sozialversicherung besteht aus den Säulen Lohnsteuer, Arbeitslosenversicherung, Kirchensteuer, Unfallversicherung und Solidaritätszuschlag.
   b) Die gesetzliche Sozialversicherung besteht aus den Säulen Rentenversicherung, Krankenversicherung, Pflegeversicherung, Arbeitslosenversicherung und gesetzliche Unfallversicherung.
   c) Die gesetzliche Sozialversicherung ruht auf den Säulen Kommunikationspolitik, Distributionspolitik, Preispolitik und Produktpolitik.

7. **Welche der nachfolgend aufgeführten Personen sind Arbeitnehmer?**
   a) Freiberufler
   b) Beamte
   c) Vertriebsmitarbeiter
   d) Dienstleister

Sachwortverzeichnis

Bildquellenverzeichnis

Bayerisches Landesamt für Steuern, München: Seiten 171, 172

BC GmbH Verlags- und Medien-, Forschungs- und Beratungsgesellschaft, Ingelheim: Seiten 111 (alle), 117 (alle), 118.1, 118.2, 118.5, 188.6, 118.7, 118.8. 118.9, 118.10, 118.13, 118.14, 122.1, 122.2, 122.4, 122.5, 122.6

CTS EVENTIM AG & Co. KGaA, Bremen: Seiten 135.1 und 135.2

DIHK Deutscher Industrie- und Handelskammertag e.V., Berlin: Seite 100

fotolia.com, New York: Seite 30 (contrastwerkstatt)

Haufe-Lexware GmbH & Co. KG, Freiburg: Seiten 1691. Und 169.2

Hild, Claudia, Angelburg: Seiten 40, 58, 64, 163, 164, 180, 185, 205, 216, 223, 236, 267, 268, 269, 270, 271, 272, 296, 299, 311, 329, 332, 375, 399, 407, 408, 420

iStockphoto.com, Calgary: Seite 235 (LightFieldStudios); Seite 236 (R9_RoNaLdO)

Marco Gödde, Köln: Seiten 1, 316, 424

Microsoft Deutschland GmbH, München: Seiten 45.1, 45.2, 46, 321, 408

Production Resource Group AG, Hamburg: Seiten 14, 17, 19, 22, 41, 52, 54, 71, 79, 87, 90, 91, 102, 113, 119, 124, 166, 173, 176, 184, 188, 192, 220, 222, 228, 245, 246, 310, 312, 318, 320, 325, 338, 340, 345, 352, 353, 357, 357, 358, 359, 360, 361, 363, 366, 368, 380, 382, 387, 392, 401, 403, 421, 454, 461, 462, 470, 472, 474, 477, 480

stock.adobe.com, Dublin: Seiten 28, 65, 66 (Antonioguillem); 371 (CesareFerrari); 58 (contrastwerkstatt); Titel (DWP); 26 (goodluz); 76 (Kneschke, Robert); 80 (Lumina Images); 156 (StudioLaMagica); 118.3, 118.4, 118.11, 118.12, 122.3 (thostr); 369 (Visions-AD)

YPS – York Publishing Solutions Pvt. Ltd.: 130, 285

Wir arbeiten sehr sorgfältig daran, für alle verwendeten Abbildungen die Rechteinhaberinnen und Rechteinhaber zu ermitteln. Sollte uns dies im Einzelfall nicht vollständig gelungen sein, werden berechtigte Ansprüche selbstverständlich im Rahmen der üblichen Vereinbarungen abgegolten.